वीर चन्द्रसिंह गढ़वाली

वीर चन्द्रसिंह गढ़वाली

राहुल सांकृत्यायन

Published by

Gyan Publishing House
5, Ansari Road
Daryaganj, New Delhi-110002
Phone: 011-47034999, 9811692060
E-mail: books@gyanbooks.com

Distribution Network
gyanbooks.com
India, USA, Canada, UK, Australia

ISBN: 978-93-7097-539-2 (PB)

First Published, 1945

2nd Impression 2025

Printed at: Gyan Press, Delhi.

वीर चन्द्रसिंह गढ़वाली

Author: **राहुल सांकृत्यायन**

वीर चन्द्रसिंह गढ़वाली

लेखक

राहुल सांकृत्यायन

किताब महल, इलाहाबाद : दिल्ली

१९५७

भूमिका

चन्द्रसिंह गढ़वालीकी जीवनी कितनी महत्वपूर्ण और ज्ञानवर्द्धक है, इसे इस पुस्तकके पाठकोंसे कहनेकी आवश्यकता नहीं। सन् १८५७ ई० में हमारे सैनिकोंने अपने देशकी आजादीके लिये विदेशियोंके खिलाफ बगावतका झंडा उठाया था। इसके बाद यही पहली घटना थी, जबकि भारतीय (गढ़वाली) सैनिकोंने अपने देशके खिलाफ अपनी बन्दूकोंके इस्तेमाल करनेसे इन्कार कर दिया। उस वक्त सारा देश अंग्रेजोंके खिलाफ था, लेकिन सशस्त्र क्रान्तिके लिये नहीं। यदि उसकी सम्भावना होती, तो इसमें शक नहीं वीर गढ़वाली सैनिक एक-एक कर कटके मर जाते, तभी उनके हाथोंसे बन्दूकें छूटतीं। पेशावरके इस विद्रोहसे प्रेरित होकर नेताजी द्वारा संगठित आजाद हिन्द फौजमें सम्मिलित होनेमें गढ़वाली सबसे पहले रहे। आजादीकी जो प्रेरणा उस वक्त मिली, उसने द्वितीय महायुद्धके समाप्त होते ही भारतीय नौसेनामें विद्रोहको कराकर अंग्रेजोंको दिखला दिया, कि अब तुम्हारे द्वारा प्रशिक्षित भारतीय सैनिक तुम्हारे लिये नहीं बल्कि देशकी आजादीके लिये अपने हथियार उठायेंगे। देशमें हुई जन-जागृति और भारतीय सैनिकोंके इस रुखने बतला दिया कि अंग्रेज अब फिर भारतको गुलाम नहीं रख सकते। इस तरह पेशावरका विद्रोह, विद्रोहोंकी एक शृंखला पैदा करता है, जिसका भारतके आजाद करनेमें भारी हाथ है। वीर चन्द्रसिंह इसी पेशावर-विद्रोहके नेता और जनक थे।

चन्द्रसिंहके रूपमें हमारे देशको एक अद्भुत जननायक मिला, अफसोस है कि देशकी परिस्थितिने उसे अपनी शक्तियोंके विकास और उपयोगका अवसर नहीं दिया। स्वतन्त्रता-संग्रामके सेनानियोंकी हमारा देश कदर कर रहा है। सन् १८५७ ई० के नायकोंके स्मारक बनने जा रहे हैं और महात्मा गांधीके नेतृत्वमें जो महान् आन्दोलन छिड़ा, उसके नेताओंका भी पूरा सम्मान करते कोशिश की जा रही है कि मालूम हो, देशकी आजादीका श्रेय केवल उन्हींको है। खुदीराम बोस, भगतसिंह, चन्द्रशेखर आजाद और उनके साथियोंकी कुर्बानियोंपर पर्दा डालनेकी कोशिश की जा रही है, लेकिन इतिहास उन्हें भुला नहीं सकता, यह निश्चित है। यहाँ हम गढ़वालके सांस्कृतिक और बौद्धिक नेता श्री मुकुन्दीलाल बैरिस्टरने मुकदमेके फैसलेके २३ वर्ष बाद गढ़वालके साप्ताहिक "देवभूमि" (१५ नवम्बर १९५३) में "भारतवर्षकी स्वतन्त्रतामें गढ़वाली सैनिकोंकी देन" के नामसे एक लेख लिखा था, जिसके निम्न

अंशसे मालूम होगा, कि पेशावर-काण्डमें गढ़वाली वीरोंने जो असाधारण वीरता दिखलाई थी, उसका प्रभाव पीछे भी कितना पड़ा, और उसमें बड़े भाईका कितना हाथ था :

"अब तक गढ़वाली सिपाही बतौर सिपाहियोंकेविदेशी शासनकर्ताओंके आधीन अपने लड़ाकेपनका सबूत देते रहे। सन् १९३० में महात्मा गांधीके असहयोग अहिंसा शस्त्रकी भनक उनके कान तक पहुँची। हवलदार चन्द्रसिंह "गढ़वाली" आर्यसमाजी था। वह पेशावरकी छावनीसे शहरमें आता-जाता था और जनताके भाव मालूम करके छावनीमें पहुँचाता। जो कुछ असहयोग-आन्दोलनके कारण शहरमें हो रहा था, उसकी सूचना हवलदार चन्द्रसिंह सिपाहियोंको बताते रहते थे। चन्द्रसिंह "गढ़वाली" के कहने पर सेंकड रायल गढ़वाल रायफल्सके ६० सिपाही या छोटे अफसरोंने इस्तीफे लिख दिये कि हम पेशावर शहरमें असहयोग आन्दोलनको दमन करने जानेके बजाय इस्तीफा दाखिल करते हैं। इस्तीफेका कागज अभी कमांडिंग अफसरके पास पेश नहीं हो पाया था। मामला विचाराधीन था।

"किन्तु जब २२ अप्रैल ३० को सेकंड बटालियन फालिन की गई, और उनको छावनीसे पेशावर शहरमें जानेका हुक्म दिया गया, तो सिपाही सशस्त्र खड़े रहे, टससे मस नहीं हुये। गढ़वाली अफसर बगलें झाँकते रहे। जब बड़े अंग्रेज अफसरोंको स्थितिका पता लगा, तब खलबली मची। ब्रिगेडियर पहुँचे सेकण्ड रायल गढ़वाल रायफल्सकी दो प्लाटूनोंके साठ सिपाहियोंको लारियोंपर बैठाकर शहरके लिये रवाना होनेका हुकुम हुआ। हवलदार चन्द्रसिंहने १७ सिपाहियोंके इस्तीफेका कागज पेश कर दिया। बाकी सैनिकोंके दस्तखत वाला कागज पेश नहीं होने पाया।

"ब्रिगेडियर समझ गया, गढ़वाली सिपाही अब हमारे लिये नहीं लड़ेंगे। उनको हथियार छोड़नेको कहा गया। उन्होंने पहले इन्कार किया। पीछे विवश होकर क्वार्टर गार्डमें रख दिया। कुछ सिपाहियोंने तो ब्रिगेडियरकी ओर संगीन भी कर दी थी, किन्तु गोली नहीं छोड़ी। इसका दूसरा परिणाम यह हुआ, कि ६० गढ़वालियोंपर म्यूटिनी (विद्रोह, बगावत) का अभियोग लगाया गया। सारी सेकंड बटालियन काकुल (एबटाबाद) में नजरबन्द कर दी गई। कोर्ट-मार्शल पहले केवल १९ सिपाहियों व अफसरोंका हुआ। इन्हींकी जवाबदेहीपर सब गढ़वाली पल्टनोंका—खासकर सेकंड बटालियनका—भविष्य निर्भर था। मैं लैन्सडौनसे उनकी पैरवीके लिये एबटाबाद कोर्ट-मार्शलके सामने बुलाया गया था। मेरा ध्येय था कि किसी तरह अपने १९ मुवक्किलोंकी जानें बचाऊँ और रायल गढ़वाल रायफल्सकी अन्य बटालियनोंको हानि न पहुँचने दूँ। स्थितिको देखकर मैंने वही किया, जो एक वकीलको अपने मुवक्किलके लिए करना चाहिये। मैंने सारा इल्जाम सरकारी गवाह जयसिंह सूबेदारपर डाला, कि उसीने इनको बहकाया था। इसलिये उन्होंने पेशावर शहरमें

अशस्त्र लोगों पर गोली चलाये जानेसे इन्कार किया और इस्तीफा दिया। इस दलीलके कारण विद्रोहका अभियोग ढीला पड़ा, और कोर्ट-मार्शलने वह सजा नहीं दी, जो म्यूटिनीके लिये उपयुक्त होती, १७ में से केवल ६ छोटे ओहदेदारोंको सजा दी गई, बाकी सिपाही छोड़ दिये गये और ६० में से बाकी ४३ सैनिकोंके खिलाफ मुकदमा नहीं चलाया गया, बटालियनका बाल बाँका नहीं हुआ। रायल गढ़-वाल रायफल्सकी अन्य बटालियन पर भी इस अभियोगका कुछ असर नहीं पड़ा। यह नितान्त गलत है, कि गढ़वाल सैनिकोंने माफी माँगी या भूठ कहा। मैं कानूनी चाल चला। मैंने अपने मुवक्किल सिपाहियोंसे कहा, कि आप लोग केवल जुर्मसे इन्कार कर कहें कि हम कसूरवार नहीं। हमने कोई जुर्म नहीं किया। अपने गढ़ (गढ़वाली) पलटनोंको कायम रखनेकी गरजसे मैंने उनकी कार्रवाईको सही बतानेका प्रयत्न किया। मैंने अपने मुवक्किलों व गढ़वाली पलटनोंके लिये वही किया, जो एक गढ़वाली वकीलको करना चाहिये था। मुझे इस बातका गौरव है, कि उन्होंने मुझे लैन्सडौनसे पेशीके लिये बुलवाया।

"यहाँपर मैं यह भी कह देना चाहता हूँ, कि मेरी दलील, बहस व वकीली चालका कोई असर न होता परन्तु ब्रिटिश आफिसर और कमांडर-इन-चीफ खुद चाहते थे, कि संसारको यह पता न लगे, कि भारतीय सेना अंग्रेजोंके खिलाफ हो गई है। इसीलिए उन्होंने मेरी दलील व बहसपर गौर करके हवलदार चंद्रसिंह "गढ़वाली" को आजन्म कैदकी सजा दी, औरोंको आठ वर्षसे दो वर्ष तकके कारावासका दंड दिया। परन्तु सबके सब पूरी सजा भुगतनेसे पहले ही छोड़ दिये गये।

"श्री चन्द्रसिंह "गढ़वाली" की हम गढ़वाली यथोचित कदर नहीं करते। वह एक बड़ा महान् पुरुष है। आजाद हिन्द फौजका बीज बोनेवाला वही है। पेशावर-कांडका नतीजा यह हुआ, कि अंग्रेज समझ गये, कि भारतीय सेनामें यह विचार गढ़वाली सिपाहियोंने ही पहलेपहल पैदा किया, कि विदेशियोंके लिये अपने खिलाफ नहीं लड़ना चाहिये।

"यह बीज जो हवलदार चन्द्रसिंहने १६३० में पेशावरमें बोया था, उसका परिणाम सन् १६४२ में सिंगापुरमें हुआ। ३,००० गढ़वाली सिपाही और अच्छे-अच्छे गढ़वाली अफसरोंने देशभक्त सुभाषचन्द्र बोसके नेतृत्वमें आजाद हिन्द फौजमें भर्ती होनेका निश्चय किया और विदेशी शासकोंकी सेनाके खिलाफ लड़ने और हिन्दुस्तानको आजाद करनेके इरादेसे वे मनीपुरके समीप आ गये थे। यह एक मामूली बात नहीं है, कि २०,००० हजार भारतीय सिपाही, जो जापानियोंके कैदी बने थे, उनमेंसे ३०० गढ़वाली सिपाही थे, जिन्होंने हिन्दुस्तानको आजाद करनेका बीड़ा उठाया था।"

इस जीवनीके लिखनेमें प्रायः सारी सामग्री हमें गढ़वालीजीसे मिली। १६३६ में बरेली जेलमें पहुँचने तक अपनी जीवनीको बड़े भाईने स्वयं लिखकर भदन्त आनन्द कौसल्यायनको दिया था, जिन्होंने उसे बहुत कुछ सुधार दिया था। पीछेके भी कितने ही वर्षोंकी जीवनी उन्होंने लिखी थी, लेकिन वह लेखकको मिल नहीं सकी, और बड़े भाईको बारह दिन लेखकके पास रहकर सारी बातें बतानी पड़ीं। ६५ वर्षके हो जानेपर स्मरण-शक्तिका कमजोर हो जाना स्वाभाविक है, लेकिन बड़े भाईकी वह उतनी कमजोर नहीं हुई है, और अपने भीतर डुबकी लगानेपर वह कितनी ही घटनाओंको जल्दी ढूँढ़ लाते रहे। प्रकृतिकी तरफसे उन्हें बहुत अच्छा स्वास्थ्य मिला है, लेकिन जिन चिन्ताओंमें उनके यह अन्तिम वर्ष बीत रहे हैं, और मलेरिया और पेचिशसे सदा पीड़ित रहनेवाले जिस भाबरको उन्होंने अपना अन्तिम निवास बनाया है, उसने स्वास्थ्य पर बुरा प्रभाव डाला है।

साथी रमेश सिन्हा और दूसरे साथियोंने पुस्तकके लिखनेमें सहायता और प्रेरणा दी, जिसके लिये हम उनके आभारी हैं। श्री मङ्गलदेव परियारने जिस तत्परतासे प्रेस-कापी टाइप करके तैयारकी, उसके लिये लेखक और पाठक दोनों कृतज्ञ हैं।

—राहुल सांकृत्यायन

मसूरी,
८-१०-५५

विषय-सूची

अध्याय १

बाल्य (१८६१-१६०४ ई०)

"हम नहीं आयेंगे, चाहे तोपसे हमें उड़ा दो।"

"हम बूढ़ों-बच्चोंको मारने के लिये तैयार नहीं।"

ये वाक्य थे उन वीरोंके मुँहके ऊपर, जिन्होंने १६३० के अप्रैलमें पेशावर में अपने भाई पठानोंके ऊपर अंग्रेजोंके हुकुम पर गोली चलानेसे इन्कार कर दिया था। एक नहीं, पूरी कम्पनीके भीतर इस तरहके भाव भरनेवाला कौन था ? चन्द्रसिंह।

आज २५ वर्ष बाद सालों अंग्रेजी जेलोंमें सड़ने के अनन्तर बूढ़े वीर चन्द्रसिंहको उत्तर-प्रदेश सरकारने १४ रुपया मासिक वृत्ति देनी चाही। कितनी विडम्बना ! आइये, उस वीर गढ़वालीके जीवनको पढ़िये, वह एक पुण्य श्लोकका जीवन है, और साथ ही वह किसी भी सुन्दर कथा या उत्तम यात्रासे कम दिलचस्प नहीं है।

अपने जन्मके बारेमें चन्द्रसिंहने स्वयं लिखा है—"मेरा जन्म एक साधारण स्थितिके किसान-परिवारमें पौष शुक्ल १५ संवत् १६४८ (१८६१ ई०) को हुआ था। पैतृक वंशावलीके विषयमें दन्त कथायें बताती हैं, कि हमारे पूर्व-पुरुषोंका निवास संभल-मुरादाबाद था। वे चौहान थे। किसी संघर्षके परिणामस्वरूप हमारे एक पूर्वज गढ़वालकी चाँदपुरी गढ़ीमें आकर बस गये। हमारा परिवार चौदह पुश्तोंसे गढ़वाल हीमें रह रहा है। लेकिन, हमें अपनेसे पहले छ पुश्तोंका ही ज्ञान है—

दास चौहान (१७५० ई० ?)
गल्लू चौहान (१७८० ई० ?)
बनचिया चौहान (१८१० ई० ?)
कमली चौहान (१८३० ई० ?)
जाथलीसिंह (१८५० ई० ?)

जाथलीसिंह मेरे पिता हैं। मेरे अतिरिक्त उनके दो पुत्र और एक पुत्री और हैं।

चन्द्रसिंहका जन्म हिमालयके नयनाभिराम प्राचीन केदारखण्ड और आजकलके गढ़वालके एक बहुत ही सुन्दर स्थानमें हुआ था। गाँवके ऊपर दोनों ओर हरियालीसे ढँके ऊँचे पहाड़ हैं, जिनमें और समय भी प्रकृति-सौन्दर्यका आनन्द लिया जा सकता है; हर वर्षामें उसकी एक अंगुल भूमि, मखमली हरे कालीनसे ढँक जाती है, वसन्तमें रंग-बिरंगे फूल सज जाते हैं। बुरांस (रोड्रेनड्रन्) अपने अतिरिक्त फूलोंसे आमूल ढँक जाता है, जिनको देखकर अप्सराओंको भी एक फूल निकालकर अपने केशोंमें डालनेका लोभ हो जाता है। यदि कालिदास हिमालयके अभिन्न अंग होते, तो वह वसन्तके फूले बुरांसपर ही एक पूरा महाकाव्य लिख सकते थे। बुरांसके पेड़के अतिरिक्त काफल भी इस भूमिकी एक बड़ी सम्पत्ति है। तरुण-तरुणी "काफल पाक्यो" कहकर नाच उठते हैं। इसका स्वाद खानेवालोंको कम मधुर नहीं मालूम होता। पांगर (चेस्टनट) भी वहाँके जंगली पेड़ोंमें है, जो युरोप जैसे सर्द भूमिमें ही पाई जाती है। इससे मालूम है, कि उस गाँवमें जिसे हम गर्मी कहते हैं, उसका कभी प्रवेश नहीं होता। सैलू, पयांर, आंयार, किलमोड़ा, उतिस जैसे वृक्ष-वनस्पति वहाँ देखे जा सकते हैं। मेलू, अयांग, पदमके पेड़ोंके बीचमें किलमोंडेके पीले फूल वसन्तके अपने रंगको प्रकट करना चाहते हैं।

दो ओरसे तीन पहाड़ी नदियाँ आकर मिलती हैं, यहीं त्रौंवेणी (त्रिवेणी) की बस्ती है, जिसके नीचे एक काफी बड़ा मैदान है। जिसके बीचोबीच तीनों नदियाँ एक होकर अपेक्षाकृत बड़ी नदीका रूप लेती हैं। इस समतल भूमिको तलैया कहते हैं। पहाड़में सीढ़ी जैसे बनाये कम चौड़े खेत ही अधिक देखनेमें आते हैं, लेकिन तलैयाके लोग बड़े-बड़े चौड़े-चौड़े खेत बना सकते हैं। नदीकी धारसे छोटी कुलिया निकालकर लोगोंने पंचक्कियाँ लगा दीं। शताब्दियोंसे पहाड़की महिलायें हाथसे चक्की घुमाकर आटा पीसनेसे मुक्त हैं। मैदानमें अभी भी बहुत जगहोंमें हाथकी चक्कियाँ ही चल रही हैं, जिनसे एक बड़ा लाभ है, कि चक्कीपर गाये जानेवाले सुन्दर लोक-गीत अब भी वहाँ सुने जा सकते हैं।

रोणौसेरा गाँव यहींपर पहाड़की ढलानमें बसा है, जिसके पास दो-तीन और गाँव दिखाई पड़ते हैं। इन हरे-भरे जंगलोंमें बहुत प्रकारके फल-फूल, कन्द-मूल होते हैं। इसीलिये घरोंमें साग-सब्जी बोनेकी जरूरत नहीं होती।

ऐसी सुन्दर प्रकृतिने बचपनसे ही चन्द्रकी आँखोंमें बसकर क्या प्रभाव डाला होगा, इसका अनुमान किया जा सकता है।

जाथलीसिंह चन्द्रसिंहके पिता १९३६ तक जीवित थे, जिस समय उनकी उमर ६० साल की थी।

अपने पूर्वजों में नामके भ्रमसे दास के बारे में चन्द्रसिंह को ख्याल आता है, कि वह दास थे। उनका कहना है "दासता के चिन्हों को मेरे पिता ने निःशेष किया।" इसमें शक नहीं, कि दास चौहान के समय १८ वीं सदीके मध्य में दास-प्रथा गढ़वाल में और देश में भी मौजूद थी। १८१४ ई० में गोरखा-शासनका यहाँ अन्त हुआ था। अपने शासनकाल में गोरखों ने धन लूटने के साथ-साथ गढ़वाली नर-नारियों को दास के रूप में बेच कर भी पैसा जमा किये। हरद्वार के पास हरकी पौड़ी के पास ही गोरखा-सीमा के भीतर दास-दासियों की हाट लगती थी। १८०८ ई० में यात्रा करते एक अंग्रेज ने इसका उल्लेख किया है। १८१४ ई० में अंग्रेजी सेना के साथ घूमे जे० बी० फ्रेजरने लिखा है "गोरखालियोंने लोह-दण्डसे गढ़वालका शासन किया, जिससे यह देश बहुत शोचनीय स्थितिमें पहुँच गया। यहाँके गाँव जन-शून्य हो गये, कृषि नष्ट हो गई और जनसंख्या अप्रत्याशित रूपसे कम हो गई। कहा जाता है, दो लाख गढ़वाली दास रूपमें बेच दिये गये।*—फ्रेजरके उल्लेख अनुसार दो लाख गढ़वालियोंको दास बनाकर गोरखोंने अपने १५ साल के शासनमें गढ़वालके बाहर बिकवाया था; और गढ़वालके भीतर जो बेचे-खरीदे गये वह इनसे अलग थे। पहाड़में यह दास-प्रथा कितनी दुस्सह रूपमें विद्यमान होगी, इसे कहनेकी आवश्यकता नहीं। प्रत्यक्षदर्शी अँग्रेज रेपरने भी १८०८ ई० में लिखा था—"हरकी पौड़ीकी ओर जानेवाले घाटेकी जड़में गोरखा-चौकी है, जहाँपर पहाड़से दासोंको लाकर बेचनेके लिये प्रदर्शित किया जाता है। तीनसे तीस वर्षके ये बेचारे अभागे स्त्री-पुरुष सैकड़ोंकी संख्यामें प्रतिवर्ष बाजारमें बेच दिये जाते है। ये दास पहाड़के भीतरी सभी भागोंसे लाकर हरद्वारमें दससे डेढ़ सौ रुपयेकी दरसे बेंचे जाते हैं।"

जो दास नहीं थे, वह भी अपने मालिकों—सामन्तों या राजाओं—के सामने बहुत नीच स्थिति रखते थे, और उनका जीवन अर्ध-दास (सर्फ) जैसा ही था।

दासके पिताकी मृत्यु उनके बचपनमें हो गई। उनकी विधवा माँ अपने बड़े और छोटे लड़केको लेकर पासकी पट्टी ढाइजोलीके गाँव पैंठानीमें चली गई। वहाँ एक ममगाई ब्राह्मण-परिवारमें सेवा करते जीवन बिताने लगी। जवान होने पर दास डाकियाका काम करने लगे डाकखानेका डाकिया नहीं, अभी तो उसके श्रीगणेशमें सौ वर्षकी देरी थी; निजी या राजकीय डाक उस समय भी चलती थी। दास अपनी माँ और भाईको भी पालने लगे। भाई पीछे सलोल गाँवमें बस गया, पर उसका वंश आगे नहीं चला।

गढ़वाल पुराने समयसे पट्टियों में बँटा था। हरेक पट्टीमें कितने ही गाँव होते हैं। कई पट्टिया मिलकर एक पर्गना बनाती हैं। गढ़वाल जिलेमें १२ पर्गने और ८६

*The Himal.

पट्टियाँ है, टेहरी जिलेमें पट्टियोंकी संख्या ११ है। ढाइजोली पट्टी चाँदपुर पर्गनेमें एक अच्छी खासी पट्टी है। उस समय यह एक भण्डारी राजपूतकी जागीर थी। पामा भण्डारी काफी बड़ा जागीरदार था। उसके पास इस पट्टीके अतिरिक्त चोपड़ाकोट—(देवलगढ़ पर्गना) चौथाना (देवलगढ़) और ढौंडियालस्यूं (मल्ला सलाण) की पट्टियाँ भी थीं। पामा भण्डारी स्वयं ढाइजोली पट्टीके तरपाली ग्राममें रहता था। कुछ समय बाद दासने हरकाराका काम छोड़कर पामा भण्डारीकी नौकरी कर ली।

जागीरदार पामा भण्डारीके रौणू और झांकरू दो लड़के थे। बड़े होनेपर झांकरू ढौंडियालस्यूं पट्टीके मेलदार गाँवमें जाकर रहने लगा, और रौणू भण्डारी चौथान पट्टीके मांसो-रौणसेरामें बस गया। दासने अपने जीवन भर भण्डारियोंकी नौकरी बजाई। जब बूढ़े हो गये, तो पामाने उन्हें रौणूके साथ रौणूसेरा में भेज दिया। पामाकी मृत्युके समय दस दासने अपना सिर भद्र कराया था। लेकिन, सिर भद्र कराना दासताका चिन्ह नहीं है। जागीरदारके नीचे काम करनेवाले, विशेषकर उनके अर्ध-दास भी ऐसा किया करते थे।

दासके पुत्र गल्लूने खेतीके साथ-साथ पेरनेका काम भी शुरू कर दिया। पहाड़में बहुत सी वह जातियाँ नहीं मिलती, जो देशमें मिलती हैं। उदाहरणार्थ यहाँ धोबी नहीं होते, तेली भी नहीं होते। कितने ही और पेशे इच्छा होने पर कोई भी कर सकता है। यद्यपि तेल पेरनेकी वजहसे गल्लू और उनकी सन्तानोंको तेली भंडारी कहा जाने लगा, पर इससे मैदानके तेली जातिका अर्थ नहीं लेना चाहिये। तेल पेरनेका काम इस परिवारमें चन्द्रसिंहके दादा कमलीके समय तक चलता रहा। भण्डारियोंके अनुचर होनेके कारण इस वंशको भण्डारी कहा जाने लगा। राजस्थानमें भी सामन्तोंके लग्गू-भग्गू अपने मालिकके कुलका नाम अपने साथ जोड़ते हैं।

चन्द्रसिंहका परिवार पिछली शताब्दी तक अपनेको भण्डारियोंका अनुचर मानता रहा है।—किसी भण्डारीके मरनेपर इनके परिवारके पुरुष भी भद्र होते, भण्डारियोंके लिये तेल पेरते,...कहीं जानेपर सेवकके साथ इन्हें जाना पड़ता और... भण्डारी की तरुण बहूके छूनेसे परहेज करते।

जाथलीसिंह—चन्द्रसिंहके पिता—बिल्कुल निरक्षर थे, पर वह रौणसेरा गाँवके एक प्रतिष्ठित पुरुष थे। वहाँके पंचोंमें उनकी गिनती थी। तेलीका काम उन्होंने छोड़ दिया था, और खेती-बारीसे ही जीविका चलाते थे। पर अनपढ़ होते हुये भी सुन-सुनकर उनको कितनी ही दवाइयाँ मालूम थीं, और वैद्यके तौरपर आसपास उनकी पूछ थी। जाथलीसिंहका ब्याह लगभग २५ सालकी उमरमें हुआ था। अपनी माँके बारेमें चन्द्रसिंहने लिखा है—"मेरी माँ अपढ़ होते हुये भी सुशील, उदार एवं

अतिथि-सत्कार परायण थी। मैं तो यहाँ तक कहता हूँ, कि वीरताके अतिरिक्त मेरे अन्दर जो भी गुण हैं, वह मेरी माताकी ही देन है।" जाथलीसिंह बड़े दृढ़ स्वभावके थे। वह ऐसे आदमी थे, जिनके भीतर कोमलता रहते भी बाहर कठोरता दीख पड़ती है। अनुशासनकी अवहेलना वह पसन्द नहीं करते थे, यह हम देखेंगे।

बचपनमें चन्द्रसिंह बहुत नटखट और चंचल थे। उनके पितामह कनली गाँवसे कुछ हटकर एकान्त स्थानमें जाकर बस गये थे, क्योंकि गाँवमें रहनेकी जगह अपने खेतोंके पास रहना उन्हें अधिक पसन्द था। पासमें जंगल था जिससे गायों-भैंसोंके लिये भी बड़ा सुभीता था। निर्जन स्थानमें पैदा हुये बालकको साथ खेलनेके लिये लड़के कहाँसे मिलते लेकिन बालकको तो खेल चाहिये ही। चन्द्र अकेले ही खेला करता था, उसके मनोविनोदका एक रूप यह भी था, कि उधरसे आते-जाते आदमी पर पत्थर फेंकता। लोग इससे बहुत परेशान थे और उसे बुरा-भला कहते।

चन्द्रसिंहको बड़ी प्रसन्नता हुई, जब कुछ दिनों बाद पिता जाथलीसिंह अपने बापके निर्जन स्थान निवाससे असंतुष्ट हो गाँवमें चले आये। गाँव वहाँ से पाँच सौ गजसे अधिक दूर नहीं था। चन्द्रसिंह बहुत स्वस्थ बालक था, अपनी उमरके लड़कोंमें सबसे अधिक ताकतवाला भी था। वह किसी से पिटने-पिटानेके लिये तैयार हो जाता, और अपनी उमरके आसपासवाले को तो पटककर खूब मारता। लोगोंने इस लड़केको 'भड़' (भट्ट, वीर) का नाम दे दिया था जो चन्द्रसिंहके आगेके जीवनमें बिल्कुल यथार्थ सिद्ध हुआ।

गाँवमें चन्द्रसिंहकी उमर के छोटे-बड़े १२ से अधिक लड़के-लड़कियाँ थे। इसे कहनेकी आवश्यकता नहीं, कि गाँव के भड़के सामने सिर झुकानेके सिवा उनके लिए कोई चारा नहीं था। यद्यपि वह सबके साथ खेला करता, लेकिन उसके सबसे घनिष्ट दोस्त थे एक लड़का और एक लड़की। लड़कीसे विशेष दोस्ती थी। लड़के तरह-तरहके खेल किया करते थे। वह बड़ों को जो करता देखते, उसकी नकल उतारना उन्हें सबसे प्रिय था। यह भी अपनी बारात निकालते, गाना गाते, नाचते। ऐसी ही एक "बारातमें" चन्द्रसिंह और एक लड़की—कलुली—की शादी भी हो गई। घरवाले ऐसी शादीको कब मान सकते थे? पर, खेलके दुल्हा-दुल्हन को एक दूसरेके घरोंमें जाने पर भोजन कराते। दोनोंकी माताओं को यह जोड़ी अच्छी लगती थी, इसलिए वह बड़े प्यारके साथ उन्हें एक साथ खाना खिलातीं। गुड़, खाजे, चिटुनियल, कोनियल जैसे अपने यहाँ के सुन्दर व्यंजन उन्हें प्राप्त होते। एक दिन लड़की के घरमें धान रोपनेके समयका भोज—सेरासवाई—था। धान रोपने का काम बड़ी जल्दी करना पड़ता है। जैसे ही खेतमें पानी भरता है, तुरन्त तैयार पौधोंको रोप देना पड़ता है। इसके लिये किसान एक दूसरेकी सहायता करते

हैं। उस दिन कठुलीके पिताके यहाँ २०-२५ आदमी धान रोपने के लिए आये थे, जिनको अच्छा भोजन देना किसान अपना कर्तव्य समझते हैं। एक बड़े हंडेमें भात पकाया गया था, दाल, सब्जी भी तैयार थी। सब चीज तैयार करके घरवाले किवाड़में साँकल लगाकर निश्चिन्त थे। "लोग रोपनी करके आयेंगे, और खूब प्रसन्न होकर दाल, भात, साग, चटनीका स्वाद लेंगे।" उन्हें क्या मालूम था, कि यहाँ भड़ मौजूद है।

भड़ने भाँप लिया। उसने अपने लड़के-लड़कियोंकी पल्टन जमा की। किवाड़की साँकल खोली। फिर सारी पलटन भीतर घुस गई। एक बरतनमें दाल-भात-साग सब रख लिया, और सभी वहाँ बैठकर बड़े आनन्द से खाने लगे। जानते थे, कि रोपनिहार इतनी जल्दी आनेवाले नहीं हैं। अगर उसी समय वह आ गये होते, तो इसमें शक नहीं भड़ और उनकी पलटनको भोजकी कुछ दक्षिणा भी मिली होती।

रोपकर लोग घर आये। साँकल उसी तरह लगी थी। दरवाजा खोलकर भीतर झाँका, तो वहाँ बरतनमें अब भी कुछ चीजें बची हुई थीं, और इधर-उधर कन्हैयाजी के बालगोपालोंकी जूठन पड़ी हुई थी। सारा भोजन जूठा हो गया था। लोगोंके पेटोंमें चूहे कूद रहे थे। उनका दिमाग गरम होना ही चाहिये था तो योग्य ही था। जब मालूम हुआ, कि भड़की बारातका यह भोज था तो सब लोग हँसने लगे। फिरसे दाल, भात और तरकारी तैयार की गई, और घन्टे-दो-घन्टे बाद उन्होंने भोजन किया। भड़ और उसकी पलटनको अपनी सफलता पर बड़ी प्रसन्नता होनी ही चाहिये थी, खास-कर जब कि वे यह सब करके निर्लेप बच गये।

पहाड़के बच्चोंके जितने भी खेल थे, भड़ बड़ी प्रसन्नता से उनको खेलता था। घिनगोड़ीका खेल उसे बड़ा पसन्द था। ढलानमें फिसलते हुये पानीमें कूदनेमें आनन्द आता था। आपसमें एक दूसरेके ऊपर गोबर फेंकना उनके लिये केवल होली के लिये नहीं था। गालियाँ भी वह खूब देते, और रोते भी उसी तरह। सभी बातोंमें सभी खेलोंमें भड़ अपने नामको यथार्थ करते मीर रहता।

२० वीं शताब्दीके आरम्भ होनेसे नौ वर्ष पहले भड़का जन्म हुआ था। अब वह २० वीं सदीमें पैर रख चुका था। उस समय अंग्रेजी सरकारने नाम करने हीके लिए शिक्षाकी ओर ध्यान दिया था। पर, गढ़वाल अपनी पुरानी प्रथाके कारण इसमें अधिक सौभाग्यशाली था। वह उस समयके युक्त-प्रदेश (उत्तर-प्रदेश) के जिलोंमें शिक्षामें सबसे बढ़े हुये जिलोंमें से था। स्कूल कम थे, पर साक्षरोंकी संख्या काफी थी। प्रत्येक पिता या बड़ा भाई अध्यापकका काम करता था। सबेरे-शामको थोड़ी देरके लिए अपने पुत्र या छोटे भाईको बैठाकर कुछ पढ़ाता था। चन्द्र इस बातमें

भाग्यवान् नहीं था, क्योंकि उसके पिता जाथलीसिंह वैद्य होते भी काले अक्षरको भैंस बराबर समझते थे। यदि साक्षर भी होते, तब भी लड़केके पढ़ानेकी फुरसत उनको मुश्किलसे ही मिलती। घरके कामके अतिरिक्त उन्हें रोगियोंके देखनेके लिए अक्सर बाहर जाते रहना पड़ता था। पिता अपने बेटेकी शिक्षाके लिए बिल्कुल चिन्ता नहीं करते थे, लेकिन लड़केमें और खेलोंकी तरह पढ़ाईके खेलका भी विशेष आकर्षण था। गाँवके सबसे बड़े जमींदार जवाहरसिंह थे। वह रोज प्रातः सायं अपने लड़कोंको पढ़ाया करते थे। चन्द्रसिंहने यह नियम बना लिया, कि पढ़ाते समय वहाँ जाकर सुनता-देखता रहे। जवाहरसिंहके लड़के दुद्धी, (कमेड़ा) से पटरीपर जो कुछ लिखते, उसको चन्द्र बैठा-बैठा देखता और स्मृति तेज होनेके कारण जल्दी याद कर लेता। जवाहरसिंहके घरसे लौटने पर वह कोयले या पत्थरसे जमीन पर उन अक्षरोंको लिखकर स्वयं पढ़ता। जवाहरसिंह भन्डारी—चन्द्रसिंहके खानदानी स्वामी भण्डारी—अपने बच्चों से जब पढ़ाया पाठ पूछते, तो वह उत्तर नहीं दे सकते थे, पर चन्द्र उत्तर दे बैठता। जवाहरसिंह भड़का उदाहरण देकर अपने लड़कोंको बहुत लज्जित करते। एक दिन जाथलीसिंह किसी कार्यवश जवाहरसिंहके घरपर गये। वह अपने बच्चोंको पढ़ा रहे थे, और चन्द्र वहाँ बैठा-बैठा सुन रहा था। जवाहरसिंहने होनहार बच्चेका ख्याल करके उसके पितासे कहा—"देखो जाथलीसिंह, तुम्हारा लड़का बड़ा होशियार है, तुम इसे पढ़नेके लिए भेज दो।" जाथलीसिंहने इस पर कहा—"आप ही इसे पढ़ा दीजिये।"

जवाहरसिंह बड़े उदार विचारोंके थे। उनमें ईर्ष्या-द्वेष बिल्कुल नहीं था। छोटे बच्चोंसे वह बड़े प्रेमके साथ बातें करते। सोमवारका दिन था, इसीदिन चन्द्रसिंह पैदा हुआ था, जवाहरसिंहने अपने लड़केकी कलम और पटरी लेकर चन्द्रसिंहके हाथमें दे दी, और उसे अ-आ पढ़ाना शुरू किया। इस समय चन्द्रकी आयु दस-बारह सालकी रही होगी। तबसे एक साल तक जब तक कि जवाहरसिंह जीवित रहे—चन्द्रको उनके शिष्य बननेका सौभाग्य प्राप्त हुआ।

खिलवाड़ और लड़न्त-भिड़न्तके शौकीन भड़के स्वभावमें एक यह भी विचित्रता थी, कि उसे पढ़नेकी बड़ी इच्छा थी। अफसोस है, कि उसके लिये बचपनमें अवसर नहीं मिला, और आगे भी दूसरे कामोंने समय नहीं दिया। बीच-बीचमें जो समय निकल सकता था, उसे चन्द्रसिंहने इस्तेमाल किया. जिससे उनका ज्ञान काफी विशाल हो गया। सहृदय ठाकुर जवाहरसिंहके मरनेके बाद उसे बड़ी निराशा हुई। अब पढ़नेका रास्ता बन्द हो गया। उसी समय उसे पता लगा, कि घमतपामें मूसा पादरी लड़कोंको पढ़ाया करता है। घमतपा ईसाईयोंका गाँव था। १८१४ ई० में कुमाऊँके शासक जब अंग्रेज हुये। तो इन ठण्डे-ठण्डे पहाड़ों को देखकर एक ओर उनका ख्याल यहाँ गोरा-उपनिवेश बनानेका हुआ, जिसकी थोड़ी

बहुत कोशिश उन्होंने १८५७ ई० के स्वतन्त्रता-युद्ध के समय तक की। वह चाहते थे, यहाँ अपने स्वतन्त्र व्यवसायपर जीविका करनेवाले अंग्रेज उसी तरह बस जायँ, जैसे दक्षिण अफ्रीकामें, जैसे न्यूज़ीलैण्डमें। इसी स्वतन्त्र जीविकाको कायम करनेके लिये उन्होंने इन पहाड़ोंमें चायके बगीचे, सेब और दूसरे फलोंके उद्यान लगवाये, और नैनीतालके पास कालाढुंगीमें लाखों रुपयेकी पूँजीसे लोहेका कारखाना खोला। १८५७ ई० में उनकी यह लालसा सदाके लिये विदा हो गई, जब कि उन्होंने देखा, कि हमारे लोगोंको खतरेसे खाली गोरा-उपनिवेश बसानेकी यहाँ सम्भावना नहीं है। दूसरी आकांक्षा कुमाऊँके अंग्रेज शासकोंकी यह थी, कि काफिर हिन्दुओंको ईसाका भक्त बनाया जाय। इसके लिये उन्होंने ईसाई-धर्मके प्रचारके वास्ते हर तरहका प्रोत्साहन और सहायता दी। कई दशाब्दियों तक कुमाऊँके बेताजके राजा रामजी—रेमजे—साहबने ईसाईयतके प्रचारके लिये विशेष ध्यान दिया था। इसीका परिणाम था, जो घमतपा जैसे यहाँ कुछ ईसाईयोंके गाँव भी आ मौजूद हुये थे।

घमतपाके पादरी मूसाके पास आसपासके लड़के पढ़ने जाया करते थे। जवाहरसिंहने भी अपने लड़कोंको पीछे उसीके पास पढ़नेके लिये भेज दिया था। चन्द्रने अपने बापसे बड़ी प्रार्थना की, लेकिन जाथलीसिंह तो मानते थे—"ओना-मासीधम, बाप पढ़े न हम।" वह कब इजाजत देने लगे? लेकिन, चन्द्र इतनेसे हिम्मत हारनेवाला नहीं था। एक दिन बापकी नाराजीकी कुछ भी पर्वा न करके वह मूसाके स्कूलमें जा पहुँचा। उसके साथियोंने जब सब बातें बतलायी, तो मूसाने बिना नाम लिखे, अर्थात् बिना फीस लिये, ही चन्द्रको भी अपने विद्यार्थियोंमें शामिल कर लिया। दिन तो चन्द्रका स्कूलमें कटा। शामको सब लड़के अपने-अपने घर लौटे, लेकिन चन्द्रको जाथलीसिंहकी लाल-लाल आँखें याद आने लगीं, और वह घर जानेकी जगह पासके एक गाँव में रह गया। रातको माता-पिताने बहुत खोज की, पर उसका पता नहीं लगा। अगले दिन सबेरे लड़कोंको स्कूलकी ओर जाते देख वह भी पीछे-पीछे हो गया। गढ़वालमें बड़ी जातवालोंमें भी कच्ची-पक्कीकी छुआछूतकी मर्यादा देशसे कुछ भिन्न है। तिब्बतके लोगोंके साथ लड़ाईमें महीपत शाह (१६१५ ई०) ने यह व्यवस्था दे दी थी, कि रोटीको शुचि-शुद्ध माना जाय, और उसे बिना कपड़ा उतारे तीनों वर्णोंके हाथसे खाया जाय। इस राज-व्यवस्था का लाभ गढ़वालियोंने तबसे बराबर उठाया। मूसाके स्कूलमें पढ़नेवाले विद्यार्थी दोपहरको खानेके लिये घरसे कपड़ोंमें बाँधकर रोटी लाते थे। वह रास्तेके एक पेड़ पर उसे टाँगकर स्कूलमें चले जाते और छुट्टीके समय उतार कर खा लेते। भड़ने कल दिन भर नहीं खाया था, रात को उसे भूखे ही सो जाना पड़ा था। रोटियोंको पेड़पर टँगी देखकर उसकी भूख आपेसे बाहर हो गई। लड़के वहाँसे जैसे ही आँखसे ओझल हुये, भड़ पेड़पर चढ़ गया, और रोटियाँ निकालकर भूख शान्त करके वह भी स्कूल चला गया। रोटियोंकी

तलाश अभी दोपहरको होती, लेकिन जैसे ही भड़ स्कूलमें पहुँचा, उसके पिता वहाँ पहुँच गये। गाँवके ठाकुरके लड़के पढ़ने आया ही करते थे। उनसे उन्हें मालूम हो गया था। गुस्सा आनेपर जाथलीसिंहका हाथ भी खूब चलता था। भड़ डरके मारे मास्टरके पास दुबककर बैठ गया। अब जाथलीसिंह मास्टरके पाससे घसीटकर लड़केको मार कैसे सकते थे? मास्टर लड़केकी तीव्र बुद्धिके बारेमें जान चुके थे। उन्होंने जाथलीसिंहसे कहा—"तुम्हारा लड़का बड़ा ही होशियार है, इसे मेरे पास पढ़ने दो।" इस समझाने-बुझानेका यह असर हुआ, कि जाथलीसिंह मान गये। चन्द्र चौथे दर्जे में पढ़ने लगा।

भड़ कुछ महीने तक ही मूसा मास्टर के पास पढ़ सका। रौणासेरा गाँवमें भी एक ब्राह्मण लड़कोंको पढ़ाया करता था। उसके पास ब्राह्मण लड़के ही पुण्याहवाचन आदि पुरोहितीकी बातें सुबह-शाम सीखा करते थे। मूसा मास्टरके यहाँ जानेकी जगह चन्द्रने अब गाँवके पण्डितके पास बैठना शुरू किया, और और लड़कोंकी तरह बालबोध आदि अनावश्यक पुस्तकें रटता रहा।

जाथलीसिंहको अपने लड़केका पढ़ाईमें लगना बिल्कुल बेकार मालूम होता था। पढ़के उसे क्या लेना है? घरकी गाय-भैंसे कौन चराने जायगा? आखिर मजबूर होकर भड़को गाय-भैंसके पीछे पड़ना पड़ा। अब भी उसकी लालसा मरी नहीं। गाय-भैंसोंको चरनेके लिये छोड़कर वह जहाँ और खेल खेलता, तहाँ कोयलेसे मिट्टी या पत्थरपर पढ़ी हुई बातोंको लिखता रहता। उसकी पढ़ाई आगे तो नहीं बढ़ी, पर इसके कारण वह पढ़ी हुई बातोंको भूल नहीं सका।

अध्याय २

तरुणाईकी उषा (१९०४ ई०)

१४ वर्षकी उमरमें पहुँच जाने पर माँ-बाप लड़केको कुँवारा कैसे रख सकते थे? औरोंकी तरह उन्हें भी जल्दी नाती-पोते देखने की इच्छा थी। चन्द्रके लिये भी उमरमें अपनेसे एक साल बड़ी कलुली पसन्द की गई। इस उमरमें लड़कियाँ लड़केसे अधिक तगड़ी दीख पड़ती हैं। साँवली होनेके कारण उसे यह नाम मिला था। डील-डौलमें अपनेसे बड़ी देखकर भड़ पहले भयभीत होने लगा। सचमुच ही उसे देखकर उसका शरीर सूखने और पीला पड़ने लगा। पिताकी दवाने जब कोई काम नहीं किया, तो वह दूसरे वैद्यके पास गये। उसने दूध-पाक बनाकर खिलाने के लिये कहा। बीसों रुपये खर्च हुये, जब जाकर चन्द्रका शरीर सँभला।

इस समयकी बहुतसी कटु स्मृतियाँ चन्द्रको याद है, जिनमें कितनी ही उसीको नहीं, बल्कि गढ़वाल कुमाऊँकी जनताको भोगना पड़ता। कुमाऊँमें उस समय तीन और अब चार जिले थे—अल्मोड़ा, नैनीताल, गढ़वाल (और टेहरी)। १८१४ ई० तक पहले अपना और पीछे नेपाल का शासन इस भूभाग पर रहा। १८१४ ई० में अंग्रेजोंने इसे हाथमें लिया, और लोगोंकी हालतको बेहतर बनानेकी कोशिश नहीं की। पहाड़में बदरीनाथ-केदारनाथके रास्तोंको छोड़कर और जगह दूकानें भी कम थे, और मंडियाँ तो सौ-सौ मीलपर पड़ती थीं। लोग दो-दो तीन-तीन हफ्तेकी मंजिल मारकर वहाँसे नमक-गुड़ और दूसरी चीजें लाया करते थे। ऐसी यात्राको गढ़वालमें ढांकर कहा जाता है। नदी-नालोंको पार करते छूरेकी धार जैसी पगडंडियोंसे चलना पड़ता था, जिसके कारण कितने ही जाकर फिर नहीं लौटते थे। इसलिए लोग अपने बालबच्चोंसे अलग होते आँसू बहाकर घरसे निकलते थे, और देवी देवी-देवताओंकी मनौती मानते थे।

साधारण जनताका जीवन बहुत कष्टमय था। अंग्रेजोंने शासनकी बागडोर सँभाली, पर पुरानी दुस्सह प्रथाओंको जारी रक्खा। राजाओंके समयके जागीरदार, थोकदार, नेगी, भण्डारी, जोशी जिस तरह मनमानी करते थे, वह नये रूपमें अब भी वर्तमान थी। सबसे बढ़कर तीन प्रथायें गढ़वाली जनसाधारणके लिये अत्यन्त दुस्सह थीं—(१) बारदास्त, (२) कुली या उतार, (३) दस्तूर।

१. बारदास्त या अदास—जब कोई बड़ा राजकर्मचारी या उसका चपरासी भी किसी गाँवमें आता, तो गाँवके लोगोंका यह कर्तव्य था, कि उनकी बार्दास्त करे, अर्थात् जिउनारके लिये दही, दूध, घी, नमक, मसाला, गुड़, लकड़ी, पानी, बरतन ही नहीं, बकरे—शिकार—अण्डे, मुर्गी उनके खानेके लिए तथा उनके घोड़ोंके लिए घास-दाना मुफ्त जमा करके दे। यही नहीं, डेरा डालनेके लिए उन्हें घास-फूस काटकर छप्पर तैयार करना पड़ता था। फिर उनके कपड़े धोना, जूठे बरतनोंको साफ करना सारी सेवायें बिना किसी हिला-हुज्जत या मजूरीके करनी पड़ती थी।

२. कुली या उतार—अपने यहाँ आये अफसरों और उनके आदमियोंके बोझोंको एक जगहसे दूसरी जगह पहुँचा देना अर्थात् बेगारको कुली या उतार कहा जाता था। आदमी चाहे बड़ी जातका (बीठ) हो या छोटी जातका (डोम) वह अफसरोंके जूठे बरतन, मुर्गी-अंडे, यहाँ तक कि पाखाने के गमलेको भी उठाकर ले चलनेसे इन्कार नहीं कर सकता था। १२-१४ मील पर दूसरा पड़ाव होता था, जहाँ पहुँचा आना अनिवार्य कर्तव्य था। बाहरी अफसरोंके ही नहीं, बल्कि गाँवके प्रधान, पट्टीके पटवारियों, जंगलातके फारेस्ट गार्डों, अफसरोंके चपरासियों, अमीनों, एक जगहसे दूसरी जगह भेजे जानेवाले कैदियोंके भी असबाबको लेकर उन्हें १०-१५ मील ही नहीं, अल्मोड़ा, पौड़ी, नैनीताल तक जाना पड़ता था। चाहे इसके लिए उन्हें एक महीना घरसे बाहर रहना पड़े, लेकिन उसकी कोई मजूरी नहीं मिलती थी, खाने के लिए भी घरसे ले जाना पड़ता था।

३. दस्तूरी—बहुतसे कानूनमें अलिखित कर देने पड़ते थे, जिन्हें दस्तूरी कहा जाता था। ये कर थे :—

१. सोणिया सेर घी—श्रावणमें प्रतिवर्ष सेर भर घी गाँवके थोकदार या हिस्सेदार (जमींदार) को देना पड़ता था।

२. नमकसर—मार्गशीर्षमें ढाँकरसे लौटकर थोकदारको नमक देना पड़ता।

३. बेटमासा—बेटी की शादीपर एक रुपया...।

४. देवी-देवताकी पूजाके लिये बकरा मारने पर एक रान थोकदारको देनी पड़ती थी।

५. साग, तरकारी आदि हरेक नई चीजमें से मालिकको कुछ देना।

६. दूध मुफ्त देना।

७. टीका पीढ़ा—हरेक त्योहार और श्राद्धके समय मालिकको कुछ देना।

८. बेगार—मालिकके खेती या घर बनाते समय मुफ्त जाकर काम करना पड़ता।

९. घोड़ाआना—सयाना या थोकदारके नया घोड़ा खरीदनेपर एक आना प्रति रुपया मालगुजारी पर देना।

१०. मुंडन—मालिकके मरने पर हरएक पुरुषको सिर मुड़ाना पड़ता।

इसमें शक नहीं, कि ये प्रथायें तालुकदारों और बिहारके जमींदारोंकी जमींदारियों में भी पाई जाती थीं, पर वे उतनी कठोर नहीं थी। अंग्रेज़ यह सब जानते थे, लेकिन वह उनको हटाना नहीं चाहते थे। बारदास्त और कुली-उतारसे तो बड़े-बड़े अफसर भी लाभ उठानेके लिये तैयार थे। कोई इन नाजायज माँगोंको पूरा करनेसे इन्कार कैसे कर सकता? यदि किसीने ऐसी हिम्मत की, तो उसके खिलाफ कड़ी रिपोर्ट कर दी जाती। फिर गरीब किसानको जुर्माना, तलबाना आदि दण्ड भोगनेके लिये तैयार होना पड़ता। कोई बहाना लेकर जो बेचारों पर मार-पीट पड़ती, उसकी तो कोई गिनती ही नहीं।

आप बीती बारदास्त सुनिये। चन्द्र उस समय १२ सालसे अधिकका नहीं था। गढ़वालका डिप्टी-कमिश्नर अपनी मेमके साथ देडोबिनसरके जंगलोंमें शिकार खेलनेके लिये आया। सारा गाँव उसकी बारदास्तमें लग गया। पूरी आवभगत की गई। पासके डाकबँगलामें वह टहरा था। साहब शिकारके लिये जंगल चला गया, मेम बँगले में रह गई। यह किसीको मालूम नहीं था। गाँवका एक बेवकूफ नंगा कूदते हुये बँगलेके सामनेसे गुजरा। मेमने उसे देख लिया, और इसे अपना अपमान समझा। साहबके आनेपर उसने इसकी शिकायत की। जिलेके सबसे बड़े अफसर डिप्टी-कमिश्नर और सो भी अंग्रेजके सामने यह गुस्ताखी सचमुच अक्षम्य थी। गाँवके सभी आदमियोंको सामने खड़ा किया गया। मेम उस आदमीको पहचान न सकी। गाँव भरको पौड़ीमें डिप्टी-कमिश्नरकी अदालतमें हाजिर होनेका हुकुम हुआ। पौड़ीमें जाने पर उन्हें वहाँसे २०-२२ पड़ाव दूर जोशीमठसे भी आगे तिब्बत के सीमान्तपर नीती जानेका हुकुम हुआ। खानेकी चीजें पीठपर लादे सारा गाँव नीती गया। साहब उनके मुकदमेका जल्दी फैसला नहीं करना चाहता था। वह चाहता था, इनकी खूब साँसत कर दी जाय। नीती जानेपर हुकुम हुआ, कि इसका फैसला पौड़ी में मेम साहब करेंगी। साथका खर्च खतम हो गया था। घरवालोंको चिट्ठी आई, कि खाने-पीनेकी चीजें पैसा-कौड़ी लेकर पौड़ी आओ। लोग पीठपर सामान लादे पौड़ीकी ओर दौड़े। सबका दिल काँप रहा था: मेम न जाने क्या दण्ड दे। रौणासेरा गाँवका गौरीदत्त ब्राह्मण अपने जादू-टोनेके लिये कुछ ख्याति रखता था। उसने चूल्हेकी मिट्टी, ओखलकी मिट्टी, चक्कीकी मिट्टी, अँगौछेका गरदा सब जमा करके कागजमें एक पुड़िया बाँधी, मन्तर पढ़कर उसे ठीक कर लिया। फिर कहा, कि "यदि यह पुड़िया अदालतमें बैठे साहबके ऊपर फेंक दी जाय, तो उसकी मत बदल जायगी, और लोग दण्डसे बच जायँगे।" लेकिन, डिप्टी-कमिश्नरके ऊपर भरे इजलासमें पुड़ियाकी मिट्टी

फेंकना शेरके मुँहमें हाथ डालनेसे कम नहीं था। सबने ना कर दिया। १३ वर्षके भड़को जब यह बात मालूम हुई, तो उसने सोचा—'मैं भड़ काहेका यदि अपने लोगोंके लिये इतना भी न कर सकूँ।' उसने न आव देखा न ताव, वह गौरीदत्तसे कह बैठा—"लाओ, पुड़िया मुझे दो। मैं साहबके ऊपर फेंक दूँगा।"

लोग रसद-पानी लेकर पौड़ी पहुँचे। साहब अपने बंगलेपर ही मुकदमा देखना चाहता था, क्योंकि मेमसाहब को भी उसमें सहायता देनी थी। लोग बाहर इन्तजार कर रहे थे। एक मेजके किनारे दो कुर्सियोंपर डिप्टी-कमिश्नर और उनकी मेम बैठी थीं। अपराधियोंकी पुकार हुई, वह साहबके सामने आने लगे। काफी भीड़ थी। भड़ने इसी बीचमें पास पहुँचकर साहब और मेमके ऊपर वह पुड़िया झाड़ दी। उनको क्या आशा हो सकती थी, कि पहाड़ी भी इस तरहका साहस कर सकते हैं। चपरासी हाथ बाँधे साहब और मेमकी खिदमतमें खड़े थे, पर उनका भी ध्यान नहीं गया, कि छोकरा आकर यहाँ क्या कर रहा है।

सचमुच ही गौरीदत्तकी जादूकी पुड़िया सच्ची साबित हुई। साहबने फैसला सुनाते हुये कहा—"तुमने बड़ा कसूर किया है। मेमसाहब तुम लोगों पर मेहरबानी करती हैं। प्रत्येक आदमीको पाँच रुपया तलबानाका दण्ड दिया जाता है, और गाँवके दोनों मालगुजारों—जमींदारों—की बन्दूकोंका लाइसन्स जब्त किया जाता है। तुम्हारे ऊपर बड़ी रियायत की जा रही है यदि फिर ऐसा कसूर किया, तो बहुत सख्त सजा दी जायगी।"

लोगोंको इतने सस्ते छूटनेको आशा नहीं थी। फाँसीकी सम्भावना न भी हो, तो भी कालेपानी या लम्बी कैदका उन्हें डर था। तलबाना भरा, सब घरकी ओर चले। लोगोंने सस्ता छूटनेका कारण गौरीदत्तकी जादूकी पुड़ियाको समझा। लेकिन, पुड़िया भी धरी रह जाती, यदि भड़ने जानपर खेलकर साहस न दिखलाया होता। सबने जादूगर और भड़को कन्धेपर उठा उन्हें छातीसे लगाया। सबके मुँहसे दोनोंके लिये सराहनाके शब्द निकल रहे थे। हँसते-खेलते घर लौटे। जाथलीसिंह अपने बेटेकी बहादुरीकी प्रशंसा सुनकर फूले नहीं समाते थे। सारा रौणासेरा भड़की बड़ाई कर रहा था, उसकी कीर्ति गाँव तक ही सीमित नहीं रही। वह चौथान पट्टीसे बढ़कर चाँदपुर पर्गनेमें छा गई। डिप्टी-कमिश्नरके ऊपर जादूकी पुड़िया फेंकना, कितना साहसका काम था। लेकिन, यह सब बारदास्त-प्रथाका प्रताप था।

एक और घटना है। भड़ एकाध साल और बड़ा हो गया था।

चौथान पट्टीमें बुंगीधार एक बड़ा ही सुन्दर स्थान है, जहाँ पर साहबों और ऊँचे अफसरोंका पड़ाव अक्सर पड़ा करता था। एक बार वहाँ सड़कोंके एक इंजीनियर साहब आये दो दिन तक लोगोंने बुंगीधारमें उनकी बारदास्त या षोड़सोपचार पूजा

की। तीसरे दिन सुनाया गया—साहब यहाँसे थैलीसैंण जायँगे, इसलिये मासोके सात गाँवोंके जितने भी कुली हैं, चूल्हेके पीछे एकके हिसाबसे डाकबँगलेके सामने हाजिर हो जायँ। ४ बजेका समय था, अर्थात् अभी पौ नहीं फटी थी। पटवारी, गौंकदार गाँवमें चिल्ला उठे—उठो, उठो, चलो, चलो। बंगलेके पास ८० आदमी हाजिर हो गये। उन्होंने बंगलेके भीतरके सारे बोझोंको बाहर किया। केवल इंजीनियर साहब हीका सामान ढोना नहीं था, बल्कि उनके अमलों और चपरासियों की भी सेवा करनी थी। सब सामान अलग-अलग बोझोंमें बाँध लिये, और उन्हें ढोनेके लिये आये कुलियोंमें बाँट दिया गया। भड़का दुर्भाग्य समझिये या सौभाग्य, उन्हें १२-१६ मुर्गियोंका एक टोकरा मिला। बोझा हलका देखकर चन्द्र को प्रसन्नता हुई। मुर्गियोंका टोकरा उठा कर चला। चपरासी डंडा लिये पीछे-पीछे था। पहाड़में बोझ सिरपर नहीं पीठ पर उठाया जाता है। यह अधिक वैज्ञानिक भी है, क्योंकि इससे भार शरीरके अधिक अंगों में बँट जाता है, लेकिन मुर्गियों का टोकरा सिर्फ सिरपर ही ले जाया जा सकता था। टोकरे में छेद थे। मुर्गियोंका कुड़कुड़ाना कोई कर्ण मधुर नहीं था। उनकी बीट छेद से निकलकर चन्द्र के सिर और देह पर गिर रही थी, बदबू भी बहुत थी। मुर्गियाँ सजीव थीं। वह ढोनेवालेकी सुविधाके अनुसार बैठ नहीं सकती थीं। कभी एक ओर खिसकती तो टोकरा उधरको नै जाता। उधर सँभालते-सँभालते वह दूसरी तरफ चली जातीं, और फड़फड़ाने लगतीं। कुछ ही दूर जाते-जाते चन्द्रकी नाकमें दम आ गया और सँभालते-सँभालते भी टोकरा जमीन पर गिर पड़ा। चन्द्रने जल्दी-जल्दी उठाया, लेकिन चपरासी की नजर पड़ चुकी थी। चपरासीका डंडा पीठ पर पड़ने लगा, अनेक गालियोंकी बौछार हुई। चन्द्रको सबसे ज्यादा डर था, कोई मुर्गी मर गई तो दंड भुगतना पड़ेगा। सौभाग्यसे कोई मरी नहीं। टोकरेको सिरपर उठा देनेका सवाल था। चपरासी था पहाड़ी ही, लेकिन ब्राह्मण था। वह भला मुर्गियोंके टोकरेमें कैसे हाथ लगाता? यदि आज वह गाँवमें रहता तो कुली बनकर जाता, सारा ब्राह्मणत्व रहते भी उसे सिर पर मुर्गियोंका टोकरा उठाकर चन्द्रकी तरह ही ले जाना पड़ता। गाँववाले उसे बड़े आदरके साथ चपरासीजी कहते थे। साथके कुली सब आगे चले गये थे। थोड़ी देर वहाँ रुकना पड़ा, जब दूसरा मुसाफिर आया तो चपरासीजी ने हुकुम दिया—इस टोकरेको कुलीके सिर पर उठा दो। यह कहनेकी आवश्यकता नहीं, कि पड़ाव पर पहुँचने तक चन्द्रने बड़ी सावधानी बरती, चपरासीजी को हाथ और जीभ हिलानेका मौका नहीं दिया। पड़ाव पर दस पैसे मिले, और शामको थकके चूर-चूर होकर चन्द्रसिंह घर आया। माँने रोटी बनाकर खानेके लिए बहुत जगाया, लेकिन उस थकावटमें उसकी नींद कहाँ खुल सकती थी?

अल्हड़ जवानी के कुछ पहले एक और बात घटी। कोई अंग्रेज शिकार करनेके लिए इन जंगलों में आया। अंग्रेज चाहे सरकारी नौकर हो या दूसरा,

हिन्दुस्तानियोंके लिए सभी सम्राट्के अंशावतार थे, और उनकी सेवाके लिए गाँववालों को तरह-तरहकी मुसीबतें उठानी पड़ती थीं। अंग्रेजने बाघ मारा था। पड़ावमें आकर उसने खिंची हुई खालको धूपमें सूखनेके लिए रखवा दिया। शौकीन शिकारीने बड़ी सावधानीसे बाघकी मूँछों और नाखूनों को बचाकर खाल में रक्खा था। भड़के जोड़ीदार धर्मदत्त ब्राह्मण लड़केने कहा—"चन्द्र जिस आदमीके पास शेरके नाखून और मूँछें रहें, उसके पास भूत-जिन् फटक नहीं सकते।" भड़ वैसे तो बड़ा निर्भीक था, लेकिन वह जानता था, कि मेरी निर्भीकता आदमियों पर ही चल सकती है। भूत-पिशाचसे उससे बहुत भय लगता था। रात-बिरात एकान्तमें जाना ही पड़ता, जहाँ किसी भूतके मिल जाने की सम्भावना थी। उसने सोचा, यदि नाखून और मूँछें मिल जायँ, तो काम बन जाय, और मेरा हर तरहका भय जाता रहे। जिसने डिप्टी-कमिश्नर के ऊपर जादूकी पुड़िया डाली, उसके लिए बंगलेके किसी छोर पर सुखाये जाते बाघ-छालके नाखून और मूँछें उड़ानेमें कितनी देर लगती? भड़ने तेज चाकूसे चार नाखून काट लिये और मूँछें भी। आधा धर्मदत्तको दिया, और आधा अपने पास रख लिया। लेकिन, साहबकी चोरी कहीं पच सकती है? साहबने गाँवके सभी लोगोंको बुलवाकर गिनती ली। जिन्होंने कुछ नहीं किया था, उनको क्या डर था? भड़ और धर्मदत्तको तो "चोरकी दाढ़ीमें तिनका" था। लोगोंने बतलाया, चन्द्रसिंह और धर्मदत्त नहीं हैं। चपरासी इन दोनोंके पीछे दौड़ा। गाँवके मालगुजार-जमींदारके घर पर उसने दोनोंको बुलवाया, और हाथोंमें हथकड़ी डालकर पूछा—"तुम दोनोंने शेरके नाखून और मूँछें उखाड़ लिया। क्यों है न?"

डरके मारे दोनोंने हाँ कर दिया। फिर चपरासीने कहा—"तो लाओ, वह कहाँ है।" भूत-पिशाचसे बढ़ करके कोई दानव उनके सिरपर था, इसलिये नाखून मूँछें लाके देदी। पर, इतनेसे छुटकारा कहाँ मिलनेवाला था? चपरासी दोनोंको पीटते हुये साहबके पास ले चला। दोनोंके परिवारके लोग रोने-पीटने लगे। भड़की माँने समझा, अब बेटे का प्राण नहीं बचेगा। वह बेटेके प्रति बापके रुखको पसन्द नहीं करती थी। समझती थी, कि उसके हृदयमें पुत्रका स्नेह नहीं है। इस आफतसे रुपये ही बचा सकते थे। बेचारी माँने अपने सारे जेवरोंको पतिके सामने रख कर गिड़गिड़ाते हुए कहा—"अगर तुम्हारे पास रुपये नहीं हैं, तो लो इन जेवरोंको बेचकर मेरे लड़केको छुड़ा लाओ।" बाप बेचारा तंग आ गया था। उसने जल-भुनकर कहा—"जाने दो इसको जेलमें। अगर यह मर जाता, तो अच्छा है। इसने हमारे नाम पर धब्बा लगाया।"

चपरासी भड़ और उसके साथीको साहबके सामने ले गया। नाखून और मूँछ मिल तो गये, लेकिन क्या वह फिर खालमें लग सकते थे? वह अपने ड्राइङ्ग-

रूममें रखनेके लिए इस खालको तैयार कर रहा था, और लड़कोंने उसको नकटी स्त्रीका सौन्दर्य बना दिया। गुस्सा बहुत था, उसने दोनोंको खूब पिटवाया। शायद गरीबी पर तरस आई और आठ-आठ आना जुर्माना करके छोड़ दिया। भड़को बड़ी लज्जा उस दिन मालूम हुई, वह जमीनमें गड़ा जा रहा था। लेकिन उसने चोरी करनेकी नियतसे यह काम नहीं किया था। भूत-पिशाचका डर तो रहता ही था, साथ ही जन्मजात साहसने उसके हृदयमें लहर मारी। और वह इसे कर बैठा।

गढ़वालकी भूमि अपने प्राकृतिक सौन्दर्यमें अद्वितीय है। वहाँ गर्मियोंमें ठण्डे रहनेवाले स्थान भी हैं, और बड़े शिकारोंकी बहुतायत भी है। इसलिए वायसराय तक बड़े-बड़े अंग्रेज शिकारके लिए आया करते थे। जब सड़कोंके इंजीनियरके लिये ८०-८० कुलियोंकी जरूरत पड़ती थी, तो बड़े साहबोंकी शिकार-यात्राओंमें लोगोंको क्या-क्या भुगतना पड़ता होगा, इसे आसानीसे समझा जा सकता है।

प्रथम उड़ान—भड़ कुछ अधिक सयाना हो गया। नौकरी-चाकरीके लिए पहाड़ी लोग इधर-उधर जाया ही करते हैं। वह शरीरसे हृष्ट-पुष्ट था। पिता उसकी कोई इच्छा पूरी होने नहीं देते थे। घरके काममें उसका मन नहीं लगता था। कभी सोचता—"सब छोड़-छाड़के साधु हो जाऊँ।" कोई साधु आता, तो उसके पास जाकर बड़ी लालसा भरी आँखोंसे वह पूजा-पाठको देखता। लेकिन किसी साधुने उससे नहीं कहा—"आओ बच्चा, हम तुझे चेला बनाते हैं।" और कोई रास्ता न देखकर भड़ एक दिन घरसे भाग निकला। उसके साथ एक दूसरा लड़का भी हो गया। दोनोंकी इच्छा थी मसूरी पहाड़पर नौकरी-चाकरी ढूँढ़नेकी। पौड़ी पहुँचने पर साथीकी हिम्मत आगे बढ़नेकी नहीं हुई, और वह न जाने कहाँ गया, उसका फिर कभी पता नहीं लगा। पौड़ीसे भड़ हरद्वार पहुँचा। ऋषिकेशमें जाने पर हैजेने धर दबाया। कै और दस्त होते-होते वह बेहोश होकर गंगाके किनारे एक साधुकी कुटियाके सामने पड़ गया। साधुने शायद हैजेकी यही चिकित्सा समझी। चन्द्रसिंहको आधा शरीर पानीमें और आधा बाहर करके गंगामें फेंक दिया। थोड़ी अफीम और प्याजका पानी मिला-मिलाकर देता रहा, घंटे-घंटे भर पर चन्द्रके पैरोंको देखता था। कै-दस्त बन्द हो गये। तीसरे-चौथे दिन उसने अपनेको मौतके पंजेसे बाहर निकला देखा। लेकिन अभी उसमें चलने-फिरनेकी ताकत नहीं थी।

खाने-पीनेका कोई इन्तजाम करना जरूरी था। चन्द्रके हाथमें पाँच रुपयेका एक चाँदीका कड़ा था, उसे दो रुपयेमें बेच डाला। किसी तरह दो-तीन दिन उससे गुजारा हुआ। वह बदरी-केदारकी यात्राका समय था। अगर उसने कोशिश की होती, तो ऋषिकेशमें भी कोई काम मिल जाता, लेकिन पहाड़ी बुद्धूको अभी आदमी बनने में देर थी। वह माँगता-खाता किसी तरह श्रीनगर पहुँचा। हैजा सिर्फ चन्द्र हीके लिये

नहीं आया। उस समय इन पहाड़ोंमें इसका बड़ा प्रकोप था। इसके कारण पण्डोंको गुमाश्ते और यात्रियोंको कुली नहीं मिल रहे थे। केदारनाथके एक पण्डेसे चन्द्र की मुलाकात हो गई। उसने लड़केको समझदार देखा और ६० रुपयेपर ठेका करके अपने ६० यात्रियोंकी एक मण्डलीका पथ-प्रदर्शक बना दिया। चन्द्रका काम था यात्रियों को भटक कर दूसरी जगह जाने न दे। हरएक पण्डा चाहता है कि सभी यात्री मेरे हो जायँ। सवाल दक्षिणाका होता है। पण्डों ने भारत भरमें अपने यजमानोंको जिलों और गाँवोंके अनुसार बाँट रक्खा है, लेकिन पैसेके लोभमें वह दूसरेका अधिकार भी छीनने के लिये तैयार हो जाते हैं। हरएक यात्रीको यह पता नहीं रहता, कि हम किसी पण्डेकी बहीमें यजमानके तौरपर दर्ज हो चुके हैं। इस छीना-झपटी से बचने के लिये पण्डे अपना कोई गुमाश्ता यजमान यात्रीके साथ कर देते हैं। यात्रियों-को भी इससे काफी लाभ रहता है, क्योंकि गुमाश्ता हरएक चट्टी पर यजमानोंके खाने-पीने-टिकनेका इन्तजाम कर हर बातको बतलाता चलता है।

चन्द्र जिन ६० यात्रियोंकी मण्डलीको लिये केदारनाथकी ओर बढ़ रहा था, वह किसी विधवा रानीकी थी। हर पड़ावपर मण्डली आनेसे कुछ पहले ही पहुँचकर वह वहाँ टिकनेका सारा प्रबन्ध करता, यह ध्यान रखता, कि उनको और विशेषकर रानी साहिबाको कोई कष्ट न हो। श्रीनगरसे चलकर कई दिनोंमें वह ११००० फीटके ऊपर बसे केदारनाथ धाममें पहुँचे। यद्यपि चन्द्र प्राचीन केदारमण्डल और आधुनिक गढ़वालमें पैदा हुआ था, लेकिन इन बर्फानी जगहोंको देखनेका उसे कभी मौका नहीं मिला था। उसकी कल्पना भी इस सौन्दर्यके बारेमें कुछ नहीं बतला सकी। उसे क्या मालूम था, कि यहाँकी अद्भुत प्राकृतिक छटा जितना महत्व रखती है, उससे कम महत्व इस मन्दिरका नहीं है, जो आजसे आठ-दस शताब्दियों पहले बना था। उसने भी दूसरे यात्रियोंकी तरह भक्तिभावसे केदारनाथकी पूजा की। सर्दी बहुत थी, इसलिये कोई यात्री केदारनाथमें ज्यादा ठहरना नहीं चाहता था। मण्डली फिर वहाँ से रवाना हुई। वह उखीमठ आई—जहाँ केदारनाथके रावल-महन्त-गर्मियोंमें रहते हैं। नीचे देशसे आये हुये यात्रियोंकी जिज्ञासायें इस पुण्य-भूमिके सम्बन्धमें अनेक हुआ करती थीं, जिनकी तृप्ति करना पंडा या गुमाश्ताका काम है। चंद्र अकेले ही ऐसा गुमाश्ता नहीं था। दूसरे गुमाश्तोंसे उसने भी कितनी ही बातें सुन ली थीं, जिन्हें वह अपने यात्रियों-को बतलाया करता। इस तजर्बेका उसे अधिक लाभ होता, यदि आगे भी वह गुमाश्तगिरी करता रहता। लेकिन, तब चन्द्र वह काम कैसे कर सकता था, जिसे उसे अपने जीवनमें करना था।

उखीमठसे चल चन्द्रकी मण्डली चमोली आकर हरद्वारसे आनेवाले मुख्य रास्ते पर पहुँच गई। फिर जोशीमठ होते हुए वह बदरीनाथ पहुँचे। बदरीनाथसे कुछ

मील आगे वसुधाराका सुन्दर जल-प्रपात है, जहाँ बहुत लोग थकावटके मारे जाना नहीं चाहते। लेकिन, इस मण्डलीने वहाँ तक जानेका साहस किया। चन्द्रने भी उस नयनाभिराम दृश्यको अपनी आँखों से देखा। यह कहनेकी आवश्यकता नहीं, कि इस यात्रासे चन्द्रको बहुत लाभ हुआ। अब हिमालयका कोई भी भव्य रूप उसके लिये अनदेखा नहीं था। बदरीनाथसे मण्डलीके साथ वह कर्णप्रयाग लौटा। यहाँसे देश जानेका दूसरा रास्ता है, इसलिये श्रीनगर-ऋषिकेशका रास्ता छोड़ यात्री मेहलचोरी होते खंडसर पहुँचे। गढ़वाल छोड़कर अल्मोड़ा जिला में दाखिल यात्रियोंको अब चन्द्रकी उतनी जरूरत नहीं थी, और वह भी छुट्टी लेना चाहता था। उसकी सेवाओंसे रानी इतनी प्रसन्न हुईं, कि उन्होंने ६० की जगह १३० रुपये दिये। यह कमाई कम नहीं थी।

रुपयोंको लेकर चन्द्र घर चला गया। माँ-बाप लड़केके भागनेसे निराश हो गये थे और उन्होंने खोये लड़केके साथ इतने रुपयेको भी हाथमें आये देखा। उन्हें बड़ी प्रसन्नता हुई। चन्द्र अब अपनेको बदरीनाथ धामसे लौटा। एक यात्री समझता था। देशमें होता, तो चारोंमें सबसे कठिन धामकी यात्रा समाप्त करके आनेके लिये लोग उसे उतनी ही सम्मानकी दृष्टिसे देखते, जैसे हज कर आये आदमीको मुसलमान समझते हैं। पहाड़में भी बदरीधामकी महिमा कम नहीं मानी जाती। गाँवके लोग बार-बार उससे इन पुण्य तीर्थोंके बारे में पूछते और वह उसके वर्णन करनेमें न थकता।

चन्द्रका ब्याह अपनेसे एक वर्ष बड़ी लड़कीसे चौदह सालकी उमरमें हो चुका था, यह हम बतला चुके हैं। अब चन्द्र १९०९--१० सन्में १८-१९ वर्षका था और कलुली १९-२० वर्षकी। कलुली अपने पतिसे कम हृष्ट-पुष्ट नहीं थी। चन्द्रकी साढ़े साती थोड़े ही दिनों तक रही और वैद्यराजके दूध-पाकसे वह फिर स्वस्थ हो गया। जंगलमें दादाका बनवाया हुआ मकान अब भी था। माँ-बापने पुत्र और वधूको गायों-भैंसोंके साथ वहीं भेज दिया। गर्मियोंमें वहाँ ढोरोंके लिये गोशाला बना दी जाती। तरुण-दम्पती वहीं रहते गो-सेवा करने लगे। पशुओंको चरानेके लिये दूर जंगल ले जाते। जब और कोई न रहता, तो तरुण-तरुणी तरह-तरहसे मनोविनोद करते, खूब कुश्ती करते। एक दिन वह ऐसे स्थानमें थे, जहाँ ऊँचे-ऊँचे वृक्षोंकी छाया, और थोड़ी सी समतल जमीन थी। वर्षा होने लगी, पानी उस समतल-सी जमीनमें समा गया, वहाँ कीचड़ हो गई। दोनों कुश्ती लड़ने लगे, कीचड़ उछल-उछलकर उनके ऊपर पड़ रही थी। उन्होंने तब तक पर्वाह न की, जब तक कि पूरे

थक नहीं गये। हार-जीतके लिये उन्हें उतनी चिन्ता नहीं थी। खेलसे उन्हें बड़ी प्रसन्नता थी। उतारे कपड़ोंको उन्होंने पहन लिया।

पहले कलुलीको देखकर चन्द्रको भय लगता था, वह उससे विरक्त-सा था, लेकिन अब दोनोंमें बड़ा प्रेम था। वह साथ मिलकर एक छोटी सी गृहस्थी चला रहे थे। गोपालोंका जीवन उन्हें बहुत मधुर मालूम होता था। उनका समय अपने काम और प्रेममें बड़ी अच्छी तरह बीत रहा था। बादमें चन्द्रके जीवनमें कुँवरी, गौरी और भागीरथी तीन और स्त्रियाँ भी आईं। कलुली जवानीमें ही सिधार गई, जिससे उसका प्रेम चन्द्रके हृदयमें और भी जम गया।

अध्याय ३

फौजमें (१९१४ ई०)

२०वीं शताब्दीके एक दर्जन वर्षोंके बीतनेके बाद प्रथम महायुद्धकी छाया पड़ने लगी। गढ़वाली लोग अपनी वीरताके लिये गोरखों जैसी ही ख्याति रखते थे। अंग्रेज उनमेंसे अधिकसे अधिकको अपनी फौजमें खींचना चाहते थे। तरुणोंके हृदयोंको आकृष्ट करनेके लिये इसी समय चौखुटिया, गनाई आदि स्थानोंमें पलटनोंका प्रदर्शन किया गया; जिनको देखकर कितने ही तरुणोंके मनमें फौजमें भरती होनेकी आकांक्षा पैदा हो सकती थी, पर उससे बेगारमें जो लोगोंकी तबाही हो रही थी, इसको कौन जानता था। जब कोई गढ़वाली सैनिक किसी गढ़वाली परिवारमें आता, तो बारदास्त-प्रथाके अनुसार उसका बहुत स्वागत किया जाता। जब अपने ही जिलेके तरुण सैनिकोंका अच्छे कपड़े पहनकर बैण्डके साथ घूमते देखता, तो कौन तरुण था, जिसके मुँहमें पानी न आ जाता। चन्द्रसिंहके हृदयमें भी उसी समय फौजके प्रति आकर्षण पैदा हो गया।

युरोपके पूँजीवादी राष्ट्र दुनियाकी मण्डियोंको बाँट चुके थे। जर्मनी बाँटके समय पीछे रह अब आधुनिक ढँगके उद्योग-धन्धोंमें युरोपके किसी देशसे भी पीछे न रहते अपनेको मंडियोंसे वंचित देख रहा था। उसको अपने सैन्य-बल और विद्या-बलका भी अभिमान था। वह क्यों बर्दाश्त करने लगा, कि दूसरे युरोपीय पूँजीवादी देश दुनियाकी सारी मंडियोंको अपने हाथमें रक्खें और मेरे लिये सब जगह "प्रवेश निषिद्ध" की तख्ती लटकी मिले। मण्डियों पर अधिकार अब तलवारके बल ही पर हो सकता था। २०वीं शताब्दीके दोनों महायुद्धोंकी लड़ाइयोंका असली कारण यही था। चन्द्रने प्रथम महायुद्धकी लड़ाईके कारणके बारेमें यह भी सुन रक्खा था—"हंगरीके कुछ शाहजादे आस्ट्रिया गये। वहाँके किसी बदमाशने उन शाहजादोंको मार डाला। इसपर हंगरी सरकारने आस्ट्रिया सरकारके सामने दो माँगें पेश कीं: या तो हंगरीकी पुलिसको आस्ट्रियामें मारे गये अपने शाहजादोंकी हत्याके तहकीकातके लिये जाने दो, या अपने आला अहलकारोंको हमारे यहाँ मुकदमेके लिये भेज दो। अगर यह नहीं किया, तो लड़ाईके लिये तैयार हो जाओ।" ऊपरकी दोनों शर्तें आस्ट्रियाको मंजूर नहीं थी, इसलिये दोनों मुल्कोंमें लड़ाई छिड़ गई। जर्मनीने हंगरीकी मददके बहाने आस्ट्रिया पर धावा बोल दिया। पर बीचमें पहाड़ोंके होनेके कारण रास्ता नहीं मिला। इसपर जर्मनीने बेल्जियम और

फ्रांससे रास्ता माँगा। बेल्जियमने रास्ता नहीं दिया, तो उसे कुचलकर जर्मनीने फ्रांसमें दाखिल होना चाहा।"

आस्ट्रियाके युवराज और युवराज्ञीकी सराजीवामें हत्या हुई थी। उसने पहले ही से तैयार बारूदकी मेगजीनमें चिनगारीका काम दिया। फिर सराजीवावालोंपर आस्ट्रियाके चढ़ दौड़नेको उसका सहायक रूस चुपचाप देख नहीं सकता था। आस्ट्रिया अकेले रूसका मुकाबिला नहीं कर सकता था। उसकी पीठपर जर्मनी हुआ और पहलेसे ताना-बाना तैयार था, इसलिये रूसके साथ फ्रांस और इंगलैण्ड भी शामिल हो गये। इस प्रकार इस युद्धने विश्व-युद्धका रूप धारण किया। इन्हीं बातोंको ऊपरके शब्दोंमें कहा गया है।

जर्मनी बड़ी तेजीके साथ बढ़ा। उसके पास अपार जनबल था, इसीके कारण अपार सेना भी थी। इंगलैण्डके सैनिक अब भी अपने मित्रोंकी तरह बड़ी तेजीसे कट रहे थे। हिंदुस्तानी सेनायें मैदानमें भेजी जाने लगीं और उन्हें बढ़ानेके लिये बड़े जोर-शोरसे रंगरूट भरती किये जाने लगे।

चन्द्रसिंहके गाँवके भी दो-तीन आदमी सेनामें थे। आने पर वह टेढ़ी टोपी लगाकर छैल-छबीले बन गाँवमें घूमते। चन्द्रसिंह उन्हें ईर्ष्या से देखने लगे। सिपाहियोंने कहा—"चलो तुम भी पल्टनमें भरती हो जाओ। यहाँ क्या इस कीचड़में फँसे हो। वहाँ अच्छा खानेको, अच्छा पहननेको और देश-विदेशकी मुफ्त सैर करोगे।" चन्द्रसिंहको सैर करनेका चस्का लग चुका था। वह पहाड़के भीतर ही कुछ ऐसी चीजोंको देख चुका था, जो उसे अपने यहाँ नहीं मिलती थीं। देश-विदेश तो और भी अधिक आकर्षक होंगे।

१ सितम्बर १९१४ की सुबहका समय था। मस्तुसिंह हवलदार—पीछे सूबेदार-रंगरूटोंको नापनेके वास्ते हाथमें लम्बी लाठी लिये रौणसेरामें आया। चन्द्रसिंहका घर गाँवमें पहले ही पड़ता था। हवलदारजी दरवाजे पर आये, माता-पिता सत्कारमें जुट गये। जलपान कराया गया, फिर भोजनके बारेमें पूछा गया। हवलदारने चावल स्वयं पकाकर खानेकी बात कही। बापने हुकुम दिया—"चंद्रसिंह, तुम हवलदारजीके लिये चौका-बरतन तैयार करो, खानेकी चीजें रख दो।" चंद्रसिंहने चूल्हा-चौका ठीककर दिया। चौकेमें दाल-चावल रख दिये, बरतन-पानीका जुगाड़ कर दिया। हवलदारजी अपनी रसोई बनाने लगे और चंद्रसिंह वहाँ हाथ बाँधे सेवाके लिये बैठ गये। चंद्रसिंहने सोचा—शायद हवलदारजी मुझे भी भरती कर लें। उसने बड़ी नम्रतासे पूछा—

"हवलदारजी, क्या आप सिपाहियोंकी भरती करते हैं?"

"हाँ, हम इसीलिये यह लाठी लेकर घूम रहे हैं।"

"क्या मुझे भी भरती कर लेंगे?"

"भरती तो कर सकता हूँ, लेकिन क्या तुम्हारे पिता मेरे साथ तुम्हें जानेके लिये राजी होंगे?"

चन्द्रसिंहकी बाँछें खिल गईं और उसने बड़े उत्साहके साथ कहा—

"हवलदारजी, आप माँ-बापकी बातें छोड़ दीजिये। सिर्फ यह बतलायें, कि मुझे भरती कर लेंगे न। मैं किसी तरहसे आपके पास आ जाऊँगा।"

"हाँ, भरती करनेका जिम्मा मैं लेता हूँ। तुम मेरे पास पहुँच भर जाओ।"

"आप मुझे अपना रास्ता भर बतला दें, और यह कि मैं कहाँ आपसे मिलूँ?"

"मैं यहाँसे ढाइजोली पट्टी होते पौड़ी जाऊँगा, फिर पौड़ीसे सीधे कालोडाँडा (लैन्सडौन)—स्थानपर रहूँगा।

चन्द्रसिंह हवलदारजीसे मिलनेके लिये अधीर हो उठा। वह लैन्सडौन तककी प्रतीक्षा नहीं कर सकता था। उसने कहा—"मैं ढाइजोलीमें आकर आपसे मिलूँगा।"

हवलदारजी भोजन करके चले गये, और चन्द्रसिंह अपने भागनेकी तजवीज सोचने लगा। उसे अगले दिन अवसर नहीं मिला, लेकिन ३ सितम्बर १९१४ को बड़े तड़के ही वह घरसे निकल पड़ा। उस दिन वह ढाइजोली पट्टी नहीं पहुँच सका, और चोपड़ाकोटके कनियार गाँवमें रातके लिये ठहर गया। अगले दिन चलकर शामके वक्त ढाइजोली पट्टीके नवगाँव नामक गाँवमें हवलदार मस्तुसिंहसे उसकी मुलाकात हुई। वहाँ ४८ रंगरूट और भी भरती होकर हवलदारजीके साथ थे, जो सभी लोहब, खंडसर और ढाइजोली पट्टीके बाशिन्दे थे। चन्द्रसिंहको बहुत प्रसन्नता हुई इतने रंगरूटोंको देखकर और साथ ही यह जानकर, कि हवलदारजी मुझे लेनेके लिये तैयार हैं।

उसको सबसे बड़ा डर था, कि कहीं बाप पीछे-पीछे न चला आये। लेकिन, सौभाग्यसे प्रकृतिने उसकी बड़ी सहायता की। ३ सितम्बरकी शामको ही मूसलाधार वर्षा शुरू हुई, जो लगातार पाँच दिनों तक रही। ऐसे समयमें पहाड़ी नदी-नालोंको पार करना बिल्कुल असम्भव है। पुल टूट गये थे, पहाड़के ऊपरसे चट्टानें गिर रही थी। जाथलीसिंह भला ऐसे समय बेटेकी खोजमें निकलनेकी कैसे हिम्मत कर सकते थे? जब वर्षा बन्द हुई, तब तक हवलदारजी अपने रंगरूटोंको लिए पौड़ीके रास्ते ११ सितम्बरके सबेरे लैन्सडौन छावनी पहुँच चुके थे। उसी दिन हवलदारने रंगरूटोंको २-३९ गढ़वाली पल्टनके दफ्तरके सामने एक लाइनमें साहबके सामने खड़ा कर दिया। उसने एक-एकको देखा, और कुछको छोड़कर सभीको पास कर दिया। अगले दिन अस्पतालमें रंगरूटोंकी डाक्टरी हुई। इसमें भी सिर्फ दो छाँटे गये। उसी दिन कमांडिंग आफिसरके सामने पेश हुये, और रंगरूटोंको अलग-अलग कम्पनियोंमें बाँट दिया गया। चन्द्रसिंहको २-३९ गढ़वाली राइफलकी छठी कम्पनीके १२वें सेक्शनमें

रख दिया। उनके साथ उनके जीवन भरके परममित्र ढाइजोली पट्टीके ही निवासी गुमानसिंह पंवारको भी रक्खा गया। चन्द्रसिंहका रेजीमेन्टल नम्बर १६०० था और गुमानसिंहका १६०१। चन्द्रसिंहने अपने मित्रके बारेमें लिखा है—"गुमानसिंह सच्चा और सज्जन आदमी है। हम सात साल एक साथ रहे। इसमें शक नहीं, कि हम एक माँ-बापके बेटे नहीं थे, लेकिन प्रेममें सगे भाइयोंसे कम नहीं थे। हर प्रकारसे हम एक दूसरेकी मदद करते थे। मार्च १६२० में घरका कारबार सँभालनेके लिये गुमान-सिंहको रिजर्वमें नाम लिखाकर घर चला आना पड़ा।"

लैन्सडौन छावनी गढ़वालमें एक ऊँची पहाड़ी रीढ़—कालोडाँडा—के ऊपर बसी है। यहाँ उस समय गोरखोंकी दो और गढ़वालियोंकी दो पलटनें रहा करती थीं। १८१५ ई० में गोरखा-अंग्रेज-युद्धकी समाप्तिके बाद सतलजसे काली तकका हिमालयका भूप्रदेश अंग्रेजोंके हाथमें आया। युद्धमें गोरखोंने जिस बहादुरीसे अंग्रेजोंका मुकाबला किया, उसके कारण अंग्रेजोंने उनकी सैनिक उपयोगिताको समझ लिया। उसके बाद उन्होंने अल्मोड़ा जिलेमें प्रथम गोरखा राइफल पलटनको संगठित किया। यही पहली गोरखा बटालियन थी। पीछे तो एक समय १०८ गोरखा बटालियनें अंग्रेजोंकी सेनामें थीं। जब गोरखा राइफल संगठित हुई, तो उसीमें गढ़वालियोंको भी भरती किया जाने लगा। गढ़वाली सैनिकोंका महत्व अंग्रेज गोरखोंसे कम नहीं मानते थे। तबसे प्राय: ८० वर्ष तक गढ़वाली गोरखा पलटनोंमें ही भरती हुआ करते थे। पिछली शताब्दीके अन्तमें गढ़वालियोंकी अलग पलटन खड़ी की गई, और १८८७ ई० में गढ़वालियोंको गोरखा पलटनोंसे निकालकर अपनी पलटनमें शामिल करके कालोडाँडा—लैन्सडौन—में रख दिया गया। पहली गढ़वाली पलटनका नाम था १--३६ गढ़वाल राइफल।* पीछे लैन्सडौनमें सात सक्रिय (एक्टिंग) और एक रंगरूटी बटालियन रहने लगी।

* रायल गढ़वाल राइफलके इतिहासकी विशेष तिथियाँ हैं—

१६१४ अक्तूबर	गढ़वाल ब्रिगेड फ्रांस गया
१६१५ मई ६	औवर पहाड़ीकी लड़ाई
१६१५ सितम्बर २५	लूजकी लड़ाई, जिसमें अंग्रेजोंने पहली बार गैसका इस्तेमाल किया।
१६१५ नवम्बर	गढ़वाली पलटन भारतके लिये।
१६१६ फरवरी	स्वेजमें ठहरकर मोर्चे बनाती रही।
१६१६ अगस्त २०	तीसरी बटालियनका संगठन।
१६१७ मार्च	द्वितीय बटालियन मेसापोतामियामें।
१६१७ सितम्बर २७-२६	रमादीकी लड़ाई।
१६१८ मार्च २५-२६	कानबगदादकी लड़ाई।
१६२० नवम्बर	द्वितीय बटालियन भारत लौटी।

१५ सितम्बर १६१४ को चन्द्रसिंहको घरसे भागे सिर्फ बारह ही दिन हुये थे। उसी दिन उनका घरका कपड़ा उतार दिया गया, और पहननेके लिये जांघिया, खाकी कमीज और चमड़े का फीता लगी गोरखोंकी काली टोपी-वर्दी मिली। उन्हें निम्न चीजें भी दी गईं—३ कम्बल, १ दरी, २ जोड़ा बूट, २ जोड़ा तस्मा, २ कमीज, २ खाकी जाँघिया, इन्हें फ्री क्लोदिंग (मुफ्त पोशाक) कहते हैं। इनके अतिरिक्त १ चारपाई और १ सन्दूक भी मिली, जिनके दामके तौरपर १५ रुपया तनखासे काट लिया गया। वर्दीके अतिरिक्त १ काला कोट, २ सफेद जाँघिया, २ सफेद कमीज और १ काली टोपी निजी पोशाकके तौरपर मिली, जिसका मूल्य १८ रुपया भी तनखासे कटनेवाला था।

१६ तारीखको सुबह दस रंगरूटोंके साथ चन्द्रसिंहको सिपाही फतेहसिंहके सुपुर्द किया गया। उसने नंगे पैर रंगरूटोंसे परेड करानी शुरू की। एक महीनेमें परेडमें रगड़-रगड़कर उन्हें फालिन—पाँतीसे खड़ा—होना, ड्रेस करना, नम्बर बोलना, दाहिने-बाँयें घूमना, मार्च टाइम करना—(खड़े होकर निश्चित समयके अनुसार पैर चलाना), आदि सिखा दिया गया। दूसरे महीनेकी शिक्षा में उन्हें बूट-पट्टी पहनाकर राइफलकी जगह डंडा पकड़ाकर कवायद कराई गई। नौ महीने तक उनकी शिक्षा हुई। अब वह राइफलका अच्छी तरह इस्तेमाल कर सकते थे, उसके पुर्जोंको जानते थे और सफाई कर सकते थे, निशान लगाना, लक्ष्यकी दूरी नापना, गोली चलाना आदि जान गये। स्काउट ड्रिल, राइफलकी कवायदके साथ चानमारी प्लाट्न रिले, कम्पनी ड्रिल, बटालियन ड्रिल विशेष अवसरों (सेरेमोनियल) की कवायद जान गये।

इन्हीं नौ महीनोंमें उन्हें सैनिक इंजीनियरिंग, तार लगाना, कैम्प लगाना, झंडीकी पहचान करना, पहाड़ी और मैदानी लड़ाई, मशीनगन, बम और संगीनकी शिक्षा, शारीरिक व्यायाम सिखलाये गये। उन्होंने लेफ्टनेन्ट, कप्तान, मेजर, लेफ्टनेन्ट-कर्नल, कर्नल, कई तरहके जेनरल और फील्ड मार्शल तकके दर्जों और उनके कामोंका ज्ञान प्राप्त किया। इसमें शक नहीं, नौ महीनोंमें जितनी बातें वहाँ सिखलाई गईं, उन सबको हरेक रंगरूट पूरी तौरसे नहीं जानता, लेकिन चन्द्रसिंह समझदार और तेज स्मृति वाले तरुण थे। उन्होंने हरेक बातको अच्छी तरह सीखा और हृदयस्थ कर लिया।

शिक्षा समाप्त हो गई। रंगरूटी जीवन समाप्त करते हुये अब उन्हें पूरे सिपाही के तौरपर काम करना था। इसके लिये उन्हें शपथकी रस्म अदा करनी थी। लैन्सडौन के परेड-मैदानमें अंग्रेजोंका युनियन जैक था, जिसके सामने बटालियनकी सारी कम्पनियाँ चौकोर पंक्तियों (स्ववायर फार्मेशन) में खड़ी थीं। अफसर अपने-अपने प्लाटूनों और कम्पनियोंके सामने किर्च निकालकर खड़े थे। कमांडिंग अफसरके आते ही पलटन एटेंशन (सावधान) हो गई। द्वितीय कमांडिंग आफिसर—मेजर—ने अपने मुखिया कर्नलको रिपोर्ट दी—इतने रंगरूट तथा इतने दूसरे सैनिक यहाँ मौजूद

हैं। फिर शाही सलाम (रायल सेल्यूट), प्रेजेंट आर्म (हथियारकी सलामी) का हुकुम दिया गया। सभी सैनिकोंने सलामी दी। युनियन जैक फहराया गया, और बैण्डवाले शाही सलाम (रायल सैल्यूट) बजाने लगे।

कर्नलने अड्जुटेंट-जमादरको रंगरूटोंको कसम खिलानेके लिये हुकुम दिया। जमादार एक-एक रंगरूटसे निम्न शब्दोंको दोहरवाने लगा।

—"मैं...रंगरूट, बेटा...का परमेश्वर भगवान्‌को जान-मानके धर्मके रास्तेसे प्रतिज्ञा करता हूँ, मैं हमेशा अपने मालिक मुअज़्ज़म कैसरहिन्द और उनके जानशीनों (उत्तराधिकारियों) का नमकहलाल नौकर बना रहूँगा, और जहाँ जानेका हुकुम होगा, वहाँ जाऊँगा, चाहे उसमें जानका भी डर हो। मेरे ऊपर जो ओहदेदार (नान्-कमिशन्ड आफिसर) मुकर्रर किया गया है या होगा, उसके सारे हुकुमोंको मानूँगा, चाहे उसमें जानका भी खतरा हो।" इस शपथके ले लेनेपर यह हुकुम सुनाया गया—"तुम लोग चार साल तक पलटनसे अपना नाम नहीं कटा सकते। अगर सरकारको जरूरत न हो, तो चार सालके बाद रिजर्व (संरक्षित) में जा सकते हो।" बटालियनके कमाण्डरने हुकुम दिया—टोलीको बैरकमें ले जाओ।

टोलीके इन्सट्रक्टरने अपनी टोलीको चार पाँतियोंमें मार्च कराते लाइन (बैरक) में ले जाकर डिसमिस कर (छोड़) दिया।

दो हफ्ते और रंगरूटोंको गारद चढ़नेका काम सिखाया गया। अब वह दूसरे सिपाहियोंकी तरह थे, और उन्हींकी तरह उन्हें ड्यूटीपर जाना पड़ता था। कसम खानेके दिन पूरे सिपाही बननेकी खुशीमें रंगरूटोंने मिठाइयाँ बाँटी, सड़कपर मार्च किये।

१६१४ ई० में सिपाहीको ११ रुपया मासिक तनखा मिलती। अतिरिक्त राशन (खुराक) के लिये ४ रुपये दिये जाते थे अर्थात् उस समय सैनिकोंको मुफ्त राशन नहीं मिलता था। १५ रुपयेमें उन्हें अपना सारा काम चलाना पड़ता था, आवश्यक कपड़े-लत्ते खरीदना, खानेके अतिरिक्त चन्दे और मिठाइयोंमें भी इसीमेंसे पैसे देने पड़ते थे। १० रुपये तो बनियेके पास राशनमें जरूर ही चले जाते थे। कवायद-परेडमें काफी शारीरिक परिश्रम होता है, जिसके कारण जवानोंको भूख लग जाती, और खानेके लिये वह हलवाईके पास दूध-जलेबी लेने चले जाते। इस प्रकार १५ रुपयोंमेंसे उनके पास कुछ भी नहीं बचता था।

पिताको अब मालूम हो गया था, कि बेटा पलटनमें भरती हो गया, अब उसे किसी तरहसे घर ले आना सम्भव नहीं। बापको बेटेके देखनेकी इच्छा हुई। छावनीके भीतर मिलनेके लिये माँ-बापको भी जानेकी इजाजत नहीं थी। सैनिकोंको बाहरी हवासे बचानेकी जबर्दस्त कोशिश की जाती थी। अगर किसी सिपाहीका कोई सम्बन्धी आये,

तो उसे ठहराने के लिये लैन्सडौनमें कालेश्वर महादेवके मन्दिरके पास दो धर्मशालायें बनी थीं। घरवाले आकर धर्मशालामें ठहर जाते। जाथलीसिंह भी आकर वहीं ठहर गये। धर्मशालेमें पलटनका एक सिपाही तैनात रहता था, जिसका काम एक और लाइनके भीतर किसी बाहरी आदमीको जानेसे रोकना था, दूसरा काम सिपाहीको उसके सम्बन्धीके आनेकी खबर भी देना था।

पिताके आनेकी खबर सुनकर चन्द्रसिंहको बड़ी प्रसन्नता हुई। लेकिन, वह अपनी इच्छाके अनुसार मिल थोड़े ही सकते थे? इसके लिए सेक्शनके कमाण्डर और टोलीके कमांडरकी खुशामद करनी पड़ी, बड़ी मुश्किलसे सिर्फ एक घंटेके लिये छुट्टी मिली, क्योंकि उसीके बाद हाजिरी (रोल काल) होनेवाली थी।

पिता ४० मीलकी पहाड़ी यात्रा करके कितनी चढ़ाई-उतराई पार करते धर्मशालामें पहुँचे थे। थकावटके मारे वह सो गये थे। चन्द्रसिंह उन्हें उनके उठने तककी प्रतीक्षा नही कर सकते थे। उन्हें उठाकर कुशल-मंगल पूछा। बापने बतलाया यहाँ आये मुझे आधा दिन बीत गया। चन्द्रसिंहको परेडसे लौटनेके बाद ६ बजे खबर मिली थी, वह ७ बजे बापके पास पहुँचे थे। उनके मनमें ख्याल आ रहा था—मैं तो लाइनमें पलँग और बिस्तर पर सोता हूँ, और मेरा बाप धर्मशाले की नंगी जमीन पर सो रहा है। लेकिन, यह सब सोचनेसे क्या बननेवाला था। पहले पिताको खिलाना-पिलाना जरूरी था। वह दौड़े बनियेके पास, वहाँसे मिठाई-पूड़ी उधार लाये। सर्दीके दिन थे। ५००० फीटके ऊपर होनेकी वजहसे लैन्सडौनमें और भी अधिक सर्दी पड़ती है। वह दौड़कर दो कम्बल और अपना बिस्तर ले गये। पिताजी के रहने का जल्दी-जल्दी ठीक-ठाक करके रोल-कालके लिये वह बैरकमें दौड़ गये।

रातको नींद कहाँ? सबसे बढ़कर उनको अफसोस इस बातका था, कि फौज की नौकरी करते सात महीने हो गए, लेकिन मेरे हाथमें सिर्फ पाँच रुपये हैं। इनमें से माँ और भाइयोंके लिए क्या भेजूँ? लड़ाईका समय था, मालूम नहीं कौन सी बटालियन कब यहाँसे चली जाय, इसलिए कोई बनिया अधिक कर्ज देनेके लिए भी तैयार नहीं था। इसी उधेड़बुनमें रात बीती।

सबेरे बहुत सकुचाते-शरमाते उन्हीं पाँच रुपयोंको लेकर चन्द्रसिंह बापके पास पहुँचे। बापके हाथमें रुपये रख दिये। बापने हँसते हुए कहा—"बस यही सात महीने की कमाई!"

चन्द्रसिंहकी आँखोंसे आँसू गिरने लगे, मुँहसे कोई बात नहीं निकली।

पिताने कहा—"तुम्हारे रुपयोंके लिए मैं नहीं आया हूँ, मैं सिर्फ तुमको देखना चाहता था। आनेके एक महीने बाद तुम्हारी एक लड़की पैदा हुई। राजी-

खुशी है। अब वह ६ महीनेकी हो गई है। लाओ, तुम्हारी कमाईमें से उसीके लिये कुछ साथ ले जाता हूँ।"

यह कहकर बापने उनमें से एक रुपया ले लिया, और बाकीको लौटाते हुये कहा—"खर्च पूरा नहीं पड़ता हो, तो मैं घरसे कुछ भेज दूँ ?"

बेटा इसके लिए कैसे कह सकता था ? बाप घरका चार सेर घी और माँके हाथकी बनी मिठाइयाँ ले आये थे। उन्हें ले रोते हुये बापको बिदाई दे चन्द्रसिंह बैरक में आये। उन्हें तुरन्त ही परेडमें हाजिर होना था।

१ जून १६१५ को चन्द्रसिंहकी टोलीको शपथ दी गई थी। १५ जूनको उन्हें अपने दूसरे ७५ आदमियोंके साथ १५ दिनकी छुट्टी मिली। पलटनको युद्धक्षेत्रमें जाना था, जहाँसे लौटकर आनेकी सबको सम्भावना नहीं हो सकती थी। इस छुट्टीमें उन्हें अपने माँ-बाप, भाई-बहन, सगे-सम्बन्धियोंसे भेंट-मुलाकात करनी थी।

१३ जूनको छुट्टी पाकर १२ बजे रातको चन्द्रसिंह रवाना हुये। अन्धेरी रात थी। उनके साथ लोहबा, खंडसरके दूसरे भी २८-२६ जवान थे, जिनमें उनका दोस्त चेतसिंह भी था। उस समय सारे देशमें फ्रांसकी लड़ाईका शोर मचा हुआ था। कितने ही सिपाहियोंके मरनेकी खबर उनके घरोंमें आ चुकी थीं और कितने ही स्वयं अंग-भंग होकर वहाँ पहुँच चुके थे। गाँव-गाँवमें लड़ाई की ही चर्चा थी, लोग पूछते—"चन्द्रसिंह, क्या तुम भी लड़ाई में जाओगे ?" 'हाँ', कहनेपर वह अफसोस करने लगते। बहुत कम ऐसे थे, जो बहादुरीकी बातें कहकर हिम्मत बढ़ाते।

"दिवस जात नहिं लागत बारा।" चन्द्रसिंहके साथी चले गये। प्रस्थान करने से एक दिन पहले चन्द्रसिंहने अपनी पत्नी कलुलीसे कहा—"मैं कल सुबह चला जाऊँगा, मेरे लिये तैयारी कर दो।"

तरुण पत्नी विह्वल हो गई, लेकिन उसे अभी लड़ाई की बातें मालूम नहीं थी उसने अपनी सासके पास जाकर पूछा—"जी, देवमतीके पिता, क्या कल चले जायँगे ?"

सासने कहा—"हाँ बेटी, अब तो वह पराया हो चुका है। बलिका बकरा है। उसपर हमारा और तुम्हारा क्या बस ?"

दोनों रोने लगीं। पिता चबूतरेसे उनकी बातें सुन रहे थे। दुःख उनको नहीं हो रहा था, यह बात नहीं थी; पर, वह रोना पसन्द नहीं करते थे। उन्होंने झल्लाकर कहा—"चुप रहो, तुम्हारे रोनेसे वह रुक नहीं सकता। रो-रोकर तुम उसके दिलको दुःखी न बनाओ। जाने दो, अगर हमारा सच्चा पुत्र है, तो कोई उसका बाल बाँका नहीं कर सकेगा।"

पिताकी बातोंसे चन्द्रसिंहके हृदयमें साहसका संचार हुआ। वह सोचने लगे–माँ और बापमें कितना अन्तर होता है ! दिलमें तो ये भी रोते होंगे, लेकिन परिवार को अधीर न होने देनेके लिए कैसी बातें कर रहे हैं !

२८ जून १९१५ का सबेरा आया। माँने अपने हाथों से जेठ बेटेको खाना खिलाया। उसके झोलेमें रास्तेके लिए आवश्यक कुछ चीजें रख दीं। पिताने आशीर्वाद देते हुए हुये कहा—"बेटा, तुम खुशीसे जाओ। मेरे सच्चे पुत्र होगे, तो जरूर लौटकर आओगे। तुम मेरे वीर पुत्र हो। वीरोंका काम रणमें मरना ही होता है। योगीका सुरधाम और सिपाहीका एक लाभ। बेटा, अपने देश और राजाके लिये मरना सबसे बड़ा धर्म है। दुनिया में जन्म लेनेका फल यही है, कि मनुष्य सुरगति पावे।"

इसी बीच लोग जमा होने लगे। पिताने कहा—"चलो, अब देर न करो, कोई छींक देगा।" माँ-बाप भाई-बन्द तीन मील तक पहुँचाने आये। तब चन्द्रसिंहने माँसे कहा—"माँ, मेरी मंजिल तो बहुत लम्बी है, अब मुझे आशीर्वाद देकर घर चली जाओ।" माँ-बापने बेटेके सिर पर हाथ रखकर आशीर्वाद दिया। चन्द्रसिंह सोच रहे थे—"अपने माँ-बापके सच्चे बेटे न मालूम कितने होंगे, लेकिन उनमेंसे कितने लौटकर आते हैं!"

अध्याय ४

फ्रांसको (१९१५)

लड़ाईका वक्त था, रंगरूटोंको जल्दी-जल्दी थोड़ी-बहुत युद्धकी शिक्षा देकर मैदानमें भेज दिया जाता। उनको पक्का बनानेके लिये फुरसत कहाँ? प्रशिक्षण समाप्त होते ही लाम (लड़ाई) पर हमें जाना है, यह चन्द्रसिंह और उनके साथियोंको मालूम था। मालूम नहीं, कैसे लाम शब्दका प्रचार हुआ? ६ जुलाई, १९१५ की सुबह बम्बईके लिये दो अंग्रेज अफसरोंके साथ ७५ जवान लैन्सडौनसे रवाना हुये। वह सैनिक जा रहे थे लड़ाईके मैदानमें; लेकिन, उनके पास न राइफल थी, न गोलीगठ्ठा। उन्हें साथ ले जानेकी जरूरत भी नहीं थी क्योंकि बहुत से हथियार तो इंगलैण्डसे बनकर भारतमें आते थे। वह युरोपमें जाने पर मिल जाते। जर्मनी चाहे रूस और फ्रांसके भीतर कितना ही घुस आया हो, लेकिन भूमध्यसागर अभी भी अंग्रेजोंकी झील थी, जहाँ उनके जहाज बेखटके आ-जा सकते थे। चन्द्रसिंह और उनके साथियों के पास पानीका एक टामलोट और खाकी पोशाक पूरी थी। चलनेके दिन अपने सामानको लेकर जवान लैन्सडौनके परेड खेतमें पांतीसे खड़े हुये। डिपो-कमाण्डरने उनका निरीक्षण किया। रास्तेमें जो दिक्कतें पेश आयेंगी, उनको समझाया। फिर आँसू बहाते हुये भगवान्से प्रार्थना करते बोला—"जवानों, तुम लोग अपने बादशाह और अपने देशके लिये लड़ाईपर भेजे जा रहे हो। अपने माँ-बाप और गढ़वालकी इज्जतका ख्याल करके खूब बहादुरीसे लड़ना। भगवान् तुमको जिन्दा और खुशहाल अपने बालबच्चोंमें लायेगा। सलाम!"

जवानोंने भी एक साथ सलाम किया। गढ़वालका कौमी नारा, "बदरीनाथकी जय" बोलते हुये वह रवाना हुये। सड़क के दोनों तरफ गढ़वाली जनता खड़ी थी गढ़माताके पुत्रोंको युद्धमें बलि चढ़नेके लिये जाते देखकर सभी आँसू बहा रहे थे, और लपक-लपककर गलेमें फूलोंके हार पहना रहे थे। लोगोंकी जयध्वनिसे आकाश गूँज रहा था। चन्द्रसिंह मनको कह रहे थे—अब गढ़वाल आनेकी आशा छोड़ो। देश-विदेश देखनेकी बड़ी साध थी, सो पूरी होने जा रही है।

लैन्सडौनसे कोटद्वार पैदल १४ मील है। रास्तेमें दोगड्डा चार मीलपर पड़ता है। अभी फौजोंमें मोटरों और लारियोंका प्रचार नहीं हुआ था, न उनकी बहुतायत

थी। लड़ाईके बाद ही हमारे देशमें मोटर-युग आरम्भ हुआ। स्टेशन तक उन्हें पैदल ही चलना था। चलते-चलते सिपाहियोंके पैरोंको जूतोंने काट लिया। प्यास बड़ी लगती। जुलाईका महीना, वर्षाका समय है। वर्षा हुई तो पानीसे और न वर्षा हुई तो पसीनेसे भीगना। हर तरहसे भीगना ही होता था। प्यासके मारे वह रास्तेमें बार-बार पानी पीते लेकिन वह बुझती ही नहीं थी। कई जवान तो कै करने लगे। कोटद्वार पहुँचते-पहुँचते लोग समझने लगे, हैजैने पकड़ लिया। सभी घबराने लगे। युद्धदेवीके बदले हैजामाई तो बलि ले लेना नहीं चाहती? खैर, किसी तरह टोली स्टेशन पर पहुँची, और उसी ६ जुलाईको ही ६ बजे रातको उनकी ट्रेन रवाना हो गई। बीचमें बदलनेकी जरूरत नहीं थी, क्योंकि उस समय सैनिक ट्रेनें छूटा करती थीं। सहारनपुर स्टेशन पहुँचने पर फौजी डाक्टरने जवानोंको नीचे उतारकर उनकी परीक्षा की। फतवा दिया, कि कालरा (हैजा) हो गया है। उनका डब्बा काटकर अम्बालाकी ट्रेनमें जोड़ दिया गया। हैजाकी रोक-थाम करनेके बाद ही उन्हें लामपर भेजा जा सकता था। कालकासे पहाड़ी रेलवेके ऊपर बैठे ठंडी-ठंडी हवाके झोंके लगने लगे, और सोलन पहुँचकर उन्हें बड़ी प्रसन्नता हुई, मानो सबके शरीरमें नया प्राण आ गया। कहाँ देशमें आगकी भट्टीमें जलना पड़ रहा था, और कहाँ हिमालयकी यह शीतल-मन्द बयार। कुछ लोग इसके लिये भी परेशान थे, कि न जाने कितने दिनों तक यहाँ रुका रहना पड़े, कहीं तब तक लड़ाई न खतम हो जाय। फिर लोग हमपर हँसेंगे। जिन लोगोंने कै की थी, उनको सब गाली दे रहे थे, इन्होंने रास्ता काट दिया। सोलन पहुँचने पर देखा, वहाँ वर्षा हो रही है। कै करनेवालोंको एक अलग छोलदारीमें रक्खा गया। २१ दिन कोरिन्टीनका समय बिताना पड़ा, फिर वह वहाँसे छोटी लाइनपर बैठे, और कालकामें २६ जुलाईको बम्बईकी ट्रेनपर चढ़ गये,। वही ७५ जवान फिर साथ थे। कालकासे बम्बई तक देशको एक छोरसे दूसरी छोर पार करना था। इसमें वही दृश्य उनके सामने नहीं आये, जो कि गढ़वालमें देखे थे। दिल्ली और कितने ही और बड़े-बड़े शहर रास्तेमें पड़े, पर चन्द्रसिंह और उनके साथियोंको प्लेटफार्म या दौड़ती इमारतें ही दिखाई पड़ीं। गर्मीसे परेशानी बराबर रही।

ट्रेन बम्बई पहुँची। विक्टोरिया गोदीमें जाकर उन्होंने एक रात विश्राम किया। उनके लिये "कोकनाडा" जहाज इन्तजार कर रहा था। अगले दिन २ बजे दिनको उन्हें जहाजपर बैठाया गया। ३०० लैन्सडौनसे पहुँच गये थे, और दूसरी जगहोंसे भी कितने ही सिपाही आ गये। सब मिलाकर ७०० जवान फ्रांसकी लड़ाईमें जा रहे थे।

१ अगस्त १६१५ को "कोकनाडा" ने भारतकी भूमि छोड़ी। चन्द्रसिंहको बम्बई देखनेकी बड़ी इच्छा थी, लेकिन फौजी नौकरी सैर-सपट्टेके लिये थोड़े ही होती है? सैनिक और कैदीके जीवनमें थोड़ा ही अन्तर होता है। जहाज भोंपू दे धीरे-धीरे

खिसकने लगा। बम्बई नगरकी अट्टालिकायें छोटी और छोटी होती गईं, फिर एक धुआँकी सी चीज क्षितिजपर कुछ समय तक दीखती रही।

समुद्रकी यात्रा हरेक अजनबीके लिये कुछ विचित्र सी मालूम होती है। अगर समुद्र शान्त रहा, तो वह विचित्र भर रह जाती, लेकिन, उस समय अरब सागर शान्त रहनेके लिये तैयार नहीं था। वह पालने झुलाने लगा, जिसकी गति धीरे-धीरे बढ़ चली। जवान इस पालनेको पसन्द नहीं करते थे, वह लेट गये। लेकिन, लेटनेसे क्या होता? हवा तेज थी, वह लहरोंको और ऊँची उठाने लगी। लेटनेमें भी खैरियत नहीं थी। जवानोंको कै आने लगी, वह सर टेककर उलटी करने लगे। घण्टे-दो-घण्टे या एक पहर-दो-पहरकी बात नहीं थी, पूरे तीन दिन तक समुद्रने जवानोंको तंग करके रख दिया। उस समय कोई कर ही क्या सकता था? अंग्रेजोंको अपने काले सिपाहियोंकी उतनी ही पर्वा थी, जितनी कि कसाईको हाँककर ले जाते वक्त अपने बकरोंकी। वह कोई खट्टी-नमकीन चीज तो दे सकते थे, पर किसीने कोई ख्याल नहीं किया। तीन दिन बाद उनकी पुछार हुई। सबको लेटे रहनेकी इजाजत नहीं दी गई। सुबह ७ बजे जहाजके डेकपर परेड लगवाई गई। इसके लिये बार-बार जहाजमें अलार्म बजने लगा। जहाजको धोया गया, लोगोंने कै करके उसको बहुत गंदा कर रक्खा था। परेड लगानेके बाद फिर छोड़ दिया गया। लेकिन किसी भी समय शत्रुके जहाजका आक्रमण हो सकता था, या जहाज ही किसी समय तूफानमें पड़ जाता, इसलिये समय-समयपर खतरेका भोंपू बजता, फिर जीवन-रक्षक पेटियाँ लोगोंको पहनाई जातीं, बतलाया जाता, कि जरूरत पड़नेपर किस तरह इन पेटियोंको पहनकर तैयार रहना चाहिये, और किन जवानोंको जहाजको साथ चलनेवाली कौन सी नावपर जाना चाहिये।

तूफान खतरनाक नहीं था, एक तरह जवानोंको वह जहाजी-यात्राकी शिक्षा देने आया था। मौसम ठीक होनेपर अब वह जहाजपर चल-फिर सकते थे। खाना पकानेके लिये अभी तक कोई जरूरत नहीं थी, क्योंकि उलटीके सामने किसको खानेकी हिम्मत होती? अब उनके खाने-पीनेका इन्तजाम किया गया। चपातियोंके पकानेमें बहुत तरद्दुद है। चाहे बड़ा भी हो, लेकिन एक-एक फुलका अलग-अलग सेंकना पड़ता। भातमें बहुत सुभीता है। मन-मन आधा-मनको देगमें टालकर एक घंटेमें एकसे अधिक खेप तैयार किया जा सकता है। गढ़वाली रोटी-चावल दोनों खा सकते हैं, इसलिये जहाजके पके भातसे उनको कोई शिकायत नहीं हो सकती थी।

चन्द्रसिंहको तो अभी गाँव छोड़े एक साल भी नहीं हुआ था। खाने-पीनेमें पहाड़वालोंको थोड़ी सी सुविधा है, वह रोटीको पूड़ीके बराबर ही शुद्ध मानते हैं। लेकिन, उनके यहाँ ब्राह्मण-राजपूत दो ही जात हैं, जिसके हाथका वह खा सकते हैं। बाकी सभी जातियाँ डोम-अछूत है, चाहे वह चमड़ेका काम करती हों, लोहेका या सिलाईका। ब्राह्मण-क्षत्रीके अलावा सभी जातियोंको वहाँ डोम कहा जाता है। लैन्सडौनमें आकर

उन्होंने देशसे आये पाखाना साफ करने वाले लोगोंको देखा। वह समझने लगे, पाखाना उठाना भंगीका काम है, और वह हिन्दुओंमें सबसे नीचा समझा जाता है। एक दिन यों ही चन्द्रसिंहने भात पकानेवाले भाईसे पूछ दिया—"भाईजी, आप कौन ठाकुर हैं ?"

"हम सब जहाजी भंगी हैं।"

चन्द्रसिंहका हृदय सन्न-सा हो गया।···ओह धर्म भी गया। लेकिन तब उन्हें ख्याल आया : मेरे अकेलेका धर्म नहीं गया। सात सौ जवान धर्मको कुर्बान कर रहे हैं। किसी समय मन होता अपने और साथियोंको भी यह बात बतला दूँ, लेकिन फिर हिम्मत नहीं हुई। सोचा, बिना जाने ही यात्रा पूरी कर लें यही सबके लिये अच्छा है।

रास्तेमें जहाज अदनमें जरा देरके लिये ठहरा, फिर चला। २४ वर्षके पहाड़ी तरुणने किताबें भी तो नहीं पढ़ी थीं, कि रास्तेकी जगहोंका उसे थोड़ा भी ज्ञान होता। तो भी उन्होंने देखा, अरबका विशाल समुद्र जब तक रहा, तब तक उन्हें कहीं भी पानी छोड़कर और कुछ न दिखाई पड़ता था। जब लालसागरमें पहुँचे तो उन्हें बराबर दाहिने-बाँये भूमि दिखाई पड़ती रही, हाँ नंगी और बहुत जगहोंपर पथरीली भूमि, जिसमें वृक्ष-वनस्पतिका पता नहीं था। गर्मी भी बहुत तेज थी। फिर वह स्वेजकी नहरमें घुसे। यह छोटी नदी-सी मालूम होती थी, जिसके पार करनेमें बहुत समय नहीं लगा। पोर्ट सईदमें कुछ ही समयके लिये रुके, और फिर "कोकनाडा" भूमध्यसागरको चीरता बम्बईसे चलकर १४ दिन बाद १४ अगस्तको फ्रांसके मारसेई बन्दरपर पहुँच गया।

जहाज घाटपर उतरते ही उन्हें बन्दूक-राइफल, पेटी, गोली-गट्ठे, गरम कपड़े मिल गये। अब जवानोंको वहाँसे कैम्पमें जाना था। आगे-आगे बैण्ड बज रहा था। ७०० जवान मारसेईकी सड़कोंसे निकले। शायद यह पहले भारतीय नहीं थे, लेकिन जिस तरह कालोंके देशमें आकर गोरे तमाशा बन जाते हैं, वैसे ही गोरोंके देशमें आकर मुट्ठी भर काले भी तमाशा बनाये जाते हैं। बैंड बजा और लोगोंने कानोंकान सुना, कि इंडियन सैनिक सड़कसे जा रहे हैं। सभी नर-नारी देखनेके लिए टूट पड़े। पुलिसका बाकायदा इन्तजाम था, कोई जवानोंके पास न पहुँचे। पर जनता पाँती तोड़नेके लिए तैयार थी। भारतीय जवानोंको रोक दिया गया। उनके चारों तरफ फ्रेंच पुलिसने घेरा डाल दिया। अपनी भाषामें फ्रेंच नर-नारी उनका स्वागत कर रहे थे। किसी लाल बुझक्कड़ने बतला दिया—"बेनशू मदाम, बेनशू मदाम" और सबने समझ लिया, कि वह हमारा इसी शब्दसे स्वागत कर रहे हैं। हो सकता है, किसीने महिलासे मिलने पर "बोन-जू मदाम" (शुभ दिवस देवी) कहके सलाम करनेको बतलाया हो, और हमारे जवानोंने समझा हो, कि ये हमारे लिये ही कहा जा रहा है। उनको क्या मालूम था, कि मदाम, (देवी) और मेशियो (महाशय) में क्या अन्तर है।

बन्दरगाहसे तीन मील चले गये थे, जबकि जवानको रुकना पड़ा। उस समय एक भारतीय हवलदारने अपने अफसरसे पूछा—"हजूर, क्या बात है, जो सारे शहरके लोग हम लोगोंको देखने आ रहे हैं, पुलिस वालोंने उन्हें रोक दिया और उन पर लाठियाँ चलाईं।"

साहबने हँसकर हवलदारसे कहा—"अभी हाल हीमें फ्रांसमें हमारी सरकारने एक नया कानून बनाया, कि कोई भी फ्रांसीसी किसी हिन्दुस्तानीके साथ न मिले, और न उसके साथ भाईचारेका बर्ताव करे, क्योंकि हिन्दुस्तानी गुलाम हैं।"

किसी अंग्रेज अफसरने मुँहसे यह क्यों कहा होगा, लेकिन हिन्दुस्तानी जवान जानते ही थे, कि अंग्रेजोंके लिए हम गुलामसे बढ़कर नहीं हैं, इसलिए उन्होंने स्वयं उस दिनकी स्थितिकी इस तरह व्याख्या कर दी होगी।

जवानोंको एक बहुत बड़े कैम्पमें जाना था, जिसे मैनोवरी कैम्प कहा जाता था। कैम्पमें एक लाख आदमी थे। सबके लिए छोलदारियाँ टँगी हुई थीं। सड़कोंपर पानीका छिड़काव था। पम्प और दूसरी तरहकी आरामदेह चीजोंके साथ-साथ वहाँ झाड़ियाँ थीं। कुछ देवदार जातिके वृक्ष भी थे, और तरह-तरहके फूल लगाये गये थे। देवदार और चीड़के पेड़ पाँतीसे बहुत दूर तक चले गये थे। भारतमें देवदार सात-आठ हजार फीटसे अधिक ऊँचे पहाड़ोंमें ही देखा जा सकता है। लेकिन, यहाँ धरती पर ही वह मौजूद थे। जगह-जगहपर वहाँ ठहरी हरेक पलटनका नाम हरी घासके अक्षरोंमें लिखा हुआ था। जवानोंके स्वागतार्थ गारद प्रेजेन्ट आर्म (शस्त्र अर्पण) के लिए तैयार खड़ी थी। यह इतना बड़ा कैम्प था, जिसे देखने का मौका किसी जवानको उससे पहले नहीं मिला था। चन्द्रसिंह और उनके साथियोंको सबसे अचरजकी बात यह थी—जहाँ भारतमें महासमुद्रमें दस-पाँच बूँदोंकी तरह गोरे दिखाई पड़ते थे, वहाँ इस भूमिमें गोरोंके महासमुद्रमें वह कुछ बूँदोंकी तरह हैं। वह जिसे अपने देशमें वह गोरा रंग समझते थे, वह यहाँ उनकी नजरमें भी काला दिखलाई पड़ता था।

कैम्पमें पहुँचनेपर पहलेसे ही मजूद गढ़वाली सिपाहियोंने "जय-जय" कहते नवागन्तुकोंका स्वागत किया। उन्हें भी छोलदारियोंमें बाँट कर उनका जलपानसे सत्कार किया गया। पुराने सिपाहियोंने भारत और गढ़वालके बारे में पूछा, और नयोंने लड़ाईके बारेमें। पास-पड़ोसमें रहनेवाले सिपाहियोंसे भी मेल-मिलाप बढ़ा।

लैन्सडौनसे चलते वक्त जिस दुर्भाग्यने पीछा किया था, उसने हैजा भेजकर ही छुट्टी नहीं ले ली, बल्कि यहाँ एक आदमीको दादरा (छोटी चेचक) की बीमारीमें फँसा दिया। छूतकी बीमारी थी, सारे कैम्पमें फैलती, तो जर्मनों का भला होता, इस-

लिए ७५ जवानोंको अलग कैम्पमें रख दिया गया। दूसरे तीन सौ आदमी जो बम्बईमें आकर मिले थे, वह १७ अगस्तको फाइरिंग लाइन (युद्धपंक्ति) में भेज दिये गये। चन्द्रसिंहकी टोलीमें इसके लिए बड़ा असंतोष था। वह दादरेवाले आदमीको बुरा-भला कहने लगे—"इसीने हमसे भी पीछे रंगरूट हुओंको आगे भिजवा हमें पीछे रख दिया।" चन्द्रसिंहको यह इतना बुरा लगा, कि वह अपने साहबके पास पहुँचे—"हुजूर, मुझे दादराकी बीमारी हो चुकी है, अब दुबारा होनेवाली नहीं है, इसलिए मुझे इसी टोलीके साथ भेज दीजिए।" साहबने प्रार्थना नामंजूर करते हुए कहा—"एक ड्राफ्ट (निश्चित टोली) का आदमी दूसरेमें नहीं जा सकता।"

लेकिन, यदि चन्द्रसिंह चले गये होते, तो फिर आगेकी जीवनी वहीं खतम हो जाती, क्योंकि इस पलटनके ऊपर जर्मनोंने जबरदस्त हमला किया था, जिसमें शायद अंग्रेजोंने भी गैसका प्रयोग किया था। हवाका रुख प्रतिकूल हो गया, इसलिए गैस इधरको ही लौट आई, और आधेसे ज्यादा आदमी काम आए। इसीलिए किसीने कहा है—"खानेमें पीछे नहीं रहना, और कटकमें आगे नहीं जाना!" यह कटक भी तो ऐसी थी, जिसमें भारतीयोंका कोई स्वार्थ नहीं था। उन्हें उसी अंग्रेजी साम्राज्यकी रक्षाके लिये प्राण देना था, जिसने भारतको गुलामीके शिकंजेमें बाँध रक्खा था।

अध्याय ५

फाइरिंग लाइनमें

दस दिन रहने के बाद २७ अगस्तको चन्द्रसिंहका ड्राफ्ट भी फाइरिंग लाइनको रवाना हुआ। स्टेशन पर पहुँचने पर देखा, कि वहाँ मालगाड़ियोंके सिवा और कोई डब्बा नहीं है। २८ तारीखको फाइरिंग लाइनके सैनिकोंको छुट्टी देकर उनकी जगह लेनी थी, इसलिए पसेंजर-डब्बोंकी प्रतीक्षा नहीं की जा सकती थी। मोर्चेके पास डब्बे, मोटरें और दूसरे यातायातके साधन काफी संख्यामें जमा करके रखना पड़ता था, जिसमें जरूरत पड़नेपर सेनाको जल्दीसे पीछे हटाया जा सके।

मालके डब्बोंमें जवान बैठा दिये गये। इसीमें उनको अपना झोला और राशन-पानी सब रखना पड़ा। पहले इन डब्बोंमें घोड़े ले जाये गये थे, जिनकी लीद वहाँ भरी पड़ी थी। मारे बदबूके नाक फट रही थी। मालके डब्बोंमें रोशनीकी क्या जरूरत? रातके वक्त वहाँ अँधेरा-घुप था। कोई खिड़की भी नहीं थी, जिससे रोशनी भीतर आ सके। सिर्फ एक दरवाजा था, जिसका निचला आधा भाग बन्द था। ऊपरवाले आधे भागसे ही हवा और कुछ रोशनी आ सकती थी।

सबसे बड़ी दिक्कत पेशाब-पाखानेकी थी। ये लोग घोड़े नहीं थे, कि बैठनेकी जगहको ही गन्दी करते। जवानोंके पास तीन दिनके लिए पूड़ी और सकरपारे थे। भूख लगती, खाना खा लेते, पर टट्टी कहाँ जायँ? उसके बिना भी इतने आदमी वहाँ ठूँसे हुये थे कि उनके अधोवायुसे बुरा हाल हो रहा था। टट्टी-पेशाबकी समस्या तो हल करनी ही थी। उन्होंने दरवाजे के निचले भागको भी गिरा दिया। जब कोई टट्टी करने जाता, तो दो आदमी उसके हाथको पकड़कर थामे रहते, जिसमें बाहरकी ओर पाखाना करनेके समय वह कहीं लुढ़ककर गिर न जाय, पानी छूनेका सवाल ही नहीं था। गाड़ी बहुत तेज चल रही थी।

यात्रा भी कुछ घंटोंकी नहीं थी। २७ तारीखको चल वह २९ के बारह बजेके बाद भी अपनी मंजिलपर नहीं पहुँचे। अब ट्रेन एक-एक स्टेशनपर घंटों रुकने लगी, और सो भी प्लेटफार्मसे दूर। फाइरिंग लाइनसे घायल और गैससे अन्धे सैनिक ट्रेनों में भर-भरकर आ रहे थे। जवानोंके पास सिर्फ तीन दिनकी खुराक थी। रुक-रुक चलने का नतीजा यह हुआ, कि पाँचवें दिन वह दो दिनके भूखे हो गये। वहाँके स्टेशनों

पर उन्हें पूड़ी-हलवा कहाँ मिल सकता था, पर चाय, काफी, बिस्कुट और कितने ही फल दिखाई देते थे। यदि उनकी ट्रेन स्टेशनपर उतरती, तो कुछ खरीद पाते, हालाँकि भाषाकी बड़ी दिक्कत थी। फ्रेंच क्या उनमेंसे कोई अंग्रेजी भी नहीं जानता था। प्लेटफार्मसे दूर कोई अपनी चीज बेचनेके लिये क्यों आने लगा। पाँचवें दिन दोपहर को इंजन खराब हो गया, और ट्रेन एक गाँवके सामने जाके खड़ी हुई। खेतोंमें शलजम दिखाई पड़े। सिपाही भूखे भेड़िये थे। उन्होंने इञ्जनका खराब होना काली-माईका वरदान समझा। सभी अपने डब्बोंसे कूदकर खेतोंमें फैल गये। अंग्रेज अफसर (साहब) ने बहुत सीटी बजाई, लेकिन दो दिनसे उनका पेट सीटी बजा रहा था। उन्होंने पेटकी सीटी सुनी। शलजमके खेतोंसे होकर वह गाँवमें घुसे। यह महीना सेब, नासपाती आदि फलोंका था। जवानोंने हनुमानजीकी पलटनका रूप लिया, और पेड़ोंपर कोई फल नहीं छोड़ा। जिसको कुछ नहीं हाथ आया, वह शलजम ही साथ लाया। साहब जवानोंको लौटानेके लिए पीछे-पीछे गये थे। गाँवकी एक बुढ़ियाने लाठी लेकर पीछा किया, तो उसे साहब ही हाथ आया और बुढ़िया उसके ऊपर ताबड़-तोड़ लाठियाँ पटकती बड़बड़ाने लगी। बड़ी मुश्किलसे साहब भागकर अपने डब्बेमें आया। अफसरोंके लिए इसी ट्रेनमें अच्छा डब्बा लगा हुआ था, उनको खानेकी कोई कठिनाई नहीं थी। भूखे रहकर जान देनेके लिए तो यही जवान थे।

लोग अपने-अपने डब्बेमें आकर चढ़ गये। गिनती की गई, तो सभी हाजिर मिले। देर नहीं लगी। कुछ घंटों बाद इञ्जन भी ठीक हो गया, और ट्रेन फिर रवाना हुई।

अब वह अपनी मञ्जिल लिली शहरमें पहुँच गये। डाक्टर-जेनरलने जवानों की परीक्षा की। उन्हें एक खाली मैदानमें ठहराया गया। रातको बिस्कुट और गुड़ खाने को मिला। बिस्कुट तो दाँत तोड़ डालनेकी धमकी दे रहे थे और एक छटाँक गुड़से होने ही वाला क्या था। लेकिन, जवानोंने हनुमानजीकी सेनाका रूप लेकर आजकी समस्या हल कर दी थी। उसी मैदानमें रात बीती। सबेरे १४ मील चलकर विले शहर में पहुँच वह अपनी पलटनसे जा मिले। पलटन उस वक्त फाइरिंग लाइनसे पीछे हट-कर बिलेत (विश्राम) के लिए आ रही थी।

१ सितम्बर १६१५ के ३ बजे ७५ जवानोंकी टुकड़ी विले शहरमें बटालियनमें मिली थी। यह स्थान लड़ाईकी खन्दकोंसे १४ मील पीछे था। नई टुकड़ीके स्वागतके लिए हर कम्पनीके कुछ आदमी तथा हर बटालियनके कुछ अफसर पेटी बाँधे खड़े थे। कमांडिंग अफसरने नवागन्तुकोंकी टुकड़ीका निरीक्षण किया। फिर उन्हें अलग-अलग कम्पनियोंमें बाँट दिया गया। चन्द्रसिंह २-३१ गढ़वाल राइफलके कम्पनी नम्बर ६ के १२ वें सेक्शनमें रक्खे गये। इस सेक्शनमें उनके गाँवके समीप

के रहनेवाले सिपाही भी थे, और दो तो उनके अपने ही गाँवके थे। कम्पनीमें पहुँचने पर वहाँके भाई आ मिले। बहुत दिनोंसे उन्हें अपने गढ़वाल और देशका कोई हाल नहीं मिला था। इनमें पढ़े-लिखे लोग थे ही नहीं, होते भी तो उनके पढ़ने के लिये अखबार सुलभ नहीं था। दोनों तरफसे पूछताछ हुई। इसी समय रोटी आ गई।

"शतं विहाय भोक्तव्यं" की कहावतका मानना सबसे पहले जरूरी था। उस दिनकी रोटीको चन्द्रसिंह और उनके साथी जवान कभी नहीं भूल सकते। भूख सूखी लकड़ीको भी मीठी बना देती है, यह कहकर साथियोंने जिज्ञासाको पूरा कर दिया। अभी रोटी खाये देर नहीं हुई थी, इसी वक्त अचानक सीटी बजी। सभी जवान राइफलें हाथमें लेकर अपने-अपने मकानोंके सामने खड़े हो गये। इसी समय कम्पनीके कमान्डर कम्पनीमें आये। आध घंटे तक उन्होंने सामानका निरीक्षण किया, फिर राइफलका अभ्यास कराया। इसके बाद हर वक्त तैयार रहनेका हुकुम देकर वह चले गये।

पलटन लड़ाईकी खन्दकोंमें बैठकर जब लड़ती रहती है, तो वहाँ स्थितिके कारण कुछ ही दिनोंमें सिपाहियोंका स्वास्थ्य खराब हो जाता है। दिन-रात किसी समय भी वह अपने बूट और पट्टीको उतार नहीं सकते। वह कपड़े हफ्तों शरीर पर रहते हैं। न उन्हें एक क्षणके लिए हटाया जा सकता है, न नहानेके लिए पानी मिलता है। कितने ही कमान्डर खेत आते हैं, जिनके कारण खाने-पीनेके प्रबन्धमें भी शिथिलता हो जाती है, और जवानोंको ठीकसे पर्याप्त भोजन नहीं मिलता। इसीलिए कमसे कम हर महीने १५ दिनके लिए आगेकी खन्दकोंवाले सैनिकोंको पीछे हटाकर किसी गाँवमें भेज दिया जाता है, इसीको विलेत (विश्रान्त) कहते हैं। विलेतके लिए हटाई पलटनें किसी गाँवमें चली जाती हैं। फ्रांसमें वह गाँववालोंसे जगह माँगते थे। मकान-मालिक जानते थे, कि इन्हींके कारण हमारा गाँव-घर जर्मनोंके हाथमें जानेसे बचा है, इसलिए वह सारा मकान छोड़कर किसी एक कमरेमें चले जाते। वहाँके अधिकांश मकान दुमञ्जिला थे, और इतसे कमरे होते थे, कि एक मकानमें एक कंपनी आसानीसे ठहर सकती थी।

युद्धकी खन्दकोंमें

७ सितम्बरको अचानक उस बटालियनको फाइरिंग लाइनमें जानेका हुकुम हुआ, जिसमें चन्द्रसिंह थे। एक दिनका राशन पकानेके वास्ते फिर दो घंटेका समय दिया गया। १ बजे दिनको बटालियन फालिन कीं गई और १५ मिनट बाद वह युद्धकी खन्दकोंके लिये रवाना हुई। १४ मील जाना था, जिसे पाँच घंटेमें तै करनेका हुकुम दिया गया था। लेकिन युद्धक्षेत्रमें पूरी चालसे चलना अपने हाथमें नहीं है।

जहाँ दुश्मनके तोपके गोले गिर सकते हों और जहाँकी हरएक चीजको दुश्मन दूरबीनसे देख रहा हो, वहाँ बहुत सावधानीसे अपनेको बचाकर आगे बढ़ना पड़ता है। पहले दो मील उन्होंने दो घंटेमें तै कर लिये, लेकिन बाकी सात मीलको पूरा करनेमें पाँच घंटे लग गये। सड़कके दोनों किनारे झाड़ियाँ और पेड़ खड़े थे, जिनकी आड़में छिपते वह खन्दकसे तीन मीलपर पहुँच गये। अब छिपनेके लिये न पेड़ थी न झाड़ी। गोले-गोलियोंकी मारसे बचनेके लिये संचार—कम्युनिकेशन—नालियाँ खुदी हुई थीं, जिनकी आड़में निहुरकर असली खन्दक तक पहुँचना था। जैसे ही ये लोग संचार-नालियोंके सिरेपर पहुँचे, कि चों-चों फट्-फट्-फट्-फट् करती हुई जर्मनोंकी गोलियाँ सिरपरसे गुजरने लगीं। उनसे सिर्फ एक आदमी और दो खच्चर मारे गये। जब गोलियाँ चलने लगीं, तो जवान सड़कके दोनों किनारेसे जाती नहरोंमें कूद पड़े। इनमें पानी कम था, लेकिन कीचड़ कमर भर थी। गोलियोंकी बौछार बन्द हुई। लोग फिर संचार-नालीमें घुस पड़े। नाली चार ४ फीट चौड़ी और ४ फीट गहरी थी, अर्थात् आदमी सिर झुकाये ही इसके भीतर छिपके चल सकता था। संचार-नालियाँ सिंचाईकी नहरोंकी तरह नाककी सीध नहीं खोदी जातीं, बल्कि साँपकी तरह टेढ़ी-मेढ़ी चलती हैं, जिससे भीतर चलनेवाले सैनिकोंको और अधिक आड़ मिलती है। मोर्चेपर गोरा बटालियन लड़ रही थी। बड़ी सावधानीसे उनके बाँये पहुँचकर भारतीय जवानोंने उनका स्थान लिया और वैसी ही सावधानीके साथ हटनेवाले सैनिक एक दूसरी संचार-नालीसे बिलेतके लिये वापस लौट गये।

चार्ज लेनेके बाद पहला काम यह करना था, कि हरएक सेक्शन और उसके सिपाहीको अपनी-अपनी जगह मालूम कराना, फिर आगे दुश्मनके मोर्चेको देखना, उसके फासलेका अन्दाजा लगाना और अपने दायें-बायेंकी जगहोंकी जानकारी प्राप्त करना। यह सब बातें—तड़ाक-फड़ाक बता दी गई। नये जवानोंने टूटी-फूटी खन्दकोंकी मरम्मत कर ली। हर सिपाहीको उसकी ड्यूटी बताई गई और दूसरी आवश्यक बातें भी। हरएक खन्दकके सामने एक-एक आदमी ड्यूटी पर खड़ा किया गया बाकी लोग खन्दकोंमें जाकर बैठ गये।

चन्द्रसिंह और उनके साथी दुश्मनके सामने थे। प्रतिदिन सबेरे और शाम (आध घंटे सैनिकोंको तैयार स्टेंएड टु) रहना पड़ता, क्योंकि इसी समय दुश्मन एक दूसरेपर अक्सर हमला किया करते हैं। इस समय पाखाने-पेशाबके लिये सिपाहियोंको खिसकना पड़ता है। ऐसे मौकेसे दुश्मन लाभ उठाना चाहता है। रातके समय फौजें पेटके बल धीरे-धीरे सरककर दुश्मनकी खाइयोंके नजदीक पहुँचना चाहती हैं। सफल होने पर सबेरा होते ही वह उनके ऊपर धावा बोल देती हैं। इसीलिये शाम-सबेरे आध घंटा फौजें पूरी तरह सावधान होकर खड़ी हो जाती हैं, जिससे दुश्मन गफलतसे लाभ न उठा सके। चन्द्रसिंहकी पलटनने जब-जब शत्रुपर हमला किया तो इसी समय।

खाइयोंमें चन्द्रसिंहका यह पहला दिन था। एक बहुत हल्की पिस्तौल दागी गई। आसमानमें जाकर गोली फूटकर लाल रोशनी बन गई। फिर फैलकर गिरने लगी। गिरते वक्त अब रोशनी सफेद थी। इस गोलीका और रोशनीका काम है आस-पासकी चीजोंको दिनकी तरह दिखला देना, जिसमें दुश्मनका पता लग सके। सभी सिपाही मुस्तैद खड़े थे। राइफलें और तोपें दगने लगीं। गड़गड़ाहटसे जमीन-आसमान एक हो गये। धरती सचमुच काँपने लगी। आकाशमें गोले-गोलियाँ इधरसे उधर उधरसे इधर सनसनाती जा रही थीं। नये आये सैनिकोंके दिमाग चकरा गये। मृत्युके वाहक इन गोले-गोलियोंके बीच किसको जीवनकी आशा हो सकती थी? न जाने गोली किसके लिये यमराजका संदेशा लाये। लेकिन, सैनिक चार फीट गहरी खाइयोंमें थे। खूनके प्यासे गोले-गोलियाँ ऊपर आकाशमें फिर रहे थे। चन्द्रसिंहको यह सब देखकर जान पड़ता था, कि मैं स्वप्न देख रहा हूँ।

आध घंटे बाद दोनों ओरकी राइफलें और बन्दूकें नीरव हो गई। सूर्योदय हुआ। सामनेकी जमीनपर रुंड-मुंड पेड़ और जर्मनोंका मोर्चा दिखाई पड़ रहा था। कुछको पहरेपर रखकर बाकी जवानोंको डिसमिस—मुक्त—कर दिया गया। सब अपने नित्य कर्ममें लगे।

चन्द्रसिंहके सेक्शनका कमाण्डर—संचालक—गोपालसिंह हवलदार था। सेक्शनके सभी आदमी अपने कमाण्डरसे बहुत प्रसन्न थे। वह हमेशा खुश रहता और दूसरोंको खुश रखनेकी कोशिश करता। किसीके ऊपर अन्याय न करता, न होने देता। सभी सिपाही उसके लिये सगे भाई जैसे थे। किसीको भला-बुरा कहना उसे आता ही नहीं था। इन गुणोंके कारण सभी जवान अपने हवलदारका हुकुम मानने और उसके लिये जानकी बाजी लगानेके लिये तैयार थे। चन्द्रसिंहके बारेमें तो वह और भी अधिक लिहाज रखता था। उसने अपने सेक्शनके सभी पुराने सिपाहियोंको कह दिया था, कि चन्द्रसिंह नया सिपाही है। आजकल नये रंगरूट ज्यादा मर रहे हैं, क्योंकि वह नहीं जानते कि खन्दकोंमें किस तरह चलना चाहिये। सचमुच चन्द्रसिंह भी यह गलती कर रहे थे। खन्दकें चार-साढ़े-चार फीटकी थीं, जब कि चन्द्रसिंह साढ़े पाँच फीट लम्बे थे और खन्दकसे ऊपर उनके सिरका निशाना दुश्मन आसानीसे ले सकता था। गोपालसिंह और सेक्शनके पुराने सिपाहियोंने इसके लिये चन्द्रसिंहको बहुत सावधान किया।

सिपाहियोंमेंसे एकका काम था पेरिस्कोपसे आगेकी जमीनको देखना और दूसरेका काम था राइफलको तैयार रख दुश्मनके दिखाई देते ही उसपर गोली चलाना। पेरिस्कोप एक लकड़ीके बक्सकी तरहका था, जिसके ऊपर और नीचे शीशे लगे हुये। ऊपरका शीशा इस तरह लगा था, जिससे सामनेकी जमीनका दृश्य तिर्छे लगे हुये

एक दर्पण पर पड़े और वह दर्पण अपने प्रतिबिम्बको एक दूसरे शीशेपर उतारता, जिसे नीचे बैठा आदमी देख सकता था। इस प्रकार पेरिस्कोपकी मददसे खन्दकोंसे सिर निकाले बिना आगेके दृश्यको देखा जा सकता था। पेरिस्कोप देखनेवालेको गोली लगनेका खतरा नहीं था, क्योंकि वह खन्दकके नीचे बैठा रहता था। ज्यादा हुआ, तो पेरिस्कोप गोली से उड़ सकता था। लेकिन, दुश्मनकी खन्दकोंकी देखभाल करते जो सिपाही राइफल लिये वहाँ खड़ा रहता, उसके मरनेका हर वक्त खतरा था। पुराने सिपाही इस ड्यूटीको पूरा करते हुये भी अपनेको बचाना जानते थे।

सेक्शनके हरएक आदमीको तीन-तीन घंटे ड्यूटी देनी पड़ती थी। ड्यूटीसे मुक्त आदमी डग-औट (भुइँधरे) में सोते रहते। शामको अलार्मका समय आता, या कहींसे खतरेका संकेत करते तोपका लाल गोला गिरता, तो सभी जवान अपनी-अपनी खंदकोंमें तैयार हो जाते। उस दिन अलार्म हुआ। आकाशमें गोले-गोलियाँ सनसनाने लगी, और चारों ओर धुआँ ही धुआँ दिखाई देने लगा। इस गोलेबारीमें चन्द्रसिंहकी पलटनका अंग्रेज अफसर जो बी० कम्पनीका कमान्डर था—मारा गया, उसका नाम शायद मेजर बाटन था। यद्यपि गोलियाँ खन्दकके ऊपरसे सीधी निकल जाती थीं, पर गोले अर्धवृत्तमें चलकर कभी उसी जगह गिरते, जहाँ लोग खन्दकोंमें बैठे रहते। बाटनकी मृत्यु गोलेसे हुई थी।

पहले दिन चन्द्रसिंहकी ड्यूटी पीनेके लिये पानी भरकर लानेकी थी। एक कम्पनीमें प्राय २४ जवान होते हैं। हरेक जवानके पास पानीके लिये एक-एक टामलोट होता है। चन्द्रसिंह और उनके सेक्शनका एक और आदमी बारह-बारह टामलोट वाटर (बोटल, पानीका कुप्पा) लेकर पानी भरने गये। उनके साथ एक हवलदार भी था। नहरपर जाकर उन्होंने अपने-अपने टामलोट भरे। पानी लेकर लौटे। चन्द्रसिंह पीछे रह गये। हल्की-हल्की वर्षा हो रही थी, जमीन कीचड़से भरी थी। पैर फिसल गया। संचार-नालीमें पानी भर न जाय, इसके लिये जगह-जगह पानी जमा करनेके गड्ढे खुदे हुये थे। उन्हींमेंसे एकमें चन्द्रसिंह फिसलकर जा पड़े। सिर उनका गड्ढेकी एक ओर पड़ा और पैर दूसरी तरफ अटक गया। वहाँसे निकलना मुश्किल था। बदनमें बारह-बारह पानीके भरे कुप्पे उलझे हुये थे। उनके वजनने और दबा दिया था। उनके फीते कन्धोंसे जकड़ गये थे। उठनेकी बहुत कोशिश की, लेकिन सब बेकार। खैरियत थी, जो उनका सिर पानीमें नहीं घुसा था, नहीं तो जर्मनोंकी नहीं, वरुण देवताकी वह बलि हुये होते। साथी अपने सेक्शनमें पहुँच गये। चन्द्रसिंहके सेक्शनने रिपोर्ट दी, कि हमारा पानीवाला चन्द्रसिंह नहीं आया। लेकिन, रिपोर्ट पर तुरन्त काम करना खन्दकवालोंके लिये आसान थोड़े ही था।

चन्द्रसिंह वहीं बारह टामलोटोंको लिये कुछ देर पड़ रहे। उसी रास्ते कुछ गोरे सिपाही गुजरे। वह चन्द्रसिंहसे थोड़ा ही पीछे पानी भरने गये थे। वह उसे

लेकर लौट रहे थे। उन्होंने दूसरे आदमीको नालीमें पड़ा देखा, तो उसे बाहर निकाला। पर, मुश्किल यह थी, कि न गोरे हिन्दी जानते थे, न चन्द्रसिंह अंग्रेजीका एक अक्षर। कम्पनी कमाण्डरके पास उन्होंने पेश किया। वह भी हिन्दी नहीं जानता था। लेकिन हरेक सिपाहीके गलेमें एक टिकट लटकता रहता है, जिसमें पलटनका नम्बर और सिपाहीका नाम खुदा रहता है। अफसरने टिकटको पढ़कर अपने दो गोरे सैनिकोंको चन्द्रसिंहकी पलटनके आफिसमें भेज दिया। हेड-क्वार्टरने कम्पनीमें भेज दिया। चन्द्र-सिंहकी लथपथ हालत देखकर साथी खूब हँसे।

जिस समय वह अपनी कम्पनीमें पहुँचे, उस समय रातका १ बज चुका था, जवान ड्यूटीसे छूटकर रोटीकी प्रतीक्षा कर रहे थे। सभी भूखके मारे बेचैन थे। रिमझिम वर्षा अब भी चल रही थी। रोटी आई, सबने खाया। फिर चन्द्रसिंह और कुछ आदमियोंको संचार-नाली खोदनेके लिये भेज दिया गया। राइफल और गोली-गट्ठेसे लदे खन्तीसे खोदनेका काम आसान नहीं था। लेकिन, वह तो ड्यूटी थी। इस तरह चन्द्रसिंहका खन्दकोंमें पहला दिन बीता।

दूसरे दिन सुबहका अलार्म हुआ। धुँआधार गोलियाँ चलने लगीं, फिर पहले ही दिनकी तरह यंत्रवत् काम शुरु हुआ। सैनिकोंके लिये रात-दिन एक जैसा था। इसीमें बासी-कुसी रोटी खाकर वह आराम कर लेते।

शामको ४ बजे चन्द्रसिंहको ड्यूटी मिली थी, पेरिस्कोपवालेके पास राइफल लेकर खड़ा हो दुश्मनकी गतिविधि देखना और आसमानमें उड़ते हुये विमानोंकी खबर देते स्वयं गोली चला देना। इसी महायुद्धमें पहलेपहल युद्धके लिये हवाई जहाजोंका प्रयोग हुआ था। शाम आई। फिर अलार्म हुआ, फिर इन्द्रबाण चलने लगी। ३६ घंटे ही में चन्द्रसिंह अब बहुत बातें सीख गये थे। सचमुच मौतसे बढ़कर कोई शिक्षक नहीं हो सकता।

उस दिन शामको कुछ और जवानोंके साथ वह सेक्शनके अपने बारह आद-मियोंके लिये रोटी लाने गये। अन्धेरा हो गया था, जब कि संचार-नाली होते चार मील दूरकी दुनियामें एक सड़कपर पहुँचे। यहीं उन्हें रोटीके आनेकी प्रतीक्षा करनी थी। जेनरल हेड-क्वार्टर रोटियाँ बाँटता था। वहाँसे जब आदमी रोटी लाता, तब वह इन्हें मिलतीं। जेनरल हेड-क्वार्टरके मुख्य अफसर ब्रिगेडियर-जेनरल खन्दकोंसे १५-१६ मील पीछे रहते हैं। उन्हींके साथ ब्रिगेडके रसोइये, भिश्ती, नाई, धोबी, क्लर्क आदि रहते हैं। फाइरिंग लाइनसे दूर सुरक्षित स्थानमें रहकर ये सारा प्रबन्ध करते हैं। जेनरल हेड-क्वार्टर वहाँ तक रसद-पानी भेजनेका जिम्मेवार था, जहाँपर कि चन्द्रसिंह बैठे रोटीका इन्तजार कर रहे थे।

अन्तमें क्वार्टर-मास्टर सब सामान लिवाये आया। उसने रोटीको सेक्शन कमान्डर हवलदारके हाथमें दे दिया। जिसने सामान लेकर बाँट दिया, और सब लोग

खाकर अपनी-अपनी ड्यूटीपर चले गये। आज रणदेवीने उनके पासके लोगोंमें किसी की बलि नहीं ली।

तीसरा दिन आया चन्द्रसिंह और एक और सिपाहीको एक लेन्स-नायकके साथ चटनी गारदके कामपर लगाया गया। इस गारद का काम चटनी की तरह चटपटा नहीं होता, बल्कि इसके ऊपर मौतका वारंट रहता है। चटनी गारदका काम है अपनी खन्दकोंसे निकलकर दुश्मनके मोर्चेके निकट तक जा यह पता लगाना, कि कहीं छिपकर दुश्मन हमारी तरफ बढ़ तो नहीं रहा है। चटनी गारद अपनी और पराई दोनों सेनाओंके बीच चटनी बननेके लिये रहता है, क्योंकि दोनों तरफकी छोड़ी गोलियाँ अपने-परायेका बिल्कुल ख्याल नहीं रखतीं।

तीनों आदमी अलग-अलग सेक्शनोंके थे। चन्द्रसिंहको उनके हवलदारने अच्छी तरह खतरेको समझा दिया, और अपना बचाव कैसे करना चाहिये, इसके लिये भी हिदायत कर दी थी। चन्द्रसिंह सारा सामान लेकर तैयार हो, सब साथियोंसे हाथ मिलाकर अन्तिम बिदाई समझते हुये उस जगह गये, जहाँसे उन्हें आगे बढ़ना था। कमान्डरने पूरा सामान है कि नहीं, उसे अच्छी तरह देखा, फिर उस दिन के लिये हेड-क्वार्टरने जो संकेत शब्द बतलाये थे, उसे बतलाया, वह आज दिल्ली था। दूसरी भी जो आवश्यक बातें थीं, उन्हें भी बतला दिया गया। अपनी और दुश्मनकी खाइयोंके बीचमें खड़े होकर मार्च करते भला कैसे जाया जा सकता है ? वहाँ जानेके लिये जवानको पेटके बल पड़ जाना पड़ता पड़ता, फिर धीरे-धीरे साँपकी तरह खिसकते आगे बढ़ना था। दुश्मनका मोर्चा उनकी खन्दकोंसे करीब सौ गजपर था। ६० गज आगे जानेपर तोपका गड़हा मिला, इसीमें चटनी गारदवाले बैठ गये। वह ११ बजे अपनी खन्दकोंसे चले थे, उन्हें ४ बजे लौटकर आना था। इसमें एक घंटा आने और एक घंटा जानेका रक्खा गया था। हाँ, इतनी मंद गतिसे सरकना पड़ता है, सौ गजके चलनेमें एक घंटा लग जाता है। सरकते-सरकते बीचमें रुक भी जाना, पड़ कर चारों तरफ नजर दौड़ाना कहीं गड़हा मिला, तो उसमें बैठकर आराम नहीं नजर दौड़ाना है। उन्होंने ३ बजे तक अच्छी तरह देखभाल करनेके बाद अपनी खन्दकोंकी ओर मुँह किया। फ्रांस और युरोप हमारे देशसे अधिक दूर उत्तरी अक्षांश में हैं, इसलिये जब वहाँ दिन छोटा होने लगता है, तो हमारे यहाँसे कहीं अधिक छोटा हो जाता, और बड़ा होने लगता है, तो कहीं अधिक बड़ा। यह बढ़ाव-घटाव कितना होता है, इसका अंदाज इसीसे लग सकता है, कि रूसकी पुरानी राजधानी लेनिनग्रादमें कुछ महीनों तक रात होती ही नहीं, और सन्ध्या और उषा एक दूसरेको समालिंगन करने लगती हैं। फ्रांसके इस स्थानमें दिन उतना तो छोटा नहीं था, लेकिन ३ बजेके बाद जब चन्द्रसिंह और उसके साथी लौटने लगे, तो रात आ गई थी। सितारे आसमानमें छिटक गये थे। तारोंके स्थान-परिवर्तन और जहाँ-तहाँ

मिलनेवाले चिन्हौंको देखकर उन्हें अपने स्थानपर पहुँचना था, लेकिन वह उनका ठीकसे पता न पा दिशा भूल गये। उनको यह नहीं मालूम हुआ, कि हम जर्मन पंक्तियों की तरफ जा रहे हैं। पास पहुँचनेपर जर्मन सन्तरीने "हाल्ट (ठहरो)" पुकारा। चन्द्र-सिंह और उनके साथियोंको उसकी बात समझमें नहीं आई। चन्द्रसिंहके नायकने समझा, हमारी ओरका कोई सन्तरी बोल रहा है, इसलिये उसने "दिल्ली-दिल्ली" कह दिया। सन्तरीने रोशनी देनेवाली गोली चलाई। सब चीजें साफ दिखाई देने लगीं। रोशनीसे अपनेको छिपानेकी चन्द्रसिंहके साथियोंने कोशिश की। चन्द्रसिंह एकाएक चौंक पड़े, और छिपनेकी जगह वह पीछेकी ओर बेतहाशा दौड़े। बीस कदम दौड़नेपर एक गड़हा मिला, जिसके भीतर वह दुबक गये। जर्मनोंने गोलियाँ दागनी शुरू की। उनके दोनों साथी वहीं ढेर हो गये। उस रात और अगले सारे दिन चन्द्रसिंह उसी गड़हेमें छिपे रहे। दूसरी रात आई। शामका अलार्म और उसके बादकी गोलाबारी खतम हो गई। फिर वह लौटकर अपने मोर्चेमें आये, लेकिन मोर्चेमें घुसना इतना आसान हो, तो दुश्मनका आदमी भी घुस सकता। सिपाही सन्तरीने हाल्ट कहा, जिसके जवाबमें चन्द्रसिंहने अपने सांकेतिक शब्द "दिल्ली" को दोहराया। हेड-क्वार्टरका संकेत हर रोज बदलता रहता है, क्योंकि वैसा न करनेसे दुश्मनको उसका पता लग सकता है। जब दिल्ली से काम नहीं बना, तब उन्होंने "मैं चन्द्रसिंह हूँ, मैं चन्द्रसिंह हूँ" कहना शुरू किया। लेकिन, सन्तरी बिना असली संकेतके किसीको मोर्चेके भीतर कैसे आने दे सकता था? चन्द्रसिंहने न आव देखा न ताव अपनी खाइयोंके भीतर जबर्दस्ती कूद पड़े। सिपाही गोली चला सकता था, लेकिन वह भी सन्देहमें पड़ गया था। चन्द्रसिंहको कम्पनी कमान्डरके सामने पेश किया गया उन्होंने अपनी सारी कहानी सुनाई, और साथियोंके मारे जानेकी सूचना दी। इसी रातको दो और आदमियोंके साथ चन्द्रसिंह फिर चटनी गारद बनकर गये, पर मरे या जीते उनके साथी नहीं मिले।

पाँचवें दिन चन्द्रसिंहकी ड्यूटी खन्दकपर रही। दो-दो बार वह चटनी गारद हो आये थे, इसलिये इस दिनको अमन-चैनसे गुजरते देखकर उन्हें बड़ा संतोष हुआ। शामके अलार्ममें उनकी कम्पनीका एक आदमी मारा गया। रातको भी उन्हें मोर्चे की ड्यूटी करनी पड़ी।

छठे दिनको चन्द्रसिंह आसानीसे भूला नहीं सकते। खन्दकपर उनकी ड्यूटी १२ बजेसे २ बजे दिन तक थी। वह अकेले अपनी पोस्ट—(जगह)—पर थे। किसी-किसी पोस्ट पर दो जवान होते हैं, और किसी-किसी पर एक। चन्द्रसिंह पोस्ट पर अकेले थे। उनके गाँवके सिपाहीने पूछा—"चन्द्रसिंह तुम्हारे पास इंडियाका सिगरेट है?"

"है, लेकिन भुंइघरेमें है, ड्यूटीसे छूटनेपर ला दूँगा।"

वहाँ अधिकतर फ्रांसकी सिगरेटें मिलती थीं, जो कड़ी होती थीं, इसलि सिपाही इंडियाकी नरम सिगरेट ज्यादा पसन्द करते थे। फ्रांसमें भी अच्छी सिगर क्या होती नहीं, लेकिन भारतीय सिपाहियोंको सबसे घटिया और कड़ी सिगरेटें ही जाती थीं।

साथी पासमें बैठकर उँगलियोंसे ढूँढ़-ढूँढ़कर अपनी कमीजकी जूयें मारने लगा जूयें सिपाहियोंके लिये बड़ी आफत थीं। झटपट अपनी कमीजको पहनकर उस चन्द्रसिंहसे कहा—"जाओ, सिगरेट ले आओ। तब तक मैं तुम्हारी जगह खड़ रहूँगा।" चन्द्रसिंहने अपनी राइफल साथीके हाथमें पकड़ा दी, और सिगरेट लेनेके लि भुइंघरेकी ओर चल पड़े। सिगरेट लेकर साथी जंगीसिंह तीसरी खन्दकमें सिगरेट जलाने गया। जैसे ही दियासलाई जलाई, वैसे ही एक गोला आकर उस जगह गिरा जहाँ जंगीसिंह खड़ा था। सारी खन्दक काँप उठी। गोलेकी उछाली मिट्टी आकर चन्द्रसिंह के ऊपर गिरी। होशका क्या ठिकाना रह सकता था? लोग दौड़कर आये। पूछा—"तुमको चोट तो नहीं आई?" लेकिन, साथी के पास गये, तो देखा जंगीसिंहका शरीर चिथड़े-चिथड़े हो चुका है, सिर चूर-चूर हो गया है, हाथ-पैर कुचले गये हैं, राइफल टूटी पड़ी है। पासके जिस भुइंघरेमें साथी सोये थे, उसका मुँह मिट्टीसे बन्द हो गया था। दम घुटकर मरनेमें क्या देर थी? झटपट द्वारको खोलकर उन्हें बाहर निकाला गया। सब घबराये हुये थे। बेचारा जंगीसिंह इंडिया सिगरेट भी नहीं पी सका। जगह-जगह बिखरे उसके अंगोंको बोरीमें भरकर दफनानेके लिये भेज दिया गया।

सातवें दिन चन्द्रसिंहकी विशेष ड्यूटी नहीं थी, लेकिन वह दिन बिना घटनाका नहीं रहा। फ्रांसके मोर्चेपर सिपाहियोंकी वर्दियाँ ऊनी कपड़ेकी थीं। उनसे पानीका भी बचाव होता था और सर्दीका भी। नहाने-धोनेका कोई इन्तजाम खन्दकोंमें कैसे हो सकता था? हफ्तों बूटोंके भीतर पड़ी पैरोंकी अँगुलियाँ सड़ने लगतीं, लेकिन वह उन्हें निकाल नहीं सकते थे, वर्दीको भी शरीरसे हटा नहीं सकते थे। जमीन भीगी थी, जिसमें वह अपनी वर्दियाँ पहने पड़े रहते। सारे शरीरमें जूयें पड़ जाती थीं। कुछ सिपाहियोंको बुखार भी आने लगा था। जुओंकी बीमारी लाखों सैनिकोंको लगी थी। इससे बचनेके लिये एक मटमैले रंगका चूर्ण छोटे-छोटे डब्बोंमें भरकर आया। हरएक सेक्शनमें एक एक डब्बा भेज दिया गया। हिन्दुस्तानी सिपाहियोंको मालूम नहीं था, कि यह क्या चीज है। लेबल अंग्रेजीमें था, अंग्रेजी अक्षर उनके लिये भैंस बराबर थे। चन्द्रसिंह की प्रत्युत्पन्न मतिने साथ दिया। उन्होंने डब्बेको खोला। देखा, गरम मसाला जैसा था। उसकी सुगन्ध भी कुछ वैसी ही मालूम हुई। उन्होंने अपनी राय दी, और दूसरोंसे भी पूछा, लोगोंने कहा—"हमारे लिये देशसे गरम मसाला आया है।" चन्द्रसिंहको उस दिन कोई खास ड्यूटी नहीं थी। सिपाहियोंको उबले आलूकी तरकारी मिलती थी, जो कलसे बासी उनके पास पड़ी हुई थी। चन्द्रसिंहने सोचा, आज मसालेदार आलूकी तरकारी

खिलानी चाहिये। भुइंधरेके बाहर उन्होंने आग जलाई, और "गरम मसाला" डालकर उसे खूब पका दिया।

खाकर सभी सिपाही वाह-वाह करने लगे। दूसरे सिपाही भी सुनकर अपनी-अपनी रोटी लिये पास आये और गरम मसालेवाली तरकारी माँगकर खाने लगे। आधेसे अधिक सिपाहियोंने उसे खाया। चन्द्रसिंह बाँटते ही रह गये, उनको इस बातका अफसोस हुआ, कि मेरे लिये कुछ नहीं रह गया। स्वाद बिल्कुल गरम मसाले जैसा था, इसलिये किसीको पता नहीं लगा। लेकिन, जल्दी ही खानेवाले उल्टी करने लगे। उनके मुँहसे झाग निकलने लगी। डाक्टरके पास तुरन्त खबर भेजी गई। कम्पनी कमाण्डर अंग्रेज था। उसने पूछा, तो चन्द्रसिंहने डब्बा दिखा दिया। वह झल्लाकर कहने लगा—"बेवकूफो, यह जूयें मारनेकी दवा है। किसने तुम्हें बताया, कि यह गरम मसाला है?" डाक्टरने भी बहुत डाँटा-फटकारा। खैर, दवा दी गई और लोगों ने कै करने की साँसत भर ही सही, कोई मरा नहीं। चन्द्रसिंहको बहुत अफसोस और लज्जा लगी। जब लोगोंको पता चल गया, कि यह जूओंको मारनेकी दवा है, तो वह डब्बेमेंसे चुटकी भर कर अपने पीठ, छाती और दूसरी जगहोंमें डाल लेते। थोड़ी सी जलन मालूम होती। इसके बाद जूयें अपने-आप जमीनपर गिरने लगतीं। लोग पट्टी खोलकर पतलून झाड़ते, तो एक-एक तोले भर जूयें नीचे झड़ पड़तीं।

कुछ दिन और बिना किसी घटनाके बीते। बारहवें दिन सुबहके अलार्मके खतम हो जानेके बाद चन्द्रसिंह कुछ और जवानोंके साथ रोटी लानेके लिये गये। नालीसे निकलकर सड़कपर रोटीवालोंके आनेका इन्तजार कर रहे थे। वह सदा ११ साढ़े ११ बजे तक जरूर आ जाते थे। उस दिन १ बजे तक कोई नहीं आया। देर होते देख फाइरिंग लाइनसे पता लगाने दूसरी पार्टी आई। वह भी बैठकर वहाँ रोटीका इन्तजार करने लगी। ३ बजे तक भी कहीं रोटीका पता नहीं था। बिना रोटी लिये वह खाली हाथों लौटते कैसे?

फ्रांसमें सड़कोंका ताँता बिछा हुआ है, गाड़ियाँ, घोड़ेगाड़ियाँ और दूसरी सवारियाँ हर गाँवमें पहुँचती हैं। सड़कोंके जालमें रोटीवाले रास्ता भूल रात भर भटकते रहे। सबेरा होनेपर वह लौटके हेड-क्वार्टर चले गये। खन्दककी बटालियनको टेलीफोन किया गया, रोटीवाले रास्ता भूल गये थे। रात-दिन भूखे रहनेके बाद तीसरे दिन १२ बजे रातको रोटी मिली। मोर्चेपर हर बार दो वक्तकी रोटी और आधा ड्राम शराब भी सिपाहियोंको दी जाती। गोरे सिपाहियोंका राशन कालोंसे बहुत अच्छा था, इसे कहनेकी आवश्यकता नहीं।

बिलेतपर

पन्द्रह दिन खन्दकोंमें रहनेके बाद अब चन्द्रसिंहकी बटालियनको विश्राम मिला और उनकी जगह लेनेके लिए एक पंजाबी बटालियन आ गई। भुइंधरोंमें

यद्यपि वह पन्द्रह ही दिन रहे, लेकिन जान पड़ता था पन्द्रह युग बीत गये। वा खुलकर साँस लेना भी उनके लिये सम्भव नहीं था। खन्दकोंसे निकलकर चौदह मी चलनेके बाद उन्हें एक गाँव मिला, जहाँ चार मकान लेकर हरएकमें एक-एक कम्प ठहर गई।

इसी समय वहाँ बम बनानेवाली पार्टी संगठित की गई। वह बम तैयार कर फाइरिंग लाइनमें पहुँचाती थी। चन्द्रसिंहको उसके ग्रिंडिंग—पीसने—सेक्शनमें भे दिया गया। यह विश्राम सात ही दिन तक रहा। इसके बाद फिर उन्हें फाइरिं लाइनमें भेज दिया गया लेकिन, अबकी बार वह उसी जगह नहीं भेजे गये। यह दूसरी जगह थी, जो बिलेतके स्थानसे २८ मीलपर थी। रास्ता बहुत ऊबड़-खाबड़ था, जगह-जगह मकान गिरे पड़े थे। अन्धेरा हो गया था, जब कि लोग संचार-नालीके पास पहुँचे। उन्हें एक गोरा-बटालियनकी बगलमें रक्खा गया। बल्कि कहना चाहिये उनको एक तरफ करके मोर्चेके आधे हिस्सेमें उन्हें रख दिया गया। उनकी पलटनकी शेष तीन कम्पनियाँ कुमकके रूपमें पीछे रक्खी गईं। चन्द्रसिंहकी खन्दकफाइरिंग लाइनसे मोर्चोंसे २५ गज आगे थी। यहाँ साँपकी तरह बनी खन्दकमें एक मशीनगन रक्खी हुई थी। स्थान आसपाससे कुछ ऊँचा था। चन्द्रसिंहके साथ २३ और भारतीय थे और उन्हींके साथ चार-पाँच गोरे थे, जिनके जिम्मे बम थे। चन्द्रसिंहकी बटालियनको सिर्फ दस दिनके लिये फाइरिंग लाइनमें भेजा गया था। जर्मनोंका मोर्चा वहाँसे नजदीक था। वह अंग्रेजी फौजको बहुत नुकसान पहुँचा रहे थे। जर्मनोंको कुछ जगहसे हटाना आवश्यक था। अंग्रेज सेनापतियोंने यह चाल चली, दाहिने मोर्चेपर सरगर्मी दिखाई जाय, जिससे जर्मन समझने लगें, कि हमला इधरसे होगा? जर्मन फौजके नीचे एक सुरंग भी खोदी गई, जिसका पता जर्मनोंको नहीं था। अगले दिन उस स्थान पर काफी फौजें जुटा ली गई। उन्होंने जब धोखेमें आकर उस जगह सारा जोर लगाया, तो अंग्रेजी फौजोंने दूसरी ओरसे होकर उनपर हमला करके उस महत्वपूर्ण स्थानपर कब्जा कर लिया।

उस दिन फाइरिंग लाइनमें दोहरे आदमी लगाये गये थे, जिन्होंने जर्मनोंको सर उठाने नहीं दिया, बराबर उन्हें भयभीत करके रक्खा। पुराने सिपाही बतला रहे थे, आजकी तरहकी बमवर्षा कभी नहीं देखी थी। उस दिन सारा आकाश गोले-गोलियोंके धुयेंसे भर गया, अन्धेरा छाया हुआ था। जमीन थर्रा रही थी। गैसका धुँआँ भी बहुत छोड़ा गया था, जिससे बचनेके लिये सब सिपाहियोंके मुँहपर गैस-मुखारे थे। चन्द्रसिंहने गैसमुखारा लगाकर पहलेपहल यहाँ लड़ाई लड़ी। दोनों ओरसे बहुतसे सिपाही हताहत हुये।

सिपाही जिन्हें अपनी आँखोंसे देखते थे, वह घटनायें कम सनसनी भरी नहीं होती थीं, पर उनसे भी अधिक विचित्र घटनायें वह एक दूसरेके मुँहसे सुनते थे।

चन्द्रसिंहने तरह-तरहकी अफवाहें सुनीं। एकमें कहा गया था—२५ दिसम्बर १९१४ को बड़ा दिन आया। जर्मन खन्दकोंसे सफेद झंडियाँ हिलने लगीं, वहाँसे आवाज आने लगी, "इंडिया नो फायर" (भारतीयों, फायर मत करो) इस पर भारतीयोंने भी अपनी रूमालें हिलाईं। जर्मन अपनी खन्दकोंसे बाहर निकल आये, भारतीय भी बाहर चले आये। फिर दोनों ओरके सिपाही अपने भेद-भावको छोड़कर एक दूसरेसे भाईकी तरह गले लगा, हाथ मिलाया। करीब एक घंटे तक यह मेल-मिलाप जारी रहा। फिर दोनों ओरसे सीटियोंके बजनेपर लोग अपनी-अपनी खन्दकोंमें चले गये। जर्मनों ने कहा—"इंडिया, नो फायर, यु हाई फायर।"—(भारतीयों, गोली न दागो, तुम ऊपर दागो)। भारतीयोंने भी वही बात दोहराई। परिणाम यह हुआ, कि एक हफ्ते तक दोनों ओरसे ऊँचा फायर होता रहा, किसी तरफका कोई आदमी हताहत नहीं हुआ। पीछे जब अंग्रेज अफसरोंको इसका पता लगा, तो उन्होंने भारतीयांको दूसरी जगह हटा दिया। यह अफवाह बेबुनियाद हो सकती है, पर इसके भीतर भारतीयोंकी यह भावना काम कर रही थी, जिसके कारण वह समझते थे, कि हम अंग्रेजोंके लिये नाहककी लड़ाई लड़ रहे हैं। जर्मन हमारे शत्रु नहीं हैं और न जर्मन किसान-मजूर सन्तानोंके हम दुश्मन हैं।

इस तरहकी एक और भी अफवाह चंद्रसिंहने सुनी : २८ नवम्बर १९१४ की लड़ाईमें गढ़वाली पलटनका जर्मन पलटनसे मुकाबला हुआ। कई गढ़वाली सैनिक मारे गये। इसपर गढ़वालियोंको बहुत क्रोध आया और उन्होंने जर्मनोंपर जबर्दस्त हमला कर दिया। जर्मन सिपाही खन्दकोंसे बाहर निकल भागे। गढ़वालियोंने उनका पीछा किया। उनके सारे अंग्रेज अफसर पीछे रह गये। अफसरोंके न रहनेपर भी गढ़वाली सिपाहियोंने बड़ी बहादुरीसे दुश्मनको पीछे ढकेल दिया। अंग्रेज अफसरोंने पहुँचकर उन्हें हाल्ट—(ठहरो) का हुकुम दिया। लेकिन सिपाही गुस्सेमें इतने पागल हो गये थे, कि वह जर्मनोंको भगाते ही चले गये। बड़ी मुश्किलसे त्रिगुल द्वारा पीछे लौटनेका हुकुम दिया गया, तब वह लौटे।

दूसरी बारकी लड़ाईके बाद चन्द्रसिंहकी पलटन बिलेतके लिये वापस आ गई। एक गाँवमें आकर फिर कवायद-परेड शुरू हुई, रात-दिनका एकसा जीवन आरम्भ हुआ। यहाँ अब खबर उड़ने लगी, कि हमारी पलटनको हिन्दुस्तान भेजा जायगा। लेकिन, इसकी सत्यताका पता १८ अक्तूबरको लगा, जब कि ६ बजे शामको चन्द्रसिंहकी पलटन मारसेइके लिये रवाना हुई।

चन्द्रसिंह सिर्फ दो महीना आठ दिन फ्रांसमें रहे, जो उनके लिये यह दो वर्षसे कम नहीं मालूम होते थे। इतने दिनोंमें वह फ्रांसको क्या देख पाये ? उनका अधिकांश समय रेलों और भुइंघरोंमें बीता। बिलेतमें किसी गाँवमें रहना पड़ता था, वहाँपर भी वह एक सीमाके भीतर बन्दी थे। लेकिन तब भी कुछ फ्रांसीसी लोगोंसे

उनका साबका पड़ा था। वह देखते थे, कि अतिथि सत्कार करना फ्रांसीसियोंका एक खास गुण है। वह जब किसी फ्रांसीसीके घर जाते, तो स्त्री या पुरुष बड़ी नम्रता और सहृदयताका व्यवहार करते। मेहमानको फल, दूध, मक्खन या किसी प्रकारकी मिठाई-का उपहार दे जलपान कराते। यदि सिपाहियोंके हाथों कोई नुकसान भी हो जाता, तो उसके लिये कुछ बोलते नहीं थे। यह सिपाहियोंकी संगीनोंके डरके मारे यहीं। वह भी कम धीर और वीर नहीं थे।

चंद्रसिंह अब तक अपने गढ़वाली गाँवोंसे ही परिचित थे। उन्होंने भारतके दूसरे गाँवको नहीं देखा था। गढ़वालकी स्त्रियाँ खेती-बारीके काममें पुरुषोंसे भी आगे बढ़ी हुई है। एक तरह कहा जा सकता है, किं उनके सामने पहाड़के पुरुष निकम्मे हैं। खेती करनेमें सिर्फ हलके लिये वहाँ पुरुषोंकी आवश्यकता होती है; बाकी सारा काम स्त्रियाँ कर लेती हैं। पर, तब भी उन्हें पुरुषोंका अवलम्ब तो लेना ही पड़ता है। वहाँ फ्रांसमें वह देख रहे थे, कि सारे पुरुष बन्दूकें लेकर चले गये हैं और घरोंमें केवल स्त्रियाँ तथा नन्हें-नन्हें बच्चे रह गये थे। पर फ्रांसकी स्त्रियोंमें किसी तरहकी बेबसी या भय नहीं दिखाई पड़ता था। वह सारे कामको ठीकसे चला रही थीं। बच्चोंकी ही देखभाल नहीं करतीं थीं, बल्कि हल जोतती थीं, गाडी हाँकती थीं। मकानोंके ऊपर जर्मन बमवर्षक मँडराते थे, गोले गिराते, दूर तककी मार करनेवाली तोपोंके गोलोंसे मकानोंके आसपास गिर पड़ते थे। उनकी स्त्रियाँ वह पर्वा नहीं करती थीं। कितनों हीके घर तोपके गोलोंसे टूट गये थे, पर उसीके बचे हुये हिस्सेमें वह निर्भय रहा करती थीं।

फ्रांसके गाँव उन्हें बहुत साफ मालूम हुये। जिन्दोंके घर ही, मुर्दोंकी कब्रें भी बहुत साफ थीं। दीवालोंको अच्छी तरह सजाकर रक्खा गया था। यह देखकर आश्चर्य मालूम होता था, कि कुत्ते छोटी-छोटी गाड़ियाँ खींचते, थे जिनमें नन्हें-नन्हें बच्चे बैठते। बिल्लियाँ मशीनपर बैठकर दूधकी लस्सी मथ रही हैं। वहाँके बाजारोंमें उन्होंने यह भी देखा, कि एक दूकानपर एक ही चीज बिका करती थी।

अध्याय ६

देशमें (१६१५ ई०)

मारसेइसे उन्हें अक्तूबरमें देशके लिये जहाज मिला। गढ़वाली पलटनके उनके साथी बहुत दिनों तक फ्रांसमें नहीं रहे थे, पर उन्हें देश लौटनेमें प्रसन्नता थी, साथ ही अपने मारे गये साथियोंके लिये हरेकके हृदयमें बहुत खेद था। पर सबको गर्व था, कि दो गढ़वाली वीरों—गोबरसिंह और दरबानसिंह—को वीरताका सबसे ऊँचा तमगा विक्टोरिया क्रास मिला।

मारसेइसे चलकर वह स्वेज—पोर्त सईद—पर उतरे, सभी जवान बहुत भूखे थे। लड़ाईके कारण प्रबन्धमें शिथिलता हो सकती है, पर वस्तुतः अंग्रेज अपने भारतीय सैनिकोंको जानवरोंसे थोड़ा ही बेहतर समझते थे। स्वेज नहर पर उतरकर फर्वरी १६१६ में उन्हें खाइयाँ खोदनी पड़ीं, फिर उनके लिये एक दूसरा जहाज खाली करके दिया गया। एक दिन भूखे सिपाहियोंने जानना चाहा, कि जहाजमें कोई खाने की चीज है। देखा वहाँ कितनी ही बोरियाँ हैं। एक बोरीको उठाकर पटका, वह फट गई, और उसमेंसे जौ निकल पड़े। यद्यपि वह घोड़ोंके लिये थे पर आदिम मानवने जब जौ खाना शुरू किया तो उसने आग और चक्कीका सहारा नहीं लिया भूख सभी चीजोंको मीठी बना देती है। सिपाही पड़े हुये जौको उठाकर चबाने लगे। कोई भी ऐसा नहीं रहा, जिसने उसे उठाकर न खाया हो। चन्द्रसिंहने आधा सेर जौ फाँक डाला। रोटी शामको मिली। यदि अकस्मात् यह जौ न मिले होते, तो कितनी मुसीबत होती। यात्रामें भोजन तो दुर्लभ था ही, साथ ही पानीको भी दूध समझकर दिया जाता था। स्वेज में रहते एक दिन चन्द्रसिंहको ६ दूसरे सिपाहियोंके साथ तरकारी आदि लेनेके लिये भेजा गया। छहोंमें वही सबसे सीनियर—जेठे—थे, इसलिये वही कमान्डर बने। खच्चर लेकर वह रसदके स्थानपर गये। गोरोंने उन्हें आलू, शलजम आदि दिये। फिर वह उन्हें एक छोलदारी में ले गये। बेचारे चाहते थे, कि सिपाहियोंको घास-पातसे कुछ बढ़िया चीज दी जाय। छोलदारीमें खाल छीलकर एक पूरा बैल रक्खा था। पास हीमें एक बड़ा छूरा पड़ा हुआ था। गोरोंने इशारेसे बतलाया—"देर क्यों करते हो, काटो, और ले जाओ।" बैलको देखते ही चन्द्रसिंह भागकर बाहर निकल आये। एक गोरेने न जाने क्या समझकर दौड़कर चन्द्रसिंह का हाथ पकड़ लिया, और हाथापाई हो गई। चन्द्रसिंहने राइफलकी बेंट उसपर चलाई।

मददके लिये दूसरे गोरे आये, तो चन्द्रसिंहके साथी भी जुट पड़े। कुछ देर बाद अंग्रेज अफसर आया, उसने उन्हें समझाकर छुड़ाया।

बम्बईमें जहाजसे उतरनेके बाद चन्द्रसिंह और उनके साथी सीधे आगरा आये। दो गढ़वालियोंने विक्टोरिया क्रास पाया था। इसकी देशमें धूम मची हुई थी। राजामहा-राजा अंग्रेजोंके बलपर ही भारतमें जिन्दा थे, इसलिये वह हर तरहसे अपनी राजभक्ति दिखलानेके लिये लालायित रहते थे। आगरेमें गढ़वाली वीरोंके स्वागतके लिये उनकी ओरसे खास तैयारी हुई। राजाओंके गारदने सलामी दी, बैण्ड बजाये। गढ़वाली सिपाहियोंको कुर्सीपर बैठाकर चाय पिलाई गई। फलों और मिठाइयोंका ढेर सामने रक्खा था। उनके शरीर पर केवड़ा और गुलाबके अतर लगाये गये, मानपत्र दिया गया सभीने उनकी बहादुरीकी सराहना की।

आगरेसे चलकर चन्द्रसिंह और उनके साथी लैन्सडौन पहुँचे, यहाँ भी उनका स्वागत हुआ, फूलमाला दी गई। लेकिन, लैन्सडौनसे पहले कोटद्वारमें एक बड़ी दुःखदायक घटना हुई। रूपसिंह सिपाही फ्रांसके मोर्चेपर पहरा दे रहा था। रात-दिन वहाँ जगा रहना पड़ता था, इसके कारण रूपसिंहको नींद लग गई। यह भारी अपराध था, उसे गोली मार देनेकी सजा हुई। लेकिन, गढ़वाली अपनी अद्भुत वीरताका परिचय दे चुके थे। इसलिये रूपसिंहको गोली नहीं, बेंत मारे गये। अब तक किसी गढ़वाली सैनिकको ऐसी सजा नहीं हुई थी। रूपसिंहके मनपर इस अपमानका भारी आघात पड़ा। बेंत खाकर वह गढ़वालमें किस मुँहसे जाय। कोटद्वार पहुँचनेपर अपनी ही गोलीसे अपने जीवनका अन्त कर दिया। मरते समय उसने अपनी चिट्ठीमें यह सब बातें लिखी थीं।

लैन्सडौनमें आनेके बाद लामपरसे आये सिपाहियोंको अपने-अपने घरोंमें जाकर सगे-सम्बन्धियोंसे मिल आनेकी छुट्टी मिली। १ अप्रैल १९१६ को चन्द्रसिंहकी बटालियनके दक्षिण पक्षको दो महीनेकी छुट्टी मिली। वामपक्षको वार्षिक चाँदमारीके अभ्यासको पूरा करते रेजिमेन्टकी ड्यूटी, कवायद-परेड करते रहना पड़ा। कम्पनीके कुछ आदमी शिमलामें वायसरायकी सेवामें भेजे गये। दक्षिण पक्षकी दो कम्पनियाँ जब छुट्टीपर गई थीं, उसी समय वामपक्षकी कम्पनियोंके कुछ चुने हुये सिपाहियोंकी पढ़ाई-लिखाई की परीक्षा ली गई, जिनमें चन्द्रसिंह भी थे। वह जवाहरसिंह, मूसा पादरी और गाँवके पण्डितके पास क्या पढ़ पाये थे, इसका हमें पता है। लेकिन, परीक्षा कोई कठिन नहीं थी। भूगोल था, जिसका काफी व्यावहारिक ज्ञान अपनी फ्रांस तककी यात्राके कारण उन्हें मिल चुका था। इसके अतिरिक्त लिखना-पढ़ना, थोड़ा सा इतिहास और कुछ मामूली गणित था। चन्द्रसिंह परीक्षामें पास हुये।

दक्षिण पक्षके लौट आनेपर वामपक्षको दो महीनेकी छुट्टी मिली। छुट्टीके समय हरेक सिपाहीको लड़ाईके दिनोंकी सारी तनखा और ९० रुपया अग्रिम मिला

था। चन्द्रसिंह अब छुट्टीमें जा रहे थे। उन्होंने इन रुपयोंमेंसे अपने और घरके लिये कुछ कपड़े बनाये, ४० रुपया नकद ले कितने ही मित्रोंके साथ घरका रास्ता पकड़ा।

इतने दिनों बाद और मृत्युके मुँहसे लौटकर आये बेटेको देखकर माँ-बाप क्यों न निहाल हो जाते? गाँवके लोग भी बड़े प्रसन्न हुये। सबने लड़ाईकी बातें पूछीं। चन्द्रसिंहने जो देखा था उसे बतलाया।

छुट्टीका एक महीना घरमें बिताकर वह पड़ोसके गाँवमें अपने एक दोस्तसे मिलने गये। रास्तेमें जंगल पड़ता था। मित्रसे मिलकर जब वह लौट रहे थे, तो घने जंगलके एक नालेमें पहुँचने पर अचानक एक भालूने हमला कर दिया। भालू उनके लिये बिल्कुल अपरिचित जानवर नहीं था, क्योंकि इन्हीं जंगलोंमें वह लड़कपनमें गाय चराने आया करते थे। भालू, यद्यपि भयंकर जानवर है, पर आदमीसे सभी जानवर डरते हैं। भालूके बच्चे पास हीमें थे। शायद उसको ख्याल आया, कि यह आदमी मेरे बच्चोंको पकड़ने आया है। हल्ला करके चन्द्रसिंहने भगानेकी बहुत कोशिश की, लेकिन भालूने उन्हें खड्डमें दे पटका और उसके बाद वह अपने बच्चों की ओर भागा। चन्द्रसिंहको इतना मौका नहीं मिला, कि वह निकल भागते। बच्चोंको कुछ दूर छोड़ भालू फिर आया, और चन्द्रसिंहको लेकर उसने समतल जमीनपर पटक दिया। पहाड़ी लोग यह गुर जानते हैं, कि भालू मूर्देको नहीं छूता, इसलिये वह गुम-सुम आँखें बन्द करके पड़ रहे। भालूने इधर-उधर उलट-पलटकर देखा, समझा आदमी मर चुका है। फिर डुवों-डुवों करके शोर मचाता, फुर्र-फुर्र करके सारे शरीरपर थूकता रहा। पहली झपटमें चन्द्रसिंहका बाँया हाथ भालूके मुँहमें आ गया, भालूने मुँहमें चबाकर उसकी हड्डी तोड़ दी। हथेलीके दोनों ओर उसके दाँत धुस गये। एक उँगली तो बिलकुल टूट गई। सारे शरीरको उसने अपने नाखूनसे चीर दिया, कपड़े धज्जी-धज्जी हो खूनसे सन गये।

चन्द्रसिंह देर तक वहीं पड़े रहे। जब जाना, कि भालू आसपास नहीं है, तो साहस करके उठ खड़े हुये, और लँगड़ाते किसी तरह घर पहुँचे। घरके लोग देखकर घबड़ा उठे। माँ और बीबी रोने लगीं। चन्द्रसिंहने उन्हें धीरज धराया। उनके मामा-ससुरने दवाई की। सात दिनमें घाव भर गया, लेकिन हाथकी हथेली खराब हो गई थी। मुट्ठी खुलती ही नहीं थी। छुट्टीसे दस दिन पहले ही वह लैन्सडौनके अस्पतालमें जाकर भरती हो गये, लेकिन वहाँ भी हथेली ठीक नहीं हो सकी। अब वह पलटनके कामके नहीं थे, इसलिये उनका नाम काट दिया गया। जीवनमें उनके लिये यह सबसे बड़ी निराशा थी।

फ्रांसमें एक अंग्रेज अफसर कीचड़में फँस गया था, वह वहाँसे निकल नहीं सकता था। संयोगसे उस समय चन्द्रसिंह वहाँ पहुँच गये। उन्होंने उसे कीचड़से

बाहर निकाला। यह एक तरहसे नया जीवन देना था। अंग्रेज बड़ा कृतज्ञ था। उसने अपने त्राणकर्ताका फ़ोटो अपने मेमके पास भेजा। मेम जब-तब चन्द्रसिंहके पास सिगरेटके डब्बे भेजा करती थी। अफ़सर उस समय द्वितीय लेफ़्टेनेंट था। उसने इस समय अपने उपकारककी सहायता करना कर्तव्य समझा। उसकी लिखा-पढ़ीपर हाथका आपरेशन हुआ, और हथेली ठीक हो गई। चन्द्रसिंहका नाम फिर पलटनमें लिख लिया गया।

३० जुलाईसे अगस्तके आखिर तक लैन्सडौनमें चन्द्रसिंह ड्यूटी बजाते रहे। उनकी बटालियनको स्काउटिंगके लिये तैयार किया गया था। बटालियनके अच्छे प्रमाण-पत्रवाले तथा चुस्त ६० नौजवानोंको खुफ़िया—सी० आई० डी०—के लिये चुना गया, जिनमें चन्द्रसिंह भी थे। उनका काम था सभी तरहकी खबरोंको जमा करके पलटनके पास भेजना, जर्मनोंका नकशा बनाना, झण्डी और सिगनेलिंगका काम सीखना, जर्मनीकी अवस्थाके बारेमें पता, रास्तों और दुश्मनोंके बाबत रिपोर्टदेना इत्यादि काम उन्हें सिखाये जाने लगे। मनसा यही मालूम होती थी, कि उन्हें फिर जर्मनोंके मुकाबलेमें जाना पड़े।

यहाँकी सिखलाई खतम कर लेनेपर एडवान्स (अग्रिम) गारदके साथ उन्हें दिल्ली भेजा गया। १६१५ ई० की दिल्ली आजकी दिल्ली नहीं थी। नई दिल्ली तो तब बिल्कुल वीरान सुनसान-सी थी, लेकिन आजकलकी कुछ सड़कें उस वक्त भी मौजूद थीं। राजपथके नामसे मशहूर आजकी सड़क उस वक्त किंग्सवे कही जाती थी। इसीके ऊपर पलटनका कैम्प पड़ा था। इसीमें चन्द्रसिंहका गारद आकर रहने लगा। जब वायसराय शिमलासे दिल्ली चले आये, तो वायसराय-भवनमें उन्हें ड्यूटी देनी पड़ती। यह ड्यूटी देते हुए भी उनकी बटालियनने महरौली—कुतुब मीनार—में ब्रिगेडकी ट्रेनिंग ली। वहाँ चन्द्रसिंहने स्केटिङ्गका काम सीखा। वह उसमें इतने चुस्त थे, कि अंग्रेज अफ़सर उनसे बहुत खुश हुये। उन्होंने अच्छी सिफारिशकी। नवम्बर १६१६ से मार्च १६१७ तक पाँच महीने चन्द्रसिंहको रेजिमेन्टकी ड्यूटियोंसे मुक्ति मिली। इस समय चन्द्रसिंह और उनके ८६ साथी एक अंग्रेज अफ़सरसे रोमन लिखना-पढ़ना सीखते रहे। वह किंग्सवे कैम्पसे दूर-दूर सड़कोंपर जाकर स्केच बनाते। शामको आकर अपने अफ़सरको रिपोर्ट दिया करते। सारी ६० आदमियोंकी टुकड़ीमें चन्द्रसिंह अपने काममें अव्वल समझे गये।

अध्याय ७

मसोपोतामिया युद्ध-क्षेत्र (१९१७ ई०)

अपने कामोंमें चुस्त और दक्ष होनेके कारण अब चन्द्रसिंहको लेन्स-नायक बना दिया गया, और वह १२ वीं प्लाटूनके चौथे सेक्शनके कमान्डर थे। कमाण्डर इसलिए हो गये थे, कि उस सेक्शनका पहला कमांडर बीमार होकर अस्पताल चला गया था। सेक्शनमें २८ के करीब जवान थे, जो सभी चन्द्रसिंहसे सीनियर थे। उन्हें यह क्यों पसन्द आने लगा, कि कलका छोकरा हमारा कमांडर बन जाय। छोकरा होनेपर भी उनके स्वभावमें गम्भीरता, सोचने की ताकत थी, और नम्रता तो मानो जन्म के साथ उन्होंने पाई थी। वह अपनेको कमांडर नहीं, बल्कि सिपाहीके तौरपर रखकर उनकी इज्जत करते थे। थोड़े दिनोंमें सभी लोग उनसे बहुत खुश हो गये।

१९१७ के आरम्भ होते फिर अफवाह उड़ने लगी, कि गढ़वाली पलटनको कहीं बाहर जाना है। यह अफवाह झूठी नहीं निकली। १९ मार्च १९१७ को रेलमें बैठकर दिल्लीसे कराचीके लिए रवाना हो २१ मार्च को वह कराचीके बन्दरपर पहुँच गये। बसराके लिए जहाज भी मिलनेमें देर नहीं हुई। यह जहाज भी अरब समुद्रसे ही गया, लेकिन इसे स्थलसे बहुत दूर हटके जाना नहीं था। मौसम भी उतना प्रतिकूल साबित नहीं हुआ। अब वह समुद्र-यात्राके कुछ अभ्यासी भी हो चुके थे। ३ अप्रैलको उनका जहाज बसरा पहुँच गया। सभी जवान मसोपोतामियाकी धरती पर उतर गये। महीनेभर कैम्प डाल कर पलटन अपने मामूली कवायद-परेडमें लगी रही। गर्मीका महीना था, और बसराकी गर्मी मामूली गर्मी नहीं थी। भारतमें भी लू चलती है, लेकिन वहाँ रेगिस्तानकी बालू हवामें उड़कर सिपाहियोंको तङ्ग कर रही थी। गर्मीके मारे शरीर पर फुन्सियाँ छा गईं। डाक्टरोंने सलाह दी, सबको हर रोज एक दिन नदीमें नहाना चाहिये, जिसके लिए हरेक कम्पनी अपने सरदारके साथ जाती थी।

एक दिन चन्द्रसिंहकी कम्पनी फालिन होकर लेफ्ट-राइट करते दजला—टाइग्रिस—नदीमें नहानेके लिए गई। जवान धड़ाधड़ नदीमें कूदे, और तैरते एक दूसरेके ऊपर छींटे उछालने लगे। चन्द्रसिंहकी तरह जो तैर नहीं सकते थे, वह

किनारे ही पर हाथ-पैर पटककर नहाने लगे। चन्द्रसिंहको किनारा नहीं छोड़ना चाहिये था, पर नहाते समय वह थोड़ा-थोड़ा खिसकते कमरभर पानीमें चले गये। समझा था जब तक पानी नाकसे ऊपर नहीं जाता, तब तक खतरा क्या ? लेकिन मसोपोतामियाका यह विशाल दरिया लहरें मारता समुद्रमें मिलने जा रहा था। एक बार वह नदीके हिलोरेमें पड़ गये। बहुत बचनेकी कोशिश की, लेकिन दरिया खींचकर भीतर ले गया। ऊब-चूब करते पानी पीने लगे। इसी समय औरोंकी निगाह पड़ी और उन्हें बाहर निकाला गया। उसी दिन से सैनिकोंको हुकुम हुआ, कि जो तैरना नहीं जानता, वह पानीके भीतर न जावे।

मईके महीनेमें गर्मी और बढ़ गई। इसी समय उनकी कम्पनीको कत-अम्बारा भेजा गया। ड्यूटी बिल्कुल मामूली थी, लेकिन गर्मी हद दर्जेकी थी। १० बजे सबेरे से १० बजे रात तक छोलदारीसे बाहर निकलना असम्भव था। हवा बड़ी तेज चलती, जिसमें बालू और छोटे-छोटे कंकड़ उड़ते रहते। रसोईमें भी रेतभर जाती, कइयोंको पेचिश होने लगी। लोग गर्मीके मारे दरियाके पानीके किनारे पड़े रहते। दूसरे लोग भीतर घुसकर नहाते, पर चन्द्रसिंहको घुसनेमें डर लगता। फिर सोचा न जाने किस समय जरूरत पड़ जाय, मुझे भी तैरना सीखना चाहिये। डूबनेका भय था। वहाँ नदी के किनारे खजूरोंके बहुतसे पेड़ थे। एकमें उन्होंने रस्सी बाँध दी, और उसे अपनी कमरमें लगाकर पानीमें घुस पड़े हाथ-पैर मारने लगे। थोड़े ही दिनों में वह पानीके ऊपर अपने शरीरको सँभालने में सफल हो गये, तैरना खूब सीख गये।

कैम्पमें एक दिन तीन सिपाही पहरेपर थे। इनमें चन्द्रसिंह भी थे। रातके वक्त किसी सिपाहीने सपनेमें "हुआ हुआ" करना शुरू किया। बगलके सिपाही चौंक पड़े। उन्होंने भी उस सिपाहीका साथ दिया। थोड़ी देरमें सारी बटालियन चौंक पड़ी। सभी जगह हो-हल्ला मच गया। १ बजे रातका समय था। कहा जाने लगा, कि तुर्क नजदीक आ गये हैं। उस अन्धेरी रातमें सारी बटालियन नहीं, बल्कि सारा ब्रिगेड जाग पड़ा। आलर्म बजने लगा। सब लोग मुस्तैद होकर खड़े हो गये। घंटे भर यह तमाशा रहा। फिर कहीं कुछ न देखकर मुश्किलसे लोग चुप कराये जा सके।

यहाँसे अब चन्द्रसिंह की पलटन और ऊपरकी ओर बगदाद शरीफ पहुँची। बगदादमें चन्द्रसिंहको अर्दली-हवलदारका काम मिला, जो बड़ी जिम्मेवारीका काम था। एड्जुटेन्ट और क्वार्टर-मास्टर जो भी हुकुम निकालते उन सबको हरेक कंपनी को सुनाना, कम्पनीके सभी जवानोंको नम्बरके अनुसार ड्यूटी पर लगाना, कम्पनीकी गिनतीका हिसाब रखना, ठीक समय पर कम्पनीको फालिन कराना इत्यादि काम अर्दली-हवलदारके जिम्मे थे।

बगदादसे पलटन ने फिर कूच किया। पैदल चार-पाँच पड़ाव चलनेके बाद २७ सितम्बरको वह एक गाँवमें पहुँची, जो सीरिया लाइन—युद्ध पंक्ति—में था। चन्द्रसिंह-को इस पैदल-यात्रामें जितना कष्ट उठाना पड़ा, वैसा सारे सैनिक जीवनमें नहीं मिला था। जमीन रेतीली थी, कोई सड़क नहीं थी। आगे बढ़नेकी कोशिश करते तो बालू पैरको पीछे खिसका लाती। सुबहसे शाम तकके लिये सिर्फ एक डब्बा (टामलोट)—भर पानी मिलता, और वहाँ प्याससे हर वक्त मुँह सूखा रहता। रोटी हमेशा बासी खानी पड़ती, और वह भी पेट भर नहीं। प्रतिदिन १८ से २४ मीलका फासला तै करना पड़ रहा था। चलते-चलते बूटसे घिस-घिस करके पैरोंमें छाले पड़ गये। लाम-पर सिपाहीको अपना सारा सामान पीठपर लादके चलना पड़ता है। कारण कूल्हेकी हड्डियों पर रगड़ लग कर घाव हो गया। कन्धा टूटा जा रहा था। नहानेका सवाल ही क्या था, जब पानीके बिना प्याससे जबान फटी जा रही थी। सबके ऊपर पैर मिलाकर फौजी मार्च करते सारे अनुशासनोंको पालन करना पड़ता था। सामानके अतिरिक्त अपनी राइफल, संगीन, १०० कारतूस, २ बम, १ भुजाली, चमड़ेका कुछ सामान, पेटीपोछ, राशनका टीन, ओवरकोट, झोला, टामलोट, जुराबका जोड़ा, सुई-पट्टा, गिलास आदि कितने सामान उनके ऊपर लदे हुए थे। जब इन सारी मुसीबतों को बर्दाश्त करते थके-माँदे सिपाही पड़ाव पर पहुँचते, तो उसी वक्त उन्हें डेरा लगाना पड़ता, कमर-कमर तक गहरी खाई खोदनी पड़ती। फिर सारी रात बारी-बारीसे पहरा देना पड़ता। टट्टी-पेशाबके लिए गड्ढा खोदना, चौका-बरतन करना, अंग्रेज अफसरोंके सामानको सँभालना, और ऊपरसे रात भर ड्यूटी करना—पहरा देना पड़ता था।

२ बजे शामका समय था सारा, ब्रिगेड सीरिया लाइनमें पहुँचा। इस ब्रिगेडमें चन्द्रसिंहकी गढ़वाली बटालियन, एक गोरा रेजिमेन्ट, छ गोरखा और दो देशी बटा-लियनें सब मिलाकर छ पलटनें (बटालियनें) थीं। पड़ावमें पहुँचकर उस दिन कैम्प नहीं लगाया गया। हुकुम मिला—"दो घंटेमें खाना बनाकर तैयार कर लो। पलटन ६ बजे शामको आगेके लिए कूच करेगी।" चन्द्रसिंहकी बटालियन उस रात एडवान्स (अग्रिम) गारद थी, इसलिए ब्रिगेडके आगे-आगे उसको चलना था।

खाना पकानेका हुकुम तो हो गया, लेकिन पकावें क्या? चन्द्रसिंहकी डबल कम्पनीमें उस दिन सिर्फ दो मन आटा था। ढाई सौ आदमियोंका इतनेसे क्या बनता? लेकिन, इसपर बहस करनेका वहाँ मौका कहाँ था। पूरियाँ पकाई गईं, आदमी पीछे दो-दो पड़ीं। सिपाही भूखे थे। पूड़ी खाकर आगे बढ़े, उन्हें एक गाँव मिला। गाँवके सब लोग भाग गये थे, पर उनकी भेड़-बकरियाँ वहाँ मौजूद थीं। घरोंमें अनाज भी था। सिपाहियोंमें किसीने बकरा उठाया, किसीने दुम्बा और किसीने अनाजको ही

उठा लिया। उन्होंने गेहूँ भून-भूनकर चबाया। पेटकी ज्वाला कुछ शान्त हुई। दो पूड़ियोंसे क्या बनने वाला था?

फिर कूचका बिगुल बजा। बटालियन फालिन हो गई। अन्धेरा होते ही उसने कूच किया। रातको चलते-चलते एक बजेके करीब वह दुश्मनकी पाँतीके नजदीक पहुँची। यहाँ तुर्कोंसे लड़ाई हो रही थी। अन्धेरी रात थी, कहीं कुछ दिखाई नहीं देता था। किसी तरह हाथ पकड़-पकड़कर सिपाहियोंने अपनी पाँती बनाई। वह सबेरे तक इस तरह नहीं रह सकते थे, क्योंकि उजाला होते ही तुर्क उनको देख लेते, और फिर गोले-गोलियोंके वह सीधे निशाना बनते। उसी अन्धेरेमें उन्होंने खन्दक खोदनी शुरू की, और सुबह ६ बजे तक वह तैयार भी हो गई। पौ फटते ही दोनों ओरसे तोपें दगने लगीं। बड़ी मुश्किल थी। नींदके मारे उनकी पलकें मन-मन भरकी हो गई थीं, लेकिन भूख-प्यास उन्हें हल्का करनेमें सहायक थीं।

रमादी युद्ध (२७-२६ सितम्बर १७१७)

तोपखानों और मशीनगनोंने धुआँधार गोले-गोलियोंकी वर्षा करनी शुरू की इसी वक्त हुकुम हुआ—"गढ़वाली, आगे बढ़ो।" रात भर मेहनत करके उन्होंने जो खाई खोदी थीं, उसे पीछे छोड़कर वह आगे बढ़े। गढ़वाली पलटनके पीछे गोरखा पलटन, उसके पीछे देशी पलटन, और सबके पीछे गोरा रेजिमेन्ट आगे बढ़ रही थी। सम्भव है ऐसा ही हो रहा हो; पर, भारतीय सैनिकोंकी यह आम धारणा थी कि अंग्रेज हमें आगे झोंककर हमेशा पीछे-पीछे चला करते है। एक देशी पलटन उसी खन्दकोंमें बैठ गई, जिसे गढ़वाली बटालियनने रातको खोदा था। वह दुश्मनके बाँयें पक्षपर हमला करना चाहते थे। दिन-भर चक्कर मारकर सूर्यास्त होनेसे कुछ पहले वह रमादी के करीब पहुँच, शहरपर तीनों तरफसे घेरा डाल दिया। यहाँ जमीन बिलकुल समतल, पर बालू वाली और पथरीली थी। तुर्कोंकी पाँती और गढ़वाली पलटनकी पाँतीके बीच बहुत अन्तर नहीं था, लेकिन बीचमें कुछ उभरी हुई जमीन थी। इस उभारके कारण तुर्कोंकी गोलियाँ गढ़वाली सैनिकोंको न लग सिरके ऊपरसे निकल जाती थीं। लेनिन, तोपोंके गोले धनुषाकार ऊपर उठकर नीचे गिरते हैं। इनके कारण आदमियोंका भारी संहार हो रहा था। इन्हीं गोलोंसे गढ़वाली बटालियनके सूबेदार-मेजर संग्रामसिंह नेगी और कई सिपाही मारे गये। संग्रामसिंहके मरनेका सारी बटालियनको बड़ा अफसोस हुआ। वह हमेशा अपने सिपाहियोंकी भलाई के लिये तैयार रहता, जिसके कारण बल्कि कितने ही अंग्रेज अफसर उससे कुढ़ते भी थे।

सूर्यास्त हुआ। गढ़वाली सैनिक आमने-सामने होकर दुश्मनके ऊपर गोली चलाने लगे। तुर्कोंकी गोलियोंसेकई मा रेये, ग कई जख्मी होकर तड़पने लगे।

चारों ओर हल्ला मचा हुआ था। तुर्कोंका मोर्चा पक्का था। उन्हें यह भी पता था, कि हमारे दुश्मन कितनी दूरपर हैं। वह निशाना लगाकर गोलियाँ चला रहे थे। भारतीय सैनिक बिलकुल खुले मैदानमें थे। वह किसीकी ओट नहीं ले सकते थे। गोलियोंकी बौछारमें उस रातके अन्धेरेने कुछ सहायता की। गढ़वालियोंने खाइयाँ खोदनी शुरू की। हरेक कामपर जोड़े-जोड़े आदमी लगाये गये थे। सामने दुश्मन अपने मोर्चेसे ऊपर उठाकर गोली न चलावे, इसलिये सिरके जरा सा ऊपर निकलते ही गोली चला देते। दूसरा आदमी उसकी आड़ लेकर खाई खोदनेमें लगा रहता था। एक घंटेमें मोर्चा बिलकुल तैयार हो गया। अब अन्धेरा भी काफी हो चला था।

मौतको बरसानेवाले इन गोले-गोलियोंकी बात सुनकर कितने ही पाठकोंको बहुत डर लगता होगा, लेकिन सिपाही उनकी उतनी पर्वा नहीं करते, क्योंकि वह जानते हैं, हम मौतसे खेल करनेके लिये ही यहाँ आये हैं। इसीलिये न डरते थे, न उनमें कोई घबराहट थी। रमादीकी इस लड़ाईमें उन्हें यदि किसी बातका दुःख था, तो वह था पानी। २६ मील चलकर आनेपर लोगोंको खाइयाँ खोदनी पड़ी। बहुत गर्मी थी। चारों तरफ "पानी-पानी" की आवाज सुनाई दे रही थी। बटालियनके अंग्रेज अफसर ने अपने डाक्टर और क्वार्टर-मास्टरको पानी भेजनेके लिये लिखा। लेकिन ३० मील के अन्दर वहाँ पानी कहाँ था? पानी नजदीक था भी, तो वह तुर्कोंके इलाकेमें था। फुरात नदी शहरके पाससे बह रही थी। पता लगानेपर मालूम हुआ, कि हमारी भूमिमें वर्षाके पानी जमा करनेके लिए एक तालाब है। शहरके सारे जानवर इसीमें पानी पीते और इसीमें लीद-गोबर करते। कौवे-चील भी उसीको पीते गन्दा करते। उसीके भीतर मरे कुत्ते, गीदड़ सड़ रहे थे, जिनकी ठठरियाँ दिखाई पड़ रही थीं। बदबूके मारे उसके पास बैठना भी मुश्किल था। यही पानी हाथमें था। डाक्टरने उसमें पोटासियम प्रेम्मनाइटकी लाल दवाई सारे तालाबमें नहीं, बल्कि कान्वेसकी बनी पानी भरनेकी टंकियोंमें डाल दी। मुमकिन है, उसके कीटाणु मर गये हों, परन्तु बदबू उससे कहाँ जानेवाली थी? उसी पानीको दो पखालोंमें भरकर चन्द्रसिंहकी कम्पनीमें भेजा गया। उन्हें सीनियर सूबेदारके पास रख दिया गया। चन्द्रसिंहके प्लाटूनके सूबेदारने टामलोट देकर बड़े सूबेदारके पास पानी माँगनेके लिये भेजा। चन्द्रसिंहने जाकर कहा—"साहब, हमारे प्लाटूनके सूबेदार साहबने पानी माँगा है।" सूबेदार बड़ा तुनुक-मिजाज था। गुस्सेमें आकर गाली देने लगा। लोगोंके ऊपर दनादन गोलियाँ चल रही थीं और दूसरी ओर प्यास उन्हें मार रही थी। ऐसे समय गाली बर्दाश्त करना आसान नहीं था। चन्द्रसिंह खूनका घूँट पी गये। उनके देहमें राइफल लटक रही थी। कारतूस भी, दो बम भी थे, भुजाली भी एक ओर लटक रही थी। जब मरनेके

लिये आये थे, तो डर किस बातका? सूबेदारने गाली देकर गुस्सा बहुत भड़का दिया था।

चन्द्रसिंहने सोचा इस मूजीकी गाली तो सुन ही चुका, अब खाली हाथ जाना, सबसे बड़ा अपमान होगा। वह टामलोटका मुँह खोलकर पानीके पखालकी ओर झपटे, जो कि सूबेदारके सामने खन्दकके पास रक्खी थी। पखालका मुँह खोलकर वह टामलोट जल्दी-जल्दी भरने लगे। पखाल हाथसे छूटकर खन्दकमें गिर गई। मुँह खुला था, पानी भभक कर गिरने लगा। पखालको सीधा करनेकी बहुत कोशिशकी, लेकिन वह सीधी नहीं हो सकी, सारे पानीको जमीन सोख गई। सूबेदारने आग-बबूला होकर कहना शुरू किया—"कल तुम्हारा कोर्ट मार्शल होगा। तुमने कम्पनीको पानी बिना मार डाला।" चन्द्रसिंह और कुछ सुननेके लिये तैयार नहीं थे। वह दूसरी पखालपर झपट पड़े और टामलोट भरकर अपने सूबेदारके पास ले गये। सारी बातें बतलाने पर सूबेदारने कहा—"खैर, कल जिन्दा रहे तो देखा जायगा।"

चन्द्रसिंह ने एक टामलोट सूबेदारके पास रखा, दूसरे भरे टामलोटके पानीको अपने सेक्शनके सिपाहियोंमें बाँट दिया। उस दिन उनके सेक्शनमें २० से ऊपर सिपाही थे। पानी गला भिगोने भरके ही लिये मिला। वह बिल्कुल कुनैन मालूम होता था जिसके भी मुँहमें पानी पड़ा, वह आँख बन्द कर चुपचाप पी गया। बदबू इतनी थी, कि पानीकी घूँट गलेके नीचे उतरती ही नहीं थी। उतरते ही वह दिमागपर चढ़ गई। किसी सिपाहीने पीकर दूसरेसे कुछ भी नहीं कहा। लोग प्यासके मारे तड़प रहे थे। कहनेसे फायदा क्या था? शायद डाक्टरने कुनैन जैसी कोई दवाई डालकर भेजा हो। फिर यह भी ख्याल था, सभीको नकटे पंथमें शामिल होने देना चाहिये।

पानी पीते ही चन्द्रसिंहके सेक्शनके छः आदमियोंको जुलाब लग गया। उन दिनों पलटनमें पेचिशकी बीमारी फैली हुई थी। चाहे कुछ भी हो, खन्दकके भीतर रहना छोड़ और कहीं जाया नहीं जा सकता था। वहीं खन्दकोंमें लोग टट्टी करने लगे, जिसे बेलचेसे उठाकर बाहर फेंक दिया जाता था।

कुछ आगे और बाँयें किनारेपर एक उभड़ी सी जमीन थी। रातको ११ बजेसे ४ बजे तक चन्द्रसिंहको यह पता लगाना था कि दुश्मन बाईं ओरसे हमारे ऊपर हमला तो नहीं कर रहा है। इसके लिये चन्द्रसिंहको अपने सेक्शनके साथ आगे भेजा गया। लौटते समय तक उनके सेक्शनके दो आदमी खतम हो चुके थे। चन्द्रसिंह उनकी लाशोंको उठा भी नहीं सकते थे, क्योंकि यह सैनिक-नियमके विरुद्ध था। उन्हें वहीं छोड़कर वह अपनी खन्दकोंमें लौट आये।

अपने दोनों साथियोंके मारे जानेका सेक्शनको बहुत दुःख था। लेकिन कौन कह सकता है, कल हमारे ऊपर यही नहीं बीतेगा। पौ फटने का समय आया।

सुबहके अलार्मके इन्तजारमें लोग अपनी-अपनी खन्दकोंमें तैयार खड़े थे। दोनों ओरसे दनादन गोली और बमबारी शुरू हुई, जो धूप निकल आने तक जारी रही। चन्द्रसिंहका सेक्शन लड़ाईकी पंक्तिके बाँये छोरपर था, उनके बाद बाँई ओर दूसरी कोई लड़नेवाली फौज नहीं थी। जरा ही देरमें एक रिसाले की ट्रूप (सेना) आगे बढ़ने लगी। आकाशमें हवाई जहाज उड़ते दिखाई पड़े।

२६ सितम्बर १६१७ की तारीख थी। सूरजकी सुनहली किरणें तेज होती जा रही थीं। इसी समय किसीने एक भयंकर कर्कश स्वरमें कहा—"गढ़वाली वीरो एड-वांस।" गढ़वाली वीर जान हथेली पर लेकर अपने नारे "बोल बदरीविशालकी जय" को लगाते खन्दकोंसे निकल कर दुश्मनके सामने खुले मैदानकी ओर दौड़े। तुर्कोंने गोली बरसाना शुरू किया। गढ़वालियोंकी गोलियाँ उनके ऊपर नहीं पहुँच सकती थीं, क्योंकि वह आड़में बैठे थे और इधर धड़ाधड़ जवान धरतीपर गिरने लगे। उनके शरीरसे खूनके फौवारे छूट रहे थे। कंकरीली-पथरीली जमीनपर पड़े घायल तड़प रहे थे—"हाय रे, मर गया" की करुण ध्वनि चारों ओरसे आ रही थी। जैसे-जैसे वह आगे बढ़ रहे थे, वैसे ही वैसे जमीनपर गिरनेवालोंकी संख्या बढ़ रही थी। तुर्कोंकी गोलियाँ इनके ऊपर पड़ ही रही थीं, इसी समय तोपोंके गोले भी इनके ही ऊपर गिरकर फूट रहे थे। जान पड़ता है, तोपखानेको गढ़वाली वीरोंके एडवांसकी खबर नहीं दी गई थी।

सब होते भी जो बचे थे, वह बराबर आगे बढ़ते रहे। चन्द्रसिंह इस जीती कतारके बीचमें थे। एक गोला आकर उनके दाहिने थोड़ी दूरपर गिरा। जमीन पथ-रीली थी, इसलिये गोला उसके भीतर नहीं घुस सका। वह वहाँसे उछलकर गढ़वालियों-की कतारकी ओर बढ़ा। उसके फूटनेसे बिजली जैसी चमकके साथ आग निकली। आगकी लपटमें उनके दाहिनेके दस सिपाही पड़ गये। सिपाहियोंके कपड़े, बूट, पट्टी, राइफल, मलहम-पट्टीका सामान सब जल गया। चमड़ा भी भस्म हो, रंग कोयले जैसा काला पड़ गया। इनमें भूरासिंह और कालूसिंह दो जवान चन्द्रसिंहके साथी थे। वह वहीं जलकर मर गये। उनको इस तरह अपने सामने मरते देख चन्द्रसिंहको असह्य वेदना हुई।

कोई मरे या जिये, पलटनका एडवांस रुक नहीं सकता था। कुछ दूर आगे जानेपर हवलदार पदमसिंह नेगीकी जाँघमें गोली लगी। वह जमीनपर गिर पड़ा। पदमसिंह चन्द्रसिंहके गाँवके पासका रहनेवाला था। उसको गिरते देखकर उन्होंने पूछा—"क्या तुम मर गये ?" जवाब मिला—"अभी तो नहीं मरा, लेकिन अब मरूँगा ही। अगर तुम मुझे बचाना चाहते हो, तो मेरी पीठका बेलचा निकाल दो, ताकि मैं

उसकी आड़में हो और गोलियाँ खानेसे बच जाऊँ।" चन्द्रसिंह लौट पड़े। वह बेलचा निकालकर अपने साथीको थमा रहे थे, इसी समय एक अंग्रेज पिस्तौल निकालकर चन्द्रसिंहके ऊपर गोली चलानेके लिये तैयार हो गया। वह भी पाँतीके साथ गोलियोंकी बौछारमें आगे बढ़ रहा था। वह झल्लाकर बोला—"टुम क्या करटा है ?" चन्द्रसिंहने भी अपनी राइफलकी नली उसकी तरफ तानकर कहा—"खबरदार।" अफसर घबड़ा गया, और यह कहता हुआ आगे बढ़ा—"कल टुमको मालूम होगा जब कोर्ट मार्शल होगा।"

लड़ाई होते समय कोई योद्धा अपने आहत सिपाहीको मदद नहीं दे सकता, और न अपनी पाँती छोड़कर पीछे लौट सकता है। अगर कोई ऐसा करता देखा जाय, तो कोई भी अफसर उसे तत्काल गोली से मार देनेका अधिकार रखता है।

चन्द्रसिंह दौड़कर अपने सेक्शनकी पाँतीमें शामिल हो तुर्कोंकी खन्दकोंके पास पहुँच गये। अब गोली चलानेका अवसर नहीं था। तुर्क सिपाही अपनी खन्दकोंसे निकलकर संगीनोंसे शत्रुओंपर हमला करने लगे। उनमेंसे कुछ पीछेकी ओर भाग चले। गढ़वाली भी अपनी तेज भुजालियोंको निकालकर जवाब देने लगे। खूनकी पिचकारियाँ एक-दूसरेके ऊपर छूट रही थीं बारूदी-युगसे पहले ऐसी पिचकारियाँ ही युद्धोंमें अधिक चला करती थीं, लेकिन अब तो कभी ही कभी सङ्गीनोंकी लड़ाईमें ही ऐसा होता है। जमीनपर खूनकी कीचड़ उछल रही थी, खूनसे लथपथ लोथें उसी कीचड़में गिर रही थीं। वह मजबूत हाथोंसे भुजाली चला रहे थे। चन्द्रसिंहकी भुजालीने ४० आदमियोंका प्राण लिया होगा। हरेक गिरती लाशको देखकर उनकी हिम्मत और बढ़ती थी। यह संयोग ही समझिये, जो उनके शरीरसे खूनकी पिचकारी नहीं निकली। द्वंद्वयुद्धमें योद्धाओंको अपनी पाँतीका ख्याल कैसे हो सकता था ? न किसीको अपने सेक्शनका ख्याल था, न कम्पनी और न कमांडरका। वह दुश्मनके पीछे-पीछे किसी भी तरफ दौड़ पड़े। जब वह मनमाना दौड़े जा रहे थे, उसी समय उनकी बी० कम्पनीके दो सिपाही मिल गये। अब तीन गढ़वाली एक साथ थे। तब तक तुर्क सिपाहियोंमें भगदड़ मच चुकी थी। अपना पीछा करनेवालोंपर तुर्क सिपाही खजूरके पेड़ों, तोपोंकी नष्ट-भ्रष्ट खन्दकोंकी आड़ लेकर गोलियाँ चला रहे थे। चन्द्रसिंहने देखा, कि करीब दो सौ गजपर स्थित एक टूटे हुए मकानके पीछेसे तुर्क तोप चल रही है। चन्द्रसिंहकी पलटनका नायक लूथीसिंह रावत लुइस-गनसे उसके ऊपर फायर कर रहा था, लेकिन उसकी सारी गोलियाँ आगे बढ़कर जमीनपर गिर रही थीं, वहाँसे धूल उड़ रही थी। इतने हीमें लेन्स-नायक जगतसिंहने लुइस-गनको लूथीसिंहसे छीनकर तुर्क तोपखानेपर गोली बरसाना शुरू किया। तोप चलनी बन्द हो गई, जिससे अन्दाज होने लगा, कि तोपची मर गया। पास पहुँचे तो तोप फिर चलने लगी। चन्द्रसिंह और

उनके साथियोंने पीछेसे जाकर तोपची को घेर लिया। उन्होंने देखा एक तुर्क नौजवान तोप दाग रहा है और एक अरब तरुणी उठा-उठाकर उसे गोला दे रही है। जगतसिंह-ने अपने बेलचेसे तरुण तुर्क और अरब तरुणीके सिरपर जोरसे प्रहार किया। दोनों वहीं ढेर हो गये। औरतको इस तरह मारना सिपाहियोंको पसन्द नहीं आया। उन्होंने जगतसिंहको बहुत धिक्कारा। लूथीसिंहको इस बहादुरीके उपलक्षमें आई० एम० डी० का तमगा मिला और पीछे वह सूबेदार हो गये।

वहाँसे आगे बढ़कर चन्द्रसिंह और उनके साथी एक नालेमें घुसे। इसी नालेमें तुर्कोंका बबरचीखाना था। ताँबेके बड़े-बड़े देगोंमें चावल पके रक्खे थे, चक्कीके आटेकी डबलरोटियों का ढेर लगा था, पिण्ड-खजूरोंकी बोरियाँ पड़ी थीं, लकड़ीके बक्सोंमें मिसरीके कूजे थे। सब छोड़कर तुर्क भाग गये थे। गढ़वाली सिपाही भूख-प्याससे बेचैन थे। मुसलमानके हाथकी रोटी और भातका परहेज कौन करता? सभी उसपर झपट पड़े। चन्द्रसिंहने पहले पखाल उठाई और पानी पानीके बाद रोटी उठाकर मुँहमें डाली, फिर खजूर और मिसरी खाकर पेट भर लिया। इतना कर लेनेके बाद उनकी नजर अपने शरीरपर पड़ी। उनका सारा कपड़ा खूनसे लथपथ था।

जिस वक्त लोग रोटी और पिण्ड-खजूरसे भिड़े हुये थे, उसी समय दाहिने और बाँयेके योद्धा आगे बढ़ चुके थे। अपने दोनों साथियोंको लेकर चन्द्रसिंह भी आगेकी ओर दौड़े। कुछ ही दूरपर तुर्कोंका जेनरल हेड-क्वार्टर मिला। यहींपर जेनरल स्टाफ, अस्पताल, भोजनालय थे और उनकी रक्षाके लिये एक तुर्क कम्पनी बैठी हुई थी। तीनों आदमी वहाँ पहुँचे। तुर्कोंने पकड़कर राइफल-सामान छीनके इन्हें कैद कर लिया। वह समझने लगे "अब हमें छुटकारा नहीं मिलेगा। हो सकता है, यह लोग हमें मार डालें। न भी मारें, तो बुरा बर्ताव तो जरूर करेंगे।" दस ही पन्द्रह मिनट हुये थे, कि दाहिनी ओरसे बड़ा रिसाला दौड़ता आया। बाईं तरफसे अंग्रेजी सेनाने घेर लिया। चारों तरफसे भाग-भागकर तुर्क सिपाही अपने हेड-क्वार्टरमें जमा होने लगे। चन्द्रसिंहको यह देखकर बड़ा आश्चर्य हो रहा था, कि इस समय भी तुर्क जेनरल कुर्सियोंपर बैठे मेजपर खाना खा रहे थे, तुर्की बैंड बज रहा था। सबने पेटियाँ और राइफलें उतार रक्खी थीं, मानो शान्तिके समय अपनी छावनीमें बैठे हों। वहीं नर्सोंकी तरह सफेद कपड़ा पहने चार औरतें भी दिखाई पड़ी। वह क्या काम कर रही होंगी, नर्स तो वह नहीं थीं।

चन्द्रसिंहने कैद होते वक्त देखा, कि वहाँ ११ और हिन्दुस्तानी सिपाही बन्दी बने हुये हैं। एक पलटनके तीस आदमियोंकी छापामार टुकड़ी पकड़ी गई थी, जिनमें १६ हिन्दू और ११ मुसलमान थे। तुर्कोंने हिन्दुओंको जानसे मार डाला, और मुसलमानोंको हथियार छीनकर कैद कर लिया था। इन ११ आदमियोंमें लेन्स-नायक गुलाम मुहम्मद

भी था। उसने तीनों गढ़वालियोंको साथी कहकर पुकारा। चन्द्रसिंहने उन्हें इशारेसे पास आनेके लिये कहा। सब पास चले आये। फिर एक दूसरेने अपना-अपना परिचय दिया। अब वहाँ १५ हिन्दुस्तानी थे, पर किसीके पास कोई हथियार नहीं था। तीन तरफसे अंग्रेजी सेनाने घेर लिया था। डर लग रहा था, कि अपनी ही गोलियोंसे कहीं पन्द्रहों को मरना न पड़े। जो भी चीज हाथ लगी उससे उन्होंने आड़ बना ली। तुर्कोंको अपने हथियारों और सामानकी कोई पर्वा नहीं थी। राइफलें पासमें पड़ी हुई थीं। हिन्दुस्तानियोंमेंसे सबने एक-एक उठा लीं, लेकिन वह चलाना नहीं जानते थे। गुलाम मुहम्मद जानता था उसने अपने साथियोंको जल्दी ही चलाने का ढंग सिखला दिया।

तुर्क अफसरोंने देखा, कि वह चारों तरफसे घिर गये हैं। उन्होंने एक लम्बी सीटी बजाई। इस पर सब तुर्क सैनिक अपना सामान उठाने लगे। चन्द्रसिंहके साथी निकल भागने की फिकरमें थे। घोड़ेपर चढ़ते हुये तुर्क अफसरने अपने हिन्दुस्तानी बन्दियों पर पिस्तौल दागी, लेकिन वह अपने लिए आड़ बना चुके थे, और उन्हें जल्दी ही मदद मिलनेकी आशा थी। चन्द्रसिंहने उस तुर्क अफसर पर गोली चलाई। जैसे ही वह अफसर घोड़ेसे नीचे गिरा, दूसरे अफसरने सीटी बजाकर अपनी सेनाको हथियार डालनेका हुकुम दे दिया। तुर्कोंने अपनी राइफलें और सामान जमीनपर पटक दिये, और दोनों हाथ ऊपर उठाकर खड़े हो गये। जो तुर्क सिपाही भाग निकलना चाहते थे, उनके ऊपर अंग्रेज अफसरोंने गोली चलाई। कितने ही मारे गये, कितने ही फुरात नदीमें कूद पड़े, जिनमें कुछ मरे और कुछ पार चले गये। अंग्रेजी सेनाने तुर्कोंके ऊपर गोली चलानी छोड़ दी। सभी सिपाही आज्ञाकी प्रतीक्षामें अपनी-अपनी जगह खड़े हो गये।

उसदिन १८०० तुर्क पकड़े गये। उनकी गिनती करके गढ़वाली सेनाके कप्तान पालने ४० गढ़वाली सिपाहियोंके घेरेमें उन्हें रख दिया। पलटनके जवान अनुशासनके साथ अपना काम करनेके लिए तैयार तभी होते हैं, जब कि कोई अफसर उनके साथ हो। अंग्रेजी अफसरों को वह अफसर कहा करते थे, अर्थात् लेफ्टनेंटसे ले करके कप्तान, मेजर, कर्नल आदि सब अफसर कहे जाते थे। उस समय ये दर्जे सिर्फ अंग्रेजोंको ही मिलते थे। हिन्दुस्तानी सूबेदार-मेजर तक हो सकते थे। इन्हें अफसर नहीं सरदार या ओहदेदार कहते थे। कप्तान पालने ४० गढ़वालियोंको कैदी सुपुर्द करते हुए पूछा—"तुममें कौन सरदार या ओहदेदार है!"

उस समय वहाँ कोई ओहदेदार नहीं था। ४० सिपाहियोंमें एक लेन्स-नायक चन्द्रसिंह थे। पालने कहा—"तुम इन तुर्क कैदियोंको अपने जवानोंके साथ घेरे उसी रास्ते से आओ, जिस रास्तेसे हम आये थे। आगे तुम्हें ब्रिगेडका क्वार्टर मिलेगा,

वहाँ एस० एस० ओ०-(स्टेशन स्टाफ आफिसर) मिलेगा, उसे मेरी यह चिट्ठी दे देना।" चन्द्रसिंहने कप्तानसे पूछा—"अगर यह लोग रास्तेमें चलनेसे इन्कार करे तो?" कप्ताननें चिढ़कर कहा—"जो इन्कार करे, उसे मार डालना।"

कैदियोंमें तीन बड़े अफसर और दो तरुणियाँ भी थीं। पालने उन्हें पीछे-पीछे जानेके लिए कहा। तुर्क अफसरके हुकुम देनेपर सभी चल पड़े। ये बन्दी गढ़वाली सैनिकों के लिए घास-मूली थे। कोई भी कैदी थककर बैठता या दाहिने-बाँयें होता, गढ़वाली सैनिक उस पर गोली दाग देते। चन्द्रसिंहने स्वयं दो-तीनको मारा। बिना इस तरहके आतङ्कके ४० आदमी १८०० को कैसे हाँक सकते थे?

वह १० मील गये होंगे, इसी समय बड़े तुर्क अफसरने चन्द्रसिंहके पास प्यास लगनेकी बात कही। उन्होंने सबको हाल्ट हो जाने का हुकुम दिया। यूनियन जैक वहाँसे कुछ दूरपर फहराता दिखाई दे रहा था। चन्द्रसिंहने रोमनमें चिट्ठी लिखकर अपने दो सिपाहियोंको भेजा। वहाँके अंग्रेज अफसरने चिट्ठी पढ़ते ही एक खच्चर गाड़ी पानी भरकर भेज दी। चन्द्रसिंहने वह गाड़ी तुर्क अफसरके हवाले कर दी। पानी पाकर उसे बहुत खुशी हुई। इतने हीमें एस० एस० ओ० मोटर लारियाँ लेकर वहाँ पहुँच गया। उसने तुर्क अफसरसे हाथ मिलाकर बातचीत की, और उसे एक मोटरमें बैठाने लगा। चन्द्रसिंहने अफसरको मोटरमें बैटनेसे रोका। एस० एस० ओ०ने कहा—"क्यों रोकते हो?"

चन्द्रसिंहने कहा—"ये कैदी हैं। मैं नहीं जानता, आप कौन हैं। पहले आप अपना परिचय दीजिये, तब कैदी मिलेंगे।"

जवाब मिला—"मैं १२ नम्बर ब्रिगेडका स्टेशन स्टाफ अफसर हूँ।"

चन्द्रसिंहने पूछा—"आप हमारी पलटनके बारे में क्या जानते हैं?"

"आपकी पलटनका अफसर कर्नल फाक्स है, और सूबेदार-मेजर संग्रामसिंह।"

चन्द्रसिंहने सलाम करते हुये कहा—"क्षमा कीजिये, यह चिट्ठी लीजिये। १८०० कैदी हैं। इनमेंसे कुछ मारे गये हैं, क्योंकि वे चलना नहीं चाहते, या भागनेकी कोशिश कर रहे थे।"

जिस समय चन्द्रसिंहने तुर्क-अफसरको लाकर पानी दिया, उस समय वह अपनी सोनेकी घड़ी निकालकर देने लगा। चन्द्रसिंहने लेनेसे इन्कार कर दिया। तुर्क अफसरने एस० एस० ओ० से चन्द्रसिंहकी बडी तारीफ की और कहा—"अगर मेरे पास थोड़े से भी ऐसे ओहदेदार होते, तो आज हम लोग इस तरह न पकड़े जाते।"

एस० एस० ओ०ने तुर्क अफसरकी बात चन्द्र सिंहको बतलाई और उनका नाम अपनी बुकमें लिखते हुए कहा—"मैं तुम्हारे बारेमें ऊपर लिखूँगा।"

तुर्क १६ वीं से १८ वीं सदी तक एक अजेय शक्ति माने जाते थे। उनका बहुत बड़ा साम्राज्य था और उनका सुल्तान इस्लामी जगत्के खलीफाके तौर पर बहुत सम्मानित समझा जाता था। उस समय एसिया नहीं, पूर्वी युरोपका भी कितना ही भाग तुर्कोंके हाथमें था। कालासागर उनकी झील थी, और भूमध्यसागरका पूर्वी भाग रूम सागरके नामसे मशहूर था। कुस्तुन्तुनिया पुराने रोम साम्राज्यकी बहुत समय तक राजधानी रही। जब तुर्कोंने उसे जीत कर अपनी राजधानी बनाया, तो लोग उनके देशको रूम देश और उनके सुल्तानको रूम सुल्तान कहा करते थे। इसीलिए इस समुद्रका नाम भी रूम सागर था। रूमानिया, बुल्गारिया, युगोस्लाविया, ग्रीसके नामसे जो देश आजकल मशहूर हैं, वह और उनके पासके कितने ही और भूभाग रूमकी सल्तनतमें थे। मिस्र उनका था। अरब, इसराइल, सीरिया, जार्डन, लेबनान, इराकके आजकल के राज्यों की सारी भूमि तुर्कोंके अधीन थी। धीरे-धीरे युरोपकी शक्ति बढ़ने लगी। रूस शक्तिशाली बना। तुर्कोंको छिन्न-भिन्नकरके अपने राज्यमें मिलाने लगे। कालासागर तुर्कोंकी झील नहीं रह गई, क्रिमिया उनके हाथसे निकल गया, काकेशस भी जाता रहा। पूर्वी यूरोपकी जातियाँ स्वतन्त्रताके लिए संघर्ष करने लगीं। यूरोपकी दूसरी शक्तियोंने उनका समर्थन किया। प्रथम महायुद्धसे थोड़े ही पहले (१९१२ ई०) बाल्कनकी लड़ाई हुई, जिसमें पूर्वी यूरोपके कई देश तुर्कोंके जूयेको फेंककर स्वतन्त्र हो गये। मिस्र इससे पहले ही तुर्कोंके हाथसे बहुत कुछ चला गया था। जो लड़ाई इस समय हो रही थी, उसने तुर्कोंका सत्यानाश कर छोड़ा। तुर्क-भिन्न जातियाँ ही उनके हाथसे नहीं छीन ली गईं, बल्कि खुद तुर्कोंकी भूमिमें बन्दरबाँट शुरू हो गई। यदि इस समय कमाल अतातुर्क जैसा नेता उन्हें न मिला होता, तो कौन जानता है, तुर्कोंको कैसे दिनोंके मुँह देखने पड़ते। १८०० तुर्कोंका कैदी बनना तुर्कोंकी चरम पतनका श्रीगणेश था।

चन्द्रसिंह अपने गारदको लेकर अपने पलटनके कैम्प में चले गये। जिस समय यह कैम्प की ओर जा रहे थे, उसी समय दो सौ और आदमी उनके साथ हो लिये। शायद वे कहीं भटक गये, या डरकर छिपे हुये थे। कैम्पमें पहुँचने के वक्त खूब अन्धेरा हो गया था। जीतकी खुशी थी, लेकिन भारी मुशक्कतका सामना करना पड़ा था। पसीनेसे उनकी सारी कमीज-जाँघिया भींग गई थी। कैम्पमें न कोई छोलदारी थी, न ओढ़ने-बिछानेके लिए कोई कपड़ा। वह नदीके किनारे पड़ा हुआ था, जहाँ ठंडी-ठंडी हवा आ रही थी। लकड़ी भी नहीं थी, और होती भी तो रातके वक्त उसे जलानेकी मनाहीं थी। तीन दिनकी पकी पूरियाँ और साग सेक्शनके सामने ढेरकी

ढेर पड़ी थीं। उसीको खाकर लोगोंने पेट भरा। सबेरे चन्द्रसिंहके सेक्शनमें तीससे अधिक आदमी थे, और अब छ देखनेमें आ रहे थे। मालूम नहीं कितने उनमें मारे गये और कितने घायल होकर अस्पताल गये। सेक्शन उनका अपना परिवार था। आज उनमेंसे इतने आदमियोंको न देखकर उनका दिल फूट-फूटकर रोने लगा। सारी रात उन्हींके शोकमें मग्न रहे। पिछले पहर जाड़ा भी लगने लगा। आखिर रात बीती, सबेरे की लाली पूर्वकी तरफ—उसी तरफ, जिधर उनकी जन्मभूमि थी, दिखाई पड़ने लगी।

३० सितम्बर को अब अपने मुर्दोंको दफनानेका बड़ा काम था। १६ लेन्स-नायकों और एक जमादार इसके लिए चुने गये। हरेक लेन्स-नायकके नीचे दस-दस सिपाही थे। यह सारी टोली रमादी-लड़ाईमें मरे आदमियों और पशुओंको दफनानेके लिये चली। लेन्स-नायकोंको हुकुम दिया गया था—

१. मुर्दे चाहे तुर्क हों या अंग्रेजोंके सैनिक, सबको अपने इलाकेमें दफन किया जाय।

२. मुर्दोंकी पाकिट-बुकों और गलेमें लटकते टिकटोंको लेकर जमा कर लें—टिकटोंपर सिपाहीकी पलटन, सिपाहीका नाम और नम्बर खुदा रहता है।

३. मुर्देके पास जो रुपया-पैसा मिले, उसे मुर्देकी पाकिट-बुकमें रखकर दफ्तर में दे दो।

४. तुर्क अंग्रेजी सैनिकोंका अलग-अलग हिसाब पलटनके असिस्टेंटको दे दो।

५. मुर्दोंके पास जो हथियार मिले, उसे पलटनके गोदाममें जमा कर दो।

टोली लड़ाई के मैदानकी ओर रवाना हुई, जहाँ पहुँचनेमें आधा घंटा लगा। जमादारने हरेक लेन्स-नायककी टोलीको अलग-अलग हिस्सा बाँट दिया। चन्द्रसिंहको वही हिस्सा मिला, जहाँ पर उनकी कम्पनी और सेक्शनने कितने ही दिनों लड़ाई लड़ी थी। यह भूभाग एक सौ गजसे ज्यादा चौड़ा अंग्रेजी पाँतीके बाँये छोर पर था, इसके कारण यहाँ कम आदमी मरे थे। चन्द्रसिंहने बाँये किनारे पर खड़े होकर रणभूमिपर नजर डाली। मैदान लाशों से भरा पड़ा था, गीदड़, कुत्ते, कौवे और चील जिन्हें नोंच रहे थे। कोई उनकी आँखें निकाल रहा था, कोई मुँहसे निकली जबानको खींच रहा था। अङ्ग-अङ्गकी बोटी करके वह निगल रहे थे। कल यही लाशें हृष्ट-पुष्ट जवान थीं। उनके हृदयोंमें क्या-क्या उमङ्गें थीं? आज उनकी यह गति! मक्खियाँ भिन-भिना रही थीं। इतने ही घंटोंके बाद इनसे इतनी बदबू निकल रही थी, कि नाक देना मुश्किल था। जितने जानवर उनको नोच रहे थे, उतने ही गिद्ध ऊपर आसमानमें मँडरा रहे थे। एक लाशको देखकर भी आदमी भयभीत हो

जाता है, और यहाँ हजारों थीं। चन्द्रसिंह सोच रहे थे—आखिर यह सब रुपया कमानेकी लालचसे ही हमारी तरह जान देने आये। इन्होंने अपनी माता, अपनी स्त्री, अपने बच्चोंकी मुहब्बत पर लात मारकर आज इस दिनको देखा। इन्हें इस लड़ाईसे क्या लाभ था? चन्द्रसिंह हीको इस लड़ाईसे क्या फायदा था? अंग्रेज अपने मुल्कके लिए लड़ रहे थे, पर हिन्दुस्तानी हिन्दुस्तानके लिए थोड़े ही लड़ रहे थे। चन्द्रसिंह इस नजारेको देखकर स्तम्भित हो गये थे। शोकका वेग इतना ऊँचा हो गया था, कि उनकी आँखोंसे आँसू निकल रहे थे। दम भरमें ये सारे ख्याल उनके दिमागमें आये, लेकिन वह वहाँ शोक-प्रकाशनके लिये नहीं भेजे गये थे।

एक-एक लाशको उठाकर उन्हीं खोदी हुई खन्दकोंमें डाल दिया गया, जिनको सिपाहियोंने अपने बचावके लिये दो दिन पहले खोदा था। वह मुर्दोंके बारेमें यह ख्याल नहीं कर सकते थे, कि वह हिन्दू है, मुसलमान है या ईसाई, वह तुर्क है, अंग्रेज है, हिन्दुस्तानी, मुसलमान, हिन्दू, ब्राह्मण, ठाकुर, चमार या क्या? सभीको एक साथ उन्हीं खन्दकोंमें डालते और ऊपरसे मिट्टी गिराते जा रहे थे।

जिस सूबेदारने पानीकी जगह पर गाली दी थी, और जिस अंग्रेजने पिस्तौल उठाई थी, उन दोनोंकी लाशें यहीं पड़ी थीं। वह भी इन्हीं खाइयोंमें सबके साथ सोये थे।

रमादीकी लड़ाईमें छठी गोरखा पलटन की बड़ी हानि हुई थी। लाइनकी लाइन गोरखोंकी लाशें बिछी हुई थीं। तोपके गोलोंने कितने हीके हाथोंको कहीं, पैरोंको कहीं टुकड़े-टुकड़े करके फेंक दिया था। एक-एक टुकड़े को बीन-बीनकर दफनाना पड़ा। अन्धेरा होने लगा, जब वह लाशोंको दफना पाये। उन्होंने लौटकर अपने साथ लाई पाकिट-बुकों, नम्बरके टिकटों, रुपये-पैसे, राइफल तथा दूसरे सामानको आफिसमें हिसाबके साथ दे दिया। चन्द्रसिंहने ७५ अंग्रेजी और ३५ तुर्क मुर्दे दफनाये थे।

रमादीकी लड़ाई खतम हो गई। रमादी शहर अब अंग्रेजोंके हाथोंमें था। दुश्मनके शहरपर अधिकार करके उसकी तलाशी लेना पलटनके लिए आवश्यक है, नहीं तो वहाँ छिपे हुए दुश्मन या हथियार उनके खिलाफ इस्तेमाल हो सकते हैं। तलाशीके लिए हर कम्पनीको अलग-अलग मोहल्ले बाँट दिये गये। एक-एक कम्पनी की कमांडरके नीचे सूबेदार और जमादारकी अधीनतामें सिपाहियोंकी अलग-अलग टोलियाँ बनाई गईं। उनको सख्त हिदायत दी गई थी—

१. राइफल, पिस्तौल, तलवार, बम और दूसरे इस तरहके हथियारोंको लेकर दफ्तरमें जमा कर दो।

२. रुपया, नोट, सोना-चाँदी, जेवर-गहने, कीमती बरतन आदि जो खजाना मिले, उसे भी आफिसमें जमा कर दो।

३. जहाँ सन्देह हो, जमीन खोदकर हथियार, रुपये पैसे या दूसरी चीजें निकाल सकते हो।

४. अगर किसी मकानसे तुम्हारे ऊपर गोली चलाई जाय, तो घुसकर आक्रमणकारीको पकड़ या मार सकते हो।

५. कोई सैनिक अगर किसी चीजको छिपानेकी कोशिश करेगा, तो उसको सख्त सजा दी जायगी।

चन्द्रसिंह और उनके साथी अपनी राइफलोंमें गोली भर संगीन चढ़ाकर अब शहरमें जा मुहल्लेके मकानोंमें घुस पड़े। मकानका दरवाजा बन्द देखते, तो उसे वह तोड़ डालते। जो चीज हाथ आती, उसे कम्पनी-कमांडरके पास जमा कर देते। यदि मकानके भीतर आदमी होते, तो उन्हें—स्त्री हो या पुरुष—मकानसे बाहर निकालकर तलाशी लेते।

पलटनने तलाशी खतम कर दी। खतरेकी चीजोंको वहाँसे ले लिया। फिर हफ्ते भर तक असैनिक महकमेंने वहाँ तलाशी जारी रक्खी। जो लोग शहरसे भागकर बाहर चले गये थे, वह धीरे-धीरे अपने मकानोंमें लौटने लगे। दूकानें भी थोड़ी-थोड़ी आबाद होने लगीं। कितने ही तुर्कोंके विरोधी थे। यह इलाका अरबीभाषी था, धर्ममें एक होनेपर भी शासकोंका तुर्कोंके प्रति विशेष पक्षपात था, जिससे कुछ अरबोंको जलन होती थी, और जो मौका परस्त थे, वह समझने लगे, कि जिधर सूरज उग रहा हो, उधर सिर नवानेमें ही भलाई है। अंग्रेजोंने ऐसे लोगोंसे फायदा उठाया, और उनके जिम्मे शासनका कुछ काम भी सौंप दिया। वही अब अन्न जमा कर-करके अंग्रेजोंको देने लगे, जिसे वह भूखोंमें बाँटकर यश लूटने लगे। शहरमें जगह-जगह पुलिस बैठा दी गई थी, थाने कायम कर दिये गये थे, और अदालतें मुकर्रर हो गई थीं। कुछ ही समयमें शहर फिर आबाद हो गया। जो विश्वासपात्र नहीं समझे गये, उनको पकड़कर अंग्रेजोंने जेलमें डाल दिया। तलाशी और लूटके मालका क्या हुआ, इसे चन्द्रसिंह और उनके साथी क्या जान सकते थे!

यही मसोपोतामिया देश आजकल इराक राज्यके नामसे प्रसिद्ध है। यहाँके वाशिन्दे अरब हैं। चन्द्रसिंहने वहाँके तीन बड़े शहरोंको देखा था—बसरा, बगदाद और रमादी। तीनों एक जैसे मालूम हुये। सभीके मकान एक से थे। रमादी घमासान लड़ाईमें पड़ा था। उसकी मस्जिदोंके बड़े-बड़े गुम्बद तोपोंने चूर-चूर कर दिये थे, आलीशान इमारतोंकी खिड़कियाँ, झरोखे बिलकुल टूटे पड़े थे। शहरके बीचोबीच

पानीकी नहर बह रही थी। नगर चारों तरफ प्राकारसे घिरा था, जिसमें बड़े-बड़े दरवाजे लगे हुये थे, जिन्हें सुन्दर कलासे अलंकृत किया गया था।

यद्यपि लड़ाईके खतम होनेके अगले ही दिन सिपाही लाशोंको खन्दकोंमें दबा आये थे, लेकिन कुत्ते और गीदड़ उन्हें वहाँ चुप कैसे रहने दे सकते थे ? वह खोद-खोदकर उन्हें घसीटते, और नहीं तो हड्डियाँ मुँहमें दबाकर इधर-उधर दौड़ते, आपसमें छीन-झपटी करते थे। मुर्दे इतने सड़ गये थे, कि उनकी दुर्गन्ध चारों ओर फैल रही थी, जिसके कारण रमादीमें रहना कठिन हो गया और बीमारीके फैलनेका डर था। इसका दुष्परिणाम अंग्रेजोंकी सेनाको भुगतना पड़ता। गड़े हुये मुर्दोंको न उखाड़ने के लिये गीदड़ों और कुत्तोंको मारनेकी जहरीली दवाइयाँ डाली गईं। मुर्दोंके ऊपर भी ये दवाइयाँ छिड़क दी गईं। बाहर निकली लाशोंको फिरसे दफना दिया गया।

रमादीकी लड़ाई जीती जा चुकी थी, लेकिन तुर्कोंने अभी हथियार नहीं डाले थे। उनके आक्रमणका डर बना हुआ था। पलटनने रहनेके लिये कैम्प तैयार किया, बचावके लिये खन्दकें खोदीं। सिपाहियोंको ड्यूटी थोडी ही देनी पड़ती थी। पर, भोजनकी चीजें अच्छी नहीं मिलती थीं, मिलती भी थीं, तो बहुत कम। वस्तुतः वही चीजें उन्हें खानेको मिल रही थीं, जो तुर्कोंसे हाथ लगी थीं। ईंधनकी भी बड़ी तंगी थी।

रमादीमें उज्ज्वलसिंहकी ओहदेदारी छीन ली गई थी, जिससे दुःखी हो उसने अपनेको गोली मार ली।

सुना, तुर्क हमला करनेवाले हैं, उन्होंने रमादी शहरसे दो मीलपर खन्दकें खोदनी शुरू कर दी हैं। इधर भी अब तैयारी होने लगी। खन्दकोंपर ड्यूटी देनेके साथ-साथ सिपाहियोंको चाँदमारी करनी पड़ती। चाँदमारीकी जगह पिकेट (पहरे) लाइन से कुछ आगे थी। मेजर फाक्स चन्द्रसिंहको कमाण्डर रख कम्पनीको चाँदमारीके लिये ले गये थे। पाँच आदमी वहाँ बीमार पड़ गये। मेजरने चन्द्रसिंहको टेलीफोन किया, कि बीमारोंकी जगह पाँच और जवान भेजो। चन्द्रसिंहने पाँच आदमियोंको चुनकर उन्हें वहाँ जानेका हुकुम दिया। पाँचोंने अपनी राइफलें भरीं। संयोगसे इसी वक्त कंचनसिंहकी गोली छूटकर खेमसिंहकी कनपटीमें जा लगी। वह वहीं गिर पड़ा। चन्द्रसिंहने तुरन्त पट्टी बाँधकर खूनको बन्द कर दिया और ब्रिगेडके अस्पतालमें गोली लगनेकी खबर भेज दी। डाक्टर और कम्पनीके कमाण्डर तुरन्त पहुँच गये। खेम-सिंहको अस्पताल भेजकर कंचनसिंहको कैद कर लिया गया। अगले दिन चन्द्रसिंह कंचनसिंहकी पेशी कमांडिंग आफिसरके सामने हुई और उनकी लेन्सनायकी छीन ली गई।

खेमसिंहको गोली कनपटीके पाससे छूती बाहर चली गई थी। उसे अच्छे होते ज़्यादा दिन नहीं लगे। कोर्ट-मार्शल बैठाई गई, जिसने चन्द्रसिंहको बेकसूर बतलाया। खेमसिंहने यह भी कहा—"मेरी कंचनसिंहसे कोई दुश्मनी नहीं है। गोली संयोगवश छूटी थी"। चन्द्रसिंहने भी अपनी लेन्सनायकीकी डायरी पेशकी। इसमें हर रोज प्रत्येक सिपाहीके बारेमें लिखा जाता है। उस डायरीसे भी यह पता लगा, कि उन दोनोंकी आपसमें कोई दुश्मनी नहीं है। कंचनसिंह भी बेकसूर समझकर छोड़ दिया गया। चन्द्रसिंहने अदालतके सामने अपने लेन्सनायकी फीतेके निकाले जानेकी शिकायतकी।

कंचनसिंहको और क़सूरसे तो माफ़ कर दिया था, पर असावधानीके लिये उसे २८ दिनकी साज दी गई। उसने सजा सुननेके बाद अनशन कर दिया। चन्द्रसिंह बहुत समझाते रहे, लेकिन वह कह रहा था—"मैंने एक भाईको गोली मारी और दूसरेकी लेन्सनायकी छिनवा दी। मैं अपनेको क्षमा नहीं कर सकता।" वह उसी तरह अनशन करके मर गया।

कान बगदाद (ऐना) की लड़ाई (२५-२६ मार्च १९१८)

रमादीमें बैठी अंग्रेजी पलटन कितने दिनों तक इन्तजार करती? आखिर उसे ऐना शहरकी ओर चलनेका हुकुम हुआ। पहला पड़ाव १४ मीलका था। कैम्पके लिये बरसाती छोलदारियाँ लगाई गईं, चारों तरफ खन्दकें खोदी गईं। रातके १० बज रहे थे, जब कि तुर्क सैनिक विमान आसमानसे बम बरसाने लगे। सब लोग खन्दकोंमें कूद पड़े, लेकिन बम सामनेसे थोड़े ही आते थे, कि खन्दकोंसे बचाव होता। वह तो सीधे सिर पर पड़ रहे थे। ब्रिग्रेडको कितना नुकसान हुआ, यह मालूम नहीं। लाइनके कुछ खच्चर मारे गये, और दो-एक आदमी जख्मी हुये थे। सिरपर विमानकी घनघनाहट सुनकर हरेक आदमी यही समझता था, कि मेरे ही ऊपर बम गिरनेवाला है। अंग्रेजी विमान भी उड़े, और उन्होंने शत्रुके विमानोंको मार भगाया। यहाँ एक दिन चन्द्रसिंहको पुलिसकी ड्यूटीपर लगाया गया। दो पहाड़ियाँ थीं, जिनके बीचमें पलटनका रसोईखाना था। चन्द्रसिंहको हुकुम था, कि इस रास्तेसे किसी मोटर या घोड़ेको न जाने दो। खानेपर धूल पड़नेका डर था, इसीलिये यह सावधानी बरती गई थी। संयोगसे उसी रास्ते अपने घोड़ोंपर चढ़े डिवीजनका जेनरल, ब्रिगेडका जेनरल अपने स्टाफ-कर्मियोंके साथ जाने लगा। चन्द्रसिंहने तुरन्त रोककर कहा—

—"हुजूर, आप इस रास्ते घोड़ेपर नहीं जा सकते।"

जेनरलने पूछा—"क्यों, हमारे लिये यह हुकुम किसने दिया?"

—"हुजूर, हुकुम सबके लिये एक होता है। मुझे लेन्सनायकने ऐसा हुकुम दे रक्खा है। मैं नहीं जानता उसको किसने हुकुम दिया।"

जेनरल—"तुम्हारा कमांडिंग ग्राफिसर कहाँ हैं ?"

—"ग्राफिसमें।"

जेनरल लोग घोड़ेसे उतरकर आफिसमें गये और पाँच मिनटके बाद कमांडिंग आफिसरके साथ बाहर निकले। कमांडिंग आफिसरने चन्द्रसिंहको कहा—"तुम नहीं देखते, ये कौन हैं ? जेनरल साहबको क्यों रोका ?"

चन्द्रसिंहने कहा—"हुजूर, मैं एक सिपाही हूँ, हुकुम मानना मेरा फर्ज है। अगर मैं इतने घोड़ोंको इधरसे जाने देता तो सारा भोजन खराब हो जाता। लेन्सनायक मुझे आपके सामने पेश करता और आप मुझे जरूर सजा देते। लेन्सनायकके हाथों सजा भुगतनेकी जगह अच्छा है, मुझे इतने बड़े अफसरके हाथसे सजा मिले।"

जेनरलने हँसकर कहा—"शाबाश जवान, सिपाहीका फर्ज यही है। तुमने ठीक किया। तुम्हें सजा नहीं मिलेगी।"

दूसरे दिन चन्द्रसिंहको ब्रिगेडके दौड़ाहे (रनर) की ड्यूटी पर भेजा गया। उनका काम था, आई हुई चिट्ठियों और तारोंको हरएक पलटनमें पहुँचाना। सारा ब्रिगेड ऐना शहरकी लड़ाईपर चला गया था और चन्द्रसिंह आफिसमें छोड़ दिये गये। एक हफ्ता तक ब्रिगेड वहाँ लड़ता रहा। तुर्की मोर्चेपर उसने कब्जा करके वहाँसे बहुत से तुर्क कैदी पीछेकी ओर भेजे। अब चन्द्रसिंहकी ड्यूटी इन कैदियोंपर लगाई गई। इन कैदियोंमें तुर्क सेनाका एक जर्मन अफसर भी था। उसने चन्द्रसिंहसे कहा—"आओ जवान, हम तुम अपनी टोपी बदल लें।" "चन्द्रसिंहने ऐसा करनेसे इन्कार कर दिया। इसपर जर्मन अफसरने कहा—"तुम बड़े अभागे हो।" फिर उसने टोपी उतारकर सौ रुपयेवाले कई नोट दिखलाते हुये कहा—"ये रुपये ले लो, मुझे छोड़ दो। मैं अपने बालबच्चोंमें चला जाऊँगा। मेरी यहाँ न कोई गिनती हुई है, न नाम लिखा गया है।"

चन्द्रसिंहने इन्कार कर दिया। ये कैदी पीछे बर्मा भेज दिये गये। शायद वह जर्मन अफसर भी उनके साथ वहीं गया।

अब चन्द्रसिंहकी पलटन सीरिया लाइन (युद्धपंक्ति) पर भेजी गई। उस समय अंग्रेजोंने भारतीय जेलोंसे उन कैदियोंको छोड़कर यहाँ कामपर भेज दिया था। ये कैदी वहाँ दरियाके ऊपर बाँध बना रहे थे कुछ समय तक गढ़वालियोंकी ड्यूटी इन कैदियोंकी देखभाल करनेकी थी।

रमादीकी लड़ाईमें तुर्कोंने ११ मुसलमान सैनिकों कोकैद करके अपने हेड-क्वार्टरमें रक्खा था, जिनमें गुलाम मुहम्मद भी था। उसने चन्द्रसिंहकी उस समय मदद की थी। चन्द्रसिंहने अपनी पलटनके कर्नल फाक्ससे उसी समय गुलाम मुहम्मदकी तारीफ की थी, और बतलाया था, कि मेरे हुकुमसे इन लोगोंने तुर्कोंपर फायर किया

था। कर्नल लोग चाहे हिन्दुस्तानियोंके साथ कितने ही सालों रहें वह उनकी भाषा सीखनेकी कोशिश नहीं करते। कर्नलने चन्द्रसिंहकी बातको उलटा समझ लिया, अर्थात् तुर्कोंकी सहायता करनेके लिये इन्होंने हमारे सिपाहियोंके ऊपर गोली चलाई। कोर्ट-मार्शलमें गुलाम मुहम्मदने चन्द्रसिंहको गवाह बतलाया। चन्द्रसिंहने कोर्टके सामने कहा—"इसी गुलाम मुहम्मदने मुझे जर्मन राइफल चलानेकी बात बतलाई, और मेरे हुकुमपर तुर्कोंके ऊपर गोली चलाई।" कोर्टके न्यायाधीश खुशीसे ताली पीटने लगे। पलटनमें भी बड़ी खुशी मनाई गई। लोगोंमें यह ख्याल फैला हुआ था, कि तुर्कोंने तीस आदमियोंके पिकेट को गिरफ्तार किया था, जिसमेंसे १९ हिन्दुओंको उन्होंने मार डाला, और ११ मुसलमानोंको अपने धर्मका समझ कर छोड़ दिया। यह धार्मिक पक्षपात था और गढ़वाली हिन्दू समझते थे, कि क्या जाने उन हिन्दुओंकी हत्याके लिये प्रेरणा इन मुसलमान सिपाहियोंने दी हो। चन्द्रसिंह ऐसे पक्षपातसे सदा बरी रहे।

अध्याय ८

फिर देशमें (१९१७-१९ ई०)

सीरिया-लाइनसे बटालियनसे उनकी बी० कम्पनीको निकालकर देश भेज दिया गया। बसरामें आकर वह जहाजपर बैठे और सात दिनमें कराची पहुँच गये। कराचीसे वह सीधे देहरादून आये। देहरादूनमें ४-३६ रायल गढ़वाली राइफलका संगठन किया जा चुका था। लड़ाईमें गढ़वालियोंने वीरता दिखाई थी, उनके द वीरोंको विक्टोरिया क्रास मिला था, इसके सम्मानमें अंग्रेजोंने गढ़वाल राइफलको रायल गढ़वाल राइफल बना दिया था। इस नई सेनाको संगठित करनेके लिये प्रत्येक गढ़वाली पलटनकी बी० कम्पनियोंको भेज दिया गया था।

देहरादूनमें वह कितने ही समय तक रहे। फिर मईके महीनेमें छाँटकर १८ ओहदेदारोंकी एक टोलीको लैन्सडौन छावनीमें भेज दिया गया। वहाँ रंगरूटोंकी शिक्षाके लिये अनुभवी मास्टरोंकी जरूरत थी, इसलिये डिपो (छावनी) कमांडरने ड्रिल मास्टर माँगे थे। इन्हीं १८ आदमियोंमें चन्द्रसिंह भी थे। लैन्सडौनमें आते ही उनकी ड्रिलकी परीक्षा हुई, फिर नये रंगरूटोंकी एक टोली उनके जिम्मे की गई। संयोगसे टोलीके सभी रंगरूट अच्छे निकले, और चन्द्रसिंहकी शिक्षा-दीक्षामें रह वह दूसरी टोलियोंसे अच्छा काम करने लगे, जिसके कारण अंग्रेज अफसर चन्द्रसिंहकी कदर करते, दूसरी टोलियोंके, सामने उनकी टोलीका नमूना पेश करते। खाई खोदना, छोलदारी लगाना, सड़कपर चलते कवायद करना, राइफल चलाना आदि-आदि सभी कामोंमें चन्द्रसिंहकी टोली अव्वल रही।

जुलाई १९१७ ई० में उन्हें फिर लेन्सनायक बना दिया गया और २८ दिन बीतते-बतते उन्हें नायकका पद मिला गया। डिपोके ड्रिल-मास्टर सभी चंद्रसिंहसे सीनियर (जेठे) थे। इस तरह तरक्की करते देख वह जल-भुन गये। इनमें गुमानसिंह नामका एक ड्रिल-नायक था। उसने १२ बजे दिनको लालटेन जलाकर आफिसमें कर्नल साहबके सामने रख दिया। कर्नलने पूछा—"गुमानसिंह, दिनमें लालटेन जलाकर क्यों लाये?"

गुमानसिंहने जवाब दिया—"हुजूर आप देखते नहीं, इसलिये। आप देख रहे हैं हम लोग यहाँ डिपोमें कितने दिनोंसे काम कर रहे हैं, फिर भी आपने डिपोके

६० नायकोंको पीछे छोड़कर जो आदमी अभी कल आया है, उसे लेन्सनायक बना दिया, और अब पक्का नायक भी कर किया। क्या यह इन्साफ है ?"

कर्नलने जवाब दिया—"गुमानसिंह, तुम नहीं जानते, कि इसकी सेवायें कितनी हैं। बताओ इसके सामने तुम्हारा लड़ाईका क्या तजर्बा है! क्या तुमने फ्रांसकी लड़ाईमें भाग लिया ? क्या बसरा देखा ? चंद्रसिंह रंगरूटोंको जो सिखा सकता है, वह तुम नहीं सिखा सकते। अगर तुम अच्छे इन्सट्रक्टर (शिक्षक) होते, तो हम इसको लड़ाईसे क्यों बुलाते ?" नायक चंद्रसिंह कई महीनों लैन्सडौनमें रहे। अक्तूबरका महीना आया। अब उन्हें मस्केटरी कोर्स (बंदूकी पाठ्य) पास करनेके लिये पचमढ़ी (मध्यप्रदेश) भेजा गया। ए० क्लास पास करनेके लिये भेजा जा रहा है, यह जानकर उन्हें बड़ी खुशी हुई। लेकिन जिस कोर्सके लिये जा रहे थे, उसके लिये उन्हें कुछ अच्छे कपड़े की जरूरत थी, और उनके पास पैसा नहीं था। वह इसी फिकरमें बैठे हुये थे, इसी समय उनका परिचित मित्र चंद्रसिंह रावत आ गया। रावतने चिन्तित देखकर पूछा—"नामाराशी, तुम क्यों इतने उदास हो ?"

—"भाई, कल मुझे ट्रेनिंगके लिये जाना है, लेकिन जाना मुश्किल पड़ रहा है, क्योंकि मेरे पास कपड़े नहीं।"

—"तो क्या पैसेकी जरूरत है ?"—यह कहकर चंद्रसिंह चला गया और थोड़ी देरमें अपना बक्स खोलकर एक थैली ले आया। उसने थैली चंद्रसिंहके सामने रख कर कहा—इसमेंसे जितनी इच्छा हो उतने रुपये ले लो।" उसमें एक हजार रुपये थे। चंद्रसिंहने कहा—"मुझे सौ रुपया अपने हाथसे दे दो।" रावतने उन्हींको अपने हाथसे लेनेके लिये मजबूर किया और एक सौ रुपये ले लिये। उससे अपने लिये सूट-बूट तैयार किये और सबेरे बिस्तरा बाँधकर वह पचमढ़ीकी ओर चल पड़े। कोटद्वारामें रेल पकड़ी। दिल्ली और इटारसी होते पिपरिया स्टेशनपर उतर गये। यहाँसे ३२ मीलकी पहाड़ी चढ़ाई चढ़कर मोटर द्वारा वह पचमढ़ी पहुँच गये।

पचमढ़ीमें उस दिन भिन्न-भिन्न पलटनोंसे ३०० सरदार, ओहदेदार शिक्षा पानेके लिये जमा हुये थे। सबकी अलग-अलग टोलियाँ बनाई गई। चन्द्रसिंहको गोरखा मानसिंह हवलदारकी टोलीमें रक्खा गया। अगले दिनसे सभी टोलियाँ अपने-अपने शिक्षकोंके नीचे मस्केटरी कोर्स सीखने लगे। १८ दिन तक उन्हें परेड कराते निशाना बाँधना, दागना आदिकी शिक्षा देकर परीक्षा ली गई। फिर एकाएक हुकुम हुआ, कि सभी ओहदेदारोंको जल्दी-जल्दी अपना कोर्स खतम करके वापस जाना होगा।

ओहदेदारोंको पचमढ़ी से पिपरिया पहुँचाया गया, जहाँसे चन्द्रसिंह कोटद्वार चले गये। स्टेशनपर देखा, कि तीन सौ आदमियोंका एक ड्राफ्ट (यूथ) एक अंग्रेज अफसरकी अधीनतामें रेलगाड़ीमें किसी जगह कुमकके तौरपर जानेके लिए ट्रेनमें बैठ

रहा है। उसमें चन्द्रसिंहके भी कई जान-पहचानके आदमी थे। पूछने पर मालूम हुआ, कि वह पेशावरके पास जमरूद जा रहे हैं। अफगान सेनापति नादिर खानने इसी समय सीमापर हमला कर दिया था, जिससे ३-१८ आर० सी० आर० पलटनका बहुत नुकसान हुआ था। इसीलिए यह लोग भेजे जा रहे थे। चन्द्रसिंहने अंग्रेज अफसरसे कहा—"हुजूर, मुझे भी इसी ड्राफ्टमें ले चलिये।"

लेकिन, ड्राफ्ट भरती करना उस अफसरके हाथमें नहीं था। चन्द्रसिंहको लैन्सडौन चला आना पड़ा।

इसी समय उन्हें घरसे एक दुःखद चिट्ठी मिली। पिताने लिखा था—"बेटा चन्द्रसिंह, तुम वीर हो। वीरों का काम घबराना नहीं है। यहाँ घरके सारे आदमी छूत (इन्फ्लुइंजा) के बुखारसे पीड़ित हैं। तुम्हारी धर्मपत्नीका स्वर्गवास हो गया। अब मकान पर ताला लग जायगा। इस समय तुम घर न आना। चिन्ताकी कोई बात नहीं।"

भला चिन्ताके लिए बात क्यों नहीं थी? अपनी पत्नीकी मृत्युसे उनको बहुत अफसोस था, जिस कलुलीके साथ लड़कपनमें वह कुश्ती लड़ते थे, हँसी-खेल करते थे और कितने प्रेमसे रहते थे, उसे अब वह फिर नहीं देख सकेंगे। यह ख्याल आते ही उनके हृदयमें ठंडी हवाका झोंका लगता। उन्होंने अपने अफसरसे एक महीने की छुट्टी माँगी। अफसरने कहा—"इस समय इतनी छुट्टी नहीं मिल सकती, यदि चाहो तो तीन दिनमें जाकर हरद्वारमें अपनी स्त्रीका क्रिया-कर्म करके लौट आओ।" तीन दिनमें कुछ नहीं हो सकता था, इसलिये चन्द्रसिंहने छुट्टी नहीं ली।

फ्रांसके मोर्चेसे लौटने के बाद प्रथम पत्नी कलुलीका देहान्त हो गया। उसके साल भर बाद छुट्टी पर आये, तो माता-पिताने शादीका इन्तजाम चोपराकोटके रनगाँवके श्री रूपसिंहकी लड़की कुँवरीसे ठीक कर दिया, जो उस समय १६ वर्षकी थी। विवाह कर छुट्टीके बाद चन्द्रसिंह पलटनमें लैन्सडौन पहुँचे। ब्याहके साल भरके भीतर ही कुँवरीका देहान्त हो गया। पलटन कुछ दिन रुड़की धनोरी कैम्पमें प्रशिक्षणके लिए गई थी, जहाँसे वह लैन्सडौन लौट आई। १५ दिनकी छुट्टीपर चन्द्रसिंह फिर घर गए। माता-पिताने कुँवरीकी छोटी बहिनसे शादी तै कर डाली। लड़की का नाम भूरी था, जो अब भागीरथी देवीके नामसे पुकारी जाती हैं। चन्द्रसिंहकी इच्छा नहीं थी, क्योंकि लड़की १३ वर्षकी होनेपर भी बहुत छोटी मालूम होती थी, लेकिन दोनों समधी अपने रिश्तेको कायम रखना चाहते थे। उनकी इच्छा न होनेपर भी पिताने विवाह कर ही दिया। छुट्टीके बाद बड़े भाई फिर पलटनमें चले गए।

साल भर बाद फिर छुट्टी पर आए और अपने एक मित्र पेन्शनर हवलदार झगड़सिंहके घर मिलने गये। हवलदारकी लड़की जवान थी। वह अपने माँ-बापके साथ उसी पलटनमें रह चुकी थी, जिसमें चन्द्रसिंह काम करते थे। हवलदारने मजाकमें, "चन्द्रसिंह, तुम्हारी स्त्री मर गई, इसका मुझे बड़ा दुःख है। इसीको ले जाओ, यह तुम्हारी साली है," कहते अपनी लड़की की ओर इशारा किया। बात मजाक हीमें टल भी जाती, लेकिन चन्द्रसिंह छोटी लड़कीके साथ जबर्दस्ती किए गए व्यवहारको पसन्द नहीं करते थे। हवलदारको भी होनहार तरुणको देखकर ख्याल आया, कि यह शादी अच्छी रहेगी। अन्तमें बातचीत तै हो गई। चन्द्रसिंहने घर आकर चुपके-चुपके सारी तैयारी कर ली। जब दरवाजे पर बाजा बजने को था, तब उन्होंने पितासे राय लेनी चाही। पिता सुनते ही आग-बबूला हो गये, और उन्होंने शादीमें जानेसे बिल्कुल इन्कार कर दिया। चन्द्रसिंह अपने और साथियोंके साथ जाकर शादी कर लाये। जिस दिन शादी हो रही थी, उसी दिन पलटनका बुलौवा आया। रातको उन्होंने शादी कराई और सबेरे छावनीके लिए रवाना हो गये। वहाँ से उन्होंने हवलदार ससुरको चिट्ठी लिखी, कि मेरी बीबीको जितनी जल्दी हो छावनीमें भेज दें।

छावनीमें आनेपर सी० कम्पनीने उनका स्वागत किया, और डी० कम्पनीमें उन्हें अपने कामपर जाना पड़ा। वहाँ भी भोज दिया। सिपाहीसे अब ओहदेदार बने थे, इसकी खुशी थी, ऊपरसे मनके माफिक शादी हो गई थी।

राजनीतिकी प्रथम झलक

इसके बाद उन्हें सहारनपुर स्टेशनपर तीन दिनके लिये ड्यूटीपर लगाया गया था। वहाँ जो गारद काम कर रहा था, उसका हवलदार छुट्टीपर चला गया था। चंद्रसिंहको उसीके स्थानपर हवलदार बनाकर भेजा गया। गारदकी निगरानीमे दो बूढ़े राजनीतिक कैदी थे। सख्त हिदायत थी, कि कोई सैनिक उनके साथ बातचीत न करे। सिर्फ उनकी मोटी-मोटी आवश्यकताओंमें सहायता दे। चंद्रसिंहने एक दिन तो उस हिदायत का पालन किया, लेकिन फिर उनका मन माननेके लिये तैयार नहीं हुआ—"ये भी तो हमारे ही देशके आदमी हैं। इनसे बातचीत करनेमें क्या बुराई है?" दूसरे दिन उन्होंने पास जाकर पूछा—"बूढ़े बाबा, इस बुढ़ाईमें आप क्यों कैद किये गये? क्यों सरकार-बहादुरके खिलाफ हुये?" चंद्रसिंहने इतनी भनक पा ली थी, कि ये दोनों आदमी अंग्रेजोंके खिलाफ हैं। अंग्रेजी राज्यके खिलाफ कोई क्यों हो, यह उनके लिये बड़े आश्चर्यकी बात थी। उन्होंने बूढ़े बाबाको समझाते हुये कहा—"अंग्रेजी राज्यमें कितना अमन-चैन है। किसीके पास कितना भी रुपया हो, कोई छीन

नहीं सकता। अंग्रेजोंने हमें रेल, तार, डाक, अस्पतालका कितना सुभीता दे रक्खा है। न्यायके लिये कितनी बड़ी-बड़ी अदालतें कायम कर दी हैं!"

बूढ़े बाबाने शान्तभाव से जवाब दिया—"देखो बेटा, मेरा लड़का भी फौजमें है। हो सकता था वह तुम्हारे बूढ़े बापको इसी तरह कैदमें रक्खे हो। क्या यह सुनकर तुम्हें अच्छा लगता। यह विदेशी सरकार है। अंग्रेज आपसमें लड़ाकर हमें अपनी मुट्ठीमें रक्खे हुये हैं। तुम जानते हो, दुनियामें सभी जगह अंग्रेजोंका राज्य नहीं है। जापान, चीन, तुर्की, फ्रांस, रूस आदि बड़े-बड़े देश हैं, जो अंग्रेजोंके हाथमें नहीं हैं और जिनकी अपनी-अपनी सरकारें हैं। वहाँ भी तो रेल, तार, डाक, अस्पताल आदि हैं! यदि यहाँ अंग्रेजोंका राज्य न होता, तो हम लोग इन सभी चीजोंको बना लेते। जब जैसा जमाना आता है, तब आदमी उसके अनुसार नई-नई चीजें तैयार करता है। अंग्रेज जो भी मेहरबानी दिखलाते हैं, वह अपना स्वार्थ साधनेके लिये ही। देशका धन दुहकर वह अपने देशमें ले जाते हैं, हमारे बच्चोंको अपनी लड़ाईकी आगमें झोंकते हैं। अस्पताल क्या है अंग्रेजी दवा बेचनेकी एजेंसी है।

दोनों बूढ़ोंने फिर चन्द्रसिंहको लार्ड सिन्हाके एक बड़े पदसे इस्तीफा देनेकी बात बतलाई। अंग्रेजोंके परम विश्वासपात्र और खुशामदी वही एकमात्र हिन्दुस्तानी थे, जिन्हें लार्ड बनाया गया था। लेकिन भारतीयोंके साथ जो दुर्व्यवहार और विश्वास-घात किया गया था, वह उन्हें इतना असह्य हुआ कि लार्ड सत्येन्द्र प्रसन्न सिन्हाने अपने (भारत) उप मंत्री पदसे इस्तीफा दे दिया। इस समय तक जलियांवाला बाग-कांड भी हो चुका था और गांधीजीने असहयोग आन्दोलन छेड़ दिया था। बूढ़ोंने यह सब बातें बतलाईं।

उनकी बातोंको चन्द्रसिंह तीन दिन तक सुनते रहे, जिससे उनके दिमागमें बड़ी उथल-पुथल मच गई। मानों, अन्धेरी कोठरीको फाड़कर एक दूसरी दुनियाकी रोशनी आ गई। यद्यपि सभी बातोंको वह अभी समझ नहीं पाते थे, लेकिन उन्हें यह पता लगा, कि और भी कितनी ही चीजें हैं, जिन्हें अंग्रेजोंने हमसे छिपा रक्खा है, और जिसकी ओर भी ध्यान देना हमारा काम है। सहारनपुरमें ड्यूटी देकर कोटद्वारके रास्ते वह फिर लैन्सडौन चले आये। रेलमें टिकट लेनेकी कोई जरूरत नहीं थी, क्योंकि सभी जगह फौजका राज्य था। कोई टिकट-कलेक्टर टिकट दिखानेके लिए कह नहीं सकता था।

लैन्सडौनमें ज्यादा दिन ठहरना नहीं पड़ा। उन्हें फिर मस्केटरी कोर्स पूरा करनेके लिए भेजा गया। दिल्ली पहुँचे तो देखा किसीने उनका ओवरकोट उड़ा लिया। बहुत परेशान थे। इतने हीमें उन्हें एक गोरखा हवलदार मिला। चन्द्रसिंहने

पूछा—"हवलदार, आप कहाँ जा रहे हैं?" जब उसने बतलाया, कि वह भी पचमढ़ी जा रहा है, तो चन्द्रसिंहने कहा—"भाई, मैं भी वहीं जा रहा हूँ। मेरा कोट खो गया है। अगर आप मेरा सामान देखें, तो मैं पुलिसमें खबर दे आऊँ।"

पुलिसमें इत्तिला देकर जब चन्द्रसिंह स्टेशन पहुँचे तो वहाँ ट्रेनका पता नहीं था। हवलदारके साथ उनका सामान भी चला गया था। स्टेशन-मास्टरको बतलानेपर उसने तार दिया और हवलदारको मथुरा जंक्शनपर रोक लिया गया। दूसरी ट्रेनसे मथुरा पहुँचकर उन्होंने गोरखा हवलदारसे तकलीफ देनेके लिए क्षमा-प्रार्थना की और दोनोंकी बड़ी दोस्ती हो गई।

दोनों साथ-साथ पचमढ़ी गये। वहाँ चन्द्रसिंहको एक सिक्ख शिक्षकके नीचे रक्खा गया। सरदार बहुत अच्छा आदमी था। उसकी यही कोशिश थी कि जो भी विद्यार्थी उसकी क्लासमें आये, वह प्रथम श्रेणीमें पास हो। किसीको कटु शब्द कहना या पास करने, सिखानेमें रिश्वत लेना उसे बिल्कुल पसन्द नहीं था। चन्द्रसिंहको दो महीने तक शिक्षा दी गई, जिसमें निशाना बाँधना, बन्दूक दागना, सङ्गीन चलाना, बम फेंकना, चाँदमारी करना, बन्दूकके सिद्धान्त, पुराने जमानेकी राइफलों और लड़ाइयोंकी बातें, आक्रमण करनेका ढंग आदि-आदि बातें थीं। इसके बाद सभी ओहदेदारोंको अपनी-अपनी पलटनोंमें भेज दिया गया।

लैन्सडोन छावनीमें पहुँचनेपर अड्जुटेन्टने पूछा—"हमें उम्मीद है चन्द्रसिंह, अच्छी तरह पास करके आया होगा।"

चन्द्रसिंहने नम्रतापूर्वक जवाब दिया—"हुजूर, जो कुछ सीखा है, वह आपके सामने आ जायगा।"

सात दिन बाद चन्द्रसिंह भण्डारी का प्रमाणपत्र आया, जिसमें पचमढ़ी सैनिक स्कूलमें डी० जी०—डिस्टिंक्ट गुड (बहुत अच्छा) लिखा हुआ था। इस प्रमाण-पत्रको देखकर मुख्य कमांडिङ्ग आफिसर बहुत खुश हुये। उसी दिन उन्होंने हुकुम सुनाया, कि चन्द्रसिंहको फिर पचमढ़ी सैनिक स्कूलमें शिक्षकके तौरपर भेजा जायगा। दो महीने तक वह अपनी छावनीके शिक्षकों (इन्सट्रक्टरों) को शिक्षा देते रहे। इसके बाद उन्हें हवलदार बनाकर पचमढ़ी भेज दिया गया।

अब वह खुद शिक्षक थे। सिखानेके लिए उन्हें सिक्खोंकी पंजाबी टोली दी गई थी। उन्होंने बड़ी तत्परतासे अपने शिष्योंको सभी बातें सिखलाईं। परीक्षा लेनेपर सारी टोली द्वितीय श्रेणीमें पास हो गई, और सिपाही अपनी-अपनी पलटनोंमें चले गये। अब दूसरी टोलियाँ सीखनेके लिए आईं। चन्द्रसिंहके कामसे उनके अफसर बहुत खुश थे। यह देखकर उनका मुखिया जमादार उनसे नाराज था। एक बार इंसट्रक्टर-जेनरल देखनेके लिए आया। चीफ-जमादारने गलत बात बता कर चंद्रसिंहसे

कहा कि तुम इसे जेनरल साहबके सामने दिखलाना। चंद्रसिंहको क्या पता था कि छल किया जा रहा है। उन्होंने वैसा ही दिखला दिया। जेनरल बहुत नाराज होकर चला गया तब चंद्रसिंहको अपनी गलती मालूम हुई। उन्होंने अपने कर्नलसे कहा कि हमारे जमादारने यही दिखलानेके लिए कहा था। दोनोंको बुलाया गया। जमादार-की चाल सिद्ध हुई। जहानखाँ पठानने गवाही दी, कि जमादारने ही यह बात सिख-लाई थी। जमादारको इस कसूरके लिए निकालकर उसकी पलटनमें भेज दिया गया। अबकी बार चंद्रसिंहकी टोलीके तीन आदमी फेल हो गये। इसका बड़ा दुःख हुआ, और उन्हें पचमढ़ीमें रहना बुरा लगने लगा। उन्होंने अपनी पलटनमें जानेके लिए प्रार्थना की। कर्नलने बहुत समझाया, लेकिन वह नहीं माने। तब कर्नलने कहा—"अच्छा तुम एक मासकी छुट्टी लेकर घर हो आओ।"

बाप-दादोंकी तरह हिन्दू-धर्मके देवी-देवताओंपर चन्द्रसिंहका पूरा विश्वास था। वह उत्तराखण्डके वासी थे, जहाँके केदारनाथ और बदरीनाथको सारे देशके हिन्दू सिर झुकाते, और बहुत कष्ट सहकर दर्शनके लिए पहुँचते हैं। पचमढ़ीमें उन्होंने देखा, कि वहाँ पूजा-प्रार्थनाके लिए मुसलामानोंके मस्जिद और सिक्खोंकी धर्म-शाला हैं, जहाँ जाकर लोग सत्संग करते हैं, सलाह-मशविरा करते हैं। लेकिन, हिन्दुओं के लिए कोई ऐसा स्थान नहीं है। चन्द्रसिंहको ख्याल आया, कि हिन्दुओंका भी कोई मन्दिर बनना चाहिये। देशके भिन्न-भिन्न स्थानोंसे बहुत से ओहदेदार वहाँ शिक्षाके लिये आया करते थे। चंद्रसिंह चन्दा जमा करनेके लिए तैयार हो गये। लोग बड़ी खुशीसे उसे देने भी लगे। फिर चन्द्रसिंहने अपने स्कूलके कमांडरके पास प्रार्थना की—"हुजूर, पचमढ़ीमें सिक्खों और मुसलमानोंके अपने-अपने पूजा-स्थान हैं, लेकिन हम हिन्दुओंका कुछ नहीं है। हमें अपने मन्दिरके लिये जमीन दी जाय!

कमांडिंग अफसरने खुशीसे दरख्वास्त पर सिफारिश करके जमीन देनेके लिए कमिश्नरके पास भेज दिया। मंजूरी आ गई। जमीनकी सीमाबन्दी भी होने लगी। चन्दा इकट्ठा करनेके बाद ही उन्हें घर जानेकी छुट्टी मिल गई। वह इस प्रसन्नताके साथ घर चले, क्योंकि उनके कामका भार उठाने वाले वहाँ दूसरे मौजूद थे।

घर आते वक्त इटारसीमें किसीने उनकी जेबसे ६० रुपये निकाल लिए। यही जमा पूँजी थी। दिल्ली तक किसी तरह भूखे-प्यासे पहुँच गये। वहाँ एक अपने मित्र हवलदारसे मिलने गये। उसे यह बात मालूम हो गई। खाना खिलाकर मित्र उनकी जेबमें बीस रुपये डालकर चला गया। सिपाही अशिक्षित और असंस्कृत समझे जाते हैं, लेकिन यदि शिक्षा और संस्कृतिसे सौजन्यका अटूट सम्बन्ध है, तो उसकी उनमें कमी नहीं होती। इसके अनेक उदाहरण चंद्रसिंहको अपने जीवनमें मिले, और उन्होंने भी दूसरोंको प्रति प्रदर्शित किया। परिवारमें आनेपर उन्हें और घरवालोंको

बड़ी प्रसन्नता हुई। छुट्टी पूरा करके वह अपनी छावनीमें चले गये, और वहाँ सिपाहियोंको मस्केटरी (राइफल चलाने) कोर्स सिखलाते रहे।

चन्द्रसिंहकी पलटन बसरामें तुर्कोंसे लड़ी। यह बतला चुके हैं, कि कई गढ़वाली पलटनोंसे एक-एक कम्पनी लेकर चतुर्थ रायल गढ़वाली राइफल नामकी सेना तैयार की गई, जिसमें चन्द्रसिंह भी थे। लड़ाई बन्द होते-होते तुर्की उद्धारक कमालपाशा ऊपर आ गया। उसने पददलित तुर्क जातिको फिरसे उठाना शुरू किया। अंग्रेज यह क्यों पसन्द करने लगे? उन्होंने जिन पलटनोंको कमालपाशाको दबानेके लिये भेजा था उनमें चंद्रसिंहकी पहलेवाली गढ़वाली पलटन भी थी। इस पलटनने इस्ताम्बुलकी लड़ाईमें भाग लिया था। दो साल बाद १६२० ई० में वह अपनी छावनी लैन्सडौन में आ गई।

लड़ाई १६१८ ई० में ही खतम हुई। हवलदारों, ओहदेदारोंको कहा गया, कि अगर रहना चाहते हो, तो साधारण सिपाहीकी तरह रह सकते हो। घरमें बेकार रहनेकी जगह सिपाही रहना भी उन्होंने पसन्द किया। चार साल तकके भरती हुये सिपाहियोंको चार महीनेकी तनखाह देकर बिदा कर दिया गया। १५ साल या अधिक-की नौकरीवालोंको पेन्शन मिली। फौजें जब तोड़ी जाने लगीं और ओहदेदारोंके ओहदे छीने जाने लगे, तो सारी पलटनमें खलबली मच गई। अंग्रेजोंके इस बर्तावसे सभी जल-भुन गये, और सचमुच ही अगर जरा भी प्रेरणा मिली होती, तो आग भड़क जाती। लोग कह रहे थे—"अगली बार जब बेटा, हाथ पसारेंगे तब हम मजा चखा देंगे।" कुछ लोग कह रहे थे—"सरकारने हमारी यह भी प्रार्थना नहीं मानी, कि कारखाने खोलकर उनमें हमें भरती कर दिया जाय।" लड़ाई लड़कर आनेके बाद लैन्सडौनमें १८०० गढ़वाली सिपाही थे, जो अब घटाकर ६०० कर दिये गये। वह क्यों न कहते—"अंग्रेज बड़े मतलब-परस्त हैं। जब इनको गरज थी, तो ५० रुपया आदमी पीछे इनाम देकर फुसला-फुसलाकर भरती करते रहे। अब जब उनका मतलब पूरा हो गया, तो सिपाहियोंको बेकार हो मरनेके लिए भेज दिया गया।"

२८ मार्चसे १ अप्रैल तक छावनीकी जिन बारकोंमें खूब चहल-पहल दिखाई पड़ती थी, अब सिपाहियोंके चले जानेसे वहाँ बिलकुल सन्नाटा छा गया था, न कोई आदमी था न आदमीका पूत। एक विचित्र उदासी देखनेमें आती थी।

अध्याय ६

असहयोगका जमाना (१९२१ ई०)

सिपाहियोंकी शिक्षा-दीक्षा पहलेसे कोई रहती नहीं। पलटनमें भरती होनेपर अंग्रेजोंकी यही कोशिश थी, कि वह आँख मूँदकर हमारी ताबेदारी करना सीखें। इससे आगे उन्हें किसी चीजके जाननेकी जरूरत नहीं। राजनीतिसे तो वह उन्हें बिलकुल कोरा रखना चाहते थे। चंद्रसिंहने यद्यपि जानने-सुननेके हरेक अवसरसे लाभ उठाया, पर विदेशी अंग्रेजोंकी ताबेदारीसे बढ़कर देशकी सेवा भी कोई चीज है, इसका उन्हें पता नहीं था। गढ़वाल-कुमाऊँमें बेगारके खिलाफ हुये आन्दोलन की हलकी सी स्मृति उनके दिमागपर रही। सन् १९१६ ई० में पंडित गोविन्द वल्लभ पन्त, पं० हरगोविंद पंत, पं० बदरीदत्त पांडे और दूसरे लोगोंने कुमाऊँ-परिषद्के नामसे एक राजनीतिक संस्था बनाई। परिषद्ने बेगार-प्रथाके उन्मूलनके लिये जबरदस्त आन्दोलन शुरू किया। लोगों के हृदय में सदियों से इसके खिलाफ मवाद जमा होता आया था। जब रास्ता बतलानेवाले और वाणी देनेवाले नेता खड़े हो गये, तो सभी जगह लोगोंमें जागृति आगई। परिषद्ने सरकारको नोटिस दे दी, कि दो सालके भीतर यदि कुली-बेगार प्रथा तथा जंगलात महकमेसे जो कष्ट लोगोंको मिल रहे हैं, नहीं हटाये गये, तो हम कानूनकी अवज्ञा करेंगे। १९२१ ई० में काशीपुर (नैनीताल) में एक सभा हुई, जिसने आन्दोलनके पथ-प्रदर्शनके लिए गांधीजीको लानेके वास्ते २५ आदमियोंका डेपुटेशन भेजा। यह लोग गांधीजीके पास नागपुर-कांग्रेसमें गये। वह स्वयं तो नहीं आ सके, लेकिन उन्होंने अपना आशीर्वाद भेजकर कहा, कि तुम अपने आन्दोलन को जारी रक्खो। इस सन्देशको लेकर पं० हरगोविन्द पंत, लाला चिरजीलाल, पं० बद्रीदत्त पांडे लौटे। बागेश्वर अल्मोड़ा जिलेमें एक बहुत पुराना तीर्थ है। उस समय १३ जनवरी (१९२१) को माघ संक्रान्ति उत्तरायणका बड़ा मेला था। वहाँ कुमाऊँ-कमिश्नरीकी भिन्न-भिन्न जगहोंसे बहुत से देशभक्त जमा हुये। बारह शंखोंको बजाकर उस दिन एक बड़ा जलूस निकाला गया। लाल ध्वजाके ऊपर सफेद अक्षरोंमें लिखा हुआ था—"कुली-बेगार मत दो।" वहीं गंगाजल लेकर ५००० कुमाऊनियोंने प्रतिज्ञा की, कि हम कुली-प्रथाके कलंकको नहीं बर्दाश्त करेंगे। इसका अफसरोंको पता था। उनको दबाने-डरानेकेलिए २१ अंग्रेज अफसर, ४० पुलिसवाले और बहुतसे दूसरे

राजकर्मचारी गोली-गट्ठेसे तैयार होकर गए थे। लेकिन, गोलियोंका चलाना उतना आसान नहीं था। जलियाँवालकी गोलीकांड करके अंग्रेजोंने देख लिया था, कि उसने देशमें आग लगानेमें कितना जबर्दस्त काम किया। सरकारी अफसर तमाशा देखते रहे, और लोग "महात्मा गांधीकी जयके" नारे लगाते अपनी सभा करते रहे। बद्रीदत्त पांडेने उस दिन बड़ा साहस दिखलाया। गोलियाँ चलानेकी इतनी तैयारी थी, उस समय वह छाती तानकर जलूसके आगे-आगे चल रहे थे। तबसे लोग उन्हें कुमाऊँ-केसरी कहने लगे।

सहारनपुरमें दो बूढ़े देशभक्तोंपर चंद्रसिंहको तैनात किया गया था, उस समय उन्हें कुछ राजनीतिकी बातें सुननेको मिली थीं। उसी समय बूढ़ोंने यह भी बतलाया, कि अमेरिका और कहाँ-कहाँसे भारतीय अपने देशको अंग्रेजोंके हाथसे मुक्त करानेके लिए आये थे। उन्होंने कुछ पलटनोंको भी अपनी ओर खींचनेमें सफलता पाई थी, पर समयसे पहले भेद खुल गया। बहुत लोग पकड़े गये, सौके करीब देशभक्त हँसते-हँसते फाँसीके तख्तेपर झूल गये।

१९१९ से १९२१ ई० तक भारतमें अब षड्यन्त्र नहीं, बल्कि अंग्रेजोंके हाथ से स्वतंत्र होनेका खुल्लमखुल्ला प्रचार हो रहा था। जलियाँवाला काण्ड १९१९ ई० में हो चुका था। १९२१ ई० में चौरीचौरा-काण्डसे डरकर गांधीजीने सत्याग्रहको स्थगित कर दिया था। इन्हीं सालोंमें अंग्रेजोंके तुर्कीको खंड-खंड करके अपाहिज करने तथा सुलतानको खलीफा-पदपर फिर स्थापित करनेके वास्ते मुसलमानोंमें खिलाफ़त-का आन्दोलन था, अंग्रेजी-राज्यके अत्याचारों के प्रति अपना क्षोभ दिखलानेके लिये हिजरत (देशत्याग) आन्दोलन भी चल रहा था। बहुत से लोग देश (अंग्रेजी-राज्य) छोड़कर काबुलकी तरफ चले गये थे। यह आन्दोलन देशमें जैसे व्यापक रूपसे फैला हुआ था, उस तरहकी कोई बात हिन्दुस्तानी पलटनोंकी छावनियोंमें नहीं देखी जाती थी। सैनिकोंको ऐसी बातोंसे अछूता रखनेके लिये अंग्रेजोंने काफ़ी इन्तजाम कर रक्खा था।

१९२० में जिस समय पलटनें धड़ाधड़ तोड़ी जा रही थीं, और सिपाही घरोंमें भेजे जा रहे थे, उसी समय गढ़वालमें भीषण अकाल पड़ा। लोग अपनी जमीनें बेचकर खा गये। कितने ही अपने दुधमुँहे बच्चोंको भी छोड़कर जहाँ-तहाँ भागनेके लिये मजबूर हुये। इस समय अकाल-पीड़ितोंकी सेवाके लिए आर्य-समाजने बड़ी सेवा की थी। इन पंक्तियोंके लेखकके दो मित्र श्री बलदेव चौबे और श्री कनकदंडी सोमयाजुलु अकालमें सेवा करनेके लिए लाहौरसे गढ़वाल पहुँचे थे। यह दोनों तरुण उस समय लाहौरके डी० ए० वी० कालेजके छात्र थे। श्री बलदेव चौबे आजीवन देशकी सेवा

करते रहे, और स्वामी सत्यानन्दके नामसे अभी पिछले ही साल उनका देहान्त हुआ। सोमयाजुलू स्वामी प्रणवानन्दके नामसे विख्यात कैलाश मानसरोवरके पर्यटक हैं। सेवाके लिए देश जग गया था, लेकिन जितनी बड़ी संख्यामें लोग भूखों मर रहे थे, उन सबको कहाँसे इतनी सहायता पहुँचाई जा सकती थी। गढ़वाल तो साधारण सालोंमें भी अपने खाने भरके लिए अनाज नहीं पैदा कर पाता और बदरी-केदारके यात्रियोंके लिए बहुत भारी परिमाणमें अनाज नीचेसे मँगाता है। गढ़वाल आज स्वतन्त्रताके बाद भी एक दरिद्र भूभाग है। आबाद होने लायक सारी जमीनको छोटे-छोटे कोलोंमें परिणत कर दिया गया। किसी सड़कसे चले जाइये, नीचेसे ऊपर तक पहाड़ खेतोंकी सीढ़ियोंसे ढँका मिलेगा। खेतोंको बनानेके लिए लोगोंने जंगलोंका संहार कर दिया, लेकिन तो भी वह खाने भरके लिए अनाज नहीं पैदा कर सके। कभी अतिवृष्टि होती है, और खेतोंको लिये-दिये पहाड़ नीचे खिसक जाते हैं; कभी सूखा पड़ जाता है, जिसके कारण खेतोंसे एक छटाँक भी अनाज नहीं मिलता। कभी करोड़ोंकी तादादमें टिड्डियाँ आकर हरेक खेतोंको सफाचट कर जाती हैं। सुभिक्ष हो तब भी गढ़वाल दरिद्रतासे मुक्त नहीं होता, यदि उसे सिर्फ खेतीपर निर्भर रहना है लेकिन, गढ़वाल प्रकृतिकी तरफसे इतना दरिद्र नहीं है। यहाँ ताँबे आदिकी खानें है, तरह-तरहकी जड़ी-बूटियाँ हैं। अच्छे किसिमके फल बड़े भारी परिमाणमें उपजाये जा सकते हैं, और यहाँकी हरेक नदी लाखों किलोवाट बिजली दे सकती है।

जिस साल भीषण अकाल हुआ था, उसी साल हैजा, प्लेग, मलेरियाने भी फैलकर भीषण नर-संहार किया था। पलटनोंसे निकाले जाकर थोड़ेसे रुपये एक जोड़ा जाँघिया, एक जोड़ा बूट, कुछ और कपड़े लेकर सिपाही घर पहुँचे थे। कितनोंने हाथमें रुपये आनेपर सोचा, चलो बीबीके लिए दो तोलेका कोई जेवर ही बना लें, सोना किसी वक्त काम आयेगा। उस समय सोना २८ रुपया तोला था। लड़ाईमें नोट बहुत चले थे, लेकिन सिपाही उन्हें शंकाकी दृष्टिसे देखते थे। उन्होंने अपने नोटोंको १२ आना-१४ आनेकी दरसे चाँदीके रुपये भुना लिए थे। घरपर आते ही वह अपने साथ लाये हुये रुपयोंको निश्चित होकर खा भी तो नहीं सकते थे। पुरोहितोंको दान-दक्षिणा देना जरूरी था। थोकदार टीका-भेंट माँग रहे थे। पटवारी और देहातके दूसरे सरकारी नौकर, और नहीं तो सिपाहीके बूटपर ही नजर गड़ाये हुए थे। उस समय गाँवोंमें पटवारियों, जंगलके गारदों, गाँवोंके प्रधानोंके पैरोंमें फौजी बूट देखे जा सकते थे। इनके अलावा छोटी जातवाले भी ठाकुरसे कुछ चीथड़े ही पानेकी आशा लगाये हुये थे। इन सब चोथोंसे बचना मुश्किल था। अगर कुछ पैसे बच गये, तो रुपयेका सेर भर चावल, दो सेर चना मिलता था, जिसे भी ३०-३० मील चलकर दुगड्डा और रामनगरसे लाना पड़ता था। सिपाहीकी वर्दी और रुपयोंके हवा होते देर

नहीं लगी। सोनेके नत्थको भी आधे दामपर बेचकर खा जाना पड़ा। लोगोंने लड़ाईमें मिले अपने तमगोंको एक-एक रुपयेमें बेच दिया। जब कोई अवलम्ब नहीं रहा, तो सिपाही अपने देखे हुए स्थानोंको भाग गये। कोई क्वेटा गया, कोई कराची, और कोई और किसी जगह।

प्रथम विश्व-युद्धमें फ्रांसके युद्धमें १३००० गढ़वाली बलि चढ़े थे, जिसका पारितोषिक उन्हें दो विक्टोरिया क्रासों और फर्वरी १९२१ में गढ़वाली राइफलको रायल गढ़वाली राइफल बना देनेके रूपमें मिला था। गढ़वालमें यातायात अभी भी पुराने ढंगके थे। पगडंडियाँ जो सतयुगमें काम देती थीं, वही अब भी चल रही थीं। सिर्फ बदरी-केदारके यात्रियोंके लिए खच्चरोंके चलने लायक सड़क और पुल या लोहे के झूले बना दिये गए थे। लोगोंने सड़कोंके बनानेके लिए सरकारसे प्रार्थना की। कुछ जगह उनके लिए नापी भी गई। सड़कोंका बनना वैसे ही खटाईमें पड़ा रहा, पर सरकारने उसके बहाने मालगुजारीमें एक रुपयेपर पाँच आना बढ़ा दिया।

अधिकांश गढ़वाली सिपाहियोंको तो भुखमरीकी बलि होनेके लिए पलटनसे निकाल दिया गया था, लेकिन ओहदेदारोंको सिपाही बनाकर रखनेकी इच्छा अंग्रेजोंने प्रकट की थी। ओहदा पानेके लिए सिपाहियोंको कितनी मेहनत करनी पड़ी थी। चन्द्रसिंह ऐसे ही हवलदार नहीं बन गये थे। रात-दिन फौजी किताबें पढ़ते, हर तरह की शिक्षा लेकर इम्तहान देते, कई सौ रंगरूटोंको कवायद-परेड सिखाकर लड़ाईमें भेजते रहे। यह सब करनेके बाद जिस दिन हुकुम आया, कि अब तुम हवलदार नहीं सिपाही हो गये, तो चन्द्रसिंह भी दूसरे ओहदेदारोंकी तरह बदहवास हो गये। अपनी वर्दीसे हवलदारीके बिल्लोंको निकालकर उनमेंसे एकको वह कमांडिङ्ग अफसर के दफ्तरके दरवाजे पर काँटीसे ठोंक आये, दूसरे को सूबेदार-मेजरके दरवाजेपर उनके सामने ही गाड़ दिया, तीसरे बिल्लेको अँगीठीमें जला दिया। कवायद-परेड करनेसे बिल्कुल इन्कार कर दिया। चन्द्रसिंहके साथ और हवलदार भी थे। उनके साथ भी यही बीती थी, लेकिन वह ऐसी मनोवृत्ति दिखानेके लिए तैयार नहीं थे। चन्द्रसिंहने हाजिरीके समय अपना नाम काटनेके लिए आग्रह किया। अभी तो नाम कटा नहीं था, इसलिए फौजी कायदे कानूनके खिलाफ कैसे जा सकते थे ? उन्हें कम्पनी-कमांडर के सामने पेश किया गया। कमांडरने बहुत तरहसे समझाने की कोशिश की, लेकिन चन्द्रसिंह कुछ भी सुननेके लिए तैयार नहीं थे। उसने इन्हें कमांडिङ्ग अफसरके सामने पेश किया। कमांडिङ्ग अफसरने भी बहुत समझाने-बुझानेकी कोशिश की, लेकिन चन्द्रसिंहको कोई बात पसन्द नहीं आई। इसपर उसने कम्पनी कमांडरको हुकुम दिया, कि चन्द्रसिंहका दिमाग खराब हो गया है, इसे एक महीनेकी छुट्टी दे दी जाय। चन्द्रसिंहका दिमाग खराब नहीं हुआ था। वह अन्तमें यही माँग रहे थे, कि देहरादून-

में जो फौजी मोटर कम्पनी खुली है, उसीमें मुझे भी भेज दिया जाय। वह छुट्टी जानेके लिए तैयार नहीं थे। सबके समझाने-बुझानेसे बढ़कर मेजर फाक्सके इस वादेको उन्होंने मान लिया, कि थोड़े दिनों बाद वह उसी नम्बर पर चन्द्रसिंहको हवलदार बना देंगे। छुट्टी पर जाना उन्होंने मंजूर कर लिया।

इसी समय चन्द्रसिंहने सुना, महात्मा गांधी देहरादून आ रहे हैं। उन्होंने सोचा—"चलो छुट्टी तो मिल ही गई है, क्यों न महात्माजीका दर्शन भी कर लूँ।" दर्शन करनेके पीछे उनका अपना भी एक स्वार्थ काम कर रहा था। उन्होंने सुन रक्खा था, कि अंग्रेजोंके खिलाफ महात्माजी लड़ाई छेड़ रहे हैं, उनके पास बड़ी फौज है। सोचा मतलब-परस्त अंग्रेजोंकी फौजमें तो इतने दिनों तक रहकर देख लिया, चलें गांधीजी की फौजमें भरती हो जायँ। लैन्सडौनसे छुट्टी मिली थी घर जानेके लिए, लेकिन वह चल पड़े देहरादूनकी ओर। रुड़कीमें पता लगा, कि गांधीजी तो दिल्लीमें हैं। दिल्लीमें मालूम हुआ, वह वहाँसे चले गये। फिर पता लगा जगाधरी (अम्बाला) में एक बहुत बड़ा जलसा हो रहा है, जिसमें देशके बड़े-बड़े लीडर आ रहे हैं। उन्होंने दिल्लीसे जगाधरीका टिकट कटाया। जिस दिन वह वहाँ पहुँचे, उसी दिन जलसा होने वाला था। चन्द्रसिंहको गांधीजी की पलटनमें भरती होना था। यदि गांधीजी वहाँ नहीं हैं, तो और उनके बड़े-बड़े जेनरल होंगे, यह सोचकर उन्होंने एक दरख्वास्त लिखी और एक खद्दर पहने हुये भद्रपुरुषको उसे देकर कहा, कि इसे सबसे बड़े नेताके पास पहुँचा दें। खद्दरधारी पुरुषने पूछा—"तुम उनसे मिलकर क्या करोगे?"

"मैं गांधीजी की पलटनमें भरती होना चाहता हूँ।"

सज्जन वहाँ बैठनेके लिए कहकर दरख्वास्त लेकर चले गये।

चन्द्रसिंह समझ रहे थे, कि मैंने अंग्रेजोंकी पलटनमें लड़ाईकी कितनी ही बातें सीखी हैं। फ्रांस और मसोपोतामियाकी लड़ाइयोंमें भाग ले चुका हूँ। ऐसे तजर्बेकार सैनिककी गांधीजीकी पलटनके लिए भी जरूरत हो सकती है। जिस सफलताके साथ मैंने अपनी हरेक जिम्मेवारीको निबाहा है, उससे मुझे भरती करनेमें कोई उजुर नहीं हो सकता।

जगाधरीके उस जलसे में बाहरसे तीन बड़े-बड़े नेता आये थे, जिनमें एक पं० मोतीलाल नेहरू भी थे। उस समय उन्हें नहीं मालूम हो सका, कि वह नेता कौन थे, पर पीछे तसवीर देखनेसे वह समझ गये, कि यह पं० मोतीलालजी थे। मोतीलाल जी ने चन्द्रसिंहको बुलाकर बातें पूछीं। गांधीजीकी पलटनमें भरती होनेका अर्थ तो यह यही लगाया जाता था, कि अब वह देशसेवा करनेका व्रत ले रहा है। सब कुछ सुनकर मोतीलालजीने कहा—"पहले तुम अपनी पलटनसे नाम कटा आओ, फिर कांग्रेसमें भरती कर लिया जायगा। यदि इस समय तुम भरती होगे, तो सरकार तुम्हें सख्त सजा देगी।"

चन्द्रसिंहको बड़ी निराशा हुई, लेकिन पं० मोतीलालजीकी बात बिल्कुल बेकार नहीं थी। वह जगाधरीसे घर चले आये। एक महीनेसे कुछ अधिक गुजरे थे, कि पलटनसे हुकुम आया, कि जल्दी छावनीमें हाजिर हो जाओ। तुम्हें ड्रिल (कवायद) नायक बना सी० कम्पनीसे बी० कम्पनीमें बदल दिया गया है।

सितम्बर १९२० में १०।१८ रायल गढ़वाली राइफल खड़ी की गई। इसमें शामिल होनेके लिए वह सभी रंगरूट चले गये, जिनके चन्द्रसिंह ड्रिल-नायक बनाये गये थे। उनकी नायकी खतम हो गई, लेकिन सभी अफसर उनकी योग्यताकी कदर करते थे। इसलिये अगले महीने उन्हें पक्का नायक बना दिया। इसी समय सैनिकोंकी एक टुकड़ी सीमान्त प्रदेशके वजीरिस्तान इलाकेमें जानेवाली थी। उसके लिए ओहदेदारों की सूची बन रही थी। अंग्रेज अफसरोंका ध्यान सबसे पहले चन्द्रसिंहकी ओर गया। इसपर सूबेदार-मेजरने कहा—"चन्द्रसिंहका परिवार यहाँ आ गया है, वह वजीरिस्तान तभी जा सकता है, जबकि अपने बालबच्चोंको घर भेज दे।" कमांडिङ्ग अफ़सरने १५ दिनकी छुट्टी दी, और चन्द्रसिंह अपनी पत्नी—हवलदारकी लड़की नवीना (गौरी) को लेकर घर चले गये।

वर्षाके दिन थे। छोटे-छोटे पहाड़ी नाले भी भयंकर नदीका रूप धारण किये हुए थे। नवीनाके पैर भारी थे। रास्ता बिल्कुल टूटा-फूटा था। बीस मील चलकर वह सङ्गलकोटमें पहुँचे। गाँवके नीचेके नालेपर का पुल टूट गया था। लोगोंने आर-पार होनेके लिए रस्सीका पुल बना दिया था, जिसके नीचे भीमाकार नदी बह रही थी। काली-काली मिट्टीसे रंगा पानी बड़ा भयङ्कर मालूम होता था। दोनों पति-पत्नी झूलेके पास पहुँचे। देखा झूला ठीकसे खड़ा भी नहीं है, वह एक तरफ टेढ़ा हो गया है। झूलेपर पैर रखकर आगे बढ़ना बहुत खतरेकी बात थी। लेकिन, दूसरा चारा क्या था? क्या बीस मील पीछे लौटकर वह फिर छावनी जाते? उन्हें वजीरिस्तानकी लड़ाईमें जाना था। नवीनाको छावनीमें रखकर वह कैसे लामपर जा सकते थे।

सब सोचकर आखिर उनके पहाड़ीपनने जोश मारा। झोला-कपड़ा-लत्ता पीठमें बाँधे वह झूलेपर हिलते-डोलते उसपार चले गये। सामान रखकर वह फिर लौट आये। नवीना ऐसे झूलेपर चलनेकी हिम्मत नहीं रखती थी। चन्द्रसिंहने उसे अपनी पीठपर बैठाकर धोतीसे खूब बाँध लिया फिर झूले पर चढ़कर आगे बढ़े। बीचोबीच पहुँचने पर झूला दाहिनी ओर टेढ़ा हो गया और उनका हाथ रस्सीसे खिसकने लगा। इस भयङ्कर स्थितिको देखकर नवीना चिल्लाने लगी—"मुझे छोड़ दो, तुम अपनी जान बचाओ।" चन्द्रसिंहमें सोचने-समझनेकी अब ताकत नहीं थी। उन्होंने आँखें बन्द कर लीं और झूले में मढ़ी एक लकड़ीके ऊपर चिड़ियाकी तरह

बैठ गये। दिमागी परेशानी ही नहीं, बल्कि शरीरसे भी वह बेदम हो गए थे। थोड़ी देर सुस्तानेके बाद उन्होंने फिर आगे चलनेका साहस किया। नवीना बराबर रोकती रही, लेकिन नदीके बीचोबीच हिलते हुए रस्सीके झूलेपर वह कितनी देर तक खड़े रहते। जितना ही पीछे आनेमें खतरा था, उतना ही आगे बढ़नेमें था। रस्सियोंको हाथसे पकड़े चिपके हुए वह किसी तरह परले पार चले गए। धोती खोलकर नवीना को धरती पर उतारा और अब दोनों ही बेहोश होकर वहाँ पड़े रहे। मौतके मुँहमें वह सीधे चले गये थे, इसमें कोई सन्देह नहीं।

उस रात दोनोंने जुनीसेरामें मुकाम किया। चन्द्रसिंह नवीनाको अपने घर नहीं ले जाना चाहते थे, क्योंकि बाप इस ब्याहसे सख्त नाराज थे। लेकिन, नवीनाने हठ ठान दी—कि रौणुसेरा ही चलूँगी। चन्द्रसिंहने बहुत ना-ना किया, लेकिन आखिरमें पत्नीकी बात माननी पड़ी। दोनों मौसो पहुँचे। जाथलीसिंह ओसारेमें बैठे हुक्का पी रहे थे। बेटेने जाकर चरण छूआ। पिताने आशीर्वाद दिया। नवीनाने जब पैर छूये, तो उन्होंने कहा—"हटो, तुम कौन हो?" और वह वहाँसे उठकर गाँवके दूसरे घरमें चले गये। रातको कई बार बुलाया, लेकिन वह घर नहीं आये। बोले—"जब तक चन्द्रसिंहकी स्त्री घर पर है, तब तक मैं उस घरका अन्न-जल नहीं ग्रहण करूँगा। वह हमारी बहू नहीं है। चन्द्रसिंहने अपनी खुशीसे उसे घरमें ला रक्खा है। हम इसके लिये बिल्कुल राजी नहीं हैं।"

लेकिन, माँका हृदय माँकाही हृदय होता है। उसने अपने बेटे और बहूको बड़े प्रेम से आशीर्वाद दिया। नवीनाके घर आनेकी बड़ी खुशी मनाई। बापके इस असहयोगको देखकर चन्द्रसिंने वहाँ ठहरना अच्छा नहीं समझा। अगले दिन वह पत्नीको ससुराल पहुँचानेके लिए चले। माँने बहुत आग्रह किया, कि खाना खाकर जाओ, बापकी बातका ख्याल न करो, लेकिन चन्द्रसिंहने माँके पैर छूये, और वह पत्नीको लेकर चल दिया। नवीना अब भी कह रही थी—"माँकी बात मान जाओ, खाना खाकर चलेंगे।" चन्द्रसिंहने रुखाईसे जवाब दिया—"तुम खाना खाते रहना, मैं तो चला।"

रास्ते भर नव-दम्पतीकी आपसमें कहा-सुनी होती रही। नवीना कहती रही—"जो अपनी माँकी बात नहीं मानता, वह दूसरेकी क्या सुनेगा?" चन्द्रसिंह नवीनाको उसके मायकेमें छोड़कर अपने घर लौट आये। पिता सब कुछ भूल गये थे, और उन्होंने पलटनमें जानेके लिए चन्द्रसिंहको बहुत खुशीसे बिदाई दी।

नवम्बर १९२० की किसी तारीखको दो सरदार, एक सिपाही, और १५ हवलदारोंकी एक एडवान्स टोली लैन्सडौनसे वजीरिस्तानके लिये रवाना हुई। यह लोग लाहौर होते कालाबागके रास्ते लधा कैम्पमें पहुँच गये, वहाँ वह २३ वीं राजपूत बटालियनके राशन और अनुशासनमें सम्मिलित हो गये।

अध्याय १०

पश्चिमोत्तर सीमान्तमें (दिसम्बर १९२१-१९२३ ई०)

अभी चन्द्रसिंहकी अपनी बटालियन नहीं आई थी, इसलिए वह राजपूत बटालियन में शामिल थे। उनकी बटालियन इसी पलटनके बदलेमें आनेवाली थी। यह एक नया क्षेत्र था, यहाँ के काम भी नये थे। ओहदेदारोंको पहले आकर सब बातोंको सीखना था, कैसे कान्वाय (फौजी रसदका काफिला), डे-पिकेट (दिनका पहरा), परमानेन्ट पिकेट (स्थायी पहरा) आदिकी ड्यूटी करनी होती है। देख-सीखकर चन्द्रसिंह सब बातोंको नोट करते रहे। वजीरिस्तान सीमान्तका एक ऐसा इलाका था, जहाँ मालूम नहीं पड़ता था, कि कब शान्ति है और कब युद्ध। सैनिकोंको वहाँ बराबर तैयार रहना पड़ता था। यहाँके लिए जो कान्वाय आदि तरीके अख्तियार किये जाते थे, उनका विवरण यहाँ देना अनावश्यक नहीं होगा।

कान्वाय—यह फौजी ढंगका काफिला, अर्थात् पड़ावसे पलटनके आने-जाने, रसद, गोला-बारूद, खजाने आदिको मोटरों या ऊँट पर एक कैम्पसे दूसरे कैम्प भेजे जाते थे, इसीको कान्वाय कहते हैं। यदि बिना तैयारीके कान्वाय भेजी जाती, तो रास्तेमें पठान उसे लूट लेते। इसीलिये रास्तेके दोनों तरफ सैनिकोंका पहरा लगाना पड़ता। चन्द्रसिंहके लधा कैम्पमें पहुँचनेसे कुछ ही दिन पहले लधा और जवारकिलेके बीच मसूदोंने ३०० ऊँटों और उनके सामानको लूट लिया था, मोटरके कुछ ड्राइवरोंको जानसे मारकर कितनोंको पकड़ ले गये थे। पठान किसीको मारते, तो उसके कपड़े-लत्ते छीन ले जाते। यह यात्रा सबेरेके वक्त पहाड़ोंके ऊपर होती। पहाड़पर सुरक्षित पहुँचनेकी सूचना ओ० के० (सब ठीक) की भण्डीसे दी जाती है। इस तरह सारा कान्वाय एक इलाकेसे दूसरे इलाकेमें जाता। दिनमें जो पहरेदारी होती है, इसलिये इसे डे-पिकेट कहते। जब सारे रास्तेमें पहली कान्वाय सुरक्षित कैम्पमें पहुँच जाती है, तब दूसरी कान्वाय कूच करती। कान्वायके निकल जानेपर डे-पिकेटके जवान दौड़ते हुये अपनी चौकीपर पहुँच जाते हैं। इन जवानोंको दिन भरका राशन और पानी लेकर जाना पड़ता है। शामको ही रोटी पकाकर सिपाहियोंको बाँट दी जाती, उसीको वह अगले दिन कान्वायके साथ ड्यूटी बजाते वक्त खाते।

परमानेन्ट पिकेट (स्थायी गुल्म)—कान्वाय चलनेकी सड़कके दाहिने-बाँयेकी पहाड़ियोंके ऊपर पत्थरोंको जोड़कर अस्थायी मोर्चे (संगड़) बनाये जाते। संगड़के भीतर सिपाहियोंके रहनेके लिये एक छोलदारी होती। छोलदारीको बाहरसे घेरे चार-साढ़े-चार फीट ऊँची पत्थरोंकी दीवाल रहती। आवश्यकता पड़नेपर दीवालके पीछे छिपकर सिपाही दुश्मनपर गोली चलाते। छोलदारीके अन्दर २४ घंटे तक लड़नेके लिये पिस्तौल, गोली-बारूद, बम, राशन-पानी और एक रसोईघर रहता। वहीं किनारे-पर पाखानेके लिये भी जगह बनी रहती। टेलीफोन भी खबर देनेके लिये रहता, दिनमें शीशे और रातको लालटेनसे सूचना भेजी जाती। वहाँ सिगनल देनेके लिये जो सिपाही रहता, उसका काम था हर आध घंटेपर कैम्पको ओ० के० की सूचना देते रहना। हरेक संगड़वाले अपने आस-पासके पिकेटोंको भी सूचना भेजते रहते। संगड़के बाहर चारों ओर काँटेदार तार लगे रहते। यह स्थायी प्रबन्ध था, इसीलिये ऐसे पिकेटको परमानेन्ट पिकेट कहते। परमानेन्ट पिकेटमें १२ से ३० तक सैनिक रहते, जो एक महीने तक वहाँ ड्यूटी देकर बदल जाते। बदली करानेवाले नये जवान डे-पिकेटके साथ वहाँ पहुँचते। ये भी अपने साथ एक महीनेका राशन लेकर आते। पीनेका पानी रोज खच्चरोंपर भेजा जाता। खच्चर लानेवाले स्थानीय पठान होते, जो पलटनके नौकर से थे और उन्हें इसके लिये ३०-३० रुपया माहवार तनखाह मिलती। इनके आपसमें ही सूबेदार, जमादार, हवलदार भी होते।

चन्द्रसिंह और उनके साथियों ने पहले जाकर वहाँकी सारी बातें जान-सुन लीं। इसके अतिरिक्त वहाँका नक्शा देखा था—पहाड-गाँव-नाले कौन कहाँ हैं।

२१ फर्वरी १९२२ को चन्द्रसिंहकी बटालियन डेरा इस्माइलखाँके रास्ते २३ वीं राजपूत पलटनको बदलनेके लिये लघा कैम्पमें पहुँची। पलटनके आते ही पहलेसे आये ओहदेदारोंने अपनी-अपनी कम्पनियोंकी सारी ड्यूटी बतलाई, वहाँके कायदे-कानून समझाये। ओहदेदारोंने अपने अफसरोंको वहाँके नक्शे और जमीनकी बाबत सारी सूचना दी।

चन्द्रसिंहने आठ महीने लघा कैम्पमें बिताये। जून १९२२ को वह ढाई महीनेकी छुट्टी लेकर घर आये। कोटद्वार पहुँचनेपर उन्हें १०४ डिग्रीका बुखार आ गया। जैसे-तैसे लैन्सडौन छावनीमें पहुँच पन्द्रह दिन तक वहाँ अस्पतालमें पड़े रहे। फिर घर गये। परिवारसे मिलकर उनको बड़ा आनन्द आया।

छुट्टियाँ खतम करके वह फिर लघा कैम्पमें पहुँच गये और यहीं लेन्स-हवलदारीका इम्तहान पास किया। उनकी योग्यतासे प्रसन्न होकर अफसरोंने २८ नायकोंको पीछे छोड़ उन्हें नवम्बर १९२२ में लेन्स-हवलदार बना दिया गया।

जनवरी १९२३ में वह उसी कैम्पसे सम्बन्ध रखनेवाले बाखवोनके परमानेन्ट पिकेटपर ड्यूटी दे रहे थे। उनके नीचे एक लेन्सनायक, एक सिगनेलर, १२ सिपाही

कुल १८ जवान थे। एक दिन दिनके १० बजे उनके पास टेलीफोन आया, कि जिस वक्त गोलीसे लाल रोशनी छूटती दीखे, तुम सब लोग पासके किसी स्थानपर निशाना लगाकर बन्दूक दागने लगना। जब हरी रोशनी दिखाई जाय, तो दागना बन्द कर देना। कान्वाय नीचे या ऊपर अपने-अपने कैम्पोंमें चली गई। दो या ढाई बजेका समय था, उसी समय सामनेकी पहाड़ीकी चोटीपरसे परमानेन्ट पिकेटने गोली दागकर लाल रोशनी दिखलाई। चन्द्रसिंहके साथी पहलेसे तैयार थे। दे-पिकेट भी अपनी-अपनी जगहपर तैयार थे। लाल रोशनीके दगते ही सबने अपनी-अपनी जगहसे बन्दूक दागना शुरू कर दिया। इसी समय पियाजा-कैम्पसे दो मोटरें नीचेकी सड़कसे गुजरीं। उनके ऊपर हरे झण्डे फहरा रहे थे। बंदूककी गोलियाँ चल रही थीं। उनका साथ मशीनगनोंने भी दिया। जब मोटर लधा कैम्पमें पहुँच गई, तो ऊँची पहाड़ीपरसे गोलियोंने हरे रंगका संकेत दिया। सबने गोलीबारी बन्द कर दी। उसी रात दुबारा फिर फैर कराई गई।

ऐसा क्यों किया गया, इसका पता चन्द्रसिंहको नहीं था। दूसरे दिन सबेरे कम्पनी कमाण्डर कप्तान पाल पिकेटोंका निरीक्षण करनेके लिये आया। चन्द्रसिंहने कप्तानके लिये चाय-पानीका बन्दोबस्त किया। बातोंबातमें उन्होंने पूछ दिया—"हुजूर, कल जो हम लोगोंसे फायर कराये गये, सो किसलिए?"

कप्तानने हँसकर कहा—"सुनो, आजकल हिन्दुस्तानमें एक कांग्रेस पार्टी है, जो सरकार-बहादुरसे बगावत करती रहती है। उस पार्टीमें हिन्दुस्तानके बड़े-बड़े पेटवाले लोग हैं। वह सरकारसे लड़कर अपना पेट भरना चाहते हैं। इन लोगोंको शिमलामें वायसरायकी कौंसिलमें बैठनेकी जगह दी गई है। वह लोग अपनी बातें वहाँ सरकारके सामने कह सकते हैं। उन्होंने हल्ला मचाना शुरू किया, कि इतनी पलटनकी जरूरत नहीं है, पलटनपर बहुत खर्च आता है। सिपाहियोंको नाम काटकर उन्हें घर भेज देना चाहिये। वजीरिस्तानमें पलटनोंपर इतना अधिक रुपया बेकार खर्च हो रहा है। फ्रान्टियरमें सिपाहीको इतना राशन-भत्ता जो दिया जाता है, उसे बन्द कर देना चाहिये। हमारी सरकार कहती है, कि अगर फ्रान्टियरसे पलटनें हटा ली जायँ, तो पठान लोग हिन्दुस्तानपर हमला कर देंगे, देशको लूट लेंगे।"

कप्तान पालने आगे फिर कहा—"ये मोटे पेटवाले बड़े-बड़े बनिये हैं, जो वायसरायकी कौंसिलमें जाकर नाहक हल्ला मचाते हैं। उन्हें क्या मालूम है, कि पठानोंके मुल्कमें सिपाहियोंको कितनी तकलीफें उठानी पड़ती हैं, कितना खतरेका सामना करना पड़ता है। इसीको दिखलानेके लिये सरकारने कुछ मोटे पेटवालोंको यहाँ भेजा, और कहा, कि तुम जाकर स्वयं देख सकते हो, कि वहाँ हमारी फौजोंको कितनी मुसीबतोंका सामना करना पड़ता है। कल जो हरे झण्डेवाली मोटर यहाँसे निकली थी, उसमें

वायसरायकी एसेम्बलीके वही चिल्लानेवाले दो मेम्बर थे। लेकिन, वह हमसे भी चालाक निकले।"

चन्द्रसिंहने पूछा—"उन्होंने क्या चालाकी की ?"

—"जेनरल साहबने उन्हें यह दिखलाना चाहा था, कि फ्रान्टियरमें हमेशा पठानोंसे लड़ाई होती रहती है, और हर वक्त हमारी फौजको चौकन्ना रहकर उनका मुकाबला करना पड़ता है। इसीलिये इतनी देर तक गोलियोंकी वर्षा की जाती रही। रात भर हमारे बड़े-बड़े अफसरोंसे वह यहाँकी हालतपर बात करते कहते रहे, कि सचमुच यहाँ पलटनको बहुत तकलीफ उठाकर अपनी ड्यूटी पूरी करनी पड़ती है। आज सुबह आफिसमें आकर उन्होंने जेनरल साहबसे पूछा—'क्या सचमुच यहाँ रोज ही दिनमें दो बार फौजों और पठानोंमें मुठभेड़ हुआ करती है ?'

"जेनरल साहबने कहा—'क्या करें, करना ही पड़ता है। हम लोग बहुत परेशान हैं। फौजी नौकरीमें हमेशा जान खतरेमें रहती है। मगर मजबूर हैं।'

"इसपर मेम्बरों ने कहा—'यह बतलाइये, कि कलकी दो दफेकी लड़ाईमें कुल कितनी गोलियाँ खर्च हुईं ?'

"जेनरलने उसी समय हिसाब मँगाकर गोली, बम, रोशनीकी गोली आदिका हिसाब बतला दिया और यह भी कि सारा सामान कितने हजार रुपयोंका था।

"इसे नोट करके दोनों मेम्बरोंने फिर जेनरल साहबसे पूछा—'जनाब, आप हमें यह बतला सकते हैं, कि कलकी लड़ाईमें हमारे कितने सिपाही और कितने पठान मारे गये ? सब मिलाकर कितने हताहत हुये ?'

"भला जेनरल साहब इसका कहाँसे हिसाब लाते, वहाँ न कोई मरा था और न कोई घायल हुआ था। सिर्फ खच्चर लाइनमें संयोगसे दो खच्चर घायल हो गये थे।"

कप्तान पालने अपनी बात समाप्त करते हुये कहा—"देखा हवलदार, ये कितने होशियार हैं। हमको चकमा देकर चले गये।"

पलटनके सिपाहियोंको हटा देना या रसदपानीमें कमी करना चन्द्रसिंह और उनके दूसरे देशभाई सिपाही पसन्द नहीं कर सकते थे। अंग्रेज कप्तान अपनी इन बातों से उनके मनमें कांग्रेसियोंके खिलाफ बैरभाव पैदा करना चाहता था।

चन्द्रसिंहको पीछे यह भी मालूम हुआ, कि जो दोनों मेम्बर उस दिन आये थे, वह विट्ठलभाई पटेल और मोतीलाल नेहरू थे।

बेसबोन पिकेटमें चन्द्रसिंहको रहते दो हफ्ते हो गये थे। इसी समय हुकुम आया, कि फौजको झण्डोला कैम्पसे नीचे हटाया जाय। अगर १ मार्चके बाद फौजें वहाँ रहीं

तो उसका सारा खर्च वहाँके अफसरोंको देना पड़ेगा। फ्रान्टियरकी सभी फौजोंका मैदानी राशन, कपड़ा, भत्ता बन्द कर दिया गया। उन्हें उसी तरह खर्च-बर्च देनेका निश्चय किया गया, जैसा कि पंजाबकी छावनियोंमें आम तौरसे रहनेवाली पलटनोंको दिया जाता था। फर्वरी १६२३ को लघा कैम्पके ब्रिगेडको वहाँसे पियाजा कैम्पमें हटा दिया गया। लघा कैम्पके चारों तरफ लगे काँटेदार तार काट दिये गये। कुछ सामान साथ नहीं ले जाया जा सकता था। रसदका ढेर लगा हुआ था, सबमें आग लगादी गई। चारों ओर खोदी हुई खन्दकें पाटकर बराबर करदी गईं। बेचारे कैम्पके दूकानदारोंको उस दिन बहुत घाटा उठाना पड़ा। २४ घंटेके भीतर कैम्प टूट गया, और दुकानदार अपने सौदोंके बेचने या हटानेका कोई प्रबन्ध नहीं कर सके। बेसबोन पिकेटमें भी चन्द्रसिंहके पास २४ घंटेके अन्दर स्थान छोड़नेके लिये तैयार रहनेका हुकुम आया था। १६ फर्वरीको ७ बजे सबेरे वह हटनेके लिये तैयार थे। हुकुम था, कि 'जिस समय ब्रिगेडका पिछला (रियर) गारद तुम्हारे नीचे ६०० गजपरसे गुजरे और तुम्हें आर० टी० आर० का संकेत दिया जाय, तुरन्त डबल मार्च करते पिछले गारदके साथ मिल जाओ। तुम्हें आड़ देनेके लिये गोरी पलटन वहाँ मौजूद रहेगी। यह भी हुकुम था, कि गोला-बारूद के जितने बक्स, बम, या दूसरे हथियार वहाँ हैं, सबको अपने बिस्तरोंमें बाँध लो और खच्चरोंके पहुँचते ही उन्हें उनके ऊपर लाद दो। छोलदारी, फालतू राशन और दूसरे सामानको आग लगाकर जला दो। संगड़के चारों तरफ खड़ी की गई दीवालको बराबर कर दो, और किनारेके काँटेदार तारोंको काट दो। अपने लिये एक दिनकी रोटियाँ पकाकर झोलोंमें रख लो और एक वक्त खा भी लो।'

सर्दीके दिन थे। रात भर वर्षा हो रही थी, फिर जबर्दस्त कुहरा छा गया। इसीमें चन्द्रसिंह और उनके साथी तार काटते, संगड़ गिराते, दो वक्तका खाना पकाते और गोला-बारूदकी गठरी बाँधते रहे। सारी रात काम करना पड़ा। सबेरे होते ही अग्रिम गारद डे-पिकेटके तौरपर काम करती दौड़ती हुई आई। उसके पीछे-पीछे थे ऊँट, खच्चर, मोटर, लारी, अस्पताल, बीमार, दुकानदारोंका सामान, भेड़-बकरियाँ सब लघा से पियाजा कैम्पकी ओर जा रहे थे। रसदके पीछे फौजका मुख्य अंग कूच कर रहा था। सबके पीछे रियर गारदने कैम्पको देखभालकर प्रस्थान किया था।

पिकेटके पीछे पठानोंका एक गाँव था। लघा कैम्पमें आगका धुआँ उठते देख पठानोंको मालूम हुआ कि दालमें कुछ काला है, और वह भी तैयार हो गये। कैम्पके खाली होते ही पठानोंने धावा बोल दिया, और जो कुछ वहाँ बचा-खुचा था उसे उठाने लगे। उनमेंसे कुछ रियर गारदके पीछे भी दौड़े और उनकी गोलियोंसे ५-६ गोरे मारे गये। प्याजा कैम्पमें पहुँचने तक और भी कितने ही जख्मी हुये।

जैसे ही ब्रिगेड पियाजामें पहुँचा, वैसे ही अंग्रेजोंने उस गाँव—(मकीना) पर जंगी विमानोंको भेज दिया। यह गाँव अमानुल्लाके एक जेनरल मूसाखाँका था। अंग्रेज अमानुल्लासे जले-कटे थे, इसलिये उनके जेनरलके गाँवको बरबाद करनेके लिए यह हवाई जहाज भेजे गये थे। पठानोंकी गोलीसे एक विमान नीचे गिर गया और उसके चालक दो अंग्रेज बन्दी बना लिए गये। अब और भी खुल खेलनेका बहाना मिला, और २१ फरवरी १६२३ को गाँवके ऊपर ब्रिगेडने चढ़ाई कर दी। दोनों ओरसे गोलियाँ चलती रहीं। तीन दिन तक लड़ाई रही। इस लड़ाईमें गोरी पलटनका काफी नुकसान हुआ, और गढ़वाली पलटनके एक प्लाटूनको भी बहुत नुकसान उठाना पड़ा।

२१ फरवरीको पियाजा और रजानी दोनों कैम्पोंसे एक-एक ब्रिगेड मकीना गाँवकी ओर बढ़े। चन्द्रसिंहकी बटालियन पियाजा कैम्पमें थी। कैम्पमें एक रेजिमेन्ट गोरोंकी, एक गोरखोंकी और दो पंजाबी पलटनें, ब्रिगेडके साथ सैफर, रिसालोंकी एक कम्पनीका ट्रूप, यातायातका एक ट्रूप, सिगनेलिंगकी एक कम्पनी, रसालदारोंका स्क्वाडर्न, सैनिक विमानोंका एक सेक्शन (जिसमें १२ विमान थे), एक तोपखाना, एक खच्चरोंका तोपखाना आदि थे। रजानी कैम्पके ब्रिगेडमें भी इसी तरहकी सेनायें थीं। मकीना अकेला गाँव पहाड़की ढलानमें जंगलोंके बीच बसा था। गाँवमें सौसे अधिक घर नहीं रहे होंगे। लेकिन जब एक पठान गाँव पर मुसीबत पड़े, तो दूसरे चुप नहीं रह सकते थे। पठान दुश्मनी होनेपर आपसमें खूनी लड़ाइयाँ लड़ा करते हैं, लेकिन जब कोई बाहरी शत्रु आ जाता है, तो अपने सारे बैरभावको टोडा-टोगा करके भूल जाते हैं। टोडा-टोगा एक तरहका अस्थायी शान्ति है। कोई बिचवई बनकर दोनों लड़ाकू दलोंके बीच एक काला पत्थर (टोडा-टोगा) रख देता है, जो अस्थायी शान्तिका सूचक है। आसपासके हजारों पठान मकीनावालोंकी मददके लिये उस दिन जमा हुये थे।

२१ फरवरीकी रातकी ब्रिगेडने पियाजा और मकीना गाँवोंके बीचके एक नालेमें पड़ाव डाला। रात भर हल्ला होता रहा। सबेरे ब्रिगेड मकीना गाँवकी ओर बढ़ा। उस दिन अग्रिम (एडवान्स) गारदका काम गढ़वाली बटालियनको दिया गया था। चन्द्रसिंहकी कम्पनी भी इसी बटालियनमें थी। १० बजे दिनको कम्पनीका पठानोंसे मुकाबला हुआ। चन्द्रसिंह १५ वें प्लाटूनके कमाण्डर थे। प्लाटूनके कमाण्डर सूबेदारको डिवीजन-जेनरलके मेस (भोजनालय) का चार्ज दिया गया था, इसलिये उनकी जगह चन्द्रसिंहको पूरी करनी पड़ी। उनके प्लाटूनमें ३६ आदमी थे। आगेवाले १३ वें प्लाटूनसे पठानोंकी पहले मुठभेड़ हुई। कम्पनी-कमाण्डरने चन्द्रसिंहको अपना प्लाटून ले उक्त प्लाटूनकी मदद करनेका हुकुम दिया। प्लाटूनके एक-एक सेक्शनको बारी-बारीसे चन्द्रसिंह उस पहाड़ीपर ले गये, जहाँ पहुँचनेका हुकुम मिला था।

पहाड़ीके पीछे एक नाला था, जिसमें बहुत से पठान इकट्ठा हो रहे थे। वह शायद उसी पहाड़ीपर अधिकार करना चाहते थे। चन्द्रसिंहने राइफलों और मशीनगनों को पठानोंपर दागनेके लिये हुकुम दिया। इस गोलाबारीसे मरते-जीते पठान भाग निकले। कम्पनी-कमाण्डर भी तब तक संगड़पर पहुँच गया। उसने चन्द्रसिंहको बड़ी शाबाशी दी। यदि इस पहाड़ीपर पठानोंका कब्जा हो गया होता, तो सारी कम्पनी मारी जाती, क्योंकि वह बिलकुल अरक्षित स्थानमें थी, ब्रिगेडका भी भारी नुकसान होता।

शाम होनेको आई। ब्रिगेडने मकीनाके नीचे एक मैदानमें कैम्प लगाया। चन्द्रसिंहकी कम्पनीने ब्रिगेडका बचाव करते पहाड़ीपर अपने लिए संगड़ तैयार कर लिया। फिर गोरा कम्पनी संगड़में आ गई, और चन्द्रसिंहकी कम्पनी कैम्पमें चली गई। उक्त संगड़में रातको ४० गोरे लड़नेके लिए रह गये थे। पठान चालीसोंको खतम करके उनके नाक-कानके साथ राइफल, बूट, कपड़े उतार ले गये।

रातको कोई मदद नहीं की जा सकी, लेकिन सबेरे जब ब्रिगेडने गाँवपर अधिकार कर लिया, तो देखा, कि पहाड़ीपर सारे गोरे मरे पड़े हैं। उस दिन ब्रिगेडने उसी पहाड़ीपरसे गाँवपर हमला किया। चन्द्रसिंहकी कम्पनी पहाड़ीपर थी, और ब्रिगेड नीचे गाँवका घेरा डालनेकी कोशिश कर रहा था। जगह जंगलोंसे भरी और जमीन बहुत ही ऊभड़-खाभड़ थी, जिसके कारण पलटन आगे नहीं बढ़ सकी। दोनों ओरसे गोलाबारी होती रही, जिसमें बहुत से सिपाही मारे गये। चन्द्रसिंहकी कम्पनी पहाड़ीपरसे सारे दृश्यको देखती रही। सूर्यास्त हो रहा था। ब्रिगेड अब कैम्पकी ओर लौटने लगा, तो पहाड़ीपरसे कम्पनीने उसे रक्षा दी। इस दिन चन्द्रसिंहकी कम्पनीका एक सिपाही मारा गया था। शामके वक्त गोरखा बटालियनने आकर बदली की, और हवलदार चन्द्रसिंह अपनी कम्पनीको साथ लिये कैम्पमें लौट गये।

कम्पनी जैसे ही कैम्पमें पहुँची, अड्जुटेंटने हुकुम दिया—"१५ वीं प्लाटून लुइस-गनले हवलदार चन्द्रसिंहकी मातहत जाकर जंगलमें रातको पहरा दे, क्योंकि इस जंगलमें पठानोंके जमा होनेका भय है, और वहाँसे वह कैम्पपर फायर करेंगे।

चन्द्रसिंह अपने प्लाटूनको लिये रातको एक सूखा नाला पारकर एक फर्लांगपर स्थित जंगलमें चले गये। वहाँ उन्होंने अपने प्लाटूनके पिकेट (गुल्म) के लिये स्थान चुना, पत्थरोंको चुनकर संगड़ बनाया, जंगलसे लकड़ी तोड़कर आग जलाई। लोग दिन भरके थके-माँदे थे खाने-पीनेके लिये जो कुछ था, उसे भी कैम्पमें छोड़ आये थे। पास में सिर्फ ओवर कोट ओढ़नेके लिये था। भूखके मारे तड़फड़ाते सिपाही कहने लगे—"हवलदार, हम लोग भूखे मरे जा रहे हैं, कोई उपाय बताइये।" हवलदार भला उस जंगलमें क्या उपाय बताते? इसी वक्त हवलदार की नजर नालेकी

एक टूटी-फूटी जगहपर पड़ी, जहाँपर कूड़ा था। कूड़ेपर किसीने मरी भेड़ फेंक रक्खी थी। पलटनमें मुर्दा जानवरको नहीं खाया जाता, जो भेड़-बकरी मर जाती, उन्हें फेंक दिया जाता है, और भंगी लोग कैम्पके पाखानेको जलाते वक्त उसे भी जला देते। चन्द्रसिंह मांस नहीं खाते थे। उन्होंने मजाक करते हुये कहा—"जाओ, नालेमें किसी ने मरी भेड़ फेंक रक्खी है। उसीको भूनकर खा लो।" सिपाही सचमुच तैयार हो गये। आखिर "भूख न जाने जूठा भात" की कहावत झूठी थोड़े ही हो सकती है? एकने कहा—"चलो", दूसरेने कहा—"हाँ, चलो"। वह भेड़ भूनकर खा गये।

सबेरे टेलीफोन आया—"चन्द्रसिंह, आज तुम्हारा प्लाटून दिन भर कैम्पमें रहेगा। तुम आकर क्वार्टर-मास्टरको सूचना दो।"

आज चन्द्रसिंहके प्लाटूनको लड़ाईमें शामिल होना नहीं था। उन्होंने कैम्पमें आकर क्वार्टर-मास्टरको सूचना दी, जिसने उन्हें दिन भर छोलदारियोंको ड्रेस (ठीकठाक) करने पर लगा दिया। खाने-पीनेका कोई इन्तजाम नहीं था। ब्रिगेडकी पठानोंके साथ जोरसे लड़ाई होती रही। गाँववाले अपने ढोरों, भेड़-बकरियों और बच्चोंको लेकर जंगलमें चले गये थे, सिर्फ लड़नेवाले पुरुष वहाँ रह गये थे। उन्होंने अंग्रेजी पलटन का जबर्दस्त मुकाबिला किया। लेकिन, आधुनिक ढङ्गके पलटनके सामने वह कैसे टिक सकते थे? ब्रिगेडने गाँवके भीतर दाखिल हो सभी मकानोंको धराशायी कर दिया। पुश्तोंके बने बड़े-बड़े बुर्जोंका निशान तक नहीं रहने दिया। मकानमें जो चीज अपने कामकी नहीं मिली, उसे आग लगाकर जला दिया, खेती-बारीके हथियारों को फूँक दिया। अंगूरकी बेलें, सेब और खूबानीके पेड़ सारे काट दिये। कलका समृद्ध मकीना गाँव आज अपना चिन्ह भी खो चुका था। मुसलमानोंके इस गाँवको बरबाद करनेमें दो मुसलमान बटालियन भी हाथ बटा रही थी।

अगले दिन बटालियन की ए० कम्पनीके प्रथम प्लाटूनको मकीना वालोंके चावलके खेतोंको बरबाद करनेके लिए भेजा गया। उन्होंने गैती और बेलचोंसे सभी खेतोंके पुश्तोंको बरबाद कर दिया, पानीकी नहरको बराबर कर दिया। दूर जंगलमें बैठे पठान यह सब देखते रहे। सूर्यास्तके समय ब्रिगेड अपने कैम्पकी ओर वापस होने लगी, उसी समय पठानोंने नम्बर १ प्लाटूनके ऊपर हमला कर दिया। पहले प्लाटूनके सूबेदारको पकड़ कर हलाल किया, फिर सारे सिपाहियोंको पकड़कर मार दिया। जिस समय पठान "अल्लाहो अकबर" का नारा लगाते गढ़वालियोंकी गर्दनें काट रहे थे, उसी समय दूसरे पठानोंने गालियोंकी बौछार करते ब्रिगेडका पीछा किया। अन्धेरा होनेवाला था। सारे ब्रिगेडमें तहलका मच गया। लोग अपनी जान बचाकर कैम्पकी ओर भागे। ऐसी भगदड़में प्लाटून की रक्षा कौन करता? उन्हें मारकर उनकी राइफलें, कपड़े, बूट-पट्टी सब पठान ले गये। दूसरे दिन जब लोग लाश उठाने के

लिये गये, तो उनको पहचाना नहीं जा सकता था। उसी भूमिमें सारे मृत गढ़वालियों-को दफना दिया गया।

अगले दिनभी ब्रिगेड गाँवमें गया, और शामको कैम्पकी ओर लौटने लगा। फिर पठानोंने हमला किया। चन्द्रसिंहका प्लाटून आगे-आगे था। उसे जल्दी-जल्दी पीछे लौटनेका हुकुम मिला। हवलदारने हुकुम दिया, कि सब सिपाही पीछेकी ओर दौड़ें। एक मोटे-ताजे सिपाहीके कन्धेमें स्ट्रेचर था, वह आते वक्त गिर पड़ा। चन्द्रसिंहने स्ट्रेचर लेकर उसे उठाना चाहा, लेकिन वह नहीं उठा। जब दुश्मन पीछा कर रहा हो, उस वक्त ऐसा करना खतरेकी बात है। चन्द्रसिंहने उसे एक लात मारी, सिपाही जोरसे चिल्लाने लगा। कर्नल और अड्जुटेंट पीछे-पीछे आ रहे थे। चिल्लाहट सुनकर उन्होंने पूछा—"क्यों मारता है?" चन्द्रसिंहने कहा—"यह उठता नहीं है।" फिर उसे टाँगसे पकड़कर आड़की जगहमें रख दिया, जहाँसे पीछे उसे उठा ले गये। पूछने पर सिपाहीने बतलाया—"चार दिनोंसे मैं भूखा था।" शायद हिन्दुस्तानियोंकी जानें बहुत सस्ती होनेके कारण उनकी भूखकी चिन्ता अंग्रेज नहीं करते थे।

रातको गोरी और गढ़वाली कम्पनियाँ पास-पास पड़ी थीं। दोनों ही भूखे मर रहे थे। गोरोंने गढ़वाली जवानोंसे कहा—"जानी, चपाती नो।" चन्द्रसिंहने कहा—"नो।" फिर भूखसे बचने की क्या तजवीज की जाय। अन्तमें दो गोरे और दो गढ़वाली लेकर चन्द्रसिंह कुछ दूरपर पड़ी बनियेकी छोलदारी (दूकान) में घुसकर रेवड़ी और दूसरे खानेकी चीजोंके बक्स उठा लाये, उसे दोनों कम्पनियोंके सिपाहियोंमें बाँट दिया गया। खाने से जो बच गया, उसे जमीनमें गाड़ दिया गया। बनियेने शिकायत की, लेकिन उस वक्त ऐसी शिकायत कौन सुनता?

लड़ाईमें जो हवलदार मारा गया, उसकी जगह पर चन्द्रसिंहको स्थायी हवलदार बना दिया गया। मकीनाकी लड़ाई समाप्त करके अप्रैल १६२३ को गढ़वाली बटालियन पियाजा कैम्पसे आकाखेल चली गई, जहाँसे चन्द्रसिंहको घर जानेके लिए दो महीनेकी छुट्टी मिली।

अध्याय ११

नई चेतना (१६२२-२६ ई०)

लड़ाई लड़कर मौतके पंजेसे बचकर घर आये सिपाहीका आनन्द दुगुना हो जाता है, और परिवार वालोंकी खुशीका तो ठिकाना नहीं रहता। चन्द्रसिंहके दो महीने घरपर बहुत अच्छी तरह बीते। छुट्टी बिताकर वह फिर आकाखेल पहुँच गये। आकाखेलसे उनकी पलटन बन्नू गई, जहाँसे पश्चिमोत्तर सीमान्त से इसे लैन्सडौन छावनीमें भेज दिया गया। अब चन्द्रसिंहको उनकी कम्पनीका क्वार्टर-मास्टर बना दिया गया। इन्हीं दिनों उन्होंने फौजी स्कूलके दूसरे दर्जेका इम्तहान भी पास कर लिया।

ज्ञानके साथ उनके विचारोंमें भी परिवर्द्धन-परिवर्तन होने लगा। पहले वह पुराने ढङ्गके हिन्दू थे। पचमढ़ीमें हिन्दू मन्दिर बनानेके लिए उन्होंने जो काम किया था, उसके बारेमें हम बतला आये हैं। महाशय टेकचंद वर्माकी सङ्गतसे उन्हें आर्य-समाजकी हवा लगी। वह पंडे-पुजारियोंको लुटेरा समझने लगे। पत्थरोंकी पूजा, उनके सामने बकरे-भैंसकी बलि, श्राद्धका अन्न खाकर ब्राह्मणोंकी स्वर्ग ले जानेकी ठेकेदारी, फलित ज्योतिष, जन्मपत्री, ऊँच-नीच जातिका भेदभाव, बाल-विवाह, कन्या बेचकर रुपया लेना आदि-आदि रवाजोंको वह बहुत बुरा समझने लगे। उनकी पलटन में सूबेदार गौरसिंह रावत तमलाग और लेन्स-नायक सुन्दरसिंह चौधरी पहलेसे आर्यसमाजी बन चुके थे। उन्हींके मुँहसे वह आर्य-समाजकी बातें सुनते रहे। इन लोगोंके साथ वह आर्य-समाज मन्दिरमें भी गये। प्रशंसा करनेपर "सत्यार्थप्रकाश" को भी उन्होंने पढ़ा, फिर वह पूरे आर्यसमाजी हो गये। प्रथम विश्व-युद्धके कुछ सालों बाद तक आर्य-समाजने समाज-सुधार, विद्या-प्रचार आदिके बारेमें बड़ा काम किया था। उत्तरी भारतके उदार विचार वाले शिक्षित-अर्ध-शिक्षित तरुण इस तरफ बहुत झुके थे। इसमें शक नहीं, आर्य-समाजके विचारोंने देशको आगे बढ़नेमें बड़ी मदद दी थी। आर्य-समाजी कोरी खंडन-मंडनकी बातें ही नहीं करते थे, बल्कि उन्होंने सामाजिक सेवाका भाव लोगोंमें भरा था। पैसा जमा करके वह अकाल-पीड़ितोंकी सेवा करते थे। गढ़वालके अकालकी बात हम बतला चुके हैं। उससे पहले के अकालोंमें भी उन्होंने बड़ी सेवा की थी। आर्य-समाजके लाला लाजपतराय, महात्मा

हंसराज जैसे बड़े-बड़े नेता साधारण स्वयं-सेवककी तरह सेवा करते थे। प्लेग जिस समय देशमें व्यापक रूपसे हर साल जाड़ोंमें फैल जाता था, उस समय वह अपने प्राणोंकी पर्वा न करके रोगियोंकी सेवा करते थे। आर्य-समाजकी प्रेरणा लोगोंमें कितनी आत्मत्यागका भाव भरनेमें सफल हुई थी, इसके उदाहरण रेलवेमें एक साधारण प्वाइंटमैन रलाराम थे। उन्हें सात-आठ रुपये मिलते थे। उसीमें रूखी-सूखी खाकर वह सेवा भी करते थे। एक समय प्लेगसे पीड़ित किसी रोगीकी गिल्टी चीरना उन्हें आवश्यक जान पड़ा। उनका चाकू काम नहीं कर रहा था। कहते हैं, उन्होंने अपने दाँतसे घावको फोड़कर भीतरके खून को चूसकर बाहर फेंक दिया। अपने प्राणोंको खतरेमें डालकर छूतके मरीजों और दूसरोंकी सेवा करनेके बहुतसे उदाहरण थे, जिनसे आर्यसमाजी तरुणोंको बड़ी प्रेरणा मिलती थी। अकालके समय रोटी देकर मिश्नरी सैकड़ों लड़कों को ईसाई बना लेते थे। आर्यसमाजियोंकी सहायताके कामसे बहुत से अकाल-पीड़ित लड़के आर्य अनाथालयोंमें पहुँच ईसाई बननेसे बच जाते। इन बातों का साधारण हिन्दू जनतापर भी इतना असर पड़ता, कि वह उनकी रुपयों-पैसोंसे बड़ी मदद किया करते। आर्यसमाजी अपने विचारोंके प्रचार करनेमें भी बड़ी तत्परता दिखलाते थे। उनके विचारोंके अपनानेके साथ-साथ आदमीमें देशभक्तिका भाव भी पैदा हो जाता, क्योंकि राजनीतिक संस्था न होते भी आर्य-समाज और उसके संस्थापक स्वामी दयानन्द भारतकी स्वतन्त्रताके जबर्दस्त पक्षपाती थे।

"सत्यार्थप्रकाश" के पद लेने तथा आर्यसमाजियोंके उपदेशोंको सुनते-सुनते अब चन्द्रसिंहमें भी धार्मिक लगन आ गई। कुछ समय बाद सूबेदार गौरसिंह पेन्शन लेकर घर चले गये, और लेन्स-नायक सुन्दरसिंहका नाम कट गया। चन्द्रसिंह अब समझने लगे, कि आर्य-समाजकी जिम्मेवारी मेरे ऊपर है। वह अपने विचारोंको पलटनके जवानोंमें फैलाने लगे, और उसके साथ-साथ इस भावनाको भी, कि अंग्रेजोंकी सेवा नहीं देशसेवा हमारा परम कर्त्तव्य है। आर्य-समाजके विचारोंने बहुत समय तक उन्हें आगे बढ़ानेमें बड़ी मदद दी, यद्यपि वह पीछे अनीश्वरवादी हो गये, और समझने लगे, कि ईश्वर और उसकी वाणी वेद आदि बातें लोगोंने यों ही गढ़ रक्खी हैं।

लैन्सडौन छावनीमें रहते उनके अफसरोंने सिफारिश की, और चन्द्रसिंहको बेलगाँवमें जाकर स्कूल मास्टरीके कोर्सको समाप्त कर आनेकी आज्ञा मिली। अपने सभी कामोंमें वह बड़े चुस्त थे, सभी जिम्मेवारियोंको अच्छी तरहसे निबाहते थे, इसलिए अफसरोंका खुश होना स्वाभाविक था। वह सेकंड क्लास स्कूलका सर्टीफिकेट भी पा चुके थे। इसमें शक नहीं, पढ़ाईकी जगह उनकी दूसरी योग्यताओंका ज्यादा ध्यान रक्खा गया था। जब बेलगाँवमें जानेकी बात आई, तो वह सोचने लगे, कि यदि

मैं बेलगाँवसे असफल होकर लौटा, तो बड़ी हँसी होगी। उन्होंने अपनी तेरह-बाईस पढ़ाई-लिखाईके बारेमें अड्जुटेंटको बतलाया। इसपर अंग्रेजने उनको आश्वासन देते कहा—"इस समय तुम इन्कार मत करो। मैं तुम्हें एक स्कूल-मास्टर देता हूँ, उससे कुछ समय तक पढ़ो। वहाँ अंग्रेजीकी पढ़ाई नहीं होती, सिर्फ रोमन अक्षरोंमें हिन्दी पढ़ाई जाती है। भाषाको और ठीक करनेके लिये तुम हिन्दी अखबारोंको भी कुछ-कुछ पढ़ा करो। इसके लिये हम तुम्हें रात-दिनकी छुट्टी दे रहे हैं, जिसे तुम पढ़नेमें लगाओ।"

मई १९२५ में चन्द्रसिंहकी दो महीनेकी छुट्टी हो गई। वह अपने साथ अपनी किताबें भी घर लेते गये। इस बीच उनका मास्टर भी घर चला गया था। छुट्टी बिताकर छावनी लौटे तो वह दैनिक "प्रताप" (कानपुर) और दैनिक "विश्व-मित्र" (कलकत्ता)—इन दो अखबारों को पढ़ने लगे। अड्जुटेंट साहबने अखबार पढ़नेके लिये कहा था, लेकिन कैसे अखबारको यह नहीं बतलाया था। आर्यसमाजी होनेसे वह कुछ राजनीतिसे भी प्रभावित हो गये थे। ये दोनों अखबार उस समय राष्ट्रीयताके समर्थक थे। उनको अपने लिये अखबार पढ़नेकी इजाजत थी, लेकिन फौजमें प्रचार करनेकी छूट नहीं थी। तीन साल तक बेलगाँव जाकर शिक्षा पानेकी लिये जगह खाली नहीं हुई और इन तीनों सालोंमें वह इन अखबारोंको मँगाकर पढ़ते रहे। अन्तमें बतलाया गया, कि बेलगाँव में चन्द्रसिंहके लिये कोई स्थान नहीं है।

१९२५ में कानपुरमें सरकारकी ओरसे बोल्शेविक षड्यन्त्र केस चलाया जा रहा था, जिसमें एस० ए० डांगे, शौकत उस्मानी, नलिनी गुप्त, मुजफ्फर अहमद, संगरावेलु चेट्टियर आदि पर सरकारके खिलाफ षडयन्त्र करनेका अभियोग लगाया गया। मुकदमेकी खबरें "प्रताप" में छपती रहतीं। चन्द्रसिंह उसको ध्यानसे पढ़ते रहे। उनको मालूम हुआ, कि दुनियामें एक ऐसा देश है, जहाँ अमीरोंका नहीं मजदूरों और किसानोंका राज्य है। जहाँके सभी लोग समान हैं। रूसके बारेमें जो खबरें अखबारोंमें छपतीं, उन्हें वह बड़े चावसे पढ़ते। कम्युनिस्टोंकी पुस्तिकायें देश भरमें बाँटी जाती थीं, जिनमें लिखा रहता, कि वह क्या चाहते हैं। जहाँ तक सम्भव था, कम्युनिस्टोंके और रूसके बारेमें जानकारी प्राप्त करनेकी वह पूरी कोशिश करते। उन्हें यह भी मालूम हुआ, कि कम्युनिस्ट लोग मजदूरोंका संगठन कर रहे हैं और उनके हककी लड़ाई हड़तालों द्वारा लड़ रहे हैं। यह बतला चुके हैं, कि तुर्कीके सुल्तान और उनके देशको अंग्रेजोंने जिस तरह पददलित किया, उसके कारण हिन्दुस्तानमें खिलाफतका आन्दोलन चला और कितने ही लोग हिजरत करके देशसे बाहर चले गये थे। इन हिजरत करनेवालोंमेंसे कितने ही काबुल होते रूस चले गये, जहाँ

बोल्शेविकोंसे शिक्षा प्राप्त कर फिर भारत लौट आये। यह बातें चन्द्रसिंहको अख-बारोंसे मालूम होने लगीं।

नवम्बर १६२५ में पलटन विशेष अभ्यासके लिये लैन्सडौनसे दिपोवेन चली गई। चन्द्रसिंह और उसके स्कूल-मास्टर छावनी हीमें छोड़ दिये गये। उस समय चन्द्रसिंह डिपोके क्वार्टर-मास्टर थे। वहाँसे लौटनेके बाद अक्तूबर १६२६ में पलटन-को सैनिक अभ्यासके लिये बरेली भेजा गया। इस समय भी चन्द्रसिंह और उनके मास्टर डिपोमें छोड़ दिये गये। उन्होंने क्वार्टर-मास्टरी करते अपनी पढ़ाई जारी रखी। इसे कहनेकी आवश्यकता नहीं, कि छावनीसे सारी पलटनके चले जानेपर चन्द्रसिंहको कुछ और भी आजादी मिली। इसी समय उनके हाथमें "देशदर्शन" और "भारत भारती" दो किताबें लगीं। पहली पुस्तकके पढ़ने से उन्हें अपने परतन्त्र देशकी दयनीय बातें बहुत-सी जाननेको मिलीं और मैथिलीशरण गुप्तकी "भारत भारती" तो उस समय राष्ट्रीयताका वेद समझी जाती थी।

मार्च १६२७ में उनकी बटालियन लौटकर लैन्सडौन आ गई। इसी वक्त पलटनके कुछ चुने हुये आदमियोंकी चाँदमारी कराई गई। चन्द्रसिंह इसमें अव्वल निकले। उन्होंने एक मिनटमें अपनी राइफलसे ४६ गोलियाँ चलाई और सौ गजके फासलेपर रक्खे निशानमें सभी १२ इंचके भीतर लगीं। उनके साथ एक दूसरा शिक्षक भी अव्वल आया था, यद्यपि वह एक मिनटमें इनसे बीस गोलियाँ कम दाग सका था, लेकिन उसकी सभी गोलियाँ निशानेपर एक रुपयेके भीतर लगी थीं। दोनोंको बटा-लियनके सामने नमूनेके तौरपर पेश किया जाता था।

इसके बाद चन्द्रसिंहको १०।१८ आर० सी० आर० के लिये चुना गया। गढ़वालियोंकी तीन पक्की और एक रंगरूटोंवाली बटालियन थी। रंगरूटी बटालियनमें रंगरूटोंको रखकर उन्हें फौजी शिक्षा दे (एक्टिव) बटालियनमें भेज दिया जाता। तीनों पक्की बटालियनकी एक-एक कम्पनी रंगरूटी बटालियनमें भी थी, जैसे १।१८ रा० ग० रा० कम्पनी, २।१८ रा० ग० रा० कम्पनी, ३।१८ रा० ग० रा० कम्पनी। ये कम्पनियाँ अपनी-अपनी पलटनोंके लिये रंगरूट भरती करके उन्हें सिखलातीं थीं। पक्की बटालियनसे १०।१८ रा० ग० रा० में रंगरूटोंके सिखानेके लिये हर दूसरे साल शिक्षक भेजे जाते थे।

अप्रैल १६२७ में २।१८ रायल गढ़वाली राइफलसे १।१८ रा० ग० रा० में ड्रिल मास्टरी करनेके लिये चन्द्रसिंहको भेजा गया। उस समय वह बी० कम्पनीके पाँचवें प्लाटूनके प्लाटून-हवलदार थे। ड्रिल-मास्टरीके साथ-साथ उन्हें पे नायकीका भी पद मिला था। कम्पनीके पे नायकका काम है—तनखाह बाँटना, सिपाहियोंके

सेविंग-फण्डको जमा करना और दूसरे तरहके हिसाब-किताबको रखना, बनियाके हिसाबको देखकर सिपाहीकी तनखाहसे काटकर उधार रुपयेको देना इत्यादि। साथ ही उन्हें डिवीजनका चीफ इन्सट्रक्टर (मुख्य शिक्षक) भी बनाया गया था, जिसमें उन्हें पूरी शिक्षा पाये रंगरूटोंकी कसम खानेवाली टोलियोंको सिखलाना पड़ता था।

कसम दिलानेके लिये पहलेपहल उन्हें सात रंगरूटोंकी एक टोली मिली। १०।१८ रा० ग० रा० का लेन्सनायक दो साल पूरा करके पक्की बटालियनमें चला गया था। दो सप्ताह परेड करानेके बाद चन्द्रसिंहने इस टोलीको ले जाकर कर्नलके सामने कसम खिलाई। कसम खा लेनेके बाद उसी दिन शामको रवाजके अनुसार सातों सफल रंगरूट एक थाल मिठाई और एक तामलोट शराब भर कर चन्द्रसिंहकी कोठरीमें आये, बड़ी नम्रतासे कहने लगे—"मास्टरजी, अभी हम लोगोंको तनखाह नहीं मिली है, इसलिये हम आपकी और कोई सेवा नहीं कर सकते। सिर्फ यही आपके लिये भेंट लाये हैं।"

चन्द्रसिंहने उनसे पूछा—"जवानो, तुमने अपने पहले ड्रिल मास्टरको क्या-क्या दिया?"

जवानोंमेंसे एकने कहा—"हमने उन्हें कुछ नहीं दिया।" दूसरेने कहा—"उन्होंने हमें कसम नहीं खिलाई, तो भी एक तामलोट शराब, मिठाईके लिये तीन रुपये और एक सिल्ककी कमीज दी थी।" इतने सालोंसे आर्यसमाजसे और दूसरी तरहसे चुपचाप आदर्शवादकी जो शिक्षा उन्हें मिली थी, वह क्यों असर न दिखलाती? उन्होंने रंगरूटोंसे कहा—"देखो, मैं शराब नहीं पीता और न मिठाई खाता हूँ। तुमने मुझे यह दिया और मैंने इसे पा लिया। अब मैं इन चीजोंको तुम्हें ही दे रहा हूँ, ले जाओ।" वह कितनी ही देर तक जोर देकर कहते रहे—"कुछ तो लीजिये, कुछ तो लीजिये।" लेकिन चन्द्रसिंहने उन्हें लौटा ले जानेके लिये मजबूर किया।

उक्त टोलीके कसमकी परेडके खतम हो जानेके बाद ७२ रंगरूटोंकी टोली "डी०" डिवीजनसे "ए०" डिवीजनमें जानेकी कसम खानेके लिये आई। इन रंगरूटोंके सात शिक्षक थे। चन्द्रसिंहकी टोलीमें दस रंगरूट थे। दो महीनेकी शिक्षाके बाद ७२ रंगरूटोंको एक साथ कसम खिलाकर डिसमिस (मुक्त) करते समय चंद्रसिंहने उन्हें सम्बोधित करते कहा—"जवानो, आज हमें बड़ी खुशी है, कि आपने कसम उठा ली और अब रंगरूटसे पक्के सिपाही बन गये। मैंने और मेरे साथी शिक्षकोंने सिखाते वक्त जो कोई दुर्व्यवहार किया हो, उसे क्षमा करना। जब आप अपनी-अपनी पलटनोंमें जायँगे, तो हमें उम्मीद है, आप हमको नहीं भूलेंगे।" चन्द्रसिंहने फिर

कहा—"जवानो, आप कसम खा चुके और मुझे विश्वास है, कि आप जैसे समझदारोंको दुबारा कसम खानेकी जरूरत नहीं होगी।" सबने कहा—"नहीं, नहीं।"

—"तो जवानो, एक बात कहूँ। कसम खानेके दिन मिठाई बाँटनेका बेकारका रवाज चल पड़ा है। मेरी इच्छा है, कि तुम इस फजूलखर्चीको बंद कर दो। तुम्हारे ऐसा करनेसे आगे आनेवाले रंगरूटभी इस कष्टसे मुक्त हो जायँगे। मुझे विश्वास है, कि मेरे साथी शिक्षक भी मेरी इस बातपर सहमत हैं। मैं अपनी ओरसे सारी टोलीको हुकुम देता हूँ, कि आज आपमेंसे कोई बनिया-बाजार न जाय और न एक पैसेकी मिठाई खरीदे।"

बनिया लोगोंको मालूम था, कि आज ७२ रंगरूट कसम खायँगे, वह भेंट देनेके लिये बहुत सी मिठाई खरीदेंगे। उन्होंने थालों भर-भरकर मिठाई तैयार कर रक्खी थी। शामको परेडसे मुक्ति मिली। उस समय रंगरूटोंके बाजारमें आनेकी उम्मीद थी। चंद्रसिंहके रंगरूटोंने दूसरे रंगरूटोंको भी उस दिन बाजार जानेसे रोक दिया। मिठाइयोंके थाल हलवाइयोंकी दूकानोंमें वैसे ही पड़े रहे। अन्धेरा हो गया, लेकिन एक भी रंगरूट बनिया-बाजारमें नहीं दीख पड़ा। बनियों ने लाइनमें आकर पूछा, तो सारी बात मालूम हुई—"रंगरूट मिठाई नहीं बाँटेंगे। हवलदार चन्द्रसिंहने मिठाई बाँटना ही नहीं बंद कर दिया, बल्कि रंगरूटोंका बाजारमें जाना भी बंदकर दिया।" बनिया लोगोंके डेपुटेशनने सूबेदार-मेजरके पास जाकर शिकायत की—"चंद्रसिंहने बाजारमें मिठाई खरीदना बंद करा दिया। हम छावनीके दूकानदार सरकारको टैक्स देते हैं। ऐसा होगा, तो हम टैक्स कहाँसे देंगे और कहाँसे अपना गुजारा करेंगे?"

सूबेदार-मेजरने चंद्रसिंहको बुलाकर पूछा—"तुमने रंगरूटोंको मिठाई बाँटने और बाजारमें जानेसे मना कर दिया? क्या तुम अपनी हकूमत चलाना चाहते हो? जवाब दो, नहीं तो कर्नल साहबके सामने तुम्हारी पेशी होगी।"

चंद्रसिंहने बड़े शान्तभावसे कहा—"जनाब, मेरी पेशी ही कर दीजिये। मैं कल वहीं जवाब दूँगा।" अगले दिन रविवार था। गढ़वाली ओहदेदार अपनी क्लबमें जमा हुये थे। चंद्रसिंहको भी वहाँ बुलाया गया। सबने एक ओरसे उनको डराते कहा, कि बनियोंका जो नुकसान हुआ है, उसके जिम्मेवार तुम हो लेकिन, उनकी बातोंका चंद्रसिंहपर कोई असर नहीं पड़ा। ओहदेदार भी नाराज हो गये। उन्होंने इस बातको कर्नल साहबके सामने रखनेका निश्चय किया और कर्नल साहबको बनियोंके पक्षमें बहुत समझाया-बुझाया।

अगले दिन सामने आनेपर साहबने चंद्रसिंहसे पूछा—"क्यों जवान, यह कैसी शिकायत तुम्हारे बारेमें हमारे पास पहुँची है? क्या तुमने अपने सिपाहियोंको बनिया-बाजारमें जानेसे रोका?"

चन्द्रसिंहने नम्रतापूर्वक कहा—"हुजुर, आप मेरी अरजको पूरी तरह सुनें, तो मैं आपकी सेवामें कुछ कहूँ।"

—"हाँ, मैं सुननेको तैयार हूँ। क्या बात है?"

चन्द्रसिंहने कहा—"मेरे खिलाफ जो शिकायत की गई है, वह बिलकुल गलत है। बाजारमें जाये बिना भला कोई आदमी कैसे रह सकता है! ऐसी मनाही न कोई कर सकता है न कोइ मान सकता है। असल बात इस तरह है। आप जानते हैं, कि अपना घर-बार छोड़कर हमारे आदमी यहाँ कुछ रुपया कमा, बाल-बच्चोंकी परवरिश करनेके लिये आये हैं। हम अपना घर छोड़, बाल-बच्चे छोड़, देश-विदेशमें मारे-मारे फिरते हैं। यह सब किसलिये? क्या बनियोंके लिये? हमारे ओहदेदार चाहते हैं, कि सिपाही सरकारसे जो तनखाह मिले, उससे बनियोंकी तिजोरियाँ भर दें। मैंने रंगरूटोंको जो कुछ कहा, उसे आपके सामने बतलाता हूँ। अगर इसमें मेरा कसूर है, तो आप सजा दें। यहाँ बटालियनमें रंगरूटोंसे मनमाने तरीकेसे मिठाई और शराब ली जाती है। एक तो बेचारे रंगरूटोंकी तनखाह ही कम होती है, जिससे वह अपने उधारको भी सधा नहीं पाते। जिस दिन रंगरूट कसम खाते हैं, उस दिन हरेक रंगरूटको दस रुपयेकी मिठाई बनियेसे उधार लेकर अपने सरदारों, शिक्षकों, सेक्शन-कमाण्डरों और पुराने सिपाहियोंमें बाँटना पड़ता है। यह बेचारे रंगरूटपर भारी बोझ है। इसके अतिरिक्त और भी कितनी ही चीजें खरीदनी पड़ती हैं, और पक्की पलटनमें जाते-जाते सिपाही बनियेकी कर्जकी बोझसे दब जाता है। इसके अतिरिक्त बनियेसे सिपाही जितना उधार लेता है, उसे लिखकर बनिया हर महीने रुपया पीछे एक आना सूद लगाता है। महीने बाद सूद भी मूल बन जाता है, और फिर सूदपर सूद चलने लगता है। हरेक बनियेके पास दो बहीखाते होते हैं, जिसमें एकमें सरकारी हुकुमके अनुसार सिपाहीकी तनखासे काटे दस रुपये दर्ज रहते हैं, और दूसरे बही-खातेमें पूरा कर्ज लिखा रहता है। इस सारे कर्जको सिपाहीको अदा करना पड़ता है। आपने मुझे रंगरूटोंका शिक्षक बनाया। मेरा कर्तव्य है, कि मैं उन्हें हर प्रकारसे भलाईकी शिक्षा दूँ। उनकी तन्दुरुस्तीका ध्यान रक्खूँ, उनकी फजूलखर्चीको रोकूँ। उनसे अन्यायपूर्वक जो वसूल किया जाता है, उसकी देखभाल करूँ। मेरा कसूर यही है, कि कल ७२ रंगरूटोंने कसम खाई थी। हरेकको आठ रुपयेकी मिठाई बनियेकी दूकानसे खरीदकर थाल भर-भरकर गढ़वाली सरदारोंके क्लबमें भेजना और दूसरोंमें बाँटना था। मैंने रंगरूटोंसे कहा, कि इस फजूलखर्चीको बन्द करो। बस यही मेरा कसूर है।"

कर्नलको असली बातका पता लग गया। उसने शाबाशी देकर चन्द्रसिंहको छोड़ दिया, और पीछे गढ़वाली ओहदेदारोंको भी फटकारा।

चन्द्रसिंह देखते थे, रंगरूट रोज एक बजे परेडसे छूटते ही बनिया-बाजारमें उधार दूध-जलेबी लेकर खाते हैं। परेडमें खासी कसरत हो जाती थी। उस समय जवानोंको भूख बहुत लगती। खाना मिलनेमें देर होती, इसलिये वह दूध-जलेबीकी तरफ दौड़ते। चन्द्रसिंहने अपने प्लाटूनके सभी रंगरूटोंको बुलाकर कहा—"आप बनियेसे जितनेकी दूध-मिठाई खाते हैं, उससे कममें चार छटाँककी रोटी बनियेके पाससे मिल सकती है। बताओ कौन कम दाममें रोटी और चाय लेनेके लिये तैयार है?" सबने रोटी-चाय लेना पसन्द किया। अबसे बनियेके यहाँ रोटी-चायका इन्तजाम किया गया, और धीरे-धीरे यह प्रथा सारी बटालियनमें चल गई।

क्वारके दशहरेके दिन वैसे तो सभी जगह बड़ा उत्सव मनाया जाता, बलि-पूजा भी चढ़ती, लेकिन गोरखा-गढ़वाली आदि पहाड़ी जातियोंमें दशहरेका पर्व और भी जोर-शोरसे मनाया जाता है। अष्टमीके दिन खास तौरसे विशेष पूजा होती। परेड के मैदानमें राइफल, मशीनगन, तलवार, भुजाली, खुकुड़ी आदि सजाकर पाँतीसे रक्खी जाती। मैदानमें एक अठकोना चक्र बनाया जाता। उसके सामने काले रंगकी यमराजकी टेढ़ी-मेढ़ी मूर्ति तैयार की जाती है, जिसके मुँहके सामने एक खम्भा गाड़ा जाता। खम्भेके पास ही एक गड्ढा खोद दिया जाता। इस खम्भेसे एक भैंसा बाँधा जाता, जिसके चारों ओर सौ-डेढ़ सौ बकरे खड़े किये जाते। भैंसेकी सींगपर लाल कपड़ा बाँधकर सिन्दूर मला जाता। एक सिपाही राजसी पगड़ी बाँधता। उसके हाथमें एक नङ्गी तलवार दे दी जाती। उस दिनके लिए वह सिपाही राजा होता। राजाके साथ अपनी-अपनी नङ्गी भुजालियाँ लिये दूसरे सिपाही खड़े हो जाते। चारों ओर सारी पलटन खड़ी रहती। फौजी बाजे और देशी बाजे भी खूब बजाये जाते। शराब-भाँग खूब चलती, जिसकी मस्तीसे लोग खूब नाचते। अफसर लोग छोलदारियोंमें टेबुल-कुर्सी लगाये मिठाई-शराब खाते-पीते तमाशा देखते।

पूजाका आरम्भ पलटनका ब्राह्मण करता। हरेक पलटनमें अंग्रेजोंने पुरोहित के तौर पर ब्राह्मणको रख छोड़ा था, जो पूजाके साथ-साथ उन्हें राजभक्तिकी भी शिक्षा देता। उस दिन ब्राह्मण संकल्प पढ़कर चावलको बकरों और भैंसोंके ऊपर बिखेरता। सिपाही भी चारों ओरसे बलिके पशुओंके ऊपर अक्षत फेंकते। पहले भेड़ा मारा जाता, अन्तमें भैंसेकी बारी आती। सबसे पहले राजा अपनी तलवारको भैंसे पर चलाता, और फिर दूसरे भी अपनी भुजालीको बेदर्दीसे चलाने लगते। उस दिन सारी भूमि खूनसे लथपथ हो जाती। एक बकरेको कटता और तड़फड़ाता देखकर दूसरा भागनेकी कोशिश करता। सारे बकरे बें-बें करके चिल्लाने लगते। बड़ा ही करुण दृश्य होता।

बलिदानकी तैयारी की जाती थी। विचारके समय चन्द्रसिंहने भैंसा काटनेका विरोध करते हुये कहा—"जब हम भैंसा खाते नहीं, तो उसका काटना पैसेकी बरबादी

है।" बैठकमें जानेसे पहले चन्द्रसिंह पलटनके ब्राह्मणसे बात कर उसे इस बातके लिये राजी कर लिये थे, कि वह कह दें—भैंसकी बलि धर्मविहित नहीं है। भैंसेकी बलि रोकनेकी बात कहने पर कुछ लोगोंने विरोध किया। लेकिन, जब ब्राह्मणने अपना फतवा दे दिया, तो बहुमत उनकी तरफ हो गया।

दशहरेके लिये हरेक आदमी अपनी तनखाहमेंसे एक रुपया चन्दा दिया करता था। पलटनमें चन्द्रसिंहकी तरहसे कितने आदमी थे, जो मांस-मछली और शराबको छूते नहीं थे, पर उन्हें चन्दा देना ही पड़ता था। चन्द्रसिंहने जोर दिया और ऐसोंको मिठाई देनेकी बात मंजूरकी गई। इसे कहनेकी जरूरत नहीं, कि इसमें चन्द्रसिंहके आर्यसमाजी विचार काम कर रहे थे, वह हर मौकेसे फायदा उठाकर आर्य-समाजका प्रचार करते थे।

सन् १६०६ के करीब लैन्सडौन के पास एक नालेमें कसाईखाना खोल दिया गया था। गढ़वालियोंको पता था, कि यहाँ गोवध होता है। नालेवाले मकानमें तीन मुसलमान कसाई रहते थे। वह रातके वक्त गायको लाकर मारते, और गोमांस वहाँसे अंग्रेजोंके बँगलोंमें पहुँचा देते। गढ़वाली हिन्दू सिपाही इसे बहुत बुरा मानते थे। कितने ही सालों तक वह बेबस हो यह सब देखते रहे। रातके वक्त चन्द गढ़वाली सिपाही उस घरमें घुस गये, तीनों कसाइयोंको मार गायोंको खोलकर वह रात हीको अपने बारकोंमें चले आये। दूसरे मुसलमानोंने कसाइयोंके मरनेकी रिपोर्ट दी। लेकिन जब सारी पलटनकी सहानुभूति कातिलोंके साथ थी, तो उनका पता कैसे लगता? कसाइयोंके मारे जानेका सवाल नहीं था, बल्कि अब अंग्रेज अफसरोंको गोमांस भी नहीं मिल सकता था। गढ़वाली सरदारोंने अपने स्वामियोंके लिए कुछ करनेका निश्चय किया। इन जी-हुजूरोंने यह फैसला किया, कि अंग्रेजोंके लिए १२ और २ बजेके बीचमें रातको गायें मारी जायँ, और मांसको रातोरात बँगलोंमें भेज दिया जाय। अब यही रवाज यहाँ चल पड़ा था।

सन् १६२७-२८ में लैन्सडौन सदर बाजारके एक छोरपर सब्जी मंडी खोली गई। उसमें तरकारियाँ, मछली और बकरेके मांस बेचनेकी दूकानें थीं। मकान तैयार होने पर जब दूकानें नीलाम की जाने लगीं, तो उस कोठरीको एक मुसलमानने ले लिया। नीलाम होते ही हिन्दुओं को पता लग गया, कि यहाँ गोमांस बेचा जायगा। यह खबर सुनकर उनमें बड़ी खलबली मची। आर्यसमाजी इस आन्दोलनमें सबसे पहले थे! छुट्टीका दिन था। लैन्सडौन छावनीसे तीन मीलपर अवस्थित चमेठाखालमें देवीका मेला था। मेलेमें व्याख्यान भी था। केदारसिंह भण्डारी, दौलतसिंह रावत और चन्द्रसिंह तीनों आदमी व्याख्यान सुनने बैठ गये। व्याख्यान समाप्त होते ही चन्द्रसिंहने सभाको बतलाया कि किस तरह गोमांस बेचने के लिये सब्जीमण्डीमें

इन्तजाम किया गया है। सभाके सभापतिने कहा कि यह बात सच है, तो लिखकर दें। चन्द्रसिंहने कहा—"मैं फौजी आदमी हूँ, मेरे लिए ऐसा करना ठीक नहीं होगा। आप इसकी जाँच कर लें, फिर दर्खास्त दें।" उनके जाँच करने पर बात सच्ची साबित हुई। इसपर उन्होंने इसका विरोध करते हुये जिला-मैजिस्ट्रेट (गढ़वाल), कन्टूनमेंट मैजिस्ट्रेट, युक्त-प्रदेशके गवर्नर, वायसराय, पं० मदनमोहन मालवीय और अखबारोंके पास खबर भेजी। सब तरफसे वावेला मचते देख गोमांसकी दूकान बन्द कर दी गई।

अंग्रेजोंने हर बात की जानकारीके लिये अपने जासूस छोड़ रक्खे थे। किसी जासूसने साहबोंसे कह दिया, कि गोमांसकी दूकानके विरोध करनेका सूत्रधार चन्द्रसिंह था। कर्नलने चन्द्रसिंहको बुलाया, लेकिन गढ़वाली सूबेदार-मेजर हरिसिंह रानाने कहा, कि चन्द्रसिंहने जो कुछ किया, उचित किया। कर्नलने धमकाकर चन्द्रसिंहको छोड़ दिया, और सूबेदार-मेजरको पेन्शन लेकर घर चले जानेके लिये मजबूर किया।

ठाकुर नारायणसिंह गोसाईं घुड़दौडस्युं पट्टीके रखौला गाँवके रहनेवाले थे। १९१४ में चन्द्रसिंह और वह एक ही साथ फौजमें भरती हुये और एक ही साथ शपथ ली। दोनों साथ ही फ्रांसकी लड़ाई पर गये, और दोनों ही वहाँसे एक साथ देश लौटे। बसरेकी लड़ाईमें भी दोनों एक साथ थे। बसरासे जब चन्द्रसिंह लौटकर डिपो (लैन्सडौन) चले आये, तो नारायणसिंह पलटनके साथ वहीं रह गये, जहाँ उन्हें तुर्कीकी राजधानी इस्ताम्बुलमें लड़नेके लिये जाना पड़ा। सन् १९२० में वह देश लौटे। उसके बाद फिर दोनों मित्रों का साथ हो गया। मकीनाकी लड़ाईमें दोनों साथ थे, फिर दोनों लैन्सडौन चले आये।

चन्द्रसिंह पक्के आर्यसमाजी, आर्य-समाजके अवैतनिक प्रचारक थे। उन्होंने भाई नारायणसिंहको भी अपने विचारोंका बना लिया। आर्य-समाजके विचारोंके अति-रिक्त बाहरी दुनियामें क्या हो रहा है, इसकी बातें भी वह नारायणसिंहको बतलाने लगे। नारायणसिंह बड़े विचारशील और गम्भीर स्वभावके आदमी थे। उनकी योग्यतासे चन्द्रसिंहकी सारी टोली प्रभावित थी। सभी उनको अपना मुखिया मानते थे। अगर कहीं पर कोई काम करना या किसी असंतोषका मुकाबिला करना होता। तो लोग नारायणसिंह को अपना नेता बनाते। चन्द्रसिंह जो भी करते, उसमें नारायणसिंहकी सहमति होती। उनकी राय लिये बिना वह कोई काम नहीं करते थे।

उस समय भारतमें अंग्रेजोंने विलायतसे जाँच करनेके लिये साइमन-कमीशन भेजा। कांग्रेसी देशभक्त जानते थे, कि यह सम्पूर्ण गोरा कमीशन हमें स्वतन्त्रता देने नहीं, बल्कि हमारी बेड़ियोंको मजबूत करने लिये आया है। सभी जगह "साइमन गो

बैक" (साइमन लौट जाओ) का नारा लग रहा था। बम्बई, कलकत्ता, इलाहाबाद, लखनऊ आदि सभी शहरोंमें उसके विरोधमें जलूस निकाले गये, पुलिसने लाठियाँ चलाईं। पं० गोविन्दबल्लभ पन्तको सख्त चोट आई, जवाहरलाल नेहरू भी उससे नहीं बचे। लाहौरमें लाला लाजपतरायको पुलिस कप्तानने लाठीसे पीटा और जिसके ही कारण अन्तमें उनका देहान्त हो गया। सारे देशमें भारी असंतोष फैल गया। चन्द्रसिंह अब पुराने ढङ्गके पलटनियाँ सिपाही नहीं थे। उनके दिलमें देशभक्तिका बीज पड़ चुका था। उन्होंने अपने साथियोंको लेकर जंगलमें एक बैठक की। आदमियों के नाम, बैठकका स्थान आदि सबके फर्जी नाम रक्खे। उन्होंने निश्चय किया, कि जिस वक्त कांग्रेस हुकुम दे, उसी समय नौकरी छोड़ अपनी-अपनी राइफलें उठाये हम घर चले जायँगे।

कभी-कभी वह रंगरूटोंको जंगलमें ले जाकर बैठाते, और उनसे पूछते—"यहाँसे तुम अपनी-अपनी पलटनोंमें जाओगे। यदि वहाँ तुम्हें कांग्रेसवालों पर गोली चलानेका हुकुम दिया जायगा, तो क्या करोगे?" फिर उनके दिलमें देशभक्तिका भाव पैदा करते, समझाते अपनी-अपनी पलटनोंमें पहुँचकर वहाँके पुराने साथियोंको बतलाना, कि देश में क्या हो रहा है। साथ ही पलटनमें क्या हो रहा है, इसकी खबर सांकेतिक भाषामें हमारे पास भी भेजना। उन्होंने संकेत कर रक्खा था, कि पलटनमें खूब प्रचार हो रहा है, इसके लिये चिट्ठियोंमें लिखना—"यहाँ अच्छी वर्षा हो रही है।"

ऐसे विचारोंके फैलाने और लोगोंको सङ्गठित करनेका सबसे अधिक श्रेय भजनसिंह (सितौनस्यूँ) और उनके एक साथीको था। यह दोनों नौजवान लाहौरके डी० ए० वी० कालेजमें पढ़ते, "नौजवान भारत सभा" में शामिल होकर काम करते थे। लाला लाजपतराय जैसे देशके महान् नेता पर लाठी चलाना और उनका कुछ ही दिनों बाद मरना सारे देशके लिये भारी अपमान था। देशके नौजवान बदला लिये बिना नहीं रह सकते। भगतसिंहके नेतृत्वमें उनके साथियोंने बदला एक अंग्रेज अफसरको मार कर लिया। कुछ समय बाद भगतसिंह और उनके साथी पकड़े गये, उसी समय भजनसिंह अपने मित्रके साथ आकर फौजमें भरती हो गये।

चन्द्रसिंहको अतिरिक्त समयमें सिपाहियोंको बाहरी लड़ाईकी शिक्षा देनेका हुकुम था। वह किसी जगह ले जाकर पहाड़की जमीनका नकशा बनाकर लोगोंको बैठा देते और देश में क्या हो रहा है, इसपर लेक्चर देते। अगर बीचमें कोई अफसर मुआइनाके लिए आ जाता, तो फौजी ढङ्गका लेक्चर देने लगते। अफसरको क्या पता लगता, कि यहाँ क्या हो रहा है। इसी समय भाई नारायणसिंहको हवलदार बनाकर पलटनमें भेज दिया गया। चन्द्रसिंहको इसका बहुत दुःख हुआ क्योंकि वह जिस कामको कर रहे थे, उसमें नारायणसिंह सबसे बड़े सहायक थे। एक दिन विशुल-

मेजर मेहरसिंहने कहा—"चन्द्रसिंह, आपके भी पलटनमें जानेका समय नजदीक है। जिस दिन जाओगे, उस दिन मुझे क्या दोगे?"

चन्द्रसिंहने कहा—"जो आप कहें।"

"बोलो वचन देते हो?"

"हाँ, वचन देता हूँ"—चन्द्रसिंहने कहा।

"तो तम्बाकू पीना छोड़ दो।"

चन्द्रसिंहने कहा—"गुरु, इस साधारण-सी बातके लिये आपने क्यों वचनबद्ध कराया? लीजिये, अबसे मैं तम्बाकू नहीं पीऊँगा।"

वह मुस्कराते हुये बोले—"चन्द्रसिंह, तुम्हें जिस बातकी धुन है, वह तुम्हें गोलीका शिकार बनायेगी, नहीं तो जेलमें तो अवश्य डालेगी।"

पासमें खड़े हवलदार शेरसिंह (बुटौला) को यह बात लग गई, और उन्होंने कहा—"अरे, जो सच्चे देशभक्त हैं, वे जेलोंमें सड़ रहे हैं, लाठियोंकी मार खा रहे हैं। हम लोग तो गुलाम हैं, देशके साथ गद्दारी कर रहे हैं। आखिर देश तो आजाद होकर रहेगा, उस समय हमारा मुँह काला होगा।"

अध्याय १२

खैबरमें (१६२६ ई०)

१६२६ में १०।१८ रा० ग० रा० में दो साल काम करने के बाद चन्द्रसिंहको खैबर भेजा गया। गढ़वालके छोड़नेका सभी गढ़वालियोंको दुःख होता है, लेकिन चन्द्रसिंहको और भी क्योंकि वह समझते थे, कि देश जो मुझसे आशा रखता है, मै उससे उलटी दिशामें जा रहा हूँ। उनके अपने विचारवाले सारे साथी लैन्सडौनमें छूट गये, और वह ऐसी जगह जा रहे थे, जहाँ देशकी कोई खबर उन्हें मिल नहीं सकेगी। उन्हें हवलदार-मेजर बनाया गया था, जिसके लिये खुशी होनेकी जगह उनको अफसोस होता था। पलटनमें दूसरे हवलदारोंसे हवलदार-मेजरको आठ रुपया मासिक अधिक मिलता है, लेकिन ड्यूटी बहुत सख्त होती है। वह एक मिनटके लिये भी अपनी कम्पनीसे गैर-हाजिर नहीं हो सकता। कम्पनीके सभी सिपाहियों, सरदारों ओहदेदारोंकी जिम्मेवारी उसके ऊपर रहती है। कितने आदमी परेडमें हैं, कितने ड्यूटीपर, कितने अस्पतालमें कितने छुट्टीपर इसका सारा हिसाब उसे रखना पड़ता है। सिपाहियोंके छोटे-मोटे झगड़ोंका फैसला करना भी उसका काम है। बटालियनसे अड्जुटेंटके पास हुकुम आता, अड्जुटेन्ट-से अड्जुटेंट-जमादारके पास, उसके पाससे क्वार्टर-मास्टर, उससे कम्पनी-कमाण्डरके पास इस तरह आये हुकुमको हवलदार-मेजर स्वयं तामील करता, और सारी कम्पनीसे करवाता। कम्पनीकी कवायद और अनुशासनका भी जिम्मेवार वही होता। इतने अधिक काम थे, कि चन्द्रसिंह बाजार जानेका मौका नहीं पा सकते, और न अखबार या किताब पढ़नेका समय निकाल सकते थे। हवलदार-मेजर कम्पनीका संचालक अफसर है। कम्पनीमें उसकी बड़ी इज्जत होती है। वह एक सिपाहीको अपने साथ अर्दली रख सकता है। परेड करनेमें उसे राइफल नहीं उठानी पड़ती, बल्कि उसके हाथमें एक छड़ी रहती है। वह कम्पनी-कमाण्डरके साथ-साथ चलता है। कम्पनी उसका हुकुम माननेके लिये बाध्य है।

हवलदार-मेजर होकर चन्द्रसिंह अब लैन्सडौनसे चले। कोटद्वारमें रेल पकड़कर वह अपनी टोली लिये हुये रवाना हुये। पेशावर पहुँचे, तो सबसे पहले उनका ध्यान अखबार ढूँढ़नेके लिये बुक-स्टालपर गया। खोजनेपर साप्ताहिक "विश्वमित्र" मिल

गया। चन्द्रसिंहने स्टालवालेसे कहा—"भाई, अगर महीनेके चारों अङ्कोंको दे सको, तो मैं अभी रुपया दे सकता हूँ, पीछे हमारा आदमी आकर उसे ले जायगा।"

उनकी पलटन पेशावरमें रुकनेवाली नहीं थी। उसे खैबर दर्राके भीतर लन्दी-कोतलमें रहना था। वहाँ पहुँचकर उन्होंने अड्जुटेंटको रिपोर्ट दी। सिपाहियोंको अलग-अलग कम्पनियोंमें बाँटा गया। चन्द्रसिंहको कम्पनी नम्बर १ के चौथे प्लाटूनमें रक्खा गया। उन्हें यह जानकर बड़ी प्रसन्नता हुई, कि भाई नारायणसिंह उसी कम्पनीके क्वार्टर-मास्टर हवलदार हैं। खैबरमें कई स्थायी पिकेट (गुल्म) हैं। चन्द्रसिंहको उन्हें देखनेके लिये जाना पड़ता था। इन्हीं पिकेटोंमें एकका नाम काफिरकोट था। सुरक्षाके लिये बहुत प्राचीनकालमें खैबरके भीतर यहाँ एक छोटा-सा किला बनाया गया था। किस समय बना था, यह कहना मुश्किल है। कोई-कोई कहते हैं, अशोकने यहाँपर कोई स्तूप बनवाया था। यह सम्भव भी नहीं है, क्योंकि सारा अफगानिस्तान अशोकके राज्यके भीतर था। अशोककी तरह ही कनिष्क भी बड़े धर्मात्मा बौद्ध थे। शायद उस समय इसे बनाया गया हो। कोटमें असाधारण तौरसे बड़े-बड़े पत्थर लगाये गये हैं। वहाँ दीवालोंमें तोपों और बन्दूकोंके चलानेके लिये सूराख भी बने हैं। अशोक और कनिष्कके समय बारूदका आविष्कार नहीं हुआ था, इसलिये ये सुराख उस समयके बने नहीं हो सकते। कुछ भी हो, जब यह सारा इलाका मुसलमान नहीं हुआ था, तब यह कोट मौजूद था और मुस्लिम गाजी जब इस रास्ते भारतकी तरफ बढ़े, तो काफिरोंने उनका मुकाबिला यहाँ डटकर किया था, जिसके कारण उन्होंने इसका नाम काफिरकोट रख दिया। पीछे बौद्धों और ब्राह्मणोंकी सन्तानें जब पठान मुसलमान बन गईं, तो उन्होंने देखादेखी अपने पूर्वजोंके इस किलेको काफिरकोट कहना शुरू किया। चन्द्रसिंह पिकेटको देखनेके लिये इस कोटमें गये थे। कोटके भीतर एक बड़ा सा कुआँ है, जिसके नीचे घूमती हुई सीढ़ियाँ चली गई हैं। उनकी जिज्ञासाने जोर मारा, लेकिन अन्धेरा होनेके कारण वह भीतर नहीं जा सके। इन विशाल पत्थरोंको दीवालोंपर चढ़ा देखकर चन्द्रसिंहके मनमें ख्याल आता था—उस समय तो कोई मशीन नहीं, थी फिर कैसे इन विशाल चट्टानोंको जोड़ कर यह किला बना।

खैबर दर्रा पहाड़ोंके बीचमें बहुत दूर तक चला गया है। इधर (अब पाकिस्तान) के छोरपर जमरूदका किला है, और उसपार दर्रेसे निकलनेके बाद दूर जलालाबादका शहर अफगानिस्तानकी भूमिमें आता है। खैबरका सारा फासला ३२ मीलका है। इन पहाड़ोंमें सिनवारी और दूसरे कबीलेके पठान रहते हैं। इनकी आपसमें दुश्मनी रहती है। वह लड़ते-भिड़ते हैं। इसी दर्रेमें कुछ सुरंगें निकालकर रेलकी लाइन लंडी खाने तक पहुँचाई गई है। जलालाबाद लंडी खानेसे २० मीलपर है।

१९२७ में वहाँसे दो महीनेकी छुट्टी लेकर चन्द्रसिंह घर आये। उनकी माताको दमेकी बीमारी थी। स्वास्थ्य गिरता चला गया था। छुट्टीके एक महीने बीते थे, कि माताका देहान्त हो गया। पिता जाथलीसिंह चन्द्रसिंहकी स्वेच्छासे की हुई शादीको अक्षम्य अपराध समझते थे। माताके मरनेपर घरमें रोना-पीटना शुरू हुआ। जेठे लड़केको माताके संस्कारमें हाथ लगाना आवश्यक है, लेकिन पिताने चिल्लाकर कहा—"चन्द्रसिंह मृतकके ऊपर हाथ नहीं लगा सकता," और उसी समय नवीनाके साथ उन्हें घरसे निकल जानेके लिये कहा। लोगोंने बहुत समझाया, लेकिन पिता टससे मस नहीं हुये। माताको छोड़कर उन्हें घरसे बाहर रहना पड़ा। अगले दिन गाँववालोंने जब बहुत दबाव डाला, तो दाह-संस्कारमें चन्द्रसिंहको सम्मिलित होनेकी इजाजत दी। माँको कन्धेपर उठाकर वह श्मशानमें ले गये। चितामें रख देनेपर जैसे ही आग लगाई, फिर पिता चिल्ला उठे—"चन्द्रसिंह यहाँसे हट जाय।" उन्होंने स्वयं कपाल-क्रिया की। लोग समझाते ही रह गये, लेकिन चन्द्रसिंहको क्रिया-कर्ममें बैठनेकी आज्ञा नहीं दी। तेरही हो गई, तीसवाँ श्राद्धका दिन आया। इस समय भी कुछ विधि होती है। फिर पिता उबल पड़े, और अन्तमें नवीना (गौरी) को उसके पिताके घरपर छोड़कर अपनी पलटनमें चले गये।

चन्द्रसिंहके दो छोटे भाई थे—बुधारुसिंह और योवसिंह। कई पीढ़ियोंसे उनके घरमें सिर्फ एक ही जीवित सन्तान चली आती थी। इस पीढ़ीमें अब तीन भाई थे। दोनों भाइयोंकी भी शादी हुई। पिताके साथ अनबन होनेपर भी भाइयोंके साथ उनका सम्बन्ध हमेशा अच्छा रहा। योवसिंह १९३९ में मरगये, और बुधारुसिंह अब पैतृक सम्पत्तिपर अपने गाँवमें हैं। दोनों भाइयोंके एक-एक लड़के, और बड़े भाईके दो हैं। इस प्रकार जाथलीसिंहकी तीसरी पीढ़ी चार पोतोंकी है।

माँकी बरसी होने जा रही थी। बरसीके समय बुलानेपर चन्द्रसिंह आये। आर्यसमाजी चन्द्रसिंह माताका मृतक श्राद्ध करनेके लिये तैयार नहीं थे। लेकिन, उनकी वहाँ क्या चलनेवाली थी? बाप-भाई, गाँव और ब्राह्मण सभी एक ओर थे। चन्द्रसिंह घरको तिलांजलि दे पैतृक सम्पत्तिमें अपने हकको छोड़नेका प्रण करके वहाँसे सदाकेलिये चल दिये।

१९३० में जल्दी ससुरने आनेके लिये चिट्ठी लिखी थी। उनके घर पहुँचनेसे चार दिन पहले ससुर आकर दोनों स्त्रियोंको अपने घर ले गये थे। ससुरकी एक ही लड़की थी।

जेठ महीनेके अमावसकी रात थी। एक कुलीसे समान उठवाये चन्द्रसिंह पहुँचे। दोनों स्त्रियाँ—भागीरथी तथा नवीना—ससुर भगाड़सिंहके साथ एक टूटी अन्धेरी धर्मशालामें बैठे थे। चन्द्रसिंहके पहुँचनेपर उन्हें बड़ा हर्ष हुआ। अन्धेरेमें

वह एक दूसरेका मुँह भी नहीं देख सकते थे। गाँवमें दानसिंह नामक एक जागीरवाले पेन्शनर जमादार थे। चन्द्रसिंहके आनेकी खबर पाकर वह लालटेन ले उनके पास आये, और उनके खाने-पीनेका इन्तजाम करके बहुत सत्कार किया।

चन्द्रसिंह के ससुर झगड़सिंह भण्डारी सन् १८८६ में ६ नम्बर गोरखा पलटन में भरती हुये थे। १८६७ में गोरखा पलटनसे अलग कर १।३६ गढ़वाल राइफलका जब गठन किया गया, तो वह उसमें चले गये। तीस साल तक नौकरी करनेके बाद १६१३ में उन्होंने पेन्शन पाई। प्रथम महायुद्धमें उन्होंने १७०० गढ़वाली रंगरूट भरती कराये इस सेवाके लिये अंग्रेजोंने उन्हें एक तमगा और अलमोड़ा जिलेकी मल्ला-कत्युर पट्टीके मैगड़ी गाँवकी सैनिक जमींदारीमें एक सौ नाली जमीन जागीर दी। झगड़सिंहकी एक ही लड़की थी, जिसकी शादी चन्द्रसिंहसे करके उन्होंने अपनी जागीर उनके नाम लिख दी थी। इसी जमीनको अब ठीकठाक करना था।

चन्द्रसिंहके पास उस समय सिर्फ ६० रुपये थे। उस गाँवमें उनका कोई जान-पहचानका आदमी नहीं था। उनके पास रहनेके लिये न मकान था, न खाने-पीनेकी चीज, न पकानेके लिये बरतन और न जमीन आबाद करनेके लिये हल-बैल या बीज थे। पासमें ओढ़ने-बिछौनेके लिये कपड़ा भी नहीं था।

कत्यूरका यह इलाका कुमाऊँ-गढ़वालका ऐतिहासिक भूभाग है। प्रतापी कत्यूरी वंश कभी सतलजसे दरनाली (नेपाल) तक शासन करता था। अन्तिम दिनों में उसका रा य छिन्न-भिन्न हो गया और जोशीमठकी अपनी राजधानी छोड़कर उनके एक वंशधरने इस इलाकेमें अपनी राजधानी कायम की, जो पहले कार्तिकेयपर और पीछे वहाँपर स्थापित वैद्यनाथ महादेवके कारण बैजनाथके नामसे मशहूर हुई। अब भी बैजनाथमें कई टूटे-फूटे मन्दिर हैं, और कई सुन्दर मूर्तियाँ अपने कालके सुन्दर शिल्पको प्रदर्शित करती हैं। इसी गोमती नदीपर दस-बारह मील नीचे बागेश्वरका मशहूर तीर्थस्थान है, जिसका जिक्र हम कर आये हैं। कत्यूर कुमाऊँ जिलेमें है। कुमाऊँ और गढ़वालकी भाषामें कुछ अन्तर है। चन्द्रसिंहके वहाँ अपने कोई नहीं थे। वह और उनकी पत्नियाँ अपनेको उस भूमिमें अपरिचित-सी पाती थीं। उनकी द्वितीय स्त्री (कुँवरी) की बहिन भागीरथीको किस तरह माता-पिताने चन्द्रसिंहकी मर्जीके बिना ब्याह कर दिया था, यह हम कह आये हैं। वह इस समय १६ सालकी थी। सौतके साथ रहना ही स्त्रीके लिये दण्ड होता है, और सौतके बापके घर रहना तो और भी भारी दण्ड है। लेकिन, बेचारी क्या करती ! चन्द्रसिंहके कारण उसे यह करना पड़ा। बहिनके मर जानेपर भागरथीकी माँने चन्द्रसिंहके माता-पितासे स्नेह नाता कायम रखनेके लिये यह सब किया था। नवीना भागीरथीके साथ प्रेम दिखलाती थी। समझती थी, कि पति तो पलटनमें चला जायगा, हम दोनोंका मिलकर रहना ही अच्छा है। इस स्नेहको उसकी माँ नहीं पसन्द करती थी।

जमीनको कोई किसान अब तक जोतता था, जो उसे छोड़ गया था। जेठका महीना था। गेहूँकी फसल कट चुकी थी, धान बोया जा रहा था। अगल-बगलके लोगोंने अपने खेत जोतने-बोने शुरू किये, लेकिन चन्द्रसिंहकी जमीन परती पड़ी हुईथी। सभी जगहके लोगोंकी तरह कत्यूरी गाँवसे धनी भी लोगोंकी बेबसीसे फायदा उठाते। जब देखते, कि अनाजकी तंगी है, तो उसका दाम बढ़ा देते। उस समय वह अनाजको बहुत महँगा बेच रहे थे—गेहूँ रुपये का दस सेर और धान आठ सेर। चन्द्रसिंह अपने पासके ९० रुपयोंसे क्या-क्या करते। खानेके लिये भी सामान खरीदना था, और बोनेके लिये भी। उन्होंने २५ रुपयेका गेहूँ, १६ रुपयेका धान, ४६ रुपये का एक जोड़ा बैल, ८ रुपयेका दाल-नमक-मसाला, २ रुपयेके खेतोंके औजार आदि खरीदे। पासके सारे रुपये खतम हो गये। रहनेके लिये घरका कोई ठिकाना नहीं था। एक अजनबीके लिये कर्ज देनेवाला कहाँ से मिलता? उन्होंने अपने पलटनके एक दोस्तको पैसा भेजनेके लिये चिट्ठी लिखी।

कत्यूरमें रंगोलीके पास लोघाके पेन्शनर हवलदार तारासिंहकी जागीर थी। तारासिंह नारायणसिंहके गाँवके रहनेवाले थे, इसलिये उन्हें उम्मीद थी, कि कुछ पैसे मिल जायँगे। रंगोलीमें सवा रुपयेका स्टाम्प खरीद वह तारासिंहके घर गये। पेन्शनर हवलदारने बड़ा सत्कार किया, लेकिन उनका हाथ भी उस समय खाली था। वह चन्द्रसिंहको लेकर एक दूसरे जमींदार नरोत्तम दुर्गादासके पास ले गये। नरोत्तम घरपर ही थे। चन्द्रसिंह और उनके साथीने ब्राह्मण देवताको पालागन कहा। शायद भाँप लिया होगा, इसलिये उनके मुँहसे आशीर्वाद भी निकलना मुश्किल था। उन्होंने दोनों आगन्तुकोंकी तरफ नजर घुमाकर देखा भी नहीं, अन्तमें तारासिंहने ही कहा।

—"पंडितजी, आप कुशल से तो हैं?"

—"हाँ, कुशल ही से हैं।"

१५ मिनट तक दोनों आदमी उनके घरपर रहे। चलते समय तारासिंहने स्टाम्प दिखलाकर कर्जपर रुपये माँगे। नरोत्तमने कोई जवाब दिया। शायद उस आदमी का ऐसा रूखा स्वभाव ही हो। दोनों घर लौट गये।

दो-तीन दिन बाद कप्तान नैनसिंह चिनवाण मैगढ़ीमें आये। चन्द्रसिंह उनसे मिलने गये। कप्तानने पूछा—"तुम यहाँ कैसे आये?" चन्द्रसिंहने अपना सारा किस्सा सुनाया। कप्तानको यह सुनकर बहुत दुःख हुआ, और वह अपने घर ले गये। वह रहनेवाले बधाण थरालीके थे, लेकिन जागीर-जमीनके कारण अब तैलबाड़ी गाँवमें रहते थे। वह स्टाम्प और दस्तावेज नहीं लिखवाना चाहते थे, लेकिन चन्द्र-सिंहने आग्रह करके सौ रुपये लेकर दस्तावेज लिख दिया। आखिर, वह स्टाम्प खरीद

ही चुके थे। कप्तान साहब पैसा लेकर लौटे, तो पलटनके दोस्तके भेजे सौ रुपये भी आ गये थे। उनके पास अब दो सौ रुपये थे।

चन्द्रसिंह एक दिन बागेश्वर जा रहे थे। गोमती नदीके किनारे बागेश्वर मन्दिर है। वहाँ भीड़ लगी थी, आसपासके गाँवोंसे लोग भागे-भागे आ रहे थे। पूछनेपर मालूम हुआ, कि महात्मा गांधी आये हैं। चन्द्रसिंह महात्मा गांधीका नाम बहुत सुने थे, लेकिन उन्होंने उन्हें कभी नहीं देखा था। गांधीजीके साथ मोहन जोशी और हरगोविन्द पन्त भी थे। चन्द्रसिंहका अभी इनसे कोई परिचय नहीं था। चन्द्रसिंह बागेश्वर पहुँचे। देशी बाजेके साथ वहाँ गांधीजीका स्वागत किया गया और डाक बंगलेमें ठहराया गया। सुना, कि गांधीजी २१ दिनका उपवास कर रहे हैं। अलमोड़ा में उनकी मोटरके नीचे पदमसिंह नामका एक पुरुष दबकर मर गया था, इसीलिये वह उपवास कर रहे थे।

उस दिन गांधीजीका व्याख्यान होनेवाला था। भाषण-मंचके सामने फौजी गोरखा टोपी पहने चन्द्रसिंह बैठे थे। आते ही गांधीजीकी नजर उस टोपीपर पड़ी और वह उंगलीसे उस ओर दिखलाते हँसकर बोले—"क्या यह मुझे डरानेके लिये यहाँ बैठे हैं!" सभी लोग हँस पड़े। चन्द्रसिंहने उटकर कहा—"अगर कोई मुझे दूसरी टोपी दे, तो मैं इसे उतारकर उसे पहननेके लिये तैयार हूँ।" किसी ने अपने झोलेमेंसे गांधी टोपी निकालकर चन्द्रसिंहकी तरफ फेंकी। चन्द्रसिंहने उस टोपीको गांधीजीकी ओर फेंककर कहा—"मैं बूढ़ेके हाथसे टोपी लूँगा।" महात्माजीने टोपीको चन्द्रसिंहकी ओर फेंक दिया। चन्द्रसिंहने उसे लेकर सिरपर रखते हुये खड़े होकर प्रतिज्ञा की, कि मैं इसकी कीमत चुकाऊँगा। सभामें तालियाँ पिटीं। चन्द्रसिंहके लिये यह दिन अविस्मरणीय था। उन्होंने महात्माजीका दर्शन ही नहीं किया उनके हाथसे टोपी पाई। यह काँटोंका मुकुट था, जिसको सिरपर रखते खुशीके मारे उनकी आँखें डबडबा आई। कुली-प्रथा कुमाऊँसे उठ गई थी महात्माजीने कुमाऊँवालोंको सफलतापर बधाई दी। उसी समय स्वराज्य-भवनकी उन्होंने नींव भी डाली।

चन्द्रसिंह बागेश्वरमें कुछ चीजें खरीदने गये थे। उन्हें खरीदकर मैगढ़ी लौट आये। एक हफ्ते और रहनेके बाद २६ जून १९२९ को वह अपनी पलटनके लिये रवाना हुये।

अध्याय १३

नमक सत्याग्रह (१९३० ई०)

मैगढ़ीसे चलते वक्त न जाने क्यों चन्द्रसिंहको एक तरहकी बेचैनी हो रही थी। चौदह वर्षोंके अपनी फौजी जीवनमें वह प्रायः हर साल एकाध बार छुट्टी लेकर घर आते थे मगर उनका चित्त कभी ऐसा उदास नहीं हुआ। हो सकता है, नये गाँवमें ले जाकर अपनी गृहस्थी अच्छी तरह जमा भी नहीं पाई थी, कि उन्हें फिर न जाने कितने दिनोंके लिये जाना पड़ रहा था। चलते वक्त सबसे पीछे आशीर्वाद उनकी सासने दिया, जो सास बननेसे पहले भी उनसे परिचित थीं। अब वह अपने दामादको फिर नहीं देखनेको थीं।

चन्द्रसिंह लंडीकोतलमें २-१८ रा० ग० रा०में जा मिले। उनकी पलटन जुलाईसे नवम्बर तक वहीं रही। मामूली कवायद-परेड और चाँदमारीके सिवा और कोई काम नहीं था। पहले अखबार मँगानेका उन्होंने प्रबन्ध किया था, उसे उनके दोस्तोंने चालू रक्खा था। इस छुट्टीमें उनको जो-जो खबरें मालूम हुईं, और बागेश्वरमें महात्मा गांधीसे कैसे दर्शन हुआ था, वह सब बातें उन्होंने अपने साथियोंको बतलाईं। लाहौर-षड्यन्त्र केस, दिल्ली बम केस चल रहे थे। चन्द्रसिंह और उनके अपने विचारवाले साथियोंमें बड़ी बेचैनी थी। वहाँ फौजी कैम्पमें मिलकर बात करनेका कोई अवसर नहीं था। लंडीकोतलकी छावनी दूसरी छावनियोंसे भी बढ़कर जेलखाना थी। कैम्पके चारों ओर काँटेदार तारोंकी बाढ़ लगी थी। बाजारमें जानेके लिये भी उन्हें कमांडरसे छुट्टी लेनी पड़ती। महीनेके अन्तमें जब कभी "विश्वमित्र" की कापी आती, तो उसको पढ़नेके लिये समय न मिलवा। दिनमें आदमी आते रहते थे, न जाने कौन खुफियाका काम कर रहा हो; और रातको बत्ती बलानेकी मनाही थी। वह पठानोंका इलाका था, जो संगीनके बलपर दबाकर रक्खे गये थे और हर वक्त अपने स्वतन्त्र अस्तित्वको दिखानेके लिये तैयार थे। बहुत कोशिश करनेपर चन्द्रसिंहके दोस्तोंने ब्रिगेडके कैंटोनमेन्ट बाजारमें एक दर्जीसे ठीकठाक किया। वहींपर चन्द्रसिंह जाकर अखबारोंको पढ़ आते। उनके दूसरे साथी भी इस कामके लिये वहीं जाया करते थे। राष्ट्रीयताकी भावना अब थोड़ेसे लोगोंका षड्यन्त्र नहीं था। वह बाँध तोड़कर भारतमें बह रही थी। इसलिये

अंग्रेजोंने हिन्दुस्तानी सैनिकोंको चाहे जितना छन्द-बन्दसे रखना चाहा हो, पर राष्ट्रीयताको रोक नहीं सकते थे।

गढ़वाली बटालियनकी बदली पेशावर हुई। २१ नवम्बर १६२६ को वह लंडीकोतलसे रवाना हुई, और तीन दिन पैदल चलनेके बाद पेशावर छावनीके निकलसन लाइनमें पहुँची। निकलसन एक मशहूर अंग्रेज सेनापति था, जिसने १८५७ ई० में दिल्लीको विद्रोहियोंके हाथसे छीननेमें सफलता प्राप्त की थी, उसीके नामसे इस लाइन या बैरकका नाम निकलसन था। एक दूसरी लाइन हरिसिंह लाइन कही जाती थी। हरिसिंह महाराजा रणजीतसिंहका बहुत बड़ा सेनापति था। उसने पठानोंको गुलाम बनानेके लिये उनपर बड़े अत्याचार किये थे। जमरूद किलेमें वह मारा गया था। हरिसिंहका नाम अंग्रेज क्यों अमर करना चाहते थे? वह पठानों और सिक्खों (पंजाबियों) की सनातन शत्रुताका प्रतीक था, जिसको जीवित रखना अंग्रेज अपने हितकी बात समझते थे। यह लाइनें जमरूद सड़कके किनारे ताकाल गाँवके पास अवस्थित हैं। उन दिनों पेशावरमें चार बटालियनें रहती थीं—एक गोरा रेजिमेन्ट, दूसरी २।७ रेजिमेन्ट, तीसरी चन्द्रसिंहकी २।१८ रायल गढ़वाली राइफल और चौथी ४।११ सिक्ख बटालियन। इसके अतिरिक्त रिसालेका ट्रूप, खच्चरवाला तोपखाना, विमान सेक्शन, मोटर कम्पनी, मलिशिया स्क्वाड्रन आदि भी थे। पेशावर अंग्रेजोंका एक जबर्दस्त सैनिक गढ़ था, यह सबको मालूम है।

पेशावर छावनीमें चारों पलटनें बारी-बारीसे ब्रिगेडकी ड्यूटी करती थीं। हरेक बटालियनको दो घंटेकी नोटिसपर पेशावर शहरमें जानेके लिये मुस्तैद रहनेका हुक्म था। शहरमें कोई बलवा हो जाय या आग लग जाय, तो तुरन्त फौजको भेजा जाता था। बटालियन जब ड्यूटी देती तो दूसरे बटालियनको सरहदके गवर्नरकी सेवा, छावनी और किलेकी ड्यूटी, रसद गारदकी ड्यूटी या मेडिकल कालेजकी ड्यूटी करनी पड़ती। तीसरी बटालियनका काम होता पासके कबाइली अफरीदियोंके आक्रमणसे पेशावरके इलाकेकी हिफाजत करनेके लिये हर वक्त तैयार रहना। चौथी बटालियन अफरीदी और सिनवारी कबाइलियोंसे पेशावरकी हिफाजतके लिये तैयार रक्खी जाती। ये ड्यूटियाँ चारों बटालियनें बारी-बारीसे करतीं। इनके अतिरिक्त उन्हें पलटनोंकी मामूली रोजमर्राकी ड्यूटियाँ कवायद-परेड करते ही रहना पड़ता था।

चन्द्रसिंहकी बटालियनको पहले-पहल अफरीदियोंके आक्रमणसे बचानेकी ड्यूटीपर लगाया गया। इस ड्यूटीमें गारद लगानेकी जरूरत नहीं पड़ती थी और बटालियनको रात भर छावनीके सामने लगे कँटीले तारोंकी लाइनमें रहते पेट्रोल (पहरेदारी) का काम करना पड़ता था। बाकी समय कवायद-परेडमें जाता। किसी शिकायतपर कम्पनीके कमांडरने चन्द्रसिंहको हवलदार-मेजरीसे हटाकर कम्पनी क्वार्टर-

मास्टरी हवलदार बना दिया। इसमें काम कम था। सिर्फ कम्पनीके रसद, गोला-बारूद, वर्दी आदिके देखने-भालनेकी जिम्मेदारी थी। लिखने-पढ़नेका काम कुछ ज्यादा था। कारण बतलाते हुये कम्पनी कमांडरने कहा—"चन्द्रसिंह, तुम हुकुमके कामोंमें गफलत करते हो। मेरे पास शिकायत आई है कि तुम अपनी ड्यूटीपर हाजिर नहीं रहते।"

चन्द्रसिंहने कहा—"हुजूर, मुझे तो तनखाहसे गरज है, आप चाहे भंगियोंके साथ रख दें।" कम्पनी कमांडर अंग्रेज था, वह यह सुनकर जल मरा, उसका चेहरा सुर्ख हो गया। समझा होगा, देशमें जो आग लगी हुई है, उसकी आँच हमारे इन क्रीत दासोंको भी छू गई है।

चन्द्रसिंहको इससे कोई दुःख नहीं हुआ। तनखाहके ऊपर जो आठ रुपये मासिक मिलते थे, वह भी पहलेकी तरह मिल रहे थे। क्वार्टर-मास्टरका काम होता है, रसदकी देखभाल करना। घी, आलू आदिकी सभी चीजोंकी सुविधा थी, साथ ही सिपाहियोंकी जवाबदेही नहीं थी। बाजार जानेका मौका भी इसमें बहुत था।

पेशावर छावनीसे कैन्टोनमेन्ट (छावनी) बाजार एक मीलपर पड़ता। बिना प्लाटून कमांडरकी आज्ञाके कोई सैनिक लाइनसे बाहर नहीं जा सकता। इसलिये बाहरसे खबर या समाचारपत्र लाना आसान नहीं था। दलका कोई आदमी उन्हें देखते ही पूछता—"महाशयजी, क्या खबर है?" आर्यसमाजी होनेसे अब उनका नाम शायद महाशय भी पड़ गया था। इसी समय लाहौरमें कांग्रेसकी तैयारियाँ हो रही थीं। देशके बड़े-बड़े नेताओंके जोशीले वक्तव्य अखबारोंमें निकल रहे थे। उस वक्त कौन अभागा हो सकता था, जो देशकी खबरोंको जाननेकी उत्सुकता न रखता हो? एक दिन चन्द्रसिंह नारायणसिंहके साथ यही पता लगानेके लिये सदर बाजार गये। वह चाहते थे, अखबार मँगानेका कोई इन्तजाम किया जाय। उस दिन इतवार था। दोनों फौजी वर्दी छोड़ सूट-बूट पहन बिना इजाजत लिये सदर बाजार चले गये। एक मकानका दरवाजा खुला था और अन्दरसे "जय जगदीश हरे, पिता जय जगदीश हरे" की आवाज आ रही थी। चन्द्रसिंह समझ गये, कि यह आर्य-समाज मन्दिर है। दोनों ही आर्यसमाजी थे, इसलिये निधड़क मकानके भीतर चले गये। देखा, वहाँ कितनी ही लड़कियाँ और स्त्रियाँ हवन करके आरती गा रही हैं। उन्हें देखकर अपनी गलती मालूम हुई और वह तुरन्त लौट पड़े। इसपर वहाँ बैठी एक महिला ने आश्वासन देकर पूछा—"आप यहाँ कैसे आ गये?" चन्द्रसिंहने नम्रतापूर्वक जवाब दिया—"बहिनजी, हम दोनों आर्यसमाजी हैं। आरतीकी आवाज सुनकर भीतर चले आये। हमें यह मालूम न था, कि यह स्त्री समाज है। गलतीके लिये हमें क्षमा करें।"

महिलाने कहा—"नहीं, नहीं, क्षमा माँगनेकी जरूरत नहीं। यहाँ भगवान्‌की आरती हो रही है। आप भी इसमें शामिल हो सकते हैं।"

थोड़ा परिचय हो जानेके बाद चन्द्रसिंहने अखबारकी बात कही। महिलाने अपने भाईका परिचय दिया, जो आर्यसमाजका प्रधान-मन्त्री था। महिलाने बताया, कि आप उनके पास जायँ, वह अखबारका इन्तजाम कर देंगे। वह स्वयं लड़कियोंके स्कूलकी अध्यापिका थी।

दोनों महिलाके भाईकी दूकानपर पहुँचे। संयोगसे वह वहाँ मौजूद थे। उन्होंने अपनी गरज बतलाई, तो भाई ने अखबार मँगा देनेकी जिम्मेदारी ले ली। एक महीनेका दाम तीन रुपया भी जमा कर दिया। उक्त सज्जनने अपने नामसे अखबार मँगा लेनेका जिम्मा ले लिया और पढ़नेके लिये "चाँद" पत्रिका भी दे दी। अखबार उन्हें कोई नहीं मिला, रुपये हजम हो गये।

सदर बाजारमें युक्त-प्रदेशके एक हलवाईने अपनी दूकान खोल रक्खी थी। अपने प्रदेशका होनेके कारण चन्द्रसिंहने उसके सामने भी अखबारका दुखड़ा रोया। हलवाईने एक अखबारफरोशको बुला अपनी दूकानपर रोज हिन्दीका एक अखबार रख जानेके लिये वचन ले लिया। चन्द्रसिंहने यहाँ भी महीने भरके लिये दो रुपये जमा कर दिये। यह इन्तजाम कुछ पक्का था। अपनेमेंसे सात-आठ निश्चित कर लिये थे, जो बारी-बारीसे आकर यहाँसे अखबार ले जाते थे। कम्पनीमें जब हाजिरीकी पुकार हो जाती, तो एक-एक आदमी चन्द्रसिंहकी कोठरीके भीतर आकर अखबार पढ़ जाता। रोशनी बाहर न जाय, इसके लिये दरवाजेपर कम्बल लगा दिया गया था। अखबार पढ़कर हरेक अपनी कम्पनीके अपने दलवाले सभी आदमियोंको बातें सुनाता। अखबार तलाशीमें मिल जाता, तो इसका भारी दण्ड भोगना पड़ता है, इसलिये पढ़कर रातोंरात उसे पानीमें डालकर गला दिया जाता था और चन्द्रसिंहकी अर्दलीमें रहनेवाला सिपाही उसे सबेरे कूड़ेमें डाल आया करता।

इस तरह वह अपनी भावना और तीव्र जिज्ञासाकी तृप्ति किया करते थे। इसी बीच लाहौरमें पं० जवाहरलाल नेहरूके सभापतित्वमें कांग्रेसका अधिवेशन हुआ। २६ दिसम्बर १९२९ को "पूर्ण स्वतन्त्रता भारतका लक्ष्य है", इसकी घोषणा की गई। सारे देशमें जोशकी लहर दौड़ रही थी। उसका एक अंश अखबारों द्वारा चन्द्रसिंहकी बटालियनके जवानोंमें भी पहुँच रहा था। एक दिन अखबार लानेकी बारी चन्द्रसिंहकी थी। पेशावरमें वायसरायके आनेकी खबर थी, इसलिये रात-दिन बैरककी सफाई और बटालियनकी ड्रिल बड़े जोर-शोरसे हो रही थी। दिनभर फुरसत नहीं मिलती थी, इसलिये अखबार लाना बहुत कठिन था और अन्धेरा होनेके बाद कोई फौजी बाजारमें जा नहीं सकता था। वहाँ गोरी पुलिस तैनात थी। पहलेसे चेतावनी दे दी गई थी, कि बत्ती जलनेके बाद अगर कोई सिपाही बाजारमें पकड़ा जायगा, तो उसको सख्त सजा दी जायगी। लेकिन, अखबार तो हर हालतमें लाना ही था। चन्द्रसिंहने पेशावरीका बाना भरा—कुल्हेवाली पगड़ी सिरपर रक्खी, सलवार पहना और फिर एक

लम्बा कोट पहनकर चल पड़े। इसी तरह वह काम बना लेते थे। एक दिन वह पठानी कोटकी जगह अपना लम्बा कोट पहनकर चले गये। अखबार लेकर वह लौट रहे थे। सड़कपर बिजलीकी रोशनी थी। उनकी बारक अभी दो फर्लाङ्ग दूर थी, उसी समय एक गोरे पुलिसमैनने पुकारकर कहा—"जवान, ठहरो।" भला जवान अब ठहरनेके लिये कैसे तैयार होता? वह सड़क छोड़कर बाड़ेको लाँघते एक बँगलेके हातेमें घुस गये। गोरा भी उनके पीछे-पीछे दौड़ा। फिर सड़ककी ओरके बाड़ेको लाँघकर वह कूदे। गोरेने ओवरकोट पकड़ लिया। उन्होंने पीछे मुड़कर गोरेकी नाकपर एक घूसा जड़ दिया। वह जमीनपर गिर पड़ा, लेकिन तब भी उसने कोटको हाथसे नहीं छोड़ा। चन्द्रसिंहने कोटमेंसे अपनी बाँहोंको निकालकर उसे वहीं छोड़कर भागना शुरू किया। सौभाग्यसे कम्पनीमें जब पहुँचे, उस समय हाजिरी लगानेका बिगुल बज गया था। कम्पनी अपने-अपने बैरकोंके बाहर फालिन हो गई थी। वह भी जल्दी-जल्दी उसमें शामिल हो गये। हाजिरी देकर वह लोगोंके साथ बैरकमें चले आये, और वहाँ आते ही हल्ला शुरू किया—"मेरा ओवरकोट कौन ले गया? हाजिरी देनेके समय उसे उठा ले गया।" उसी समय प्लाटून कमांडर सूबेदार-मेजर और अड्जुटेंट-जमादारको रिपोर्ट दी। यह भी बतलाया, कि ओवरकोट पर २-१८ रा० ग० रा० लिखा हुआ है।

अगले दिन सुबह १० बजे एक गोरा ओवरकोट लेकर पलटनके दफ्तरमें आया। उसकी वर्दीपर खून लगा हुआ था। गोरेने अड्जुटेंटको कहा, कि जिस आदमीका यह ओवरकोट है, उसने मुझे मारा, क्योंकि शहरसे आते मैंने उसको पकड़ा था। चन्द्रसिंह भी उस वक्त दफ्तरमें हाजिर थे। सब लोग वहाँ जमा हो गये। अड्जुटेंटने हँसते हुये गोरेसे कहा—"देखो इनमें वह आदमी है, जिसने तुम्हें मारा।" बेचारा गोरा कैसे पहचानता। उस वक्त तो चन्द्रसिंहके बदन पर सलवार थी, वह पठान बने हुये थे, और अब अपनी हवलदारकी वर्दी पहने खड़े थे। अड्जुटेंटको सन्देह हुआ, कि अपने ही आदमियोंमेंसे कोई होगा। उसने बटालियनके भिश्ती, नाई, धोबी, रसोइयोंको बुलाकर वहाँ खड़ा कर गोरेसे कहा—"देखो इनमें वह आदमी है?" गोरा उनमेंसे भी किसीको पहचान नहीं सका। अड्जुटेंटने कहा—"चन्द्रसिंह की बैरक सड़कके नजदीक है, हो सकता है किसी राह चलते पठानने ओवरकोट उठा लिया हो।" फिर हवलदारको सामने खड़ा करके कहा—"यह ओवरकोट इसी हवलदारका है, देखो इस आदमीने तो तुम्हें नहीं मारा?" चंद्रसिंह बेधड़क तनकर उसके सामने खड़े थे, गोरा उन्हें पहचान नहीं सका और ओवरकोट छोड़कर चला गया।

डाक कैम्प—पेशावरसे २२ मीलके करीब चरत छावनी है, जिसके नीचे डाक नामका गाँव है। चन्द्रसिंहकी बटालियन तीन हफ्तेके लिये पेशावरसे वहाँ कैम्प

डालकर युद्धकी चाँदमारी और दूसरे कामोंको सीखने के लिये गई। उस समय वह कम्पनीके क्वार्टर-मास्टर हवलदार थे। एक दिन संयोगसे उनकी कम्पनीमें रोटी पकानेकी लकड़ी नहीं रही। दिन और रात वर्षा होती रही, जिसके कारण ठेकेदार लकड़ी नहीं ला सका। सिपाहियोंको गाँवमें जानेकी सख्त मनाही थी। परेड पूरी ली जा रही थी, और परेडके बाद सिपाही भूखे भेड़िये बन जाते। नौ बजे रातको रसोइयोंने चन्द्रसिंहसे कहा, कि सबेरेके लिये एक टुकड़ा लकड़ी भी नहीं है। चंद्रसिंह दो रसोइयोंको लेकर उसी वक्त चुपचाप गाँवमें चले गये। गाँवके दस-पन्द्रह कुत्ते भूँकते हुये उनके ऊपर दौड़ पड़े। चंद्रसिंहने अपने दोनों साथियोंको समझा दिया, कि भागना नहीं, नहीं तो कुत्ते काटे बिना नहीं छोड़ेंगे। यह भी डर था, कि कहीं गाँवके पठान गोली न दाग दें। "दोस्त, दोस्त" कहकर चन्द्रसिंहने आवाज देनी शुरू की। दो पठान उनके पास आये। वह थोड़ी सी हिन्दुस्तानी बोलना जानते थे। उन्होंने पूछा—"मुसाफिर, तुम कौन हो?"

चन्द्रसिंहने दो रुपये उनके हाथमें थमाते हुये कहा—"भाई, हमारे पास लकड़ी नहीं है, कल रोटी नहीं पक सकती। हम पलटनके जवान हैं।"

पठान बहुत शरीफ थे। रुपये न ले वे तीन बोरी लकड़ी देकर चंद्रसिंहको उनके कैम्प तक पहुँचा गये। अगले दिन चंद्रसिंहकी कम्पनी मौजसे खाना खा रही थी, जब कि दूसरी कम्पनियाँ मक्खी मार रही थीं। ओहदेदार और अफसर अपने आदमियोंमें किस तरह प्रिय हो जाते हैं, इसका यह उदाहरण था।

डागा कैम्पसे पलटन फिर पेशावर लौट आई, जहाँसे कुछ दिनोंके लिये मिचनीकेनाल भेजी गई। इस समय चंद्रसिंह बीमार हो गये। चार दिन अस्पताल में रहनेके बाद तबियत ठीक हुई, तो उन्हें बहुत हलका-सा काम दिया गया। अब शामको बाजार जानेके लिये उनको मौका मिल जाता, और वहाँसे वह अखबार ला पढ़कर उसकी बातें अपने साथियोंको सुनाते। उस वक्त भगतसिंहकी चर्चा चारों ओर थी, उनकी तस्वीरें जगह-जगह बिक रही थीं। इस सारे समय पलटनके मिचनी चले जानेसे चंद्रसिंह अकेले रह गये थे। बटालियन वापस आ गई। वह रोज सड़क पर मार्च करती निकलती। एक दिन सड़क पर मार्च करके चंद्रसिंहकी कम्पनी अपनी लाइनमें लौट रही थी। एक चौरस्ते पर सिपाही दो भागोंमें बँट गये। बीचमें थोड़ी-सी खाली जगह थी, जहाँसे एक साइकलवाला अपनी साइकल पर चढ़ा निकलने लगा। चन्द्रसिंहकी कम्पनीका कमाण्डर मार्टिन था। साइकल-सवारकी इस गुस्ताखीको देखकर वह उसके पीछे दौड़ा, और धक्का दे नीचे गिराकर उसे उसने ठोकरोंसे खूब मारते सैकड़ों गालियाँ दीं। यह बात कम्पनीके जवानोंको बहुत बुरी लगी। वह कहने

लगे—"यह गोरे हम हिन्दुस्तानियोंको कितनी नीची निगाहसे देखते हैं। हम गुलाम हैं, तभी तो हमारे आदमीको इस गोरेने बेकसूर-ही इतनी ठोकरें मारीं।"

अप्रैल १६३० में चन्द्रसिंहकी बटालियनकी ड्यूटी पेशावर शहर पर लगाई गई। एक घंटेकी नोटिस मिलते ही ए० कम्पनी १२ नम्बरवाले बँगले पर शहर-मैजिस्ट्रेट के सामने पहुँचने के लिए तैयार रहती। सारी कम्पनी अपनी राइफल, सौ कारतूस, पिस्तौल, बम, मशीनगन, दूसरे सामान, एक दिनका पका हुआ भोजन, टामलोटोंमें पानी—सब तरहसे लैस रहती थी। उस समय परेड बैरकोंके सामने होती थी, जिसमें हुकुम मिलते ही कम्पनी चलनेके लिये तैयार हो जाय। कोई सिपाही बिना प्लाटून-कमाण्डरकी इजाजतके टट्टी-पेशाब करने भी नहीं जा सकता था। प्लाटून-कमाण्डर और कम्पनी-कमाण्डर बराबर आफिसमें ही रहते थे। चन्द्रसिंह और उनके साथियोंको बाजार जानेका इस वक्त बिल्कुल अवसर नहीं मिलता था। पलटन बाजारमें मंगलसिंह नामक एक सिक्ख हलवाई था, जिसके पास ही गुरुद्वारा था। गुरुद्वारेमें पंजाबी अखबार आता था, जिसमें कुछ खबरें रहती थीं। वहाँ जानेपर मंगलसिंह चन्द्रसिंहको भी बातें सुनाया करता। चन्द्रसिंहने अब उसके यहाँ आना-जाना शुरू कर दिया, और उसकी दूकानमें दूध भी पीने लगे। जब पैसा न होता, तो उधार लिखाकर चले आते। मंगलसिंह कांग्रेसकी बातें बहुत बतलाया करता था। चन्द्रसिंह और उनके साथी उसे दोस्त समझने लगे, और उससे खुलकर बातें करने लगे। उस समय उन्हें क्या पता था, कि वह खुफिया (सी० आई० डी०) का आदमी है।

एक दिन उसीने बतलाया, कि १२ तारीखको पेशावर शहरमें कांग्रेसकी बहुत बड़ी सभा होगी। चन्द्रसिंहको कांग्रेसके नामसे बहुत प्रेम था। जब किसीके कोटके बटनमें कांग्रेसके झंडेका निशान देखते, तो उसका बड़ा आदर करते। खुद भी खद्दर की बनियाइन और जाँघिया पहनते थे। यह वर्दीके नीचे होती थी, इसलिये किसी अफसरके देख लेनेका डर नहीं था। अखबारों और लोगोंके मुँहसे कितनी ही तरहकी बातें सुननेमें आतीं। एक बार उन्होंने सुना, कि हजारीबाग (बिहार) में गांधीजीने विदेशी कपड़ेकी होली जलवाई, जिसके लिये अदालतने उनके ऊपर एक रुपयेका जुर्माना किया। उन्होंने जुर्माना देनेसे इन्कार कर दिया। फिर अंग्रेजोंके किसी पत्तल-चटने जुर्माना दे दिया। इसी समय चन्द्रसिंहने निश्चय किया, कि अब मैं भी खरीदकर केवल खद्दर का ही कपड़ा पहनूँगा। उस समय शुद्ध खादी और नकली खादी क्या है, इसका भी उन्हें पता नहीं था।

कांग्रेसकी बड़ी सभाकी बात सुनकर चन्द्रसिंह भी उसे देखनेके लिये उतावले हो उठे। अस्पतालसे उन्हें तीन दिनकी छुट्टी मिली थी। उस दिन अपने एक मित्र दौलतसिंहके साथ शहरकी ओर चल पड़े, और ४ बजेके करीब किस्साखाना नामक

स्थानमें पहुँच गये। देखा एक तिरङ्गा झंडा लिये दो सौ लाल कुरती—(सुर्खपोश) वाले पठान स्वयं-सेवक बाजेके साथ पंडालकी ओर जा रहे हैं। चन्द्रसिंह और दौलत-सिंह भी उनके साथ चल दिये। सभाकी जगह पर एक हजार आदमी रहे होंगे। बड़ी भारी संख्यामें पुलिस और खुफियाके आदमी भी थे। सभाके सभापति लालबादशाह थे। उन्होंने पश्तोंमें भाषण शुरू किया, जिसका एक अक्षर भी चन्द्रसिंह नहीं समझ पाये। उनके पासमें दो पुलिसके सिपाही थे। उनसे पूछा—"भाईसाहब यहाँ क्या हो रहा है? लोग क्या बात कर रहे हैं! हमें भी कुछ समझाइये।"

पुलिसवालेने सभाकी बातें समझाते हुये कहा—"यह लोग प्रतिज्ञा करते हैं, कि हम विदेशी कपड़ा नहीं पहनेंगे, विदेशी चीजोंको इस्तेमाल नहीं करेंगे, शराब और दूसरी नशीली चीजोंको हाथ नहीं लगायेंगे। विदेशी माल और शराब बेचनेवालों को यह सूचित कर रहे हैं, कि अगर वे २२ अप्रैल तक विदेशी माल बेचना बन्द नहीं नहीं करेंगे, तो कांग्रेसकी ओरसे उनकी दूकानों पर धरना दिया जायगा।"

अपनी कम्पनीमें लौटकर चन्द्रसिंहने जो कुछ वहाँ देखा-सुना था, उसका वर्णन अपने साथियोंके सामने किया। वह यह भी जानते थे, कि हमारी पलटनको जो हर वक्त, शहरपर दौड़ चलनेके लिये तैयार रहना पड़ता है, वह इन्हीं कांग्रेसवालों के डरके मारे।

गांधीजी भी अंग्रेज सरकारको उस समय बराबर चेतावनी देते कह रहे थे, "यदि अंग्रेजोंने हमारी माँगें नहीं पूरी कीं, तो हम एक बहुत बड़ा संघर्ष छेड़ देंगे, और १२ अप्रैलको अपनी सीखी हुई सेनाको लेकर साबरमतीसे चल देंगे।" चन्द्रसिंह और उनके साथी संघर्ष या लड़ाईका एक ही अर्थ समझते थे, जिसके लड़नेके वह आदी थे। सरकारको उस समय बड़ी बेचैनी थी। आन्दोलन दबानेके लिये वह तैया-रियाँ कर रही थी। १२ तारीखको महात्माजी अपने ७२ सत्याग्रहियोंके साथ डाँडीकी मशहूर यात्राके लिये चल पड़े।

इस समय सूबेदार केदारसिंह महर ए० कम्पनीके एक प्लाटूनके कमाण्डर थे। वह अब पेन्शन पर जानेवाले थे। उनकी बिदाईके लिए १४ तारीखको पार्टी दी गई, मानपत्र पढ़ा गया। सूबेदार केदारसिंहने कम्पनीको धन्यवाद देते हुये कहा था—"जवानों, आज मेरे पेन्शन जानेपर आप लोगोंने जो सम्मान प्रदर्शित किया है, मैं उसके लिए सदा कृतज्ञ रहूँगा। अपनी नौकरीके समय जो कुछ भी सख्ती या जुल्म मैंने किये हों, उन्हें क्षमा करना। हम दोनों गढ़वाली हैं, लेकिन निजी स्वार्थके लिये आदमी क्या कुछ नहीं कर डालता। सभी जानते हैं, कि हिन्दुस्तान गुलाम हैं। कुत्ता

कुत्तेका गोश्त नहीं खाता, लेकिन सरकारी नौकरीमें हम अपने भाइयोंके साथ सब तरहका जुल्म करते हैं। यह हमारी बेबसी है। अन्तमें एक बातके लिये मैं आपको सजग करना चाहता हूँ। इस कम्पनीमें कुछ ऐसे सिपाही ओहदेदार हैं, जिनके कारण थोड़े ही दिनों में कम्पनीको बड़ी आफतमें पड़ना होगा। आप लोग किसीके बहकावेमें न आयें, नहीं तो बहुत तकलीफ उठानी पड़ेगी। सभी सावधानीसे काम करें।" इसमें क्या शक है, कि सूबेदारने अपने जीवन भरके तजर्बेको निचोड़कर इन वाक्योंमें रख दिया था। लेकिन, जमाना बदलता है, आदमी बदलते हैं, हिन्दुस्तान भी बदला था। भला सिपाही और ओहदेदारोंमें क्यों न परिवर्तन आता?

नमक-कानून तोड़ना—१६ अप्रैल १६३० को गांधीजीकी आज्ञासे सारे भारतमें नमक-कानून तोड़ा जा रहा था। पेशावर कांग्रेस कमेटीने विदेशी माल बायकाट और नमक-कानून भंग करनेके लिये शाहीबागमें सभा की। शायद उस दिन इतवारकी छुट्टी थी। चन्द्रसिंह, नारायणसिंह जाकर अपने परिचित हलवाईकी दुकानपर चाय पीने लगे। देखा ३ बजेके करीब सदर बाजारके लोग ताँगों, मोटरों, साइकिलों पर या पैदल शहरकी ओर बड़ी जल्दी-जल्दी जा रहे हैं। चन्द्रसिंहने युक्त-प्रदेशवाले शंकरलाल हलवाईसे पूछा—"भाई, यह लोग कहाँ जा रहे हैं?" उसने बतलाया, कि "शाहीबागमें कांग्रेसकी सभा हो रही है, वहीं जा रहे हैं। आप भी जाना चाहें, तो ताँगा मगवा दूँ।"

शंकरलालने ताँगा मँगवा दिया, और दोनों शाहीबाग जा पहुँचे। वहाँ कई हजार पठान जमा थे। भाषण-मंचमें खड़ा होकर एक पठान बोल रहा था। पासमें कांग्रेसका तिरंगा झण्डा फहरा रहा था। मंचकी बगलमें ही कड़ाहीमें नमक बनानेके लिये पानी खौलाया जा रहा था। पश्तोमें बोलनेके कारण चन्द्रसिंह और उनके साथी को वक्ताकी कोई बात समझमें नहीं आ रही थी। लेकिन, वह देख रहे थे, कि पठानों के चेहरे जोशसे भरे हुये हैं। उनके पास एक पंजाबी बैठा था, जिसने कुछ बातें समझाई। वक्ता कह रहा था, अंग्रेजोंने हमारे ऊपर नमकका टैक्स बैठा दिया है। हमारे देशमें नमकके पहाड़ हैं, और नमक भरे नमकके पानीवाले समुद्र हैं लेकिन हम अपने मनसे नमक बनाकर इस्तेमाल नहीं कर सकते। अंग्रेजोंका नमक विलायतसे आकर यहाँ बिकता है, इसलिये भी वह हमें नमक बनानेकी छूट नहीं देते। जिस समय इस तरह यह आदमी समझा रहा था, उसी समय एक और आदमी चन्द्रसिंहसे बोल उठा—"जब ये लोग विदेशी माल बेचनेवाली दूकानोंमें धरना देंगे, तो आपकी पलटन उनपर गोली चलायेगी न?"

जिस समय वह इस तरह बातचीतमें लगे हुये थे, उसी समय उन्होंने देखा कि उनकी बटालियनका कर्नल घोड़ेपर सवार हो वहाँ पहुँच गया। वैसे वहाँ हजारों आदमियोंकी भीड़ थी, लेकिन चन्द्रसिंह और उनके साथी अपनी फौजी पोशाकमें थे,

इसलिये उनपर नजर आसानीसे जा सकती थी। उनके शरीरपर सर्जका काला कोट, ऊपर सफेद बटन, नीचे सफेद निकर और सिरपर काली टोपी थी। टोपीके ऊपर सफेद अलमूनियमका हवलदारी निशान लगा हुआ था। चन्द्रसिंह समझ गये, कि अब हम अपनेको छिपा नहीं सकते। कर्नल जरूर पहचान लेगा। वह अपने साथी को वहाँ छोड़ उठकर सीधे कर्नल साहबके पास चले गये। वह भी एक किनारे घोड़ेसे उतरकर लेक्चर सुनने लगा था। जब चन्द्रसिंहने उसे सलाम किया, तब उसने पहचाना। और फिर पूछा—"क्यों जवान, तुम यहाँ कैसे आये ?"

—"हुजूर, मैं रसदके गारदको देखने गया था, लौटते वक्त सोचा यहाँ अजायबघरमें शेर और चिड़ियोंको भी देखता चलूँ, पर यहाँ आनेपर पठानोंका मेला लगा हुआ मिला। मैं पश्तो नहीं जानता, मालूम नही यह लोग क्या बक रहे हैं ?"

कर्नलने इस भोलीभाली बातको सुनकर उतावलेपनसे कहा—"तुम यहाँसे जल्दी चले जाओ। ये सब बदमाश लोग हैं।"

"बहुत अच्छा", कहकर चन्द्रसिंह वहाँसे चल पड़े। कर्नल भी अपने बंगलेकी ओर गया। एक फर्लाङ्ग तक वह उसके पीछे-पीछे गये, फिर दोनों अलग और दूर हो गये। कुछ आगे जाकर चन्द्रसिंह सड़कके किनारे बैठकर साथियोंके आनेकी प्रतीक्षा करते रहे। जब वह नहीं आये, तो वह फिर सभाकी ओर चल पड़े। थोड़ी दूरमें साथी आ मिले। उन्होंने पूछा—"क्या कर्नलने तुम्हारी पेशी तो नहीं माँगी ?" नारायण-सिंहने मुस्कुराते हुये कागजकी एक पुड़िया देते हुये कहा—"जब मैं चलने लगा तो कांग्रेसियोंने रोककर यह नमककी पुड़िया दी है। यही है गांधीजीका नमक।" वह नमककी पुड़िया गजबकी पुड़िया थी। चन्द्रसिंह उसको पाकर फूले न समाये। उन्होंने उसमेंसे थोड़ा सा निकालकर स्वयं खाया और बाकीको ले जाकर बाँट दिया।

इस समय उनकी बटालियन हरिसिंह नलवा लाइनमें रहती थी। वह अपनी-अपनी कम्पनियोंमें चले गये। केदारसिंह डी० कम्पनीके गोदामी (स्टोर-कीपर) थे। वह चन्द्रसिंहके गाँवके रहनेवाले थे। चन्द्रसिंह जानते थे, कि उनका पैर जिस तरफ बढ़ रहा है, उसके कारण न जाने कैसे दिन देखना पड़े। केदारसिंहने पूछा—"भाईजी आप कहाँसे आ रहे हैं ?" चन्द्रसिंहने सारी बातें बतलाकर कहा—"केदारसिंह, अगर मैं खुदा न खास्ता पकड़ा जाऊँ, तो तुम मेरे बापको जाकर समझाना कि तुम्हारा लड़का किसी बुरे काममें जेल नहीं गया है।"

केदारसिंहने डाँटते हुये कहा—"आप क्या कह रहे हैं, नशा तो नहीं खा ली ? कौन पकड़ने आ रहा है ! हम भी तो आपके साथ हैं।"

पहले हीसे ऊपरवालोंके कान भरे जा रहे थे। १८ अप्रैलको अंग्रेजी अफसरों के मेस (भोजनशाला) में चन्द्रसिंहको सूबेदार जयसिंह बिष्टके साथ बुलाया गया। उस दिन ए० कम्पनीका कमांडर जयसिंह बिष्ट ही था। कम्पनीकी ऊपरी

देखभाल मेजर ब्रांस्किल करता था। ए० कम्पनीका कोई अंग्रेज अफसर नहीं था। ब्रांस्किलने पूछा—"चन्द्रसिंह, हमारे पास तुम्हारी बहुत सी शिकायतें आई हैं ! क्या तुम आर्य-समाज और कांग्रेसमें भाग लेते हो ? अगर यह बात सच है, तो तुम्हें बहुत सख्त सजा दी जायगी। मैं तुम्हारे ऊपर अविश्वास नहीं करता, क्योंकि बहुत समयसे तुम मेरे साथ काम कर रहे हो। अभी इस बातको किसीसे कहना। अब सूबेदार जयसिंहकी निगरानीमें तुम्हें रहना होगा। जब तक दूसरा हुकुम न मिले, तब तक कम्पनीके किसी भी सेक्शनमें न जाना, और न सिपाहियोंके साथ जाकर बैठना। अपनी ड्यूटी पूरी करते रहना।" उसने सूबेदार जयसिंहसे कहा, "तुम चन्द्रसिंहकी निगरानी करते रहो।" चन्द्रसिंह १०।१८ और २-१८ रा० ग० रा० की पलटनोंमें रहकर बहुत समय तक काम करते रहे थे। सभी अंग्रेज अफसर उनके कामसे खुश रहा करते थे। इसीलिये मेजरको यही ख्याल आता, कि वैयक्तिक दुश्मनीके कारण चन्द्रसिंहकी शिकायत की गई है।

लौटकर चन्द्रसिंहने केदारसिंहसे कहा, कि सभी कम्पनियोंमें जाकर अपने पार्टीके आदमियोंको यह साफ बतलाकर कह दो, कि अब वह मेरे पास रातको अखबार पढ़ने न आयें, क्योंकि मेरी निगरानी हो रही है। उन्होंने गांधीजीके नमकको भी देकर कहा, कि इसे कम्पनीमें बाँट देना। वह सारे दिन कम्पनीसे गैरहाजिर रहे थे, डर हो रहा था, कि आज ही उनको गिरफ्तार कर लिया जाय।

हवलदार-मेजरने चन्द्रसिंह और नारायणसिंहकी गैरहाजिरीकी रिपोर्ट सूबेदार जयसिंहसे कर दी थी। सूबेदारने दोनोंको बुलाकर पूछा। नारायणने कहा—"मैं तो आपसे छुट्टी माँगकर सदर बाजार गया था।" चन्द्रसिंहने कहा—"मैं लकड़ीगोदाम गया, और वहाँसे अस्पताल जा रहा था, रास्तेमें शेर-चीते देखनेके लिये शाहीबागके चिड़ियाखानेमें चला गया। अपनी ड्यूटी पर मैंने नायक भोलासिंह बटोलाको रख दिया था। कम्पनीने किसीके साथ बात करना मुझे मना है, तो क्या इधर-उधर भी न जाऊँ ?

सूबेदारने कहा—"आप कहीं भी जायँ, मुझसे पूछकर जायँ।"

"बहुत अच्छा" कहकर चन्द्रसिंह चले आये। जो साथी मिले, उन्हें नमकका प्रसाद बाँटते, चेता दिया कि किसीका नाम न लें।

२० अप्रैलको बटालियनको हुकुम हुआ—"२२ अप्रैलसे ए० कम्पनीके कुल ओहदेदारों और सरदारोंको मस्केटरीकी शिक्षा दी जायगी। बटालियनके हरेक कम्पनी के दो-दो ओहदेदार भी उनके साथ सीखनेके लिये जायँगे।" एक अंग्रेज अफसर कप्तान मार्टिन ओहदेदारोंकी देखभालके लिये गया था। मार्टिन चन्द्रसिंहकी योग्यताको जानता था। उसने इस टोलीकी कमान चन्द्रसिंहको दे दी। पचमढ़ी सैनिक स्कूलमें वह शिक्षक रह चुके थे, इसलिये इस कामको वह अच्छी तरह करा सकते थे। २१

अप्रैलको इस अभ्यासके लिये सारी तैयारियाँ कर ली गईं। २२ अप्रैलके सबेरे हीसे ओहदेदार मस्केटरी (राइफल) का अभ्यास करने लगे। सिपाहियोंको वहीं ए० कम्पनी के सामनेवाले परेड-मैदानको तैयार करनेमें लगा दिया गया। इन कामोंके साथ-साथ सारा सामान तैयार रक्खा जाता था, जिसमें हुकुम मिलते ही ए० कम्पनी मोटरपर बैठकर शहरके लिये रवाना हो सके।

उस दिन ७ बजे सबेरे कालेबोर्डके सामने बैठकर चन्द्रसिंह निशाना लगाने, गोली दागने आदि बातोंके बारेमें लेक्चर दे रहे थे। इसी समय उनका इन्चार्ज अंग्रेज-अफसर आ गया। चन्द्रसिंहने उसे परेडकी हाजिरीकी रिपोर्ट दी। अफसर सबको बैठ जानेका हुकुम देकर हँसते हुये बोला—"जवानो, मस्केटरी परेडके पहले मैं तुम्हें एक बात बतलाना चाहता हूँ। क्या आप जानते हैं, कि हमारी गढ़वाली पलटनको सरकारने क्यों यहाँ पेशावरमें भेजा है?"

ओहदेदारोंने कहा—"नहीं।"

—"सुनो, यहाँके लोगोंमें ९४ फीसदी मुसलमान हैं, सिर्फ २ फीसदी हिन्दू हैं। मुसलमान सदा हिन्दुओंको सताया करते हैं। हिन्दू यहाँके बहुत मालदार हैं, बड़ी-बड़ी कपड़े आदि की दूकानें इन्हींकी हैं। शराबका ठेका भी इन्हींके पास है। मुसलमान बेचारे हिन्दुओंकी दूकानोंमें आग लगा देते हैं, लूट लेते हैं, माल-असबाब ही नहीं, औरत-बच्चोंको भी पकड़ ले जाते हैं। अंग्रेज सरकार उन्हें ऐसा करनेकी इजाजत नहीं दे सकती। लूटनेका मौका न पाकर वह उनकी दूकानोंके सामने धरना देते हैं, और कहते हैं, कि तुम लोग दुकानदारी मत करो। बेचारे हिन्दुओंकी दूकानोंके सामने, वह लेट जाते हैं, और तुम लोग जब उनके पास सौदा खरीदने जाते हो, तो तुम्हारे सामने लेक्चर देते हैं, कि उन लोगोंकी दूकानोंका माल मत खरीदो। देखो, यहाँके हिन्दुओंको कितनी मुसीबतोंका सामना करना पड़ रहा है। दूसरी पलटन आती, तो वह हिन्दुओंका ख्याल न करती, इसीलिये सरकारने हमारी हिन्दुओंकी पलटनको यहाँ भेजा है। शायद हिन्दुओंको बचानेके लिये हमें बाजार जाना पड़े, और इन बदमाशोंके ऊपर गोली चलानी पड़े।"

इसी बीच किसीने उठकर कह दिया—"हुजूर, यहाँ तो हम लोग पहचान नहीं पाते, कौन हिन्दू है कौन मुसलमान। सभी पश्तो बोलते हैं, एक-सी दाढ़ी और एक सी पोशाक रखते हैं।"

अंग्रेज अफसरने कहा—"तुम्हें सारी बातें बतला दी जायँगी। उस दिन डिप्टी-कमिश्नर, पुलिसके अफसर और हम लोग भी तुम्हारे साथ रहेंगे। जैसा हुकुम दिया जाय, वैसा करना।"

किसीने पूछा—"हुजूर, बाजार कब जाना होगा ?"

—"जब हुकुम मिलेगा, तब।"

अंग्रेज अफसरके लेक्चरको सुनकर चन्द्रसिंहको पता लग गया, कि दो घंटेके भीतर ही तैयार होकर कम्पनीको जाना पड़ेगा। शहरमें कांग्रेसने विदेशी मालकी दूकानों पर धरना देनेका निश्चय कर लिया था। अंग्रेज-अफसरने बड़ी चालाकीसे इन बातोंको गढ़वालियोंके सामने रक्खा था, जिसका असर उनके ऊपर हो सकता था। उसे हटाने के लिये चन्द्रसिंहने साहबके वहाँसे हटते ही कहा—"भाइयो, देखा आपने ? साहब की बातें सुन लीं ? यदि आप अपने मनमें रखना चाहें, तो मैं एक बात बताऊँ।"

सभीने कहा—"बताइये, हम किसीसे नहीं कहेंगे।"

चन्द्रसिंहने कहा—"इसने जो बातें कही हैं, सब झूठी हैं। हिन्दू-मुसलमानके झगड़ेकी बातमें रत्ती भर भी सचाई नहीं है। न यह हिन्दुओंका झगड़ा है, न मुसलमानोंका। झगड़ा है कांग्रेस और अंग्रेज का। कांग्रेसी अंग्रेजी माल बेचनेवाली दूकानोंपर धरना देंगे। दूकानदार सिर्फ अंग्रेजोंके एजेन्ट हैं। वह हिन्दुस्तानके पैसेको जमा कर अंग्रेजोंके मुल्कमें भेजते हैं, जिसके कारण हिन्दुस्तान इतना गरीब है। कांग्रेस-ने गरीबी और गुलामीसे मुक्त करनेके लिये यह आन्दोलन उठाया है। जब कांग्रेसी भाई हमारे देश की आजादी के लिये अंग्रेजोंसे लड़ाई लड़ रहे हैं, क्या ऐसे समय हमें उनके ऊपर गोली चलानी चाहिये ? हमारे लिये गोली चलानेसे अच्छा यही होगा, कि अपनेको गोली मार लें। देशके साथ गद्दारी करना अपने खानदानका सर्वनाश करना है।"

उस दिनकी परेडमें सिर्फ यही बातें होती रहीं। भीतर ही भीतर यह बात सिपा-हियोंमें फैलने लगी। उसी समय (२२ तारीखकी शामको) हुकुम मिला, कि "जब कभी किसी कम्पनी, प्लाटून या सेक्शनको किसी बाहरी अफसरकी ओरसे पेशावर शहरके अन्दर विद्रोहियोंपर गोली चलानेका हुकुम दिया जाय, तो हुकुम देनेवाले अफसरकी दस्तखत एक फार्मपर करा लेनी चाहिये। यह फार्म बटालियनके आफिसमें मिलेगा, जिसे लेकर हरेक ओहदेदार अपने पास रख ले।"

हुकुमके सुननेके बाद अब पूरा विश्वास हो गया, कि गढ़वालियोंको पेशावर शहरमें गोली चलानी पड़ेगी।

शामकी गिनती हो जानेके बाद चन्द्रसिंह और उनके साथियोंने अपने खास-खास आदमियोंकी बैठक की। बैठकमें प्रत्येक कम्पनीका एक-एक आदमी आया।

पाँचों कम्पनियोंके निम्न पाँच आदमी थे—ठाकुर शेरसिंह बुटौला (नागपुर पट्टी), ठाकुर नारायणसिंह गोसाईं (घोड़दौड़स्यूँ), ठाकुर केदारसिंह चौथान, ठाकुर

दौलतसिंह (चौवनकोट), ठाकुर रामकृष्णसिंह और छठे चन्द्रसिंह भरडारी। चंद्रसिंह की कोठरीके दरवाजेपर कम्बल लटका दिया गया, ताकि भीतर जलते चिरागकी रोशनी बाहर न जाय। उन्हें इसी बात पर विचार करना था, कि अगर हमारी पलटनकी किसी कम्पनीको कांग्रेसियोंके ऊपर गोली चलानेका हुकुम हो, तो हम लोगोंको क्या करना चाहिये? यह तो निश्चय ही था, कि गढ़वाली पलटनको अवश्य पेशावर शहर ले जाया जायगा और गोली चलानेसे इन्कार करनेका मतलब बहुत सङ्गीन जुर्म था, जिसका फल बहुत बुरा होता। सबने आपसमें बातचीत करके यही निश्चय किया, कि गढ़वालके ऊपर हम कलंकका टीका नहीं लगने देंगे। उसकी जगह गोली खाकर मर जाना अच्छा है। हम लोग कांग्रेसियोंके ऊपर गोली चलानेसे इन्कार कर देंगे। फिर इसपर विचार किया जाने लगा, कि हमें किस तरह काम करना चाहिये, जिसमें कि ऐन-मौकेपर काम बिगड़ने न पाये। यह तै हुआ, कि हरेक प्लाटूनमें, और हो सके तो हरेक सेक्शनमें एक आदमीको यह काम सौंपा जाय। जिस वक्त गोली चलानेका हुकुम मिले, उस वक्त वह अपने आदमियोंको वैसा करनेसे रोके। शहर जानेसे पहले जो समय मिल रहा है, उसमें अपने हेल-मेलके सिपाहियोंको सारी बातें समझा दी जायँ।

सभी ए० कम्पनीके चारों प्लाटूनोंमें चार आदमियोंको हुकुम न तामील करनेकी जिम्मेवारी दी गई। वह थे—नम्बर १ प्लाटूनके हरकसिंह घपोला, नायक भोलासिंह बुटौला, नम्बर २ प्लाटूनके हवलदार शेरसिंह बुटौला, नम्बर ३ प्लाटूनके लेन्स-नायक उदयसिंह नेगी, नम्बर ४ प्लाटूनके भीमसिंह महर और जीतसिंह रावत। इन जिम्मेवार आदमियोंने भी अपने नीचे दूसरे जिम्मेवार आदमी मुकर्रर किये।

इन्हीं सिपाहियोंके बलपर अंग्रेजोंने अपना राज्य कायम किया था, और अब भी उन्हींके ऊपर उन्हें बहुत कुछ निर्भर रहना पड़ता था। इसमें शक नहीं अंग्रेजोंने सिपाहियोंको अनपढ, ग्रामीण उजड्ड समझ रक्खा था। मौके-बेमौके हर वक्त उनको राजभक्तिकी घुट्टी पिलाई जाती थी, और उससे भी ज्यादा उनके दिलमें यह ख्याल बैठाया जाता था, कि तुम्हारे अन्नदाता हम हैं, यदि हम न रहेंगे, तो तुम भूखे मर जाओगे। साथ ही यह भी दिखलाया जाता था, कि तुम अगर असंतोष प्रकट करोगे, तो तुम्हारे सर्वनाशके लिये हमारे पास सारी शक्ति है।

गोली चलानेसे इन्कार—२३ अप्रैल १६३० के सबेरे ७ बजे ए० कम्पनीके ओहदेदारों और सिपाहियोंको हुकुम हुआ—"पाँच मिनटके अन्दर फालिन हो जायँ।" राइफलें, दूसरे सामान और फौजी मोटरें सामने तैयार रक्खी गई थीं। रसोइयोंको एक घंटेके अन्दर रोटी पका देनेका हुकुम दिया गया था। ७ बजेसे ८

बजे तक यह काम होते रहे। आठका घंटा बजते ही जमादार देवीसिंह रावतने ए० कम्पनीमें आकर सीटी बजाई। कुछ ही मिनटोंमें कम्पनी सामान लेकर तैयार हो गई। चन्द्रसिंहने कम्पनीको फालिन करा दिया। हवलदार-मेजरने कम्पनीकी हाजिरी ली। इसी समय कम्पनीका अंग्रेज-कमाण्डर कप्तान रिकेट आ पहुँचा। कम्पनीके सूबेदार, जमादार अपने-अपने प्लाटूनोंके सामने तैयार खड़े थे। हवलदार-मेजरने कम्पनी-कमाण्डरसे चन्द्रसिंहकी शिकायत की थी। कप्तानने कम्पनीके ७२ आदमियोंको छाँट-कर बाकी ३६ आदमियोंको लाइनमें रहनेका हुकुम दे दिया। इन्हीं ३६ में चन्द्रसिंह भी थे। यह देखकर शहर जानेवाले ७२ आदमी उदास होकर चन्द्रसिंहकी तरफ देखने लगे। उन्हें अनिष्टकी आशंका साफ-साफ दिखाई देने लगी।

कम्पनीके जवान मोटरमें बैठकर पेशावर शहरके लिये रवाना हुये। चन्द्रसिंह के दिमागमें तरह-तरहका ख्याल पैदा होने लगा। कोठरीमें जाकर सोचा: 'कम्पनीसे जाकर मिलना जरूरी है, ताकि कोई गलती न हो जाय।' यह ख्याल आते ही वह बटालियन-क्वार्टर-मास्टर कप्तान बी० पात्रलके पास आफिसमें पहुँचे उससे कहा—"मैं आपके पास एक जरूरी कामके लिये आया हूँ।"

कप्तानने ध्यानसे कहा—"क्या बात है?"

"हुजूर, मेरी कम्पनी शहर चली गई, मगर सिपाही अपने साथ पानी नहीं ले गये। गर्मीके दिनोंमें प्यास बहुत लगती है। एक टामलोट पानी तो एक घंटेमें खर्च हो जायगा। शहरके कुँओंमें पठानोंने कहीं जहर डाल दिया, तो हमारे भाइयोंको बेमौत मरना पड़ेगा। आप आज्ञा दें, तो मैं खच्चरों पर पानी भर एक गारदके साथ उनके पास जाऊँ।"

यह बात बिलकुल मामूली थी। कप्तान बोला—"क्या वे लोग अपने साथ पानीकी पखाल नहीं ले गये?"

"जी नहीं।"

"अच्छा, तुम अपनी कम्पनीके रसोइयोंको भोजन बनानेके लिये राशन दे जाओ, फिर चार खच्चरों पर आठ पखाल पानी भर कर छ आदमियोंकी गारद ले जल्दीसे ए० कम्पनीके पास पहुँच जाओ।"

चन्द्रसिंहने सोचा, काम बन गया। उन्होंने तुरन्त खच्चर-लाइनसे चार खच्चर मँगवाये, पखालें भरवाकर उनके ऊपर लादीं। फिर छ सिपाहियोंके गारदके साथ पेशा-वर शहरके लिये रवाना हो गये, वहाँ पहुँचनेमें एक घंटा लगा।

अध्याय १४

पेशावर-काण्ड (१९३० ई०)

खच्चरोंपर पानी लिये चन्द्रसिंह काबुली दरवाजेके सामने ताँगोंके अड्डेपर पहुँचे। उस समय ए० कम्पनीके ७२ जवान वहाँ खड़े थे। उनके पास पुलिस सिपाही भी मौजूद थे। चन्द्रसिंहने कम्पनी कमांडरको रिपोर्ट दी—"पानीके खच्चर कम्पनीके पीछे खड़े हैं। जब जरूरत हो पानी मँगवा लें।"

यह कहकर वह कम्पनीके हेड क्वार्टरमें साहबके साथ जा बैठे। काबुली दरवाजेपर पठानोंकी भीड़ लगी थी। सिपाहियोंने चन्द्रसिंहसे बतलाया, कि अभी यहाँ एक मोटरसाइकल वाला गोरा जलकर मर गया। वह शहरमें गश्त लगाने गया था, किसी नौजवानने मकानकी छतसे दरीमें पेट्रोल छिड़ककर आग लगाके उसके ऊपर गिरा दिया। जिस वक्त गोरा जल रहा था, उस वक्त कप्तान रिकेटने सिपाहियोंको उसे बचानेके लिये कहा, लेकिन कोई गढ़वाली सिपाही आगे नहीं बढ़ा। जब गोरा जल मरा तब रिकेटने चार जवानोंको धक्का मारकर कहा—"जाओ उसे ले आओ।" तब सिपाही जाकर गोरे सार्जेन्टको खींच लाये।

ए० कम्पनीमें मिलनेके लिये आध घण्टे बाद पूरी गढ़वाली बटालियन आ पहुँची, और फिर ब्रिगेड भी आ गया। एक को गर्वनर-हाउस और बड़े अस्पतालकी हिफाजतके लिये, दूसरी बटालियनको किलेपर गोला-बारूद और बेतारकी रक्षाके लिये भेजा गया। गोरा बटालियन और चन्द्रसिंहकी कम्पनीके नम्बर ४ प्लाटून—जिसकी हवलदारीकी कमान नारायणसिंहके जिम्मे थी—को नौशेरा दरवाजे और हरिसिंह-स्मारकके पास इम्पीरियल बैंककी हिफाजतके लिय भेजा गया। चौथी (चन्द्रसिंहकी अपनी) प्लाटूनको काबुली दरवाजे—जिसे किस्साखाना भी कहते हैं—पर तैनात कर दिया गया। बाकी सारे रिसालोंके ट्रूपस्क्वाड्रन आर्मर-कार—हथियारबन्द गाड़ी—सैफर-माइनर, आदि पेशावर शहरपर लगा दिये गये। रिसाले और मलीशियाने शहरको चारों ओरसे घेर लिया। ऊपर आसमानमें जंगी विमान मँडराने लगे। तोपोंने भी अपनी नलियाँ शहरकी ओर घुमा दीं। इधर अंग्रेज यह सब कर रहे थे, उधर बहादुर पठान हजारों-की संख्यामें किस्साखानी बाजारमें पुलिस चौकीके सामने खड़े थे। आकाशमें कांग्रेसका तिरंगा झण्डा फहरा रहा था। काबुली लोग भी—जो पेशावर व्यापारके

लिये आया करते हैं—हजारोंकी संख्यामें खड़े होकर इस दृश्यको देख रहे थे। वह उत्सुकतापूर्वक जानना चाहते थे, कि यह सब क्या हो रहा है। आसपासके लोग गलियोंमें छुक-छिपकर देखना चाहते थे। मकानोंके कोठों दोमंजिला-तिमंजिला इमारतोंकी छतोंपर स्त्री-बच्चे इधर ही टकटकी लगाये थे। सबके हृदयमें आशंका और उत्सुकता थी, समझ नहीं रहे थे कि क्या होने जा रहा है।

"गढ़वाली बटालियन एडवा-ा-ा-न्स (गढ़वाली पलटन आगे बढ़ो)।" हुकुम मिलते ही कप्तान रिकेटने भी ए० कम्पनीको एडवान्सका हुकुम दिया। सबसे आगे नम्बर १ प्लाटून था, जिसकी कमान हवलदार गौरीसिंह कर रहा था। उसके बाद जमादार नन्दसिंहकी कमानमें नम्बर २ प्लाटून था, उसके पीछे सूबेदार लुथीसिंह रावतकी कमानमें नम्बर ३ प्लाटून था। उसके पीछे २-१८ रा० ग० रा० पलटनकी दूसरी कम्पनियाँ थीं। कम्पनीके हेड-क्वार्टरमें कम्पनी-कमांडरके रिकेट, कम्पनी हवलदार-मेजर जायलीसिंह, कम्पनी-कमांडर चार अर्दली, चार सिगनेलर और कम्पनी क्वार्टर-मास्टर हवलदार चन्द्रसिंह मौजूद थे। यह हेड-क्वार्टर नम्बर १, नम्बर २ प्लाटूनों-के पीछे और नम्बर ३ प्लाटूनके आगे था। हेड-क्वार्टरका मतलब यह नहीं, कि वहाँ उसका कोई मकान या आफिस कुर्सी-मेजके साथ मौजूद था। कम्पनीके संचालक अफसर जहाँ इकट्ठे थे, उसीको हेड क्वार्टर कहते थे। कम्पनीका हेड-क्वार्टर सड़कके बीचों-बीच चल रहा था। नम्बर ३ प्लाटून तथा उसके पीछे सारी पलटन भी सड़कके ऊपर मार्च कर रही थी। नम्बर १ और नम्बर २ प्लाटून बाजाखाली गलीकी सड़कके दोनों किनारोंसे एकहरी फाइलमें दो कदमका फासला रखते कांग्रेसके जलूसके सामने पहुँचे। प्लाटूनने जलूसको घेर लिया। कम्पनी हेड-क्वार्टर और उसके पीछे आता नम्बर ३ प्लाटून जलूसके आमने-सामने खड़ा हो गया। हुकुम हुआ—"ए० कम्पनी हाल्ट (ए० कम्पनी ठहरो)।" कम्पनी खड़ी हो गई। फिर हुकुम हुआ—"नम्बर १, नम्बर २ प्लाटून इन्वर्डटर्न—(भीतरकी ओर मुड़ो)।" अब सिपाहियोंका मुँह जलूसकी ओर था। हरेक सिपाहीकी राइफलमें पाँच कारतूस भरे हुये थे, राइफलों पर संगीनें चढ़ी हुई थीं। फिर हुकुम हुआ—"स्टैण्ड गार्ड (खड़े सँभलो)।" संगीनोंकी तीखी नोंकें अब कांग्रेसके झण्डों और पठानोंकी छातियोंकी ओर झुकी चमक रही थीं।

राष्ट्रीय झण्डेके चारों ओर वीर पठान खड़े थे। मंचपर खड़े होकर एक सिक्ख नेताने कभी पश्तोमें और कभी उर्दूमें जोशीला व्याख्यान देना शुरू किया। लोगोंमेंसे आवाज आती—"नारे तकबीर और हजारों गलोंसे आवाज उठती, अल्ला हो अकबर", "महात्मा गांधीकी जय" नारोंसे आकाश गूँज रहा था। गढ़वाली सैनिक जलूसके बिल्कुल पास खड़े थे। स्वयं-सेवक उन्हें अलग-अलग समझा रहे थे। कप्तान रिकेटको डर

लगा। उसने चिल्लाकर कहा—"हटाओ इन लोगोंको यहाँसे।" लम्बी-लम्बी सीटी बजाकर वह चेतावनी देने लगा—"भाग जाओ, भाग जाओ, गोली चलेगी।" लेकिन, कोई उसकी चिल्लाहटकी परवा नहीं कर रहा था। पेशावर जिलेके बड़े-बड़े अफसर काबुली दरवाजेके ऊपर बैठे यह सब देख रहे थे। एक गोरे अर्दलीने एक चिट्ठी लाकर कप्तान रिकेटके हाथमें दी। उस चिट्ठीके साथ वह फार्म भी था, जो ऊपर फायर करानेवाले अफसरोंकी दस्तखतके लिये था। कप्तान रिकेटने चिट्ठी पढ़ चिल्लाकर कहा—"तुम लोग भाग जाओ, नहीं तो गोलीसे मारे जाओगे।" पठान जनता टससे मस न हुई। गोलीसे खेलना वह भूली नहीं थी। अब कप्तान रिकेटने हुकुम दिया—"गढ़वाली तीन राउंड फायर (तीन बार गोली चलाओ)!" चन्द्रसिंह कप्तान रिकेटके बाँये खड़े थे। उसी वक्त उन्होने पूर्व-निर्णयके अनुसार जोरसे कहा—"गढ़वाली सीज़ फायर (गोली न चलाओ)।" २२ अप्रैलके निर्णयका उन्होंने बड़े साहसके साथ पालन किया। चन्द्रसिंहके बाद ही दूसरे प्लाटूनों और सेक्शनोंमें जिनको कामकी जिम्मेवारी दी गई थी, उन्होंने भी एकदम चिल्लाकर रिकेटके हुकुमके खिलाफ आवाज दी—"गढ़वाली, सीज़ फायर।" हुकुमको सुनते ही गढ़वालियोंने अपनी-अपनी राइफलें जमीनपर खड़ी कर दीं। इसे कहनेकी आवश्यकता नहीं, कि गढ़वालियोंने बड़ी निर्भीकतासे देशके साथ अपनी वफादारी दिखला दी। एक गढ़वाली सैनिक उदेसिंहने अपनी बन्दूकको एक पठानके हाथमें देकर कहा—"लो, भाई, अब आप लोग हमको गोली मार दें।"

जिस वक्त नम्बर १, नम्बर २ प्लाटूनके सभी सिपाहियोंने अपनी-अपनी राइफलें जमीनपर रख दीं, उसी समय नम्बर ३ प्लाटूनके कमाण्डर खुशीसिंह रावतको यह सब देखा नहीं गया। उसने आगे बढ़कर फायर करनेका हुकुम दिया। यही नहीं, सूबेदार खुशीसिंहने पिस्तौल निकालकर तीन बार गोली चलाई। उसके रसोइये और एक सेक्शन-कमाण्डरने भी उसके हुकुमपर तीन फायर किये। लेकिन, नम्बर ३ प्लाटूनके बाकी लोग अपनी जगहसे टससे मस नहीं हुये। कप्तान रिकेटने लाल-लाल आँखें करके चन्द्रसिंहकी ओर देख कर कहा—"क्यों, यह क्या बात!"

चन्द्रसिंहको अब भय और सङ्कोचकी क्या जरूरत थी। उन्होंने सीधे तौरसे कहा—"ये सारे लोग निहत्थे हैं। निहत्थोंपर हम गोली कैसे चलायें!"

रिकेटने एक चिट लिखकर अपने अर्दलीके हाथमें बड़े अफसरोंके पास भेज दिया, जोकि उस समय काबुली दरवाजेके ऊपर खड़े थे। अब मालूम हो गया, कि गढ़वाली पलटन देशभाइयोंके खूनसे अपना हाथ रंगनेके लिए तैयार नहीं है, और इसके लिये सब कुछ भुगतनेको तैयार है। गांधीजीकी लड़ाई शान्तिकी लड़ाई थी। उन्होंने देशवासियोंको हथियार उठानेके लिये प्रेरित नहीं किया; इसलिये गढ़वालियोंके

हाथकी राइफलें उस लड़ाईमें किसी कामकी नहीं थी। यदि वैसा समय होता, तो कौन कह सकता है, इसका अन्त कहाँ होता।

चिट मिलनेके बाद अफसरोंने ३० गोरोंकी प्लाटूनको दस मिनटके भीतर ही वहाँ भेज दिया, उन्होंने गोली चलानी शुरू कर दी। इसी समय दो मशीन-गनोंसे मजी हुई एक ट्रेंच मोर्टर अन्धाधुन्ध फायर करती कांग्रेसी जलूसके ऊपरसे गुजरने लगी। चन्द्रसिंहने अपनी आँखोंसे छ आदमियोंको उसके नीचे दबकर मरते देखा। मोटर फायर करती बहुत धीरे-धीरे चल रही थी। कहा जाता है इसे देखकर एक पठानसे नहीं रहा गया। उसने मोटर की बगलमें रक्खे पेट्रोलके कुप्पोंको खोलकर उसपर उड़ेल दिया और दियासलाई लगाकर आग लगा दी। उसके भीतर बैठे चारों गोरे जलकर भस्म हो गये।

भीड़ तितर-बितर हो गई। लोग पहले दाँये-बाँयेकी छोटी-छोटी गलियोंमें घुसे। गोलीकाण्डके स्थान पर मरी या तड़फड़ाती लाशें पड़ी हुई थीं। कुछ देर बाद कुछ साधारण जनताके आदमी और कुछ हत्यारी सरकारके सिपाही मुर्दों और जख्मियों को उठानेके लिये आये। मुर्दोंकी संख्या ठीकसे मालूम न हो सकी। अंग्रेजोंने कितनी ही लाशोंको मोटर लारियोंमें भर कर काबुल नदीमें फेंक दिया। जनता अपने मुर्दोंको उठाये सिपाहियोंके सामने घुमाती कह रही थी—"भाइयो, यह आप ही की कृपा है। हमारे भाई होकर तुमने यह जुल्म किया। मारो, हम लोगोंको भी मार दो। हम तुम्हारे ही हाथों मरना चाहते हैं।"

बड़ी बाजारमें जहाँ कुछ ही समय हजारोंकी भीड़ थी, अब शहीदोंके खूनसे रङ्गी जमीनपर सैनिक सिपाही और सवार पुलिसके सिवा और कोई नहीं रह गया था। पीछे जेलमें चन्द्रसिंहने सुना, कि उस दिन तीन सौ आदमी मारे गये थे।

इसके बाद लोग अपने मकानोंकी छतोंपर चढ़ करके दोनों ओरसे पत्थर, टूटे लकड़ीके बक्स, बोतल, कुल्हाड़ी जो कुछ हाथमें आया, उसीको सिपाहियों पर फेंकने लगे। कई फौजी सिपाही और पुलिस कान्सटेबल जख्मी हुये। कप्तान रिकेटके गालपर एक कुल्हाड़ी इतनी जोरकी लगी कि वह वहीं जमीन पर ढेर हो गया। अस्पतालके आदमियोंने उसे उठाकर लारीमें डाल दिया। घाव गहरा था, लेकिन वह बच गया। उस दिन चन्द्रसिंहकी कम्पनीके १६ सिपाही ईंट-पत्थरोंसे जख्मी हुये थे। हवलदार शेरसिंह बुटौला चन्द्रसिंहकी पार्टीके एक जबर्दस्त कार्यकर्ता थे। उसे बहुत बुरी तरहसे घायल होकर अस्पताल जाना पड़ा। चन्द्रसिंह उस समय काबुली दरवाजे के सामने पुलिस चौकीके सामने वाले नलके पीछे रहकर अपनेको बचा सके। लोगों को क्या मालूम था, कि कौन उनका दोस्त है और कौन दुश्मन। पलटनका शायद

हो कोई जवान हो, जिसको उस दिन चोट न लगी हो। लोगोंने तार काट दिये, लकड़ीके बक्सों और बैलगाड़ियोंको सड़कोंमें खड़ी करके बाढ़ लगा दी, जिसमें कि फौजी मोटरें, सवार या पुलिस उधरसे न निकल सकें।

सारे शहरमें मार्शल-ला (फौजी कानून) घोषित हो गया था। पैदल-पुलिस, सवार-पुलिस, फौजी-पुलिस सड़कों और गलियोंमें चक्कर लगाने लगी। कर्फ्यू-आर्डर था। कोई अपने घरसे बाहर नहीं निकल सकता था। पुलिस लोगोंको पकड़-पकड़कर जेलमें ठूँस रही थी। सभी मकानोंके दरवाजे और दूकानें बन्द थीं। जो लोग मकानोंके अन्दर बन्द थे, वह बाहर नहीं आ सकते थे; जो सँकरी गलियोंमें घुटनों तक कीचड़में खड़े थे, उन्हें जानेके लिए कोई रास्ता नहीं था।

इसके बाद चन्द्रसिंहकी कम्पनीके हेड-क्वार्टर और नम्बर ३ प्लाटूनको पुलिस थानेके अन्दर ले जाकर बैठा दिया गया। अब बटालियन क्वार्टर-मास्टर लेफ्टनेंट बी० पालको ए० कम्पनीका कमांडर बना दिया गया। वह भी वहां पुलिस थानेमें बैठा था। नम्बर १ और नम्बर २ प्लाटून चौक बाजारमें भेज दिये गये। डी० कम्पनी सूबेदार त्रिलोकसिंह रावतके साथ एक दूसरी गलीमें भेज दी गई। चन्द्रसिंह पुलिस-चौकीमें बैठे यह नहीं जान सके, कि और कंपनियाँ कहाँ गईं। उस समय बटालियन की एक कंपनीका दूसरी कंपनीमें विश्वास नहीं था। वहाँ बैठे लोग गाली दे रहे थे, कि कहीं दूसरोंने कांग्रेसके ऊपर गोली न चलाई हो।

कुछ देर बाद चंद्रसिंहने लेफ्टनेंट पालसे कहा—"जनाब, हमारे १, २, ४-नम्बरके तीनों प्लाटून शहरमें हैं। कहाँ हैं, इसका पता नहीं है। उनके पास पानी अब नहीं होगा, क्योंकि पानीकी पखाल और रोटियाँ सब यहीं हमारे पास हैं।"

पालने कहा—"हाँ, मेरे पास मेजर ब्रोन्सकिल और कप्तान टक्कर साहबकी टोलीकी भी रोटियाँ और पानी है। वे लोग इम्पीरियल बैंकमें हरिसिंह-मेमोरियलके पास तैनात हैं। वहीं नम्बर ४ प्लाटून भी होगा। मेजर ब्रोन्सकिलके साथ डी० कंपनी भी वहीं होगी। उनके भी रोटी-पानीको साथ लेते जाओ।" चन्द्रसिंह ६ आदमियोंके गारदके साथ पानी-रोटीवाले खच्चरोंको लिये हरिसिंह मेमोरियलमें गये। मेजर ब्रोन्सकिल और कप्तान टक्कर नंबर ४ कंपनीके साथ वहाँ मौजूद थे। चन्द्रसिंहने उन्हें पानी-रोटी देते कहा—"इन्हें प्लाटूनोंमें बाँट दें।"

नंबर ४ प्लाटून राइफल और दूसरा सामान खोलकर वहाँ चबूतरेपर बैठा हुआ था। सूबेदार जयसिंह बिष्ट और नारायणसिंहको बहुत उदास देखकर चन्द्रसिंहने पूछा—"भाईजी, क्यों उदास हैं?"

नारायणसिंहने कहा—"हमारे प्लाटूनको कैद कर लिया गया है, क्योंकि उसे सामनेके मकानको तोड़कर उसकी छतपरसे पिकेटिङ्ग (पहरा) करनेका हुकुम हुआ था। हम लोगोंने हुकुम माननेसे इन्कार कर दिया। इसलिये मेजर ब्रोन्सकिलने राइफल खोलकर हमारे प्लाटूनको यहाँ बैठनेका हुकुम दिया, और कह दिया है, "अब तुम लोग कैदी बना लिये गये हो।"

चन्द्रसिंहने पूछा—"क्या सूबेदार जयसिंहने भी हुकुम मानने से इन्कार किया था?"

नारायणसिंहने कहा—"जब सिपाहियोंने हुकुम माननेसे इन्कार कर दिया, तो सूबेदार क्या कर सकते थे?"

चन्द्रसिंहने और भी बातें जाननेके लिए पूछा—"यहाँ किसीने गोली तो नहीं चलाई?"

नारायणसिंहने कहा, "नहीं। और उधर क्या हुआ? तुम्हें तो बहुत शर्म आती होगी, क्योंकि तुम्हारे यहाँके घायलोंको यहाँ हम लोगोंके सामने घुमा-घुमाकर दिखलाया गया।"

नारायणसिंहको सन्देह था, कि शायद वहाँ जलूसपर गढ़वालियोंने गोली चलाई होगी। जब चन्द्रसिंहने सारी बातें बतला दीं, तो वह बहुत खुश हुये।

चन्द्रसिंहने कंपनीमें रोटी-पानी बाँट दिया। सूबेदार त्रिलोकसिंह रावत शहर की हालत देखकर बहुत दुःखी थे। डी० कंपनीके रोटी-पानीके खबरोंको सूबेदार त्रिलोकसिंहके हाथमें देकर चन्द्रसिंह नंबर ४ प्लाटूनमें चले गये। हरिसिंह मेमोरियलके पासकी गलियोंमें पठान जनताकी भारी भीड़ थी। चुन-चुनकर पुलिस आदमियोंको फौजी गोरों और पंजाबी सिपाहियोंके पास ला रही थी, जो उन्हें गिरफ्तार कर जेल भेज रहे थे।

सारा दिन बीत जानेपर ७ बजे शामको बटालियनको क्लोज का बिगुल बजा। बिगुल बजते ही मेजर ब्रोन्सकिलने नंबर ४ प्लाटूनको राइफल पेटी पहनकर फालिन होनेका हुकुम दिया। सूबेदार जयसिंह बिष्टने प्लाटूनको लाइन मार्च करनेके लिये तैयार करके साहबको रिपोर्ट दी। मेजरने प्लाटूनको "फार्म फौर्स, फार्म स्टडी" का हुकुम दिया। प्लाटूनके सारे सिपाही हुकुम माननेमें सुस्ती करने लगे। मेजर गुस्सा होकर बोल उठा—"तुम लोग बिल्कुल कुली हो। हाँ, हम हिन्दुस्तानसे चले जायँगे, लेकिन तुम लोगोंको भी जलाकर कोयला बनाकर छोड़ेंगे। सूबेदार जयसिंह, तुम प्लाटूनको लाइन मार्च कराओ।"

सूबेदार जयसिंहने "फार्म फोर्स, राइट" कह कर लाइनके लिये मार्च कराया। ८ बजे शामको बटालियन अपनी बारकोंमें पहुँची। जैसे ही बटालियनको डिसमिस किया गया, वैसे ही लोग दौड़-दौड़कर चन्द्रसिंहके पास पहुँचे। कोई उन्हें शाबास कहता, कोई उन्हें छातीसे लगाता। अपनी पार्टीके लोग तो खास तौरसे अपने नेताको बधाई दे रहे थे। दफ्तरके बाबू लोग और लाइनमें रह गये दूसरे आदमियोंने चन्द्रसिंहके प्रति बहुत सम्मान प्रदर्शित किया। सबके भीतर छिपी हुई भावना इस वक्त चन्द्रसिंहके मुँहसे पहलेपहल बोली थी, और उसका बिजलीकी तरह असर हुआ था। इसके लिये सभी भारतीय एक प्रकारके गर्वका अनुभव करते थे। यह सब देखकर चन्द्रसिंहका उत्साह और आनन्द बढ़ गया।

बटालियन जिस वक्त बारकोंमें गई, उसी वक्त हुकुम हुआ—"सभी अपनी वर्दी और सामान लेकर तैयार रहें, बिना प्लाटून-कमाण्डरकी आज्ञाके कोई पेशाब करने भी न जाय। दो-दो घंटेके बाद प्लाटूनके सिपाहियोंकी गिनती की जायगी। प्लाटून-कमाण्डर भी प्लाटूनके साथ रहेंगे।" उस दिन रातको सिपाहियोंको एक-एक ड्रमकी शराब पिलाई गई। असाधारण स्थितिका इसीसे पता लगता था, कि अंग्रेज अफसर दफ्तरमें ही रातको भी रहे, बारी-बारीसे कम्पनियोंके भीतर घुसकर सिपाहियोंकी बातचीत सुननेकी कोशिश करते थे। वह यह जाननेकी फिक्रमें थे, कि सिपाहियोंको बर्गलानेवाले कौन-कौन से आदमी हैं। शायद शराब भी इसीलिये पिलाई गई थी, कि नशेमें वह कुछ बक दें। चन्द्रसिंहके घुटनेमें चोट लगी थी, उन्हें चलने-फिरनेमें कठिनाई हो रही थी। वह अपनी ड्यूटी नायक भोलासिंह बुटौलाको सौंपकर अपनी कोठरीमें पड़ रहे।

२४ अप्रैलका विद्रोह—२४ अप्रैलकी सुबह आई। सभी गढ़वाली सूबेदारों, जमादारों, सरदारोंको क्लबमें बुलाया गया, जहाँ पहले हीसे अंग्रेज-अफसर मौजूद थे। मेजर ब्रौन्फिलने गढ़वाली सरदारोंको खूब फटकारते हुये कहा—"देखो, कल शहरमें तुम्हारे सिपाहियोंने बड़ा बुरा काम किया कुछ ओहदेदारोंने "फायर (दागो)" कहने पर "सीज़ फायर (मत दागो)" का हुकुम दिया। क्या सरकारके नमक खानेका यही बदला है? अगर फिर ऐसी बात हुई, तो जेनरल साहब कहते हैं,—'जिस कम्पनीमें हुकुम माननेसे इन्कार किया जायगा, उसके सरदारोंको कड़ी सजा दी जायगी।' आज फिर शहर जाना है। आज वहाँ जरूर गोली चलानी पड़ेगी। अपने प्लाटूनोंमें जाकर ठीकसे सिखलाओ। अगर कोई भी ओहदेदार या सिपाही कांग्रेसियों के ऊपर गोली चलानेसे जरा भी इन्कार करेगा, तो उसको वहीं गोली मार दी

जायगी। जाओ, यह सब बातें अपने प्लाटूनोंमें सबको बतला दो। ठीक दस बजे शहर जानेके लिये तैयार रहो।"*

---

*२४ अप्रैल १६३० को गढ़वाली बटालियनको छावनीसे पेशावर शहरमें जानेके लिये निम्नलिखित हुकुम मिला था—

१. १६ बजे कप्तान चेवलकी अधीनतामें बटालियनको १७ लारियोंमें एन० सी० रोडपर चढ़कर कचहरी दरवाजे जाना होगा। २४ घंटेकी ड्यूटी है।

ए० कम्पनी	मेजर बौस्किल	संख्या ११६	६ लारियाँ
बी० ,,	कप्तान चेवल	,, १०३	५ ,,
डी० एम० जी० कं०	जमा० अवतारसिंह रंगोला	,, ५६	३ ,,
एच० क्यू० विंग	,, देवसिंह रावत	,, ५०	२ ,,
		३३१	
अग्रिम पार्टी		१३	१ ,,

२. क्वार्टरमास्टरके मार्च करनेकी आज्ञाके लिये लारियाँ रहेंगी—

एच० क्यू० विंग
ए० कम्पनी
बी० ,,
डी० एम० जी० कं०

३. ओवरकोटको बाँधकर लारीपर ले जाना होगा। जर्सी या पीठका थैला नहीं ले जाना होगा, लेकिन २४ घंटेके लिये तीन बारका पका भोजन साथ ले जाना होगा। हरेक कम्पनीके लिये पानीसे भरी दो पखालें और टामलोट रहेंगे। राशनका टिन नहीं ले जाना होगा।

४. गोला-बारूद: सौ कारतूस प्रति राइफल
प्रति लुईस गन १८ माला
प्रति पिस्तौल १८ कारतूस

डी० एम० जी० राइफलवाली कम्पनीकी तरह जायगी। १ और २ नम्बर और निशान लेनेवाले राइफलसे हथियारबन्द होंगे।

वेरी पिस्तौल : प्रति प्लाटून १ डी० एम० जी० सिर्फ ३ एक कम्पनीमें
बी० एन० एच० क्यू० १
तीन लाल तीन हरी और ६ सफेद कारतूस प्रति पिस्तौल
प्रति कम्पनी १ बक्स हथबम

५. प्रत्येक राइफलको पेटीके साथ बँधा और सभी पिस्तौलोंमें लेनियार्ड लगा रखना होगा।

६. लेफ्टनेंट पावलको आफिसमें रहना होगा

७. कम्पनी एच्० एम्० एल्० को चाहिये, कि १४-३० बजे अड्जुटेंटको अपनी संख्याकी रिपोर्ट दे।

अंग्रेज अफसरोंकी फटकारसे गढ़वाली सरदारोंका होश उड़ गया था। वह गुस्सेसे भरे हुये अपने-अपने प्लाटूनोंमें गये। प्लाटूनको फालिन करा कर परेड शुरू की। उनसे कहा गया, कि सेक्शन-कमाण्डर गोली चलानेका हुकुम दे, और सिपाही उसे माननेसे इन्कार करें, तो सेक्शन-कमाण्डर तुरन्त उस सिपाहीको गोली मार दे। इसी तरह यदि कोई प्लाटून-कमाण्डर अपने ओहदेदार या उसके सेक्शनको गोली चलानेसे इन्कार करते देखे, तो प्लाटून-कमांडर उसी वक्त पिस्तौलसे सेक्शन-कमाण्डरको गोली मार दे। एक घंटे तक यही बातें लोगोंको घोलकर पिलाई गई। फिर परेडसे सिपाहियों को डिसमिस कर दिया गया।

मोटरें पहले ही पहुँच चुकी थीं। टीक दस बजे ए० कम्पनीको शहरमें जानेके लिये मोटरोंमें बैठाया गया। मोटरें वहीं खड़ी रहीं दस मिनट बाद हुकुम दिया गया—"मोटरसे उतर जाओ, ग्यारह बजे यहाँसे जाना होगा। इस एक घंटेमें शामके लिये रोटियाँ तैयार कराके अपने-अपने झोलोंमें भर लो।" रोटी तैयार हुई। ग्यारह बजे फिर मोटरोंमें बैठाया गया। पन्द्रह मिनट बाद फिर हुकुम हुआ—"१२ बजे जाना होगा, अभी मोटरसे उतर जाओ।" दरअसल अंग्रेज अफसर कुछ निश्चय नहीं कर पा रहे थे। गढ़वाली सैनिकोंपर विश्वास करें या न करें इस दुविधामें पड़े थे। लेन्स-नायक उमरावसिंह रावतके सेक्शनकी मोटरमें संयोगसे रोटीका एक टुकड़ा गिर गया जिसे देखकर मेजर औन्सकिलने कहा—"हिन्दुस्तानी लोग बहुत गन्दे बेवकूफ होते हैं।" इसी रोटीके टुकड़ेके गिरनेके लिये लेन्स नायक उमरावसिंह रावत और सूबेदार जयसिंह बिष्टको कमांडिंग-आफिसरके सामने पेश करके एक सालकी दस रुपयेकी तरक्की काट दी गई। लेन्स-नायकको सख्त-सुस्त कह कर छोड़ दिया गया।

चन्द्रसिंह और उनके साथियोंको मालूम हो गया था, कि अंग्रेज इस बातका पता लगा रहे हैं, कि किन किन आदमियोंने कल शहरमें गोली न दागनेका हुकुम दिया था। गढ़वाली पलटनमें इतना एका, और अपने किये कामके प्रति उत्साह था, कि अंग्रेजोंको पता लगानेमें सफलता नहीं मिली।

हुकुम आया, कि साढ़े १२ बजे सारी बटालियन (पलटन) को शहर जानेके लिये फालिन किया जायगा। इसके बाद फिर हुकुम हुआ—"साढ़े १२ बजे सारी बटालियन ए० कम्पनीको नंबर एक और नंबर दो प्लाटूनोंकी बैरकोंके सामने मशीन-गनके साथ हथियार बन्द होकर फालिन होना होगा और सारे अंग्रेज अफसर, गढ़वाली अफसर, ओहदेदार गढ़वाली सरदारोंकी क्लबमें व्याख्यानके लिए फालिन होंगे।" फालिनके बिगुल बजने पर सभी अफसर क्लबमें चले गये। बटालियनके सिपाही ए० कंपनीके पास जाकर फालिन हो गये। चन्द्रसिंह गढ़वाली क्लबके दरवाजे तक गये, जहाँ ओहदेदार होनेके कर कारण उन्हें जाना चाहिये था। लेकिन, उनको इसी वक्त

ख्याल आया—"चन्द्रसिंह, अब तुम तो बचने के नहीं। सजा तो होगी ही फिर कुछ करके क्यों न मरो।"

चन्द्रसिंह लौटकर ए० कंपनीमें चले गये। वहाँ सारी बटालियनके सिपाही फालिन होकर खड़े थे। सबको पास बुलाकर उन्होंने कहना शुरू किया—"भाइयो, कल आप लोगोंने पेशावरमें जो कुछ किया, बहुत अच्छा किया। हमने गढ़वालकी लाज रख ली लेकिन आज फिर आपको पेशावर शहरमें ले जाया जा रहा है। सुननेमें आ रहा है, कि खान अब्दुल गफ्फार खाँ और अम्ब ·रियासतकी ओरसे शहर की मददके लिये आदमी आ रहे हैं। आज शहरमें उनके ऊपर गोली चलानेके लिये आप लोगोंसे कहा जायगा। मुझे आशा है, गढ़वालके माथेपर कलङ्कका टीका नहीं लगने देंगे। आप लोग जानते हैं, कि ग्यारह साल पहले जलियाँवाला बागमें नंबर ६ गोरखा बटालियनने निहत्थी जनताके ऊपर गोल चलाई थी। आज तक उसके नामके खिलाफ काली झंडी दिखलाई जाती है। मलाबारमें मोपलोंके ऊपर १-१८ रायल गढ़वाली रायफलने जुल्म किया था, आज भी पलटनके मोपला डाक्टर आपको बुरी नजरसे देखते हैं। यह सब बात आपको मालूम है। कांग्रेसियोंके ऊपर जुल्म करना अपने देशके साथ गद्दारी करना है। अगर आज हम आठ सौ गढ़वाली सिपाही यहाँ पेशावरमें कांग्रेसके नामपर अपनी जान दे दें, तो हम दुनियामें हमेशा जिन्दा रहेंगे, और हमारे गढ़वालका मुँह सदाके लिये उज्ज्वल रहेगा, देशमें हमारा गुण गाया जायगा। एक दिन तो मरना है ही, फिर क्यों न देशके लिए मरें।......"

अभी चन्द्रसिंह अपनी बात पूरी भी नहीं कर पाये थे, इसी समय हवलदार गोविन्दसिंह रावत—जो अस्पतालसे सी० ए० टी० लाइनमें पका हुआ था—कहने लगा: "यार चन्द्रसिंह, तुम तो पूरे भाट हो, भाटोंकी तरह बक रहे हो। यह ठीक है, कल तुम्हारी कंपनीने अच्छा काम किया, लेकिन आज देखा, सुबहसे ही कैसे सिखाया-पढ़ाया जा रहा है। आज किसीकी हिम्मत नहीं होगी। भला कौन है, जो बहादुरीके नामपर अपनी छातीमें गोली खानेके लिये तैयार हो।" यह बात सुनकर चन्द्रसिंहने ए० कंपनीके सिपाहियोंसे कहा—"ए० कंपनीके जवानो, सुन रहे हो हवलदार गोविंदसिंहकी बात! तुम क्या कहते हो?"

सभी सिपाहियोंने एक स्वरसे कहा—"अगर आप शहर नहीं जायँगे, तो हम लोग भी नहीं जायँगे।"

चन्द्रसिंह कहा—"मैं तो गायत्री मन्त्र पढ़कर संकल्प करता हूँ, कि मैं वैरकसे नहीं हटूँगा। जब तक मेरे शरीरमें प्राण है, तब तक मैं अपने वचन पर दृढ़ रहूँगा।" यह कहकर टोपी उतार हाथमें चोटी पकड़कर चन्द्रसिंहने "ओं भूर्भुवः स्वः तत्सवि-

तुर्वरेण्यं भर्गो देवस्य धीमहि धियो योनः प्रचोदयात्" इस गायत्री मन्त्रको उच्चारण करते प्रतिज्ञा की। फिर उन्होंने जवानोंसे कहा—"यदि आप अपनी बात पर दृढ़ हैं और सच्चे मनसे अपनी प्रतिज्ञा पूरी करना चाहते हैं, तो आप लोग भी मेरी तरह गायत्री मन्त्रके साथ संकल्प करें।" सभी जवानोंने अपनी चोटीपर हाथ लगाकर गायत्री मन्त्र पढ़ा। इसके बाद चन्द्रसिंहने फिर कहा—"भाइयो, आप एक-एक प्लाटूनकी दस्तखत एक कागजमें करवाकर अभी मेरे पास भेज दें। कागज पर यह लिखा रहे :" ए० कंपनी नं० ए० प्लाटून सरकारको नोटिस देती है, "चौबीस घंटेके भीतर हमारा इस्तीफा मंजूर हो।" इसी कागज पर एक-एक आदमी अपनी दस्तखत करे। यदि किसी भी आदमी से पूछा जाय, तो जवाब दे, कि मैंने किया। कोई आदमी किसी दूसरेका नाम न बतलाये।"

अभी बात पूरी तौरसे खतम नहीं हुई थी, इसी समय अफसर और ओहदेदार वहाँ पहुँचे। प्लाटून-कमांडर अपने-अपने प्लाटूनोंको उसी वक्त बैरकोंमें ले गये। हुकुम दिया गया, कि चार बजे शहर जानेके लिये बटालियन फालिन होगी। गोला-बारूद आदिके साथ एक वक्तकी रोटीको भी अपने-अपने झोलोंमें भर लेना होगा। जिस समय यह हुकुम दिया गया, उस समय दिनके करीब दो बजे थे। दो घंटेके भीतर कंपनीके लिए रोटी पकाना और कूचके लिये तैयारी करना मामूली काम था।

कई बार क्वार्टर-मास्टर हवलदारोंको बुलानेके लिये बिगुल बजा, लेकिन चन्द्रसिंह वहाँ नहीं गये। बी० कंपनी के क्वार्टर-मास्टर हवलदार कुन्दनसिंह असवाल-ने कई बार चंद्रसिंहके बदले ए० कंपनीको हुकुम सुनाया। कंपनीके राशन आदि बाँट देनेके बाद चन्द्रसिंह सूबेदार जयसिंह बिष्टके बंगले पर गये। वही इनकी कंपनीकी कमान्डरी कर रहे थे। आज ही सूबेदारके एक सालके लिये दस रुपयेकी तरक्की काट ली गई थी। सूबेदार उदास अपनी चारपाईपर पड़े थे। चन्द्रसिंहने सलाम करके पूछा—"सूबेदार साहब, आपकी पेशी हुई थी, क्या हुकुम हुआ?"

सूबेदारने कहा—"भाई, क्या होना था। वेतनवृद्धिके दस रुपये मासिक जब्त कर लिये गये।"

"सूबेदार साहब, आप तो सरकारके बड़े खैरख्वाह हैं। देखा एक मामूली कसूर-पर सालके एक सौ बीस रुपये छीन लिये गये। और खैरखाही कीजिये, देखिये तो क्या मिलता है?"

"भाई, तुम ही अच्छे हो।"

चन्द्रसिंहने कहा—"अगर हम अच्छे हैं, तो आप भी साथ हो जाइये।"

"हाँ, मैं भी तुम्हारे साथ हूँ।"

चन्द्रसिंहने देखा, यह अच्छा मौका है, इस वक्त सूबेदार आवेशमें है। यह सोचकर उन्होंने कहा—"यदि यह बात है, तो बतलाइये, यदि कोई आदमी शहर जानेसे इन्कार करे, तो क्या आप उसकी मदद करेंगे?"

"हाँ।"

"सूबेदार साहब, अब बटालियन ४ बजे शहर जा रही है। यह मरने-जीनेका सवाल है। आप जानते हैं कई सिपाहियोंने क्लोदिङ्ग (पोशाक) ले रक्खी है, जिनकी कीमत भी अभी उनकी तनखाहसे नहीं कटी है। इसके अतिरिक्त सिपाहियोंने हिन्दुस्तानी पोशाक भी ले ली है, जिसकी भी कीमत नहीं काटी गई है। अगर हममें से कोई आदमी शहरमें मारा जाये, तो कपड़ोंकी कीमत किसके नामपर कटेगी? सूबेदार साहब, मैं इस्तीफेपर सारी कंपनीकी दस्तखत करा लेता हूँ।"

सूबेदारने कहा—"हाँ, जाओ, दस्तखत करा लो। जल्दी करो।"

अब क्या था, चन्द्रसिंहने बैरकोंमें खुले तौरसे आवाज लगाई—"जल्दी-जल्दी सब लोगोंके दस्तखत कराके मेरे पास भेज दो।"

फिर चन्द्रसिंहने नारायणसिंहके कमरेमें जाकर कहा—"भाईजी, जल्दी-जल्दी अपनी प्लाटूनोंकी दस्तखत करायें। लाइये कागज-पेन्सिल।"

नारायणसिंहने कलम-दावात और कागज निकालकर चन्द्रसिंहको दे दिया। सबसे पहले चन्द्रसिंहने स्वयं कागज पर दस्तखत किया, इसके बाद नारायणसिंहने। उसी कागजको दस्तखत लेनेके लिये लेन्स-नायक हुकुमसिंहको सौंप दिया। हुकुमसिंहने बातकी बातमें प्लाटूनके सारे सिपाहियोंसे दस्तखत करा लिये। दस्तखतका कागज चन्द्रसिंहके पास आ गया। अब सूबेदार कंपनीमें आये। वह भी आवाज देने लगे—"जल्दी-जल्दी दस्तखत कराओ, ४ बजनेवाला है।" सिपाहियोंको विश्वास होने लगा, कि अब तो विद्रोहमें हमारे सरदार भी शामिल हो गये हैं। जिस प्रकार इस प्लाटूनमें हुआ, वैसे ही नंबर एक प्लाटूनके नायक हरकसिंहने अपने आदमियोंकी दस्तखत कराके कागजको चन्द्रसिंहके पास भेज दिया। अब चार बज चुका था, किन्तु सिर्फ दो प्लाटूनोंके ६७ जवानोंकी ही दस्तखत चन्द्रसिंहके पास आ पाई थी।

जिस कागजपर चन्द्रसिंहने अपने साथियोंका हस्ताक्षर करवाया था, उसकी नकल ई० एफ० टक्करके अनुसार निम्न प्रकार है—

"२४ घंटेके अन्दर इस्तीफा मंजूर हो।"

नं०	२५०	हवलदार नारायणसिंह गोसाईं	नं०	३३२६	गुमानसिंह
,,	२५३	,, चन्द्रसिंह विष्ट	,,	२२४	जीतसिंह रावत
,,	४४०६	नन्दासिंह	,,	४३०२	हरखसिंह
,,	२४३६	ज्ञानसिंह	,,	४६०१	सरूपसिंह
,,	४४६७	शंकरसिंह	,,	२०१६	रूपचंदसिंह
,,	५५१	पातीरामसिंह	,,	१६७३	शेरसिंह
,,	४१५३	करमसिंह	,,	२०८८	आनन्दसिंह
,,	१३४६	माधोसिंह	,,	३१६४	हुकुमसिंह
,,	३६३१	दौलतसिंह	,,	६०६	ना० केशरसिंह
,,	२६६८	ले० ना० उमरावसिंह	,,	३७६१	जुरासिंह
,,	४२६७	दबलेसिंह	,,	१८०४	ले० ना० भीमसिंह
,,	१४७७	चन्द्रसिंह	,,	२४७२	,, खुशहालसिंह
,,	४६०२	मदनसिंह	,,	७०६	पानसिंह
,,	४३४२३	रतनसिंह	,,	१३००	लछमनसिंह
,,	७७६	रामसिंह	,,	२८४६	रूपचंदसिंह रावत
,,	३२१५	श्रीचन्दसिंह	,,	२४६७	शामसिंह
,,	२७०४	जीतसिंह			

उस समय गढ़वाली पलटनमें बड़ा जोश था, चन्द्रसिंहकी कंपनीके दो सिपाही पानसिंह दानु और पातीसिह भंडारीको १ मई १६३० से पेन्शन मिल चुकी थी, अर्थात् एक हफ्तेके भीतर ही वह पेन्शन पर देश लौटनेवाले थे। इनके अंगूठे निशान आदि सब हो चुके थे। चन्द्रसिंहने उन दोनों सिपाहियोंसे कहा—"आप दोनों इस बगावतमें न शामिल हों, क्योंकि आपको पेन्शन मिल चुकी है।

दोनोंने जवाब दिया—"आप लोगोंने गढ़वाली माँका दूध पिया, क्या हम लोगोंने भेड़ीका दूध पिया है? सारे भाई जहाँ जायँगे वहाँ हम भी जायँगे।" हवलदार गोरिया सिंह नम्बर १ प्लाटूनके प्लाटून-कमांडर थे। उनकी भी पेन्शन हो चुकी थी। चन्द्रसिंहने बहुत मुश्किलसे उन्हें दस्तखत करनेसे रोका। यदि उस दिन चन्द्रसिंहकी बात न मानते, तो वह भी पेन्शन और जायदाद जब्त कराके जेलोंमें सड़ते।

आखिरी तैयारी थी। नतीजा बहुत बुरा होनेवाला था। सिपाही अगर अफसर की आज्ञा न मानकर गोली चलानेसे इन्कार करे, तो फौजी अदालत इसके लिये उसे मौतकी सजा दे सकती है। यह मामूली अपराध नहीं था, यह सभीको मालूम था। चंद्रसिंहके पास चिट्ठी-पत्री, डायरी और दूसरे सन्देहास्पद कागज-पत्र भी थे, उन्हें

उन्होंने जला दिया। वह बटालियन वर्दी पहन हथियार लेकर तैयार हो गये। बटालियनको शहरमें ले जानेके लिये १८ मोटर-लारियाँ सामने खड़ी थीं। चन्द्रसिंहके पास अभी दो प्लाटूनोंको छोड़कर औरोंके दस्तखत नहीं आये थे। शायद दस्तखतके कागजोंके भेजनेका मौका नहीं मिला।

फालिनका बिगुल बजा। कम्पनियाँ अपनी-अपनी बारकोंके सामने फालिन हो गईं। चन्द्रसिंहकी ए० कम्पनीके चारों प्लाटून नम्बर १ और नम्बर २ प्लाटूनोंके बीचमें आमने-सामने फालिन होकर खड़े थे—नम्बर १ प्लाटूनके सामने नंबर २ प्लाटून था और नंबर ३ के सामने नंबर ४। चन्द्रसिंह नंबर ४ प्लाटूनके सामने बरामदेमें खड़े थे। सभी अपने हथियारोंसे लैस थे। चारों प्लाटूनोंकी मशीनगनोंको पीठपर लादे खच्चर तैयार थे। ए० कंपनीके चारों सरदार अपनी-अपनी प्लाटूनोंमें आये। सूबेदार जयसिंह बिष्ट—जो ए० कंपनीके कमांडर थे—भी आ गये। कायदे के मुताबिक किसी ने "कम्पनी फाइल और कम्पनी तैयार है" कह कर उन्हें रिपोर्ट नहीं दी, क्योंकि कंपनी हवलदार-मेजर वहाँ उपस्थित नहीं था। वह अग्रगामी पार्टीके साथ दो घंटे पहले शहरमें चला गया था। कंपनीमें कोई भी उसकी जगह काम करने को तैयार नहीं था। सूबेदार जयसिंहने ही वह काम करना चाहा। उन्होंने हुकुम दिया—"ए० कंपनी अटेन्शन।" कोई अटेन्शन नहीं हुआ। "स्टैंड ऐट इज़" किसीने नहीं माना। सूबेदारने झुँझलाकर कहा—"अरे, कंपनीको क्या हो गया? क्यों भाई, क्या बात है?" किसीने जवाब नहीं दिया। सूबेदारने अब प्लाटून-कमांडरोंको हुकुम दिया, कि अपनी-अपनी प्लाटूनोंको मार्च कराके मोटरके पास ले चलो। इस समय नंबर १ प्लाटूनका कमांडर हवलदार गोरियासिंहने चन्द्रसिंहके पास पहुँचकर पूछा—"अब मैं क्या करूँ?"

चन्द्रसिंहने कहा—"तुम जाकर कर्नल साहबको रिपोर्ट दो, कि हमारा प्लाटून बागी हो गया है, न जाने किसने उनको बर्गला दिया लेकिन, खबरदार किसीका नाम मत लेना।"

हवलदार गोरियासिंह कर्नलके पास चला गया। सूबेदार जयसिंह ताड़ गये, कि चन्द्रसिंहने जो बात कही थी, वह अब होनेवाली है। सूबेदारने चन्द्रसिंहके पास आकर पूछा—"चन्द्रसिंह, यह क्या हो गया?"

—"क्या हो गया, क्या यह आपको मालूम नहीं। जानकर भी अनजान बनते हैं?"

बेचारे सूबेदारके धुकधुकी पक गई। उस समय जोशमें आकर कुछ भी कह गया हो, लेकिन वह सर्वनाशके लिये तैयार नहीं था। उसने बड़ी घबराहटके साथ चन्द्रसिंहसे कहा—"भाई, अब मैं क्या करूँ?"

चन्द्रसिंहको उसकी सूरतपर दया आ गई। उन्होंने जोर देकर कहा—"खबर-दार, किसीका नाम मत लेना। जाकर कर्नलको रिपोर्ट दो, कि मेरी कंपनी बागी हो गई। न जाने किसने उसको भड़का दिया।"

सूबेदार जयसिंह भी बिदा हो गये।

इसके बाद नंबर २ प्लाटूनके जमादार नन्दासिंह नेगी और नंबर ३ प्लाटूनके सरदार लुथीसिंह रावतने एड़ीसे चोटी तक जोर लगाया, किन्तु उनके प्लाटून भी टससे मस नहीं हुये। सारी बटालियन मोटरोंमें बैठ चुकी थी, केवल ए० कंपनीकी मोटर खाली पड़ी थी। इसकी खबर मिलनेपर कर्नलने सूबेदार जयसिंह और हवलदार गोरियासिंह को धमकाकर भेजा, कि जाओ अपनी कंपनियोंको लाओ। दोनों कंपनियोंमें आये। फिर कोशिश की, लेकिन कोई जानेके लिये तैयार नहीं था। अन्तमें जमादार नन्दा-सिंह अपनी प्लाटूनके चार-पाँच नये भरतीवाले सिपाहियोंको पकड़ पाँतीमेंसे बाहर निकाल धक्का मारा नये छोकरे थे, डरके मारे चलने लगे। उनके पीछे सारा प्लाटून चल पड़ा। नंबर २ प्लाटून अब मोटरके पास पहुँच गया था। नंबर ३ प्लाटूनके कमांडर लुथीसिंहने भी वही चाल चली, और उसके जवान भी मोटरकी ओर चल पड़े। अब वहाँ नंबर १ और नंबर ४ प्लाटून ही रह गये थे। उन्होंने अपनी प्रतिज्ञा को पूरा निभाया। दोनों प्लाटूनोंमें से एक भी जवान ऐसा नहीं था, जो अपनी जगह से एक जौ भी हटे। सूबेदार जयसिंह त्रिष्ट अब मुँहसे आवाज निकालनेकी भी हिम्मत नहीं करते थे। सिपाही कहने लगे—"चुप रहो, नहीं तो मारे जाओगे।" गोरियासिंह चन्द्रसिंहकी पार्टीका आदमी था। जिस समय नं० २ और नं० ३ प्लाटून मोटरके पास पहुँचे उसी समय कर्नल वाकरका अर्दली रायफलमैन कुँवरसिंह रावत भी कंपनीके साथ मोटरमें बैठनेके लिये आ पहुँचा। उसको सब बातें मालूम हुईं। कुँवर-सिंहने नं० १ और नं० ४ प्लाटूनोंको जब वहाँ नहीं देखा, तो वह कंपनीकी बैरकमें चला आया, वहाँ चन्द्रसिंह और उनके साथी बैठे खड़े थे। कुँवरसिंहने आकर चन्द्र सिंहसे कहा—"तुम कैसे बेवकूफ हो! वहाँ सारी बटालियन अपनी-अपनी मोटरोंमें बैठ गई है, और तुम यहाँ बड़े बहादुर बने खड़े हो।"

चन्द्रसिंहने उसे तसल्ली देते हुये कहा—"दोस्त, घबड़ाओ नहीं। यही तो काम करनेका समय है। मैं सोच रहा था कि लोगोंको बटालियनमें आखिरी खबर भेजी जाय। तुम बड़े अच्छे समयपर आये। अब आखिरी काम तुम्हारे जिम्मे है। अगर कर सको, तो करो।"

कुँवरसिंहने कहा—"जो भी हुकुम हो, मैं उसे करनेके लिये तैयार हूँ। बताओ क्या करूँ?"

चन्द्रसिंहने कहा—"भाई, काम तो बहुत बड़ा है। अगर तुम कर सको, तो करो। सारी बटालियन मोटरोंमें बैठ चुकी है, यह आप देख ही आये हैं। जाओ बटा-

लियनके बीचो-बीच खड़े होकर आवाज दो, कि नं० १ और नं० ४ प्लाटूनके बेइमान लोग शहर जानेसे इन्कार कर रहे हैं। वह अपनी बारकोंसे नहीं आ रहे हैं।"

कुँवरसिंह मर्दका बच्चा निकला। वहाँ जाकर बीचोबीच खड़ा हो बड़े जोरकी आवाजमें उसने वह बातें दोहराईं, जिन्हें कहनेको चन्द्रसिंहने कहा था। जमादार उमरावसिंह बहुत सीधा-सादा आदमी था जिसके कारण उसे "लुशिया" कहकर लोग पुकारते थे। उसने भी कुँवरसिंहकी बातको जोरसे दोहराया—"ए० कंपनीके सिपाही शहर जानेसे इन्कार कर रहे हैं। वे लोग अपनी बैरकोंमेंसे नहीं आ रहे हैं।" उमरावसिंह की बातको मोटरोंमें बैठे चन्द्रसिंहके दलके लोगोंने सुना। वह तुरन्त अपनी-अपनी मोटरोंसे बाहर निकल आये, और अपनी-अपनी राइफलें उठाकर बेतरतीब हो गये। कोई सीटी बजाता था, कोई इन्कलाब जिन्दाबाद" के नारे लगाता था। एक तरफ यह दृश्य था, और दूसरी तरफ ब्रिगेडियर-जेनरल, उसके कई स्टाफ-अफसर तथा गढ़वाली बटालियनके अंग्रेज और गढ़वाली अफसर चिल्ला रहे थे—"ठहरो, ठहरो, कहाँ जा रहे हो ?" लेकिन इस समय कौन उनकी पर्वा करनेके लिये तैयार था ! सभी सरसे कफन बाँधे हुये थे। अफसर यह देखकर दंग रह गये। सभी अपनी-अपनी बैरकोंमें जाकर हल्ला-गुल्ला मचाते रहे। सड़कपर खड़ी खाली मोटरोंमें मक्खियाँ भिनभिना रही थीं, और सभी अफसरोंके मुँहपर हवाइयाँ उड़ रही थीं। ब्रिगेडियर जेनरल और उसके स्टाफने वहाँसे भागनेमें ही खैरियत समझी। चन्द्रसिंहकी कम्पनीके नं० २ और नं० ३ प्लाटूनोंके जो लोग मोटरमें बैठनेके लिये गये थे, उनके मुँहपर काली पुत गई। वह लज्जित हो आकर चन्द्रसिंह और उनके साथियोंसे मिले। नं० १ और नं० २ नं० ४ के सिपाही उनके आचरणपर बात मारते थे और वे लोग बराबर उनसे क्षमा माँगते रहे।

बटालियनके अंग्रेज-अफसरोंने सूबेदार जयसिंह बिष्टके साथ सूबेदार त्रिलोकसिंह रावतको ए० कम्पनीमें भेजा। उन्होंने जवानोंके सामने एक लम्बा लेक्चर दिया, लेकिन उसे सुननेके लिये कान किसके पास थे ! जमादार नैनसिंह आफिस क्लर्क था। उसने भी अंग्रेजोंकी खैरखाही दिखलानेके लिये एक लम्बा भाषण देते बतलाया—"किस तरह हमारी वीरताका ख्याल करके अंग्रेजोंने गोरखा बटालियनसे अलग करके हमारी स्वतन्त्र पलटन कायम की, और किस तरह हमारी वीरताके लिये हमारी पलटनके नाम के साथ रायल (शाही) खताब जोड़कर इसे रायल गढ़वाल राइफलका नाम दिया। हमारे दो जवानोंने पिछले महायुद्धमें वीरताका सर्वोच्च तमगा विक्टोरिया-क्रास प्राप्त किया। पलटनके कारण हमारे गढ़वालियोंको क्या-क्या फायदे हैं ! जवानो, अंग्रेज सरकारने हम गढ़वालियोंके ऊपर मेहरबानी करके हमारी चार बटालियनें तैयार की हैं। सारे अंग्रेजी फौजमें हमारी बड़ी इज्जत होती है। अंग्रेज हमारे ऊपर विश्वास करते हैं, लेकिन आज इस ए० कंपनीके कारण हम लोग अपना सब कुछ खो बैठे।

हमें खूब मालूम है, कि किन थोड़ेसे लोगोंने सरकारके सामने हमारे मुँहको कलंकित किया। याद रक्खो, उन्हें भी इसका खूब मजा चखाया जायगा।"

ऐसी गुस्ताखी सुननेके लिये जवान तैयार नहीं थे। उन्होंने एक स्वरसे चिल्ला कर कहा—"चले जाओ, चले जाओ अंग्रेजी कुत्ते, भागो, नहीं तो तुम्हारे लिये अच्छा नहीं होगा।" लिखनीचन्द जमादारको वहाँसे मुँह छिपाकर भागने हीमें खैरियत मालूम हुई।

अंग्रेजोंने पलटनके सिपाहियोंको पूरी तौरसे अपनी मुट्ठीमें रखनेके लिये वहाँ ब्राह्मण पण्डित भी नौकर रक्खे थे। वह इसीकी रोटी खाते थे, कि सिपाहियोंमें राजभक्ति कूट-कूटकर भरें। पण्डित ज्ञानानंदको मनुस्मृति और दूसरी जगहके कितने ही ऐसे श्लोक याद थे, जिनमें राजभक्तिकी महिमा गाई गई थी, और राजद्रोहीको नर्कमें भी ठिकाना न मिलनेकी बात कही गई थी। उन्होंने तोतेकी तरह उन श्लोकोंको दोहराकर सिपाहियोंको समझानेकी कोशिश की लेकिन सिपाही भली प्रकार जानते थे, कि सात समुंदर पारके अंग्रेजोंने हमें गुलाम बनाकर रक्खा है। वह हमारे राजा होनेके अधिकारी नहीं हैं। देशभक्ति सबसे बढ़-चढ़कर है, जिसके लिये हमारे जवानोंने हँसते-हँसते फाँसीकी रस्सी अपने गलेमें डलवाई। एक सिपाहीने पंडितको ठोककर कहा—"क्यों बेकार बक-बक कर रहे हो? हम लोग सब जानते हैं।" वह बेचारा भी अपना-सा मुँह लेकर चला गया। वहां सवाल था देश-भाइयों और देशकी रक्षाका। राजभक्तिके लिये अपने निहत्थे भाइयोंपर गोली चलाना भयंकर पाप था, यह बात सिपाहियोंके मनमें बैठ गई थी। पंडित ज्ञानानन्दजीने उस समय अपनी नमकहलाली दिखलाते हुये अपनी गुलामी और देशके प्रति गद्दारीका परिचय दिया था।

जब छोटे-मोटे हथियारोंसे काम नहीं चला, तो अंग्रेज अफसर स्वयं समझानेके लिये पहुँचे। पहले कप्तान चेपल आया। वह कर्नल वाकरकी जगह बटालियनका कमांडिङ्ग अफसर था। बटालियनका सर्वोच्च अधिकारी वाकर अग्रगामी टुकड़ीके साथ शहर चला गया था। कप्तानने बड़े तपाकसे कहा—"ए० कम्पनी अटेन्शन," उसके अटेन्शनकी किसीने पर्वा नहीं की। दो-तीन बार उसने हुकुम दिया, पर ए० कम्पनी बहरी थी। फिर उसने नं० ४ प्लाटूनके सामने आकर हवलदार नारायणसिंहसे कहा—नारायणसिंह, तुमने और मैंने एक ही कम्पनीमें साथ-साथ नौकरी की। तुम बहुत अच्छे और सीधे-सादे ओहदेदार हो, लेकिन आज तुमको यह क्या हो गया? मुझे सच-सच बताओ, तुम लोगोंको क्या शिकायत है। यदि किसी बदमाशने तुम्हें भड़काया है, तो उसका नाम बतला दो, तुम्हें कोई सजा नहीं दी जायगी।"

अब कर्नल वाकर भी आ गया था। चन्द्रसिंह नं० ४ प्लाटूनके पीछे ही बरामदेमें एक खम्भेके सहारे बैठे हुये थे। इसी समय उन्होंने अपनी जेबसे नं० १ और नं० ४

प्लाटूनोंके दस्तखतवाले कागजोंको निकालकर हवलदार नारायणसिंहको देकर कहा—"भाईजी, इस कागजको दे दो।" नारायणसिंहने कागजको कर्नल के हाथमें देते हुये कहा—"आप इसे लेजाकर अपने दफ्तरमें पढ़ लीजियेगा जो बात है, सब इसीमें है।" दस्तखत सिपाहियोंने रोमन अक्षरमें किये थे, और कागजके ऊपर लिखी हुई बातें भी रोमन अक्षरोंमें थीं। कागजको पढ़ा, नारायणसिंहकी ओर देखते हुये कहा—"शाबाश!" फिर वह और अफसरोंको साथ लेकर दफ्तरमें चला गया। जिस समय अफसर लौट रहा था, उस समय दो-तीन सिपाहियोंने अपनी भुजालियाँ निकालकर दिखलाई। एक सिपाहीने राइफलमें सङ्गीन चढ़ाकर कहा—"मार डालो।" अफसरकी नाड़ियाँ सरक रही थीं। आजादीके दीवाने सन् १८५७ के बहादुर सिपाहियोंने इसी तरह अपनी वीरता और उमंगोंका प्रदर्शन किया होगा, पर उनमेंसे किसीने अपने सामने घटी घटनाओंको हमारे पास तक नहीं पहुँचाया। अंग्रेजोंने जो कुछ लिखा उसे अपने रंगमें रंगकर लिखा। अब देश कहीं आगे जा चुका था। स्वतन्त्रताकी आकांक्षा इने-गिने हृदयों तक ही सीमित नहीं थी, बल्कि सारे देशमें उसकी बाढ़ आ गई थी। इस बाढ़के लानेमें महात्मा गांधीका बहुत बड़ा हाथ था, इससे कौन इनकार कर सकता है? गांधीजीने सशस्त्र विद्रोहके लिये लोगोंको नहीं तैयार किया था। चन्द्रसिंह और उनके साथी उसे इस समय बेकार समझते थे, नहीं तो इसमें शक नहीं, पेशावरकी बैरकोंमें भी उस दिन बारकपुरका काण्ड दोहराया गया होता।

इसी समय अड्जुटेन्ट कप्तान टक्कर पेशावर शहरसे लौटकर यहाँ पहुँचा। जब बटालियन शहर जानेसे इन्कार करती है तो अग्रगामी टोलीको पेशावरमें रखनेसे क्या फायदा था? अड्जुटेन्ट टक्करने ए० कम्पनीको जरा दूर हीसे कहना शुरू किया—"ए० कम्पनी, आज तुम लोगोंको क्या हो गया? जो होना था, सो हो गया, जो करना था, सो आप लोगोंने कर लिया। अब मेहरबानी करके अपने-अपने हथियारोंको कोटमें जमा कर दो और जो तकलीफ हो, उसे मेरे पास आकर बताओ।" सभीको मालूम था कि टक्कर शानसे काम लेना चाहता है। सिपाहियोंमेंसे किसीने उसकी बातका जवाब नहीं दिया। इसपर उसने इस कम्पनी तथा दूसरी कम्पनियोंके दो-दो आदमी बुलाकर कम्पनीके अनुसार खड़े किये उनमें चन्द्रसिंहकी कम्पनीके थे नायक हरखसिंह घपोला (अल्मोड़ा जिलेकी घपोली सेरा गाँवके निवासी) और राइफल मैन पानसिंह दानू (मल्ला दानापुर निवासी) टक्करने सबके दाहिनी ओर हरखसिंह घपोलाको खड़ा किया, फिर पानसिंह दानूको। इसी तरह औरोंको भी क्रमशः उस पाँतीमें खड़ा करके पहले नायक हरखसिंहसे पूछा—"नायक हरखसिंह, क्या आप बता सकते हैं कि आज हमारी बटालियन, खासकर ए० कम्पनीने क्यों बगावत की?"

नायक हरखसिंहने कहा—"जब मुझे बताना ही है, तो मैं बताता हूँ। आप कागज-कलम लाइये। मैं जो कुछ जानता हूँ, उसे कहूँगा, आप उसे लिख लीजिये।"

टक्कर जेनरल नोट-बुक लाकर लिखने लगा। हरखसिंहने कहा :

१. हम लोग हिन्दुस्तानकी रक्षाके लिये भरती हुये हैं, न कि उसे तकलीफ देने और गोली मारनेके लिये।

२. हम हिन्दुस्तानी सिपाहियोंको गोरोंसे बहुत कम तनखाह मिलती है, और काम हमसे उनकी अपेक्षा बहुत ज्यादा लिया जाता है।

३. गोरे सिपाहियोंके सामने हम हिन्दुस्तानी सिपाहियोंकी कोई इज्जत नहीं।

४. जितनी तनखाह गोरेको मिलती है, उतनी तनखाहपर हम छ हिन्दुस्तानियों-को रक्खा जाता है, लेकिन काम उनसे छ गुना ज्यादा लिया जाता है।

५. हम हिन्दुस्तानियोंको फौजमें कोई बड़ा दर्जा नहीं दिया जाता और सारे काम हम ही लोग करते हैं।

६. और भूल गया हूँ। आप बाकी बातें और लोगोंसे पूछ लीजिये। मैं इतना ही जानता हूँ।"

इसके बाद कप्तानने सिपाही पानसिंह दानूसे पूछा। पानसिंहने कहा—"जो बात नायक हरखसिंहने कही, वही बात मैं भी कहता हूँ।"

बाकी सबने भी हरखसिंहकी बातका ही समर्थन किया। आखिरी बारी दरबान-सिंह नेगीकी थी, जिसने कहा—"मैं कुछ नहीं जानता।"

इसके बाद सब लोग अपनी-अपनी कंपनियोंमें चले आये। जो कुछ वहाँ कहा था, हरखसिंहने उसे चन्द्रसिंहको सुनाया। इस आशातीत सफलतापर चन्द्रसिंहको खुश होना ही चाहिये था।

आध घंटे बाद टक्कर फिर ए० कंपनीमें आया। वह अपनी बात और बर्ताव में बहुत नरमी दिखला रहा था। उसने चन्द्रसिंहको बुलाकर कहा—"चन्द्रसिंह हवल-दार, यहाँ आओ।"

चन्द्रसिंहने उठकर पास जाकर पूछा—"क्या बात है?"

टक्करने कहा—"आपकी बड़ी मेहरबानी होगी, अगर आप कंपनीके हथियारों को कोत (गोदाम) में जमा करा दें।"

चन्द्रसिंहने कहा—"क्या आपके ख्यालमें इस बगावतका जिम्मेवार मैं ही हूँ?"

"नहीं, नहीं, यह बात नहीं है। मैं इसलिए कह रहा हूँ, कि आप पुराने हवलदार हैं। आपका कहना शायद यह लोग मान जायँ। यह बहुत अच्छा होगा। जेनरल साहब कहते हैं, कि आप लोग अपनी राइफलें छोड़ दें, और जो आपकी माँगें हैं, उन्हें आकर हमारे पास कहें।"

चन्द्रसिंहने जवाब दिया—"अच्छा, आप जाइये, मैं कोशिश करूँगा। आप जानते हैं, मैं तो सिर्फ एक क्वार्टर-मास्टर हवलदार हूँ। मेरा किसी प्लाटून पर कोई अधिकार नहीं है। मैं किसी प्लाटूनका कमाण्डर नहीं हूँ। जब प्लाटूनोंके सरदारोंका बस नहीं चल रहा है, तो मेरी क्या गिनती है? फिर भी मैं कोशिश करके देखूँगा।"

ठक्कर चला गया।

चन्द्रसिंहने हथियारोंको बेकार समझकर उन्हें जमा कर देना ही अच्छा समझा। मोटरोंसे निकल आये बटालियनके सारे सिपाही प्लाटूनके नम्बरके क्रमसे फालिन होकर अपने प्लाटून-कमाण्डरोंके अधीन कोतमें राइफल और दूसरा सामान रखना था। राइफल कोत ए० कम्पनीके पास ही था। वहीं बटालियनका क्वार्टर गारद, दफ्तर, राशन, गोदाम आदि सब थे। सभी लोग अपनी-अपनी राइफलें लिये ए० कंपनीकी ओर आ रहे थे। ए० कंपनीके नं० १ प्लाटूनके कुछ सिपाहियोंने उन्हें हाल्ट (खड़ा) होनेका संकेत किया। सङ्केत पाते ही सब बैठ गये। प्लाटून-कमाण्डर सिपाहियोंको लातसे धक्का देते थे, लेकिन कोई सिपाही कोतमें जानेके लिये खड़ा नहीं हो रहा था। सारी बटालियनके ८०० जवान अपने हथियारोंसे लैस होकर यहाँ एक जगह खड़े थे। बारूद तैयार थी, सिर्फ एक चिनगारी की जरूरत थी। लोगोंमें बहुत जोश था। ए० कंपनीके सिपाही बेतरतीब होकर इधर-उधर घूम रहे थे। चन्द्रसिंहने पंद्रह साल फौजकी नौकरी की थी, लेकिन उन्होंने सिपाहियोंकी ऐसी चेष्टा नहीं देखी थी। सभी सिपाही बड़े गम्भीर थे। एक दूसरे से वह बात नहीं करते थे, लेकिन अपने मनमें उनकी बात चल रही थी। चन्द्रसिंह उनके नेता थे, लेकिन उनके भी समझमें यह नहीं आ रहा था, कि क्या किया जाय। उन्होंने नारायणसिंहको बुलाकर पूछा—"भाईजी, अब क्या किया जाय। अगर हथियार उठाया जाय, तो आप लोग चन्द मिनटोंके मेहमान हैं। अंग्रेज गोरी पलटनको लाकर हमें भून देंगे। अगर हथियार डालने के लिये कहें, तो आप यह नजारा देख रहे हैं। किस तरह राइफलोंको कोतमें जमा करायें?"

नारायणसिंहने कहा—"आपकी क्या राय है? क्या राइफलें कोतमें रख दी जायें?"

चन्द्रसिंहने कहा—"भाईजी, भलाई तो इसीमें है। अगर एक घंटा और राइफलें हाथमें रहीं, तो भयंकर परिस्थितिका सामना करना पड़ेगा। ८०० गढ़वालियोंकी

लाशें यहाँ तड़पती रहेंगीं। दूसरी तरफ, जिन लोगोंको कल पेशावर शहरमें आपने गोलियोंका शिकार होनेसे बचाया था, वही लोग हमारी गोलियोंके शिकार बनेंगे, यदि हमने उधर जाना स्वीकार किया। यदि हम अपनी राइफलोंको अंग्रेजोंकी ओर घुमायें, तो भी हम कब तक उनका मुकाबिला करेंगे? हमारे पास राइफल पीछे एक सौ गोलियाँ हैं, यह कब तक काम देंगी। हमारे ऊपर वह हवाई जहाजोंसे बम गिरायेंगे। दूसरी पल्टनोंके साथ हमारा कोई सम्बन्ध नहीं हुआ है। हमें आशा नहीं है, कि वह हमारा साथ देंगे। यदि गढ़वाली पलटनको यहाँ अंग्रेजोंने मारकर खतम कर दिया, तो दूसरी हिन्दुस्तानी पलटनें डर जायँगी। आगे जहाँ कहीं भी गोली चलानेका उन्हें हुकुम होगा, वह फौरन हमारे भाइयोंपर गोली चला देंगी। कांग्रेसको अंग्रेज जगह-जगह दबा देंगे। कांग्रेस और महात्मा गांधीका हुकुम है, कि मरना सीखो, लेकिन मारनेका ख्याल भी मनमें न आने दो। हमने उन्हींकी बातोंसे देशभक्तिका पाठ पढ़ा। हमारे हथियार उठानेपर हमारे कामको पसन्द नहीं करेंगे।"

हवलदार नारायणसिंह बड़े गम्भीर स्वभावके आदमी थे। कुछ देर सोचनेके बाद उन्होंने कहा—"क्या यह लोग इस समय हमारी बात मानेंगे? अच्छा, तुम्हारी जो राय हो, मेरा प्लाट्रन तुम्हारी बातको माननेके लिये तैयार है।"

चन्द्रसिंह ऊँची आवाजसे बोलते हुये सबका ध्यान अपनी ओर खींचा—"ए० कंपनी, सभी भाई सुनो। जो कुछ हम लोगोंको करना था, उसे हम अच्छी तरह कर चुके। हथियार उठानेके लिये कांग्रेस और महात्मा गांधीका हुकुम नहीं है। आप लोग मेरी बात मानें, तो अपनी-अपनी राइफलें कोतमें जमा कर दें। इसीमें हमारी भलाई है।"

चन्द्रसिंहकी यह बात लोगोंको बहुत बुरी लगी। वस्तुतः सभी बातोंको पूरी तौरसे समझनेका तो लोगोंको मौका नहीं मिला था। वह अंग्रेजोंके खिलाफ बगावत करनेका अर्थ समझते थे अपनी राइफलोंको उनकी तरफ घुमाना। चन्द्रसिंहकी यह बात सुनकर कम्पनीके जवानोंने एक स्वरसे कहा—"हूँ।" सभी चन्द्रसिंहकी ओर तनी भौहोंसे ताकने लगे, मानो वह देशभक्त नहीं देशद्रोही हैं, उन्होंने जवानोंको धोखा दिया। किसीने चिल्लाकर कहा—"इसको मार डालो। उधर तो इसने चौबीस घंटेकी नोटिसके साथ हमारे दस्तखतें कराके सरकारके पास भेजीं, और अब कहता है, कि राइफलें भी दे दो। हम तो अपनी-अपनी राइफलें लेकर घर चले जायँगें या ६६ गोलियोंको खतम करके आखिरी गोलीसे अपना अन्त कर लेंगे।"

उस समय सब अपनी-अपनी कह रहे थे, कोई किसीकी नहीं सुन रहा था। बीस मिनट तक यही स्थिति रही। फिर एक पुराने सिपाही बेलमसिंहने कहा—"ए० कम्पनीवालो, हवलदार चन्द्रसिंहको गोली मारनेमें अगर भलाई है, तो सबसे पहले मैं

ही उसे मारनेके लिये तैयार हूँ। लेकिन, आपमेंसे वह आदमी निकलकर आगे आवे, जोकि चन्द्रसिंहके न रहनेपर हम सबकी जिम्मेवारी अपने ऊपर लेनेके लिये तैयार है। निकले, वह कौन आदमी है, जो चन्द्रसिंहकी जगहपर काम कर सकता है। मेरे ख्याल-से जो कुछ अच्छा-बुरा होना था, सो हो गया। अब तक हमने चन्द्रसिंहकी बात मानकर सब कुछ किया। अब वह जो कुछ कहता है, उसीको हमें मानना चाहिये। चलो, कोटमें राइफलें रख दें।"

नारायणसिंहने बेलमसिंहको समझाकर यह कहनेके लिये तैयार किया था। बेलमसिंहकी बात सुनकर सारी कम्पनीमें सन्नाटा छा गया। लोगोंका जोश जो दूसरी तरफ ढकेले लिये जा रहा था, वह मन्द पड़ गया। सबके ख्याल बदले गये। सब चन्द्रसिंहकी ओर देखने लगे। नारायणसिंहने भी इसी समय कहा—"अगर चन्द्रसिंहको मारनेसे आप लोगोंकी भलाई है, तो उसे मारो। मैं तो अपनी राइफल कोटमें रख-देता हूँ।" देशभक्तिके गीत गाते एकके पीछे एक सिपाही राइफलोंको लिये कोटकी ओर चल पड़े। कह रहे थे—"मेरी राइफल तू कोटमें रहना। सङ्गमें रहना तू सङ्गीन बहना।"

चन्द्रसिंह स्वयं जाकर क्वार्टर-गारदसे कोटकी चाबियाँ लाये। उन्होंने ए० कम्पनीका कोट खोलकर उसके भीतर अपनी राइफल और सामान फेंक दिया। सारी ए० कम्पनीने अपनी राइफलें रख दीं। उसके बाद बटालियनकी बाकी कम्पनियोंने भी धड़ाधड़ अपनी-अपनी राइफलें और कारतूस कोटमें फेंक दिये। फिर सभी अपनी-अपनी बारिकोंमें चले गये। जब सारी बटालियनकी राइफलें, कारतूस, मशीनगनें, बम, पिस्तौल, भुजालियाँ खुकुरी आदि जमा हो गईं, तो हुकुम हुआ—"जिसके पास भी कोई हथियार, हथियारोंके पुर्जे, चाकू जैसे कोई चीज हो, उसे कोटमें जमा कर दे। कोई भी अपनी कम्पनीकी सीमासे बाहर न जावे।"

सारी कंपनियोंने अडजुटेंटको रिपोर्ट दे दी, कि अब हमारी कंपनियोंमें किसीके पास कोई हथियार नहीं है।

अब गढ़वाली वीर दन्त-नख गलितसिंह थे। उनसे क्या डर हो सकता था? एक पूरी गोरी बटालियनने आकर एकदम उनके चारों तरफ घेरा डाल दिया। जिधर देखें उधर गोरे ही गोरे दिखाई पड़ते थे। गढ़वाली बटालियनकी जहाँ-जहाँ ड्यूटी थी; वहाँ-वहाँ अब गोरे तैनात थे। मोटर-लारियाँ सब चीजोंको लाद-लादकर गोरा-गारदके साथ उन्हें किलेमें पहुँचाने लगीं।

कुछ जोशीले जवान नहीं पसन्द करते थे, कि हम इस तरह बिना कुछ किये चुप रह जायँ। वह मरने-मारनेको ही काम समझते थे। उन्होंने चन्द्रसिंहसे भी कहा—

"आपने बड़ी गलतीकी, जो हमारी राइफलें रखवा दीं। अगर हमारे पास आज राइफलें होतीं, तो इन गोरोंको हम दिखला देते, कि हमें भी मरना-मारना आता है।" चन्द्रसिंहने उनको शान्त करते हुये कहा—"भाइयो, अभी हमारे लिये वह समय नहीं आया है, जिसके लिये आप लोग उतावले हो रहे हैं। जरूरत पड़ने पर राइफलें मिलनी मुश्किल नहीं होंगी। हमें देशके लिये मरने-मारनेके लिये तैयार रहनेकी हिम्मत होनी चाहिये।"

२४ अप्रैल १६३० की शामके ६ बजे गढ़वाली वीरोंको मालूम हो गया, कि हमारी निहत्थी बटालियन अब गोरोंकी कैदमें पड़ चुकी है। सामान किलेमें पहुँच चुका था, तब ११-४ सिक्ख रेजिमेन्टका एक अर्दली चंद्रसिंहकी बटालियनमें आया। उसने बतलाया, कि हमारी बटालियन आपकी हर तरहसे सहायता करनेके लिये तैयार है। हमारी पलटनको आपकी पलटनके ऊपर पहरा देनेका हुकुम हुआ था, लेकिन हमने ऐसा करनेसे इन्कार कर दिया। आप लोग हथियार न दें। हम आपके साथ हैं।"

अर्दली बटालियनके सूबेदार-मेजरके पास आया था। उन्होंने उसे चंद्रसिंहके पास भेज दिया। उस अर्दलीके द्वारा चंद्रसिंहने ११-४ सिक्ख रेजिमेंटको सन्देश भेजा—"अब तो हमने अपनी राइफलें दे दीं, लेकिन फिर भी हम आपकी सहानुभूतिके इच्छुक हैं।" एक साल बाद डेराइस्माइल खाँ जेलमें रहते चन्द्रसिंहने उसी पलटनके सिपाही जिन्दा खानसे सुना था, कि उस पलटनके ११ आदमी निकाल दिये गये थे। जिन्दा खाँ खुद भी उन्हीं निकाले हुओंमेंसे था। विद्रोही दलका सरदार सरदार चन्दनसिंह उस पलटनमें जमादार था। पलटनमें कुछ मुसलमान सिपाही भी थे। इस सिक्ख रेजिमेन्टके अतिरिक्त दो पुलिस चौकियोंने भी गढ़वालियोंका साथ दिया था। नं० २१ पुलिस चौकी जमरूद रोडके फाटक पर तैनात थी, जिसके पास ही ए० कंपनीकी बैरकें थीं। दोनोंके बीच सलाह-मसविरा हो चुका था, और वह एक दूसरेको पूरी मदद देनेके लिये तैयार थे। नं० २१ और नं० ६ पुलिस चौकियोंके आदमियोंको कुछ दिनों तक नजरबन्द करके छोड़ दिया गया।

सिक्ख पलटनके अर्दलीने गढ़वाली पलटनके सिपाहियोंको धैर्य देते हुये कहा था—"आप लोग घबराइये नहीं। हमारी पलटन आपकी पूरी तौरसे मदद करेगी।" लेकिन, उसकी जरूरत नहीं पड़ी। पलटनके गढ़वाली सैनिकोंकी तरह उसके कर्नल आदि अंग्रेज अफसर भी एक तरह नजरबन्द और निहत्थे थे। उनकी किर्चें और पिस्तौलें जमा कर ली गई थीं।

यह बतला चुके हैं, कि पहले सिक्ख पलटनको पहरा देनेके लिये कहा गया था, लेकिन उसने इन्कार कर दिया, इसपर गोरोंको पहरेके लिये भेजा गया। गोरे

सिपाही हिन्दुस्तानियोंको काले गुलामसे बढ़कर नहीं समझते थे। पलटनमें नाम और इज्जत दर्जेके अनुसार होती है, लेकिन एक मामूली गोरा सिपाही भी हिन्दुस्तानी पलटनके सूबेदार-मेजरको सलाम तक नहीं करता था। गोरे सिपाही भी हिन्दुस्तानी सिपाहियोंकी तरह ही अनपढ़ से होते थे। हिन्दुस्तानी पलटनोंको शिक्षित करनेके लिये रोमन लिपिका इस्तेमाल भी अंग्रेजों की चाल थी। वह चाहते थे, कि सिपाही रोमनमें छपी हुई चीजोंको ही पढ़ें और हिन्दी या दूसरे अक्षरोंमें छपी पुस्तकों और अखबारोंको न पढ़ सकें क्योंकि वैसा होने से उनमें राष्ट्रीय भावना पैदा होनेका डर था।

गोरी पलटनने पूरी तरहसे सभी बातों पर काबू पा लिया। हुकुम हुआ, "७ बजे शामको गढ़वाली क्लबमें सभी गढ़वाली अफसर और ओहदेदार और ए० कम्पनीके सभी सैनिक व्याख्यानमें शामिल हों। जेनरल साहब आ रहे हैं।" ७ बजे जब सब लोग गढ़वाली क्लबमें एकत्रित हुये, तो अड्जुटेन्ट टक्करके सिवा वहाँ कोई भी अंग्रेज-अफसर नहीं था। टक्करने उनसे कहा—"जवानो, ब्रिगेडियर-जेनरल साहबने आपके लिके हुकुम भेजा है। उसी हुकुमको सुनानेके लिये मैंने आप लोगोंको यहाँ बुलाया है। जेनरल साहब और सभी अंग्रेज अफसर आपके इस कामसे बहुत नाराज हैं। जेनरल साहब कहते हैं—"गढ़वाली पलटनने आज तक अंग्रेजी सेनामें सबसे ज्यादा अच्छा और बहादुरीका काम किया। मुझे स्वप्नमें भी यह ख्याल नहीं था, कि गढ़वाली सैनिक कभी हमारे साथ ऐसी धोखेबाजी करेंगे। जबसे गढ़वाली बटालियन खड़ी की गई, तबसे आजतक गढ़वाली अंग्रेज सरकारके खैरख्वाह और नमकहलाल रहे। पिछले महायुद्धमें गढ़वाली पलटनें अपने बादशाह सलामतके लिए बड़ी बहादुरीसे लड़ीं। इसी बहादुरीके लिए अंग्रेज सरकारने गढ़वाली बटालियनको रायलका खताब दिया। पुराने सरदारों और सिपाहियोंकी ईमानदारी और खैरख्वाहीके लिये यह किया गया था लेकिन, आज आप लोगोंने अपने पहिलेकी खून और पसीनेसे हासिल की गई इज्जत को मिट्टीमें मिला दिया। यह काम अच्छा नहीं हुआ। अब हमेशाके लिये अंग्रेज अफसरों की नजरोंमें आपका विश्वास और इज्जत जाती रही। मेरा ख्याल है, कि यह काम आप लोगोंने खुद नहीं किया, बल्कि कुछ बदमाशोंके बर्गलाने और इस पलटनके अफसरोंकी असावधानीसे यह सब हुआ। मुझे उम्मीद है, कि अब भी आप लोग सँभल जायँगे। जिन आदमियोंने यह बगावत करवाई, वह अपनेको प्रकट करके कहें, कि यह काम हमने किया और इसलिये किया। अगर वे लोग हमारे पास आकर माफी माँग लें, तो हम उनको माफ कर सकते हैं। अगर उनकी माँगें उचित हैं, तो हम उनपर गौर करेंगे।"

ब्रिगेडियरका हुक्म सुनाकर टकरने कहा—"मैं समझता हूँ, जिन लोगोंने यह बगावत कराई, वह आप लोगोंमें से ही होंगे। मेरी सलाह है, कि वह बाहर निकल कर कबूल करें, कि हमने यह काम किया। आखिर उनको तो निकलना ही पड़ेगा। फिर उनकी वजहसे इतने लोग क्यों मुसीबतमें पड़ें। निकल आवें वे आदमी। मैं वादा करता हूँ, कि उन्हें मैं बहुत कम सजा दिलवाऊँगा। नहीं तो सबको मालूम ही है, कि फौजी बगावत करनेपर कितनी सजा मिलती है। कितनोंको गोली मारी जायगी, कितनोंको काला-पानी भेजा जायगा। क्यों सूखी लकड़ीके साथ गीली लकड़ी भी जले। इसलिये जो लोग अपनेको आफतसे बचाना चाहते हैं, वह बता दें कि फ़लानेने यह बगावत कराई।"

टकरकी बात सुनकर सिपाहियोंके बीचसे आवाज निकली—"तुम माफ़ी माँगो, हमने कोई कसूर नहीं किया।" हल्ला मचाते—"चुप रहो, चुप रहो।" कहते सब लोग क्लबसे बाहर चले गये। गढ़वाली सरदार और खैरख्वाह ओहदे-दार—हवलदार-मेजर, जमादार आदि—भीगी बिल्लीकी तरह टकरका मुँह देखते खड़े रहे।

अध्याय १४

गिरफ्तारी (१९३० ई०)

उसी दिन ८ बजे रातको गिनतीका बिगुल बजा। सब लोग हाजिरी देनेके लिये फालिन हो गये। हुकुम सुनाया गया, कि "यहाँसे कूच करना है। सभी लोग एक कमीज, एक जाँघिया, एक जोड़ा बूट-पट्टी, दो जोड़ा जुराब, एक फील्ड सर्विस टोपी, एक ओवरकोट, एक दरी, एक कम्बल, अपने साथ ले चलेंगे। बाकी सारा सामान अपने-अपने बक्सोंमें बन्द करके कम्पनीके बारकोंमें जमा कर दें। हरेक कंपनीके सामानके साथ उसकी देखभालके लिये एक-एक आदमी छोड़ दिया जायगा। बाकी सारी बटालियन १० बजे रातको परेड-मैदानमें मार्च करनेके लिये तैयार रहें। हरेक कम्पनी अपने साथ एक दिनका राशन ले जायगी। लंगरी रसोइया, भिश्ती आदि लम्बू-भम्बू पलटनके साथ रहेंगे। जिन सिपाहियोंके अपने परिवार हैं, वे उन्हें पलटनके पंडित ज्ञानानन्दको सौंप दें, वह पीछे अपनी कम्पनियोंमें आकर मिल जायँगे।"

गिनती डिसमिस होनेके बाद सिपाहियोंके मनमें तरह-तरहकी शंकायें उठने लगीं। नहीं मालूम उन्हें कहाँ ले जाया जायगा। लोग यही समझ रहे थे, कि हमें कालापानीमें ले जाकर सजा दी जायेगी, जैसा कि १५ नम्बर रिसालाके साथ किया गया था। (इस रिसालेने प्रथम महायुद्धमें बगदाद शरीफपर गोली चलानेसे इन्कार किया था, क्योंकि वह मुसलमानोंका पवित्र नगर था।) सिपाही क्यों चाहते कि उनके अपने खरीदे हुये सामानको बक्सोंमें बन्द करके छोड़ दिया जाय। सारी कम्पनीके लिये सिर्फ तीन खच्चरगाड़ियाँ दी गई थीं, जिनमें ही राशन, बरतन-भाँड़ा और दूसरे सामान ले जाने थे। सिपाहियोंने अपने पीठके थैलोंमें ठूस-ठूसकर सारे सामानको भर लिया और वह अज्ञात स्थानमें जानेके लिये तैयार हो गये।

रातके दस बज गये, संकेत मिलते ही पलटन फालिन हो गई सभी कम्पनियां अपनी-अपनी गठरियोंको सिरपर उठाकर रवाना हुई। अंग्रेज नहीं चाहते थे, कि गढ़वाली सैनिकोंके जानेका किसीको पता लगे, इसलिये उन्होंने सड़कोंकी बिजली बुझा दी। टिमटिमाती हुई लालटेनें कम्पनियोंके अगले छोरपर चल रही थीं। इसका ध्यान रक्खा गया था, कि चलनेकी आवाज भी न निकले। सीधे रास्तेसे न ले जाकर उसे

चक्कर खाते भिन्न-भिन्न सड़कोंसे जाना पड़ा। एक तो अज्ञात स्थानमें इस तरहके अपराधके बाद जाना था, दूसरे कुछ सैनिकोंकी स्त्रियाँ और बच्चे छूटे जा रहे थे, जिसके कारण वह बहुत चिन्तित थे। घोर अन्धेरी रात थी। आदमी एक दूसरेका मुँह नहीं देख सकता था। हरेकके मनमें ख्यालोंके तूफान आ रहे थे। मालूम होता था, उन्हें बैरेक छोड़े युगों बीत गये। आखिर वह पेशावर छावनी स्टेशनपर पहुँचे।

स्टेशनपर चारो ओर गोरा गारद खड़ी थी। सिर्फ गोरे ही गोरे दिखाई पड़ते थे। उस रातको बराबरके काम करनेवाले रेलवे कर्मचारी भी दिखाई नहीं पड़ते थे। ट्रेनको भी गोरे ही इधर-उधर चला रहे थे। गढ़वाली सैनिक ट्रेनमें बैठ गये। दो बजे रातको गाड़ीने प्रस्थान किया। रास्तेके स्टेशनोंपर कहीं कोई हिन्दुस्तानी दिखाई नहीं पड़ता था। रातको ही ट्रेन सिन्ध नदी पार हुई। सुबहके सात बज रहे थे, जबकि वह शाहजीदीढेरी (तक्षशिला) स्टेशनपर पहुँची। इस जंक्शनसे एक लाइन मियांवालीको जाती है, दूसरी सीधी रावलपिण्डीको. यहींसे एक लाइन गोलड़ा हरिपुर होती हजाराको जाती है। गढ़वालियोंकी ट्रेन इसी ओर चली और जाकर हरिपुर स्टेशनपर खड़ी हुई।

स्टेशनपर चारों ओर पुलिसका कड़ा पहरा था। किसी तरह लोगोंको पता लग ही गया था, कि जिन गढ़वाली वीरोंने देशभाइयोंके ऊपर गोली चलानेसे इन्कार कर दिया था, वह ट्रेनसे आ रहे हैं। प्लेटफार्मके ऊपर पतीलियोंमें चायके लिये पानी उबल रहा था। कोई दूसरा आदमी दिखाई नहीं पड़ रहा था। इसी समय कर्नल ट्रेनसे नीचे उतरा। उसे मालूम हुआ, कि लोगोंने गढ़वालियोंको चाय पिलानेके लिये पतीलियाँ रक्खी हैं। उसने ठोकर मारकर पतीलियोंको उलट दिया। बागियोंका इस तरह सत्कार किया जाय और अंग्रेजोंके रहते इसे वह कैसे बर्दाश्त कर सकता था!

आध घंटा ट्रेनको आये हुआ था, इतनेमें एबटाबादसे नम्बर ५ गोरखा पलटनकी ट्रेन आकर उसके सामने खड़ी हो गई। गढ़वाली सैनिक गोरखा सैनिकोंसे बातचीत करने लगे। पता लगा गोरखा पलटन उन्हींकी जगह लेनेके लिये पेशावर जा रही है। गढ़वालियोंने गोरखोंसे पेशावरकी सारी बातें बतलाते कहा—"हम भाई भाई हैं। अंग्रेज हमसे गोलियाँ चलवाकर हमारे देशभाइयोंको मरवाना चाहते हैं, तुम ऐसा मत करना।" बातचीत कोई लुक-छिपकर नहीं हुई। सभी खुलकर कह रहे थे। डेढ़ हजार कण्ठोंसे निकलनेवाली आवाजसे वहाँ हल्ला मच गया था। अंग्रेज इसे खतरेकी बात समझते थे। तुरन्त गोरोंकी गारदको ट्रेनसे उतरकर दोनों गाड़ियोंके बीचमें खड़ी कर दिया गया। वह "चुप रहो, चुप रहो" कहकर चिल्लाने लगे। गोरखोंने वचन दिया, कि हम लोग भी कांग्रेसियोंके ऊपर गोली नहीं चलायेंगे। सीटी बजी, दोनों गाड़ियोंको एक दूसरेसे दूर कर दिया गया। पीछे मालूम हुआ, कि नम्बर

पांच गोरखा पलटनको पेशावर नहीं ले जाया गया। वहाँ कोई और बटालियन भेजी गई।

पेशावरमें जिन बारकोंमें गढ़वाली पलटन रहती थी, छोड़ते समय गढ़वाली सिपाहियोंने उसकी दीवालों और पत्थरोंके ऊपर हिन्दी और रोमनमें पेशावर-कांडकी बातें लिख दी थीं, और आनेवाले हिन्दू-मुसलमान सैनिकोंको कसम दी थी, कि वह अपने भाइयोंके ऊपर हथियार न उठायें। पलटन अधिकतर अशिक्षित सिपाहियोंकी थी। उनमें कोई व्यवस्थित रूपसे न प्रचार हुआ था, और न संगठन। देशकी आजादी उनको प्रिय थी, और देशभाई उनके अपने भाई थे। अंग्रेज गुलाम बनानेवाले थे। बस इतना ही उन्हें मालूम था। स्वयं समयने उन्हें सिखालाया, कि कब कैसे क्या करना चाहिये। अपने ही तक इन कामोंको नहीं रखना चाहिये, बल्कि दूसरोंके पास भी सन्देश भेजना चाहिये। इसी विचारने उन्हें अपने सन्देशको दीवालों और पत्थरों पर लिखनेके लिये प्रेरित किया। गढ़वाली पलटनकी जगह लेनेवाली पलटनके जवानोंने जब इन लेखोंको पढ़ा, तो उनके भीतर भी बड़ी सनसनी फैल गई। पलटनके नाम-कमीशण्ड अफसर अंग्रेजोंकी खैरख्वाहीके लिये सब कुछ करनेको तैयार थे। उन्होंने अंग्रेज अफसरोंको सूचित किया। तुरन्त लोगोंको बाहर छोलदारियोंमें रख कर बैरकोंकी दीवालोंपर चूना लगवा अक्षरोंको मिटा दिया गया। पेशावरमें जो दूसरी भारतीय पलटनें थीं, उनमेंसे भी अधिकांशको कहीं न कहीं भेज दिया गया। उस समय पेशावरमें पूना रिसाला, सिगनल, पन्द्रह एम० टी० कम्पनी, चार फील्ड कम्पनी एस० और एम०, ३१ फील्ड बैटरी, १६ वीं पहाड़ी बैटरी, १५ वीं मिडियम बैटरी, दूसरी सिक्ख, चौथी सिक्ख, पाँचवीं आई० बी० टी०, आर० ए० एफ०, ए० सी० सी०, सी० आर० ए० पेशावर एरिया आदि पलटनें मौजूद थीं।

स्टेशनसे एबटाबाद शहर १५ मील दूर है। सैनिक उतारे गये। सामानके लिये वहाँ खच्चर गाड़ियाँ खड़ी थीं, जिनपर उसे रख दिया गया। देखभालके लिये चन्द्रसिंहको इधर-उधर जाना था। कहीं वह कुछ और न कर बैठे, इसलिये के० बी० पाल नामक एक अंग्रेज अफसर उनके पीछे-पीछे थोड़ी दूरसे निगरानी करता। बटा-लियन रवाना हुई और साथ आई गोरा गारद ट्रेनसे पेशावर लौट गई। रास्ता अधिकतर पहाड़ी था, जहाँपर जगह-जगह गोरखा सैनिक तैनात किये गये थे। स्टेशनसे तीन मीलके करीब आगे चलनेपर एक फौजी पड़ावमें दो घंटेके लिये वह ठहरा दिये गये। यहाँ उन्हें खाना पकाने और भोजनसे निवृत्त होना था। ठहरानेके साथ ही हुक्म हुआ कि दो घंटेमें खा-पीकर तैयार हो जाओ। गाड़ियोंपर राशन, बरतन-भाँड़ा सब सामान था ही। चटपट भोजन बनने लगा। ए० कम्पनीने भी अपने राशन और बरतन-भाँड़ेको निकाला, लेकिन ईंधनके लिये लकड़ी नहीं थी, फिर

खाना कैसे बनता ! कम्पनी अपने साथ पेशावरसे ईंधन लाना भूल गई थी। सब कम्पनियोंका भोजन बनने लगा और ए० कम्पनीको मुँह ताकनेके सिवा और कोई चारा नहीं था। चन्द्रसिंहने इधर-उधर नजर दौड़ाई। मालूम हुआ, पड़ावके पास एक दूकान है। चन्द्रसिंह उधर दौड़े। उनके पीछे-पीछे वह अंग्रेज भी गया। चन्द्रसिंहने दूकानदारको दो रुपये देकर कहा, कि हमें ईंधन दे दो। शायद उस दूकानदारको भी पता लग गया था। उसने दो गट्ठर लकड़ीके दे दिये और पैसा लेनेसे इन्कार कर दिया। डेढ़ घंटेके भीतर ही पलटन खाना खाकर तैयार हो गई। इसी समय जोरकी वर्षाके लक्षण दिखाई देने लगे। बटालियन जैसे ही फालिन हुई, वैसे ही मूसलाधार पानी पड़ने लगा।

१९३० के नमक-सत्याग्रहका जमाना था। एक बार फिर असहयोगके जमानेके दृश्य देशमें उपस्थित हो गये थे। गढ़वाली वीरोंने पेशावरमें गोली चलानेसे इन्कार किया था, इसकी खबर सारे देशमें फैल गई थी। यह कैसे हो सकता था कि देशभरके रेल और तारपरसे सारे हिन्दुस्तानियोंको हटा दिया जाय और केवल अंग्रेज उसका काम सँभालें। इसलिये अंग्रेजोंने कितनी ही गुप्त रीतिसे गढ़वालियोंको भेजा, लेकिन उसकी खबर कानोकान सब जगह पहुँच गई थी। लाहौर और रावलपिण्डीसे मोटरों और लारियोंमें बैठकर लोग वीर गढ़वालियोंकी अगवानीके लिये एबटाबादकी ओर चल पड़े थे। जब लोगोंने गढ़वालियोंको देखा तो वह "महात्मा गांधीकी जय", "गढ़वाली वीरोंकी जय" करने लगे। उन्होंने आवाज लगाई—"बहादुरो, आओ, मोटरमें बैठ जाओ।" "गढ़वाली वीरोंकी जय" का नारा सुनकर अंग्रेजोंके हवास फाखता हो गये। वह चाहते थे कि बटालियन जल्दीसे जल्दी लोगोंसे दूर हो जाय। उन्होंने पलटनको दौड़नेका हुकुम दिया।

अभी-अभी उन्होंने पेटभर खाना खाया था, ऊपरसे मूसलाधार वर्षा हो रही थी, सड़कपर घुटनों पानी था, बूट और पट्टियोंके भीतर भी पानी भरा हुआ था। अंग्रेज अफसर तो अपने घोड़ोंपर सवार थे, उनको क्या दिक्कत हो सकती थी ! लेकिन इसी स्थितिमें गढ़वाली सैनिकोंसे डबल मार्च करवाया गया, सो भी एकाध मील नहीं। हुकुम हुआ था तो उन्हें डबल मार्च करनी ही होगी। कितने ही लोग थककर जमीनपर गिर पड़े। सब लथपथ और बदहवास थे। उधर जनता मोटरों और लारियोंपर चढ़ी पहले ही एबटाबाद पहुँच गई।

एबटाबादके लोगोंको जब वीरोंके आगमनका पता लगा, तो सारा नगर सड़कके दोनों किनारे आकर खड़ा हो गया। लोग जोर-जोरसे नारे लगा रहे थे। दोनों ओर खड़ी जनताके बीच गढ़वाली सैनिक दौड़ाये जा रहे थे। लोग उनके ऊपर फूलोंकी वर्षा कर रहे थे। पुलिस लाठी चलाकर लोगोंको हटा रही थी। इन्द्र और जनताको

बूँदों और फूलोंकी वर्षाकी होड़ लगी थी। यद्यपि पेशावरसे चलते समयसे यहाँ दौड़ लगाने तक गढ़वालियोंके हृदय और शरीरमें परेशानी ही परेशानी हुई थी, पर जनता-के स्वागतसे उनका उत्साह बढ़ गया। वह समझने लगे कि हमारे उत्सर्गकी कदर करनेके लिये हमारा देश तैयार है।

गढ़वाली बटालियन एबटाबादके फौजी कैम्पमें पहुँची। गोरखा पलटनें उनके लिये वहाँ छोलदारियाँ खड़ी कर दी थीं। लेकिन इस वर्षामें वह छोलदारियाँ कैसे सुखद हो सकती थी? उनके भीतर घुटनों कीचड़-पानी भरा था। यह अप्रैल अर्थात् गर्मियोंका महीना था। लेकिन, उस दिन इस पहाड़ी स्थानमें जनवरी की तरहका जाड़ा मालूम होता था। ठंडी हवा नाक-कान काट रही थी। सैनिकोंके सारे कपड़े भीगे हुये थे। ऐसे जाड़ेके स्वागतके लिये वह तैयार नहीं थे। कीचड़ भरी छोलदारियोंके भीतर बिछानेके लिये थोड़ी-थोड़ी घास मिली, जो कुछ ही देरमें पैरोंके नीचे कुचली जाकर कीचड़से एक हो गई। सारी रात दो-दो घंटेपर सिपाहियोंकी हाजिरी ली जाती थी। ठंड और कीचड़के मारे आँखोंमें नींदका उतरना मुश्किल था, ऊपरसे रातभरकी गिनतीकी पुकार! वह रात बड़ी लम्बी मालूम हुई, लेकिन उसका अन्त आखिरमें हुआ ही।

२६ अप्रैलका सबेरा आया। ७ बजे ही हुकुम हुआ—सफेद जाँगिया और कमीज पहनकर शारीरिक व्यायाम करना होगा। कमांडिंग अफ़सर कम्पनियोंका परेड देखेंगे। लोग जिन स्थितियोंसे गुजरे थे, उनके कारण उन्हें असन्तुष्ट होना ही चाहिये था। एक ओर चन्द्रसिंहने हरेक छोलदारीमें जाकर लोगोंको परेडमें न जानेके लिये कहा और दूसरी ओर कम्पनी कमांडर तथा प्लाटून-कमांडर परेडमें ले जानेका प्रयत्न कर रहे थे। ७ बजेसे ९ बजे तक वह कोशिश करते रहे, लेकिन कोई परेडमें जानेके लिये तैयार नहीं हुआ। आखिर बी० कम्पनीके नं० ६ प्लाटूनके जमादार भरतसिंह रावत ने बहकाकर अपने प्लाटूनको सबसे पहले परेडमें जानेके लिये तैयार किया। इसी जमादारने अंग्रेज-भक्ति दिखाकर गढ़वालियोंकी एकताको नष्ट करनेका पाप अपने सिरपर लिया। यहींसे फूटका सूत्रपात हुआ। भरतसिंहने सचमुच ही पीठमें छुरा भोंका था। उसे हमेशा देशद्रोहीके तौरपर याद किया जायगा।

भरतसिंह अपने प्लाटूनको लेकर परेड मैदानमें जब चला गया, तो धीरे-धीरे सारी पलटन उस ओर जाने लगी। लेकिन ए० कम्पनीके १ और ४ प्लाटून तब तक मैदानकी ओर कदम बढ़ानेके लिये तैयार नहीं हुये, जब तक कि चन्द्रसिंहने उन्हें वैसा करनेके लिये नहीं कह दिया। सूबेदार जयसिंह बिष्ट सब करके हार गया था। सबके चले जानेपर चन्द्रसिंहने सोचा, कि अब सिर्फ दो प्लाटूनोंके रुके रहनेमें कोई फायदा नहीं।

लोग परेड कर रहे थे, और भेदिये उनकी पहचान कर रहे थे। एक घंटेकी परेडके बाद वह छोलदारियोंमें लौट आये। खाकर आराम करनेके लिये छोड़ दिया गया। ४ बजे फिर उसी तरह परेड शुरू हुई। ५ बजे लौटकर उन्होंने शामका खाना खाया।

पेशावरसे उनकी पलटन एबटाबाद हथियार छीनकर भेजी गई थी। 'हमने हुकुम माननेसे इन्कार किया, यह चिन्ता सबकी थी, लेकिन चन्द्रसिंहको सबसे अफसोस इस बातका था, कि हमारे एकतामें दरार पड़ गई। उन्हें क्या दंड भोगना पड़ेगा, इसकी उन्हें चिन्ता नहीं थी।

२६ अप्रैलकी शाम आई। सूर्यास्त होने जा रहा था, इसी समय मेसकोट का अर्दली चन्द्रसिंहके पास आकर बोला—"हवलदार चन्द्रसिंह, आपको कर्नल साहब तुरन्त बुला रहे हैं।"

चन्द्रसिंहने पूछा—"मेसकोटमें कर्नल साहब अकेले हैं या और भी कोई है।"

—"वहाँ बहुत से साहब लोग हैं। जेनरल साहब, एबटाबादके डिप्टी-कमिश्नर, पुलिस सुपिंटेंडेंट आदि भी हैं।" चन्द्रसिंहने समझ लिया, अब मुझे वहाँसे लौटकर आना नहीं है। वह तुरन्त अपना सामान संभाल वर्दी, बूट और ओवरकोट पहनकर गोरखा हैट सिरपर रख अपनी पलटनके सारे सिपाहियोंसे मिलनेके लिये निकल पड़े। उनसे यही कह रहे थे—"भाइयो, यह मेरी आप लोगोंसे अन्तिम मुलाकात है। आप लोग अपनी एकता और धैर्यको टूटने न देना।" चन्द्रसिंहका बुलौवा बलि-वेदीपर सबसे पहले हुआ था, लेकिन उनको इसके लिये हर्ष था। वह भाइयोंसे हंसते-हंसते मिल रहे थे। इसलिये लोग समझते थे, कि वह हंसी कर रहे हैं लेकिन समझदार सैनिक बातकी गम्भीरताको ताड़ गये। उनकी आँखोंमें आँसू भर आये। लोग उनके आसपास जमा हो गये। उनसे उन्होंने छुट्टी लेते कहा—"मैं आप लोगोंसे फिर मिलूँगा। मुझे मालूम नहीं, कि कर्नल साहबने मुझे क्यों बुलाया है।"

मेसकोट वहाँसे २०-२५ गजसे अधिक दूर नहीं था। चन्द्रसिंह जल्दी ही अर्दली के साथ वहाँ पहुँच गये। उन्होंने जमादार नन्दासिंह और हवलदार-मेजर जाथलीसिंह को मेसकोटके सामने खड़ा देखा। वहीं स्टाफ-कार (अफसरोंकी सैनिक मोटर) खड़ी थी। अन्दर जाकर जाथलीसिंह और नन्दासिंहके बाँये खड़े हो गये। अर्दली कर्नलको खबर देनेके लिये भीतर चला गया। सभी अंग्रेज-अफसर बाहर निकल आये। मेजर ब्रोन्सकिलने कहा—"चन्द्रसिंह, अब तुम कैद कर लिये गये।" उसने जमादार नन्दा-सिंहको चन्द्रसिंहपर गारद रख दिया और जाथलीसिंहको उनका बिस्तरा लानेके लिये

भेज दिया। चन्द्रसिंहने मेजरसे कहा—"आप सिखलाईकर रहे हैं, या यह क्या बात है?"

—"बोलो मत, अब तुम कैदी हो गये।"

इसी समय कैमरेसे चन्द्रसिंहका फोटो लिया गया, फिर मोटरपर उन्हें बैठा दिया गया। मेजर ब्रोन्सकिल और पुलिस-सुप्रिंटेंडेंट खुद साथ हुये। मेजरने स्वयं मोटर चलाई, और वह काकुलकी ओर रवाना हुये, जहाँ गोरोंका तोपखाना था। ले जाकर गोरोंकी हवालाती कोठरीमें डाल दिया गया और उनके ऊपर डबल गारदका पहरा बैठा दिया गया। यह तो उन्हें मालूम ही था, कि गढ़वाली पलटनने हुकुम माननेसे इन्कार किया है। जब यह मालूम हुआ, कि बगावतका मुखिया यही आदमी है, तो गोरे आ-आकर उनको देखने लगे। सोलह साल तक अंग्रेजोंके लिये अपना सिर हथेली पर रखकर चन्द्रसिंह काम करते रहे। आज उन्हें उन्हींकी हवालातमें बन्द होना पड़ा, अभी न जाने क्या-क्या उनके ऊपर गुजरनेवाली थी। कोठरी तीन कदम लम्बी और तीन ही कदम चौड़ी थी। ऊँचाई आठ हाथसे अधिक नहीं थी। सबसे ऊँची जगहपर लोहेके सीकचोंवाली एक छोटी सी खिड़की थी। लोहेकी सीकचोंवाला ही एक तंग दरवाजा था, जो उत्तरकी तरफ खुलता था, इसलिये किसी वक्त वहाँ धूप नहीं आ सकती थी। चंद्रसिंह ने कोठरीको चारों ओरसे देखा। उन्होंने अपनेको आगेके लिये तैयार कर लिया। उनका बिस्तरा भी आ गया। उसे बिछाकर वह वहाँ लेट गये। कोठरीमें कोई रोशनी नहीं थी, चारों तरफ नीरवता छाई थी। गोरे सिपाहियोंसे वह बात कर सकते थे, लेकिन उनकी भाषा समझ नहीं सकते थे।

इस एकान्त कालकोठरीमें चन्द्रसिंह कभी सोचते—"चन्द्रसिंह, तुम क्या कर बैठे? मारे जाओगे। पिता, स्त्रियाँ, बच्चे सदाके लिये तुमसे छूट चुके। तुम इस अंधेरी कोठरीमें पड़े हुये हो, न जाने कब तकके लिये?"

फिर उनके मनमें यह सोचकर गर्व हो उठता—"चन्द्रसिंह, शाबाश, तुमने मानुष-जीवनका फल पा लिया। अपनी तुच्छ शक्तिके अनुसार तुमने देशमाताके लिये यह सब कुछ किया। देशभक्ति कसूर नहीं है। यह शर्म करने या घबरानेकी चीज नहीं है। तुमने अपने जीवनकी कीमत वसूल कर ली। अपने परम कर्त्तव्यको पूरा कर लिया। जब तक साँस चलती है, तब तक इस कोठरीमें आनन्दसे रहो। जो तुम चाहते थे, वही तुमको मिला।" वह इस प्रकारके विचारोंमें अपने आपको भूल गये इसी समय बूटोंकी आहटसे उनका ध्यान टूटा। जंगलेसे बाहर झाँककर देखा कि नम्बर १ और नम्बर ४ प्लाटूनके सैनिक आ रहे हैं। उन्होंने जोरसे आवाज दी—"जवानो, घबड़ाना मत। मैं भी यहीं हूँ।" सभी जवान उनकी ओर देखने लगे। अन्धेरा हो चला था, उस कालकोठरीके भीतर उनके चेहरेको कौन देख सकता था।

कालकोठरीमें चंद्रसिंहको बन्द करके मेजर ब्रोन्सकिल एबटाबाद गया, जहाँ २-१८ रा० ग० रा० का कैदी कैम्प था। एबटाबादसे काकुल सिर्फ दो मील है, और एक जगहसे दूसरी जगहको साफ-साफ देखा जा सकता है। मेजरने कैम्पमें जाकर हुकुम दिया—"नम्बर २ और नम्बर ४ प्लाटून तुरन्त फालिन हो जायँ। उन्हें बटालियनके लिये लकड़ियाँ लानी हैं।" हुकुम मिलते ही दोनों प्लाटून फालिन हो गये। फिर हवलदार नारायणसिंहके साथ उन्हें काकुलकी ओर आनेवाली सड़कपर रवाना किया गया। सड़क टाखुओं चटाईकी थी, जिसके दोनों तरफ टूटी-फूटी जगहें थीं। इन टूटी-फूटी जगहोंमें गोरे सैनिक छिपाकर रक्खे गये थे। जिस समय दोनों प्लाटून पास पहुँचे गोरोंने सङ्गीन चढ़ी राइफलोंको लेकर एकाएक उन्हें घेर लिया। अंग्रेज पूरी सावधानी बरत रहे थे। उन्होंने समयसे पहले किसीको सजग होनेका मौका नहीं दिया। ईंधन लानेकी बात झूठी थी। वह कैदी बनाकर काकुल छावनीमें लाये गये।

काकुलमें पहले ही से काँटेदार तारोंका एक घेरा बनाया गया था, जिसके किनारे पेट्रोमैक्सकी तेज़ रोशनीका इन्तिजाम था और चारों तरफ गोरोंका सख्त पहरा था। घेरेके दोनों छोरोंपर दो मशीनगनें लगी हुई थीं। यहीं काँटोंके भीतर सिपाहियोंके रहनेके लिये छोलदारियाँ लगाई गई थीं। इन्हींमें ६६ आदमियोंको बन्दी बनकर रहना था। चन्द्रसिंहको लेकर सब ६७ आदमी गिरफ्तार किये गये थे, जिनमें ५० सिपाही और २७ ओहदेदार थे। सिपाहियोंमें ७ सरकारी गवाह बनाकर छोड़ दिये गये और १७ ओहदेदार तथा ४३ सिपाही—कुल साठ आदमी दण्डके लिये चुने गये। १७ ओहदेदारोंका नाम निम्न प्रकार है :

१. चन्द्रसिंह भण्डारी, नं० २५३ हवलदार क्वार्टर-मास्टर ए० कम्पनी
२. नारायणसिंह गोसाईं " २५० हवलदार ए० कम्पनी नं० ४ प्लाटून
३. केसरसिंह रावत " ६०६ नायक " ४ "
४. जीतसिंह रावत " २२४ " " " "
५. हरखसिंह घपोला " ११७६ " " १ "
६. भोलासिंह बुटोला " ३८७ " " " "
७. भीमसिंह बिष्ट " १८०४ लेन्स नायक " ४ "
८. आनन्दसिंह रावत " २०८८ " " " " "
९. खुशहालसिंह गोसाईं " २४७२ " " " " "
१०. उमरावसिंह रावत " २६१८ " " " " "
११. हुकुमसिंह कठाइत " ३१६४ " " " " "
१२. सुन्दरसिंह बुटौला " १०६९ " " " १ "
१३. रतनसिंह नेगी " २०१७ " " " " "

१४. जोतसिंह बिष्ट	" ४२०४ "	"	" " "
१५. आलमसिंह फर्सवान	" २२३८ "	"	" " "
१६. भगवानसिंह रावत	" २२६६ "	"	" " "
१७. महेन्द्रसिंह नेगी	" १६२१ "	"	" " "

यद्यपि सारी बटालियनने बगावतमें हिस्सा लिया था, लेकिन अंग्रेज यह नहीं चाहते थे, कि बगावतके पूरे रूपको मुकदमेके द्वारा दुनियाके सामने रक्खा जाय। वह बाहरी दुनियाके सामने इसे छोटी-सी घटना दिखलाना चाहते थे। इसलिये उन्होंने सिर्फ उन्हीं ६७ आदमियोंको लेना चाहा, जिन्होंने इस्तीफेके कागजपर हस्ताक्षर किये थे। ६७ आदमियोंके अलावा बाकी बटालियनको पाँच साल तक कड़े परिश्रमके साथ ड्रिल करनेकी सजा देकर रजमक छावनीमें भेज दिया गया।

विभागीय जाँच—२६ अप्रैलसे महीनेके अन्त तक अंग्रेज तैयारी करते रहे। एक-एक सैनिकसे भेद निकालने की कोशिश करते थे। पहली मईको एक ब्रिगेडियर-जेनरलने आकर बाकायदा जाँच शुरू की। उसी दिन सात सिपाहियोंको सरकारी गवाह बनाकर काकुलसे निकालकर एबटाबादकी पलटनमें भेज दिया गया। सबका बयान लिया गया, लेकिन चन्द्रसिंहसे बयान लेनेकी जरूरत नहीं समझी गई। जाँचके बाद उनके ऊपर सख्त निगरानी होने लगी। हवलदार भगवानसिंहको चन्द्रसिंहके ऊपर खुफिया बनाकर तैनात कर दिया गया। किसी आदमीको उनसे बात करना तो अलग नजदीक भी जाने नहीं दिया जाता था लेकिन कैदीको भी तो खाने-पीनेकी जरूरत पड़ती है। चन्द्रसिंहका खाना पकानेवाला वही लंगरी था, जो कि नम्बर १ और नम्बर ४ प्लाटूनोंमें काम करता था। भिश्ती, नाई, धोबी और भंगी भी उनकी कम्पनीके ही थे लेकिन जब इनमेंसे कोई उनके पास आता, तो भगवानसिंह बराबर पासमें खड़ा रहता। खुली हवामें रहनेवाले तथा शारीरिक श्रम और व्यायामके अभ्यासी आदमीके लिये इस काल-कोठरीमें रहना कितना दुस्सह था, इसे कहनेकी जरूरत नहीं। उनको यह भी पता नहीं था, कि उन्हें संसारमें जीना है या बिदा हो जाना है। इस ससपंजमें रहना आदमीके लिये मुश्किल होता है। वह यही मनाते थे—जल्दी फैसला हो जाय। फाँसीपर चढ़ना ही है, तो वही हो जाय।

लेफ्टनेन्ट-कर्नल जे० सेन्ड ए० किंग (१०-१ पंजाब रेजिमेन्ट) को मुकदमा चलानेके लिये सरकारी वकील नियुक्त किया गया। उसने जाँच-पड़ताल शुरू की। काकुल छावनीमें गोरा बैरकके आँगनमें ६७ गढ़वालियोंको उसने बेंचोंपर बैठा दिया। चारों ओर राइफल लिये गोरे खड़े थे। किंगने यहींपर गवाही लेनी शुरू की। निम्न १६ आदमी सरकारी गवाह थे :

१. जमादार खुशीसिंह रावत	२-१८ रा० गा० रा० एबटाबाद
२. कप्तान ई० एफ० टक्कर	" " "
३. " एच० चेपल	" " "
४. लेफ्टनेन्ट ए० एफ० बी० वावेल	" " "
५. जमादार देवसिंह रावत ह० क्वा० १	" " "
६. मेजर बी० ए० एस० ब्रोस्किल	" " "
७. सूबेदार जयसिंह बिष्ट ए०-४	" " "
८. जमादार नैनसिंह नेगी ह० क्वा० १	" " "
९. हवलदार गोरियासिंह रावत १०५, ए०-१	" " "
१०. सूबेदार त्रिलोकसिंह रावत बी०-६	" " "
११. हवलदार-मेजर जाथलीसिंह रावत १२१, ए०	" " "
१२. कप्तान एस० ई० टेलर	" " "
१३. रूपचन्द्रसिंह राना सिपाही २०१९ ए०-४	" " "
१४. शंकरसिंह रावत ४४९७ सिपाही ए०-४	" " "
१५. शामसिंह फर्सवान २४९७ सिपाही ए०-४	" " "
१६. हवलदार कुन्दनसिंह असवाल २३१, बी०-८	" " "
१७. हवलदार जोतसिंह माहर २५४ सी०- १०	" " "
१८. हवलदार शेरसिंह राना ६४७ डी० एम० जी० कम्पनी	" "
१९. हवलदार बख्तावरसिंह पुण्डीर-२४९	" " "

ये ही गवाह फौजी अदालतके सामने पेश किये गये लेकिन इस समय किंगने कुछ और लोगोंके भी बयान लिये, जिनमें कर्नल वाकर (कमांडिंग आफिसर), जमादार नन्दासिंह नेगी ए०-२, जमालसिंह नेगी क्वार्टर-मास्टर जमादार २-८ रा० ग० रा०, जमादार भारतसिंह रावत बी० कं०, जमादार उमरावसिंह नेगी, ए० कम्पनीके चारों रसोइया ब्राह्मण, हवलदार भवानसिंह कण्डारी। सूबेदार-मेजर रूपचन्दसिंह बिष्ट शावर-कांडके दिन छुट्टीपर अपने गांवमें गये थे। उन्हें इस समय बुला लिया गया था इस आदमीने चन्द्रसिंह और उनके साथियोंको बुरी तरहसे फंसानेके लिये एड़ीसे चोटी तकका जोर लगाया।

२३ अप्रैलको गढ़वाली सैनिकोंने ऐन-मौकेपर गोली दागनेसे इन्कार कर दिया था, लेकिन उनके ऊपर अंग्रेज मुकदमा नहीं चलाना चाहते थे, क्योंकि तब जुर्म संगीन होता और मुकदमेकी खबर देश-विदेशमें छपकर बड़ा तहलका मचता। अंग्रेज पेशावरकी घटनाको इतना तूल नहीं देना चाहते थे। इसीलिये सरकारी गवाहोंको उसके

बारेमें जिक्र नहीं करने को कह दिया गयाया। तो भी जमादार लूथीसिंहने निम्न बातें कोर्ट-मार्शलके सामने कही थीं :

"२३-४-३० को मेरी बटालियन पेशावरमें कायम थी। करीबन १२-३० बजे ए० कंपनी, जिसकी नं० ३ प्लाटूनका मैं कमान करता हूँ, लारियोंमें शहरको गयी। काबुली फाटकमें पहुँचनेके पेश्तर हम लोग उतर गये और फाटकके अन्दर चले गये। नं० २ और ३ प्लाटूनको लाइन बनानेका हुकुम मिला, दुश्मनी सूरतवाले झुण्डको आगे बढ़नेसे रोकनेके लिये। हमारे आदमी "हाइपोट" पर झुण्डसे बिल्कुल मिले हुये खड़े थे। उनकी और दुश्मनकी छाती आपसमें लगती थी। झुंड पत्थर और ईंट फेंकती थी। ऊपर लिखे प्लाटून ऐसी हालतमें करीबन डेढ़ घंटा तक रहे। क्योंकि "हाईपोट" से हमारे लोग बहुत थकते थे, मैंने हुकुम दिया, कि बारबार "हाईपोट और आनगार्ड" करे।

"करीबन १३-४५ बजे झुंड और भी घबराया और हमारे आदमियोंको लम्बी लाठियोंसे मारने लगा। इन लाठियोंमें किसी-किसीपर परेक (काँटी) भी थी, जिनसे वे हमारे आदमियोंको ढकेलते थे। इस दर्मियान झुंड पत्थर और ईंट फेंकता रहा।

"इस गलीमें पहुँचनेके थोड़ी देर बाद मेरे सिरके किनारेपर एक ईंटकी चोट आई। झुंड तब लकड़ीके बक्स लेकर उनको भी जमीनपर और हमारे आदमियोंके ऊपर फेंकने लगा। उनका मतलब अटकाव बनानेके लिये मालूम होता था। लेन्स-नायक उदयसिंह, जो "आनगार्ड" के पोजीशनमें खड़ा था, उसे चाट आई और एक दम बादको एक बक्स उसकी छातीपर फेंका गया। वह गिरते-गिरते बच गया और इतनेमें उसका राइफल हाथसे खींचा गया। मैं उदयसिंहसे कुछ कदम पीछे खड़ा था।

"इस वक्त झुंडके बढ़नेसे हमारा रैंक जरा टूट गया था, जिससे झुंडके कुछ आदमी हमारे आदमियोंके बीच आ गये। अपने हाथों और बदनोंसे मैं भी और हमारे आदमी भी झुंडको पीछेकी तरफ ढकेल रहे थे। एकदम जब लेन्स-नायक उदयसिंह गिर गया, जैसा ऊपर बतलाया गया, लेन्स-नायक चन्द्रसिंह अपने राइफलको लोड करके एक रांउड फायर किया। उसी वक्त मैंने पिस्तौल निकाला, और जब झुंडके दो आदमियोंने नली और सिलन्दरको हाथसे पकड़ा, मैंने एक आदमीके हाथ सिलन्दर से निकालकर चार रांउड फायर किया, जिससे झुंडके दो आदमी गिर गये। इसको देखकर नायक रामसिंहने दो रांउड और राइफलमैन बख्तावरसिंहने एक रांउड किया। झुंड तब भाग गया।

सरकारी गवाह हवलदार गारियासिंहने बयान देते हुये कहा था—"मैं नं० १ प्लाटूनके मुलजिमोंमेंसे नीचे लिखे हुओंको पहचानता हूँ, जो कि परेडमें १५३० बजेसे १७०० बजे तक २४-४-३० को हाजिर थे—

नायक हरखसिंह	राइफलमेन हरखसिंह
,, भोलासिंह	,, रायसिंह
लेन्स-नायक सुन्दरसिंह	,, माधोसिंह
,, रतनसिंह	,, कालासिंह
,, आलमसिंह	,, बुधसिंह
,, महेन्द्रसिंह	,, भूपालसिंह
,, भवानसिंह	,, लछमनसिंह
,, जोतसिंह	,, जगतसिंह
राइफलमेन बेलमसिंह	,, प्रतापसिंह
,, मानसिंह	,, प्रेमसिंह
,, हरखसिंह	,, किशनसिंह
,, गजेसिंह	,, हुकुमसिंह
,, बचनसिंह	,, शामसिंह
,, शेरसिंह	,, रतनसिंह
,, राम चन्द्रसिंह	,, खेमसिंह

गोरियासिंहके बयान देते समय श्री चन्द्रसिंहने बीचमें कुछ सवाल किये थे, जो अदालती कर्रवाईमें निम्न प्रकार मिलते हैं। गोरियासिंहने कहा था—

"२४-४-३० को करीब १४-३० बजे मैं ए० कंपनीके लंगरखानेमें था। मैं अपने प्लाटून नं० ४ को अपने बारेक रूमके बरांडेपर खड़े देखा। वे बाहर जानेको तैयार थे, अगर उनको हुकुम मिले। मैंने हवलदार चन्द्रसिंहको प्लाटूनके पीछे खड़े देखा। उसने हमको बुलाया। मैं उसके पास गया। हवलदार चन्द्रसिंहके हाथमें एक कागज था, और उसने कहा, कि तुम्हारे दस्तखतोंकी जरुरत है। मैंने उससे पूछा—'किस वास्ते दस्तखत करना है।' उसने जवाब दिया—'तुम दस्तखत करो, मैं तुमको इसकी बाबत पीछे बतलाऊँगा।' मैंने फिर उससे पूछा। उसने जवाब दिया, कि ऊपरसे हुकुम आ गया है, कि तुम्हें इस कागजपर दस्तखत करना चाहिये। मैं तब प्लाटून हवलदारके कमरेमें गया। कमरेके अन्दर एक चारपाई और एक लकड़ीका बकस था। यह मामूली लकड़ीका किट बकस था। इनके सिवा कमरेमें और कोई चीज नहीं थी। सिर्फ हवलदार चन्द्रसिंह और मैं उस वक्त हाजिर थे। मैंने फिर हवलदार चन्द्रसिंहसे पूछा, कि दस्तखत किस वास्ते चांहिये। और उसने वही जवाब, जो ऊपर लिखा हुआ है, दे दिया। यह कागज जो मेरे सामने है, वही है, जिसपर मैंने दस्तखत किया, और यह हमारा दस्तखत है। इसके बाद मैं लंगरखानेको वापस गया। जिस वक्त मैं वहाँ था, सूबेदार जयसिंह लंगरखानेके पास आया और पूछा, खाना तैयार है, बहुत जल्दी पकाओ। उसके बाद

वह नं० ४ प्लाटूनके बारेकके फ्रौंटसे गुजरते हुये चला गया। हवलदार नैनसिंहने फालिनका हुकुम दिया और मैं अपने प्लाटूनके साथ फालिन किया। थोड़ी देर बाद सूबेदार जयसिंह आया और थोड़ी देर बाद दफ्तरकी तरफ चला गया। थोड़ी देर बाद सूबेदार जयसिंह वापस आया। इससे थोड़ा पहले नं० २ और ३ प्लाटूनने मार्च किया। सूबेदार जयसिंहने नं० ४ प्लाटूनको हुकुम दिया "फार्म फोर-राइट" कुछ आदमियोंने हिलना शुरू किया, लेकिन ज्जादा चुपचाप खड़े रहे और नहीं हिले। सूबेदार साहबने कहा—'यह क्या बात है, तुम क्यों नहीं हिलते। हवलदार चन्द्रसिंहने तब कहा, हम लोग नहीं आवेंगे। तब सूबेदारने हुकुम दिया, मैं फार्म फोर्स किया। जिस वक्त हम लोगोंने फालिन किया, हवलदार चन्द्र सिंहने ऐसा कहा, हम लोगोंको हुकुम नहीं मानना चाहिये"। मैं फार्म फोर्स किया इस सबबसे कि मैंने अपनी १३ सालकी नौकरीके दरमियान हुकुम माना। मैंने चन्द्रसिंहका हुकुमके कागजपर दस्तखत करना माना, लेकिन उसने अभी तक मुझको नहीं कहा कि वह किस चीजके बाबत है।

सवाल हवलदार चन्द्रसिंह : जिस वक्त मैं तुमको कागजपर दस्तखत करनेको ले गया, तुम्हारा सेक्शन-कमांडर कहाँ था?

जवाब—वह प्लाटूनके साथ था, और प्लाटूनके दाहिनेपर खड़ा था।

सवाल ह० चन्द्रसिंह : जब मैं तुमको ले गया और तुमको हुकुम दे दिया कागजपर दस्तखत करनेका, तुमने अपने सेक्शन-कमांडरकी इजाजत पहले ले लिया था या नहीं?

जवाब—नहीं।

सवाल ह० चन्द्रसिंह : तुम कहते हो कि मैंने सूबेदार साहबको जवाब दे दिया, कि हम लोग नहीं जायँगे। उस बक्त मैंने सिर्फ जवाब दे दिया या और कोई दूसरी बात भी कही?

जवाब—कोई नहीं।

गवाही ले लेनेके बाद नायक भोलासिंह बुटौलाको छोड़ बाकी सारे १५ ओहदेदारोंको कैदी कैम्पसे निकालकर वहीं काकुलमें घोड़ोंकी अस्तबलकी एक-एक कोठरीमें बन्द कर दिया गया। अस्तबल लकड़ीके तख्तोंका बना था, जिसमें एक लकड़ीके दरवाजेके सिवा कोई खिड़की नहीं थी, न कहीं अन्दर हवा जानेका रास्ता था। दरवाजे भी ऐसे बन्द हो जाते थे, कि हवाका भीतर जाना मुश्किल था। एबटाबाद और काकुल ठन्डी जगहें हैं, इसलिये शायद हवाकी वहाँ उतनी जरूरत नहीं समझी गई। इन पन्द्रहोंको चौबीसों घंटे बन्द रहना पड़ता था, बाहर गोरे पहरा देते थे।

टट्टी-पेशाबके लिये हाथोंमें हथकड़ी पहनाकर सुबह-शाम एक-एक आदमीको एक-एक करके दो गोरे ले जाया करते। जब एक आदमी फरागत होकर लौट आता, तब दूसरे आदमीको ले जाते। किसीको एक दूसरेसे बात करनेकी इजाजत नहीं थी। खानेके लिए भी गोरे गारद और हवलदार भगवानसिंहके सामने एक-एकको खोला जाता। इनमेंसे कुछ लोग बीड़ी-तम्बाकूके आदी थे। वह उससे वंचित थे। चौबीस घंटा कोठरीमें बन्द रहनेके कारण खाना भी हजम नहीं होता था, और पेट खराब होनेसे कोठरीके भीतर ही टट्टी-पेशाब करना पड़ता। पानी पीने के लिये वहाँ सिर्फ एक गिलास था। टट्टीके लिए पानी की कोई जरूरत नहीं समझी जाती थी।

मनुष्य जंगलमें रहते भी पशुओंसे अपना सम्बन्ध जोड़ लेता है। कमसे कम उनके रहन-सहन और गति-मुद्रासे वह हिताहितका ज्ञान पा लेता है। काकुल छावनीमें एक मस्जिद थी। उसमें एक बूढ़ा मौलवी रहता था। मौलवीके साथ एक छोटा बच्चा शायद उसका पोता था। मस्जिदके आँगनमें पानीका नलका लगा हुआ था। चन्द्रसिंह वहाँ रोज टट्टी-पेशाबसे आकर हाथ-मुँह धोने तथा पीनेके लिए पानी लाने जाया करते थे। गोरे सिपाही लोहेकी जंजीरसे जकड़कर उन्हें वहाँ ले जाते थे, लेकिन टट्टीमें बैठने के समय तथा नलके पर हाथ-मुँह धोते-समय हथकड़ियाँ खोल देते। इस तरह मस्जिदके पास चन्द्रसिंह का आना-जाना होने लगा। कैदियोंके साथ सहानुभूति दिखलाना धार्मिक मुसलमान अपना कर्त्तव्य समझते हैं, लेकिन चन्द्रसिंह तो उन गढ़वालियोंके अगुवा थे, जिन्होंने पेशावरमें मुसलमान पठानोंके ऊपर गोली न चलाकर अपने प्राणोंके लिये सङ्कट मोल लिया था, इसलिये मुसलमान और खासकर पठानोंमें गढ़वालियोंके प्रति बहुत स्नेह पैदा हो गया था। गोरोंके डरके मारे बूढ़ा मौलवी पहले चन्द्रसिंहसे कोई बात नहीं करता था। उसने इसके लिए एक दूसरा ही तरीका निकाला। वह उनको सुनानेके लिए बच्चेसे बात करता। मौलवी पढ़ा-लिखा था। अखबार पढ़ता था। वह पढ़ी हुई बातोंको बच्चेको सुनाते कहता—"बेटा, आज मुसलमानी दुनियामें इन लोगोंके लिये हरेक मस्जिदमें खुदा-पाकके सामने दुआ माँगी जा रही है।" इसी तरह बम्बई, कलकत्ता, दिल्ली, लाहौरकी जो खबरें आतीं, उन्हें मौलवी बच्चेको सुनाया करता। गोरे भाषा समझ नहीं सकते थे, इसलिये उन्हें मालूम नहीं था, कि बूढ़ा क्या कह रहा है। एक दिन मौलवीने अपने पोतेसे कहा—"बेटा, यह जो कैदी है, इसको अगर हम कुछ खाने-पीनेकी चीज दें, तो खायगा?"

चन्द्रसिंहने जवाब दिया—"बाबा, मुझे आपका खानेमें कोई एतराज नहीं है, लेकिन पहले मैं इन गोरे सिपाहियोंसे पूछ लूँ।" उन्होंने गोरे सिपाहियोंसे इजाजत

माँगी। आखिर वह भी सिपाही थे, उनमेंभी भलेमानुसोंकी कमी नहीं थी। उनके इजाजत दे देनेपर बूढ़े बाबाने एक तंदूरी रोटी और कुछ मक्खन दे दिया। अगले दिनसे बूढ़े बाबा रोज सबेरे-शाम लेमनेडकी बोतल, खूबानी, रोटी और कभी मक्केके लड्डू देने लगे। अखबारोंमें जो खबरें आतीं, उनको वह उसी तरह सुनाते। उन्हीं बूढ़े बाबासे चन्द्रसिंहको मालूम हुआ, कि गढ़वालियोंके लिये काम करनेके कारण लाहौरके डा० आलम और चन्द्रप्रकाश तथा पेशावरके प्रतापसिंह पकड़ लिये गये हैं। बम्बईमें पुलिसने औरतोंके जलूसपर लाठी बरसाई। ये खबरें चन्द्रसिंह और उनके साथियोंके लिए भारी महत्व रखती थीं। देशकी इन खबरोंको पाकर उनकी हिम्मत बढ़ती थी।

ए० कंपनीमें चन्द्रसिंहकी ससुरालका रहनेवाला एक भिश्ती (पानी लानेवाला) था, जिसका नाम भजेड़ूसिंह महर था। एक तो वैसे ही इनकी कुर्बानीका उसके ऊपर प्रभाव पड़ा था, दूसरे वह उन्हें अपना सगा-संबन्धी समझता था। उसने चन्द्रसिंहके सन्देशेको उनके साथियोंके पास भेजनेका जिम्मा लिया था। वही बाजारसे उनके लिये सामान ले आता। काकुलके लोग गढ़वालियोंके साथ बड़ी सहानुभूति रखते थे। जब भजेड़ूसिंह किसी बनिये के पास कोई सौदा खरीदने जाता, तो वह उससे पैसा लेनेसे इन्कार कर सब चीजें मुफ्त दे देता। लोग भिश्तीसे गढ़वालियोंके कुशल-मंगलके बारेमें पूछा करते, और बाहरकी खबरें भी उसके द्वारा थोड़ी-बहुत भेज देते थे। वहाँके वकीलोंकी भी सहानुभूति वीर गढ़वालियोंके प्रति थी।

जाँच हो जानेके बाद चंद्रसिंहको पता लग गया था, कि कौन उनका दुश्मन है और कौन दोस्त। सरकारी गवाहोंने उनके सामने ही अपने बयान दिये थे। कोर्ट-मार्शल (फौजी अदालत) की तारीख नजदीक आ रही थी। उन्हें अब अपना बयान तैयार करना था। चन्द्रसिंह यह जानना चाहते थे, कि उनके साथी क्या बयान देना चाहते हैं। वह एक दूसरेसे मिल नहीं सकते थे, और न उन्हें किसी तरह सन्देश भेजने ही का मौका था। उनके पास कागज-पेंसिल भी नहीं थी, लेकिन संदेश भेजना जरूरी था। बयानोंमें एकता रहे, इसका प्रबन्ध करना था। चन्द्रसिंहकी कोठरीमें झाड़ू देनेके लिये रोज सुबह-शाम एक भङ्गी आया करता था। जब वह आता, तो हवलदार भवानसिंह भंडारी भी उसके साथ रहता। गोरा सार्जेन्ट कोठरीका दरवाजा खोलता और भवानसिंह दरवाजेपर आकर खड़ा हो जाता। भङ्गी इधर झाड़ू लगाता, और भवानसिंह गोरोंके साथ अंग्रेजीमें गप-शप करने लगता। एक दिन जब भवान-सिंह गप-शप कर रहा था, उसी समय चन्द्रसिंहने मौका पाकर भङ्गीसे कहा—"भाई, क्या इस मुसीबतमें तुम मेरी मदद कर सकते हो?"

"किस चीजकी मदद करूँ?"

"एक पेन्सिल और थोड़ा सा कागज ला सकते हो?"

उस सच्चे भाईने कहा—"जरूर, कागज मैं टट्टीमें छोड़ रक्खूँगा। जब जावें तो सबसे दाहिनेवाली टट्टीमेंसे उसे ले लें। पेन्सिल मैं शामको साथ लेता आऊँगा।" कागज रखनेके बाद भङ्गीने चन्द्रसिंहको इशारेसे उसके बारेमें समझा दिया। चन्द्रसिंहने गोरे सार्जन्टको बुलाकर टट्टी जानेके लिये कहा—गोरे उन्हें टट्टीमें ले गये। वह बहाना करके बैठ गये और कागजको जाँघियाके भीतर डालकर अपने साथ लाये। शामको भङ्गी झाड़ूके अन्दर पेन्सिल भी डालकर ले आया। मच्छरदानीकी आड़में चन्द्रसिंहने अपने १६ साथियोंके लिये अलग-अलग चिट्ठियाँ लिख डालीं। अब सवाल था, उन्हें कौन साथियोंके पास पहुँचाये। भिश्ती भजेडूसिंह दिनमें एक बार आता था, लेकिन वह चन्द्रसिंहके दूसरे साथियोंके पास नहीं जा सकता था। चन्द्रसिंहने उससे कहा—"भजेड़ू तुम प्लाटूनके रसोइया भवानीदत्तसे कहो, कि कल खाना बाँटनेके समय सबसे पहले मेरे पास आयें, पीछे अस्तबलवाले साथियोंके पास जायँ। किसी तरह इन चिट्ठियोंको मेरे दोस्तोंके पास पहुँचा दो, तो मैं बड़ा एहसान मानूँगा।"

भवानीदत्तने संदेश भेजा, कि शामको मैं खाना देरसे पकाऊँगा, और अंधेरा होनेपर उसे तुम्हारे पास लाऊँगा। चिट्ठियाँ तैयार रखना।"

भवानीदत्तने चावलोंके देगमें छिपाकर सभी चिट्ठियोंको चन्द्रसिंहके साथियोंके पास पहुँचा दिया। भवानसिंह झक मारता रह गया। उन चिट्ठियोंमें चन्द्रसिंहने लिखा था—

१. कोर्ट-मार्शलमें जब तक हम लोगोंको अपने लिये कोई वकील न मिले, तब तक बयान देनेसे इन्कार करना। सभी कहें, कि हमें वकील मिलना चाहिये।

२. मैं बगावतकी सारी जिम्मेवारी अपने ऊपर लेता हूँ, ताकि आप लोग मौतकी सजासे बचें। जिन्दा रहकर आप फिर हमारे कामको आगे बढ़ायेंगे। मौतके फंदेसे छूटनेकी कोई सम्भावना नहीं है, इसलिए मुझे ऐसा करने दें।

३. मुकदमा २४ अप्रैलकी बगावतके लिये चलाया जा रहा है। २३ अप्रैलका वह कोई जिक्र तक नहीं आने देना चाहते। आप लोग अपने बयानोंमें २३ अप्रैलकी घटनाका जिक्र जरूर करें।

४. सब लोग डाक्टरसे कहें, कि कोठरीमें बन्द रहते-रहते हम लोगोंका पेट खराब हो गये है, हमें हर रोज एक घंटा बाहर टहलने दिया जाय।

भवानीदत्तने अगले दिन साथियोंका जवाबभी लाकर सुना दिया। वह और बातोंसे सहमत थे, लेकिन इससे सहमत नहीं थे, कि चन्द्रसिंह उनके लिए मौतका प्याला पिये।

उन्होंने यह भी सुझाव दिया, कि सूबेदार जयसिंह बिष्ट और सूबेदार-मेजर त्रिलोकसिंह रावतको भी हमें अपने साथ फँसाना होगा। नारायणसिंह गोसाईंने जोर देकर कहा था—"मैं आपको अकेला नहीं छोड़ सकता।"

एक दिन रातके ६ बजे चन्द्रसिंहको पेशाब लगी। वह कोठरी के भीतर पेशाब नहीं किया करते थे। उन्होंने गोरे सार्जन्टको बुलाया। बाहर दरवाजेके सामने पेशाबके लिये गमला रक्खा था। गोरे लोग हाथ पकड़कर पेशाब कराके फिर कोठरीमें बन्द कर देते थे। पहरेपर आये गोरे अक्सर शराब पीकर मस्त रहते। एक दिन एक गोरे सिपाहीने चन्द्रसिंहको पेशाब कराके कोठरीके अन्दर कर दिया। नशेमें चूर था, ताला लगाना भूल गया, और जाकर अपने दूसरे साथियोंसे गप-शप करने लगा। भागनेके लिये इससे अच्छा मौका कौन मिल सकता था? चन्द्रसिंहके सिरपर मौत मँडरा रही थी। एक बार उन्हें भागनेका ख्याल आया। फिर सोचा, मैं यहाँकी पश्तो जबान नहीं जानता, जरूर पकड़ लिया जाऊँगा। फिर बदनामी होगी—'प्राणोंके मोहसे चन्द्रसिंह भागना चाहता था।' न भी पकड़ा जाऊँ, तो भी यह मौका कब हाथ आयेगा। मैंने देशके लिये बलिदान हुये शहीदोंके बारेमें बहुत सुना-पढ़ा है। यही तो समय है उनके पदके अनुसरण करनेका। उन्होंने आये ख्यालको तुरन्त हटा दिया और दिमागमें उसे फिर न आने देनेके लिये सार्जेन्टको आवाज दी—"देखो, आप लोग ताला लगाना भूल गये। कोई अफसर आ गया, तो बुरा होगा। दरवाजेमें ताला लगा दो।" भाषाकी दिक्कत होनेपर भी किसी तरह उन्होंने अपने भावोंको समझा दिया। गोरा सार्जेन्ट समझने लगा, कि उनका बन्दी किस तरहका आदमी है। उस दिनसे गोरे चन्द्रसिंहको बहुत मानने लगे। जो भी नया गारद आता, वह उस घटनाको बतलाकर अच्छा बर्ताव करनेकी ताकीद करते। गोरोंने अब उन्हें अपनी मण्डलीका आनरेरी मेम्बर सा बना लिया। शाम और सुबह चाय और बिस्कुट लाकर देते, दो बजे दिनको दो आनेका फल जरूर उनके पास भेज देते। जब उनका दिल नहाने या टट्टी-पेशाबका होता, तो फौरन खोलकर ले जाते।

काकुल छावनीमें फौजके एक मद्रासी डाक्टर थे, जिनको दिनमें दो बार चन्द्रसिंह और उनके साथियोंके देखनेका काम दिया गया था। उन्होंने कड़ी सिफारिश की, कि हवालातियोंका रोज कमसे कम दो घंटा बाहर नहीं टहलाया जायगा, तो इनके बीमार हो जानेका डर है। डाक्टरने अच्छे खानेकी भी सिफारिश कर दी। अब चन्द्रसिंह को दिनमें दो घंटा टहलनेके लिये बाहर निकाला जाता। हुकुम था, कि उन्हें छावनीके अन्दर ही टहलाया जाय, लेकिन गोरे उन्हें काकुल गाँवमें और कभी-कभी गोरखा हिल तक घुमाने ले जाते। लोग उनके दर्शनके लिये आते, और मक्खन, खूबानी, दही, गेहूँके होले दे जाते। चन्द्रसिंहके साथ जानेवाले गोरों को भी खूब मक्खन और

खूबानी मिलती, इसलिये हरेक उनके साथ जानेके लिये तैयार था। एक दिन लकड़ी के ठेकेदार एक पेशावरी ने सेर भर मक्खन गोरोंको दे दिया वे बहुत खुश हुये।

मईके आखिरी सप्ताहमें मेजर ब्रोन्स्किल चन्द्रसिंहके पास आकर बोला—"चन्द्र-सिंह, शायद १ जूनसे आपके कोर्ट-मार्शलकी कारर्रवाई शुरू होनेवाली है। आप अपने लिये किसी अफसरको पैरवीकार बनाना चाहते हैं, या खुद मुकदमेकी पैरवी करेंगे?"

चन्द्रसिंहने जवाब दिया—"पहले तो मैं चाहता हूँ, कि मेरा मुकदमा कोर्ट-मार्शलसे हटाकर सिविल कोर्टमें भेजा जाय, क्योंकि फौजी अदालतमें न्याय पानेकी मुझे उम्मीद नहीं है। अगर ऐसा न किया जा सके, तो मुझे वकील रखनेकी इजाजत दी जाय। अगर सरकार वकील नहीं देगी, तो मैं मुकदमेंकी कार्रवाईमें भाग लेनेके लिये तैयार नहीं हूँ, चाहे मुझे यहीं गोलीसे उड़ा दिया जाय।"

मेजरने उत्तर दिया—"तुम्हारी दोनों माँगोंका पूरा करना असम्भव है। अभी तक कोई सैनिक मुकदमा सिविल कोर्टमें नहीं हुआ, और न किसीको वकील मिला। इसलिये इन फजूलकी बातोंको छोड़ो। हाँ, अगर तुम किसी फौजी अफसरको अपना कानूनी सलाह कार बनाना चाहते हो, तो वह मिल सकता है। अंग्रेज, हिन्दू, सिक्ख, मुसलमान जिसको चाहो एक दो तीन पा सकते हो। बाहरी वकील किसी तरह नहीं मिल सकता।"

चन्द्रसिंहने कहा—"अच्छा, मैं इसके बारेमें कल जवाब दूँगा।"

चन्द्रसिंहने दूसरी जगह बन्द नायक भोलासिंहके पास खबर भेजकर पूछा—कि आप अपनी और दूसरे साथियोंकी राय बतलायें, कि वकील माँगनेमें हमें क्या करना चाहिये। वहाँसे उत्तर आया, कि हमें वकीलकी माँगपर डट जाना चाहिये। उस दिन रात भर चन्द्रसिंहके दिमागमें यही ख्याल दौड़ता रहा। शायद अंग्रेज आसानीसे वकील देना मंजूर नहीं करेंगे लेकिन जब मरना ही है, तो जरा ढंगसे मरना चाहिये। वह १९२८-२९ के अखबारोंमें पढ़ चुके थे, कि यतीन्द्रदास और भगतसिंहके साथी दूसरे राजबन्दियोंने किस तरह अपनी माँगोंके लिये भूखहड़ताल की थी। यतीन्द्रदासने इसीमें अपने प्राण दिये थे। अपनी माँगोंके सामने सरकारको झुकानेके लिये भूख-हड़ताल सबसे बड़ा अस्त्र है। यदि सरकारने बाहरी वकीलको नहीं दिया, तो उन्हें गुमनाम मर जाना होगा। फौजी अदालतकी कोई कार्रवाई जनताके सामने नहीं आयेगी, फौजी कानूनके अनुसार अंग्रेज जैसा चाहेंगे वैसा कर देंगे। अगर बाहरसे वकील आ गया, तो यहाँकी बातें बाहर जनता तक पहुँच सकेंगी। उन्होंने उसी रात निश्चय कर लिया, कि अगर वकीलकी माँग मंजूर नहीं हुई, तो हमें यतीन्द्रदासका रास्ता पकड़ना होगा।

अगले दिन मेजर ब्रोन्सकिलने आकर पूछा—"चन्द्रसिंह, आपने अपने बचाव के लिये क्या सोचा ?"

चन्द्रसिंहने साफ-साफ कह दिया—"अगर सरकारने हमको वकील नहीं दिया, तो हम मुकदमेकी कार्रवाईमें भाग नहीं लेंगे, किसी किसिमका बयान नहीं देंगे, और भूख-हड़ताल कर यहीं मर जायँगे।"

मेजर ब्रोन्स्किलने चन्द्रसिंहके दृढ़ निश्चयको सुनकर दूसरे कैम्पमें जा और बन्दियोंको जमा करके समझाना शुरू किया—"चन्द्रसिंह बहुत बेवकूफी कर रहा है। वह सरकारसे वकील माँग रहा है। फौजमें यह बात कभी नहीं हो सकती। आप लोग बतलाइये, कि अपने बचावके लिये क्या करना चाहते हैं ?"

सभीने एक स्वरसे कहा—"चन्द्रसिंहको हमारे पास बुलवाइये, ताकि हम और वह आपके सामने सलाह करकें इसके बारेमें जवाब दें।"

मेजर ब्रोन्स्किलने चन्द्रसिंहकी आँखोंपर पट्टी बँधवाकर उन्हें बन्दी-कैम्पमें ले जाकर उनसे कहा—"तुम लोग चन्द्रसिंहको समझाओ, कि वह वकीलकी माँगको छोड़ दे, नहीं तो सरकार नाराज हो जायगी और सबको सख्त सजा देगी।"

उन्होंने चन्द्रसिंहसे पूछा—"हम लोगोंको वकील रखनेसे क्या लाभ होगा, और न रखनेसे क्या हानि ?"

चन्द्रसिंहने सारी बातें समझाकर कहीं—"वकील न रहने पर ये हमें यहीं चुप-चाप कुत्तोंकी मौत मार डालेंगे।" बात समझ में आ गई और सबने एक स्वरसे वकील की माँग को कह दिया, कि हम लोग बिना वकीलके बयान नहीं देंगे। नायक भोला सिंहने इस निश्चय पर पहुँचनेमें बड़ा काम किया था।

वकीलकी माँग ब्रिगेडियर-जेनरलके पास भेजी गई। तीसरे दिन वहाँसे नामंजूरी आ गई। उसी दिन शामसे चन्द्रसिंहने भूख-हड़ताल शुरू कर दी। अगले दिन १२ बजे हुकुम आया, कि वकील मिल सकता है, लेकिन उसका खर्च सरकार नहीं देगी हुकुम सुनानेके लिये कप्तान टक्कर चंद्रसिंहके पास आया। उसने पूछा—"क्या तुम लोग वकीलकी फीस दे सकते हो ?"

चंद्रसिंहने कहा—"हाँ।"

"किस वकीलको बुलाना चाहते हो ?"

"हम सब सलाह करके इसका जवाब देंगे, अथवा आप खुद जाकर सबसे पूछ सकते हैं। जिसको सब लोग मंजूर करें, वही वकील मुझे भी मंजूर है।"

कप्तान टक्करने दूसरेसे जाकर पूछा। सबने कहा, कि हमें बैरिस्टर मुकुन्दीलाल को दिया जाय। चंद्रसिंहने टक्करसे यह बात सुनकर अपनी सहमति दे दी, और उसी दिन भूख-हड़ताल तोड़ दी।

श्री मुकुन्दीलाल बी० ए० (आक्सफोर्ड) बार-एट्-ला गढ़वालके सुयोग्य पुत्र हैं। कलाके उच्च दर्जेके समालोचक होनेके साथ गढ़वालके प्रति उनके दिलमें बहुत प्रेम है। युक्तप्रदेशकी कौंसिलके मेम्बर रहकर उन्होंने गढ़वालकी तकलीफोंको ऊपर पहुँचानेकी बड़ी कोशिश की थी। गढ़वालके लोग उनके नामसे पूरी तौरसे परिचित थे, इसीलिये काकुलके कैम्पमें बंद गढ़वाली बन्दियोंको भी उनका ख्याल आया। सरकारकी ओरसे लैन्सडौनमें मुकुंदीलालके पास तार दिया गया। मुकुंदीलालजी इससे पहले भी फौजी अदालतमें पैरवी कर चुके थे। उन्हें फीस सरकारकी ओरसे मिली थी। इस समय यदि सरकारने फीस देनेसे इन्कार की, तो वह समझते थे, कि आखिरमें सरकार उसे देनेके लिये मजबूर होगी। इसलिये भी उन्होंने तारमें जवाब दिया, "मैं पैरवी करनेके लिये तैयार हूँ, लेकिन मेरी फीस सौ रुपया प्रतिदिन होगी, और वह लैन्सडौनसे प्रस्थान करनेसे लेकर वहाँ लौटने तकके दिनोंकी देनी होगी। साथ ही रास्तेके खर्चके लिये पाँच सौ रुपया अग्रिम भेज दिया जाय।"

मेजर ब्रोन्स्किल इस जवाबी तारको लेकर चंद्रसिंहके पास आकर बोला—"देखो, तुम्हारा मुकुन्दीलाल कितना रुपया माँगता है? तीन महीने मुकदमेंमें लगेंगे। क्या तुम लोग नौ-दस हजार रुपये दे सकोगे?"

"हाँ, हम साठ आदमी हैं। हरेकके हिस्सेमें दो-दो सौ रुपया आयेंगे। उनके राह-खर्चके लिये हम लोगोंके नामसे जमा फंडसे पाँच सौ रुपये भेज दिये जायँ।"

मेजरने कहा—"तुम लोग कैदी हो। तुम्हारी सारी जायदाद जब्त हो गई है। सेविंग-बैंकके रुपये नहीं मिल सकते।"

चन्द्रसिंहने कहा—"अभी हम लोग हवालाती हैं, हमारी सजा नहीं हुई है। हमारी जायदाद अभी कैसे जब्त हो सकती है? ऐसा कोई कानून नहीं है, जो हमारे रुपयोंको जब्त कर ले। आप रुपये भेज दें।"

आखिरमें रुपये भेज दिये गये और श्री मुकुन्दीलालजी एबटाबाद आये।

मुकुन्दीलालजीके अतिरिक्त एक फौजी अंग्रेजको भी अपने बचावके लिये माँगा। पहलेपहल उन्होंने १-१८ रा० ग० रा० के कमाण्डिंग अफसर कर्नल मैनोरिंग को मांगा, फिर चेलन को खबर मिलते ही चेलन कोहाटसे एबटाबाद आ गया। श्री मुकुन्दी लाल जी उसके एक दिन पीछे आये। चेलन साहबने आकर चन्द्रसिंहसे सारी बातें पूछीं, और खुदाकी कसम खाकर कहा, कि मैं भरसक तुम्हारी मदद करूँगा। मुझे इस समय अंग्रेज न समझो। मैं तुम्हारा पक्का दोस्त और भाई हूँ। चन्द्रसिंहने उसकी बातोंपर विश्वासकर सारी बातें बतला दीं। इसपर चेलनने कहा—"अफसोस है, सरकार आप लोगोंके ऊपर २३ अप्रैलका मुकदमा नहीं चलाना चाहती। वह

सिर्फ २४ अप्रैलकी बगावतका ही आरोप करना चाहती है। लेकिन, हम आप लोगोंको राजनैतिक बन्दी बनानेकी कोशिश करेंगे।"

चेलनने बहुत कानूनी बातें बतलाईं। अगले दिन शामको टक्करके साथ बैरिस्टर मुकुन्दीलालजी चन्द्रसिंहके पास गये। उन्होंने नमस्ते करते हुये कहा—"चंद्रसिंहजी, मैं आप लोगोंके बुलानेपर आ गया हूँ। सारी शक्ति लगाकर छुड़ानेकी कोशिश करूँगा। आज मेरे पास गढ़वालके डिप्टी-कमिश्नर और गढ़वाली जनताका तार आया है, कि हमारी नजर एबटाबादकी ओर लगी हुई है।" शायद डिप्टी-कमिश्नरने यह भी आशंका प्रकट की थी, कि अगर गढ़वाली सिपाहियोंका खून-खराबी हुई, तो सारे गढ़वालमें गड़बड़ी फैल जायगी। मुकुन्दी लालजीने बतलाया, कि अभियुक्तोंके साथ सख्ती नहीं की जायगी। इसके बाद चंद्रसिंहकी मुलाकात एकांतमें मुकुन्दी लालजीसे फिर नहीं हुई।*

*श्री मुकुन्दी लालजीने बहुत चाहा, कि उनकी फ़ीस सरकार दे। पहले भी सिपाहियोंके मुकदमें में उन्होंने पैरवी की थी, और उन्हें फीस पलटनसे मिली थी। जोर देते हुये उन्होंने गढ़वाली पलटनके कमाण्डिङ्ग-आफिसरको निम्न चिट्ठीलिखी थी—

मुकुन्दी लाल, बैरिस्टर-एट-ला

लैन्सडौन, ७-७-३०

कमाण्डिंग-आफिसर, २-१८ रायल गढ़वाल राइफ़ल को

प्रिय महाशय,

कोर्ट-मार्शलके सामने २७ बन्दियोंकी पैरवी करनेके लिये मेरी फ़ीस के तौरपर मनीआर्डर खर्च काटकर जो ७२६ रु० ११ आ० ८ पाई भेजे गये, उसे धन्यवादपूर्वक मैं पानेकी स्वीकृति देता हूँ।......

मैं यह जानना चाहता हूँ, कि अपराधी सैनिक कायदे-कानूनके अनुसार सरकार के खर्चसे वकील पानेके अधिकारी हैं या नहीं। मैंने पहले भी सिपाहियोंकी पैरवी की और उसकी फ़ीस मुझे सेनासे मिली। सबसे पिछला मुकदमा इस तरहका जो मैंने लिया था, उसमें एक सिपाही छुट्टी पाकर अपने घरपर रहनेके समय मार-पीट और डकैतीका अपराधी था, तो भी रख्मकमें स्थित उसकी पलटनने मेरी फ़ीसके ४५० रुपये दिये। मैं बहुत आभारी होऊँगा, यदि इस बातपर आप रोशनी डालें, क्योंकि मैं इसके बारेमें खच्चर-अधिकारियोंके पास लिखा-पढ़ी करना चाहता हूँ। अपराधियोंको क्यों फ़ीस देनेके लिये मजबूर किया जाये, जब कि कायदे कानूनके अनुसार सरकारके खर्चपर अपनी पसन्दका वकील पाना उनका हक है। ऐसे वकीलको ऊपर जबर्दस्ती नहीं लादा जा सकता, जिसको कि वह पसन्द नहीं करते या जिसपर उनका विश्वास नहीं है। चूँकि उन्होंने मुझे चाहा, इसलिये बचावके अधिकारसे वह वंचित नहीं हो सकते।

आपका विश्वासपात्र

मुकुन्दी लाल

अध्याय १६

फौजी फैसला (१६३० ई०)

८ जून १६३० के "लीडर" में ६ जूनको एबटाबादसे भेजा निम्न समाचार छपा—"१८५७ के बाद बगावतके लिये भारतीय सिपाहियोंका पहला कोर्ट-मार्शल आजकल एबटाबादके पास काकुलमें हो रहा है। कोर्ट-मार्शलके सात सदस्य हैं, जिसके अध्यक्ष अम्बाला ब्रिगेड एरियाके कमांडर ब्रिगेडियर डब्लू० ई० विलसन-जांसटन है। कप्तान स्टिफन जज-एडवोकेट हैं, जिनका काम है गवाहियोंको अंग्रेजीमें लिखना और वादी-प्रतिवादी दोनोंको सलाह देना। वह अध्यक्ष और सदस्योंकी ओर से गवाहोंसे सवाल पूछते हैं, और उनसे गवाही लेनेकी कोशिश करते हैं। कर्नल किंग सैनिक सरकारी वकील है, और मिस्टर मुकुन्दीलाल बार-एट-ला यू० पी० कौंसिलके डिप्टी प्रेसीडेंटको अपने कमांडिंग अफसरके द्वारा अभियुक्तोंने अपना वकील बनाया है। कप्तान पी० चैलेन (तृतीय गढ़वाल राइफल) अभियुक्तोंके मित्रके तौरपर काम करते हैं, जिन्हें सैनिक अधिकारियोंने इस कामके लिये नियुक्त किया है। अदालत तोपखाना स्कूलके लेक्चर के कमरेमें बैठती है, जिसमें यू अक्षरके आकारमें अनेक मेजें सटाकर रक्खी हुई हैं। अध्यक्ष इसके एक सिरेपर बैठता है। उसके दाहिने और बाँये अदालतके सदस्य और जज-एडवोकेट बैठते हैं। परले छोरपर दाहिनी ओर सरकारी वकील और दुभाषिये—एक अंग्रेज और एक गढ़वाली—तथा संवाददाता हैं। अध्यक्षके बाईं ओर अंतमें बचावके कौंसिल और अपराधियोंके मित्र बेंचोपर दो पाँतियोंमें बैठते हैं। मेजके दोनों छोरोंके बीचमें और अध्यक्षके सामने सैनिक वर्दी पहने आठ अंग्रेज सिपाही संगीनके साथ बंदूक लिये अभियुक्तोंसे दूर दोनों छोरपर बैठते हैं। जब गवाह शपथ लेता है, तो सारी अदालत उठ खड़ी होती है।"

२ जून १६३० को ८ बजे सबेरे काकुलमें फौजी अदालत बैठी। अध्यक्ष ब्रिगे-डियर विलसन-जान्सन के अतिरिक्त और सदस्य थे :

१. लेफ्टनेंट-कर्नल डी० जे० एम० केम्पियन, कमांडिंग आफिसर चतुर्थ हजारा पहाड़ी तोपखाना।
२. लेफ्टनेंट-कर्नल डब्लू० आर० पी० हेनरी पी० ए० वी० ओ० रिसाला।
३. मेजर एल० एल० बकलेएड, सेमब्रौन्स रिसाला।

४. कप्तान एल० जी० एच० हीवर, द्वितीय बी० एन०, १७ वीं डोगरा रेजिमेन्ट।

५. कप्तान एच० बी० डेविस, चतुर्थ बी० एन०, १३वीं एफ० एफ० राइफल।

६. कप्तान एच० वाल्श द्वितीय बी० एन०, छठी गोरखा राइफल।

जज-एडवोकेट : कप्तान आर० डब्लू० जी० स्टिफेन्स १-१८ रा० ग० रा०।

दुभाषिया—१. मेजर डब्लू० ई० एच० कंडन, ५-१३ एफ० एफ० राइफल।

२. सूबेदार-मेजर रूपचन्दसिंह बिष्ट, २-१८ रा० ग० रा०

सरकारी वकील—लेफटनेंट-कर्नल जे० सेंट० ए० किंग, १०-१ पंजाब रेजिमेन्ट

अभियुक्तके वकील—कप्तान पी० चेलेन, ३-१८ रा० ग० रा०।

उपरोक्त १७ आदमियोंका अपराध है—भारतीय सेना विधान अनुच्छेद २७ के अनुसार बगावतमें शामिल होना, २४ अप्रैल १९३० को द्वितीय बटालियनकी १८ वीं रायल गढ़वाल राइफलको १६ बजे पेशावर शहर जानेके लिये आज्ञा दी गई। उक्त कम्पनीके कुछ राइफलमैनोंके साथ ये लोग हुकुम देनेपर अपनी कम्पनी लाइनसे चलनेसे इन्कार करके बगावतमें शामिल हुये।

ऊपर बतला चुके हैं, कि अखबारोंने इसे १८५७ ई० के विद्रोहके बाद बगावत करनेका पहला फौजी मुकदमा कहा था। काकुलमें उस दिन जब यह मुकदमा गोरोंकी एक खाली बैरकके कमरेमें शुरू हुआ, तो आसपास चारों ओर गोरोंका सख्त पहरा लगा दिया गया था। कोई भी बाहरी आदमी छावनीके अन्दर आने नहीं पाता था। दूर-दूर तक पुलिसका पहरा लगा हुआ था। कमरेके भीतर भी हर खिड़की और दरवाजेपर राइफल लिये गोरा खड़ा था। अभियुक्तों और गवाहोंके अतिरिक्त भी मुकुन्दीलाल बैरिस्टर और दो संवाददाता भारतीय थे। सभी अभियुक्त खुले हुये थे, लेकिन चन्द्रसिंहके दोनों हाथोंमें दो हथकड़ियाँ थीं, जिनमें लगी दोनों जंजीरें दो गोरोंकी कमरपेटियोंमें बाँधी थीं। चन्द्रसिंहको वहाँ बैठनेके लिये एक कुर्सी दी गई थी।

अदालतकी कार्रवाई शुरू करते हुये एक अंग्रेजने अध्यक्षका परिचय कराते हुये बतलाया, कि आप अम्बाला ब्रिगेडके ब्रिगेडियर-जेनरल हैं। आपका नाम विलसन आन्स्टन है। आप ही आप लोगोंकी अदालतका फैसला करेंगे। अगर आप लोगोंको इनके ऊपर कोई एतराज हो तो कहें, क्योंकि इनको आप और सरकारके बीच न्याय करना है। चन्द्रसिंह और उनके साथियोंने कहा कि हमें कोई एतराज नहीं है। इसके बाद अध्यक्षने खड़े होकर बाइबल उठा अभियुक्तोंके सामने खुदाको हाजिर-नाजिर

जानकर कसम खाई, कि मैं इन गढ़वाली जवानों और अंग्रेजी सरकारके बीच ठीक इन्साफ करूँगा। इसी तरह बाकी ११ अफसरोंने कसम खाई, जिनमें अतिरिक्त सदस्य मेजर आर्मिटेज और मेजर बरो भी थे।

६० गढ़वाली अभियुक्तोंके सामने सरकारी गवाहोंका बयान लिया जाने लगा, जिनमें सबसे पहले रा० ग० रा० के कमांडिंग आफिसर कर्नल वाकर थे। ब्रिगेडियर-कमांडरसे जो हुकुम मिले थे, और २३-२४ अप्रैलको उसने जो कुछ किया था, उसे उसने बतलाया। उसने यह भी कहा, कि मुझे १८ अप्रैलको रिपोर्ट मिली थी, कि चन्द्रसिंह कांग्रेस और आर्य-समाजमें जाता है, कम्पनीमें लोगोंको भड़काता है। मैंने खुद भी उसे शाहीबागकी कांग्रेस-सभामें देखा था। चन्द्रसिंहने सवाल किया, कि जब कर्नल साहबको १८ अप्रैलको मेरे बारेमें रिपोर्ट मिल गई थी, और उस दिन उन्होंने मुझे कांग्रेसकी सभामें देखा भी था, तो उसी समय मेरे खिलाफ कार्रवाई क्यों नहीं की?

सूबेदार जयसिंह बिष्टने जिसने सरकारी गवाह होकर जो बयान दिया था, उसके कुछ अंश निम्न प्रकार है—

"...पेशावरमें २३ अप्रैल १९३० को १०-३० बजे मैं अपने प्लाटून नं० ४ के साथ कप्तान रिकेटके अधीन पेशावर शहरके काबुली दरवाजेमें गया।

"वहाँ किसी गड़बड़ीमें हमने भाग नहीं लिया, और हमें शहरके दूसरे भाग, हेस्टिंग्स मेमोरियलमें बुलाया गया, जहाँ हम मेजर ब्रोन्स्किलके कमानमें आये।...

"२४ अप्रैल १९३० को १० बजे आफिसके हिन्दी क्लर्क लेन्स-नायक अनूपसिंह मेजर ब्रोन्स्किलसे यह सन्देश लेकर आये, कि मुझे ५० कम्पनीको लारियोंके पास ले जाना चाहिये।...

"१५-४५ बजेके करीब प्रत्येक कम्पनीके सीनियर गढ़वाली अफसरों को कप्तान चेपलने बुलाया। मैं अपनेसे बादके सीनियर जमादार लूथींसिंहको सड़क पर खड़ी लारियोंमें कम्पनीको लानेके लिये कहकर कप्तानके पास गया...

"हवलदार गोरियासिंह नं० १ प्लाटूनके कमांडरने मुझे रिपोर्ट दी, कि नं० १ प्लाटून चलनेसे इन्कार करते हैं। रिपोर्ट देते समय यह प्लाटून मुझसे १५-२० गजपर थी। मैं तब प्लाटून नं० ४ के पास गया, जोकि वहाँसे करीब ३० गजपर थी। मैंने प्लाटून नं० ४ और कम्पनी-क्वार्टर-मास्टर हवलदार चन्द्रसिंह, जो वहाँ खड़ा था, से बहुत जोर देकर कहा। उसपर चन्द्रसिंहने कहा—'तुम जाओ, हम नहीं आयेंगे।'...

"कम्पनी-क्वार्टर-मास्टर हवलदार चन्द्रसिंहने कहा—'हम बच्चों-बूढ़ोंको मारने के लिये तैयार नहीं हैं।'..."

सरकारी गवाह सूबेदार त्रिलोकसिंहने अपने बयानमें कहा था, कि हवलदार चन्द्रसिंहने मुझसे कहा था—"अगर नगरके लोग होते, तो हम तैयार हो सकते थे, लेकिन हम बच्चोंको मारनेके लिये तैयार नहीं हैं।"

चन्द्रसिंहके ऊपर आर्यसमाजी होनेकी बात कह करके एक और इल्जाम खड़ा किया गया था, जिसके लिये कोर्ट-मार्शलने एबटाबादके डिप्टी-कमिश्नर लेफ्टनेंट-कर्नल एम० ई० रेकी गवाही ली थी बयान भी लिया था। रेने हलफ उठानेके बाद निम्न बातें कही थीं:—

"मैं एबटाबादका डिप्टी-कमिश्नर हूँ।

"अपने सरकारी कर्तव्योंको पालन करते समय मुझे भारतकी राजनीतिक संस्थाओं-सम्बन्धी जानकारी प्राप्त हुई।

१९२४ से १९२७ तक मैं पश्चिमोत्तर सीमान्त प्रदेशके चीफ-कमिश्नरका सेक्रेटरी रहा। उसके बादके थोड़ेसे समयको छोड़कर मैं वर्तमान पदपर हूँ।

"आर्य-समाज स्वयं राजनीतिक संस्था नहीं है। यह अग्रगामी हिन्दू विचारों-वाली एक धार्मिक संस्था है। इसके मेम्बरोंके राजनीतिक विचार कुछ आगे बढ़े हुये होते हैं।

"हालके वर्षोंमें जो राजनीतिक गड़बड़ी हुई है, जहाँ तक मुझे मालूम है उनका सम्बन्ध इस संगठनसे नहीं मिलता है।...

"किसी सरकारी नौकरको आर्य-समाजमें शामिल होनेकी कोई रोक नहीं है। मैं समझता हूँ मुझे ऐसे सरकारी नौकर मालूम हैं, जो कि इस समाजके मेम्बर हैं।..."

गवाहियों के बाद अभियुक्तोंने अपना बयान दिया। (कम्पनी क्वार्टर-मास्टर हवलदार) चन्द्रसिंह भण्डारी, (ए० कम्पनी दूसरी बटालियन १८ वीं रायल गढ़वाल राइफल) ने जो वक्तव्य दिया था, उसकी मूल हिन्दी कापी नहीं मिली, लेकिन उसके अंग्रेजी अनुवाद का हिन्दी अनुवाद निम्न प्रकार है—

१. २४ अप्रैलके १० बजेके करीब ए० कम्पनीको आफिससे लारीकी ओर जानेका हुकुम हुआ था, जिसे एक घण्टेकी सूचनापर शहरकी ओर जाना था।

२. कम्पनी हवलदार-मेजर आथलीसिंह उस वक्त मौजूद नहीं था मैंने कम्पनीके फालिन करनेसे पहले मार्कर लगाया।

३. जैसे ही हम लोग इकट्ठे गाड़ीमें गये, मेजर मोन्क्लिनने हमें फिर उतर आने तथा लाइनमें लौटनेके लिये कहा और चलनेके लिये तैयार रहने का हुकुम दिया।

४. यह हुक्म तामिल किया गया, और हम नं० २ प्लाटूनके बराण्डेमें जमा हुये।

५. ११ बजेके कुछ देर बाद हुक्म आया, कि लारीके पास जायँ। सारी कम्पनी और मैंने इसकी तामिल की। हम लारीमें थोड़े ही समय रहे। फिर कहा गया कि उतर कर लाइनमें लौटो और तैयार रहो।

६. १२ बजे ए० कम्पनीकी बी० और सी० कम्पनियोंने मिलकर बदली की।

७. करीब दस मिनट बाद क्वार्टर-मास्टर हवलदारोंके लिये बिगुलसे पुकार हुई। मैं तुरन्त आफिस गया, और लेफ्टनेंट पावलने हुक्म दिया, कि वेरी लाइट का हिसाब तैयार करके लाइन और लाइटको भी मेगजीनमें लाओ।

८. लाइनकी ओर लौटते जब मैं द्वितीय प्लाटूनके बैरकसे गुजरा, तो गढ़वाली अफसर सूबेदार जयसिंह, सूबेदार त्रिलोकसिंह, जमादार लुथीसिंह और जमादार नन्दासिंहकी बैठक बर्खास्त हो रही थी। सूबेदार जयसिंह मेरे पास आये और मेरा हाथ पकड़कर रसोईघरकी तरफ ले गये। वहाँ खड़े होकर उन्होंने मुझसे कहा—"मेजर ब्रोन्स्किल मेरे पीछे पड़ा हुआ है और लारियोंमें राशनके गिरनेकी बातको लेकर आज सबेरे कमांडिंग आफिसरके पास ले गया। उसने कल शहरमें भी मुझसे कहा था, यहाँ भी कहा, कि लेन्स-नायक उमरावसिंह इसीके साथ बीचमें लाया जा रहा है। उन्होंने कहा—'तुम सबको अब एक हो जाना चाहिये।' मैंने दूसरे गढ़वाली अफसरोंसे इसके बारेमें कहा है।"

९. तब उन्होंने हवलदार-मेजरको पुकारा, लेकिन वह वहाँ नहीं था। सो उसकी जगह उन्होंने हवलदार गोरियासिंहको बुलाया, और मुझे कहा, कि नं० १ प्लाटूनके नान कमीशंड अफसरोंको ले आओ। मैंने ऐसा किया और क्वार्टर-गार्डके पीछे मेगजीनमें सीधे गया। यह १२-३० बजेकी बात है।

१०. मैं वहाँ बड़ी देर तक इन्तजार करता रहा, जब लेफ्टनेंट पावल आये। जब वह आये, तो उन्होंने सभी कम्पनी क्वार्टर-मास्टर हवलदारोंको सफेद और हरी रोशनियाँ दीं। लालको ढूँढ़नेके लिये मैंने वहाँ रक्खे सभी बक्सोंको खोला। उन्हें वहाँ नहीं पाया, लेकिन मुझे याद आया, कि वह दूसरे गोदाममें रक्खी हैं। हम वहाँ गये और लेफ्टनेंट पावलने नई लाल वेरी-लाइट बाँटी। मैं १४ बजेके करीब लारीमें लौटा।

११. वहाँ पहुँचनेपर मैंने देखा, कि सी० एच० एम० को आफिससे अभी-अभी नये हुक्म मिले हैं। मुझे कहा गया, कि तीन बारके भोजनके लिये चपातियाँ पकवानेका प्रबन्ध करूँ, क्योंकि १६ बजे सारी बटालियन शहर जायगी। लाइटोंको

बाँट देनेके बाद मैंने रसोईघरमें जा खानेका आवश्यक प्रबन्ध किया, जिसके लिये राशनको तौलना और बांटना पड़ा था। हवलदार नारायणसिंहने कम्पनी हवलदार-मेजरसे मिले एक हुकुमको दिया, जिसमें १५-४५ बजे आफिसके सामनेवाली सड़कपर अवस्थित लारियोंमें क्वार्टर-मास्टरको रिपोर्ट देनेकी बात थी।

१२. राशन-प्रबन्ध पूरा कर रसोईघर छोड़ मैं अपने क्वार्टरकी ओर गया। उस समय अपने क्वार्टरसे आते सूबेदार जयसिंहसे मेरी मुलाकात हुई। सूबेदार जयसिंहने मुझे कहा, कि मेरी तरक्की छ महीनेके लिये बन्द कर दी गई, और कमांडिंग अफसरने लेन्स-नायक उमरावसिंहको फटकारा। उन्होंने यह भी कहा—"मैं ऐसे बर्तावको बर्दाश्त करनेके लिये तैयार नहीं हूँ। मैं मेजर ग्रोंसिकलको यह दिखला देना चाहता हूँ, कि मेरा भारी प्रभाव है और सारी बटालियन मेरी पीठपर है। अब तुम जाओ और नं० ४ प्लाट्नकी दस्तख्त ले लो। तब मेजर ग्रौंसिकलको बताऊँगा, कि इस बर्तावके कारण यह सब लोग इस्तीफा देना चाहते हैं।" मैंने कहा—"इससे हमारा कोई फायदा नहीं होगा।" तब सूबेदार जयसिंहने कहा, "नं० १, २ और ३ ने कागज-पर दस्तखत कर दिये हैं, इसलिये नं० ४ प्लाट्नको भी करना होगा। तुम मेरा हुकुम मानो।"

१३. इसी समय क्वार्टर-मास्टर हवलदारोंको बुलानेका बिगुल फिर बजा। मैं आफिसकी ओर दौड़ा, मैं कम्पनी क्वार्टर-मास्टर बख्तावरसिंहसे जरा-सा पहले आया। लेफ्टनेंट पावलने कहा—"लारीमें आनेके बाद सभी क्वार्टर-मास्टर हवलदारोंको मुझे रिपोर्ट देनी चाहिये।" उसने मुझे छोड़ दिया और इसी समय तीन कम्पनी क्वार्टर-मास्टर हवलदार आये। लेफ्टनेन्टने न समय बतलाया और न यह कि मैं अपने साथ किस आदमीको लाऊँ। मेरे वहाँसे चलते वक्त बख्तावरसिंह वहीं रहा।

१४. मैं लाइनमें लौटा, और हवलदार नारायणसिंहके दरवाजेके बाहर कुछ आदमियोंके साथ सूबेदार जयसिंहको बात करते पाया। वह मुझे कमरेके भीतर ले गये और कागजका टुकड़ा निकालकर बोले—"मैं एकके बाद एक आदमियोंको भेजता हूँ, तुम उनकी दस्तखत ले लो।" वह मुझे अकेला छोड़कर चले गये। फिर एक-एक करके आदमी आये और उन्होंने कागजपर हस्ताक्षर किया।

१५. कुछ देर बाद वह लौटकर आये और मुझसे पूछा, कि क्या मैंने सबके दस्तखत ले लिये। मैंने कहा "हाँ।" तब उन्होंने मुझसे कहा—"इसके ऊपर वह वाक्य लिख दो, जो कि नामोंके ऊपर यहाँ मौजूद है।" मैंने वैसा ही किया और कागज उन्हें दे दिया।

१६: फिर मैं मोटरोंके आनेके बारे में देखने गया। वह आफिसके पास नहीं थीं। उन्हें मैंने मुख्य सड़कपर देखा। मैं लारियोंके पास गया और लौटते वक्त ए० कम्पनी लाइनके पास मेरी मुलाकात लेफ्टनेन्ट पावलसे हुई। मैंने उन्हे रिपोर्ट दी, कि मैं लारियोंके पास गया था। उन्होंने रिपोर्ट न करनेकी मुझसे कोई शिकायत नहीं की।

१७. मैंने लाइनमें लौटकर देखा कि कम्पनी फालिन हो गई है। मैं नं० ४ प्लाट्नमें मिल गया, क्योंकि कम्पनी हेड-क्वार्टर अग्रगामीके तौरपर शहर चला गया था।

१८. मैंने जमादार नन्दसिंहको नं० २ प्लाट्नको चलनेके लिये हुकुम देते देखा। आगेकी पाँतीने वैसा नहीं किया। जमादार नन्दासिंहने अगले आदमीको मारा। इसके बाद उन्होंने उसकी आज्ञाका पालन किया। जमादार लूथीसिंहने जब देखा, कि नं० २ प्लाट्न चला गया है, तो उन्होंने नं० ३ को चलनेका हुकुम दिया। उन्होंने भी उसका पालन किया, और बैरकके किनारेसे चलते नं० २ प्लाट्नके पहले सड़कपर पहुँच गये।

१९. नं० ४ प्लाट्नको चलनेका कोई हुकुम नहीं दिया गया था, इसलिए आर्डर नहीं मिला, और चूँकि सूबेदार जयसिंह मौजूद नहीं थे, इसलिये हम अपनी जगहपर बर्करार रहे।

२०. हम वहाँ तब तक रहे, जब तक कि सूबेदार जयसिंह कप्तान चेपलके साथ नहीं लौटे।

२१. कप्तान चेपल नं० १ प्लाट्नके पास गये और सूबेदार जयसिंह हमारे पास आकर बोले, कि अगर मैं कोई हुकुम दूँ, तो तुम्हें नहीं मानना चाहिये और अगर वह इसके लिये कुछ खरी-खोटी कहे, तो हमें उसे ध्यानमें नहीं लाना चाहिये, और इस्तीफा दे देना चाहिये।

२२. जब सूबेदार जयसिंहने "फार्म-फोर्स" (चार-चार बन जाओ) का हुकुम दिया, तो उनके पहले हुकुमके अनुसार चुप खड़े रहे।

२३. कप्तान चेपलने पूछना शुरू किया, कि किसलिये यह सारी गड़बड़ी है। मैंने अनुभव किया कि हमने अपनेको बेवकूफ बनाया। हमारे लिये अब यही बात करनेको रह गई थी, कि अपने इस्तीफेका समर्थन करें, जो कि हमें अभिप्रेत नहीं था।

२४. मैं कहता हूँ, कि मैं बगावतमें नहीं शामिल हुआ था। मैंने अपने ऊपर के अफसर सूबेदार जयसिंहके हुकुमको कायदेके अनुसार पालन किया। मैं अब पूरी तौरसे अनुभव करता हूँ, कि सूबेदार जयसिंहके प्रभावमें धोखेमें पड़कर मैंने ऐसा

काम किया, जिसे मैं कभी न करता, यदि सोचनेका मुझे मौका मिला होता। मैं यह प्रार्थना करना चाहता हूँ, कि सूबेदार जयसिंहके हुकुम अदूली करनेकी आशासे पहले मैं अपने कर्त्तव्यको ईमानदारीके साथ पूरा करता रहा। यह बतलाता है, कि सैनिक अधिकारियोंके आज्ञाभंगकी पहलेसे मैं इच्छा नहीं रखता था।

२५. अंतमें मैं सम्मानके साथ प्रार्थना करता हूँ, कि हमारी सारी कठिनाइयोंके एकमात्र कारण सूबेदार जयसिंह है, जोकि उनकी इस बातसे भी प्रमाणित होता है—"इनका दारोमदार मेरे ऊपर है, मेरा दारोमदार ब्रोन्स्किल साहबके ऊपर है।" इस वाक्यको उन्होंने २४ अप्रैल १९३० की शामको गढ़वाली अफसर-क्लबमें रेजिमेन्टके गढ़वाली अफसरों और नानकमिशंड अफसरोंके सामने कहा था। बैठकमें जो गड़बड़ी पैदा हुई बतलाई जाती है, वह किसी हुकुम-अदूलीके भावके कारण नहीं हुई थी, बल्कि इस जालके भयङ्कर परिणामको गहराईके साथ अनुभव करनेके कारण हुई थी, जोकि हमारे लिये, हमारी रेजिमेन्टके लिये और हमारी जातिके लिये बिछाया गया था।"

यह हम बतला चुके हैं, कि चन्द्रसिंहने पहले सारे कसूरकी जिम्मेवारी अपने ऊपर लेकर कठोरसे कठोर दण्ड भोगनेकी इच्छा प्रकट की थी लेकिन उनके साथियों ने ऐसा करनेसे मना कर दिया। इसपर उन्हें अपना ख्याल बदलना पड़ा और अब उनके सामने सवाल यही था, कि अपने साथियोंको कैसे और कहाँ तक बचाया जा सकता है। यद्यपि दस्तखत कराने और प्रचार करनेमें सबसे पहले चन्द्रसिंह थे, और सूबेदार जयसिंहका इसमें विशेष हाथ नहीं था। पर एक बार वह इनकी तरफ हुये थे, और पीछे साफ बदलकर अपने गढ़वाली भाइयोंको कड़ीसे कड़ी सजा दिलानेके लिये पूरी कोशिश करने लगे। इसे देखकर चन्द्रसिंह और उनके साथियोंने जयसिंहको अछूता न रहने देनेका निश्चय किया। चन्द्रसिंहने अपना बयान अकेला दिया था। उनके साथियोंमें नारायणसिंहजीने एक छोटा सा बयान दिया था। केसरसिंह रावत, भीमसिंह बिष्ट, हरखसिंह धपोला, उमरावसिंह रावतने भी अपने अलग-अलग वक्तव्य दिये थे। बाकियोंने मिलकर दो वक्तव्य दिये थे। मुख्य बातें करीब-करीब एक ही सी थीं।

सरकारी वकील कर्नल किंगने चन्द्रसिंहके ऊपर आर्यसमाजी होनेका भी इल्जाम लगाया। सूबेदार-मेजर रूपचन्दसिंह बिष्ट और ए० कम्पनीके चारों रसोइयोंने गवाही दी, "चन्द्रसिंह आर्य-समाजमें जाता और ए० कम्पनीमें आर्य-समाजका प्रचार करता था। चन्द्रसिंह मछली-मांस नहीं खाता, न शराब पीता है और लोगोंको भी शराब पीनेसे मना करता है। पलटनमें जो कुछ गड़बड़ी हुई, वह आर्य-समाजके कारण हुई।"

चन्द्रसिंहके ऊपर आर्यसमाजी होनेका अपराध लगाये जानेपर, जान पड़ा यह बड़ा सङ्गीन मामला है। सारी अदालत चौंक पड़ी। अभियुक्तों और उनके वकीलको बैरकसे बाहर ले जाया गया, और आध घंटा तक दरवाजा बन्द करके वहाँ सलाह-मसविरा होता रहा। आध घंटे बाद चन्द्रसिंहको भीतर बुलाया गया, और उनके साथियोंको अपने स्थानमें भेज दिया गया। जेनरलने पूछा—"चन्द्रसिंह, क्या तुम आर्यसमाजी हो?"

चन्द्रसिंहने जवाब दिया—"हिन्दुस्तानमें करीब-करीब सभी लोग आर्य हैं। यदि सच्चा आर्यसमाजी कोई था, तो वह स्वामी दयानन्द सरस्वती थे। हमारेमें इतनी शक्ति कहाँ, कि आर्यसमाजी बन पायें।" यह सुनकर अंग्रेज अफसरोंने आपसमें बातचीत की और निश्चय किया, कि हजाराके डिप्टी-कमिश्नरको आर्य-समाजके बारेमें पूछा जाय। दो घंटेके लिये अदालत बर्खास्त कर दी गई। तुरन्त हजाराके डिप्टी-कमिश्नर को टेलीफोन किया गया।

दो घंटे बाद अदालत फिर बैठी। इस समय डिप्टी-कमिश्नर आ पहुँचा था। उसके लिए अदालतमें एक कुर्सी रक्खी गई। डिप्टी-कमिश्नर बैठ गया। गर्मीके दिन थे। एक आदमी बाहरसे पंखा खींच रहा था। पंखा खशका था, जिसमें चमड़ेका फीता लगा था। डिप्टी-कमिश्नर टोपी उतारकर जिस वक्त कुर्सीपर बैठ रहा था, अचानक पंखेकी रस्सी टूट पड़ी और वह उसकी खोपड़ीमें जा लगी, जिससे घाव हो गया और खून निकलने लगा। उसका होश उड़ गया। इसी समय चन्द्रसिंहके मुँहसे एकाएक निकल पड़ा—"देखो खुदाने डिप्टी-कमिश्नर साहबको चेतावनी दी है, कि वह सच बोलें, पक्षपात न करें।" चारों ओरसे "चुप-चुप" की आवाज निकली।

होश ठीक हो जानेपर अदालतने डिप्टी-कमिश्नरसे पूछा—"आर्य-समाज क्या है और सरकारके प्रति उसका क्या रुख है?"

डिप्टी-कमिश्नरने बाइबल उठा कसम खाकर कहा—"मेरी इन लोगोंके साथ कोई दुश्मनी नहीं है। मैं जो कुछ कहूँगा खुदाको हाजिर-नाजिर जानकर सच कहूँगा। मैं करीब सात जिलोंमें डिप्टी-कमिश्नर रह चुका हूँ। मेरे साथ बहुतसे आर्यसमाजी सरकारी नौकर काम करते रहे हैं। जहाँ तक मैंने देखा, आर्यसमाजी बहुत सच्चे और ईमानदार होते हैं। सच बोलना और नेकनियतीसे काम करना आर्यसमाजी अपना फर्ज समझते हैं। उनकी चार किताबें हैं, जिन्हें वेद तथा खुदाई किताब मानते हैं। आर्य अपनेको ऊँचा मानते हैं, और अपने धर्मका प्रचार करते हैं। गोश्त खाना, शराब पीना, जूआ खेलना आदिके लिये मना करते हैं। सरकारको आर्य-समाजसे कोई खतरा नहीं।"

डिप्टी-कमिश्नरके बयानके खतम होनेपर जेनरलके मुँहसे "हियर-हियर" (बहुत अच्छा) की आवाज निकली। उसने कहा, कि आर्य-समाजी होनेका इल्जाम चन्द्रसिंह पर नहीं लगाया जा सकता। सूबेदार-मेजर ठाकुर रूपचन्द-सिंहसे पूछा गया, कि क्यों तुमने यह झूठा इल्जाम लगाके अदालतका चार घंटा बरबाद किया।

सरकारी गवाहोंकी गवाही खतम हो गई। अब वकीलोंकी जिरह बाकी थी, जिसके लिये कचहरी अगले दिनके लिये उठ गई। दूसरे दिन सबेरे ८ से १० बजे तक कर्नल किंग और श्री मुकुन्दीलाल बैरिस्टर अंग्रेजीमें बहस करते रहे। इसके बाद एक घंटा तक किंग और चेलनकी जिरह हुई। फिर कानूनी नुक्तोंपर एक घंटे तक बहस छिड़ी रही। फिर श्री मुकुन्दीलालजीने अभियुक्तोंके पक्षमें एक भाषण दिया, जिसका अदालत पर अच्छा प्रभाव पड़ा। उनके कहनेका कुछ अंश था—"मैं यहाँ गढ़वालके एक प्रतिनिधिके रूपमें बोल रहा हूँ। मैं गढ़वालका निवासी हूँ और पाँच सालसे गढ़वालकी ओरसे विधान-सभाका मेम्बर हूँ। गढ़वालकी पाँच लाख जनताका इस तरह विश्वासपात्र हूँ। मैं केवल वकीलके तौरपर नहीं, बल्कि जनताके प्रतिनिधिके रूपमें बोल रहा हूँ। अगर इन गढ़वालियोंने जो सेवायें सरकारकी अब तक की हैं, और जिस तरह उन्होंने फ्रांस और दूसरी लड़ाइयोंमें अपनी राजभक्तिका परिचय बहा-दुरीसे दिया है, उसे यहाँ दोहरानेकी जरूरत नहीं है। इसका जरूर ख्याल रखना चाहिये। इत्यादि।"

८ जूनको फौजी अदालतकी कार्रवाई समाप्त हुई। दूसरे अफसर उठकर चले गये। चन्द्रसिंहने अध्यक्षसे पूछा—"जेनरल साहब, क्या मैं यह जान सकता हूँ, कि क्यों मुझे यहाँ नम्बर एक मुजरिम बनाया गया? मेरे ऊपर क्यों इतनी जबर्दस्त निग-रानी की जाती है? मैं भी अपने ६० साथियोंमेंसे एक हूँ, जिनके ऊपर भी वही कसूर लगाया गया है, फिर यह भेदभाव क्यों?"

प्रश्न सुनकर बाहरकी तरफ चल पड़े अफसर भी आकर अपनी-अपनी कुर्सियों पर बैठ गये। उसके बाद जेनरलने एक नोट-बुक निकालकर दिखलाया, वह कांग्रेसी डायरी थी, जिस पर हिन्दुस्तानके बड़े-बड़े कांग्रेसी नेताओंकी तस्वीरें थीं। जेनरलने कहा—"तुम इन लोगोंका पहचानते हो।" चन्द्रसिंहने सिर्फ महात्मा गांधीको अल्मोड़ामें देखा था। उन्होंने देखकर कहा, "इनको मैं पहचानता हूँ, बाकी लोगोंको नहीं पहचानता।"

यह डायरी चन्द्रप्रकाशकी थी। जेनरलके पूछनेपर चन्द्रसिंहने बतलाया, कि मैं चन्द्रप्रकाशसे परिचित नहीं हूँ। डायरीमें हवलदार-मेजर चंद्रसिंह भण्डारी २-१८ रायल गढ़वाली रायफल लिखा हुआ था। जेनरलने पूछा—

"क्या आप जानते हैं, कि इस डायरीमें आपका नाम किसने लिखा?" चन्द्र-सिंहके इन्कार करने पर जेनरलने कहा—"तुम्हारे ऊपर खुफिया पुलिसकी रिपोर्ट है। बटालियनके कमांडिंग आफिसरने तुम्हें खुद कांग्रेसी सभामें देखा है। इसीलिये सरकार को सन्देह है, कि तुम्हींने लोगोंमें यह ख्याल फैलाया, इसीलिये तुमको नम्बर एक अभि-युक्त बनाया गया।"

चन्द्रसिंहके साथी बैरकके बाहर एक पाँतीसे खड़े थे। श्री मुकुन्दीलाल चेलन के साथ मोटरमें बैठने जा रहे थे, उसी वक्त चन्द्रसिंहने आवाज दी

"आप जा रहे हैं। क्या अब भी हम लोगोंसे मिलनेमें कोई खतरा है? जो होना था, सो तो हो चुका, अब कमसे कम जाते वक्त हमको दर्शन देते जायँ। हमारा संदेश गढ़वालमें ले जायँ और हमारा नमस्ते कहकर गढ़मातासे कहें, कि हम तेरे ही अन्न-जलसे तेरी ही गोदमें पले थे, इसलिये हम आज तेरी ही इज्जत और शानके लिये मरने जा रहे हैं। माता, हमारी गल्तियोंको क्षमा करना। हमारा आखिरी अरमान यही है, कि हमारी इच्छाको गढ़वाली जनताके सामने रख दें।"

अदालतके उठनेसे पहले ही चंद्रसिंहने एक चिट्ठी लिखकर श्री मुकुन्दीलालजी की जेबमें डाल दी थी। उसमें करीब-करीब निम्न बातें थीं—

"माननीय बैरिस्टर साहब, मेरा आपके ऊपर पूरा विश्वास है, वैसा ही जैसा कि एक मासूम बच्चा अपनी माँके प्रति करता है। दूसरी बात मैं अपने पूज्य पिताके बारेमें कहना चाहता हूँ। मेरे पिता जाथलीसिंह भण्डारी, मौजा मासो, पट्टी चौथान, डाकखाना बूगीधार, (जिला) गढ़वालमें रहते हैं। मेरी एक लड़की है, जिसका नाम देवमती है। उसकी माँका देहान्त हो गया है। मेरी दो स्त्रियाँ मौजूद हैं—भागीरथी और नवीना। मेरे दो छोटे भाई हैं। मुझे आशा है, कि आप खुद मेरे घर जाकर मेरे पूज्य पिता और कुटुम्बको सान्त्वना देकर समझायेंगे, और कहेंगे कि मेरी मौतपर उन्हें खुश होना चाहिये, क्योंकि मैं किसी बुरे कामके लिये नहीं मर रहा हूँ। मुझे आशा है, आप और गढ़वाल मेरे दुःखी कुटुम्बको नहीं भूलेंगे।"

अन्तमें चंद्रसिंह और उनके साथियोंने श्री मुकुन्दीलाल और चेलनको धन्य-वाद देकर विदा किया और आपसमें प्रेमके साथ मिलकर वह अपनी गारदमें चले गये।

९ जून १९३० के सबेरे कर्नल वाकर लाल घोड़ेपर सवार होकर चंद्रसिंहकी कोठरीके सामने खड़ा हो कुछ देर देखता रहा, फिर बोला—"चन्द्रसिंह, खुदा तुम्हारा नाश करेगा।"

चंद्रसिंहने कहा—"बस या और कुछ।"

कर्नलने कहा—"तुमने मेरे बच्चोंको भूखा मार डाला।"

११ जून तक कोर्ट-मार्शलके फैसलेकी प्रतीक्षा होती रही। काकुल छावनीके परेड मैदानमें तैयारियाँ हो रही थीं। चन्द्रसिंहको घुमानेके लिये जो गोरे ले जाते, वह उस स्थानको दिखलाकर बतलाते—"यहाँ तुमको गोली मारी जायगी।" ११ तारीखको सूबेदार लूथीसिंह रावतने चन्द्रसिंहकी वर्दी, बूट-पट्टी आदि ले आते समय कहा—"कल आप लोगोंको सजा सुनाई जायगी।"

क्या फैसला होगा, इसकी चिन्ता तो होनी ही ठहरी। दण्डसे बढ़कर असह्य दण्डके हुकुमकी प्रतीक्षा होती है। उसी दिन १० बजे रातको एक अंग्रेज अफसरने आकर कहा—"हलो मिस्टर चन्द्रसिंह, मुबारक, मुबारक। ब्रिगेडियर जेनरल साहबने आपके पास मुबारकबादी भेजा है। सरकारने आपको मौतकी सजासे मुक्त कर दिया। बहुत कम सजा रक्खी गई है।"

चन्द्रसिंहने उक्त अफसर और जेनरल साहबको इसके लिये धन्यवाद दिया। उस समय तो उन्हें यही समझमें आया, कि मौतकी सजाके डरसे कहीं कैदी रात ही में मर न जायें, और कल परेडमें जो तमाशा होनेवाला है, वह न हो पाये, इसीलिये यह सन्देश भेजा गया है। फिर मद्रासी डाक्टर आये। उन्होंने एक पुड़िया पानीमें डालकर पीनेके लिये दी, जो शायद नींदके लिये थी। आध घंटे बाद चन्द्रसिंहको इतनी जबर्दस्त नींद आई, कि अगले दिन बिल्कुल धूप निकल आनेपर भी वह नहीं जगे।

देर होते देख गोरे सिपाहीने उन्हें जगाया। शौच और हाथ-मुँह धोकर तैयार हुये। झटपट वह वर्दी पहनकर चलनेके लिये तैयार हुये। दस बजेके करीब गढ़वाली बटालियन बैण्ड बाजेके साथ मार्च करती एबटाबादसे काकुल पहुँची। साठों बन्दियोंको ले जाकर उसके सामने उपस्थित किया गया। उनकी पाँतीमें दाहिनी ओर ४३ सिपाही थे, और बाँई ओर १७ ओहदेदार। सबसे बाँयें छोरपर हाथोंमें दो हथकड़ियाँ डालकर चन्द्रसिंहको खड़ा किया गया। चन्द्रसिंहने सिर उठाकर बटालियनकी ओर नजर दौड़ाई। सारे सिपाही दुखसे आँखें नीचे किये हुये थे। फिर चन्द्रसिंहकी आँखें अपने उन प्यारे साथियोंको ढूँढ़ने लगीं, जिन्होंने हर प्रकारसे उनका साथ दिया था।

कुछ देर बाद १-१८ रा० ग० रा० के कमांडिङ्ग-अफसर कर्नल मनोरिंग (बाकरका स्थानापन्न) आया। उसने अड्जुटेंट ठक्करको हुकुम दिया, कि कैदियोंको फैसला सुना दो। ठक्करने फैसलेको सुनाया—

"हिज़ मैजेस्टीके हुकुमसे बगावतमें शामिल होनेके कसूरपर ए० कम्पनीके क्वार्टर-मास्टर हवलदार चन्द्रसिंहको निम्न सजा दी जाती है—

१. जिन्दगी भर कालापानी,

२. सारी जायदाद जब्त,

३. ओहदेदारीसे उतारकर सिपाही दर्जेमें रखना,

४. सिपाहीसे नाम काटकर खारिज* कर देना।

हुकुमके खतम होते ही सूबेदार-मेजर रूपचन्दसिंह और जमादार देवीसिंह रावत हाथमें कैंची लेकर चन्द्रसिंहके ऊपर टूट पड़े, और सारी बटालियनके सामने बेइज्जत करनेके लिये तमाशा दिखाने लगे। उन्होंने चन्द्रसिंहके सिरसे टोपी उतारकर उसमेंसे बैज और चेनस्टाप फाड़कर फेंक दिया। फिर उनकी वर्दीसे हवलदारीका बिल्ला नोंच लिया। अच्छे आचरणका फीता, रायल रस्सी, तमगा आदिको नोंच-नोंचकर लोगोंको दिखाते जमीनपर पटक दिया। उस समय चन्द्रसिंहके पास चार तमगे थे—१. फ्रांस-युद्ध तमगा, २. सामान्य सेवा तमगा, ३. विक्टोरिया सर्विस तमगा, ४. वजीरिस्तान तमगा।

आखिरमें वर्दीका बटन न खोलकर आस्तीनको कैंचीसे काटकर चन्द्रसिंहके शरीरसे वह वर्दी निकालने लगे। अब चन्द्रसिंहसे रहा नहीं गया। उन्होंने बटन तोड़ते हुये वर्दीको फाड़कर फेंक दिया। जाँघिया, बूट-पट्टी, जुराब सब उतार फेंके।

---

* पलटनमें १४ सितम्बर १९१४ में १८ वर्षकी उमरमें वह भरती हुये थे, और ३३ साल ८ महीना २९ दिनकी उमरमें बगावत करनेके कारण १२ जून १९३० को पलटनसे निकाल दिये गये। उनके कागजमें सैनिक-शिक्षाकी विशेष योग्यताके बारेमें लिखा गया था—"डी० शिक्षाके कोर्सको १४ वीं मस्केटरी संगीन की शिक्षाके साथ पचमढ़ीमें पास किया, जिसका आरम्भ २५ नवम्बर १९१९ को हुआ था।" भिन्न-भिन्न युद्धोंमें भाग लेनेके बारेमें लिखा था—"१४ अगस्त १९१५ को फ्रांसके लिये रवाना हो ७ सितम्बर १९१५ में फ्रांस पहुँचे। १० अक्तूबर १९१५ को आई० ई० एफ० ए० को चले, और १० नवम्बर १९१५ को वहाँसे जहाज पर चढ़े। २७ फर्वरी १९१६ को चलकर मसोपोतामियाके लिये चले, और २० जून १९१७ को भारत लौटे। जून १९१८ को पश्चिमोत्तर फ्रान्टियर के लिये गये और अक्तूबर १९२१ से १९ फर्वरी १९२४ तक, फिर १९३० तक रहे।"

उनकी हुलिया आदिके बारेमें लिखा था—"ऊँचाई ५ फीट ५ इंच, छाती ३२-३३ इंच, परिचयका चिन्ह ललाटके बीचमें आधे घावका चिन्ह।" आचरणके बारेमें उसे "अच्छा" लिखा था।

सारी बटालियन सामने खड़ी थी। काकुलकी जनता भी भीड़ लगाये थी। टकर दूसरे साथियोंको सजा सुना रहा था, लेकिन चन्द्रसिंह उस अपमानसे इतने बदहवास हो गये थे, कि उन्हें नहीं सुनाई पड़ा, कि किसको क्या सजा दी गई है।

हवालातकी कोठरीमें लौटकर चन्द्रसिंहके पास जो भी कपड़े आदि थे, सबको गोरे सिपाहियोंको दे दिया। दो बजे दिनको टक्कर साहब चन्द्रसिंहके दोस्त शेरसिंह बुटौलाके साथ आये। उसने मुकदमेके फैसलेकी कापी और पलटनसे नाम खारिज होनेका कागज दिया। चन्द्रसिंहने हाथमें आते ही उन कागजोंको फाड़कर फैंक दिया और टक्करसे पूछा—"मुझे यहाँसे कब भेजोगे?"

टकरने कहा—"हमने आपके कागजोंको यहाँसे भेज दिया है। नहीं मालूम वह कब और कहाँ आपको भेजेंगे।"

चलते समय टकरने कहा—"अच्छा चन्द्रसिंह, हम जाते हैं। हमसे जो गलती हुई हो, उसे माफ करना। सलाम।"

चन्द्रसिंहने कहा—"टकर साहब, धन्यवाद। खुश रहें।"

उस समय हवलदार शेरसिंह बुटौलाकी आँखोंमें आँसू भर आये थे। उसने दस रुपयेका नोट चन्द्रसिंहके हाथपर रखकर कहा—"प्यारे भाई, जाओ। जिन्दा रहेंगे तो फिर मिलेंगे।" दोनों वहाँ से चले गये।

सूर्य डूब गया। कोठरीके दरवाजेसे आसमानमें कोई-कोई सितारे दिखलाई पड़ रहे थे। इसी समय एक हिन्दू और एक मुसलमान दो सज्जन थालमें खूबानियाँ, एक गिलास दही, एक जोड़ा धोती और पगड़ी लेकर आये। उन्होंने गोरे सार्जेन्टसे दर्खास्त की, कि हम चन्द्रसिंहसे मुलाकात करना चाहते हैं। सार्जेन्टने चन्द्रसिंहसे आकर पूछा, "क्या आप इन लोगोंसे मुलाकात करना चाहते हैं।"

चन्द्रसिंहने उत्तर दिया—"आपकी बड़ी मेहरबानी होगी, यदि आप उनसे मुलाकात करा दें।"

सार्जेन्टने दस मिनटके लिये चंद्रसिंहसे मुलाकात करा दी। सज्जन वह सरहदकी ओर से वीर गढ़वालीको पगड़ी देने आये थे। चंद्रसिंहने इसके लिये उन्हें बहुत-बहुत धन्यवाद दिया। सूबा सरहदके लोग चंद्रसिंहकी इतनी कदर करते हैं, इस ख्यालने आजके अपमानसे घायल उनके हृदयपर मलहमका काम किया। गोरे पहरे-दारोंने भी चाय और फल लाकर उनके सामने रख दिये। वह भोजन करके सो गये।

रातके तीन बजे थे, जबकि मेसकोटकी काली वर्दी पहने तीन अंग्रेज उनके पास आये। उन्होंने गोरे सार्जेंटसे कहा—"चंद्रसिंहको कोठरीसे बाहर निकालो।" बाहर निकलने पर उन्होंने कहा, कि अपना सामान भी साथ लेलो लेकिन चंद्रसिंहके पास गीताकी एक पोथी और दस रुपयेके नोटके सिवा और था ही क्या! उनमेंसे एकने कहा, कि हम तुम्हारी तलाशी लेना चाहते हैं। चंद्रसिंहने कहा—"खबरदार, मेरे ऊपर हाथ न लगाना।" वह पास खड़ी मोटरपर ले जा, चंद्रसिंहको उसमें बैठाकर जेलके लिये रवाना हो गये। काकुल छावनीके बाहर होते ही देखा, कि सड़कके दोनों ओर दो-दो कदमके फासलेपर गोरे और पुलिस संगीन लगी राइफलोंको हाथमें लिये खड़े हैं। यह पाँती दो मील तक चली गई थी। कुछ मिनटोंमें मोटर एबटाबाद जिला-जेलके फाटकपर जाकर खड़ी हुई। पता लगा, कि वे दोनों अंग्रेज थे—"हजाराका डिप्टी-कमिश्नर, पुलिस सुप्रिंटेंडेंट और जेल-सुप्रिंटेंडेंट।

जेलके फाटकके सामने मोटरसे उतर चंद्रसिंहने "सुजलां सुफलाँ मलयज-शीतलां, बन्दे मातरम्" गाते हुये फाटकके भीतर प्रवेश किया, और हाथ उठाकर उन तीनों अंग्रेजोंसे कहा—"खुश रहो, जालिम हो, तो भी तुम्हारा भला हो।"

वीर गढ़वालियोंकी सजाकी बात सुनकर पंडित मदनमोहन मालवीयने श्री मुकुंदीलालजीके पास निम्न चिट्ठी भेजी थी—

बिड़ला हौस, अल्बुकर्क रोड
नई दिल्ली, जून २८, १९३०

मेरे प्रिय मिस्टर मुकुंदीलाल,

क्या आप मेहरबानी करके मुझे उन गढ़वाली सिपाहियोंका नाम बतलायेंगे, जिनके मुकदमेकी पैरवी आपने एबटाबादमें की थी, उनके सरकारी पद और पतोंके साथ, अर्थात् जिन जगहोंमें आजकल वह रक्खे गये हैं, और उनके परिवारोंके आदमियोंकी संख्या भी, जिनको सहायता की आवश्यकता है? कृपया यह भी मुझे बतलायें, कि अगर वह सेवाविरत होते, तो उनमेंसे प्रत्येकको क्या पेन्शन मिलती। मैं यह पता लगाना चाहता हूँ, कि उनके परिवारोंकी आर्थिक सहायताके लिये हम क्या कर सकते हैं।

कृपया अपने पत्रको बिड़ला हौस, सैण्डहर्स्ट रोड, बम्बई ४ के पतेपर भेजें। आशा है आप अच्छी तरह हैं।

आपका विश्वासपात्र
म० म० मालवीय

इसके जवाबमें श्री मुकुन्दीलालजीने लिखा था :

मुकुन्दीलाल बी० ए० (आक्सन)

बैरिस्टर-एट-ला

मेम्बर लेजिस्लेटिव कौंसिल, यू०पी०

लैन्सडौन, ४-७-३०

मेरे प्रिय माननीय मालवीयजी,

आपका गढ़वाली सिपाहियोंके सम्बन्धमे २८ जूनका कृपा-पत्र मुझे मिला। मेरे पास बन्दियोंके परिवारवालोंके पते हैं। यह आपकी बड़ी कृपा है, जो उनके अधीर जनोंको सहायता देनेके लिये कह रहे हैं लेकिन मैं आपसे प्रार्थना करूँगा, कि जो कुछ करें उसे चुपचाप करें। जो सूचना आप चाहते हैं, मैं उसे दूँगा, लेकिन इसमें कुछ समय लगेगा। इस बीच उनके मुकदमेंके सम्बन्धमें सारी सूचनायें मैं आपके पास भेजना चाहता हूँ। मुझे विश्वास है, कि कौंसिलमें प्रश्न करके आप इस सम्बन्धमें कुछ कर सकेंगे।

कायदेके अनुसार हरेक सिपाहीको फौजके खर्चपर बचावके लिये वकील पानेका अधिकार है और अपनी इच्छानुसार हरेक सिपाही वकील सदा रखता है। इसके पहले मैंने सिपाहियोंकी ओरसे फौजदारी मुकदमोंमें पैरवी की है, और फौजने मुझे फीस दी। इस मुकदमेंमें कमांडिंग आफिसरने मुझे तार दिया, कि बगावतके १७ अपराधी मुझे वकील रखना चाहते हैं, लेकिन फीस पलटनकी ओरसे नहीं दी जायगी। मैंने जवाबमें तार दिया, कि मैं तुरंत आनेके लिये तैयार हूँ और एबटाबादके लिये रवाना हो जाऊँगा, अगर पाँच सौ रुपया मेरे खर्चके लिये भेज दिया जाय और अपराधी वचन दें, कि भविष्यमें सौ रुपया प्रतिदिनके हिसाबसे मुकदमेमें जितने दिन लगे, उतनी फीस देंगे। तार आया, कि अपराधी फीस देना स्वीकार करते हैं, और यह भी कि रेजिमेन्ट फीस देनेकी गारन्टी नहीं देती। खर्चके लिये पाँच सौ रुपये मेरे पास भेजे गये। मैं तुरन्त चल पड़ा। सारे मुकदमेमें मेरे तेरह दिन लगे। मैंने अपना बिल कमांडिंग आफिसरके पास भेजा। उसने जवाब दिया, कि रेजिमेंट या सेना इसे नहीं देगी, लेकिन हम देखेंगे, कि अपराधियोंके सेविंग-बैंकके हिसाबमें कितना पैसा है। उसमेंसे रेजिमेंट, बनिया और उनके दूसरे मित्रोंके उधारको काट करके बाकीमेंसे मेरी

फीस दी जायगी। बंदियोंने लिखकर अपने कमांडिंग आफिसरको दिया था, कि सभी सत्रहों अपराधी अपने सेविंग-बैंकसे जमा करके जो बाकी बचा है, उसे देंगे। सो अब आफिसर-कमांडिंगने ७२६ रुपये भेजे, यद्यपि मेरा १३०० रुपये निकलता था। यह ७२६ रुपया बन्दियोंके सेविंग खातेसे दिया गया। उन्हें २४ अप्रैलसे तनखाह नहीं दी गई, जब कि उन्होंने शहरमें जानेसे इन्कार कर दिया। मैं समझता हूँ, कि मेरी फीस सेनाकी ओरसे मिलनी चाहिये, और बंदियोंके सेविंग-बैंकके खातेसे उसे नहीं देना चाहिये...।"

अध्याय १७

प्रथम जेल-जीवन (१९३०-३६ ई०)

१२ जून १९३० की रातको चन्द्रसिंहने एबटाबाद जेलमें प्रवेश किया था उनको जेलखाना साँप और जेलर सपेरा मालूम हुआ। सारा जेलखाना साँपों सा ही था। वहाँ चोर, डाकू, भरे हुये थे। लोगोंको डस न ले, इसलिये उन्हें जेलकी पिटारी में बन्द कर दिया गया था। इन साँपोंको इतना अच्छी तरह सँभाल कर जो रखता हो, उसे सपेरा कहना ही चाहिये। साँपों और सपेरोंमें वस्तुतः अन्तर भी नहीं था। कहावत है—"जैसेको तैसा मिले, बाभनको नाई। बाभनने पातकी दिखाई, नाइने शीशा झलकाया, लेनदेन बराबर।"

फिर जेलको देखकर चन्द्रसिंहको एक और उपमा याद आई। वहाँके कैदी मरे डाँगर थे, और जेल-कर्मचारी उनके कीड़े। मरे डाँगर इसीलिये थे, कि कैदियोंको चाहे मारो, काटो, रगड़ो, जलाओ, दफनाओ, खाओ, वह उफ नहीं करते। कैदियोंको वह निष्ठुरतासे मारते-पीटते बेड़ी-हथकड़ी पहनाते, तलाशी लेते, रे-बे-तू कहके गालियाँ देते। वह कुछ नहीं कह सकते थे। उनसे एकान्तवासकी चक्की, कोल्हू, कागजघोटाई, गारा बनाना आदि काम कराया जाता था। चन्द्रसिंहने नर्कके बारेमें जो गरुड़ पुरानमें सुना था, वह सारी बातें इस जेलमें उन्हें दिखाई पड़ रही थीं।

जेलमें प्रवेश करनेके बाद जेलर अब्दुल गनीने आकर चन्द्रसिंहसे कहा—

"मिस्टर चन्द्रसिंह, यहाँ सबकी तलाशी लेनेका हुक्म है। आपके पास कोई वैसी चीज तो नहीं है?"

चन्द्रसिंहने कहा—"वैसी क्या चीज जनाब?"

जेलर—"नहीं, नहीं मेरा मतलब है कोई हथियार, जैसे चाकू, पिस्तौल या जहर जैसी कोई चीज?"

चन्द्रसिंहने कहा—"मेरे पास एक गीताकी पोथी और दस रुपयेके सिवा और कुछ नहीं है।"

—"अच्छा तो गीता और नोटको यहाँ रख दीजिये और बँगलेमें जाकर सो जाइये।"

अँधेरी रात थी, चंद्रसिंहको एक सेल (तनहाई कोठरी) में ले जाया गया। यह कोठरी तीन कदम लम्बी, दो कदम चौड़ी थी, जिसमें ३ फीट चौड़ा, साढ़े ६ फीट लम्बा और डेढ़ फीट ऊँचा एक चबूतरा था, जिसके पास आटा पीसनेकी चक्की थी, और पास हीमें पेशाबके लिये टट्टी थी। वहाँ एक पानीका घड़ा, एक मूँजकी चटाई, दो फटे-पुराने कम्बल, एक घुटने तकका जाँघिया, एक अधबहियाँ कुहनी तककी दो सूती कमीजें, एक लाल टोपी, एक लोहेका तसला, एक लोहेका कटोरा, एक तसली, एक लंगोट और कोपिन रक्खी हुई थी। यह सामान चन्द्रसिंहके लिये था। टट्टीका गमला टट्टीसे भरा था, जिसके मारे सारी कोठरी दुर्गन्धसे भरी थी। जेलरने इसी कोठरीको बँगला कहा था।

चंद्रसिंहको भीतर कर जेलर दरवाजा बन्द करके ताला लगा लालटेन उठाकर चल दिया। चन्द्रसिंहने पुकारकर कहा—"जनाब, क्या मैं अँधेरेमें पड़ा रहूँगा?"

—"हाँ, सुबह तो उजाला हो ही जायगा। अब आप सो जाइये।"

गर्मियोंके दिन थे। मिट्टीके चबूतरेपर देहमें गड़नेवाले कम्बलको बिछाकर ज्यों ही लेटे, कि खटमल, पिस्सु, मच्छर, चीटियाँ और न जाने कौन-कौन दूसरे बारीक कीड़े चन्द्रसिंहके ऊपर टूट पड़े। इधर सारे शरीरमें ये चिमटे हुये थे, उधर गर्मीको हलका करनेके लिये हवाका नाम भी नहीं था। मच्छर कानके भीतर घुसकर भनभना रहे थे। चन्द्रसिंहने सोचा—'उफ, क्या किया जाय?' वह लोहेके जँगलेके ऊपर खड़े हो गये। थोड़ा ही आगे बरामदेकी दीवाल थी, जिसकी वजहसे कुछ दिखाई नहीं पड़ रहा था। सिर्फ आकाशका एक छोटा सा टुकड़ा और उसमें कुछ तारे चमक रहे थे। पास-पड़ोसके बैरकोंसे कर्कश आवाज आ रही थी—"नं० १ बैरक, ४५ कैदी, ताला, जंगला, लालटेन सब ठीक है।" आवाज पन्द्रह-पन्द्रह मिनटपर रात भर सुनाई देती रही। ४ बजेके वक्त कैदी अपने-अपने चबूतरोंपर बैठकर "अल्लाहो अकबर, अल्लाहो अकबर", "राम-राम" कहने लगे। चन्द्रसिंह सोलह वर्ष पलटनमें नौकरी कर चुके थे कितनी दुनिया देखी थी, लेकिन जेलके भीतर जो अनोखी दुनिया उन्हें देखनेमें आई, उसका उन्हें पता भी नहीं था। वह समझते थे, कि लाल-काली पगड़ीवाले पुलिसवालों के हाथमें कैदी रक्खे जाते हैं।

पौ फटा। बेड़ियोंके खनखनानेकी आवाज सुनाई देने लगी। फिर किसीने आवाज दी—"हे, जोड़ा-जोड़ा बैठो। ए, कहाँ जाता है?" लोगोंकी आँखोंकी नींद अभी पूरी तौरसे हटी नहीं थी, इसी अवस्थामें कैदियोंको जोड़ा-जोड़ा बैठाया जाता, बेचारोंको टट्टी-पेशाबके लिये भी तो पूरा समय नहीं दिया जाता था।

इसी समय रियासत चित्रालके मेहतर (राजा) के चचा फकीर महम्मद खाँ अपने दो और साथियोंको लिये लपकते चन्द्रसिंहके सेलके सामने खड़े होकर कहने लगे—"चन्द्रसिंह, सलाम अलेक, शाबाश, शाबाश।" चन्द्रसिंह चमका गये, यहाँ यह चन्द्रसिंहको शाबाशी देनेवाला कौन आया। उस वक्त उनसे पहचान नहीं थी, लेकिन पीछे उनसे परिचय हुआ। यह भी पता लगा, कि चन्द्रसिंहके दूसरे सोलह साथी भी ३ बजे रातको यहीं जेलमें पहुँचा दिये गये हैं।

साथियोंको बेड़ी पहनानेके बाद चन्द्रसिंहको बेड़ी पहनाई जाने लगी। जेलके हेड-क्वार्टर (बड़ा जमादार) से यह दृश्य देखा नहीं गया। उसकी आँखोंसे आँसुओं-की धारा बह निकली, और बोला—"चन्द्रसिंह, हमारा कोई बस नहीं। हम आपकी क्या मदद करें? आपने मुसलमानोंकी जान बचानेके लिये सब कुछ किया लेकिन, आज मैं खुद मुसलमान होकर आपके पैरोंमें बेड़ी डलवा रहा हूँ।"

चन्द्रसिंहने कहा—"जमादारजी, आप इसे बेड़ी न समझे, यह मर्दोंका जेवर है।"

उस दिनकी पैरोंमें डाली बेड़ी पूरे ६ साल तक रही और २१ जुलाई १६३६ को जब चन्द्रसिंह सूबा सरहदसे बरेली सेन्ट्रल जेलमें आये, तभी निकाली गई।

बेड़ी पहनानेके बाद उन्हें दो छटाँक उबले चने चबानेके लिये मिले। उस समय चन्द्रसिंहने पूछा—"मेरे दूसरे साथी कहाँ हैं?"

जमादारने जवाब दिया—"वे सब बाहरकी कमानमें रक्खे गये हैं। पलटनसे हुकुम आया है, कि आपको उन लोगोंके साथ कभी न रक्खा जाय, नहीं तो और कोई शरारत करायेंगे।"

चन्द्रसिंहका दिल कुछ उदास हो गया। आध घंटा बाहर टहल आनेके बाद उन्हें फिर उसी कोठरीमें डालकर ताला बन्द कर दिया गया।

कुछ दिन चढ़ा। आफिसका एक बाबू चन्द्रसिंहका जेल-टिकट बनानेके लिये और डाक्टर उनके स्वास्थ्यको देखने और तौलनेके लिये आया। बाबूने चन्द्रसिंहकी खद्दरकी धोती और पगड़ी ले ली जिन्हें काकुलमें सरहदसे भाइयोंने भेंट की थी। अपना काम करके वे लोग चले गये। दस बजेके करीब सुपरिन्टेन्डेंटने आकर चन्द्र-सिंहकी देखभाल की, और उनके टिकटपर रोज १८ सेर गेहूँ पीसनेकी मशक्कत लिख दी। चन्द्रसिंहको कड़ी कैद की गई थी। यह लिखते हुये वह कहने लगा—"चन्द्रसिंह अफसोस है, कि मैं आपको चक्की पीसनेके लिये लिख रहा हूँ, और कोठरीमें बन्द देख रहा हूँ।"

इसी समय जेलरने कहा—"जवान, इनके लिये रातको जंजीर लगाकर रखने-का भी हुकुम आया है।"

सुपरिन्टेन्डेंटने कहा—"नहीं, नहीं, जंजीर मत लगाओ। यह जवान भागने-वाला नहीं है। अगर भागनेवाला होता, तो जेल हीमें क्यों आता?"

जाते वक्त सुपरिन्टेन्डेंटने फिर चन्द्रसिंहसे कहा—"देखो जवान, बाहरसे जब कोई अफसर आये, तो चक्की पीसना शुरूकर देना, बाकी समय बैठे रहना।" जेलरको भी, "देखो यह जवान चक्की नहीं पीसेगा। चन्द्रसिंह, जब तक हम हैं, मेरी ओरसे आपको कोई तकलीफ नहीं होगी।"

चन्द्रसिंहको यह देखकर बड़ा आश्चर्य हो रहा था, कि यह अंग्रेज उनके साथ इतनी मेहरबानी क्यों दिखला रहा है। पीछे उन्हें मालूम हुआ, कि यह आयर-लैण्डका निवासी है। आयरिश लोग अंग्रेजोंको अपने देशका शत्रु मानते हैं।

दूसरे दिन परेडमें सुपरिन्टेन्डेंट आया। चन्द्रसिंहने उससे कहा—"जनाब, मुझे अपने साथियोंसे मिलनेकी इजाजत दीजिये।"

"कोई शरारत न करना, तुम्हारे साथी बारी-बारीसे यहीं आकर मिल जायेंगे।"

तीसरी बारकी परेडमें चन्द्रसिंहने पूछा—"साहब, हम लोग राजनीतिक कैदी हैं। हमारे पैरोंमें बेड़ियाँ क्यों डाली गई? हमसे चक्की क्यों पिसवाई जाती है?"

सुपरिन्टेन्डेंटने कहा—"कोर्ट-मार्शलने आप लोगोंको राजनैतिक कैदी नहीं बनाया। आप लोग बी० क्लास और राजनैतिक बन्दी बनानेके लिये अर्जी दें मैं खुद सिफारिश कर दूँगा।"

चन्द्रसिंहने कागज-कलम मँगाकर इसके बारेमें हजाराके डिप्टी-कमिश्नरको दर्खास्त लिखा। सातवें दिन डिप्टी कमिश्नरका जवाब आया, कि मैं आप लोगोंको बी० क्लास नहीं दे सकता, लेकिन आपकी दर्खास्त २-१८ रा० ग० रा० के कमांडिंग अफसरके पास भेज रहा हूँ। उसके बाद बटालियनके कर्नल मनोरिंग और अड्जुटेंट डाक्टर जेलमें उन्हें देखनेके लिये आये। उनको देखते ही चन्द्रसिंहके देहमें आग लग गई और वह देखकर क्लासके बारेमें सिफारिश करने आये थे। कर्नलने पूछा—"चन्द्रसिंह, तुम्हारा क्या हाल है?"

—"पलटनसे भी अच्छी तरह हूँ।"

—"काम क्या कर रहे हो?"

—"चक्की पीसना सीख रहा हूँ।"

—"खाना कैसा मिलता है ?"

—"बहुत अच्छा मिलता है।"

इसपर कर्नलने कहा—"चन्द्रसिंह, मैं तुमको अभी छुड़ाकर अपने साथ ले जा सकता हूँ तुम सिर्फ यह बतला दो कि यह बगावत कैसे हुई ? तुम लोगोंको किसने बर्गलाया ?"

चन्द्रसिंहने जवाब दिया—"जनाब, सच पूछिये तो यह बगावत सरकारने खुद हम लोगोंसे करवाई। हम लोगोंको पेशावर शहरमें जनसाधारणके ऊपर गोली चलानेके लिये ले जाया गया। वहाँ हजारोंकी भीड़ थी। सिपाहियोंको दो-दो कदमके फासलेपर रहते कांग्रेसके जलूसके ऊपर घेरा डलवा दिया गया। उस समय हरएक कांग्रेसीने एक-एक सिपाहीको देशकी बातें समझाईं। ऐसी स्थितिमें आदमीको अपने देश और कौमका ख्याल आ ही जाता है। फिर कौन ऐसा आदमी होगा, जो अपने देश और कौमके ऊपर गोली चलानेके लिये तैयार होगा।"

कर्नलने कपड़ा उतारनेके लिये कहा। चन्द्रसिंहने कमीज उतार दी। वह दाँत और आँख देखकर कहने लगा—"जवान, अभी तो तुम्हारी तन्दुरुस्ती पलटनसे भी अच्छी है।"

चन्द्रसिंहने कहा—"क्यों नहीं, कौमकी रोटी खाता हूँ।"

कर्नलका मुँह तमतमा गया। वह कहने लगा—"अच्छा जेलमें अपना चाल-चलन अच्छा रखो। जब स्वास्थ्य खराब होने लगे, तो बी० क्लासके लिये दर्खास्त देना। हम मंजूर कर देंगे।"

कर्नल वहाँसे चला गया। चन्द्रसिंहका स्वास्थ्य कितनी ही बार खराब हुआ। वह बी० क्लासकी भिक्षा माँगनेके लिये तैयार नहीं थे लेकिन राजनैतिक बन्दियोंके हकके बारेमें वह चुप नहीं रह सकते थे। उन्होंने भूख-हड़ताल शुरू कर दी। सूबा सरहदमें भूख-हड़ताल करनेपर साठ बेंत लगाये जाते थे। चन्द्रप्रकाशने बतला दिया था कि आदमी कमजोर हो तो बेंत नहीं लगाया जाता। अगर भूख-हड़ताल करना चाहें तो १४-१५ दिन तक रोटी छोड़ दें। कमजोर होनेके बाद भूख-हड़तालकी बात बतला दें।

चन्द्रप्रकाशका नाम हम पहले बतला चुके हैं, जिनकी डायरीमें चन्द्रसिंहका नाम था, और वह पुलिसके हाथ लगी थी। २४ अप्रैल १९३० को जब चन्द्रसिंह की बटालियन गिरफ्तार करके पेशावरसे एबटाबाद लाई गई, उसी दिन लाहौरसे बैरिस्टर डा० आलम और श्री चन्द्रप्रकाश लाहौर कांग्रेस कमेटीकी ओरसे गढ़वाली सैनिकोंकी जाँच करनेके लिये पेशावर भेजे गये। डा० आलमको तो सूबा सरहदके

भीतर दाखिल न होने दे अटकके पुलके पास ही पकड़ लिया गया। चन्द्रप्रकाश पेशावर पहुँचकर वहाँकी कांग्रेस कमेटीसे मिले। कमेटीके सेक्रेटरी सरदार प्रतापसिंहको लेकर वह हरिसिंह लाइनमें गये, जहाँ चन्द्रसिंहकी बटालियन गिरफ्तार करके रक्खी हुई थी। मंगलसिंह दूकानदारने उन्हें चन्द्रसिंहका नाम, पता आदि बातें बतलाईं, जिसे अपनी डायरीमें लिखकर वह एबटाबाद आये। उस वक्त ६० आदमी पकड़कर हवालातमें भेज दिये गये थे, और ६० आदमी चाँदमारीकी तैयारी कर रहे थे। चन्द्रप्रकाशने आव देखा न ताव, उन ६० आदमियोंके सामने लेक्चर झाड़ना शुरू किया। सूबेदार जयसिंह ग्रिफ्टने उन्हें पकड़कर पलटनमें भेज दिया, जहाँ उन्हें खूब पीटा गया। पीछे डा० आलम, चन्द्रप्रकाश और प्रतापसिंहको लाहौर जेल भेज दिया गया। मुकदमेके समय उन्हें एबटाबाद मँगाया गया। प्रतापसिंहने माफी माँगकर छुट्टी ले ली, चन्द्रप्रकाशको साढ़े तीन सालकी सजा मिली। चन्द्रप्रकाश लाहौरमें बी० ए० के विद्यार्थी थे। बड़े ही सज्जन नौजवान थे। डा० आलम तीन साल रावलपिण्डीमें कैद रहे। पीछे डेराइस्माइलखाँ जेलमें चन्द्रप्रकाश और चन्द्रसिंह एक साथ रहे।

चन्द्रसिंहने चन्द्रप्रकाशकी सलाहके अनुसार काम किया। १ जुलाई १६३० के सबेरे उन्होंने चुपचाप भूख-हड़ताल शुरू कर दी। खानेके लिये जो रोटी मिलती, उसे वह घड़ेके भीतर छिपा देते।

जिस समय उनकी चुपचाप भूख-हड़ताल जारी थी, उसी समय लाहौरके मशहूर सी० आई० डी० करीमबक्श खाँ और एक फौजी अंग्रेज छ-सात और खुफियोंके साथ एबटाबादमें इस मामलेकी जाँच करनेके लिये आये। उनके पूछनेपर चन्द्रसिंहने सिर्फ यही कहा—"हरेक आदमीको अपना देश प्यारा होता है, और उसके प्रति उसका कर्तव्य भी है। हम गढ़वालियोंने उसी कर्तव्यका पालन किया। हमको किसीने नहीं सिखलाया। जो कुछ सिखाया सब अंग्रेजोंने सिखाया।"

चन्द्रसिंह सचमुच ही किसी क्रान्तिकारी पार्टीके सम्पर्कमें नहीं आये थे, न किसी क्रान्तिकारीसे उन्हें सीखने-सुननेका मौका मिला था। वह फ्रांस हो आये थे। अंग्रेज हिन्दुस्तानियोंके साथ कैसा बुरा बर्ताव करते हैं, इसका उन्हें वैयक्तिक अनुभव था। इसके बाद उन्होंने जो कुछ सुना और जिससे उनकी आँखें खुलीं, वह थे अखबार, छोटी-मोटी पुस्तकें तथा देशका वातावरण।

१४ जुलाईको भूख-हड़ताल करते उनको दो सप्ताह हो गये थे। उन्होंने १४ दिनकी रोटियाँ घड़ेमेंसे निकालकर रख दीं, और निम्न माँगें पेश की—

१. हम फौजी कैदियोंको बी० क्लास मिलना चाहिये,

२. हमें राजनीतिक कैदी समझना चाहिये।

चन्द्रसिंहका वजन काफी कम हो गया था। उन्होंने बेहोशीका अभिनय किया। उसी दिन जेलखानोंके आई० जी० के पास तार भेजा गया, और वहाँसे मंजूरी आते ही १८ तारीखको डेराइस्माइलखाँके सेन्ट्रल जेलमें रवाना कर दिया गया। जिस समय यह हुआ, उसी समय चन्द्रसिंहके और साथियोंने भी भूख-हड़ताल शुरू कर दी। उनके साथियोंको भी दो-तीन दिनके बाद एक-एक दो-दो करके पंजाबके और जेलोंमें भेज दिया गया।

डेराइस्माइलखाँमें इस समय गजबकी गर्मी पड़ रही थी। जीवनका आधार सिर्फ पानी था। चन्द्रसिंह पागल से हो गये। उन्होंने अपने सारे कपड़े फाड़ डाले, देहपर लोहेकी हथकड़ी और बेड़ियोंके अतिरिक्त और कुछ नहीं था। जेलरने उन्हें हवालातियोंकी कोठरीमें डलवा दिया वहीं एक नेपाली साधु दफा १०६ में चालान होकर आया था। साधुने चन्द्रसिंहकी बड़ी सेवा की। वह रात-रात भर जगकर पानी छिड़ककर चन्द्रसिंहके ऊपर पंखा झलता। अगले दिन सुबह जेलर आया। बड़ी क्षमा-प्रार्थना करने लगा। चन्द्रसिंह चुप रहे। अन्तमें उन्हें एक सेलमें रखकर उनके ऊपर एक कसाई जमादारकी ड्यूटी लगा दी। दो-तीन दिन तक अधिकारी उन्हें फुसलाकर भूख-हड़ताल तुड़वानेकी कोशिश करते रहे। जब इसका कोई फल नहीं हुआ, तो चौथे दिन उन्होंने पानी देना भी बन्द कर दिया, और उनके पासके घड़े, बरतन आदिको उठा ले गये। अपनी लोहेकी हथकड़ियों-बेड़ियोंको पहने मिट्टीके बिछौनेपर मच्छरोंका ओढ़ना ओढ़े वह पड़े रहे। दो दिन और एक रात तक कोई देखने भी नहीं आया। तीसरे दिन उन्हें पानीके टबमें डाल दिया गया। काँटेसे खोलकर मुँहमें पानी डाला गया, फिर दो चादर, एक चारपाई और एक सेवा करने-वाला मिला। जिस समय उन्हें बेहोशी आती, इन्जेक्शन दिया जाता। होश आनेपर वह पानी पी लिया करते। पीछे उन्हें किसीने बतलाया, कि सुपरिन्टेंडेंटने तीन सेर दूध फाड़कर उसके पानीको सूईसे इन्जेक्शन द्वारा उनके देहमें पहुँचाया।

उनकी भूख-हड़ताल जारी रही। सब तरहसे कोशिश करके अधिकारी हार गये। इसकी खबर उनके ससुर भगवतसिंहको दी गई। वह श्री पंडित गोविंदवल्लभ पंत, बैरिस्टर मुकुन्दीलाल और दूसरे कई सज्जनोंका पत्र लेकर अगस्त १६३० को डेराइस्माइलखाँ पहुँचे। उस दिन चंद्रसिंहको उपवास किये तीस दिन हो चुके थे। उनकी हालत बहुत खराब थी, और चारपाईपर बेहोश पड़े थे। इसी अवस्थामें जेलर और जेलके डाक्टर ससुरको लेकर चन्द्रसिंहकी कोठरीमें आये। उन्होंने चंद्रसिंहको होशमें लानेकी बड़ी कोशिश की। चंद्रसिंहको मालूम हुआ जैसे कोई स्वप्न देख रहे हैं। धीरे-धीरे आँखोंके सामनेसे पर्दा हटता मालूम हुआ, और लोगोंको पहचानने लगे। उनके ससुरका पहला वाक्य उनके कानमें पड़ा—"तुमने मेरी बेटीको मेरे सामने ही

राँड कर दिया। क्या मेरे भाग्यमें यही था, कि इकलौती विधवा बेटीका मुँह देखता रहूँ।"

चंद्रसिंहको यह वाक्य बाणसी लगी। उनके सूखे गलेसे आवाज आई—"आप क्यों आये, क्या आप मुझे यहाँ अपने भाग्यपर नहीं छोड़ेंगे।"

ससुरने कहा—"बेटा, मैं तुमसे प्राणोंकी भिक्षा माँगने आया हूँ। मैं ७० वर्षका बूढ़ा और तुम्हारे पिताके समान हूँ। क्या मेरी इज्जत नहीं रखोगे?"

चन्द्रसिंहने नम्रतापूर्वक कहा—"आप मेरे पितासे भी बढ़कर हैं। मैं आपकी इज्जत करता हूँ, लेकिन इस समय जिस बातके लिये मैं भूख-हड़ताल कर रहा हूँ, वह निजी स्वार्थ नहीं है। मेरी सरकारसे जातीय माँग है। क्या आपकी इज्जत और प्रतिष्ठाके लिये, आपकी लड़कीके सोहागको कायम रखनेके लिये, मैं अपने देशभाइयोंके साथ विश्वासघात करूँ? यह नहीं हो सकता। आप जाइये। जो आपसे मेरे बारेमें पूछे, उससे मेरा नमस्ते कह दीजियेगा।"

ससुरने नेताओंकी दी हुई चिट्ठियाँ दिखलाईं, जिनमें यही लिखा था, कि इस समय भूख-हड़ताल करना ठीक नहीं है क्योंकि सारे देशकी पूरी हमदर्दी होते हुये भी आपकी कोई मदद नहीं की जा सकती, सभी बड़े-बड़े नेता जेलमें हैं। दूसरी बात यह है, कि आपके छुड़ानेकी पूरी कोशिश हो रही है, थोड़े दिनोंमें आप छूट जायँगे। इस समय सभीकी राय यही है, कि आप भूख-हड़ताल तोड़ दें।

इसके बाद चन्द्रसिंहने कहा—"अच्छा, आप लोग एक घंटेका समय मुझे सोचनेके लिये दें, फिर मैं अपना निश्चय बतलाऊँगा।"

डाक्टर इन्जेक्शन लगाकर बाहर चला गया। चन्द्रसिंहके सामने दो सवाल थे। एक राजनीतिक बन्दियोंकी माँग, मान-प्रतिष्ठा और दूसरी थी देशके नेताओंकी सलाहको मानना। आखिर वह इस नतीजेपर पहुँचे, कि जब तक देशके नेता मेरे साथ नहीं होते, तब तक सफलता नहीं प्राप्त होती। ऐसी मौतसे क्या फायदा, जिसमें जिन्दगीकी कीमत न मिल सके। उन्होंने भूख-हड़ताल तोड़नेका निश्चय कर लिया। घंटे भर बाद ससुर और जेलर उनके पास आये। उन्होंने ससुरके हाथसे दूध पी लिया और भूख-हड़ताल खतम कर दी।

कुछ समय तक उन्हें वहीं एकान्तमें रहने दिया गया। पीछे दरीके कारखानेमें काम मिला। पहले वह रहे। उनके लिये पानी लाते, कपड़ा धोते, कमरेकी सफाई करते, दरीके सूतका ताना लगाते, नरी भरते, तागा टूटनेपर मरम्मत करते। दरी बनानेवाले जानते थे, कि इस कांग्रेसीसे कुछ भी काम होनेका नहीं है, इसलिये कोई चन्द्रसिंहको अपने साथ लेनेके लिये तैयार न होता। वह अपनी इच्छानुसार जहाँ

मन होता वहाँ बैठे रहते। एक दिन बरामदेमें दरीकी खड्डीपर बैठे थे। कारखानेके बाबूने उन्हें देख लिया। वह स्वयं दरीपर बैठा था। कैदी ऊपर बैठा रहे, इसे वह कैसे बर्दाश्त कर सकता था! वह झुँझलाकर कहने लगा—"गोरखा, तेरे लिये कुर्सी ला दूँ! नीचे नहीं बैठा जाता!"

बाबूके इतना कहते ही नंबरदार चन्द्रसिंहको घेर उन्हें पकड़कर नीचे बैठाने लगे। उनकी परवा न करके चन्द्रसिंहने बाबूसे कहा—"बाबू साहब, जिस कुर्सीकी आप इतनी पर्वा करते हैं, मैं उसपर पेशाब करके आया हूँ। खबरदार, आगेसे मेरे लिये कभी रे-बे-हे न कहना।" बाबूकी क्रोधाग्निमें अब घी पड़ गया। उसने आग-बबूला होकर चन्द्रसिंहको पिटवाना चाहा। नम्बरदार पेशावरी थे, वह जानते थे, कि इस आदमीने उनके भाइयोंके लिये क्या किया था। उन्होंने हाथ छोड़नेसे इन्कार कर दिया। बाबूने चन्द्रसिंहको तो छोड़ दिया, लेकिन पाँचों नम्बरदारों को कारखानेके मैनेजर खानके पास सजा दिलानेके लिये ले गया। मैनेजर पेशावर कांग्रेस कमेटीके प्रधान लालाबाछाका भाई था। भाईने चंद्रसिंहके बारेमें उससे सिफारिश की थी। बाबूके बात कर चुकने पर उसने पूछा—"कौन! किस आदमीको पिटवाना चाहते थे, चंद्रसिंहको?"

"हाँ।"

मैनेजरने बाबूको डाँटते हुये कहा—"क्या जेलमें बलवा करवाना चाहते हो! खबरदार आइन्दा ऐसा कुछ मत करना।"

पीछे चंद्रसिंहसे खानने कहा—"जब तक मैं कारखानेका मैनेजर हूँ, तब तक आप कुछ काम मत करें लेकिन, किसीसे लड़ाई-झगड़ा भी नहीं होना चाहिये।" खानने बाबूको भी समझाया—"ये फौज में अफसर थे। अब कौमके लिये जेल भुगत रहे हैं। अगर इनके साथ हम भलाई न कर सकते तो बुराई तो न करना चाहिये।"

सन् १९३०-३१ में नमक सत्याग्रह जोरोंसे चल रहा था। सूबा सरहदमें भी उसका बड़ा जोर था। डेराइस्माइलखाँके सेन्ट्रल जेलमें पाँच सौके करीब पठान कांग्रेसी कैदी आ गये थे। बन्नू जिलेके हाथीखेलमें अयूबखान नामके एक खान थे। उनके यहाँ कांग्रेसकी सभा हुई, जिसपर पुलिसने गोली चलाई। गुस्सेमें आकर लोगोंने एक अंग्रेजका सिर काट दिया। इसी मामलेमें सरकारने ९० आदमियोंको जेल भेज दिया था। उनमें चार बड़े-बड़े नेता अयूबखाँ (बन्नू), शेरमहम्मद खाँ (बन्नू) पीरबदन (कोहाट), और मीरमहम्मद भी थे। दूसरे भी भी कितने ही कांग्रेसी पठानों को आतङ्कवादका झूठा इल्जाम लगाकर जेल भेज दिया गया था। चंद्रसिंहको भी

बैरकमें उन्हींके साथ रक्खा गया था। सभी राजनीतिक बन्दी इस बातके जाननेके लिये बड़े उत्सुक थे, कि बाहर क्या हो रहा है। बाहरसे अखबार किसी तरह मँगाया जा सकता था, लेकिन किसीके पास एक पैसा भी नहीं था। चंद्रसिंहके ससुर अक्तूबर १६३० में उनसे मिलनेके लिये दुबारा आये। उस वक्त उन्होंने बाहर एक जेल-वार्डरके पास १२ रुपया जमा कर दिया था। जेलके रीतिके अनुसार ऐसे चुपचाप रुपयेमें एक-तिहाई वार्डरका होता था, अर्थात् चंद्रसिंह आठ रुपये ही अपने लिये इस्तेमाल कर सकते थे। जेलमें छुक-छिपकर बाहरसे चीज मँगानेको बदमाशी कहा जाता था जो वार्डर कैदीके सम्बंधीसे रुपया लेता, वही चीजोंको लाकर देता था। कैदीके लिये मिले रुपयेका तिहाई उसी वक्त वार्डरका हो जाता, और "बदमाशी" मँगानेपर वह आधा ही रह जाता, अर्थात् दो रुपया देनेपर वार्डर एक बदमाशी लाता और एक अपने पास रख लेता। चंद्रसिंहने अपने आठ रुपये की बदमाशीमें चार रुपयेके अखबार मँगवाये, इसके बाद चंद्रसिंहने अपने पिताको बीस रुपया भेजनेके लिये लिखा। पिताने बीस रुपयेका मनीआर्डर लालीराम दढ़रावालाके पास भेज दिया। उसने दो रुपया अपनी ओरसे मिलाकर २२ रुपया एक वार्डरके पास भेज दिया, जिसमेंसे ६ रुपया वार्डरने लिया, और १६ रुपयेसे चंद्रसिंहने अखबार मँगाना शुरू किया। पीछे अयूबखानके भेंट करनेवाले आ गये, जो हर तीसरे महीने सौ रुपये भेजने लगे। अयूब खाँने अपने गलफरेमें रुपया रखनेके लिये खोपड़ बना ली थी, जिसमें रुपये की जगह वह बारह-चौदह गिन्नियाँ थैलीमें डालकर रख लेते थे। अयूबखाँ बराबर घी, चीनी, फल-मिठाई बाहरसे मँगाया करते। एक बार ईद आई। उस दिन सवेरे ६ बजे एक भंगी बाहरसे पाखानेमें लथपथ पुराने कम्बलके टुकड़ेमें बंधी कोई चीज अयूबखाँके पास लाया। अयूब खाँ हँसकर बोले—"खोलो, खोलो।" भङ्गीने कम्बल खोल दिया। वहाँ एक टीनमें करीब दो सेर घी और थैलीमें दो सेर खाँड़ रक्खी थी। भङ्गी कम्बलका चिथड़ा उठा ले गया और अयूबखाँने उन चीजोंको बिस्तरेके नीचे छिपा दिया। शामको ईदका चाँद देखकर मुसलमानोंमें खुशीकी लहर दौड़ गई। सबने अपना रोजा तोड़ा। अयूब खाँने चन्द्रसिंहसे कहा—"चलो भाई, खाना खायें।" चंद्रसिंहने कहा—"मैंने इस वक्त तो रोटी खा ली है, कलके लिये रख छोड़ें।"

१६३१ में गाँधी-इर्विन समझौता हुआ, जिसके अनुसार जेलोंसे कांग्रेसी बन्दी मुक्त कर दिये गये। डेराइस्माइलखाँके जेलमें अब चंद्रसिंह और अयूबखाँके लोग रह गये। डेराइस्माइलखाँके डिप्टी-कमिश्नरने इसी समय जेलमें आकर सुपरिन्टेंडेंटसे कहा—"बदमाश कैदी चंद्रसिंह अगर रिहाई चाहता है, तो सरकारसे माफीकी दर्खास्त दे, मैं उसकी सिफारिश कर दूँगा।"

सुपरिन्टेंडेंटने स्वयं एक दर्खास्त चन्द्रसिंहको लिख आफिसमें बुलाकर कहा—“चन्द्रसिंह, मैं आपकी रिहाईकी कोशिश कर रहा हूं। आप इस दर्खास्त पर दस्तखत कर दीजिये।”

चंद्रसिंहने कहा—“इसमें आपने क्या लिखा है?”

सुपरिन्टेंडेंटने पढ़कर सुनाया, उसमें यही लिखा था, कि गांधी-इर्विन-समझौते के अनुसार सारे कांग्रेसी कैदी छोड़े गये हैं, मैं भी अहिंसक कैदी हूं। मैं आइन्दा ऐसा कसूर नहीं करूँगा, इसलिये मेरा कसूर माफ करके मुझे रिहा कर दिया जाय।”

चंद्रसिंहने पूछा—“आपको किसने कहा, कि मैं माफी माँगकर रिहा होना चाहता हूं?”

“डिप्टी-कमिश्नर कह गये हैं।”

“मैं आप और डिप्टी-कमिश्नर साहबके कहने पर ऐसी नीचता नहीं कर सकता। मैं सौ साल भी इस तरहकी रिहाई नहीं मानूँगा।”

कुछ दिनों बाद डिप्टी-कमिश्नर जेलमें देखने आया। फाटकके भीतर घुसते ही उन्होंने कहा—“मैं चन्द्रसिंहको देखना चाहता हूं। वह कहाँ है?”

चंद्रसिंहको लाये जाने पर उसने पूछा—“कैसे हो?”

“बहुत अच्छा हूं।”

“देखो, जवान, कैसी अच्छी पलटनका नाम तुमने बदनाम कराया। जब तक अंग्रेज रहेंगे, तब तक तुम्हारा नाम उनकी काली किताबमें रहेगा।”

चंद्रसिंहने जवाब दिया—“जनाब, अगर मेरा नाम अंग्रेजोंकी काली किताबमें रहेगा, तो वह हिन्दुस्तानियोंकी सुनहरी किताबमें भी रहेगा। साहब, हमारी पलटनने अंग्रेज सरकारके लिये इतनी लड़ाइयाँ लड़ीं, खूनका पसीना किया। इस सबका फल अंग्रेजोंने यह चाहा, कि हम पेशावरमें अपने भाइयोंपर गोली चलायें। कौन ऐसा अधम होगा, जो अपने ही भाइयोंपर गोली चलायेगा?”

डिप्टी-कमिश्नरने कहा, “क्या, अब भी उसी बात पर डटे हो?”

“क्या आप समझते हैं, कि जेलकी हथकड़ी-बेड़ियोंसे मैं डर गया हूं। याद रक्खें, मैं ही नहीं, कोई भी हिन्दुस्तानी ऐसा नहीं करेगा बल्कि आपके गोरे सिपाही भी हिन्दुस्तानका नमक खाकर ऐसा करना नहीं चाहेंगे। मैंने स्वयं काबुल छावनीमें गोरे सिपाहियोंको सरकारको गाली देते सुना है। हाँ, यदि जर्मनी या किसी दूसरे देशसे खतरा हो, तो मैं इसी हालतमें जर्मन तोपोंके सामने खड़ा होनेके लिये तैयार हूं।”

अंग्रेज डिप्टी-कमिश्नरको कोई जवाब नहीं सूझा। जब वह मुँह फेरकर चलने लगा, तो चन्द्रसिंहने पूछा—"आप यहाँ जेलमें किस हैसियत से आये हैं?"

"मैं डिप्टी-कमिश्नर हूँ।" जाते वक्त उसने फिर कहा—"जवान, अब भी तुम सरकारसे माफी माँगलो।"

चंद्रसिंहने कहा—"जनाब, अगर आप लोग मुझे बेकसूर समझते हैं, तो छोड़ दें। माफी माँगने के लिये तो मैं संसारमें पैदा नहीं हुआ।"

एक दिन डेराइस्माइलखाँके डिप्टी-कमिश्नर कुछ सवाल पूछनेके लिये चंद्रसिंहके पास जेलमें आये। चंद्रसिंहने उनसे पूछा—"क्या मैं यह जान सकता हूँ, कि आप किस बारेमें सवाल पूछना चाहते हैं?"

"मैं सिर्फ उन्हीं सवालोंको पूछना चाहता हूँ, जिन्हें युक्त-प्रदेशकी सरकारने पूछे हैं, और वह ये हैं—

१. "आप लोगोंने मिस्टर मुकुन्दीलाल बैरिस्टरको ही अपना वकील क्यों बनाया?"

उत्तर—"क्योंकि वह गढ़वाली थे। हमारी पलटनके इतिहासको जानते थे, और हमसे गढ़वाली भाषामें बातचीत कर सकते थे।"

२. "आप उन्हें पहलेसे भी जानते थे?"

उत्तर—"हाँ, वह हमारे जिलेके मशहूर आदमी हैं, और कौंसिलमें हमारे प्रतिनिधि हैं।"

३. "आपने उनको कितनी फीस दी?"

उत्तर—"सौ रुपया रोजके हिसाबसे १८०० रुपये उन्हें मिले होंगे।"

४. "आप लोगोंने यह रुपये अपने पाससे दिये या और कहींसे?"

उत्तर—"पलटनके सेविंग-बैंकमें हम लोगोंके अपने रुपये जमा थे।"

५. "आपको विश्वास है, कि मिस्टर मुकुन्दीलालने ईमानदारीसे काम किया?"

उत्तर—"हमने उनपर पूरा विश्वास किया है, और मैं यही कहूँगा, कि उन्होंने ईमानदारीसे काम किया।"

६. "क्या आपको विश्वास है, कि मुकुन्दीलाल सरकारसे नहीं मिल गये?"

उत्तर—"मैं अपने विश्वास पर अटल हूँ, बाकीके बारेमें मैं क्या कह सकता हूँ।"

बैरिस्टर साहबके खिलाफ इस तरहके सवाल क्यों पूछे गये, इसके बारेमें उन्हें पीछे मालूम हुआ, कि किसीने उनके खिलाफ पम्फ्लेट छपवाया था, जिसमें कहा गया था, कि श्री मुकुन्दीलालने गढ़वाली सैनिकोंके साथ धोखा दिया। पम्फ्लेटके लेखक र० स० पं० के खिलाफ अदालती कार्रवाई हुई, और र० स० पं० को डेढ़ सालकी कैद काटनी पड़ी।

उन्हीं दिनों पेशावर जिलेके ताकाल गाँवके अरबाब (ठाकुर) साहबके बेटे तथा डा० खाँ साहब अब्दुल गफूर खाँके पार्लियामेंटरी सेक्रेटरी अब्दुल गफूर खाँ उसी जेलमें रक्खे गये थे। खान अब्दुल गफूर, चेलाराम, चंद्रप्रकाश और चंद्रसिंह एकही बैरकमें रहते थे। खान अब्दुल गफूर ग्रेजुयेट थे। एक दिन कोहाटी और पेशावरी साधारण कैदियोंमें झगड़ा हो गया। पेशावरियोंने कारखानेसे निकलकर तनहाईमें बन्द सात कोहाटी कैदियोंको कतल कर दिया। इस झगड़ेमें ६० आदमी घायल हुये। कतलका मुकदमा चला, ६ पेशावरियोंको फाँसी दी गई, कइयोंको बीस-बीस सालकी सजा दी गई। सभी कैदियोंका रेमिशन (मियादकी छूट) जब्त कर लिया गया, तीन महीनेके लिए बेड़ियाँ पहनाई गईं। कितनोंको तीससे साठ तक बेंत मारे गये। अब्दुल गफूर खाँको भी तीस बेंत लगे, और पैरोंमें बेड़ी डालकर उन्हें हरिपुर जेलमें भेज दिया गया। इस तरहकी भयङ्कर लड़ाई चंद्रसिंहने कभी नहीं देखी थी।

उन दिनों जेलमें कैदियोंको बहुत सताया जाता था। अब्दुल गफूर और चन्द्रप्रकाश कोरेन्टीनके हातेमें रहते थे, चन्द्रसिंह अस्पतालमें बीमार पड़े थे। तीनों जनोंने कैदियोंको समझाया। एक दिन सुबह कैदी कारखाने जा रहे थे। एक हजार कैदियोंमें प्रत्येकको एक छटाँक गुड़ और दो छटाँक चना दिया जा रहा था। जेलर और जेलके वार्डर वहीं खड़े थे। अस्पताल पास ही में था। इसी समय अब्दुल गफूर ने खड़े होकर आवाज दी—"कोई चना-गुड़ न ले। आजसे सब लोग भूख-हड़ताल करें। किसी अफसरसे न लड़ें और न किसीके साथ गाली-गलौज करें। सब लोग अपना काम ठीक-ठीक करते जायँ, लेकिन जब तक आपकी तकलीफें दूर न कर दी जायँ, तब तक रोटी लेनेसे इन्कार कर दें।"

सबने चना लेनेसे इन्कार कर दिया। जेलके कर्मचारी मुँह ताकते रह गये। जेलरने हुक्म दिया, कि कारखाना मत खोलो, कैदियोंको बैरकोंमें बन्द कर दो। तीन दिन तक ऐसा ही रहा। चौथे दिन सुपरिन्टेंडेंट गारद लेकर भीतर आया। बेंत लगाने के लिये टिकटियाँ भी आ गईं। चन्द्रसिंहको अस्पतालसे बाहर लाने लगे। पठान कैदियोंने—"अल्ला हो अकबर" का नारा लगाते जोरसे कहना शुरू किया—"खबरदार, अगर चन्द्रसिंहके ऊपर किसीने जरा सा हाथ छोड़ा, तो अच्छा न होगा।"

यह कहते वह जँगलेके छड़ोंको तोड़नेके लिये हिलाने लगे। उसी वक्त गारदको वापस भेज दिया गया। चंद्रसिंह और अब्दुल गफ़ूर खाँको बाहर निकाला गया। समझौता हुआ। तीनों नेताओंको सारे जेलमें घुमाया गया। उन्होंने कैदियोंसे कहा, कि तुम्हारी माँगें मान ली गईं, अब रोटी खाओ। कैदियोंकी माँगें निम्न थीं—

१. जिन कैदियोंकी तिहाई मियाद रह गई है, उन्हें रेमिशन देकर रिहा कर दिया जाय।

२. सालमें कमसे कम तीन महीना रेमिशन मिलना चाहिये।
३. रोटी खराब मिलती है, वह अच्छी होनी चाहिये।
४. खराब तरकारी नहीं मिलनी चाहिये।
५. कपड़ा धोनेके लिये गरम पानी मिलना चाहिये।
६. अस्पतालमें दवाई नहीं मिलती, इसका इन्तजाम होना चाहिये।
७. कम्पाउंडर खराब है, उसे हटाया जाय।
८. गोदामबाबूकी बदली की जाय।
९. कैदियोंकी मार-पीट न की जाय।
१०. कैदियोंसे रिश्वत न ली जाय।
११. बिना कारण कैदियोंकी तलाशी न ली जाय।
१२. कैदियोंको गाली देना बन्द किया जाय।
१३. कैदियोंको दावत दी जाय।
१४. सब बैरकोंमें पानीके नलके लगाये जायँ।
१५. भाप देनेकी मशीन ठीक की जाय, जिसमें जूँयें पड़े कपड़ोंको भापमें डाला जा सके।

बाहरसे आकर एक कमेटीने शिकायतोंकी जाँच की थी, और कैदियोंकी माँगें मंजूर की गईं।

इस संघर्षके बाद राजनैतिक कैदियोंको डेराइस्माइलखाँके जेलसे हटाकर दूसरे जेलोंमें भेज दिया गया, और चंद्रसिंहको जेलमें बन्द कर दिया गया, क्योंकि वही इस संघर्षके मुख्य अगुवा माने गये, आखिर वह वही चन्द्रसिंह थे, जिन्होंने अपनी बटालियनके आठ सौ जवानोंके दिलोंमें आग लगा दी थी। बन्दियोंके ऊपर होते अत्याचारको देखते वह चुप रह सकते थे। उन्होंने अपने साथियोंसे मिलकर जो संगठन किया था, वह सफल रहा। चाहे तीन साल तक उन्हें डेराइस्माइलखाँके जेलमें बन्द रहना पड़ा, तो उसकी उन्हें कोई चिन्ता नहीं थी।

सेलके भीतर सूर्यका प्रकाश नहीं पड़ता था। दो साल बाद तन्दुरुस्तीके खराब होनेके डरसे उन्हें सिर्फ बरामदेमें टहलनेके लिये निकाला जाता। १८ सेर गेहूँ रोज पीसनेके लिये मिलता।

एक दिन जेलरके साथ इब्राहीम खाँ बैरिस्टर जेल देखनेके लिए आये। उन्होंने आटा हाथमें लेकर देखते हुये कहा—"अच्छा, बहुत महीन पीसा है।"

सुपरिन्टेंडेंटने उनके कहने पर चन्द्रसिंहकी मशक्कत बदल दी, और उन्हें सूत खोलनेका काम मिला।

पाँच-छ साल सूबा सरहदमें रहते हो गया था। गढ़वालसे किसीके आनेमें बहुत मुश्किल थी, इसलिए चन्द्रसिंहने अपनेको युक्त-प्रदेशके किसी जेलमें भेजनेके लिए दर्खास्त दी। सरकारने उसे नामंजूर कर दिया। चन्द्रसिंहकी पत्नी भागीरथी देवी ने भी सरहदकी सरकारके पास दर्खास्त दी। सरहदके बड़े-बड़े लोगोंने सिफारिश की, कि चन्द्रसिंहको युक्त-प्रदेशमें भेज दिया जाय। टोंकके नवाब, डेराइस्माइलखाँके नवाब, सूबा सरहदके एडवोकेट-जेनरल श्री नारायणसिंहने चन्द्रसिंहके बारेमें सरकारको लिखा। इतने प्रभावशाली लोगोंकी बातोंको इन्कार करना मुश्किल था, इसलिये सरहदकी सरकारने हुकुम दिया, कि यदि कैदीका चालचलन अच्छा रहे, तो एक सालके बाद उसे उसकी स्त्रीकी दर्खास्तके अनुसार युक्त-प्रदेशमें भेज दिया जाय।

डेराइस्माइलखाँमें पठानोंके साथ रहते चंद्रसिंहको कोई तकलीफ नहीं थी। वह अब उन्हें अपना भाई समझते थे, और हर तरहसे मदद करनेके लिये तैयार रहते थे। साथ रहते-रहते अब वह कुछ पश्तो भी बोलने लगे थे। पहननेके लिये चप्पल, कपड़ा धोनेका साबुन, नहानेका साबुन, और और भी जिस चीजकी जरूरत पड़ती, पठान उन्हें दिया करते। वह हर तरह उनके साथ अपना स्नेह प्रकट करना चाहते थे। एक दिन एक कोहाटी कैदीने बात करते-करते कहा—"भाई चंद्रसिंह, आप मोटे-तगड़े तो खूब हो, मगर पैर बड़े छोटे-छोटे हैं। जरा जमीनपर अपने पैरका निशान बना दो तो।" उसने जमीनपर अपने पैरका निशान बना दिया, जिसके पास चंद्रसिंहने भी अपने पैरका निशान बना दिया। उसने अपनी अँगुलियोंसे चंद्रसिंहके पैरके निशानको नाप लिया। इसके बारहवें दिन चंद्रसिंहके नाम एक जोड़ा चप्पल, नहानेके साबुनकी चार टिकियोंका पार्सल आया। उनको बड़ा आश्चर्य हुआ। कोहाटमें उनका कौन ऐसा दोस्त था, जिसने यह पार्सल भेजा। पीछे मालूम हुआ, कि उसी कोहाटी पठान भाईने इसे भेजा था।

सूबा सरहदमें वह अपना दूसरा घर बना चुके थे लेकिन अपने घरवालोंका भी उन्हें ख्याल रखना था। बीबी-बच्चे और सम्बन्धी मिलनेकी बड़ी इच्छा रखते थे, इसलिये वह अपने प्रदेशमें आना चाहते थे।

अध्याय १८

बरेली जेलमें (१६३६-३७ ई०)

आखिर छ साल बाद वह दिन भी आया, उन्हें अपने प्रदेशमें आनेका मौका मिला। २० अप्रैल १६३६ को उनका चालान डेराइस्माइलखाँसे बरेलीके लिये किया गया। जेल-अधिकारियोंने इसकी जरा भी खबर पहलेसे नहीं दी, और एकाएक उस दिन जमादार उन्हें लेनेके लिये आया। चंद्रसिंहने जमादारसे कहा—"जमादारजी, मैं छ सालसे इस जेलमें रह रहा हूँ। यहाँ मेरे बहुत से मित्र हैं। जानेसे पहले मैं उनसे मिलना चाहता हूँ।"

जमादारने कहा—"भाई आप जेलर साहबके सामने चलिये। वही आपको ऐसा करनेकी इजाजत देंगे।" सेलोंमें जितने मित्र थे, उनसे मिलकर चंद्रसिंह आफिस में पहुँचे। वहाँ पुलिस तैयार थी। उन्हें इस बातका बड़ा अफसोस हुआ, कि चलते समय अपने पठान बन्धुओंसे मिल नहीं सके लेकिन, क्या करते ! जेलरने पुलिसके हवाले किया। जेलके फाटककी खिड़की खुली, और हथकड़ियों-बेड़ियोंसे जकड़े वह तीन पुलिसके सिपाहियोंके बीचमें वहाँसे चल पड़े।

सरहदकी सीमापर बहती सिन्ध नदी के पुलसे उनकी ट्रेन गुजरी। फिर वह पंजाबमें दौड़ने लगी। अम्बालाके बाद जमुना फिर गंगाको पार हो २२ अप्रैलकी शामको वह बरेली सेन्ट्रल जेलके फाटकपर पहुँच गये। जेलमें पहुँचते ही मालूम हुआ, कि उनके अभिन्न हृदय मित्र नारायणसिंह गोसाई यहीं मौजूद हैं। जेलरको मालूम था, कि नारायणसिंह इनके गहरे दोस्त हैं। तो भी उसने दूसरी बैरकमें रखना चाहा। बड़ी कहा-सुनीके बाद नारायणसिंहवाली बैरकमें उन्हें भेजना स्वीकार किया। असहयोग और सत्याग्रहने युक्त-प्रदेश और बिहारके जेलोंकी कड़ाईको बहुत कम कर दिया था। जब नारायणसिंहको मालूम हुआ, कि चंद्रसिंह आ रहे हैं, तो उन्होंने भी चंद्रसिंहको अपने बैरकमें भेजनेके लिये बड़ी कोशिश की। दोनों भाई छ साल बाद मिले। आज उन्हें बहुत खुशी थी। छ सालके जीवनके सुख-दुःखको एक दूसरेको सुनाना था।

नारायणसिंह सारे बैरकमें बहुत सज्जन माने जाते थे। वह सज्जन थे ही। दूसरे दिन कपड़ा गोदाममें चन्द्रसिंहको ले गये। लाल टोपी और लाल धारीवाली फतुही

खतरनाक कैदियोंका जेलका बाना है। उसे पहनकर वह हनुमानजी बन गये। नीचे घुटने तक जाँघिया थी, जिसमें एक पुरानी थी। चन्द्रसिंहने पुरानी लेनेसे इन्कार कर दिया। गोदामके बाबूने जैलरके पास ले जाकर खड़ा कर दिया। जेलरने रोब दिखाना चाहा! इसपर चन्द्रसिंहने कहा—"धौंस दिखानेसे काम नहीं चलेगा। मैं ऐसा कैदी नहीं हूँ, जिसके साथ आप मनमानी कर सकें। मुझे कल सुपरिन्टेन्डेंटके सामने पेश कर दीजियेगा, मैं निपट लूँगा।"

जेलरने कुछ सोचा और फिर कहा—"इन्हें यहाँसे ले जाओ।" गोदाममें ले जानेपर चन्द्रसिंह सरहदसे लाये अपने कपड़ोंको पहनने लगे। बाबूने कहा—"यहाँ आप इन कपड़ोंको नहीं पहन सकते।"

चन्द्रसिंहने कहा—"मैं पहनूँगा, जो मर्जी हो कर लो।"

पुराने कपड़े पहनकर गोदामसे बाहर निकलने लगे। आखिर बाबूने झख मारकर नये कपड़े दिये। इसी वक्त उनके पैरोंकी बेड़ियाँ काटी गईं। इसके बाद सुपरिन्टेन्डेंट के पास उन्हें पहुँचाया गया। सुपरिन्टेन्डेंटने पूछा—"क्या आप उन गढ़वालियोंमेंसे हैं, जिन्होंने पेशावरमें गोली चलानेसे इन्कार कर दिया था।"

—"जी हाँ।"

सोमवारको जेलके कैदियोंकी परेड थी। चन्द्रसिंह और नारायणसिंह पास ही पास खड़े थे। साहबने चन्द्रसिंहको पहचान कर कहा—"चन्द्रसिंह, आप अच्छे तो हैं!"

जेलरने याद दिलाया—"ये नारायणसिंह भी तो चन्द्रसिंहके साथी हैं।"

नई राजनैतिक चेतना—उस समय बरेली जेलमें कामरेड यशपाल और कामरेड रमेशचन्द्र गुप्त बी० क्लासके कैदी थे। बंगाल रेगुलेशन ३ के-द्वारा नजरबन्द श्री रक्षितराय, श्री बी० दास और अजमेरके कामरेड ज्वालाप्रसाद शर्मा भी रहते थे। कुछ दिनोंके बाद कामरेड यशपाल और कामरेड रमेशचन्द्र नैनीताल भेज दिये गये। चन्द्रसिंहके डेराइस्माइलखाँसे इस जेलमें आने की बात सुन कर बंगाली नौजवान उनसे मिलनेके लिये उत्सुक हो गये लेकिन, उनके पास किसी कैदीके जानेकी सख्त मनाही थी। चन्द्रसिंह भी नहीं जा सकते थे। उन्होंने सुपरिन्टेंडेंटसे मुलाकात करनेके बारेमें कहा, तो उसने जवाब दिया—"अगर चन्द्रसिंह नम्बरदार बन जायँ, तो वह आपके पास आ सकते हैं, लेकिन वह नम्बरदारी लेनेसे इन्कार करते हैं। अच्छा मैं कोशिश करूँगा।"

एक दिन साहबने जेलरसे कहा—"अच्छा, इन दोनोंको दफ्तरमें मेरे पास लाओ।"

दोनोंके दफ्तरमें जानेपर साहबने कहा—"मैं आप दोनोंको नम्बरदार बनाता हूँ। अब आप जेलमें आजादीसे रह सकेंगे।"

दोनों इन्कार करते रहे, लेकिन सुपरिन्टेंडेंटने एक न सुनी। एक सप्ताह तक वह कैदियोंकी स्कूल-मास्टरी करते रहे, फिर गोदाममें गल्ला भरनेका काम देने लगे। इन्कार करनेपर दोनोंको साहबके सामने पेश किया गया। उसने समझाते हुये कहा—"आपको मैंने इसलिये गल्ला भरनेके कामपर लगाया है, कि ठेकेदार लोग खराब राशन न देने पावें, और ठेकेदारोंसे मिलकर जेलके कर्मचारी कैदियोंका राशन न खा जायें। मुझे विश्वास है, आपके हाथमें रहनेसे कैदियोंको अच्छा राशन मिलेगा।"

साथ ही राजनीतिक बंदियों से मिलने का भी लोभ हुआ। वह भला कैसे इन्कार कर सकते थे! जेलमें साल भरके लिये गेहूँ, चना, दाल, सरसों, चावल, आदि सब तरहका राशन लेकर खत्तियोंमें भर लिया जाता था। गल्लेके लानेका ठेका बाहर के ठेकेदारोंको मिलता था। जेलरका काम होता, जब ठेकेदार गाड़ियोंमें ढाई-ढाई मनकी बोरियाँ भरकर लावे, तो उन्हें अन्दर ले ले। गोदामका इन्चार्ज जेलर इन बोरियोंको एक-एक करके अपने सामने तुलवाता है और साहबके देखनेके लिये मुँह खोलकर बोरियोंको तैयार रखता है। सुपरिन्टेंडेंट गल्लेको देखकर जब पास कर देता है, तो उसे खत्तियोंमें भरा जाता। इसी समय मौका निकालकर जेलके कर्मचारी ठेकेदारोंसे रुपया ले खराब गल्ला भर देते। मन पीछे एक सेर कूड़ा-गर्दा ठेकेदारको माफ था।

राशनका भार सँभालते ही चंद्रसिंह और नारायणसिंहने अपने हाथों बोरियाँ तौलना, उनकी छानबीन करना, अच्छा-बुरा गल्ला देखना शुरू किया। ठेकेदार कितनी बोरियाँ और कितने मन गल्ला ले आया, कितना उससे लेना है, इसका हिसाब रखना भी उन्हींके जिम्मे था। उनकी इस तनदेहीसे जेल-कर्मचारियों और ठेकेदारका नुकसान होने लगा। वह उन्हें दुश्मन समझने लगे। दोनोंने गेहूँकी चार-चार सौ बोरियोंको घुना-सड़ा दिखलाकर वापस कर दिया। जेलर कह रहा था—"गेहूँ अच्छे हैं, खराब नहीं हैं।" चंद्रसिंह कह रहे थे—"घुने, पुराने और सड़े हैं।" अब ठेकेदार जेल-कर्मचारियोंको क्यों रिश्वत देने लगा। उसने सौ रुपयेके नोट चंद्रसिंहको थमाना चाहा। उन्होंने उसे लेनेसे ही इन्कार नहीं किया, बल्कि इसकी रिपोर्ट सुपरिन्टेंडेंटको दे दी। एक तरफ सारे जेल-कर्मचारी थे और दूसरी तरफ ये दो ईमानदार कैदी। कर्मचारियोंने गुण्डे कैदियोंको बहकाकर उनके ऊपर दो बार हमला करवाया। लेकिन, वह अपनी आनपर डटे रहे।

राशनके लेनेका काम खतम हो चुका था, इसी समय युक्त-प्रदेशके गवर्नरके जेलमें आनेकी खबर मिली। सुपरिन्टेंडेंटने कहा—"चंद्रसिंह, नारायणसिंह, आप दोनों हमारे लिये एक जरूरी काम करें। इस जेलमें गवर्नर साहब आनेवाले हैं। मेरी इच्छा है, कि उन्हें यहाँ कैदियोंकी परेड, खेल-तमाशा दिखाया जाय, जिसे देखकर बरेली जेलको सारे युक्त-प्रदेशमें नमूना माना जाय। कैदियोंको भी तन्दुरुस्त रह हँसी-खुशीसे कैद काटनेका मौका मिल जायगा।"

दोनोंने सुपरिन्टेंडेंटकी बात मंजूर की। उन्होंने २४ कैदी चुन लिये और तीन महीनेमें उन्हें कवायद, शारीरिक व्यायाम, खेल-कूद आदि सिखलाकर बिल्कुल फौजी सिपाहियों जैसा बना दिया। जेलोंके इन्सपेक्टर-जेनरलने उनकी परेडको देखा, तो वह बहुत खुश हुये। चंद्रसिंह और नारायणसिंहकी मियादमें दो महीनेका रेमिशन दिया और कैदियोंको भी दो-दो महीनेका। सुपरिन्टेंडेंटने अपने कैदियोंमें दो-दो छटाँक गुड़ बाँटा। इसके बाद सर महाराजसिंह आये वह भी बहुत खुश होकर दोनों मित्रोंके बारेमें सिफारिश कर गये। इसके बाद बरेली डिवीजनके कमांडरने परेड देखी। दोनों के जेल-टिकटपर रिहाईकी सिफारिश करते उसने लिखा, कि मेरे ख्यालसे इनके सिखलाये हुये कैदी नहीं, बल्कि फौजी सिपाही हैं। यू० पी० की दूसरी जेलोंमें भी कैदियोंको इसी तरह सिखलाया जाना चाहिये।

राजनीतिक नजरबंद चंद्रसिंहका बहुत सम्मान करते थे। वह उनके पास बराबर आने-जाने लगे। फिर उन्हें वहीं उन्हींके साथ रख भी दिया गया। चंद्रसिंहने देखा, कि इतने शिक्षित और सम्भ्रान्त तरुण देश, भाषा, प्रदेश किसी प्रकारका भेद-भाव न रखकर उनसे मित्रतापूर्वक मिलते हैं, और केवल सम्मान ही नहीं करते, बल्कि इस बातकी कोशिश करते हैं, कि मेरी जानकारी बढ़े। उन्होंने पहले सवाल-जवाब करके उनके ज्ञानको बढ़ाया। खासकर कामरेड ज्वालाप्रसादने उनके दिमागमें अब भी मौजूद ईश्वर और धर्मके ख्यालको हटाया, और वह भौतिकवादकी तरफ झुके। उन्होंने यह भी समझाया, कि मानव-समाज ऐसा ही पहलेसे नहीं चला आया, बल्कि उसका आरम्भ बहुत क्षीण रूपमें हुआ, बढ़ते-बढ़ते वह आजके स्थानमें पहुँचा। अपने इस तीन महीनेके सम्पर्कसे चंद्रसिंहने बहुत लाभ उठाया। इसके बाद रक्षित और दासको बंगाल सरकारने बुला लिया, और कामरेड ज्वालाप्रसादको बरेली जेलमें दूसरी जगह भेज दिया गया। तीनों तरुणोंने दस-दस रुपया करके तीस रुपया चंद्रसिंह और नारायणसिंहके नाम जमा करा दिया। दोनोंको बी० क्लास मिलने पर उन रुपयोंसे उन्होंने अपने लिये चीजें खरीदीं। बंगाली नजरबंदोंके चले जानेपर चंद्रसिंह और नारायणसिंहको फिर उनके बैरकमें भेज दिया गया। दोनों कैदियोंको परेड सिखाया करते थे। वह चाहे कहीं रहते, लेकिन सबेरे एक घंटा परेड करानेके लिये सर्किल (चक्कर) में आ

अपनी ड्यूटी करके लौट जाते। जेलके कर्मचारी उन्हें पसन्द नहीं करते थे। यह बतला ही चुके हैं, कि राशनके मामलेमें वह किस तरह इन दोनोंसे चिढ़ गये थे। वह कैदियोंको बर्गलाया करते थे—"परेड करके तुमको क्या फायदा होगा, जो लड़ाई हुई, तो वहाँ ले जाकर मरवा दिया जायगा। जेलकी खुराक इतनी कम है, कि परेड और कसरतसे तुम कमजोर हो जाओगे।" इसी समय पता लगा, कि जेलोंके इन्सपेक्टर-जेनरल आनेवाले हैं। सुपरिटेंडेंटने चंद्रसिंहको परेड सिखलाकर कुछ कैदियोंको तैयार करनेके लिये कहा। चंद्रसिंहने तब जेलरोंकी हरकतोंके बारेमें बतलाया। मुख्य जेलर वहाँ पासमें खड़ा था। उससे नहीं रहा गया और बोल उठा—"चुप रहो, तुम झूठ बोल रहे हो।"

इसपर चंद्रसिंहने कहा—"मैं तब तक परेड नहीं कराऊँगा, जब तक कि मुख्य-जेलर साहब परेड करते कैदियोंको देखने नहीं आयेंगे।"

जेलरने कहा—"तुम कैदीकी तरह काम करो। जैसा हुकुम दिया जाता है, तुम्हें वैसा करना होगा।"

चंद्रसिंहने कहा—"मैं कैदी जरूर हूँ, लेकिन परेड करानेके लिये जेल नहीं आया। लो, आजसे मैं बिल्कुल परेड नहीं कराऊँगा। जो करना हो सो कर लो।"

दूसरे दिन चंद्रसिंह परेडपर नहीं गये। वहाँ नियुक्त जेलरने चंद्रसिंहकी गैरहाजिर होनेकी रिपोर्ट दी। मुख्य जेलर टिकटपर लिखकर चंद्रसिंहको सुपरिन्टेंडेंटके सामने पेश करके कहने लगा—"इसने फौजमें भी हुकुम-अदूली की थी, और यहाँ भी हर वक्त मुँहफट जवाब देता रहता है।"

सुपरिन्टेंडेंटने चंद्रसिंहसे पूछा—"क्यों जी, परेडपर क्यों नहीं गये?"

चंद्रसिंहने जवाब दिया—"मैं परेड करानेके लिये जेल नहीं आया हूँ।"

सुपरिन्टेंडेंटने कहा—"अच्छा, तुम्हारी नम्बरदारी तोड़ी जाती है, और चक्कीमें तीस सेर अनाज पीसनेको दिया जायगा।"

चंद्रसिंहने काम करनेसे इन्कार कर दिया और एक दर्खास्त लिखकर सुपरिन्टेंडेंटको दे दी, कि यदि इसपर गौर नहीं किया जायगा, तो मैं दूसरी कार्रवाई करूँगा। फिर सूचनानुसार भूख-हड़ताल भी शुरू कर दी।

उसी दिन एक कांग्रेसी स्वयं-सेवक बरेली जेलसे छूटकर गढ़वाल गया। उसने किसी कांग्रेसी नेताको चंद्रसिंहकी भूख-हड़तालके बारेमें कह दिया, जिसने यह बात भी रामकृष्ण जमीको लखनऊ लिख भेजा। रामकृष्णजी राजनीतिक बन्दियोंके निरीक्षण-कमेटीके सदस्य थे। उन्होंने यह खबर अखबारोंमें छपवा दी, और बरेलीमें सेठ

दामोदरस्वरूपको भी लिख दिया। सेठजीने सुपरिन्टेंडेंटसे इसके बारेमें पूछा, तो उसने लिख दिया, कि यह खबर गलत है, चन्द्रसिंह बिल्कुल अच्छी तरह है। अब बात ऊपर चली गई थी, इसलिये सुपरिन्टेंडेंटने चन्द्रसिंहको खुशामद करके उन्हें फिर नम्बरदार बना दिया। यही नहीं, रोज आधे सेर दूध लिख कर महीने भरके लिये अस्पताल भी भेज दिया।

कांग्रेसी सरकार—सन् १९३५ के नये भारतीय विधानके अनुसार १९३६ में सारे देशमें विधान सभाओंके नये चुनाव हुये, जिसमें कांग्रेसने भाग लिया, और बारह प्रदेशोंमेंसे सातमें कांग्रेसकी जीत हुई। युक्त-प्रदेशमें तो २२८ मेंसे १४१ जगहें कांग्रेसको मिलीं। चुनावके परिणामकी खबरें और उसमें कांग्रेसकी सफलताकी बातें जैसे-जैसे अखबारोंमें आती थीं, वैसे-वैसे चन्द्रसिंह और नारायणसिंह खुशीके मारे फूले नहीं समाते थे। वह समझते थे, कि कांग्रेसी सरकार हमारी रिहाई अवश्य कर देगी, क्योंकि कांग्रेसने राजनीतिक बन्दियोंके छोड़नेकी घोषणा की थी।

कांग्रेसका यद्यपि युक्त-प्रदेशकी विधान-सभामें बहुमत था, लेकिन वह अंग्रेज नौकरशाहीकी शर्तपर मन्त्रिमण्डल बनानेके लिये तैयार नहीं थी। जब तक कांग्रेसकी शर्तोंको माना न गया, तब तक नवाब-छतारीके प्रधान-मन्त्रित्वमें तीन महीनेके लिये अन्तरिम सरकार कायम हुई। चन्द्रसिंहको इस सरकारसे क्या आशा हो सकती थी लेकिन अन्तरिम सरकारने भी जेलके कैदियोंको कुछ सुभीते दिये। पहले दो छटाँक भुने चने दिये जाते थे, अब कभी वह छौंककर और कभी उबालकर भी दिये जाते। चनेके बदले नाश्तेमें कभी-कभी दलिया भी मिल जाती। ऊपरका रुख देखकर जेलके अधिकारी भी कैदियोंके साथ कुछ नर्मीका बर्ताव करने लगे।

अंतमें कांग्रेसने अपना मंत्रिमंडल बनाया पर वीर गढ़वालियोंको पन्तकी सरकार भूल गई। पन्तजीने स्वयं डेराइस्माइलखाँकी जेलमें चिट्ठी भिजवाकर चन्द्रसिंह की भूख- हड़तालको तुड़वाया था। जो राजनीतिक कैदी अपनी मियाद पूरी करके छूट गये थे, वह जेलमें पड़े अपने साथियोंको छुड़ानेके लिये मन्त्रियोंके पास दौड़ने लगे। बहुत मुश्किलसे काकोरी-षड्यन्त्रके कैदियोंको छोड़ा गया। लोग कई दिनों तक जेलके फाटकोंकी ओर टकटकी लगाये देखते रहे, कि दूसरे राजनैतिक कैदी भी अब छूटेंगे। पर मन्त्रियोंने बहाना बनाया, कि काकोरी-षड्यन्त्रवाले कैदियों ने छूटकर हिंसात्मक व्याख्यान दिया है, इसलिये बाकी कैदियोंको छोड़ना मुश्किल है। कांग्रेसी मन्त्रिमन्डलका यह रुख देख बहुत निराशा हुई। बरेली जेलके निरीक्षकोंमें ठाकुर पृथ्वीसिंह चौहान (बरेली) और पं० बद्रीदत्त पन्त पांडे (अलमोड़ा) जैसे कांग्रेसी भी थे। वह जेल देखने आये। सुपरिंटेंडेंटसे जब चन्द्रसिंहके यहाँ होनेकी बात सुनी, तो उन्होंने उनसे मिलनेके लिए चन्द्रसिंहको आफिसमें बुलाया। चन्द्रसिंहके शरीरपर

कैदियोंकी पीली वर्दी थी जिसे देखकर बद्रीदत्तजी बहुत खुश हुये, और उन्होंने कहा—"हमें बड़ी खुशी है, कि आपको बी० क्लास दे दिया गया।"

चन्द्रसिंहने हँसते हुये कहा—"यह बी० क्लास नहीं है, बल्कि नम्बरदारीकी वर्दी है।"

खैर, उन्होंने सरकारसे सिफारिश की, और दस-बारह दिनके भीतर चन्द्रसिंह और नारायणसिंह दोनोंको बी० क्लास मिल गया। बी० क्लासमें खाने-पीने, कपड़े-लत्ते आदिके बहुत से सुभीते जरूर थे, लेकिन आम कैदियोंसे अलग रहना अच्छा नहीं लगता था। अब उनको कैदियोंमेंसे एक रसोइया और दो खिदमतगार मिले थे। चारपाई, बिस्तर, कपड़ा अथवा भोजन आदिकी चीजें अपनी इच्छाके अनुसार एक खास दामके भीतर वह मँगा सकते थे।

दोनों मित्र साथ रहते अच्छी तरहसे समय बिता रहे थे। इसी समय दो महीने बाद अचानक एक दिन नारायणसिंहकी रिहाईका हुकुम आया। केन्द्रीय विधान सभामें सवाल पूछनेपर सरकारकी ओरसे जवाब दिया गया था, कि चन्द्रसिंहको छोड़-कर पेशावर-कांडके बाकी कैदियोंकी आधी सजा कम कर दी जायगी। चन्द्रसिंहको आजन्म कालापानी अर्थात् बीस सालकी सजा थी। उनके साथ सरकार कोई भी रियायत करनेके लिए तैयार नहीं थी, क्योंकि वह जानती थी, कि पेशावर कांडका दिमाग यही आदमी था। नारायणसिंहकी सजा २५ सालकी थी, और साढ़े सात साल काट चुके थे, इसलिये उनको छोड़नेके लिये सरकार तैयार थी लेकिन, उन्हें बरेली जेलमें न छोड़कर अपने जिलेके पौड़ी जेलमें इसके लिये भेजा गया। बेड़ी-हथकड़ी पहना कर पुलिसके तीन सिपाही उन्हें बरेली जेलसे ले चले। दुगड्डामें पहुँचे। जनताको मालूम हुआ, कि हमारे गढ़वाली वीरोंका एक मुखिया आ रहा है। वह भारी संख्यामें जमा हो गई। हथकड़ी-बेड़ियोंको देखकर उसको गुस्सा आया, और उसने उसे तोड़ दिया। बिना हथकड़ी-बेड़ीके एक बड़ा जलूस निकाला गया। वहाँसे पुलिस आगे भी बिना हथकड़ी-बेड़ीके ही उन्हें ले गई। दुगड्डामें किसी अंग्रेजने यह दृश्य देख लिया। अंग्रेजोंका राज्य अभी हिन्दुस्तानसे गया नहीं था, और यह गुस्ताखी ! अंग्रेज इसे बर्दाश्त करनेके लिये कैसे तैयार होता ! उसने ऊपरके अधिकारियोंको लिखा। साथ ले जानेवाला पुलिस हेड-कांसटेबल बर्खास्त कर दिया गया यह खबर बरेली जेलमें चन्द्रसिंहको मिली। कुछ समय बाद पं० जवाहरलाल नेहरू उनसे मिलने आये। चन्द्रसिंहने यह बात उनसे कही, और उन्होंने पन्तजीको लिखा। हेड-कान्सटेबलको फिर अपनी जगहपर बहाल कर दिया गया।

नारायणसिंह हवलदार अपने कार्यमें दक्ष थे। पलटनमें रहते तो आज तक सूबेदार हो गये होते। वह अनपढ़ नहीं थे, और दुनिया-जहानका कुछ ज्ञान भी रखते

थे। जेलसे छूटनेके बाद अब उन्हें घरपर बेकार रहना था। नेहरूजीको उनका पता था। फैजपुरमें कांग्रेस होनेवाली थी। नेहरूजीने उसके ख्यालसे नारायणसिंहको बुलाया और छूटनेके बाद एक ही सप्ताह घरमें रहकर वह उनके पास कानपुर पहुँच गये, वहाँसे नेहरूजीने उन्हें फैजपुरमें भेज दिया। उन्होंने सरदार वल्लभभाई पटेलको परिचय-पत्र लिख दिया, और यह भी कि इनके साथ अच्छा व्यवहार किया जाय, तथा स्वयं-सेवकोंके कप्तानका कोई काम दिया जाय। नारायणसिंह वहाँ गये। कांग्रेसके प्रबन्धक शायद जानते होंगे कि यह पेशावरकाण्डके वीर गढ़वाली हैं लेकिन, उन्हें वह सिपाहीसे अधिक मान देनेके लिये तैयार नहीं थे। उन्हें कांग्रेसके फाटकपर रख दिया गया। नारायणसिंहके बारेमें हम देख चुके हैं, कि वह बड़े शान्त और संत प्रकृतिके आदमी थे। उनमें दिखावा नहीं है और जल्दी झुँझलाना भी उनको नहीं आता। द्वारपालके तौरपर मामूली स्वयं-सेवक रहनेका उन्होंने कोई विरोध नहीं किया, और चुपचाप अपनी ड्यूटीपर लग गये। उनको इससे संतोष था, कि देशके बड़े-बड़े नेताओंके दर्शन करनेका मौका मिल रहा है। कांग्रेसका अधिवेशन बड़ा शानदार हुआ। देशके बड़े-बड़े सूबोंमें कांग्रेसी सरकारें थीं, सब जगह एक अद्भुत उत्साह था। सभी प्रादेशिक महामंत्री और मंत्री आये हुये थे।

अधिवेशनकी चहल-पहल समाप्त हुई। लोग अपने-अपने घरोंको लौट गये जिन्होंने नारायणसिंहको द्वारपाल नियुक्त किया था, शायद वह भी फैजपुरसे रवाना हो गये, किसीको ख्याल नहीं रहा। नारायणसिंह सूने पंडालके द्वारका अब भी पालन कर रहे थे। वह फौजी अनुशासनके अभ्यस्त थे। सैनिकको जहाँ ड्यूटी दे दी जाय, उसे वहाँसे तब तक हटना नहीं चाहिये, जब तक कि हटनेका आदेश न हो लेकिन, यहाँ तो कोई आदेश देनेवाला ही नहीं था। अगर वह शान्त प्रकृतिके होते, तो उनकी दिमागी हलचल रास्ता जल्दी बता देती। वह इस स्थितिमें थे, कि उसी समय कम्युनिस्ट पार्टीके तत्कालीन महामंत्री पूरनचंद्र जोशीको पता लगा। वह उनसे सारी बातें जानकर अपने साथ बम्बई ले गये। फिर जोशीने किरायेके लिये पैसा दिया, जिससे वह घर लौट सकें।

बरेली जेलमें नारायणसिंहके छूटनेके कुछ समय बाद साथी यशपाल फिर लौटकर आ गये। वह चंद्रसिंहके पड़ोसमें ही रहते थे। इसी समय प्रकाशवतीजीसे यशपालकी शादी (सिविल-मैरिज) जेल हीमें हो गई।

कालापानीमें अब भारी संख्यामें बंदी रहते थे। उन्होंने माँग की, कि हमें देश लौटाकर छोड़ दिया जाय। माँगके न पूरा होनेपर उन्होंने भूख-हड़तालकी नोटिस दे रक्खी थी। देवली कैम्पमें भी बहुत से नजरबंद राजबंदी थे। उन्होंने भी न छोड़नेपर अनशनकी सूचना दी। सारे देशमें अपनी-अपनी जेलोंमें

राजबंदी इन माँगोंके लिये भूख-हड़ताल करनेवाले थे। गांधीजीने केंद्रीय सरकारसे राजबंदियोंके छोड़नेके लिये लिखा-पढ़ी शुरूकी। उनके बीचमें पड़नेपर भूख-हड़ताल रुक गई। राजबंदियोंको पुस्तक-पत्र लिखने-पढ़नेके सुभीते मिले। युक्त-प्रदेश सरकार सभी राजबंदियोंको बी० क्लास दे नैनीमें रखनेक। निश्चय किया।

जिस समय ये बातें ही रही थीं, उसी समय चन्द्रसिंहकी बरेली जेलके असिस्टेंट सुपरिन्टेन्डेंट गार्डनसे कशमकश चल रही थी। गार्डन पूरा खाऊसल था, जेलकी हरेक चीजपर हाथ साफ करना चाहता था, जिसका मतलब था कैदियोंका पेट कटे। चंद्रसिंह इसे बर्दाश्त करनेके लिये तैयार नहीं थे। जेलके सुपरिन्टेन्डेंट मेजर मलहोत्रा एक फौजी आदमी थे, साथ ही भारतीय भी। वह चन्द्रसिंहकी बहुत इज्जत किया करते थे लेकिन, असिस्टेंट अंग्रेज था जिसकी पहुँच ऊपर तक थी। गार्डनने अपने रास्तेमें काँटा देखकर एक बदमाश कैदीको सिखाकर भेजा। उसने नाहक झगड़ा छेड़कर चन्द्रसिंह पर हाथ चलाना चाहा। यह बात जब सुपरिन्टेन्डेंटके सामने रक्खी गई, तो मेजर मलहोत्राने उस कैदीको बेड़ी तथा एक महीनेकी रेमीशन (छूट) के काटनेकी सजा दी। चन्द्रसिंह अपने लिये उस कैदीको इस तरहकी सजा देना पसन्द नहीं करते थे, खासकर रेमीशनका काटना उन्हें असह्य हुआ क्योंकि अब वह कैदी एक महीने तक और अपने बाल-बच्चोंसे न मिलने पायेगा। जब कहनेपर रेमीशन काटनेकी सजा नहीं हटाई गई, तो उन्होंने भूख-हड़तालका निश्चय कर लिया। अन्तमें मेजर मलहोत्राने इनकी जिद्द मान ली। इस बातका प्रभाव सारे जेलके कैदियोंपर पड़ा। दशहरेका दिन आया। उस दिन कैदियोंको सरकारकी ओरसे विशेष भोजन दिया जाता था, और कैदी अपने पैसेसे भी चीजें मँगवा सकते थे। बरेली जेलके साथ एक बहुत बड़ी शाक-सब्जीकी बारी थी, जिसमें गोभी लगी हुई थी। गार्डन निरीक्षक था। उसने सारो गोभियाँ तुड़वाकर दो-दो आनाके हिसाबसे कैदियोंको बेच दिया, और कागजमें लिख दिया कि गोभी भण्डारमें भेजी गई। भण्डार में तो चौलाईका साग उबाला जा रहा था। चन्द्रसिंहने यह बात सुपरिन्टेन्डेंटको बतलाई—"तुरन्त चलिये, गोभीका फल चिड़िया चुग गई। चलकर रसोईखानेको देखिये।" सुपरिटेन्डेन्टने रसोईखानेमें चौलाईका साग उबलते देखा, और कैदी जगह-जगह अपने तसलोंमें गोभीकी भाजी बना रहे थे। गार्डनकी चोरीका पता लगा गया। जेलकी गोशालासे सभी अफसरोंको थोड़ा-थोड़ा दूध मिलता था, और गार्डन और भी लेता था लेकिन, उसको इससे सन्तोष नहीं था। गोशालाके पास ही उसका बँगला था। रोज छागलोंमें भरकर दूध उसके बँगलेमें चहारदिवारीके इस पारसे फेंक दिया जाता और दूधकी कमी पानीसे पूरी कर दी जाती थी। यह सब बातें देखकर सुपरिन्टेन्डेंटने ऊपर लिखा और गार्डनकी बरेलीसे नैनी जेलमें बदली हो गई। इसी समय चन्द्रसिंहको भी नैनी भेजनेका हुकुम आ गया था। जेलके फाटकपर गार्डन

चन्द्रसिंह से मिला। उसने माफी माँगते हुये कहा—"अब तक जो कुछ हुआ, भूल जायें। नैनीमें इन बातोंको दोहराना नहीं चाहिये।"

कालेपानीमें सड़ते तीन सौ राजनैतिक बन्दियोंने आमरण अनशन शुरू कर दिया। सारे देशमें तहलका मच गया। महात्मा गांधी तथा अंग्रेजी सरकारने उन्हें रिहा करनेका आश्वासन देकर अण्डमनसे भारतमें बुला अपने-अपने सूबोंमें भेज दिया। इसी समय युक्त-प्रदेशकी कांग्रेसी सरकारने सारे राजनैतिक बंदियोंको सी० क्लाससे बी० क्लास करके नैनी (इलाहाबाद) जेलमें रख दिया।

अध्याय १६

नाना जेलोंमें (१६३७-४१ ई०)

नैनी जेलमें—चन्द्रसिंह इलाहाबादमें जमनाके पार नैनीके सेन्ट्रल जेलमें पहुँचे। उन्हें यह देखकर बड़ी प्रसन्नता हुई, कि यशपाल, शिववर्मा, जयदेव कपूर, डा० गया प्रसाद, शम्भूप्रसाद (उटकमएड-केसवाले), विजयकुमार सिंह जैसे क्रान्तिकारी राजबन्दियोंके साथ उन्हें रहना था। वे लोग भी वीर गढ़वालीको देखकर बहुत प्रसन्न हुये। प्रकाशवती मिलनेके लिये आई। उन्होंने चन्द्रसिंहसे पूछा, कि आपके लिये क्या लाऊँ। इन्होंने आर्य-समाजी कोई दर्शन-सम्बन्धी पुस्तक लानेके लिये कहा। साथियोंने सोचा, कि अभी चन्द्रसिंहका पीछा आर्य-समाजने नहीं छोड़ा है।

क्रांतिकारी जेलोंमें रहते अध्ययन और चिन्ता द्वारा इस नतीजे पर पहुँचते थे, कि देशकी मुक्ति और हित आतङ्कवादमें नहीं, बल्कि साम्यवादमें है। हमें इक्के-दुक्के वीरोंके साहसके भरोसे अपने लक्ष्यपर पहुँचनेका प्रयत्न नहीं करना चाहिये, बल्कि सारी जन-शक्तिको उद्‌बोधित करना चाहिये। यही सोच सभी तरुण क्रांतिकारी कम्युनिस्ट विचारोंके हो गये थे। बाहर निकलने पर उनमेंसे कुछ नेतागिरी या और प्रलोभनसे अपने पथसे विचलित हो गये, किन्तु जेलोंमें सभी मार्क्सके पथको ही मानते थे।

चन्द्रसिंहके स्वागतके लिये नैनी जेलके साथियोंने खास तैयारी की। ११ राजबन्दी थे। उनके लिये अच्छी तरह पकाकर ११ मुर्गमुसल्लम तैयार किये गये थे। सब लोग खानेके लिये बैठे। चन्द्रसिंह बहुत दिनोंसे आर्य-समाजके प्रभावके कारण मांस खाना छोड़े हुये थे, और इतने दिनोंके जेल-जीवनमें भी वह उससे बचते आये थे। युक्त-प्रदेशकी जेलमें आनेपर उनके विचारोंमें कुछ-कुछ परिवर्तन होने लगा था, और वह समझते थे, कि मैं प्रगतिमें पिछड़ा हुआ हूँ। जनेऊ भी उनके शरीर पर था। इसपर भी टीका-टिप्पणी होती या और नहीं तो साथी मुस्कुरा सकते थे। इसलिये नहानेके वक्त वह जनेऊको फेंक आये। एक मुर्गमुस्सलम उनके सामने भी रक्खा हुआ था। उसको इन्कार करनेपर साथी समझ लेते, कि चन्द्रसिंहपर साम्यवादका कोई असर नहीं है। वह अब भी उसी दकियानूसी ख्यालोंपर अड़े हुये हैं।

पहाड़में शास्त्रोंने भी "उत्तरे मांसभोजनम्" कहकर मांस खानेकी छूट दे रक्खी है। चन्द्रसिंह मांस छोड़कर पहाड़के शास्त्रानुमोदित धर्मका उल्लंघन कर रहे थे। हाँ, इसका उनको पता नहीं था। वह आर्य-समाजके नये धर्मके फन्देमें फँस कर पथ-भ्रष्ट हो गये थे। पहले वह माँससे परहेज नहीं करते थे, और उसकी सुमधुर सुरभि उत्तेजक थी। तोभी इस समय दिलपर पत्थर रखकर उन्होंने मुर्गमुसल्लमपर हाथ साफ किया। शायद नैनीमें वह एक ही दिन जनेऊ तोड़कर मुर्गमुसल्लम तक पहुँचनेमें समर्थ न हुये होते, यदि साथी ज्वालाप्रसादने बरेलीमें धीरे-धीरे चोट करते उन्हें नास्तिकताकी ओर खींचा न होता।

नैनीमें अपने ज्ञानको और बढ़ानेका सबसे अच्छा अवसर मिला। उनके साथी सुशिक्षित-सुपठित तरुण थे, जो अपने मित्रकी हर तरहसे सहायता करने के लिये तैयार थे। सब उन्हें बारी-बारीसे पढ़ाते। उनके लिये नैनी जेलने कालिजका रूप धारण कर लिया था।

बड़ा भाई—चन्द्रसिंहको जाननेवाले आज सभी उन्हें बड़ा भाई कहकर पुकारते हैं। यह नामकरण नैनीमें हुआ था। वहाँ पहुँचने पर पहले कोई हवलदार कहकर पुकारता और कोई पहाड़ी। चन्द्रसिंहको यह सम्बोधन पसन्द नहीं था। इस समस्याका हल यशपालने कर दिया। उन्होंने कहा, "न हवलदार, न पहाड़ी, और न और कुछ। हम लोग अबसे इन्हें "बड़ा भाई" कहा करेंगे।"

राजबन्दियोंकी माँगोंमें कैदसे रिहाई भी एक मुख्य थी। सरकारने इस माँगको नहीं माना। अब हड़ताल करना जरूरी था। नैनीके राजबन्दियोंने निश्चय किया, कि सभी एक साथ न शुरू करके एकके बाद एक हड़ताल करें। पहले शम्भूप्रसाद को आरम्भ करना था। चन्द्रसिंहके लिये उन्होंने निश्चय कर लिया था, कि इनका मुकदमा दूसरी तरहका है, अंग्रेजी सरकार इन्हें छोड़नेके लिए तैयार न होगी, इनके भूख-हड़ताल करनेका मतलब मौतके मुँहमें पड़ना होगा। इसीलिये सबने जोर देकर चन्द्रसिंहको भूख-हड़तालमें न शामिल होने दिया। भूख-हड़तालको सामने आई देखकर सरकारने राजबन्दियोंको नैनीसे लखनऊ जिला जेलमें भेज दिया।

लखनऊ जेलमें—चन्द्रसिंह जेलके फाटकके भीतर गये। वहीं साथी जयबहादुर सिंहसे मुलाकात हो गई। वह आतङ्कवादमें विश्वास रखनेवाले थे, और चन्द्रसिंह अब मार्क्सके पथपर आरूढ़। दोनोंमें बहस छिड़ने लगी। कितने ही दिनों बाद चन्द्रसिंह जयबहादुरको मार्क्सवादपर लानेमें सफल हुये। बहसका रूप सदा मित्रतापूर्ण ही नहीं रहता था, किन्तु अन्तमें दोनों गहरे दोस्त बन गये। कुछ समय बाद नैनीसे बाकी साथी भी यहीं आ गये, जिनमें अजमेरके साथी रामसिंह भी थे, जो कम पढ़े थे उनकी पढ़ाईकी ओर भी ध्यान दिया गया। क्लास चलने लगीं। जेलके सुपरिंटेंडेंट हेतराम

जोशी अल्मोड़ाके रहनेवाले थे। उन्हें चन्द्रसिंहके लिये विशेष अभिमान होना ही चाहिये था। पढ़नेके अलावा चन्द्रसिंह तरकारीकी खेतीमें लगे रहते, कवायद-कसरत भी कराते। यद्यपि केन्द्रीय सरकारके रुखके कारण कुछ नहीं कर सकते थे, पर जिन प्रदेशोंमें कांग्रेसी सरकारें थीं, वहाँके राजबंदियोंके साथ अच्छा सलूक किया जाता था। लखनऊके इस जेलमें रहनेवाले बंदियों को तो बंदी कहना ही गलत होगा। जेल-विभाग स्वर्गीय रफी अहमद किदवईके हाथमें था, जिनके पार्लियामेंटरी सेक्रेटरी श्री गोपीनाथ श्रीवास्तव थे। रफी अहमद बहुत दूरदर्शी और बहुत उदार, असाधारण पुरुष थे। उनके कार्यकुशल होनेका सिक्का तो सभी मानते हैं। वह कभी-कभी पूर्वाह्ण जेलमें चले आते और शाम तक राजबंदियोंके साथ रहते—चारपाईपर पड़े हुये हैं, और सबसे सगे सहोदरकी तरह हिल-मिलकर बात कर रहे हैं। कोई भी बात होनेपर जेलसे फोन खटखटाया जाता, सभी तरहकी चीजें मिलतीं, हर सातवें दिन बाहरसे खाने-पीनेकी चीजें लेकर लोग मिलने आया करते। रफी साहब और गोपीनाथके इतने मेहरबान होने पर जेलवाले यदि उनसे दो कदम आगे रहना चाहते, तो यह स्वाभाविक ही था।

उस समय कांग्रेसके प्रेसीडेंट श्री सुभाषचन्द्र बोस थे। वह किसी कामसे लखनऊ आये और जेलमें राजबंदियोंसे मिलना न भूले। उनके आनेपर चन्द्रसिंहने अपनी रिहाई के लिये एक पत्र उनके हाथमें थमा दिया। सुभाष जानते थे, कि इस सीधे-सादे पुरुषने देशके लिये कितना बड़ा खतरा अपने ऊपर मोल लिया था। वह दिल और दिमाग दोनोंके धनी पुरुष थे। चन्द्रसिंहके मुँहसे बातें सुनते-सुनते वह अपनेको रोक न सके, उनकी आँखोंसे टप-टप आँसू गिर पड़े। उन्होंने कहा—"भाई, तुम्हारे लिये जो कुछ किया जाय, कम है। पर, रिहाई करनेके लिये अंग्रेज तैयार नहीं होंगे। हम तुम्हारी चिट्ठी गांधीजीको दे देंगे।"

यहीं जेलमें रहते आचार्य नरेंद्रदेव और पं० सुंदरलालजी भी मिलने आये। उस समय कांग्रेसमें सभी दल सम्मिलित थे। अभी कम्युनिज़्मको अछूत नहीं समझा जाता था।

पं० सुंदरलालजी मुलाकात करके फाटक तक चले गये। फिर लौटकर उन्होंने बड़े भाईसे पूछा—"बताइये, जीवनका लक्ष्य क्या है?"

बड़े भाईने कहा—"मृत्युके भयसे मुक्त होना। इस शब्दको हमारे कोशसे निकाल देना चाहिये। जब मौत अवश्यम्भावी है, तो उससे भय खाना बेवकूफीके सिवा और कुछ नहीं।" सुंदरलालजी अपनी जब्त की हुई पुस्तक "भारतमें अंग्रेजी राज्य" की एक प्रति दे गये।

लखनऊ जिला जेलमें इसी तरह दिन बीतते गये। एक दिन किदवईने पूछा—"बड़े भाई, बताओ तुम्हारी और क्या खिदमत करूँ?"

चन्द्रसिंहने कहा—"बहुत साल हो गये पिताका दर्शन किये। वह बहुत बूढ़े हैं। मुझे अल्मोड़ा भिजवा दें, तो वह आकर मुलाकात कर जायेंगे।"

यह कौन सी बड़ी बात थी! किदवईने तुरंत लिखा, और महीने भरके लिए बड़े भाईको अल्मोड़ा भेज देनेका हुकुम आ गया।

पुलिसका गारद आ गया। वह बड़े भाईको लेकर अल्मोड़ाके लिये रवाना हुआ। काठगोदामसे मोटरपर चढ़ वह रानीखेत पहुँचे। पता लगा श्रीमती विजय लक्ष्मी पंडित और अनुसूया प्रसाद बहुगुना एम० एल० ए० यहाँ किसी कान्फ्रेंसके लिए आये हुये हैं। चंद्रसिंहने उनसे मिलनेके लिये आगे जानेसे इंकार कर होटलमें ले चलनेके लिए मजबूर किया। वह साधारण कैदी तो थे नहीं, फिर कांग्रेसी सरकार, इसलिये पुलिसवाले जोर-जबर्दस्ती कैसे कर सकते थे! रातका समय था। बहुगुना साहब शराबके नशेमें मस्त थे, उन्हें चंद्रसिंहसे मिलनेकी फुरसत कहाँ थी! विजय-लक्ष्मी पंडिततो जबर्दस्ती काँग्रेसी नेता बनीं, क्योंकि वह एक महानेताकी पुत्री और दूसरे की बहिन थीं। जवाहरलाल पर भद्रवर्गके अभिमानका लांछन लगाया जाता है, लेकिन वस्तुतः अभिजात्यकी साकार मूर्ति हैं, विजयलक्ष्मीजी। उन्होंने पेशावर-काण्डके बारेमें पढ़ा होगा। उसमें एक सिपाही चंद्रसिंह भी रहा होगा। यहाँ बंदीके रूपमें उसे देखनेके लिये रानीखेतमें वह क्यों तैयार हो सकती थीं! दोनों कांग्रेसी नेताओंके इस रुखे बर्तावसे चंद्रसिंहको बहुत ठेस लगी। आखिर उनके दर्शनोंके लिये ही यह जिद्द करके रानीखेतमें उस दिन रुक गये थे।

अगले दिन वह रानीखेतसे अल्मोड़ा जेलमें पहुँचे। जेलके कायदेके मुताबिक तलाशी ली गई।

पिताजीको पहले ही लिख दिया था। वह अपनी दोनों पुत्रवधुओं भागीरथी देवी और गौरा (नवीना) को साथ लेकर आये। महाकवि पं० सुमित्रानंदन पंतके अनुज पं० देवीदत्त पंतके यहाँ ठहरे। सालों बाद मिलनेपर पिताको अपार प्रसन्नता हुई, और यह देखकर और भी, कि उनका पुत्र बंदी जैसा नहीं मालूम होता। बी० क्लासमें वह थे ही, साथ ही कांग्रेसी सरकारकी उदारता भी उनके ऊपर थी। खानेके लिये बिस्कुट भी था, ओवलटीन भी, चाय भी, मिठाइयाँ भी, फल भी। कपड़ा-बिस्तर भी अच्छा और साफ-सुथरा। हाँ, यह सुनकर उनको दुःख हुआ, कि पुत्रकी रिहाई अब भी अनिश्चित है। न जाने अपने जीवनमें वह पुत्रको मुक्त देख सकेंगे या नहीं। पिताने भागीरथीसे पुत्रकी इच्छाके विरुद्ध व्याह कर दिया था। वह तब छोटी लड़की थी। बड़े भाईने अपने मनसे

अल्हड़ तरुणी गौरासे ब्याह किया था। भागीरथी अब तरुणी थी। अनिश्चित काल तक अपनी तरुणाईको वह इसी तरह काटे, बड़े भाईको यह अच्छा नहीं लगा, उन्होंने बरेली जेलसे ही छूट (विवाह-विच्छेद) की चिट्ठी लिख दी थी। उन्होंने भागीरथीसे कहा—"मेरा छूटनेका समय अभी निश्चित नहीं है। बीस वर्षकी सजा है। तब तक तुम बैठी मेरी प्रतीक्षा करो यह ठीक नहीं इसलिये मैं तुमको भी छोड़ देना चाहता हूँ।"

भागीरथीने आँसू भरकर कहा—"मैं जीते पतिको कैसे छोड़ दूँ! यह मुझसे नहीं हो सकता।"

बड़े भाईको अपनी उपेक्षिता पत्नीपर दया हो आई।

एक महीना अल्मोड़ाकी सैर करके वह फिर लखनऊ आ गये। इतने दिनों बाद अपने पिता और उससे भी ज्यादा पत्नीसे मिलकर आये थे। जेलकी चहार-दिवारीके भीतर बंद बंदियोंके लिये यह बड़ी मनोरंजक घटना थी। वह एक-एक बातको उनसे दोहरवाते रहे: बड़े भाई भाभीजीसे क्या बातें हुईं! आपने भाभीजीकी कैसे खातिर की, आदि-आदि।

विजयकुमार जेलसे छूट कर पं० जवाहरलालसे मिले और उन्होंने चंद्रसिंहके बारेमें बातें बतलाईं, और यह भी कहा, कि उनके परिवारकी कोई व्यवस्था की जाय। नेहरूजीने अपने बहनोई आर० एस० पण्डितको अपनी कितनी ही पुस्तकें देकर उनसे मिलनेके लिये भेजा। जीवनी हाथमें आते ही चंद्रसिंहने सबसे पहले उन पृष्ठों-पर नजर दौड़ाई, जिनमें नेहरूजीने पेशावर-कांडके बारेमें लिखा था। यह पढ़कर उन्हें बड़ा क्षोभ हुआ, कि नेहरूजी समझते हैं, कि गढ़वाली वीरोंने पेशावरमें हल्के दिलसे बगावत की थी, क्योंकि उन्हें विश्वास था, किदेशको स्वराज्य अब मिलने ही वाला है, इसलिये किसी अनिष्टकी सम्भावना नहीं है। चंद्रसिंहने और किताबें रख लीं लेकिन जीवनीको आर० एस० पंडितके हाथों लौटाते हुये कहा, कि यह बहुत गलत बात लिखी गई है। हमारे हृदयोंमें अपने कामके तुरंत फलकी कोई आशा नहीं थी। पीछे जब पंडितजीके साथ रहनेका मौका मिला, तब बड़े भाईने उन बातोंको समझाया। नेहरूजीने कहा—"हम उस जगहको बदल देंगे। अच्छा होता, यदि यह बात कुछ पहले मालूम होती। तब हम अमेरिकामें छपे संस्करणमें इस स्थलको तभी बदल सके होते।" मालूम नहीं जीवनीसे वह बातें अब भी निकाली गई हैं या नहीं।

नेहरूजीकी इच्छाके अनुसार आर० एस० पंडितने बड़े भाईसे कहा, कि बीबी-को किसी आश्रममें भेज दिया जाय, जहाँ वह कुछ पढ़े-लिखे। गाँवका पता और घरकी स्थिति के बारेमें पूछा। बड़े भाईने पता बता दिया और घरकी स्थितिके बारेमें

अपनेको अनभिज्ञ कहा। अपने या अपनोंके लिये किसीके सामने हाथ पसारना उन्हें अच्छा नहीं मालूम हुआ।

पेशावर-काण्डके मुक्त बंदी अपने घरोंमें बेकार पड़े थे। कांग्रेसी सरकारके सामने अपने लिये काम माँगने वह लखनऊ पहुँचे, और जलूस बनाकर वह पंडित गोविंदवल्लभ पंतसे मिले। पंतजीने कानपुरके करोड़पति सेठ पद्मपत सिंघानियाको इसके लिये चिट्ठी दे दी। सिंघानियाने उन्हें अपने यहाँ दरबान रख लिया।

पेशावर-काण्डके बंदियोंमें सुंदरसिंह सात सालकी आधी सजा भुगतकर छोड़ दिये गये थे, और कुछ ही समय बाद अपने घरमें मर गये। उनके परिवारकी जिम्मेवारी उनके भाई बाकसिंहपर पड़ी। वह भी सिंघानियाके यहाँ दरबान रक्खा गया। उसे १६ रुपया मासिक मिलता था, जिसमें भाईके बालबच्चों और अपना भी खर्च चलाना मुश्किल था। वह एक दिन आकर बड़े भाईसे मिला। चन्द्रसिंहने उसके बारेमें आर० एस० पंडितसे कहा, जिन्होंने अपनी चिट्ठी देकर दुगड्डाके कांग्रेसी नेता जगमोहनसिंह नेगीके पास काम देनेके लिये भेज दिया। बाकसिंह देखनेमें बहुत सीधा-सादा आदमी था पर अनपढ़ नहीं मिडिल पास था। नेगीने उसे देखकर कहा, ऐसे बुद्धू आदमीके लिये हमारे पास कोई काम नहीं। बाकसिंहने लौटकर फिर चन्द्रसिंहसे मुलाकात की। भूखे मरनेसे सिंघानियाकी नौकरी ही अच्छी, यह सोचकर चन्द्रसिंहने जब सेठको चिट्ठी लिखी, तो उन्होंने फिर अपने यहाँ रख लिया लेकिन, बाकसिंहको अपनी स्थितिसे संतोष नहीं था। दूसरी बार अल्मोड़ा जानेपर अल्मोड़ा जिलाबोर्डके कांग्रेसी चेयरमैन हरिश्चन्द्र जोशीसे उस बारेमें चन्द्रसिंहने कहा। जोशीजीने भी इस आदमीको नालायक समझा। इसी समय अल्मोड़ामें गांधी-आश्रमके श्री शान्ति प्रकाशसे चन्द्रसिंहकी मुलाकात हुई। कहने पर उन्होंने कहा, कि मेरे पास जगह है, लेकिन हम दस रुपये महीनेसे अधिक नहीं दे सकते। शान्तिप्रकाश बाकसिंहको अपने साथ ले गये। वहाँ अपना काम दिखलानेका मौका मिला, थोड़े ही दिनोंमें बाकसिंह का वेतन दससे छब्बीस रुपया हो गया, और बहुत समय नहीं बीता, कि ७२ और फिर १२० रुपया मासिक पाने लगे। वह चरखा संघके एक योग्य हिसाब-निरीक्षकके तौरपर आज काम कर रहे हैं। यह वही आदमी हैं, जिनको कितने नेताओंने नालायक कहकर हटा दिया था। आदमीको पहचानना कितना मुश्किल है!

१६३८ का सन् बीत रहा था। पं० जवाहरलाल नेहरू गढ़वालके टूरमें गये थे। देवप्रयागमें राजनीतिक सम्मेलन हो रहा था। लोगोंने अपने वीर नेताके नामपर वहाँ चन्द्रसिंहनगर बना रक्खा था। पण्डितजीको लोगोंने मानपत्र दिया, जिसमें कहा गया था, कि हमारे चन्द्रसिंहको छुड़वाइये। इसके बाद ८ अक्तूबरको पंडितजी लखनऊ जेलमें चन्द्रसिंहसे मिलने आये, तो देवप्रयाग-कांफ्रेंसके लिये हुये बहुत से फोटो अपने साथ लेते आये थे। उन्हें सब दिखलाते और बातें पूछते हुये उन्होंने

यह भी कहा—"मैं चाहता हूँ कि तुम्हारी बीबीको अहमदाबादमें मृदुलाके आश्रममें भेज दिया जाय, वहाँ रहकर वह कुछ पढ़-लिख जायगी। तुम्हारी रिहाईके लिये लिख रहा हूँ। मैं स्वयं तो विलायत जा रहा हूँ, लेकिन मेरे देश लौटने तक तुम अवश्य मुक्त हो जाओगे। मुक्त होनेके बाद भावुकतामें आकर तुरंत बोलने न लग जाना। पहले देशकी स्थितिको समझना। विजयलक्ष्मीसे मैं कहे जा रहा हूँ, उससे पूछकर काम करना।"

बड़े भाईने कहा—"बीबीके बारेमें घरवालोंसे पूछना होगा। बीबी देहातके एक गरीब परिवारकी लड़की है। उसे जूता भी पहनना नहीं आता, न दूसरा रीति-रवाज जानती है। मुझे अल्मोड़ा जेलमें भेज दिया जाय, तो वहाँ घरवालोंको बुलाकर उनकी राय होनेपर बीबीको पं० देवदत्त पंतके परिवारमें रख देंगे जहाँ कुछ समय रहकर वह कुछ चाल-ढाल सीख जायगी, फिर आश्रममें भेजा जाय, तो अच्छा रहेगा।"

नेहरूजीने सारी बातें नोट कर लीं और किदवईको कहकर अल्मोड़ा भेजनेके लिये लिख दिया।

राजनीतिक बंदियोंकी रिहाईकी कोशिश अब भी जारी थी। रामकृष्ण खत्री, बटुकेश्वर दत्त आदि जेलसे छूटे पुराने क्रांतिकारी इसी सिलसिलेमें गांधीजीसे मिले। गांधीजीने कहा, कि यदि राजबंदी यह कहें, कि आतंकवाद के पथको हमने छोड़ दिया, तो उनकी रिहाईका प्रयत्न सफल हो सकता है। सभी जगहोंके राजबंदियोंको इसके बारेमें निश्चय करना था। लखनऊ जेलके साथियोंने भी आपसमें विचार किया, और यद्यपि वह अहिंसापर उस तरह विश्वास नहीं रखते थे, जैसे गांधीजी, पर मार्क्सवादने उनके दिलोंसे आतंकवादका ख्याल छुड़वा दिया था, इसलिए "हम आतंकवादको नहीं मानते", यह कहनेमें किसीको उजुर नहीं हो सकता था। सारे देशके आठ हजारके करीब राजबंदियोंने दस्तखत कर दिया, कि हमारा आतंकवादपर विश्वास नहीं है। चंद्रसिंहने भी हस्ताक्षर कर दिया था। इसके बाद साथी शिववर्मा, डा० गयाप्रसाद, जयदेव कपूरको परोलपर कुछ समयकी छुट्टी दे दी गई, पर चंद्रसिंहको वह भी नहीं मिला।

इस समय इलाहाबाद विश्वविद्यालयमें विद्यार्थियोंका कोई आंदोलन चल रहा था। रमेश सिनहा और जगन्नाथ भट्टाचार्य वहाँ विद्यार्थियोंके नेता थे। सरकारने उन्हें पकड़कर लखनऊ जिला जेलमें भेज दिया था। वह ए० क्लासके कैदी थे और बड़े भाई बी० क्लासके। रक्खे गये थे अलग-अलग, लेकिन खाना, खेलना, पढ़ना एक साथ होता था। रमेश बड़े भाईको अंग्रेजी, और दूसरे विषय भी दोनों साथी दत्त-चित्त होकर पढ़ाने लगे। बड़े भाईके अल्मोड़ा जानेसे पहले ही रमेशको हृदयकी बीमारी हुई, और उन्हें भी अल्मोड़ा भेज दिया गया।

दुबारा अल्मोड़ा जेलमें—बड़े भाई रमेश और जगन्नाथके साथ अल्मोड़ा पहुँचे। जेलके फाटकपर तलाशीके लिये जब कहा गया, तो नौजवानोंका खून उबल पड़ा। उन्होंने इंकार कर दिया। एक बखेड़ा खड़ा हो गया। फाटक बंद हो गया और तीनों राजबंदी बाहर रह गये। एस० डी० ओ० कालाजी आये। उन्होंने बड़ी नम्रतासे कहा—"मैं आप लोगोंके दर्शन करने आया हूँ। जेलका कानून है, तलाशी लिये बिना भीतर नहीं जाने दिया जाता।" उनकी नम्रता और सौजन्यसे इतने प्रभावित हुये, कि तीनोंने अपने ट्रंकोंकी चाबियाँ उनके हाथमें दे दीं। कालाजीने तालेको बिना खोले ही कहा—"तलाशी हो गई, अब आप जाइये।"

राजबंदियोंको खटकनेवाली वहाँ कितनी बातें थीं। हफ्तेमें सुपरिंटेंडेंटके आने पर परेड, हथेली खोलकर दिखलाते हुये अदब करना पड़ता। चंद्रसिंह फौजमें परेड करनेके अभ्यासी थे। उनके साथी इसे अपमानकी बात समझते थे, कि मामूली कैदियों की तरह उन्हें परेड करना पड़े। अल्मोड़ेका अंग्रेज सिविल सर्जन ही जेलका सुपरिंटेंडेंट था, उस दिन परेडके लिये खड़े होनेकी बात तो दूर, रमेश वहाँसे हटकर चले गये। रास्तेमें सुपरिंटेंडेंट आता दिखाई पड़ा, तो जाने या अनजाने उसे धक्का भी लगा दिया। यह भारी गुस्ताखी थी। अंग्रेज इसे क्यों बर्दाश्त करने लगा? तुरंत हुकुम दिया, अलार्म बजने लगा, फोन खटखटाया। उसी समय पुलिसका दल आ गया। मामला सङ्गीन बनना चाहता था, लेकिन ये तो वहाँ कुल मिलाकर तीन ही राजबंदी। खबर पाते ही डिप्टी-कमिश्नर धर्मवीर आ पहुँचे—वही धर्मवीर, जो पीछे काफी दिनों तक प्रधान-मंत्री पं० नेहरूके सेक्रेटरी रहे। धर्मवीरने मामला बढ़ने नहीं दिया। सुपरिंटेंडेंटको भी समझाया और कैदियोंसे बातचीत की। उनकी धर्मपत्नी भी जेलमें आईं। राजबंदियोंको मालूम हो गया, कि उन्हें एक सज्जन देशभाई अफसरके तौर पर मिला है। धर्मपत्नी अपने बँगलेसे पुलाव और दूसरे स्वादिष्ट भोजन बनवाकर लाईं। झगड़ा आसानीसे शांत हो गया। यहाँ फिर बाकायदा बड़े भाईका पठन-पाठन शुरू हुआ।

चिट्ठी मिलनेपर पिता अपनी पुत्रवधुओंके साथ आये, और पं० देवीदत्त पंत, पं० बद्रीदत्त पांडेके साथ परिवार मिलनेके लिये जेलमें आया। बड़े भाईको यह निश्चय करना था, कि पत्नीको किस आश्रममें कैसे भेजा जाय। अभी उनकी दोनों पत्नियाँ—भागीरथी और गौरा मौजूद थीं। नेहरूजीसे कहनेमें सङ्कोच भी हो रहा था, कि मेरी दो पत्नियाँ हैं। अबकी अल्मोड़ामें उन्हें मालूम हो गया, कि जिस गौरा को उन्होंने पिताकी इच्छाके विरुद्ध ब्याहा था, वह पतिके इतने लंबे वियोगको सहनेमें समर्थ नहीं हुई। यद्यपि भागीरथी उपेक्षिता थी और गौरा चहेती। इस वक्त भागी-रथीसे मालूम हुआ, कि गौरा दो नावों पर है, तो उन्होंने इसके लिये खेद या रोष

प्रकट नहीं किया। उन्होंने गौराको मुक्त करनेका निश्चय कर लिया। गौरा सङ्कोचके मारे मरी जा रही थी। उसके ऊपर दया छोड़कर चंद्रसिंहको और क्या आता ? उसकी इस स्थितिकी जवाबदेही वह अपने ऊपर समझते थे। गौराको अब छूट मिल गई। भागीरथीका ही सवाल था।

निश्चय कर लिया गया, कि भागीरथीको पढ़ानेके लिये किसी आश्रममें भेजा जाय लेकिन, उससे पहले उसे अल्मोड़ाके किसी संभ्रांत परिवारमें रखकर कुछ नागरिक बना देना जरूरी था। चंद्रसिंहने पं० बद्रीदत्त पाण्डेसे जब इसके बारेमें कहा, तो उन्होंने घबड़ाकर कहा—"अरे बाबा, तुम्हारी बहू बहुत सुंदर है, और मेरा बेटा जवान है। मैं घरमें रखनेकी जिम्मेवारी नहीं ले सकता।"

चन्द्रसिंहने हँसते हुये कहा—"तुम्हें अपने लड़केपर भरोसा नहीं है, किंतु मुझे अपनी पत्नी पर विश्वास है।"

उधरसे निराश होकर देवीदत्तसे पूछा—"आप बतलाइये ?"

देवीदत्तजीने कहा—"मैं तो हुड़किया हूँ, और मेरी घरवाली पूजा-पाठमें मस्त। लेकिन, मैं अपने घर ले जाऊँगा।"

देवीदत्त पंत गाने-बजानेवाले मस्त मौला जीव थे। अपने भाई सुमित्रानंदन पंतकी प्रतिभा उन्होंने नहीं पाई थी, लेकिन आदमीके तौरपर वह हीरा थे। भागीरथीको अपने घर ले गये।

अगले ही दिन किसी मुकदमेमें उन्हें इलाहाबाद जाना पड़ा। पत्नीको भागीरथीका पूरा परिचय दिये बिना वह चले गये। कह गये थे, कि इनके पढ़ानेका बंदोबस्त करना, और अच्छी तरहसे रखना। रजाई, कपड़ा, पलङ्ग देनेके लिये भी पत्नीको बतला दिया था।

हुड़किया पतिकी पत्नीको साफ मालूम होने लगा, कि दालमें कुछ काला है। भागीरथी असाधारण सुंदरी तरुणी थी। उनका परिवार तिब्बतकी सीमासे बहुत दूर बसा हुआ था, लेकिन उनके अपने कुटुम्बमें स्त्री-पुरुषोंकी आँखोंपर हलका-सा मङ्गोलायित प्रभाव जरूर देखनेमें आता। यह प्रभाव भागीरथीके मुख-सौंदर्यको कम करनेकी जगह बढ़ानेमें सहायक हुआ था। पति जिसे तोसक-तकिया देने, बहुत अच्छी तरहसे रखनेके लिये हिदायत कर गया, वह सुंदरी क्यों इस घरमें आई ? पंतानीजीने पतिकी आज्ञाकी अवहेलना करने हीमें भलाई समझी और फटा-पुराना कपड़ा देकर गुसलखानेकी कोठरीमें रख दिया। दूसरी लुगाइयाँ भी कल्पना कर सकती थीं, लेकिन पंतानीजीने भी उनको सहायता देना अपना कर्तव्य समझा। काना-फूसी होने लगी—देवीदत्त कहींसे एक सुंदरी उड़ा लाये हैं। कुछ दिनों बाद कोई विवाह था।

पं० देवीदत्तजीकी बहिन उस वक्त आई थीं। बहिनने भी कुछ सुन रक्खा था। उसने भागीरथीसे पूछा—"देवीदत्तसे आपकी दोस्ती कबकी है?" भागीरथीका मुँह फीका पड़ गया और उसने बहुत नम्रताके साथ अपनी गाथा बतलाई। जब बहिनको मालूम हुआ, कि वह वीर चंद्रसिंहकी पत्नी है, तो अपनी भौजाईपर एकदम उबल पड़ी—"तू बहुत खराब है। बेचारीको बदनाम करती फिरती है। यह तो देशके बड़े वीरकी पत्नी है।"

पंतानीजीको अब होश आया। वह दिलसे बुरी तो थी नहीं, सिर्फ़ संदेहकी शिकार थीं। उनका रुख बदल गया और भागीरथीके साथ बहुत प्रेम करने लगीं, पढ़ानेके लिये एक अध्यापकका भी प्रबंध कर दिया गया। भागीरथी पंतानीजीकी पूजामें सहायता करतीं, उनके लिये फूल चुन लातीं और दूसरी सेवायें करतीं।

लेकिन, तरुण स्त्रीके लिये संदेहको पार करना इतना आसान नहीं है। वह पतिसे मिलने जेल जातीं, तो वह सुगंधित तेल, नहानेका साबुन, मिठाइयाँ और दूसरी खानेकी चीजें देते। पंतानीजी इन चीजोंको ले आते देखकर फिर संदेहमें पड़ गईं। जब देवीदत्तजी आये, तो उन्होंने इसकी शिकायत की। फिर देवीदत्तजीने पंतानीजीको सारी बातें समझाईं। उन्होंने कहा—"हमें ये सब बातें कहके क्यों नहीं गये?"

अल्मोड़ा जेलमें अब वह अकेले रह गये। उनके दोनों साथी छूटकर चले गये थे। १९३९ का सन् था। द्वितीय महायुद्ध आरम्भ हो गया था। लड़ाईके सम्बंधमें कांग्रेस और सरकारका आपसी खिंचाव इतना बढ़ गया, कि २६ नवम्बर १९३९ को कांग्रेसी सरकारने इस्तीफ़ा दे दिया। गद्दीपर बैठ जानेपर कांग्रेसी नेता इस तरह भूल जायँगे, इसपर कोई विश्वास भी नहीं कर सकता था। यदि पंत-सरकारने चाहा होता, तो चंद्रसिंह अब तक रिहा हो गये होते। नेहरूजीने भी ८ मई १९३८ को मुलाकातके समय आशा की थी, कि उनके विलायतसे लौटने तक चंद्रसिंह रिहा हो गये रहेंगे, लेकिन रिहा करना नहीं था, क्योंकि इन नेताओंके दिमागमें यह खुराफात भरी थी, कि चन्द्रसिंहने तत्कालीन सरकारके फौजी हुकुमको माननेसे इन्कार कर दिया था। सरकार-सरकार सब एक हैं, इसलिये हमारे लिये भी ये दंडनीय हैं। विदेशी सरकारके स्वेच्छाचारी शासनके विरुद्ध सरकारी नौकरोंको बगावत करनेका आदेश गांधीजी और कांग्रेसने स्वयं दिया था। क्या ऐसे नौकरियोंसे इस्तीफ़ा देकर आये अफसरोंको कांग्रेसी सरकारोंने फिर नहीं बहाल किया? एक सरकारके विरोधी व्यक्ति पर स्वदेशी सरकारने क्या विश्वास नहीं किया? पंत-सरकारने इस्तीफ़ा देते समय

चन्द्रसिंहकी रिहाईका कागज लिखकर गवर्नरके पास भेजा लेकिन, गवर्नर उसकी क्यों पर्वा करने लगा।

कांग्रेसी सरकार चली गई। युद्धकालीन निर्बंध बढ़ चले। अल्मोड़ा जेलमें बड़े भाईके साथ कड़ाई शुरू हो गई। पहले वह रातमें आसमानके नीचे सो सकते थे। अब उन्हें तालेके भीतर बंद होकर सोना पड़ता था। बीबी मुलाकातके लिये आई, तो कहा गया, कि सी० आई० डी० (खुफिया) के किसी आदमीके उपस्थित रहे बिना मुलाकात नहीं हो सकती। उसे मुलाकात किये बिना ही लौट जाना पड़ा। खाने-पीनेमें अब जेलखानेकी स्थिति फिर खराब हो गई। साग-सब्जीकी जगह कैदियोंको आधा घास दिया जाता। सड़े सूखे कद्दूकी तरकारी बनती। चन्द्रसिंह कैदियोंमें और वार्डरोंमें भी प्रिय थे। उन्हें साधारण कैदियोंकी यह तकलीफ देखी नहीं गई। चाय पीते, खाना खाते समय अपने यहाँ मौजूद वार्डरको भी वह खिलाते-पिलाते रहते। उन्होंने जेलके कायदेके खिलाफ सड़े साग-सब्जीको एक पार्सलमें बंद करके चुपकेसे वार्डर द्वारा जेलखानेके आई० जी० (इंस्पेक्टर-जेनरल) श्री सलामतुल्लाके पास भेज दिया और भूख-हड़ताल करनेकी बात कहते जेलकी बहुत सी दुर्व्यवस्थाके बारेमें चिट्ठी लिख भेजी।

सलामतुल्ला बरेलीसे ही उनके सुपरिचित थे, और पेशावरमें मुसलमानोंपर गोली न चलानेके कारण वह चंद्रसिंहका बहुत सम्मान करते थे। बरेली जेलमें उन्होंने दो मासका रेमीशन भी दिया था। सलामतुल्ला अल्मोड़ा आये। उन्होंने बतलाया, कि कांग्रेसी सरकारको जो काम पहले करना था, उसे उसने समय बीतने पर किया। महायुद्धके कारण गवर्नर इस समय रिहाई देनेमें असमर्थ है। हाँ, आपको सारे सुभीते मिलेंगे, और जेलके प्रबंधकी जो शिकायतें हैं, उनको भी हम हटायेंगे।

भागीरथीको अहमदाबादके आश्रममें भेजनेकी बात गांधीजीको पसंद नहीं आई, उन्होंने कहा, कि वहाँ खान-पान और भाषा आदिकी दिक्कत होगी। बेहतर है, उसे देहरादून कन्या गुरुकुलमें रख दिया जाय। वैसा ही प्रबंध भी किया गया।

चन्द्रसिंहने सलामतुल्ला साहबके पूछने पर यह भी कहा, कि मेरी बीबी देहरादूनमें जा रही है, यदि मुझे भी वहाँ की जेलमें भेज दिया जाय, तो अच्छा।

आई० जी० ने इसके लिये भी हुकुम दे दिया।

अगले दिन पुलिसके सिपाही बड़े भाई को मोटर पर बैठाकर ले चले।

रानीखेतके एक और धनिक प्रभावशाली पुरुष हैदर अलीका वहाँ किसी अंग्रेजसे झगड़ा हो गया, और उन्होंने उसकी नाक काट ली। पकड़कर हैदरको

अल्मोड़ा जेलमें भेज दिया गया। बड़े भाईने उनके लिये अपनी चादर दे दी, चाय, ओवलटीनसे दावत की। सुबह वह जमानतपर छूट गया। हैदरको वीर गढ़वालीका परिचय हो गया था, और साथ ही उनकी खातिरबातका भी अनुभव हुआ था। इसलिये जब पुलिस बड़े भाईको मोटरपर चढ़ाकर अल्मोड़ासे ले जाते रानीखेत पहुँची, तो हैदर सड़कपर रस्सा तान कर अपने आदमियोंको लेकर वहाँ स्वागतके लिये तैयार थे। पुलिसकी एक न चली। बड़े भाईके कहनेपर कि पुलिसवालोंकी नौकरी चली जायगी, समझौता हुआ और उन्हें होटलमें ले जाकर हैदर साहबने खूब दावत दी, कोफ्ता, जर्दा, कबाब, पुलाव तरह-तरहके भोजन और बहुत किसिमके फल मेजपर भर दिये।

दावतके बाद फिर वहाँसे चले। भागीरथदेवी भी साथ ही साथ देहरादून जा रही थीं। काठगोदाम स्टेशनपर पहुँचकर बड़े भाईकी राय हुई, आज यहीं मुकाम करना चाहिये। इधर-उधर करते गाड़ी छुड़वा दी। इसकी खबर नैनीताल तार द्वारा भेज दी गई। हलद्वानीके थानेदार चन्दनसिंह (गढ़वाली) को जब यह पता लगा, तो उन्होंने हलद्वानीसे कार भेजकर अपने यहाँ रात बितानेके लिये प्रार्थना की। बड़े भाई जानते थे, कि इससे थानेदारपर आँच आ सकती है, इसलिये उन्होंने बड़ी नम्रतापूर्वक हलद्वानी जानेसे इन्कार कर दिया। स्टेशन-मास्टरने एक कमरा खोल दिया, और वहीं लोगोंने दावत की। रात भर वहीं रहे।

सबेरेकी गाड़ीसे वह बरेली स्टेशन पहुँचे, जहाँ छोटी लाइनसे बड़ी लाइनमें बदली करनी थी। उनकी अपनी पलटन (द्वितीय रा० ग० रा०) आजकल यहीं पर थी। पता लग गया, कि चंद्रसिंह ट्रेनसे बरेली आ रहे हैं। बिना आज्ञाके दो-ढाई सौ जवान स्टेशनपर उनके स्वागतके लिये आ गये। उन्होंने अपने भाइयोंसे कहा—"आप लोग दूर रहें, मैं कैदी हूँ। आपको मुश्किलमें पड़ना होगा।" जवानोंकी समझमें ही नहीं आ रहा था, कि यह कैसा कैदी है, जिसके पास इतना सामान है, बीबी भी साथ है, और तंदुरुस्ती ईर्ष्या करने लायक है। पीछे इन जवानोंमें कितनों हीके खिलाफ अनुशासनकी कार्रवाईकी गई।

बरेलीसे जानेवाली ट्रेन लुकसर तक ही उनके कामकी थी। वहाँ कितनी ही देर इंतजार करनेके बाद देहरादूनकी ट्रेन मिली, और हरद्वार होते सबेरे नौ बजे वह देहरादून पहुँचे। वहाँ भी सौ-डेढ़ सौ कांग्रेसी स्वयं-सेवक और बहुत से नागरिक झण्डा लिये स्वागत करनेको तैयार थे। "वीर चन्द्रसिंहकी जय" हुई, चाय-पानी कराया गया। तीन दिन तक बीबी साथ रही। अब बड़े भाईको जेलकी ओर जाना था, और भागीरथीजीको कन्या गुरुकुल। चकवा-चकवीका विछोह एक रातका होता है, और यह तीन दिनका मिलन न जाने कितने समयका बिछोह था।

देहरादून जेल—१० नवम्बर १६३६ को बड़े भाईको जेलमें छोड़कर पुलिसवाले चले गये। यहाँकी दुनिया उन्हें अनोखी दिखाई पड़ी। शामको ६ बजे ही जब तालेमें बंद करनेके लिये कहा गया, तो बड़े भाईको बुरा लगा। फिर देखा, कि यहाँ सागके नामपर घास चल रही है, दूधके नामपर पानी। बी० क्लासके कैदीके साथ भी सी० क्लाससे बदतर सलूक किया जाता है। अंग्रेज सिविल-सार्जन जेलका सुपरिंटेंडेंट भी था। उसने बात सुननेमें रुखाई दिखलाई, जिसपर बड़े भाईका झगड़ पड़ना स्वाभाविक था। कांग्रेस सरकारने जेलके विज़िटर (निरीक्षक) मुकर्रर किये थे, उनमें महावीर त्यागी और डा० रशीदजहाँ भी थे। त्यागीजी फाटक तक आये, लेकिन उन्हें चंद्रसिंह गढ़वालीसे मिलनेकी फुरसत नहीं थी। सुंदर अभिनेताके लिये जरूरी नहीं, कि वह अपने अभिनयको भीतरसे वास्तविकताका रूप दे। डा० रशीदा भीतर चली आईं। बड़े भाईसे हाल-चाल पूछा। बड़े भाईने निश्चय कर लिया, कि यदि हालत नहीं बदली, तो मुझे भूख-हड़ताल करनी होगी। डा० रशीदाने जेलवालोंको समझानेकी कोशिश की, पर कोई फल नहीं हुआ। बड़े भाईने लिखकर शिकायत की, और अपनी रिहाई की माँग की। यह शिकायत आई० जी० सलामतुल्ला साहबके पास पहुँची। उन्होंने आकर बड़े भाईसे कहा—"गवर्नर साहब रिहाई नहीं कर सकते, इसका हमें अफसोस है। यह युद्धका समय है। पहली सरकारको यह काम करना चाहिये था लेकिन, आपके साथ अच्छासे अच्छा बर्ताव किया जायगा।"

देहरादूनमें बड़े भाईको जेलकी चहारदिवारीके बाहर उसी कमरेमें रक्खा गया, जिसमें पं० जवाहरलाल नेहरूको जेल काटते वक्त रक्खा जाता था। बड़े भाईको ए० क्लास देकर उसी कमरेमें रख दिया गया।

नौ महीने तक रहे। अब वैयक्तिक सत्याग्रह-आन्दोलन शुरू हुआ, जिसमें हरिश्चन्द्र बाजपेयी, हरिकृष्ण पालीवाल, झाँसीके धुलियाजी भी नजरबंद होकर वहाँ आ गये, और भी साथी मिल गये। पिता भी देहरामें आकर रहने लगे, बीबी तो कन्या गुरुकुलमें थी ही। दोनों जब चाहते, तब आकर मुलाकात करते। शहरके एक सज्जन अपना ताँगा उनको आने-जानेके लिये दे देते। बाहरसे लोग फल-फूल तथा खाने-पीनेकी चीजें भेज दिया करते।

गुरुकुलमें भागीरथीके पढ़नेका इंतजाम किया गया था, युक्त-प्रदेशके कांग्रेस कमेटीने तीस रुपया मासिक देनेका भार अपने ऊपर लिया था लेकिन मंत्री महोदय उसे भेजना भूल गये। गुरुकुलके प्रबंधक रमेशचंद्र बहुखण्डी गढ़वाली थे। जब भागी-रथी देवीका पैसा नहीं आया, तो उनके सामने समस्या खड़ी हो गई, कि खर्चका क्या किया जाय। उन्होंने भागीरथीको निकाल बाहर करनेकी जगह यही अच्छा समझा,

कि उनसे कोई काम लिया जाय, और उन्हें चौका-बर्तनपर लगा दिया। "आई थी हरिभजनको ओटन लगी कपास।" पढ़नेके लिये आई थी और उन्हें चौका-बर्तन सिरपर पड़ा। एक दिन मुलाकातके लिये आई, तो बड़े भाईने देखा, कि उनकी धोतीमें कालिख लगी हुई है। पूछनेपर बतलाया, कि मैं तो चौका-बर्तन करती हूँ, फिर साड़ी क्यों न काली हो जाय। बड़े भाईको यह सुनकर बहुत क्षोभ हुआ। उन्होंने नेहरूजी* और महात्माजीको इसके बारेमें चिट्ठी लिखी। गुरुकुलकी आचार्या विद्यावती सेठ मिलने आई। उनसे भी यह बात कही। बहुखण्डीने पूछनेपर बतलाया, कि पैसा नहीं आया मैं क्या करता? नेहरूने पता लगाकर तुरंत रुपया भिजवाया। बहुखण्डी निकाले गये। इस प्रकार चार-पाँच महीने चौका-बर्तनमें लगे रहनेके बाद भागीरथीजीकी पढ़ाई शुरू हुई। पीछे बहुखण्डी भागीरथीसे मुलाकात करनेके बहाने खुद भी नेहरूजीसे भेंट करने आये। उन्होंने सिर्फ भागीरथीसे बुलाकर बातचीत की। इसके तीसरे दिन नेहरूजी लखनऊमें आ गये।

---

* इसका उत्तर नेहरूजीने दिया था—

आनन्द भवन,
इलाहाबाद
५-१०-४०

श्री चन्द्रसिंहजी गढ़वाली
जिला जेल
देहरादून

प्रिय चन्द्रसिंहजी,

मैं अभी लखनऊ गया और वहाँ मैंने दरयाफ्त किया कि पिछले वर्षमें श्रीमती भागीरथी देवीको क्या भेजा गया। मुझे मालूम हुआ कि सितंबर १६३६ से जुलाई १६४० तक कुल २२० रुपये भेजे गये थे। उनको फौरन मैंने ५० रुपये और भेजवा दिये। इसका भी इंतजाम कर दिया है, कि उनके नये पतेपर हर महीने २० रुपये भेजे जायँगे। मैंने उनको पत्र लिखा है, कि वह मुझे लिखें अगर उनको और रुपयेकी आवश्यकता हो—मैं उसका प्रबंध कर दूँगा। अगर मैं न हुआ तब श्री महादेव देसाई, सेवाग्राम, वर्धा सी० पी० को लिखें।

आशा है आप अच्छे होंगे।

आपका
जवाहरलाल नेहरू

साथियोंका खेल-कूद उन्हें पसंद था, लेकिन ताश नहीं जिसके लिये उनके दोस्त उन्हें असामाजिक कहनेसे बाज न आते थे। सब हिल-मिल गये थे। एक दिन जब चंद्रसिंहके पिता आये, तो उन लोगोंने कहा—"बाबा, नाती चाहते हो?" बाबा क्यों न चाहते, लेकिन यह जेल था। साथियोंने तिकड़म लगाया, दोपहरका खाना खाकर बड़े भाई और भागीरथीजीको वहाँ छोड़कर सब जेलरके पास चले गये।

लखनऊ जिला जेल—खबर आई कि पं० जवाहरलाल नेहरू गोरखपुरमें गिरफ्तार कर लिये गये। उनके निवासको खाली करना जरूरी थी। बड़े भाईको अचानक लखनऊ जिला जेल भेजनेका हुकुम आया शामकी गाड़ी पकड़नी थी। पिता और पत्नीसे मुलाकात करने नहीं दिया गया, लेकिन खबर उनके पास पहुँच गई, और वह स्टेशनपर मिलने आये। वहीं बड़े संकोच और लज्जाके साथ बीबीने कहा—"तीन-चार मासकी मैं अंतर्वत्नी हूँ। लोग क्या कहेंगे?" लेकिन लोगोंके कहनेका क्या सवाल था, जब जानते थे, कि जेलमें रहनेपर भी पति-पत्नीको मिलनेकी आजादी है, यद्यपि कानून नहीं था, और पता लगनेपर इसके कारण जेलवालोंपर आफत आ सकती है। सांत्वना देकर बड़े भाई पुलिसके साथ ट्रेनपर बैठकर १२ नवम्बर १६४० को लखनऊ जिला जेलमें पहुँचे। साथी शिववर्मा, जयदेव कपूर मौजूद थे। राजबंदियोंको पहलेकी तरह सुभीते नहीं थे। सम्बंधियोंको १५ मिनटकी मुलाकातकी इजाजत मिलती और उसमें भी सी० आई० डी० का आदमी पास खड़ा रहता। जेलर हेतराम जोशी बेचारे क्या करते! उनको अपनी नौकरीका डर था। तो भी उन्होंने कहा, कि तुम्हारी घरवाली मिलने आई है। फाटक खोलनेकी इजाजत नहीं थी। बड़े भाई समझते थे पत्नी-कन्या गुरुकुलमें होगी लेकिन, वह तो अपने भतीजे लड़के खुशहालको लेकर यहाँ आ धमकी थी। बड़े भाई चिन्तित हो गये। लखनऊमें कैसे और कहाँ उसे रक्खा जाय। वह इसी चिंतामें पड़े थे। श्री ठाकुरप्रसाद सक्सेना (श्री मोहनलाल सक्सेनाके भाई) भी वहीं जेलमें थे। उन्होंने पूछा—"बड़े भाई, तुम क्यों इतने चिंतित हो टहल रहे हो?" बड़े भाईने सारी बात बतलाई। ठाकुरप्रसादजीने कहा—"कोई चिंता नहीं, मैं इंतजाम करता हूँ।" वह जेलरसे मिले। जेलरके कमरेकी एक खिड़की बाहरकी ओर खुलती थी। उसी अँधेरे कमरेमें बड़े भाईको ले जाया गया, और पाँच मिनट पति-पत्नीमें बात करा दी गई। वहाँ आफिससे ठाकुरप्रसादजीने नौबस्ता मोहल्लेमें अपने घरपर टेलीफोन किया। उनकी माँ आ गई और वह भागीरथीको अपने घर ले गई। बड़े भाईकी सारी चिंता दूर हो गई। बुढ़ियाने इस अपरिचित तरुणीपर बड़ा स्नेह रक्खा। उसे अच्छी तरह रखा। मुहल्लेमें पं० गुणानन्द अध्यापनका काम करते थे। जब उन्हें पता लगा, तो उन्होंने पढ़नेका भी प्रबंध कर दिया।

देहरादून जेलमें नेहरूजीके बँगलियाको देखकर इंजीनियरने बतलाया, कि इसकी कड़ियाँ कमजोर हैं, छतके गिरनेका डर है, उखेड़कर मरम्मत करनेकी जरूरत है। पं०

नेहरू वहाँ नहीं रह सकते थे, इसलिये उन्हें लखनऊ जिला जेलमें भेज दिया गया, जहाँ वह ४२ दिन तक रहे और इन दिनों बड़े भाईको देशके बड़े नेतासे बहुत घनिष्ट सम्पर्कमें आनेका मौका मिला। बड़े भाईको छोटी-छोटी बातोंको गौरसे देखनेकी आदत थी।

एक दिन नेहरूजीने बड़े भाईसे पूछा—"भागीरथी कहाँ है?"

बड़े भाईने कहा—"यहाँ आ गई है।"

इसी सिलसिलेमें उन्होंनेकहा, एक "गलती" हो गई है। नेहरूजीने कहा—"शाबाश बहादुर।" चन्द्रसिंहने जब आशङ्का प्रकट की—"लोग क्या कहेंगे, मेरे राजनीतिक जीवनपर आँच लगेगी।" नेहरूजीने कहा—"क्या बात करते हो, कोई चिंता मत करो।" बड़े भाईको इतने बड़े नेताकी यह बात आशीर्वाद मालूम हुई लेकिन, फिर उन्होंने चिंता प्रकट करते हुये कहा—"बेचारे जेलर भोलासिंहका क्या होगा?" नेहरूजीने कहा—"६ जूनको विजयलक्ष्मी छूटेगी। उसे मैं कह दूँगा। वह भागीरथीको नौबस्तासे आनन्द भवन ले जायगी, वहाँ सब इन्तजाम हो जायगा।"

विजयलक्ष्मी छूटनेपर नौबस्ता गईं। मुहल्लेवालोंने उनका बड़ा स्वागत किया, और यह जानकर उन्हें और भी कौतूहल हुआ, कि गढ़वालीकी बीबीको देखने पं० नेहरूकी बहिन आई हैं लेकिन बूढ़ीने उस वक्त भागीरथीको जाने नहीं दिया। उन्होंने कहा, "अभी साइत अच्छी नहीं है।" अच्छी साइत पर पं० नेहरूके प्राइवेट सेक्रेटरी शिवदत्त उपाध्याय आये, और वह १० मार्च १९४१ को भागीरथीको कानपुर होते आनंद भवन (इलाहाबाद) ले गये। वहीं २६ जुलाई (१९४१ ई०) को बड़े भाईकी पहली संतान माधवीका जन्म हुआ।

जिस पुरुषके साथ प्रायः अपना सारा समय बिताना पड़ता था, उसकी जीवनी-को उन्होंने आदिसे अन्त तक पढ़ा। बड़े भाईमें दो असाधारण बातें देखनेमें आती हैं। सैनिक बातोंको वह बहुत जल्दी पकड़ लेते हैं। उनको देखकर लार्ड राबर्टकी याद आती है। राबर्ट सिपाहीके तौरपर भरती हुआ था, और अन्तमें ब्रिटिश सेनाका फील्ड-मार्शल और कितने ही सालों तक भारतका जङ्गी लाट रहा। उसको सुभीता यह था, कि उसकी अपनी भाषा सब प्रकारके ज्ञान-विज्ञानसे समृद्ध थी, जिसके कारण जिन चीजोंकी जिज्ञासा हो, उसकी वह तृप्ति कर सकता था। दूसरे, स्वतन्त्र देशके नागरिक होनेके कारण अपनी योग्यताके अनुसार आगे बढ़नेमें उसके लिये कोई रुकावट नहीं थी। आजके स्वतंत्र भारतमें भी यदि बड़े भाई पैदा हुये होते, तो भी राबर्ट बननेका उन्हें अवसर न मिलता, क्योंकि यहाँ तो जो पिता-माता अपने लड़के

पर ६ हजार रुपया वार्षिक खर्च नहीं कर सकते, वह उसे सैनिक स्कूलमें पढ़ा सकते। आजके स्वतंत्र भारतमें भी सैनिक अफसर होनेका अवसर केवल उन्हींको प्राप्त हो सकता है, जिनको अपने परिवारके चलानेके अतिरिक्त ६ हजार रुपया वार्षिक और खर्च करनेकी सामर्थ्य हो। शासकोंकी इस मनोवृत्तिको देखकर बहुत ही क्षोभ और घृणा पैदा होती है। क्या सैनिक प्रतिभायें उन्हीं घरोंमें पैदा होती हैं, जो कमसे कम १२ हजार रुपये वार्षिककी आमदनी रखते हैं? अन्धेर नगरी, तेरा नाश हो, लेकिन, इसमें संदेह नहीं है, कि चन्द्रसिंहको यदि राबर्टकी तरह अवसर मिला होता, तो वह भी देशके सर्वोच्च सेनापति होते।

दूसरी विचित्रता उनमें यह है, कि वह छोटीसे छोटी बातोंकी ओर बड़े ध्यान से देखते हैं, और तीव्र स्मृतिके कारण उसे याद रखते हैं। आज बुढ़ापेमें स्मृतिका क्षीण होना स्वाभाविक है, लेकिन तो भी बड़े भाईकी स्मृति उतनी क्षीण नहीं हुई है। नेहरूजीकी जीवनी पढ़ते हुये उनके मनमें एक बातके लिये बड़ा आश्चर्य हुआ, जिसका कारण वह नहीं समझ पाये। नेहरूजीने अपने जीवनमें देश-विदेशकी और अपने संबंधियोंकी बहुत सी बातें लिखी हैं। वह अनेक बार जेलमें गये, और जेल-जीवनका भी वर्णन किया है। देहरादून जेलमें रहते वह रातके वक्त पाँतीसे बलती मसूरीकी दीपावलीको देखकर मुग्ध हो जाते। हिमालयकी पर्वतमालायें भी उनके लिये बड़ी आकर्षक थीं। उन्होंने चिड़ियोंके चहचहानेके बारेमें लिखा, कीड़ों-मकोड़ों की जीवनचर्याको भी लिपिबद्ध किया लेकिन, उनके पास हथकड़ी-बेड़ी पहने, फटे कपड़ोंमें जेलके कैदी जो साँसत सह रहे थे, उनका उन्होंने कहीं वर्णन नहीं किया। उनके रोदन और क्रन्दनके लिये उनकी जीवनीमें स्थान नहीं। किस तरह बुरासे बुरा भोजन इन कैदियोंको मिलता है, इसकी ओर उनका कभी ध्यान नहीं गया। यद्यपि वह साधारण कैदियोंसे अलग जेलकी बंगलियामें रक्खे जाते थे, लेकिन कैदियोंसे उनका सम्पर्क होता था, वही उनकी सेवाके लिये आते थे। साधारण कैदीका जीवन कैसा होता है, जेल कैसा नरक है, इसका क्या उनको पता नहीं था?

लेकिन, बड़े भाईको ऐसी शङ्का करनेकी जरूरत नहीं है। हमारे कालिदास, बाण जैसे महाकवियोंके समयमें आदमी ढोरोंकी तरह बाजारोंमें नहीं बिकते थे। क्या दासी-विक्रय-पत्र लिखकर किसी स्त्रीके विक्रय करते वक्त यह नहीं कहा जाता था, कि मालिकको दासीको चाहे जैसे मारने-पीटनेका अधिकार है, और यदि वह मर जाय, तो अपने कर्मसे मरी समझा जाय, मालिकका कोई दोष नहीं। पशु भी मनुष्यकी दासतामें बहुत दुःख भोगता है, लेकिन उसे अपने दुःखकी गुरुताका पता नहीं होता। दास या दासी मनुष्य होनेके कारण उसे समझता है, इसीलिये उसकी वेदना असह्य होती है। १९ वीं शताब्दीके पूर्वार्ध तक चली आई इस दासतामें हमारी जनता के एक-चौथाई लोग जिस नरक यातनाको भोग रहे थे, क्या आज उसका वर्णन किये

बिना किसी साहित्यकारकी कृतिको पूर्ण कहा जा सकता है ? लेकिन, अश्वघोषने ऐसा ही किया, कालिदासने ऐसा ही किया और दूसरे देशोंके भी कवियोंने ऐसा ही किया। उनके लिये एक-चौथाई मानवताका इस तरह कराहना कोई बात नहीं। नेहरू जैसे सिद्धहस्त लेखकमें यदि दोष था तो यही, कि वह पुराने युगमें नहीं, बल्कि आजके युगमें पैदा हुये। देशकी परतंत्रता और दरिद्रताको दूर करनेकी उन्होंने प्रतिज्ञा की थी। ऐसी स्थितिमें कैदियोंके नारकीय जीवनकी ओर न ध्यान देना यही बतलाता है, कि वह तथाकथित ब्रह्मज्ञानियोंकी तरह कमलदल जैसे निर्लिप्त रहते हैं। जेलोंमें रहते जैसे उन्होंने जेलोंकी नारकीय यातनाको नहीं देख पाया, वैसे ही हमारे देशकी असह्य दरिद्रताके बीच घूमते हुये भी उन्होंने उसको नहीं देख पाया। बालक पैदा होनेके दो महीने बाद तक यद्यपि आँख-पुतली सबसे दुरुस्त रहता है, ताकता भी है, किन्तु उसे कुछ नहीं दिखाई देता। शायद नेहरूजी उसी तरहके शिशु हैं। आज भी भारतके भाग्यविधाता होते वह दरिद्रताके दूर करने की बहुत सी बड़ी-बड़ी बातोंको करते हैं। छोटी बातोंको तुच्छ कहकर उसे छोड़नेके लिये जोर देते हैं, पर, दरबारी ठाटबाट, मंत्रियों और राजदूतोंके ऊपर शाहंशाही ढंगसे भारी धनराशि बेदर्दीसे खर्च की जा रही है, और जिसका नेहरूजी पूर्ण समर्थन करते हैं, उससे यही मालूम होता है, कि देशके करोड़-करोड़ गरीबोंके गाढ़े की कमाईका उन्हें ख्याल नहीं है।

बड़े भाई उस दो मिनटके नेहरूको भी पसन्द नहीं करते जबकि वह किसी बातपर बौखला उठते। लेकिन, उनका कहना है, दो मिनट छोड़कर बाकी ५८ मिनटके नेहरू स्वभावमें बड़े ही सुन्दर, कोमल और किसीके लिये भी आदर तथा स्नेहके भाजन हो सकते हैं। गुस्सेका उबाल आता, जरा देरमें ही वह प्रचण्ड रूप धारण कर लेता, लेकिन उसके विलुप्त होते देर नहीं लगती। जिसे एक बार दो मिनटवाले नेहरूसे मिलनेका ही मौका मिला, वह उनके प्रति गलत धारणा रख सकता है। नेहरूकी दिनचर्याको बड़े भाई बड़े गौरसे देखते। बड़े भाई सुबह तालेसे खुलते ही नेहरूकी दिनचर्याको देखने लगते। एक ओर उनके बहनोई आर० एस० पंडित थे, दूसरी ओर नेहरूजी। किताबें उनके कमरेमें बड़े कायदेसे रक्खी थीं। चारपाईसे उठते ही सिगरेट जलाकर वह पाखानेमें चले जाते। फिर मुँह-हाथ धोते। इसके बाद आकर अपने सारे बिस्तरेको उलट-पलटकर ठीक करते, आलमारी और किताबोंको झाड़ते, कमरेकी सारी चीजोंको बाकायदा रखकर फिर लंगोट बाँध लेते, और दण्ड-बैठक तथा शीर्षासन करते। फिर खुर्पी और गैंती लेकर साग-सब्जीकी खेतीमें पिल पड़ते। उस वक्त उनको धूल-मिट्टीकी कोई पर्वा न होती। वह तब तक काम करते रहते, जब तक कि पसीनेसे लथपथ न हो जाते। फिर आकर एक सिगरेट मुँहमें दबा,

जरा-सा ठहरकर स्नानघरमें चले जाते। अब नौ बज जाते। यह चायका समय होता आकर बड़े भाई और दूसरे साथियोंके साथ बैठकर चाय पीते। साथ बैठकर खाने-पीनेमें उन्हें आनन्द आता। उनके पास देश-विदेशसे और चीजोंके साथ-साथ खाने-पीनेकी चीजोंके पार्सल आया करते, जो सभी साथियोंकी चीज होती।

चाय पीनेके बाद वह अपने कमरेमें अकेले बैठकर लिखने-पढ़नेमें लग जाते। दो घंटे तक उनके पास कोई न जाता।

११ बजे खाना तैयार होकर मेजपर रख दिया जाता। साथी भी आकर बैठ जाते। एक बार मेजपर सात आदमी बैठे हुये थे। नेहरूजीकी ओर तीन आदमी और बड़े भाईकी पंक्तिमें चार आदमी थे। खाना खाते समय चीनीकी जरूरत हुई। चीनीका बर्तन कुछ दूर था। बीचमें दूसरोंकी प्लेटें रक्खी थीं। बड़े भाईने समझा, जरा हाथ ज्यादा लम्बा करलें, आलस करनेकी क्या जरूरत? उन्होंने हाथ बढ़ाकर चीनीके बर्तनको लेना चाहा। छुरी-काँटे थे, लेकिन नेहरू अपने हाथ हीसे खाना खा रहे थे, और चावल खानेमें तो वह सारी अँगुलियोंको पंजे तक भर लेना जरूरी समझते हैं। लिभड़े हाथोंसे उन्होंने बड़े भाईके हाथको पकड़कर जोरसे कहा—"बोल, जवाहरलाल सूगर-पाट दे, बोल, जवाहरलाल सूगरपाट दे।" गुस्सेसे उनका मुँह तमतमा गया था। बड़े भाई नेहरूको भली प्रकार समझते थे, इसलिये चेहरेके तमतमानेसे उनको कोई चिन्ता नहीं हो सकती थी। पर, वह यह जरूर समझते थे कि कोई अनुचित बात मुझसे अवश्य हुई है। इसके बाद नेहरूने उन्हें समझाना शुरू किया। टेबल मैनर (भोजनकालके शिष्टाचार) को हमें समझना चाहिये। शताब्दियोंके तजर्बेके बाद यह शिष्टाचार स्वीकार किये गये हैं। यहीं बीचमें दूसरोंकी प्लेटें, पानीके गिलास, गुलदस्ते और दूसरी चीजें रक्खी रहती हैं। जरा सी चूकसे, किसीमें धक्का लग जानेपर पाँती की पाँती लुढ़क जायगी, गिलासका पानी सारे मेजपर बिखर जायगा, और शीशे तथा चीनी मिट्टीके बर्तन जो टूटेंगे, सो अलग। यदि खानेवालोंमें कुछ मेहमान या अपरि-चित होंगे तो इसके कारण बड़ी भद्द होगी। इसीलिये शिष्टाचार स्वीकार किया गया, कि यदि कोई चीज अपने सामनेसे दूर हो, तो, पासवालेको कहना चाहिये, "कृपया इसे भिजवाइये।" उन्होंने इसी सिलसिलेमें कई देशोंके भोजनकालीन शिष्टाचारोंका वर्णन किया।

नेहरू नीबूकी चाय पीना ज्यादा पसन्द करते हैं। वह पहलवान नहीं हैं, और न शरीरसे मोटे-तगड़े। व्यायाम भी बहुत कम नहीं करते, लेकिन उनको पूरा विश्वास है, कि स्वास्थ्यके लिये शारीरिक परिश्रम अत्यावश्यक है। उनका शरीर देखने में चाहे कैसा ही दुबला-पतला हो, लेकिन वह ठोस है। उनको सबसे चिढ़ है शरीरमें चर्बीके पैदा होनेसे। वह अपना पेट देखते रहते हैं—चर्बी तो नहीं बढ़ रही है।

आज इतनी उमरमें जवाहरलाल जो इतने कर्मठ मालूम होते हैं, बीमारियाँ अ अस्वस्थता मानो उनके शरीरके पास पहुँच नहीं पाती, इसका कारण यही उनका व्यायामशील जीवन है।

बड़े भाई जानते हैं, कि मैं किस मिट्टीसे पैदा हुआ। वह उस मिट्टीको भुलाना नहीं बल्कि उसके साथ घनिष्ट सम्बन्ध स्थापित रखना चाहते हैं। जेलोंमें चाहें बी० क्लास के कैदी हों, या ए० क्लासके, वह बराबर साधारण कैदियोंसे घनिष्टता रखते। इसीके लिये वह कमसे कम हफ्तेमें एक दिन अपना खाना किसी दूसरे कैदीको दे देते और उसका खाना लेकर स्वयं खाते। एक दिन बड़े भाई अपना यही नियम बरत रहे थे। चने मिली मोटी-झोटी रोटी और रूखी-सूखी दाल उनके सामने थी। वह उसे साधारण ढंगसे खा रहे थे। इसी समय नेहरू वहाँ आ पहुँचे। उन्होंने देखकर एकाएक कहा—"बड़े भाई, तुम खाना खाना नहीं जानते।"

—"फिर कैसे खाना चाहिये?"

इसपर नेहरूने रोटी ले ली। उसको मींजकर गोली बना ली, फिर गोली आसमानकी ओर फेंकी और वह सधी हुई मुँहके भीतर आ पड़ी। बड़े भाईने भी कोशिश की, कई गोलियाँ आसमानमें फेंकी, लेकिन वह मुँहकी जगह जमीनपर जा गिरी। नेहरूने एकसे अधिक गोलियाँ खाईं और एकको भी मुँहसे नीचे नहीं गिरने दिया। बड़े भाईको उनका लोहा मानना पड़ा।

लोग बैडमिन्टन भी खेला करते थे, और बड़े भाई अन्धोंमें नहीं, बल्कि आँखवालोंमें राजा थे। नेहरू भी बहुत अच्छा खेला करते। एक दिन उन्होंने कहा, कि दाहिने हाथसे खेलना कोई बड़ी बात नहीं; आओ, आज बाँये हाथसे खेला जाय। बाँये हाथसे बैडमिन्टन खेलनेमें उन्होंने सबको हरा दिया। फिर एक दिन उन्होंने शीर्षासनकी होड़ रक्खी। नेहरूजी जितने मिनटों तक सिरके बल खड़े हो सकते थे, उतना दूसरे खड़े नहीं हो सके।

नेहरूको दूसरी मुद्रामें देखकर आदमी यही समझेगा, कि वह असामाजिक हैं, मेल-जोल रखना पसन्द नहीं करते लेकिन, यहाँ महीने से ऊपर वह बड़े भाई और दूसरे साथियोंके साथ रहते बिल्कुल घुल-मिल गये थे। किसीको पता नहीं लगता था, कि वह हमारी पाँतीके आदमी नहीं हैं। उनकी दिनचर्यामें गम्भीर अध्ययन और लेखन का भी समय था, खेल और व्यायामका भी निश्चित घंटा था। साथियोंसे हँसी-मजाक करना भी वह पसन्द करते थे। वह अपने साथियोंको अपने ज्ञानसे लाभान्वित करना चाहते थे। उनके सामने अन्तर्राष्ट्रीय राजनीति और दूसरे विषयोंपर व्याख्यान देते। बड़े भाईसे उन्होंने पूछा—"तुम्हें क्या पढ़ाऊँ?" उनके कहनेपर भिन्न-भिन्न राष्ट्रोंके

संविधानों और दूसरी बातोंको अच्छी तरह समझाते रहे। आर० एस० पंडित संस्कृत के ज्ञाता थे। वह अधिकतर भारतीय आध्यात्म तथा दूसरी बातोंको बतलाया करते। एक दिन नेहरूजीने पूछा—"तुमने मेरी जीवनी क्यों उस समय लौटा दिया।" सारी बातें बतलाते बड़े भाईने कहा—"हम गढ़वालियोंकी कभी यह भावना नहीं थी, कि तुरन्त स्वराज्य मिलनेवाला है, इसलिये फौजी हुकुमके न माननेसे हमारा कोई अनिष्ट नहीं हो सकता।" जैसा कि ऊपर पहले कहा जा चुका है, नेहरूजीने किताबके उस अंशको बदलनेके लिये कहा था। नेहरूजीकी दी हुई सौ-डेढ़-सौ पुस्तकें बड़े भाईके पास थीं। छूटनेपर उन्होंने उन्हें सुरक्षित रखनेके ख्यालसे लैन्सडौनकीने बड़थ्वाल लाइब्रेरीको दे दिया लेकिन, अभी हमारी लाइब्रेरियाँ निधियाँ रखने योग्य नहीं हैं। वह सारी किताबें लोग उठा ले गये।

दो बँगलियाके ठीक-ठाक हो जानेपर नेहरू देहरादून चले गये।

अध्याय २०

जेलसे मुक्त (१६४१ ई०)

बड़े भाईको बीस साल जन्मकैद (कालापानी) की सजा थी। सीमान्तके कानूनके अनुसार आजन्म कैदियोंको छ सालका रेमीशन दिया जाता है, जिसके कारण उन्हें चौदह साल सजा भोगना चाहिये था लेकिन, बीच-बीचमें और भी रेमीशन मिले। २६ सितंबर १६४१ को उन्हें जेलमें रहते ११ साल ३ महीने १८ दिन हो गये थे। इसी दिन सबेरे उन्हें फाटकपर ले जाकर रिहाईका हुकुम सुनाया गया। यह लड़ाईका समय था। भारतीय सेनायें अंग्रेजी साम्राज्यकी रक्षाके लिये भिन्न-भिन्न मोर्चोंपर लड़ रही थीं। बड़े भाई इसको कभी नहीं पसंद करते, कि हम अपनी गुलामीको बर्करार रखनेके लिये लड़ें। ऐसे आदमीको सरकार आसानीसे कैसे मुक्त कर सकती थी? वह चाहती थी कि उन्हें कुछ शर्तों के साथ रिहा किया जाय, जिनमें गढ़वालमें न जाना और राजनीतिक व्याख्यान न देना मुख्य थे। बड़े भाई ऐसी शर्तको माननेके लिये क्यों तैयार होते? फल यह हुआ, कि उन्हें जिला जेलसे मुक्त कर दिया गया, और फाटकपर पुलिसने सँभाल कर सेन्ट्रल जेलमें पहुँचा दिया। वहाँ सुपरिंटेंडेंट ठाकुरसिंह (गढ़वाली) थे। उन्होंने समझाया—"देखिये, आपकी बीबी और छोटी बच्ची इलाहाबादमें है। आपको उनके पास जाना चाहिये। इतने वर्षोंके वियोगको और बढ़ाना अच्छा नहीं है। तुमपर उनकी आशा है, और उनके प्रति तुम्हारा कर्तव्य है। गढ़वाल न जानेसे बहुत बिगड़ता नहीं। देशमें और बहुत सी जगहें हैं, जहाँ अपना काम कर सकते हैं। समझाने-बुझानेका यह फल हुआ, कि बड़े भाईने गढ़वाल न जानेके प्रतिबन्धको मान लिया, और एक महीने बाद २६ जुलाईको उन्हें जेलसे मुक्त कर दिया गया।

इलाहाबाद (आनन्द भवन)—२० अक्तूबर बड़े भाई आनन्द भवन पहुँचे। माधुरी—पीछे जिसका नाम बदलकर गांधीजीने माधवी रख दिया—२६ जुलाई में पैदा हुई थी। वह अब तीन महीनेकी थी। भागीरथी और अपनी बेटीसे मिलकर उन्हें बड़ी प्रसन्नता होनी ही चाहिये थी लेकिन, उन्होंने देखा, कि बीबी, बच्ची और सरपुत खुशहालसिंहको तश्तरियाँ रखनेकी कोठरीमें जगह मिली है, जिसके पासकी एक कोठरीमें भी शिवदत्त उपाध्यायका परिवार रहता था। उस तंग कोठरीमें रातको रोशनी और चिराग भी नहीं था। बड़े भाईको भी उसी तश्तरीखानेमें जगह मिली। वहाँ बैठनेके लिये

भी स्थान नहीं था, और जब इलाहाबादवालोंको मालूम हुआ, कि वीर चन्द्रसिंह गढ़वाली इतने वर्ष बाद छूटकर प्रयाग आ गये हैं, तो मिलनेवालोंका ताँता लग गया। वह जेलखानेसे साथ लाये कम्बलको बाहर घासपर बिछा देते, उसीपर मिलनेवालोंके साथ बैठ जाते। कानपुरमें विमलादेवीका सनसनीखेज मुकदमा हुआ था, जिसके जज मिस्टर चौहान थे। वह अब इलाहाबादमें हाईकोर्टके जज थे। उन्हें मालूम था, कि चन्द्रसिंह भी चौहान है, इसलिये वह भाईके तौरपर उनसे मिलनेके लिये आये। वहीं बाहर कम्बल बिछा हुआ था, जिसपर माननीय जज भी बैठ गये। इस स्थितिको देखकर उन्होंने पूछा—"बिरादर, क्या बात है ? ऐसे रहते हो।" बड़े भाईने कहा—"आनन्द भवनकी सीमाके भीतर ही तो हूँ, मेरी चिट्ठी-पत्री इसी पतेपर आती है।"

एक दिन युनिवर्सिटीके गढ़वाली विद्यार्थियोंने उनके लिये स्वागत-समारोह किया, जिसका अध्यक्ष पं० मदनमोहन मालवीयजीको बनाया। मालवीयजी उसी समय गढ़वाली वीरोंकी सहायताके लिये उत्सुक थे, जब कि काकुलमें उनकी सजा हुई थी। अगले महीने ही उन्होंने इसके बारेमें बैरिस्टर मुकुन्दीलालजीसे पूछा भी था। वह इन वीरोंकी कुर्बानीको सबसे बड़ी मानते थे। उन्होंने बड़े भाईका परिचय देते हुये बड़े भावुकतापूर्ण शब्दोंका प्रयोग किया। मालवीयजी प्रथम श्रेणीके वक्ता थे, आदर्शवाद और भावुकता भी उनमें कूट-कूटकर भरी थी, इसलिये उस वक्त उनके कण्ठपर सरस्वती बैठ गई। उन्होंने गांधीजीकी अहिंसापर व्यंग करते हुये कहा—"कहाँ हैं ऐसे अहिंसक ? गढ़वाली वीरों के पास आधुनिक हथियार थे, जिन्हें चलाना वह अच्छी तरह जानते थे, लेकिन, सब रहते हुये भी उन्होंने हथियारका उपयोग नहीं किया, और सरकारी आज्ञा न मानते हुये अपनेको मौतके मुँहमें ढकेल दिया। गांधीजीको अहिंसाका रोग है, इन्हें वह बागी कहते हैं। ऐसी अहिंसाका उदाहरण कहीं नहीं मिल सकता।" अन्तमें चलते समय मालवीयजीने बड़े भाईके सिरपर हाथ रखकर कहा—"बेटा अगर कोई जरूरत पड़े, तो मुझे अवश्य लिखना या मिलना।"

श्री राधाकृष्ण तिवारी ताता कम्पनीके साबुन-तेल-कारखानेकी इलाहाबादवाली एजेन्सीके मैनेजर थे। उन्होंने २८ अक्तूबर १९४१ को फोनपर बड़े भाईसे कहा—"आप मेरे घरमें दर्शन दें। बड़े भाईने उत्तर दिया—"मुझे न रास्तेका पता है, न बँगलेका।"

"मैं आपके पास कार भेज रहा हूँ।"

बड़े भाई तिवारीजीके बँगलेपर गये। उन्होंने चाय पिलाई, फिर बड़ी नम्रतासे कहा—"आपकी मैं यदि कोई सहायता कर सकूँ तो मुझे प्रसन्नता होगी। बड़े भाई उपकारका प्रार्थी होना अपमानकी बात समझते हैं लेकिन, साथ ही परिवार-सहित जिस स्थितिमें वह थे, उसमें और अधिक समय तक रहना उन्हें पसंद नहीं था।

उन्होंने कहा—"कोई काम दिलवाइये।" तिवारीजीने कहा—"यहाँ हरेक साल होनेवाली प्रदर्शनी शुरू हो रही है। उसमें हम एक मुफ्त स्टाल दिलवाकर ताताके तेल, साबुन और दूसरी चीजोंको भी दे देते हैं। जो बिकेंगी, उनका कमीशन देकर दाम और बाकी चीजोंको लौटा लेंगे।"

बड़े भाईको यह बात पसंद आई। उन्होंने प्रदर्शनीमें स्टाल लगा दिया। ताताकी चीजोंके साइनबोर्डके साथ वहाँ चंद्रसिंह गढ़वालीकी भी तख्ती लगी थी। जब दर्शकोंको यह मालूम हुआ, तो दूकानपर भीड़ लगने लगी। प्रदर्शनीवालोंने इसे पसंद नहीं किया, और उन्होंने गढ़वालीकी तख्ती हटवा दी। एक बार प्रदर्शनीमें श्रीमती विजयलक्ष्मी भी पहुँची। उन्होंने कहा—"आप मुझसे नहीं मिले।" यह बिल्कुल दिखावेकी तथा असह्य बात थी। उसी आनंद भवनके तश्तरीखानेमें चंद्रसिंह अपने परिवारके साथ इतने दिनोंसे रह रहे थे, लेकिन विजयलक्ष्मीजीने कभी उधर देखनेकी भी जरूरत नहीं समझी। और यह तब जब कि नेहरूजीने पत्रमें लिखा था—"मैं विजयलक्ष्मीको लिख रहा हूँ, कि वह मेरे कमरेमें तुम्हें रक्खें और सब तरहका आराम दें।" नेहरूकी नजरमें बड़े भाईकी कदर हो सकती थी, लेकिन विजयलक्ष्मी—स्वर्गकी अप्सराको वह देहाती सिपाही नरकका कीड़ा मालूम हुआ, जिसके लिये सबसे उपयुक्त स्थान तश्तरीखाना ही था। विजयलक्ष्मीका नेहरू-कुलमें जन्म विधाताकी विडम्बना थी क्या? यह तो निश्चय ही है, कि वह जनताकी नहीं हैं। जनता उनके लिये केवल निरीह पशु-सी है, जिसे देखकर उनकी भौंहें तन जाती हैं, जिसके पाससे निकलनेपर दुर्गंधसे उनकी नाक फटने लगती है।

आनंद भवनमें आसामके नेता बरदोलाई आये, गोविंदवल्लभ पंत भी आये, सप्ताह भर रहे। उन्हें मालूम होता, तो बड़े भाईसे मिलते, लेकिन तश्तरीखानेमें रहनेवालेके बारेमें उन लोगोंके पास कौन कहता? गोविंदवल्लभ पंत जब लौटकर नैनीताल गये, तो मालूम हुआ। उन्होंने इस बातपर खेद प्रकट करते हुये बड़े भाईको लिखा, कि मैं एक सप्ताह आनन्द भवनमें रहा, लेकिन तुम्हारा पता नहीं लगा, और मैं मिल नहीं सका। जल्दी ही मैं लखनऊ आ रहा हूँ, वहाँ चंद्रदत्त पाँडेके मकानपर मुझसे तुरंत मिलो। १७ अक्तूबर १९४१ को बड़े भाई लखनऊ गये। पंतजी अच्छी तरह मिले, हालचाल पूछा। चलते वक्त एक सौ रुपया दिया। बड़े भाईने कोई मदद नहीं माँगी? वह वहाँसे फिर आनन्द भवन लौट आये।

शायद इस समय फिर नेहरूजीने विजयलक्ष्मीको कुछ लिखा था। उन्होंने एक दिन आकर शिष्टाचार दिखाते हुये पूछा—"बड़े भाई, कहाँ रहे?"

बड़े भाई चुप रहे।

—"भाईजीकी चिट्ठी आई है, कि बड़े भाईको हमारे कमरेमें रखनेका इंतजाम करो। खाना साथ खाना चाहें तो ठीक, नहीं तो अलग इंतजाम करो।"

लेकिन, देवांगनाको यह मामूली बात याद कैसे रह सकती थी? बड़े भाईने किसी कामसे एक दिन उनसे मिलना चाहा। पुर्जी लिखकर भेजी। आकर नौकरने जवाब दिया, कि श्रीमतीको बुखार है। बड़े भाईने लिखा—"मैं भी देखना चाहता हूँ।" पुर्जीकी पीठपर लिखकर आया—"कोई जरूरत नहीं।" बड़े भाईको यह बर्ताव बहुत बुरा लगा, और तबसे वह उनकी परछाईंसे भी दूर रहने लगे।

प्रदर्शनीकी दूकानपर आकर एक बार विजयलक्ष्मीजीने कहा था—"तुमने यह क्या कर लिया? भाईजीकी चिट्ठी आई है,तुम्हारे बारेमें।"

"कुछ करना तो चाहिये, मैंने यही कर लिया।"

श्रीमतीजीने सोलह रुपयेका सामान लेकर कहा—"बिल भिजवा देना।" लेकिन बड़े भाईने न बिल भेजा और न रुपये आये।

प्रदर्शनीके व्यापारमें बड़े भाईको २६ रुपये मिले।

एक दिन आनन्द भवनके हातेमें फिर मुलाकात हो गई। बोलीं—"बड़े भाई, तुम क्या करते हो? भाईजीने मुझे बहुत फटकार कर लिखा है। वह छूटकर आनेवाले हैं। लिखा है, बड़े भाईको वर्धा भेज दो।"

बड़े भाईने कहा—"मेरे पास न पैसा है, न रास्तेका पता।" इसपर श्रीमतीने खर्चके लिये सोलह-सत्रह रुपये दिये।

बड़े भाई एक बार दूरसे गांधीजीका दर्शन कर चुके थे। अब उन्हें समीपसे मिलने और बातचीत करनेका अवसर मिला था, इसलिये वर्धा जानेमें उन्हें बड़ी खुशी हुई। वह १९४१ के किसी महीनेमें गांधीजीके पास पहुँचे। गांधीजीने पूछा—"रहनेके लिये आ गये?"

बड़े भाईने कहा—"दर्शन करने और आश्रम देखनेके लिये आया हूँ। फिर लौटकर आऊँगा।"

गांधीजीने एक प्रदर्शक देकर उसे कह दिया, कि इन्हें यहाँकी सारी चीजें दिखला दो। वह नालवाड़ी देखने गये, जहाँ हाथसे चमड़ेकी सिझाई आदिका काम होता था। फिर मदनबाड़ीकी दस्तकारीको देखा, गोशाला भी देखी। काम करनेवालोंसे मिले। उनसे वेतन आदिके बारेमें पूछा। दो दिन तक वर्धाके कामको देखकर वह सेवाग्राम पहुँचे पूछनेपर कहा—"बापू अब मैं घर जा रहा हूँ।" इधर कितने ही समयसे बड़े भाईके लिये बीस रुपया मासिक जाया करता था। बड़े भाई अब उसे लेना पसंद नहीं करते

थे। उन्होंने इसी समय गांधीजीसे कहा—"बापू मैं अब यह बीस रुपया नहीं लेना चाहता।"

बापूने कहा—"तुम्हे खर्च-वर्चके लिये जरूरत होगी।"

चन्द्रसिंहने अपने हाथोंको दिखलाते हुये कहा—"बापू, मेरे हाथमें ताकत है। मैं अब जेलसे बाहर हूँ, पत्थर कूटूँगा, घास काटूँगा, अपना खर्च चला लूँगा।"

आदमीके मूडके परखनेमें गांधीजी अद्भुत प्रतिभा रखते थे। उन्होंने समझ लिया, कि बड़ा भाई असन्तुष्ट है। उन्होंने एक मोहरबंद चिट्ठी विजयलक्ष्मीजीके लिये दी जिसमें लिखा था—'यह असन्तुष्ट है, रुपया लेना नहीं चाहते। जब तक जवाहरलाल बाहर नहीं आ जाते, तब तक इनके रहनेका अच्छा प्रबन्ध कर दें।'

श्रीमतीजीपर क्षण भरके लिये प्रभाव पड़ा, और उन्होंने कहा—"बड़े भाई, क्या करूँ मुझे फुरसत नहीं मिलती। तुमने क्यों रुपया लेनेसे इंकार कर दिया। भाईजी और पंडित आ रहे हैं।"

बड़े भाईने कहा—"पंडितजी और आर० एस० पंडित आ ही रहे हैं, तभी देखा जायगा।"

आर० एस० पंडित अपनी पत्नीसे उलटे एक बिल्कुल दूसरी मिट्टीके बने हुये थे। सहृदयता उनमें कूट-कूटकर भरी थी। वह इलाहाबाद पहुँचते ही तुरन्त भाईजीके पास आये, और अपने साथ चाय पीनेके लिये ले गये। चाय पीनेके बाद फल-मिठाइयोंके साथ थालीमें मधुमक्खी-पालनकी एक बड़ी पुस्तक उन्हें भेंट देते हुये उन्होंने कहा—"पंडितजी आठ-दस दिनमें छूटकर आ रहे हैं।"

यह वह समय था, जब कि हरेक प्रमुख कांग्रेसी नेता अपनेको साम्यवादका भक्त कहता था। ६ दिसम्बरको कानपुरमें स्टूडेन्ट फेडरेशनका अधिवेशन हो रहा था। तब इन्दिरा गांधी भी अपनेको कम्युनिज़्मका समर्थक मानती थीं। विद्यार्थियोंने उन्हींको प्रेसीडेंट बनाया था। इन्दिराके साथ बड़े भाई भी वहाँ गये।

आखिर एक दिन सबेरे नेहरूजी आनन्द भवनमें पहुँच गये। नहाने-धोनेके बाद उन्होंने अपना वक्तव्य दिया, पत्र-प्रतिनिधियोंको चाय पिलाई। कुशल-मंगल पूछने पर बड़े भाईने सब अच्छा ही कहा, किसीकी शिकायत करनेसे क्या मतलब था!

कांग्रेस-मंत्रिमण्डल अब फिर कायम हो गया था। लखनऊमें युक्तप्रदेशकी कांग्रेस कमेटीकी बैठक थी। पंडितजी उसमें शामिल होनेके लिये चले। साथमें बड़े भाई भी थे। सीधे न जाकर वह कानपुरके रास्ते गये। उनके दर्शनोंको कानपुरके प्लेटफार्म पर जनताकी भारी भीड़ लगी थी। बाहर निकलनेका रास्ता नहीं था।

पंडितजीको झुँझलाहट हुई। वह खिड़की खोलकर उसके रास्ते कूद पड़े, और भीड़के भीतरसे निकल गये उस रात कानपुरमें ही रहना पड़ा।

लखनऊमें एक दिन युनिवर्सिटीमें विद्यार्थियोंके सामने नेहरूजीका भाषण हुआ। उन्होंने वीर गढ़वाली चन्द्रसिंहका परिचय दिया। बड़ी तालियाँ बजीं। पाँच मिनट बड़े भाईजी कुछ बोले। वह वहाँ कांग्रेसकी बैठक देखने जाया करते।

बारदोलीमें अखिल भारतीय कांग्रेस कमेटीकी बैठक होनेवाली थी। नेहरूजी भी जानेवाले थे। समझते थे, आनन्द भवनमें मेरे न रहने पर बड़े भाईका ठीकसे कोई ख्याल नहीं रखता, इसलिये उन्होंने कहा—"बड़े भाई, ऐसा करो, तुम पृथिवी सिंहके अहिंसक व्यायाम शिविरमें मलाडमें जाकर रहो। भागीरथीजीको अहमदाबाद भेज दें। वहाँ मृदुला बहनका एक आश्रम है। वहाँ रहकर वह कुछ सीख जायँगी। यह मेरी राय है, लेकिन अभी बापूसे भी इसके बारेमें पूछ लेना है।"

१४ दिसम्बरको नेहरूजीने बड़े भाई, बच्ची, पत्नीको किराया देकर रेलपर भेज दिया—खुशहालसिंह उपाध्यायके पास रह गया। बड़े भाईको अगर अंग्रेज सरकार सबसे अधिक खतरनाक न समझती, तो किसको समझती! वह खुफिया पुलिसके दो स्टारवाले आदमी थे, जिसमें सरदार पृथिवीसिंह जैसे दो ही चार और रहे होंगे। रेलपर बैठनेके साथ उनके पीछे दो खुफिया वाले भी लग गये। आगे आगरा या और कहीं उन्हें ट्रेन बदलनी थी। जगह न मिलने पर वह सर्वेन्ट क्लासके डब्बेमें मुश्किलसे जा बैठे। जगह थी, लेकिन पहलेसे बैठे हुये लोग टाँग पसार कर सो रहे थे—हमें दूर जाना है। बच्चीको गोदमें लिये दो-तीन स्टेशन तक वह खड़े-खड़े चले। लेटे हुये आदमियोंको मानवताने धिक्कारना शुरू किया, और एकने जरा-सा खिसक कर कहा—"माताजी, आप यहाँ बैठ जाइये।" माताजी बैठ गईं। बड़े भाईने कहा—"माताजीके लिये आपका हृदय पिघल गया, तो क्या जाने पिताजी के लिये भी पिघले।"

इलाहाबादसे ही खुफियाके दो आदमी उनके पीछे-पीछे चल रहे थे, लेकिन दूसरे खुफियावाले अपनी कार्रवाई न दिखायें, यह कैसे हो सकता था? भागीरथी गोरी सुन्दरी थीं, और उनकी आँखों पर हलकी सी मंगोलायित छाप थी। उनके सारे खानदानमें यह छाप देखी जाती थी, जिसका कारण अतीतके घनान्धकारमें छिपा हुआ था। हिमालयके प्रथम निवासी किरात लोग थे, जो तिब्बती चीनी जातिके थे। जापानी भी किरात और दूसरी मंगोल जातियोंकी संतान हैं। सम्भव है, हिमालयकी किरात जाति किसी घाटीमें पीछे तक बहुसंख्यक रही, और खस लोगोंमें शादी-ब्याह करके विलीन होते समय अपनी मुखमुद्रा छोड़ गई। खैर, खुफिया पुलिसवालोंने

साड़ी पहने हुये एक मंगोलायित सुन्दरीको एक आदमीके साथ सर्वेन्ट कम्पार्टमेंटमें बैठी देखकर भाँप लिया, कि यह आदमी किसी जापानी तरुणीको भगाये लिये जा रहा है। अब तक उस कम्पार्टमेंटके दूसरे लोग चले गये थे, और केवल बड़े भाई और भागीरथीजी अपनी बच्चीको लिये वहाँ मौजूद थे। उन्होंने दरवाजा बन्द कर रक्खा था। अजमेरमें पुलिसके जवानोंको लिये एक अंग्रेज आकर दरवाजेको खटखटाने लगा। दरवाजा खोलनेपर पूछा—"आप अपना नाम-पता बताइये।" बड़े भाई इतने सीधे तौरसे बतलानेके लिये क्यों तैयार होते ? उनको चिढ़ानेमें कुछ मजा भी आता था। अंग्रेजने फिर कहा—"हमें पता लगा है, कि आप एक जापानी औरतको भगाये लिये जा रहे हैं।" बड़े भाईने कहा—"पहले आप इन सबको यहाँसे हटाइये, तब मैं बतलाऊँगा, कि मैं किस तरह जापानी बीबीको भगाये लिये जा रहा हूँ।" अफसरने औरोंको हटा दिया। फिर बड़े भाईने अपना नाम बताते कहा—"यह मेरी बच्ची है, जो आनन्द भवन इलाहाबादमें पैदा हुई है। हम सब बारदोली जा रहे हैं। और कुछ पूछना हो, तो इलाहाबाद फोन करके पूछ लीजिये।" उन्होंने यह भी कहा, कि इलाहाबादसे हमारे साथ दूसरे भी दो सी० आई० डी० चल रहे हैं। आप उनसे भी बुलाकर पूछ लीजिये। अंग्रेज अफसरने पूछताछ करनेके बाद बातको सच पाया और बड़े भाईके सामने गलतीके लिये बहुत-बहुत अफसोस प्रकट किया।

१६ दिसम्बरको रातके समय उनकी ट्रेन अहमदाबाद स्टेशनपर पहुँची। पहले हीसे खबर थी, इसलिये वालंटियरोंके साथ कार वहाँ प्रतीक्षा कर रही थी। उन्हें करोड़पति सेठ अम्बालाल साराभाईके अतिथि-भवनमें उतारा गया। वहाँ की सभी चीजोंमें बड़ी सुरुचि और बाकायदगी थी। कमरेमें फोन लगा हुआ था। पूछा गया—"कौन सा साबुन लेंगे ?" बड़े भाईने कह दिया—"हमाम।" फिर गरम पानी तैयार करके स्नानकी सूचना दी गई। स्नान करनेके बाद फोन आया—"किस प्रकारका नाश्ता चाहिये ?" वहाँ नाश्तेकी चीजोंकी सूची टँगी हुई थी। बड़े भाईने दूध, फल आदि कह दिया।

नाश्ता कर लेनेके बाद अपने सम्माननीय अतिथिसे मिलने सेठ अम्बालाल आये। उनके शरीरपर जाँघिया और कुर्ता भर था, जिससे उनके ऐश्वर्यका पता नहीं लगता था। उन्होंने अपने को देशके ऐसे वीरके दर्शनसे धन्य-धन्य बतलाया। फिर किसी बातकी तकलीफ नहीं है पूछनेके बाद कहा—"अगर कोई जरूरत हो, तो यह मेरा फोन नम्बर है, इस पर आप मुझे सूचित करें।" सेठके जाने कुछ देर बाद उनकी पत्नी आईं। उन्होंने भी उसी तरह शालीनता और शिष्टाचार प्रदर्शित किया। उनके जानेके बाद सेठका लड़का आया। उसने भी अपने बड़ोंका अनुकरण करते

हुये बड़े भाईकी अभ्यर्थना की। अन्तमें सेठकी पुत्रवधू आई। इस तरह सारे सेठ परिवारने बारी-बारीसे अतिथिका स्वागत-सत्कार किया। खानेके समयकी सूचना मिली। बड़े भाई भागीरथीजीको लेकर भोजनशाला में गये। वहाँ पचीस-तीस मेहमान थे। बड़ा पुरतकल्लुफ भोजन था निरामिषाहारी ही। भोजनका विधि-विधान कुछ और बड़े रूपमें शामको देखनेमें आया।

४ बजे सेठकी पुत्रवधू आई। उन्होंने पूछा—"आप हमारे साथ घूमनेके लिये तैयार हैं?" इस अनिंद्य सुन्दरीके साथ कारमें हवा खानेकी इच्छा इन्द्रको भी होती, किन्तु साथमें भागीरथीजी भी थीं। पुत्रवधूने स्वयं कहा—"क्या राणीजी भी जायँगी?" बड़े भाईको मालूम हो गया, कि गुजरातमें स्त्रियोंको राणीकी उपाधिसे विभूषित किया जाता है। बड़े भाईके "हाँ" कहने पर कारमें राणीजी और बड़े भाई को लेकर तरुण सेटानी घुमाने ले चलीं। कारकी सवारी थी, सारा नगर घूमनेमें क्या देर लगती? एक घंटे तक सारे शहरको घुमाकर राणीजीको घर पर छोड़ दिया। शामका अँधेरा हो रहा था। इसी समय तरुण सेटानी बड़े भाईको अपने फूलों और तरह-तरहकी चिड़ियोंके बगीचेमें ले गई। वहाँ हौजमें सुनहली मछलियाँ तैर रही थीं। कोंच पड़ा हुआ था। उसपर अतिथिको बैठाकर पासमें अप्सरा भी बैठ गई। बड़े भाईने ऐसा कभी नहीं देखा था। उनको सङ्कोच हो रहा था। तरुणीने उनके कंधेपर हाथ रख कर कहा—"बड़े भाई अब अपनी जीवनी सुनायें।" सुनाते वक्त मालूम हुआ, कि तरुणीकी यही तीव्र जिज्ञासा थी, जो वह उन्हें यहाँ पकड़कर लाई। घंटा-डेढ़-घंटा वह अपनी आपबीती सुनाते रहे। उनका जीवन कितना आकर्षक और वैविध्यपूर्ण है, यह हमारे पाठक जानते ही हैं। हाँ, विस्तारके साथ उसे सुनानेका अवसर नहीं था। तो भी उन्होंने बहुत सी बातें सुना दीं।

शामके खानेका समय आया। भोजनशालामें ८० मेहमान थे, जिनमें मेहमान नम्बर एक भागीरथीजी थीं, जिनकी बगलमें सेठकी पत्नी बैठी थीं। मेहमान नम्बर दो बड़े भाईके पास कुर्सीपर सेठकी बहू बैठी थीं। पुत्रवधूने भोजनशालामें पहुँचते ही कहा—"वंडरफुल स्टोरी (अद्‌भुत कहानी)।" सभीका ध्यान उधर आकर्षित हो गया। कृपलानीजी बड़े मजाकिया तबीयतके आदमी हैं। उन्हें जिस पांतीमें बैठाया गया था, वहाँ स्त्रियाँ ही स्त्रियाँ थीं। कृपलानीजीने मजाक करते हुये कहा—"बड़े भाईको यहाँ का खाना अच्छा नहीं लगेगा, इन्हें तो तेलकी पूड़ियाँ पसंद आती हैं।

बड़े भाईने भी तीर छोड़ा—"हाँ, तेलकी पूड़ियाँ ही, पर कृपलानीजीने कबसे स्त्रियोंमें नाम लिखा लिया?"

अब खानेका विधि-विधान शुरू हुआ। घंटी टनसे बजी। एक दरवाजेका पर्दा हटा, और एक नौकरने सजी मेजपर पड़ी काँचकी छोटी-छोटी प्यालियोंमें जगमें

से कोई हरा-हरा रस डाला, जो स्वादु था। शायद यह भूख तेज करनेका रसायन था। मेहमान नम्बर एकको पहले शुरू करना था। बड़े भाईने बतलाया और भागीरथी देवीने प्याली मुँहमें लगा ली। फिर सबने अपनी प्यालियोंके हरित-रसायनको पान किया। आध घंटा तक गप चलती रही। इसीमें जूठी प्याली हटाई गई, छुरी-काँटे रक्खे ही थे। घंटी टनसे हुई। फिर पर्दा हटा, और एक सुनहली ट्रेमें सोनेके वर्कोंसे ढँकी मछलियाँ सबके सामने रक्खी गईं। बेचारी भागीरथी छुरी-काँटेके इस्तेमालको क्या जाने? बड़े भाईको उसका अभ्यास था उन्हें प्रसन्नता हुई, कि मछली तो खानेको आई, लेकिन, वह मछली आलू-गाजरकी बनी हुई बिल्कुल नकली थी। बड़े भाईके बतलानेपर भागीरथीजीने अपने सामनेकी "मछली"के सिरको छुरीसे काटकर मुँहमें डाला। फिर सबने अपनी मछली खाई। फिर घंटी बजती गई, और बारी बारीसे दूसरे दूसरे व्यंजन, पकवान आते रहे। डेढ़ घंटा तक भोजन इसी तरह चलता रहा। अन्तमें तेलकी पूड़ियाँ भी आईं। कृपलानीजी की टिप्पणीसे सन्देह हुआ, कि पहाड़ी लोग तेलकी पूड़ियोंके सबसे अधिक प्रेमी होते हैं, हालाँकि यह बात गलत थी। तेलकी पूड़ियाँ केवल भागीरथीजीके लिये आईं, जिसे उन्हें खानेकी आवश्यकता नहीं थी, क्योंकि पहले ही तृप्ति हो गई थी। सारी अतिथिमंडलीने कहना शुरू किया—"हमें भी सुनाओ वह वंडरफुल स्टोरी।" सेठवधूका कहना रिहर्सल था। अब उन्होंने फिर कथा सुनाई।

बड़े भाई तीन दिन तक सेठ अम्बालालके मेहमान रहे। उन्हें कई दावतों और मीटिंगोंमें भी जाना पड़ा। एक दिन वह कालेजके विद्यार्थियोंमें भाषण देनेके लिए बुलाये गये, जहाँ उन्होंने पेशावर-काण्डका वर्णन किया। दूसरे दिन अहमदाबादकी एक दूसरी सम्भ्रान्त महिला पार्वती देवीने अपने यहाँ भोजनके लिये बुलाया। यहाँ भी तरह-तरहके गुजराती भोजन थे, पर बैठनेके लिये जमीन पर देशी ढंगसे प्रबन्ध किया गया था।

अब अहमदाबाद छोड़ना था, इसलिये तीसरे दिन (१६ दिसम्बर) वह ताँगेपर बैठाकर भागीरथीजीको मृदुला बहनके आश्रममें ले गये। मृदुला बहन सेठ अम्बालाल साराभाईकी लड़की हैं, जिन्होंने अपना सारा जीवन देश और समाजकी सेवा में लगा दिया, और इसीलिये अपना विवाह भी नहीं किया। उन्होंने महिलाओंके लिये एक आश्रम खोल रक्खा था। बड़े भाई आश्रममें गये। देखा, आश्रमवासिनी एक तरुण लड़कीका कपड़ा सीनेके पास फटा हुआ है, और वह मैला भी है। उन्होंने अपने यहाँ डोटियाल मजूरोंको इस तरह जीर्ण-शीर्ण अवस्थामें देखा था। उनको यह सोचकर दुःख हुआ, कि भागीरथीको ऐसे स्थानमें मैं रक्खे जा रहा हूँ। आश्रमवालोंने यह पूरी कोशिश की, कि भीतरकी बात मालूम न होने पाये। खैर, अब यहाँ तक

लाकर वह भागीरथीको लौटा नहीं सकते थे, और १६ दिसम्बरको वहीं नाम लिखवाकर वह बारदोलीके लिये रवाना हुये।

गाड़ी सबेरेके वक्त बारदोली पहुँची। अतिथियोंके रहनेके लिये एक अच्छे कमरेमें उनको जगह मिली। आगन्तुकोंके खातिरदारीके लिये मृदुला साराबेन, इमतुस्सलाम आदि महिलायें थीं। २३ दिसम्बरको गांधीजीसे मिलनेपर उन्होंने कुशल-मंगल पूछा। सरदार वल्लभभाई पटेलका बारदोलीमें अपना फार्म (खेती) था। इसीसे सरदार अपनेको किसान कहकर अभिमान करते थे। वह बड़े भाईको रिक्शेमें बैठाकर अपना बाग दिखलाने ले गये। केलोंका बाग था, जिसमें तरह-तरहके केले लगे हुये थे। खेती भी इसी तरह विशाल थी। सरदारने बड़े भाईसे पूछा—"देखो, मैं कैसा किसान हूँ?"

बड़े भाईने कहा—"यदि ऐसे किसान भारतमें सभी होते, तो हमें स्वराज्यकी क्या जरूरत थी?"

एक दिन बड़े भाई बैठे हुये थे। इसी समय एक किसान अपने लड़केको लेकर बड़े भाईके पैरोंमें पड़ गया, और कहने लगा—"मेरा लड़का पंडितजीका दर्शन करना चाहता है, आप उनसे मिलवा दीजिये।" अपने नेताके प्रति भारतीय जनसाधारणकी भक्तिका उन्हें पता था ही। बूढ़ेकी विनतीको स्वीकार करते बड़े भाई लड़केको लेकर सीढ़ियोंसे ऊपर चढ़ने लगे। कमेटीकी बैठक ऊपर कोठेपर हो रही थी। जब वह कुछ सीढ़ियाँ ऊपर चढ़ चुके, तो उधरसे वल्लभभाईकी पुत्री मणिबहेन आ गईं। उन्हें यह बहुत बुरा लगा, कि अखिल भारतीय कांग्रेस कमेटीकी बैठकमें यह आदमी लड़केको लिये चला जा रहा है। सीढ़ियोंपर ही मुलाकात हुई। मणिबहेन ऊपर से आ रही थीं। उन्होंने बहुत जोरका धक्का देते हुये कहा—"शर्म नहीं आती, मीटिंग हो रही है और तुम चले आ रहे हो।" साधारण आदमी होता, तो सीढ़ियों पर लुढ़कता चला जाता, लेकिन बड़े भाई सँभल गये। उनको सबसे बड़ी प्रसन्नता यह हुई, कि उनके गिरनेसे लड़केको गिरना नहीं पड़ा। बड़े भाईने मुस्कुराते हुये कहा—"बहिनजी, आपकी जैसी स्त्रियाँ भारतमें हों, तो उसका बेड़ा पार हो जाय।" सचमुच ही एक हट्टे-कट्टे फौजी जवानको धक्का देकर मणिबहेनने अपनी मर्दानगी का परिचय दिया था। खैर, उन्होंने नाम जाननेपर बड़े भाईको जाने दिया। लड़केको लेकर मीटिंगके पास जा उन्होंने कहा—"यह पं० नेहरू हैं, यह महात्मा गांधी हैं…।"

लड़केको लौटाकर उन्होंने बूढ़े किसानसे पूछा—"तुम पंडितजीको लड़केके लिये खिलौना बनाना चाहते हो, या पंडितजीसे प्रेम करना? यह तो निश्चय ही था, कि बूढ़ा लड़केकी जिद्दको हटानेके लिये पंडितजीको खिलौना

ही बनाना चाहता था। जब बड़े भाईने पंडितजीको यह किस्सा सुनाया, तो वह बहुत हँसे।

बारदोलीमें बड़े भाई तीन दिन तक रहे। यहीं पर सरदार पृथिवीसिंहसे उनकी मुलाकात कराई गई। नेहरूजीने सरदारके अहिंसक व्यायाम शिविरमें जानेका सुझाव रक्खा था। नेहरूजीने जब गांधीजीसे कहा, कि बड़े भाईको सरदार पृथिवीसिंहके शिविरमें भेजना चाहिये, तो गांधीजीने कहा—"तुम एक म्यानमें दो तलवार रखना चाहते हो।" अंतमें मलाड जानेका निश्चय हो गया।

मलाड शिविरमें—पृथिवीसिंह पहले ही कह गये थे, कि मैं ट्रेनके समय स्टेशनपर मौजूद रहूँगा। २४ दिसम्बरकी शामको ट्रेन मलाड स्टेशनपर पहुँची। सरदार उन्हें अपने साथ ले गये। सरदार भीतरसे कम्युनिस्ट और बाहरसे गांधी-वादका चोंगा पहने हुये थे। उनको डर था, कि यह गांधीवादी पहाड़ी हमारे भीतरके भेदको जान लेगा, और फिर इसके कारण अच्छा नहीं होगा। इसीलिये बड़े भाईको लेकर उन्होंने एक कमरेमें रख दिया, और कोशिश की, कि बड़े भाई विद्यार्थियोंसे अधिक हेलमेल न करने पायें। सरदार यदि व्यायामके कुशल शिक्षक थे, तो बड़े भाई भी मलखम छोड़कर बाकी सभी तरहके व्यायामको जानते थे। जैसा कि गांधीजीने कहा, वही बात हुई, और दिन बीतनेके साथ दोनोंका मनमुटाव बढ़ता गया। इसमें शक नहीं, कि अगर दोनोंको एक दूसरेके वास्तविक विचार मालूम होते, तो यह नौबत न आती। मतभेद जितने ही स्पष्ट होते गये, उतनी ही बात-बातमें नोंक-झोंक हो जाती। बड़े भाईको मालूम हुआ, कि सरदार उनके ऊपर हर तरहसे बुरी निगाह रखते हैं, और गांधीजीकी लिखी चिट्ठीको भी उन्होंने पढ़ ली थी। बड़े भाईने सचमुच ही गांधीजीको लिखा, कि यहाँ रहनेसे मुझे कोई लाभ नहीं हो सकता, मेरा दिल नहीं लगता। मुझे आश्रममें बुला लें। व्याख्यानमें कुछ प्रश्न करने पर, 'चुप रहो', और अन्तमें यहाँ तक हुआ, कि 'शिविरसे चले जाओ' को भी सुनना पड़ा। उसी वक्त बड़े भाई अपने डंडेको उठाकर स्टेशनपर आये। रात वहीं काटी और सबेरे बम्बईमें पं० जवाहरलालके छोटे बहनोई हठीसिंहके घरपर पहुँचे। वहाँसे उन्हें रेलका खर्च मिल गया, और वह वर्धा चले आये।

अध्याय २१

गांधीजीके पास (१९४२ ई०)

वर्धामें जिस समय (१५ जनवरी १९४२) बड़े भाई (चन्द्रसिंह गढ़वाली) पहुँचे, उस समय बजाजवाड़ीमें कांग्रेस कमेटीकी मीटिंग हो रही थी। नेहरू, पंत आदि देशके बड़े-बड़े नेता वहाँ मौजूद थे। पहले ही ऊपर पं० जवाहरलालकी नजर पड़ी। वह वहाँ टहल रहे थे उन्होंने अर्धस्फुटित हास के साथ कहा—"अहा, तुम कैसे आ गये बड़े भाई ?"

बड़े भाईने कहा—"वहाँ (बम्बईमें) मैं नहीं निभ सका।"

नेहरू बेचारे क्या करें। वह चाहते थे, कि बड़े भाईको कष्ट न हो। उनके लिये कोई निश्चित प्रबन्ध हो जाय लेकिन बड़े भाईका निभना हर जगह आसान नहीं था। नेहरूने कुछ अन्यमनस्क होकर पूछा—"तो बताओ, अब आपके लिये क्या किया जाय ?

बड़े भाईको इस वाक्यमें अपनी बेबसीपर व्यंगका आभास हुआ। उन्होंने दाँत मीचकर अपने हाथकी ओर इशारा करते कहा—"इन रगोंमें अभी खून है। मैं किसानका बेटा हूँ, कामचोरका नहीं। रोड़ी कूटूँगा।"

बड़े भाईके इस रुखको देखकर पण्डितजी चुप हो ऊपरी मंजिल पर चले गये।

बड़े भाईको अब दुनियामें फिर कोई स्थान ढूँढ़नेकी जरूरत पड़ी। सबसे पहले जल्दीसे जल्दी वहाँसे हट जाना था। वह रिक्शा बुलाने लगे। पण्डितजीके प्राइवेट सेक्रेटरी श्री शिवदत्त उपाध्यायने पूछा—"बड़े भाई कहाँ जाते हैं ?"

उसी ११० डिग्रीके पारेमें जवाब मिला—"नागपुर छावनीमें जाकर कुछ करूँगा। उभाड़ूँगा और विद्रोह कराऊँगा, और गोली खाकर ऐसे जीवनसे छुट्टी पा लूँगा।"

शिवदत्तजीने यह बात नेहरूजीके पास पहुँचाई। वह आये। उन्होंने कंधेपर हाथ रखकर कहा, बड़े भाई ऐसा नहीं करना होगा। पकड़कर ऊपर ले गये। मृदुला-से चाय लानेके लिये कहा। नाश्ता कराते बड़ी नरमीसे कहा—"तुम्हारे लिये कुछ

जरूर करना है, लेकिन थोड़ा सोचना पड़ेगा। मलाड (बम्बई) भेजना बापूने पसन्द नहीं किया था, और भेजनेका यह परिणाम निकला।

नेहरू अब दो मिनट वाले नहीं, बल्कि ५८ मिनटवाले अति कोमल पुरुष थे। उन्होंने बड़े भाईके पारेको उतार कर नार्मलपर ला दिया, और शिवदत्तजीसे कहा—"इन्हें पंतजीके पास ले जाओ।"

पन्तजी वहाँ चारपाई पर पड़े हुये थे, कोई स्वयं-सेवक पैर दबा रहा था। पण्डित गोविंदवल्लभ पन्तको जैसा दिमाग मिला है, शरीर उससे बिल्कुल उलटा है। वह भारी-भर्कम बोरी है, जिसको सँभालना उनके बूतेकी बात नहीं। शरीरकी इतनी बाधा रहते भी वह कैसे इतना सोच लेते हैं? उस शरीरके लिये आवश्यक है, कि समय-असमय बराबर उसको कोई दबाता रहे। अपने किसी कर्तव्यको पालन करना भी वह लेटे ही लेटे कर सकते हैं। शायद बहुत दूरके किसी सम्भ्रान्त पुरुषके सामने वह लेटे हुये पैर दबवाते न मिलें, पर उनको अधिकतर रहना ऐसे ही पड़ता है। ऐसे ही पड़े हुये वह हुकुमनामे लिखते, सभी काम करते हैं। उनकी इस कमजोरीसे लाभ उठाने के लिये कभी-कभी उच्च कर्मचारी भी उनके पैरोंकी तरफ हाथ बढ़ाते हैं। इस सबका नतीजा यह होता है, कि उनके पास खुशामदियोंकी एक गरोह जमा हो जाती है, जो उनके चुस्त दिमागको शिथिल करनेकी कोशिश करती है।

बड़े भाईने पहुँचकर अपने पहाड़ी दस्तूरके मुताबिक पालागन किया।

पन्तजी स्थितिको कुछ-कुछ जानते थे। उन्होंनेभी नेहरूकी तरह पूछ दिया—"अब तुम्हारे लिये क्या किया जाय?"

बड़ी मुश्किल यह है, कि चतुर आदमी भी यह समझना भूल जाता है, कि मानव-पुत्र कुछ ही सालोंमें क्यासे क्या हो जाता है। अगर हमने किसीको १६ वर्षका अल्हड़ नौजवान देखा, और उस वक्त की उसकी अविकसित योग्यता और संभावनाओंका ही हमें परिचय है, तो दस वर्षके बाद भी हम उसे वैसा ही समझते हैं, और इतने वर्षोंकी साधनासे वह कहाँसे कहाँ पहुँच गया है, इसे जाननेसे आनाकानी करते हैं। पन्तजी समझते थे, कि आखिर यह वही पहाड़ी सिपाही है, जिसके अनशनको तुड़वानेके लिये मैंने बहुत सालों पहले डेराइस्माइलखाँके जेलमें चिट्ठी भेजी थी। पन्तजीकी बात सुनकर फिर बड़े भाईका पारा ऊपर उठने लगा—'यह लोग मुझे अपने ऊपर बोझ समझते हैं।' आग सुलगाकर उसमें घी डालते हुये पन्तजीने फिर कहा—'जमनालालजीकी गोशालामें काम करोगे?'

बड़े भाई भभक उठे—"क्या आपकी नैनीतालकी गोशालामें आग लग गई! वहाँ क्यों नहीं मुझे भेज देते?"

यह कहकर वह राइट एबौट टर्न होकर बिजलीकी तरह निकल गये। पन्तजी मुँह ताकते रह गये।

बड़े भाईको एक-एक करके बड़े नेताओंसे अश्रद्धा होने लगी। वह अब वहाँसे भागनेकी तैयारी करने लगे। शिवदत्तजीने जाकर नेहरूको सारी बात बतलाई—"वह तो वहाँसे भी बिगड़कर चला आया, और फिर जा रहा है।"

दो मिनटके बाद नेहरूसे कभी-कभी बड़े भाईकी समानता हो जाती। नेहरूजी ने ऊपर हीसे पुकार कर कहा—बड़े भाई, कहाँकी तैयारी है?

मैं महात्माजीके पास जा रहा हूँ।

इससे कोई चिन्ता नहीं हो सकती थी। १७ जनवरी (१९४२) को बड़े भाईने अपना सामान नौकरोंकी कोठरीमें रक्खा और छड़ी लेकर तीन मील दूर सेवाग्रामकी ओर चल पड़े। शामके चार बजेका समय था। नित्यकी तरह दो लड़कियोंके कंधेपर हाथ रखकर महात्माजी टहलनेके लिये निकले हुये थे। नमस्कार करते ही उनसे उन्होंने पूछा—"बड़े भाई बिस्तरा क्यों नहीं लाये?"

गांधी मनुष्यकी नब्ज पहचाननेमें असाधारण पुरुष थे। उन्हें बड़े भाईसे विस्तारपूर्वक बातोंके सुननेकी भी आवश्यकता नहीं थी। वह समझ गये, कि एक म्यानमें दो तलवार नहीं रही। फिर पूछताछके बाद कहा—"कांग्रेस कमेटीकी मीटिंगके बाद तुम यहाँ चले आओ। मेरे साथ ६ महीने तुम्हें रहना होगा। जाओ, बिस्तरा लेकर आना।"

बड़े भाई वहाँसे लौट आये, और शिवदत्तजीके साथ रहे। दूसरे दिन मीटिंग थी, जिसमें दर्शक भी जा सकते थे, लेकिन उनके लिये आठ आनेका टिकट था।

कृपलानी कांग्रेस मन्त्री थे, उन्हींके हाथमें सारा प्रबन्ध था। उन्होंने एक मुसलमान तरुण—जो उनके कार्यालयमें काम करते थे—से कह दिया, कि बड़े भाई को एक टिकट दे दो। कृपलानी चले गये, और तरुणने कहा—"आई, वान्ट मनी (मुझे पैसा चाहिये)।" शायद जल्दी-जल्दीमें कृपलानी यह नहीं कह सके, कि इन्हें बिना पैसे लिये टिकट दे देना। बड़े भाई झगड़ पड़े। कृपलानी को पता लगा। उन्होंने आकर तरुणको खूब झाड़ा और टिकट लाकर मजाक करते हुये पूछा—"बड़े भाई, लड़कियोंमें बैठना चाहते हो, कुश्तीबाजोंमें, या बूढ़ोंके पास।"

बड़े भाईको तो बूढ़े नेताओंको नजदीकसे देखना था, इसलिये वह उनके नजदीक किसी जगह बैठ गये।

मीटिंग देखते दिन बीतते देरी नहीं हुई।

तीसरे दिन वह अपना लटा-पटा उठाकर सेवाग्राम पहुँचे। उनके लिये एक कोठरी मिली। छ महीनेके लिये जीवन-प्रवाह निश्चित हो गया। एक दिन टहलते वक्त गांधीजीने पूछा—"बड़े भाई, बीबीकी क्या खबर है?"

भागीरथी देवीकी चिट्ठी उन्हें उसी दिन मिली थी। उसमें लिखा था—"तुम जेलमें थे, तो मैं यह आशा लगाये थी, कि बाहर आओगे, तो हम अच्छी तरह साथ रहेंगे। अब छूटने पर तुम बड़े-बड़े आदमियोंके साथ मौज कर रहे हो, और मैं दर-दरकी ठोकरें खा रही हूँ। यहाँ मेरी स्थिति ऐसी असह्य है, कि यदि यह तुम्हारी बच्ची न होती, तो मैं आत्म-हत्या कर लेती।" चिट्ठी पढ़कर बड़े भाईका दिल तिलमिला उठा। उन्होंने बीबीके बारेमें बतलानेकी जगह वही चिट्ठी गांधीजीके हाथमें थमा दी।

गांधीजीने चिट्ठी पढ़कर तुरन्त इम्तुस्सलामको भेजा। वहाँ और भी लोग थे। उनसे इतना ही परिचय दिया, कि बड़ा भाई मेरा दोस्त है। फिर बड़े भाईसे सरदार पृथिवीसिंहके शिविरके बारेमें पूछा। वह जले-भुने थे ही, बोले—"वह शिविर क्या है ढोंग है, पैसा यों ही बरबाद किया जा रहा है। गांधीजीने तुरन्त कनु गान्धीको जाँच करने लिये भेजा, और उसके बाद तार देकर शिविरको बन्द करनेके लिये कह दिया। सरदारको यह भी लिखा, कि हिसाब बुझाकर वर्धा चले आओ, लेकिन सरदारने इसे स्वीकार नहीं किया। तबसे उनका सम्बन्ध गांधीजीके साथ पूर्ववत् नहीं रहा। शिविर तुड़वानेमें बड़े भाईका भी काफी हाथ था, लेकिन जब मालूम हुआ, कि किस तरह उन्होंने एक दूसरेको गलत समझा और धोखा दिया, तो उन्हें इसपर बहुत खेद और आश्चर्य हुआ।

गांधीजीने दूसरे दिन कहा—"भागीरथीको अहमदाबादमें बहुत तकलीफ है।" बड़े भाईने उसे हलका करके कहा—"असन्तुष्ट रहना स्त्रियोंका स्वभाव है। सब ठीक हो जायगा।"

—"नहीं, उसे बुलाना है। नहीं तो अनिष्ट हो जायगा।"

गांधीजीने तुरन्त मृदुलाको टेलीफोन किया, कि चन्द्रसिंहकी बीबीको इसी वक्त वर्धा भेज दो। जब रेलपर बैठानेका समय आया, तो भागीरथीने कहा—"मैं नहीं जानता वर्धा कहाँ है। वहाँ कैसे पहुँचूँगी!" यद्यपि अब वह वही सीधी-सादी पहाड़िन नहीं थी, और रेलका अनेक बार सफर कर चुकी थी, लेकिन अहमदाबादसे वर्धा आनेवाली ट्रेन सीधे नहीं आती थी। रास्तेमें कई जगह गाड़ी बदलनी पड़ती, इसलिये घबराहट होनी जरूरी थी। अन्तमें मृदुलाने बम्बईमें मणिबहेनको तार दिया और ट्रेनका समय बतला दिया। भागीरथी अपनी बच्चीको लेकर गाड़ीपर बैठ गई। मणिबहेनने स्टेशनपर पहुँचकर उन्हें उतारा, और कारपर बैठाकर ले चलीं। कार किसी बड़े मकानके सामने खड़ी हुई। लिफ्टके सहारे ऊपरकी मंजिलपर जाना पड़ा। इस सारे समयमें भागीरथीके मनमें एक तूफान उठ रहा था उन्हें नागरिकताका अधकचरा ही ज्ञान था। वह सुन चुकी थीं, कि शहरमें तरुण स्त्रियोंको भगानेवाले स्त्री-पुरुष होते

हैं। उनके मनमें होने लगा—'हो न हो, यह वैसी ही कोई भगानेवाली औरत है मुझे ले जाकर किसीके हाथमें बेच डालेगी।' उन्हें न मीराबहेनकी खद्दरकी साड़ीपर विश्वास आया, और न कुरूपताके साथ सीधे-सादे चेहरेपर। लिफ्टसे चलकर वह कमरेमें गईं। स्नानगृह बतला दिया। मणिबहेनने उनकी बड़ी खातिर की, लेकिन उस खातिरका भागीरथीजी उलटा ही अर्थ लगाती रहीं। स्नान कराके बैठाकर प्रेमसे खिलाया-पिलाया, और अहमदाबाद आश्रम और रास्तेके बारेमें पूछा। बड़े भाईका नाम भी आया अब भागीरथीकी जानमें जान आई—यह भगानेवाली औरत नहीं है। वह मणिबहेनसे क्यों कहने लगीं, कि मैं तुम्हें क्या समझने लगी थी। मणिबहेनने समझा दिया, यहाँसे जानेवाली ट्रेन सुबह होते ही तुम्हें वर्धा स्टेशनपर पहुँचायेगी। वहाँ उतर जाना और ताँगा लेकर महात्माजीके सेवाग्राम आश्रममें पहुँच जाना।

रातकी यात्रा थी। इस वक्त सुन्दरियोंपर ट्रेनमें डाके पड़ सकते हैं। जब सहीसलामत रात बीत गई, तो भागीरथीजीको बहुत सन्तोष हुआ। गाड़ी वर्धा स्टेशन-पर खड़ी थी, लेकिन उनको कुछ पता नहीं। गाड़ी चलने लगी। फिर वहाँ लिखे हुये साइन बोर्डपर उन्होंने वर्धा पढ़ा। तुरंत हड़बड़ी मच गई। खिड़कीसे कपड़ा फेंका, दूसरा सामान फेंका, और शायद बच्चीको सँभाले स्वयं भी कूदनेके लिये तैयार थीं। तब न जाने क्या होता? लेकिन, इस फेंकाईको देखकर गार्डने ट्रेन खड़ी कर दी। वह नीचे उतरीं, अपनी गठरी-मोटरी सँभाल कुलीके ऊपर रख स्टेशनसे बाहर आईं। एक मुसलमान ताँगेवाला मिला। सेवाग्रामका नाम लेनेपर उसने कहा—"मैं जानता हूँ, आइये बैठिये।" वर्धाके ताँगोंके घोड़े मरियलसे ही होते हैं, अगर पंजाबकी तरह जानदार घोड़े होते, और उनको वह भगाता, तो भागीरथीजीके दिलमें फिर हड़क मच जाती। तो भी वह बड़ी असमंजसमें पड़ी थीं। स्टेशनसे दूर होनेपर उनकी चिंता और बढ़ी, और ताँगेवालेसे पूछा भी—"कहाँ ले जा रहे हो?"

—"और कहाँ, सेवाग्राम ले चल रहा हूँ।"

खैर, अधिक समय तक चिंतित रहनेकी जरूरत नहीं पड़ी। बड़े भाई उनको लिवानेके लिये जरा देरसे चले थे, इसलिये ट्रेनपर नहीं पहुँच सके। उन्होंने अपने रिक्शेको खड़ा कर दिया, और भागीरथीजीके साथ आकर बैठ गये। वह पतिपर बरस पड़ीं—"कल मैं किसी दूसरे ही मुल्कमें चली जाती, फिर क्या करती? संयोगसे मैंने वर्धा नाम पढ़ लिया।"

बड़े भाईको हँसी भी आ रही थी, और चिंता भी। सचमुच ही अभी भागीरथी-जी पन्द्रह आना पहाड़िन थीं, एक आना ही वह अपनी जन्मभूमिकी नहीं रह गई थीं, हाँ बिना कान-पूँछ हिलाये वह किसी अजनबीके साथ नहीं जा सकती थीं।

२८ फर्वरीको ताँगा आश्रममें पहुँचा। पहले हीसे गांधीजीने कृष्णचन्द्रको भागीरथीके रहनेका प्रबंध करनेके लिये कह दिया था। सेवाग्राम गृहस्थोंके नहीं, बल्कि ब्रह्मचारियोंके लिये था। विवाहित दम्पत्ती भी वहाँ उसी तरह रह सकते थे। वहाँ पति-पत्नीके लिये नहीं बल्कि भाई-बहिनके लिये स्थान था, भागीरथीजीके लिये कोई कोठरी चाहिये, और बड़े भाईकी कोठरी छोड़कर और दूसरी कोई उस वक्त खाली नहीं थी। बड़े भाईको हुकुम हुआ—"आप अस्पतालमें चले जाइये, इस कोठरीको खाली कर दें, इसमें भागीरथीजी रहेंगी।"

बड़े भाईने इतने सालों तक इसी दिनकी प्रतीक्षा की थी? भागीरथी क्या इसी सुहागकी लालसा रखती थीं लेकिन, आश्रम आश्रम है, उसका नियम निष्ठुर चाहे हो लेकिन उसे पालन करना ही होगा। बड़े भाईको अपना दण्ड-कमण्डल उठाना पड़ा, लेकिन वह अस्पताल जानेके लिये तैयार नहीं हुये। बाहर एक नीमका दरख्त था। उन्होंने अपने बिस्तरेको ले जाकर वहाँ पटका। दैव भी दुश्मन था, वर्षा होने लगी। बिस्तरेको वहाँ भींगते कैसे छोड़ते, वह बरांडेमें चले आये। फिर दया हुई, हवा-पानीकी फुहारें वहाँ भी पहुँचने लगीं और वह बिस्तरा कोठरीके भीतर चला गया। उस रात दोनों चकवा-चकवी होनेसे बच गये। बगलके कमरेमें एक बहिनजी रहती थीं। वह रातको भजन करतीं, चरखा कातती थीं। उन्हें यह असह्य हुआ कि आश्रममें रहकर आश्रमके नियमोंकी इस तरह अवहेलना की जाय। वह अगले दिन सबेरे भी नसीहत दे सकती थीं, लेकिन भक्त लोगोंमें इतना धैर्य कहाँ? उसी वक्त उन्होंने आवाज दी—"बड़े भाई, यहाँ आओ।" बड़े भाईने वहाँ जाकर पूछा—"हुकुम।" बहिनने कालिकाके स्वरमें कहा—"तुम्हें शर्म नहीं। कोठरीसे इसीलिये तुम्हें हटाया गया था? रातको पत्नीके पास चले आये।"

बड़े भाई क्यों छोड़नेवाले थे, उन्होंने कहा—"तुम्हें शर्म नहीं, कि रातके वक्त अपनी एकांत कोठरीमें मुझे पास बुलाया।"

यह छोटा-मोटा महाभारत था। बहिनजीका पति चरखा इन्सपेक्टर था, उसे बराबर जहाँ-तहाँ घूमते रहना पड़ता था और पत्नीके लिये यहाँ चरखेपर भजन करने के सिवा कोई चारा नहीं था। वह समझती थी, जैसे मेरी कट रही है, वैसे ही पड़ोसनकी भी क्यों न कटे! अगले दिन सबेरे ही उन्होंने जाकर कृष्णचन्द्रके पास शिकायत की—"बड़ा भाई अनाचारी है।" वहाँसे भी पेट नहीं भरा, और फिर डा० बसुसे जाकर रिपोर्ट दी। आखिरमें मामला गांधीजीके सामने पेश हुआ। उन्होंने ही तो आश्रमके इस कानूनको बनाया था। बापूने हँसते हुये कहा—"कानून तो मैंने स्वयं तोड़ दिया है। महादेव भाई, मशरूवाला सब अपने बाल-बच्चोंके साथ यहाँ रहते हैं और बड़ा भाई तो अभी हमारा मेहमान है। इसको कोई तकलीफ नहीं

होनी चाहिये। उसे आश्रमके कायदे-कानूनको बतलाना चाहिये। उसे जान जानेपर यदि चाहे, तो वह स्वयं पालन करेगा।"

बड़े भाईसे पूछनेपर उन्होंने कहा—बापू, मैं इस आश्रमको तीर्थ समझता हूँ, और उसी तरह रहना चाहता हूँ लेकिन, बच्ची बहुत छोटी है, यहाँ बिच्छू, साँप निकलते हैं। रातको कोई काट न ले, इसीलिये मैं दूर नहीं रहना चाहता। बदरी-केदार की तीर्थयात्रा करनेके लिये लोग जाते हैं, वह अपने बाल बच्चोंको पंडोंके हवाले नहीं कर देते। मुझे यह अस्पतालमें भेज देना चाहते थे, और बीबीको साँप-बिच्छुओंकी कोठरीमें। दस-बारह साल जेलमें बिताते हम दोनों अलग-अलग रहे। अगर आप कहें, तो आश्रममें रहनेके लिये मैं बीबीसे सम्बन्ध-विच्छेद कर लूँ, पर, क्या बीबी इसे पसन्द करेगी?"

बापूने कृष्णचन्द्रको बहुत फटकारा, और कहा—"तुम्हें कुछ भी अकल नहीं है। कितने सालों बाद ये दोनों मिले हैं। आश्रमका कानून इनपर नहीं लगेगा। खबरदार, इनको कोई तकलीफ न होने पाये।"

अब दम्पती साथ रहने लगे।

एक दिन बड़े भाईकी शिकायत फिर बापूके सामने पहुँची। उनकी ड्यूटी चरखा कातनेपर थी। हरेक आश्रमवासीको दो घंटा चरखा कातना पड़ता, जिसके लिये मील भरपर अवस्थित चरखा-संघमें जाना पड़ता। समय बहुत लग जाता था। भागीरथी अपनी बच्चीकी सेवा-टहलमें लगी रहतीं, उन्हें भी मौका न मिलता। हरेक आश्रमवासीको चक्कीमें कुछ आटा पीसना जरूरी था। बड़े भाई इसमें ढिलाई नहीं करना चाहते थे। पति-पत्नीने निश्चय किया, कि चार बजे सबेरे उठकर चक्कीसे भुगत लिया जाय लेकिन, यहाँ एक और कर्तव्यसे भिड़न्त हो जाती थी। यही समय था, जबकि सारे आश्रमवासी एकत्रित हो "रघुपति राघव राजा राम" किया करते। बड़े भाईका अब "रघुपति राघव राजा राम" पर विश्वास नहीं था; लेकिन, वह इस अविश्वासके कारण वहाँ जानेसे परहेज नहीं करते थे, बल्कि पिसाईसे चूकना नहीं चाहते थे। बापूके पास शिकायत हुई, कि बड़ा भाई प्रार्थनाके समय चक्की पीसता है।

बापू अपने आश्रमके मूढ़ोंको अच्छी तरह समझते थे, उन्होंने उन्हें फटकारते हुये कहा—"चक्की नहीं पीसता, बल्कि पहले तुम्हारे लिये प्रार्थना करता है, ताकि तुम्हें रोटी मिले।"

ब्रह्मचर्यका नियम निरा ढोंग है, यह साधुओं और उनके मठोंके हजारों वर्षों के तजर्बेसे मालूम है। न जाने क्यों गांधीजीने आश्रमके लिये इसका नियम बनाया था, और मौके-बेमौके ब्रह्मचर्यकी महिमा गाते रहते थे। आश्रमवासियोंकी संख्या न

बढ़े, यह आर्थिक दृष्टिसे लाभदायक बात थी। इसके लिये इन्द्रिय-संयमकी जगह संतति-संयम अच्छा उपाय था, जिसे भी गांधीजी माननेके लिये तैयार नहीं थे। यौन सम्बन्ध स्वस्थ आदमीके लिये भी एक अनिवार्य भूख-सी है। उसमें अति अवांछनीय हो सकती है, लेकिन अभावकी आकांक्षा रखनेके बारेमें तो किसी कविने कहा है—

> "विश्वामित्रपराशरप्रभृतयो वाताम्बुपर्णाशनाः,
> तेपि स्त्रीमुखपंकजं सुललितं दृष्टवैव मोहंगताः।
> शाल्यन्नं सघृतं पयोदधियुतं ये भुंजते मानवाः,
> तेषामिन्द्रीयनिग्रहो यदि भवेत्द् विन्ध्यस्तरेत् सागरम्॥"

बापू सागरमें विन्ध्य पर्वतको तैराना चाहते थे, भला वह कैसे हो सकता था? इसका परिणाम उलटा हुआ था। आश्रममें यद्यपि मिर्च-मसालेका इस्तेमाल नहीं किया जाता, और इस कविने भी मिर्च-मसालेका नाम नहीं लिया है, और चावल, घी, दूध-दही खाने हीकी बात कहकर ऐसे आहारवाले आदमीके लिये ब्रह्मचर्य असम्भव बतलाया। आश्रममें ब्रह्मचर्यके कानूनका पालन वस्तुतः उसके तोड़ने द्वारा ही हुआ करता था इसका यह मतलब नहीं, कि वह अनाचार और दुराचारका अड्डा था। नार्मल आदमी जैसा आचरण करता है, वैसे ही वहाँ करनेकी प्रवृत्ति देखी जाती थी। बाधायें थीं, जिन्हें तोड़कर जब आदमी स्वाभाविक जीवनकी तरफ बढ़ जाता तो बापू भी उसके लिये हठ करना पसन्द नहीं करते थे। बापूके अपने कनू गांधी ही इसके उदाहरण हैं। कनू संगीतमें बहुत प्रवीण तरुण थे। उनके विद्यार्थियोंमें एक बंगाली अविवाहिता तरुणी थी, जो अपने पिताके साथ आश्रममें रहती थी। कनू अन्याको संगीत सिखलाया करते थे। संगीत केवल स्वर्गीय नहीं होता, बल्कि उसका सबसे अधिक सम्बन्ध इस लोकसे ही होता है, और राधाकृष्ण या किसी प्रेमी-प्रेमिकाके नाम से वह स्त्री-पुरुषके नैसर्गिक भावोंको ही उद्बोधित करती है। विल्लहण कवि गुजरात की राजकन्याको साधारण काव्यकलाकी शिक्षा देते थे। उनके सिरपर कच्चे धागेसे नंगी तलवार लटक रही थी, लेकिन दोनों तरुण हृदयोंमें प्रेम अंकुरित हुये बिना नहीं रहा। विल्लहणको वधका दण्ड हुआ, पर अन्तमें मानवता बीचमें पड़ी, और वह अपनी प्रेमिकाके साथ दीर्घ जीवन बितानेके लिये बच गये। उदयन भी अवन्ति-राज प्रद्योतकी सुताको संगीत सिखलाने गये थे, और बापकी प्रचंडताका भारी भय होनेपर भी पर्देकी आड़से पढ़नेवाली शिष्या और उसके गुरुमें प्रेम पैदा हुये बिना नहीं रहा। उदयन और वासवदत्ताके इस प्रेमने हमारे अनेक कवियोंको प्रेरणा दी। संगीत-गुरु कनू और उनकी शिष्या के हृदयोंको रति-पतिने बाँध दिया। अब भला उनके बीचमें कौन बाधक हो सकता था? आश्रमके कानूनके डरके मारे वह अपने निष्कलुष प्रेमको प्रकट नहीं कर सकते थे लेकिन, हर समय हरेक आश्रमवासीको

निरीक्षण करनेके लिये उनके दोनों कन्धोंपर दो-दो फरिश्ते तो नहीं बैठे रहते। उनके सम्बन्धको कितने ही लोगोंने देखा, जिनमें भागीरथी भी थीं। धीरे-धीरे यह खबर बापूके कानों तक पहुँची। अब यह जरूरी समझा जाने लगा, कि दोनों प्रेमियोंको एक दूसरेसे अलग रखनेमें ही खैरियत है। तरुणीके पिता अपने परिवारके साथ एक दिन आश्रमसे बाहर रहनेवाले एक सिंहल दम्पतीके भोजमें गये। शायद भोजमें नमक-मिर्च रही हो। जो भी हो, उनके ऊपर यह इल्जाम लगाया गया, कि उन्होंने नमक-मिर्च खाई, और अन्बा और उनके माता-पिताको आश्रमसे बाहर जानेके लिये कह दिया गया। अन्बाके भाई वीरेन्द्र आश्रम हीमें रह गये, लेकिन बाकी परिवार बंगाल चला गया। अन्बाने एक तरुणसे प्रेम करके कोई पाप नहीं किया था। उसके साथ यह भारी अन्याय हुआ, जिसे वह सत्याग्रहके वातावरणमें रहकर खुशीसे बर्दाश्त कैसे कर सकती थी। बंगालमें जाकर उसने अनशन शुरू कर दिया। जब किसी तरह वह अपने अनशनको तोड़नेके लिये तैयार नहीं हुई, तो उसे आश्रममें बुलाकर कुछ दिनों कस्तूरबाके हवाले कर दिया गया लेकिन, प्रेमका स्रोत भला कभी सूख सकता है! अन्तमें अन्बाको पढ़नेके लिये काठियावाड़ भेज दिया गया। उसके लिये यह सब परीक्षायें थीं, जिन्हें उसने पास कर लिया। अन्तमें बापूने उसे आश्रममें बुलाकर कनूसे उसकी शादी कर दी।

बड़े भाईको आश्रमको भीतरसे देखते यह धारणा नहीं हुई, कि वहाँके लोग दुराचारी हैं, लेकिन ब्रह्मचर्यकी बातों को कार्यरूपमें न देखकर वह उसे बेकार जरूर समझे।

बड़े भाई वर्षों तक घोर आर्यसमाजी रहे। मूर्ति-पूजा, पेड़, बहुदेव-पूजाके खिलाफ लाठी लेकर पड़े रहते थे। बापूके आश्रममें कोई मूर्ति पूजी नहीं जाती थी, न किसी पीपलकी ही लोग परिक्रमा करते थे। भगवान्के भक्त जरूर थे, वह भजनमें बराबर शामिल होते थे। प्रार्थनाके समय जापानी बौद्ध साधु पहल करते थे। बापूने उनका नाम केशवभाई रख दिया था। बौद्ध ईश्वर-विश्वासको निरी जड़ता समझते हैं, शायद बापूको यह मालूम नहीं था, या मालूम होनेपर भी उसपर विश्वास करनेके लिये तैयार नहीं थे और धर्मोंके अनुसार होते-होते इस्लामके "बिस्मिल्लाहिर्रहमानि-र्रहीम"से प्रार्थना समाप्त होती थी। जापानसे मक्का और काशीसे यरुसलेम तक फैले सारे धर्म इसमें सम्मिलित थे। चाहे बड़े भाईका ईश्वरमें विश्वास न हो, लेकिन इतने धर्मों की एकता उन्हें पसन्द आती थी।

बापूके भण्डारमें रसोई बनानेके लिये चमार, मुसलमान, ईसाई रसोईये थे। वहाँ छूआछूतका नाम भी नहीं था। भण्डारमें न मिर्च-मसाला जाता था, और न प्याज, आलू, लहसुन। नमक भी साग- भाजीमें नहीं पड़ता था, बल्कि अलगसे, और

वह भी अपर्याप्त मात्रामें दिया जाता था। साग उबला हुआ मिलता था। बड़े भाईको पहले-पहल यह भोजन फीका-फीका लगता था, लेकिन एक ही महीनेके अभ्यासमें उन्होंने देखा कि उसमें विचित्र स्वाद है। साग भी बापूके भण्डारमें मिलाकर नहीं बनता था। एक दिन गाजर उबाला जाता, तो दूसरे दिन केवल मूली, तीसरे दिन सलजम और चौथे दिन कोई और चीज। उबले सागका रस तसला भर-भरकर पीनेको मिलता, और जितना साग खाना चाहो, उतना दिया जाता। इस पानीमें भी मधुर स्वाद था, और साग को भी जिह्वा पसन्द करती थी। सेवाग्राम धानका देश नहीं है, लेकिन चावलके वहाँ पहुँचनेमें क्या दिक्कत हो सकती थी लेकिन आश्रममें भात केवल बीमारोंको मिलता, दूसरे रोटी खाते। बापूके लिये सोयाबीनकी रोटी बनती, सो भी रूखी-सूखी। उनके लिये बकरीका दूध मिलता और दूसरोंके लिये आधा सेर शुद्ध गायका दूध। बापूके लिये घी भी बकरीका ही बरता जाता। नागपुरी सन्तरे दुनियाके सबसे मधुर सन्तरे हैं और मौसमके समय वह बहुत सस्ते भी मिलते हैं। आश्रममें वह सुलभ होते थे। न रहनेपर मुसम्बीका एक गिलास रस बापूको जरूर दिया जाता। गर्मियोंमें एक गिलास रस निकालनेके लिये दस-बारह मुसम्बियोंकी जरूरत पड़ती। भोजनके समय जब गांधीजी बैठते तो नवागन्तुक मेहमान भी उनके पास बैठ जाते। अपने भोजनको बापू अकेले खाना पसन्द न करते। वह दूसरोंको भी उसमेंसे बाँटते। आश्रममें डबलरोटी भी बनती। बड़े भाईको आश्रमका सात्विक भोजन बहुत पसन्द आया, वह खूब साग खाते और उसका पानी पीते। इसका यह अर्थ नहीं कि सामिष भोजनसे उनको चिढ़ हो गई।

बापू अपने आश्रमको अधिकसे अधिक स्वावलम्बी देखना चाहते थे, कपड़ेका सवाल चरखासे पूरा करना चाहते। सभी खद्दरधारी और सभी चरखा चलाते थे। अपने सूतको वह खड्डीवालोंको दे देते, जो उसमेंसे थोड़ा-सा रखकर उसे कपड़ेके रूपमें बदलकर दे देते। आश्रममें गायें पर्याप्त नहीं थीं, इसलिये जमनालाल बजाजकी गोशालासे दूध आया करता। कहा जाता था—बजाजजी आश्रमपर सोलह हजार मासिक खर्च करते हैं। बापूने हुकुम दे रक्खा था, कि लकड़हारे जितने भी आयें, उनको फेरा न जाय। इलाके भरके गरीब लकड़ियोंका गट्ठर सिरपर रखके आश्रममें पहुँचते और वह सब खरीद ली जाती। साग-सब्जीके बारेमें आश्रम बहुत-कुछ स्वावलम्बी था, लेकिन वही बात अन्नके बारेमें नहीं कही जा सकती। आश्रमकी सीधी-सादी झोपड़ियाँ बहुत-कुछ स्वावलम्बपर निर्भर थीं।

आश्रमकी सफाईने बड़े भाईको सबसे अधिक अपनी ओर आकृष्ट किया। मियाँ-बीबी दो महीने तक टट्टी साफ करते रहे, लेकिन उन्हें कभी घृणा नहीं मालूम हुई। टट्टी इस तरहसे बनाई गई थी कि पाखाना अलग रहता, पेशाब अलग बरतनमें

जा गिरता और छूनेका पानी भी गड्ड-मड्ड न हो पाता। बाहर मिट्टी रक्खी रहती। टट्टी पेशाबके बरतनोंको उठाकर दूर एक खोदी हुई खाईमें डालकर ऊपरसे मिट्टी चढ़ा दी जाती। बड़े भाईको ख्याल होता, ऐसा प्रबन्ध यदि सभी जगह होता, तो कैसा रहता!

आश्रममें मूर्ति-पूजा, पेड़-पूजा नहीं थी, लेकिन बापू तो वहाँ खुद एक जीवित-जाग्रत मूर्ति थे। लोग उनके दर्शनोंके लिये आते और उनका चरण छूकर अपनेको कृतकृत्य समझते। बापू नियम बना सकते थे कि कोई मेरा चरण न छुये, लेकिन शायद वह इसे अपने लक्ष्यपर पहुँचनेके लिये एक साधन समझते थे, इसीलिये किसीको रोकते नहीं थे। लोग बापूके पीनेके कुयेंसे लोटोंमें पानी भरकर उसी तरह ले जाते थे, जैसे श्रद्धालु हिन्दू गङ्गाजलको ले जाते हैं।

बापूकी दिनचर्या—बापू अपने समयके एक-एक क्षणका मूल्य चुका लेना चाहते थे, यह कहना पर्याप्त नहीं है। वह तो एक-एक क्षणका दूना मूल्य वसूल करते थे। इसीलिये एक साथ वह दो काम करते थे। शतावधानी और सहस्रावधानीकी हम बातें सुनते हैं, जो एक समय सौ और हजार बातोंको सुन सकते थे। हमारे नैयायिक इसे सर्वथा गलत कहते हैं। वह मनका लक्षण बतलाते हुये कहते हैं, कि मन एक समयमें अनेक ज्ञान नहीं प्राप्त कर सकता। उसकी गति अति तीव्र हो सकती है, और जिस तरह पीपलके सौ कोमल पत्तोंको सूईसे बेधते समय एक पत्तेसे दूसरे पत्तोंमें चुभने के समयको अंकोंमें नहीं बतलाया जा सकता, पर समय उसमें लगता जरूर है; वैसे ही शतावधानताकी बात यदि सच्ची है, तो उसका अर्थ इतना ही है, कि बातकी गतिसे मनकी गति सौगुनी अधिक तेज है, इसलिये एकके बाद एक सौ बातें मन समझ लेता है। बापू द्विकार्यावधानी थे, एक समयमें वह दो कामोंको अच्छी तरह कर सकते थे। सुबह वह प्रार्थनामें रहते। भारतीय तरुण अमीर भी जब पैर दबवाना आवश्यक समझते हैं, तो वृद्धोंके बारेमें कहना ही क्या! भगवान्‌की प्रार्थनामें बैठे बापूके पैरको भक्त लोग दबाते रहते। प्रार्थनाके अन्तमें वह कुछ उपदेश देते। शायद यही समय अपवादका था, जबकि वह एक समयमें दो काम न करते होते। टट्टीमें बैठते तो इसी समय कृष्णचन्द्र बापूके नाम आई सारी चिट्ठियोंको बाहरसे पढ़कर सुनाते। टट्टीसे निकल कर मिट्टीसे हाथ धोते समय वह बातें पूछते और चिट्ठियोंका जवाब लिखवाते। नाश्तेके लिये कटोरेमें दलिया आती, उसे खाते वह मेहमानोंसे मुलाकात करते। डेढ़ मीलपर एक पत्थर गड़ा हुआ था, शाम-सबेरे दोनों वक्त बापू वहाँ तक टहलनेके लिये जाते। तो तरुणियोंके कन्धोंपर उनका हाथ रहता। हमारे देशके पुराने ब्रह्मचर्यके विधाता इसे अक्षम्य दोष समझते, लेकिन यहाँ दोषकी कोई बात नहीं थी। बापूको सहारेसे चलनेमें सुभीता था, शायद वह कुछ कलाके भी प्रेमी थे, यद्यपि कविता और चित्रकला

की ओर खिंचते उन्हें कभी नहीं देखा गया। पर स्वच्छता और सौन्दर्यका एक दूसरेसे घनिष्ट सम्बन्ध है, और उससे उनको अनुराग था। इसलिये वह यदि दो सुन्दरियोंके कन्धोंपर हाथ रखकर चलते, तो कोई अस्वाभाविक बात नहीं थी। हमारे पुराने सिद्धोंने तो लोगोंकी भावनाओंपर मुद्गर प्रहार करते हुये सभी सदाचारोंको दुराचार और सभी दुराचारोंको सदाचार सिद्ध करनेका प्रयत्न अपने जीवनसे किया था। बापू भी अपने समयके महासिद्ध थे। यद्यपि वह ब्रह्मचर्यकी पुरानी रूढ़िसे अपनेको मुक्त नहीं कर सके, पर लोगोंकी कितनी ही पुरानी धारणाओंपर जबर्दस्त प्रहार करनेसे नहीं चूकते थे। जिस वक्त वह दो सुन्दरियोंके कन्धोंपर हाथ रक्खे पीछे-पीछे चलती अपनी शिष्य मण्डलीके साथ टहलनेके लिये निकलते, उस समय कितने ही मुलाकात करनेवाले भी उसमें शामिल रहते। वहीं उनसे चलते-चलते सवाल-जवाब कर लेते। पटेल, नेहरू, या और महत्वपूर्ण समस्याओंको लेकर आनेवाले पुरुषोंको छोड़कर बाकी सबसे भेंट-मुलाकात सवेरे-शामकी इस तीन मील की चहलकदमीमें हो जाती। लौटकर फिर विशेष मुलाकाती उनके पास कमरेमें जाते। बापूके सामने मौन नहीं सजीव चरखा रहता, और वह गम्भीर वार्तालापमें लगे रहते। स्नानका समय आता। बापूका स्नान आध घंटेसे कममें खतम नहीं होता था। वह प्राकृतिक चिकित्सा के समर्थक थे। आध घंटे तक गरम पानीमें कटिस्नान करते। यही समय था जब कि आश्रमके झगड़ों और शिकायतोंका वह फैसला करते।

नहा-धो लेनेके बाद फिर अखबारोंको सुनते। सभी अखबारोंको वह कैसे पढ़ सकते थे। किन्हींकी सुर्खियाँ सुनाई जातीं, और किन्हींकी कटिंग। महादेवभाई देसाई "हरिजन" के लिये लिखे लेखको ले आकर सुनाते, और बापू उसमें जरूरत होती, तो घटा-बढ़ा देते। स्वयं भी "हरिजन" के लिये लेख लिखवाते।

खाना खाते समय मेहमान उनके पास बैठते, और वहाँ भी वह उनके प्रश्नोंका जवाब देते। बापूकी कमरसे छोटी वाच नहीं, काफी बड़ी जेबघड़ी लटकती रहती थी। वह दिखलावेके लिये नहीं थी। उनके एक-एक मिनटका हिसाब इसीके जिम्मे था। बड़ी होनेसे उसकी सूइयाँ इतनी बड़ी थीं, कि बिना चश्मेके देखा जा सकता था। बापूमें एक यह भी बड़ी विचित्रता थी कि काम करते-करते जब शरीर शिथिल दिखलाई देने लगता, तो वह कह देते, अब मैं पन्द्रह मिनट सो जाऊँगा और ठीक पन्द्रह मिनट पर ही वह सोकर उठ जाते। बापूने सोमवारको अपने मौनका दिन निश्चित किया था। कहावत है, "देखादेखी साधै जोग, छीजै काया बाढ़े रोग।" बापूके नकल करनेवाले-के बारेमें क्या पूछना है? किसी-किसीने तो बापू जैसा मुँह बनानेके लिये अपने दाँत भी तुड़वा लिया, और सोमवारके मौनियोंकी संख्या आज भी देशमें काफी मिलेगी। यह किसलिये मौन रखते हैं, यह समझमें नहीं आता। किसी अनभीष्ट बातके सामने

आनेपर वह उबल पड़ते हैं, मुँहसे अक्षर नहीं निकालते, लेकिन बाल भी नोंचते हैं, और गूँगोंकी तरह सारी चेष्टायें कर जाते हैं। बापूने हफ्तेमें एक दिनके इस मौनको इसलिये स्वीकार किया था, कि जिन करनेके कामोंको वह निपटा नहीं पाते उन्हें वह इस दिन पूरा करते। इसी दिन वह लेख लिखते, अपने हृदयके विचारोंको कागजपर उतारते, या और कोई बात सोचते। सोमवारके मौनसे जब काम न चलता, तो कभी-कभी किसी और दिन भी वह मौन धारण कर लेते। मौनके समय उनके पास कोई बात करनेके लिये नहीं जा सकता था।

बापूका व्यवहार बड़े भाईके साथ बहुत सहृदय और स्वाभाविक था। टहलकर आते, तो उनकी कोठरीपर जरूर आते। एक दिन पूछा—"बच्चीका नाम क्या है?" बड़े भाईने कहा—"माधुरी।"

—"नहीं बड़े भाई इसका नाम माधवी है।" तबसे माधुरी माधवी बन गई।

माधुरी नौ महीनेकी हो चुकी थी, अब उसे अन्नप्राशन कराना था। छोटी-सी मंडली बुलाई गई, और २१ जुलाईको बापूने अपने हाथसे माधवीको अन्नप्राशन कराया। बच्चोंके साथ असाधारण प्रेम तो नहीं कह सकते, लेकिन स्नेह जरूर था। यही कारण था, जो वह माधवीको देखने रोज आते। भागीरथीको भी बापूसे क्या संकोच हो सकता था? एक दिन बाहर धूपमें तकिया रक्खी हुई थी, जिसमें खून लगा हुआ था। बापूके पूछनेपर भागीरथीने कहा—"इनके मुँहसे खून निकलता है।"

तुरंत बापूने डा० दासको बुलवाया। डाक्टरने देखकर कहा, कि कोई बीमारी नहीं है। फिर दूसरे डाक्टर शंकरनको बुलवाया। उन्होंने देखकर बतलाया, कि इनके दाँतोंमें बुरी तरहकी पैरिया हो गई है। नागपुर तार गया। डा० भरेटो आये, कहा—"खतरनाक पैरिया है।" उसी दिन (४ जून) वह अपनी कारमें बैठाकर नागपुर ले गये, और दाँतोंके डाक्टर महमूदके पास बड़े भाईको रख दिया। डाक्टरने कोकीनका इन्जेक्शन देकर बत्तीसों दाँत तोड़कर निकाल दिये। मुँह खोखला हो गया, भीतर जख्म ही जख्म था पंद्रह दिन बाद वहाँसे लौटे।"

आश्रममें रहते समय आचार्य नरेन्द्रदेव वहाँ आकर रहे। वह दमेके चिर-रोगी थे। बुद्ध मुख्यतः विचारक थे, हाँ, कर्मठ विचारक। चिकित्सक नहीं थे, तो भी दुनियाके जिस दुःखको दूर करनेके लिये उन्होंने घर-बार छोड़ा था, वह रोगके रूपमें साकार हो उठता है, यह उन्हें मालूम था। इसीलिये उन्हें मजबूरन भैषज्यगुरु बन बहुत सी दवाओंको बतलाना पड़ा था। बापू भी संसारके दुःखके विनाश करनेमें निरत एक जबर्दस्त विचारक थे, उनका भी चिकित्सा शास्त्रके साथ छत्तीसका सम्बन्ध नहीं था। वह प्राकृतिक चिकित्साके पक्षपाती थे, लेकिन मूढ़के तौरपर नहीं। यह हमें मालूम ही है,

कि उन्होंने एलोपैथीके सिद्धहस्त डाक्टरोंकी सेवाओंसे भी लाभ उठाया था। उनकी प्राकृतिक-चिकित्सा-जिसमें खान-पानका नियन्त्रण होता है, वह लाभदायक नहीं है, यह कौन कह सकता है। आचार्य नरेन्द्रदेवने भी समझा, कि आश्रममें रहकर बापूके विधानके अनुसार चिकित्सा करानेमें शायद लाभ हो। वह वहाँ चार मास तक रहे। बापूने मालिशके लाभको बतलाते हुये बड़े भाईसे कहा। वह २३ जनवरीको आचार्यजी से मिले, और चार मास तक मालिश करते रहे। इस समय आचार्यजी उन्हें समाजवादकी बातें बतलाते।

दाँत निकलवाकर बड़े भाई लाभ में नहीं रहे। अब वह किसी ठोस चीज, यहाँ तक कि उबले गाजर-मूलीको खानेमें असमर्थ थे और सिर्फ तरल चीज ही खा सकते थे, सागका रस पी सकते थे या दूध लेकिन इतना अधिक दूध कहाँसे मिलता? इसी समय नेहरूजी आये। नरेन्द्रदेवजीने उनसे बड़े भाईकी दिक्कत बतलाई। नेहरूजी बोले —"अहा, मैं तो भूल ही गया, यह क्या किया। दाँत क्यों तुड़वा लिये। मेरे भी दो दाँत नकली हैं। एक दिन थूकते वक्त वह बाहर जा गिरे। बड़ी परेशानीमें पड़ा। तुमने गलती की। बीबी-बच्चे कैसे हैं? अच्छा तो बड़े भाई, तुम काशी विद्यापीठ चले जाओ।"

अगस्त १९४२के महान् निर्णयका समय आ गया था। नेता लोग बम्बई जानेकी तैयारीमें थे। वह समझते थे "भारत छोड़ो" का स्वर अंग्रेजोंके कानोंमें मधुर नहीं मालूम होगा, और वह न जाने क्या कर बैठे। शायद आश्रमकी भी स्थिति अनिश्चित हो जाय। इसलिये भी दोनों नेता बड़े भाईको काशी विद्यापीठ भेजना चाहते थे।

यही समय जवाहरलालकी इकलौती बेटी इंदिराकी शादीका था। स्विट्ज़रलैण्डमें एक साथ रहते इंदिरा और फीरोज़ गांधीका परिचय प्रेममें बदल गया। तरुण-तरुणीके प्रेम कभी-कभी केवल क्षणिक भावुकतापर निर्भर होते हैं, इसे अधिक तजर्बेवाले वृद्धजन समझते हैं। जवाहरलाल, विजयलक्ष्मी पंडित और बापू भी इस ब्याहको पसंद नहीं करते थे। आनन्द भवनवाले जब असफल रहे, तो बापूने इंदिराको आश्रममें बुलाकर समझाया, लेकिन इंदिरा टससे मस नहीं हुई। वह नहीं चाहती थीं, कि जिससे एक बार प्रेमका वचन दे दिया, उसके हृदयको तोड़ा जाय। इसमें क्या संदेह है, कि नेहरूका दामाद बननेके लिये भारतमें एकसे एक योग्य तरुण मिल सकते थे, लेकिन इंदिराके गुरुजन ऐसे निष्ठुर नहीं थे, कि उसकी भावनाओंका ख्याल न करते। जब वह अपनी बातपर दृढ़ रही, तो उन्होंने भी अनुमति दे दी और आनंद भवनमें विवाह होनेका निश्चय हुआ।

उस दिन बड़े भाईकी बच्चीको देखकर नेहरूने कहा—"लड़कियोंका जन्म देना बड़ी कठिनाई मोल लेना है। इंदिरा भविष्यका ख्याल नहीं करती, और अपनी जिद किये जा रही है।"

ख़ैर, विवाह निश्चित हो जानेपर बड़े भाईने चाहा, कि वह भी आनन्द भवनमें जाकर ब्याहमें शामिल हों। अनुमति माँगते समय बापूने कहा—"बड़े भाई, वहाँ जानेमें खर्च होगा। जो खर्च करना चाहते हो, उसे यहीं आश्रममें दे दो, और विवाहके लिए वर-वधूको आशीर्वाद भेज दो।"

बड़े भाईने बापूकी बातका अनुसरण किया।

बड़े भाईकी बिदाईका समय बहुत नजदीक आ गया था। वह छ महीने आश्रममें रहे थे। उन्होंने वहाँकी छोटी-बड़ी बातें और लोगोंको नजदीकसे अध्ययन किया था। सेवाग्राम आश्रमके पास ही उसी नामका एक गाँव है। यह जमनालाल बजाज और एक और सज्जनकी जमींदारी थी। गाँवके सुधारनेकी बापूने बड़ी कोशिश की, लेकिन पुरानी कहावत सच्ची साबित हुई—"घरका जोगी जोगड़ा, आन गाँवका सिद्ध।" बापू जीवित रहते उस गाँवपर कोई प्रभाव नहीं डाल सके। वह चाहते थे, कि गाँव साफ-सुथरा रहे, लेकिन, गाँववाले पाखाना-पेशाब करने, कूड़ा फेंकनेमें अपनी सनातन परिपाटी छोड़नेके लिये तैयार नहीं थे। आश्रमवासी सप्ताहमें एक दिन फावड़ा-टोकरी लेकर गाँवमें पहुँचते। कूड़े-करकटको जमा करके एक ओर फेंकते, पाखानेको खोदकर दबा देते। गाँववाले बेपर्वाहीसे देखते मनमें कहते—"अच्छा है, गांधीके नौकर आकर सफाईकर जाते हैं।" बापूने चरखा बँटवाया, लेकिन वह जलानेके काम आया। कपड़ा बुननेके लिये करघे लगवाये, वह भी अपने नामपर रोते रहे। पाठशाला खोली, कि लड़के-लड़की पढ़ेंगे, लेकिन माँ-बाप उसे निरी बेवकूफी समझते थे। वह परमस्वार्थी थे, उनके सुधरनेकी कोई आशा नहीं थी, यह कहना गलत है। उनका परमस्वार्थीपन ही एक ऐसा साधन था, जिसके द्वारा उन्हें रास्तेपर लाया जा सकता था, लेकिन, उसका इस्तेमाल करना गांधीवादकी शक्तिसे बाहरकी बात थी।

शायद गाँवका सिर्फ एक ही परिवार था, जिसका बेटा और बहू आश्रमकी कुछ सेवा करते थे, सो भी अपने घरपर रहकर नहीं। कुनू बुड्ढा सेवाग्राम ही नहीं, बल्कि आसपासके सैकड़ों-हजारों गाँवोंमें सबसे बूढ़ा था। उसकी आयु १२० वर्षकी थी। बड़े भाईकी यह आदत-सी हो गई थी कि, वह जिस किसी गाँवमें जाते, वहाँके सबसे बूढ़े आदमीके बारेमें पूछते और उससे परिचय प्राप्त करते। इसी कारण कुनू बूढ़ेसे भी वह मिलते रहे। कुनूका लड़का और लड़की आश्रमके रसोईघरमें काम करते थे—चमारको रसोईका काम देना बापू आवश्यक समझते थे। बेटेको मजूरीमें तीन आना और बहूको नौ पैसे रोज मिलते थे। उस समय यही मजूरी नालबाड़ीमें चमड़े और मदनबाड़ीमें दस्तकारीके काम करनेवाले स्त्री-पुरुषोंको भी मिला करती थी। बूढ़े कुनूने अपने बचपनसे सारे जीवनकी बातें बतलाईं। वह बड़ा कठोर जीवन था। आज भी कठोरता दूर नहीं हुई है, लेकिन आजसे वह कहीं अधिक असह्य था। गाँवके मालिक

बराबर उससे बेगार लिया करतें। कड़ी मशक्कत कराके पेट भर खाना भी नहीं देते थे। कुनूने एकके बाद एक तीन शादियाँ कीं। पहली बीबियोंकी कोई संतान नहीं रही। तीसरी बीबी बूढ़ी अब भी जिन्दा थी। ८० वर्षकी उमरमें कुनूने इससे शादी की थी। इससे तीन बच्चे पैदा हुये, जिनमेंसे बड़ा यही था, जो अपनी बहूके साथ आश्रमकी रसोईमें काम करता था। कुनूकी आजकी झोपड़ी शायद पहलेसे बेहतर हो। तब वह झोपड़ी कैसी रही होगी, जिसमें वह पैदा हुआ था। आज जिस झोपड़ीमें वह रह रहा था, वह जमीनसे निकली ऊबड़-खाबड़ चट्टानोंपर थी, जिससे एक फायदा था, कि बरसातोंमें वहाँ पानी जमा नहीं होता था। झोपड़ी खजूरके पत्तोंका बड़ा सा घोंसला है, जो वर्षाकी सारी बूँदोंको बाहर फेंकनेकी जरूरत नहीं समझता था। शायद इसी बेमुरौवतीके कारण हर हाल पुरानी झोपड़ीको तोड़कर नई झोपड़ी बनाली जाती थी। बड़े भाईने कुनूसे उसके खाने-पीनेके बारेमें पूछा। उसने अपनी मिट्टीकी कुण्डी दिखलाकर कहा—"इसे लेकर शाम-सबेरे गाँवमें घूम जाता हूँ, दो-चार घर घूमनेमें पेटके लिये कुछ मिल जाता है। बहू बस पानी भर जाती है।" उसने यह भी बतलाया—"मुझे इस बातका सन्तोष है, कि बहू-बेटे अपना पेट भर लेते हैं।" बूढ़े कुनूकी बातसे पता लगता है, कि सेवाग्रामके रहनेवाले केवल परमस्वार्थी नहीं थे। ऐसा होता, तो कुनू इतने दिन जी कैसे सकता था? मनुष्य परमस्वार्थी हो ही नहीं सकता।

एक बार माधवीको बुरी तरहकी सूखी खाँसी होने लगी। टट्टी-पेशाब बन्द हो गया, बुखार आ गया। उसका चेहरा लाल था। माता-पिता चिन्तित हो गये। दुधमुँहे बच्चोंको बालग्रह हुआ ही करते हैं, फिर मनमें आशंका क्यों न पैदा होती? ५ मई दोपहरके बादका समय था। बच्चीको गोदमें लेकर बड़े भाई डा० शंकरनके पास पहुँचे। वह नाराज होकर बोले—"इस समय क्यों आये? यह अस्पताल का वक्त नहीं है।"

बड़े भाईने कहा—"बीमारी जब वक्तकी पाबन्दी करे, तब ना? बच्चीकी हालत बहुत खराब देखकर मुझे आना पड़ा।"

मालूम देता है डा० शंकरनके ऊपर बापूके सेवाभावकी छींट भी नहीं पड़ी थी। उन्होंने बड़ी रुखाईसे कहा—"ले जाओ, मैं नहीं देखता।"

बड़े भाईने कहा—"अच्छा डाक्टर साहब, बच्ची मर भी जायगी, तो भी मैं इसे तुम्हारे जैसे डाक्टरके पास नहीं लाऊँगा।"

बड़े भाईको बहुत घबराया देखकर एक आश्रमवासीने कहा—"चरखा-सङ्घमें एक गुजराती विद्यार्थी है, वह होमियोपैथी दवाई करता है। उनके पास जाइये।"

बड़े भाई माधवीको लेकर विद्यार्थीके पास गये। उसने बड़े ध्यानसे बच्चीको देखा, और उससे भी अधिक मिठाईके साथ बर्ताव करते हुये उन्हें सान्त्वना दी। फिर छिपकलीके अण्डोंकी तरह छोटी-छोटी सफेद दो गोलियाँ खिलाकर बोला—"दो घण्टेके बाद आप मेरे पास फिर आकर हालचाल कहें।" सचमुच, गोलियोंका असर जादूकी तरह हुआ। तुरन्त पेशाब हुई, चेहरेकी मुर्दी हटी। दो घंटेसे पहले ही टट्टी भी आ गई। खुश-खुश बड़े भाई विद्यार्थी-डाक्टरके पास गये, और उसे सारी बातें बतलाईं। फिर दो गोली मिली, जिसे खानेपर खाँसी भी कम हो गई। अगले दिन दो गोलियाँ खा लेनेपर बच्ची बिल्कुल चंगी हो गई। माधवी बच गई। बड़े भाई डाक्टर शंकरनकी ड्योढ़ीपर जानेसे भी बच गये।

अन्नप्राशनके लिये प्रार्थना करते वक्त बड़े भाईने बापूसे कहा था, कि यह बड़ी विचित्र तरहसे जेलखानेमें बन्द कैदी बाप द्वारा गर्भमें आई। आनन्दभवनमें पैदा हुई, अब अन्नप्राशन भी बापूके हाथसे होना चाहिये और बापूने ३०-४० आदमियोंके समारोहमें यह किया था, इसे हम बतला आये हैं।

अमेरिकन पत्रकार लुई फिशर एक सप्ताहके लिये सेवाग्राम आश्रममें आये थे। बापूने उनसे बड़े भाईका जिक्र कर दिया था। फिशरने आकर बड़े भाईसे कहा, कि मैं आपका वक्तव्य लेना चाहता हूँ। प्रतिबन्धके बारेमें कहनेपर उन्होंने बापूसे पूछा। बापूने कहा—"तुम कैदी थोड़े ही हो, अवश्य वक्तव्य दो।" फिशर उनकी झोपड़ीमें वक्तव्य लेने आये। बड़े भाईने कहा, "वक्तव्य देना मैं जानता नहीं, अच्छा हो यदि आप बातें पूछें और मैं उसका जवाब दूँ।" बातोंके साथ फिशरने यह भी पूछा—"क्या भारतीय सेना इस लड़ाईमें अंग्रेजोंकी ओरसे भाग लेगी?"

"फौज तो अनुशासनकी पाबन्द होती है, इसलिये हुकुम होनेपर वह जरूर लड़ाईमें भाग लेगी, किन्तु उसे अपने देशका खयाल है। वह अपने मनसे लड़ाईमें शामिल नहीं होगी।"

फिशरने कहा—"इस समय मिश्रमें नौ भारतीय पलटनें पहुँच चुकी हैं, लड़ाईमें तो वह शामिल हो रही हैं।"

"हमारे नेताओंकी अनुमतिके बिना ही पलटन वहाँ भेजी गई। यही तो हमारी गुलामी है। पर देशकी पुकार होनेपर वह अवश्य पेशावर-काण्डको दुहरायेगी।"

फिशर—"यदि उसे राष्ट्रीय आन्दोलनको कुचलनेके लिये कहा जायगा, तो?

"वह कभी अपने भाइयोंपर गोली नहीं चलायेगी। अंग्रेज उसे हमारे खिलाफ इस्तेमाल नहीं कर सकेंगे।"

फिशरने इस वार्तालापको अमेरिकन पत्रोंमें छपा दिया। अंग्रेजोंने उसकी कापियाँ भारतमें नहीं आने दीं। उनको डर लगा, कि कहीं इससे सेनापर बुरा प्रभाव न पड़े, लेकिन क्या भारतीय सेनामें इस भावको फैलानेके लिये वह रोक सके ? इसका पता उन्हें तब लगा, जब लड़ाईके बाद भी भारतको गुलाम बनाये रखने की उन्होंने कोशिश की, और भारतीय नौ-सैनिकोंने अपने जङ्गी जहाजके साथ विद्रोह कर दिया।

उस समय मुस्लिम लीग पाकिस्तान बनाये जानेका बड़े जोर-शोरसे आन्दोलन कर रही थी। राजाजीने देशके बटवारेका समर्थन किया था। बापू इसके सख्त विरोधी थे। वह मुस्लिम लीगको हर प्रकारकी रियायत देनेके लिये तैयार थे, लेकिन देशका बँटवारा नहीं चाहते थे। चन्द दिनोंके लिये बापू बनारस गये। बाबू शिवप्रसादजीने बड़ी श्रद्धासे भारतके मानचित्रको ही मूर्ति मानकर भारतमाता-मन्दिर बनवाया था, जिसके उद्घाटनके लिये बापू वहाँ पहुँचे थे। लौटते वक्त वह नागपुर गये। जब वह आश्रम में आये, तो कारसे उतारनेके लिये बड़े भाई पहुँच गये। बापू उस समय कुछ उत्तेजित से थे। उन्होंने कहा—"बड़े भाई, बहुत खुशकिस्मती है, जो मैं यहाँ आ गया। नागपुरमें मेरे ऊपर इतने ढेले और जूते बरसे, जितने कि मैंने अपनी जिंदगी भरमें कभी नहीं देखे।

बापूके ऊपर यह जूतों और ईंटोंका बरसाना महाराष्ट्रियोंके लिये लज्जाकी बात थी। उससे भी कहीं बड़ी तथा अनन्तकालके लिये कलंककी बात यह हुई, जो एक महाराष्ट्रीने देशकी सनातन विभूतिका अपने हाथोंसे अन्त किया। बापूको अपने लिये उसकी पर्वा नहीं हो सकती थी, लेकिन वह जानते थे, कि देशकी उमंगोंके वह प्रतीक हैं, और अभी जिस कामका उन्होंने बीड़ा उठाया था, वह पूरा नहीं हुआ है। उस दिन शामकी प्रार्थनामें भी बापूकी समुद्र जैसी गम्भीरता चंचल हो उठी थी। उन्होंने उसी घटनाको लेकर कहा—"मेरा दिल कहता है, कि जापान यहाँ आ ही जावे, और भारतीय नेताओंमेंसे एक-एकको पाँतीसे खड़ाकर गोली मार दे। तब वह देशको गुमराह नहीं कर सकेंगे, और भारतीय जनता अपनी अकलसे काम लेगी।"

राजाजीके पाकिस्तान-समर्थनकी ओर ही उनका यह इशारा था। डर लग रहा था, कि अब देशका बँटवारा होके रहेगा।

बड़े भाईके आश्रममें रहते समय ११ फर्वरी (१९४२) को श्री जमनालाल बजाजका देहान्त हो गया। अपने व्यवसाय पर जरा भी आँच न लगाते जमनालाल-जीने देशकी बड़ी सेवा की थी। उन्हींकी श्रद्धाभक्तिके कारण बापू उनकी जमींदारीके गाँव सेवाग्राममें आ बसे थे। वह उनकी तन-मन-धनसे सेवा करते थे। बापूका भी

उनके और उनके परिवारपर बहुत स्नेह था। मृत्युकी खबर मिलते ही बापू चलनेके लिये तैयार हुये। उन्होंने बड़े भाईसे भी कहा—"आना चाहते हो, तो आओ।" वह भी बापूके साथ चल पड़े। बजाजके बड़े पुत्र कमलनयन उस समय वर्धासे बाहर थे, उनके आने तक दाह-क्रिया नहीं की गई।

अगले दिन दस बजे दाह-क्रिया आयोजन हुआ। शोकके उपलक्षमें नालबाड़ी, मदनबाड़ी, गोशाला सभीके दरवाजे खोल दिये गये थे। बजाजबाड़ीसे नातिदूर एक बड़ा हवनकुण्ड तैयार किया गया। मनों चन्दनकी लकड़ी मँगाई गई, घीके कनस्तरों का ढेर लगा हुआ था। शवको उठाकर वहाँ पहुँचाया गया। साथ-साथ बहुतसे बच्चे भी थे। बजाजजीके हित-कुटुम्ब और सदलबल बापू वहाँ आये। बड़े भाईभी उनके साथ थे। चिता पर शव रक्खा गया। ऊपरसे चन्दनकी लकड़ियोंसे ढाँक दिया गया। कनस्तरोंसे घी उड़ेला गया, फिर चितामें आग लगा दी गई। आगकी ज्वाला सालोंके सूखे चन्दन और घी की सहायतासे बड़े जोरसे भड़क उठी। जानकीदेवी अपने पति की चिर अनुगृहीता रहीं। ऐसा पति बिरली ही सेठानियोंको मिला होगा। उनका दिल भर आया। उद्विग्नमनसे उन्होंने गांधीजीसे प्रार्थनाकी—"बापू, अब ये तो चले गये, मुझे भी इजाजत दीजिये। मैं इनके साथ सती हो जाऊँगी।"

बापूने बड़ी गम्भीरताके साथ कहा—"जरूर, आप सती हो सकती हैं।"

बड़े भाई पासमें ही थे। उन्होंने देखा, जानकीजीका मुँह फक हो गया। बापू यही तो परीक्षा लेना चाहते थे। वह समझते थे, कि मुझसे नहीं करानेके लिये ही पूछा गया। इसमें शक नहीं, यदि जानकीदेवीका पैर आगकी तरफ बढ़ता, तो बापू तुरन्त पकड़ लेते लेकिन, उस समय वह दूसरी बात देखना चाहते थे। जब उन्हें मालूम हो गया, कि बात नकली थी, तो उन्होंने बड़े स्नेहसे कहा—"बेटी, यह अग्नि तो हमारी जलाई हुई है। यदि सती होकर जलना है, तो अपने भीतर दिव्य अग्नि पैदा करनी चाहिये। तुम इसमें गिरकर जलोगी, तो पुलिस आयेगी, हम भी गिरफ्तार होंगे। तुम्हारे सारे हित-मित्र पकड़े जायँगे। ऐसी अग्निमें जलना सिर्फ आत्महत्या है, जो बहुत बुरा है।"

जानकीदेवी या कोई भी दिव्य-अग्नि क्या पैदाकर सकता था। वह चुप रहीं।

बापूने फिर कहा—"दिव्य अग्नि ऐसे ही भभक नहीं उठती। न उसका यह रूप होता, न उसमें इस तरह जलना पड़ता। तुम्हारे पति अब इस संसारमें नहीं रहे। उनकी कोई अपूर्ण इच्छा भी हो सकती है, जिसे पूर्ण करनेका भार अब तुम्हें लेना है।"

जानकीदेवीका सिला मुँह अब खुला, और उन्होंने कुछ उत्साहके साथ कहा—"उनकी कौनसी इच्छा या काम अपूर्ण रह गये हैं, बापू, बतलाइये मैं उसे पूरा करूँगी।"

बापूने कहा—"जमनालालजीने गोसेवा मण्डल खोला था, उसका भार तुम्हें लेना है। उसे अपने कंधोंपर उठाओ, और मनसा-वाचा-कर्मणा उस कामको पूरा करने का वचन दो।"

"मैं वचन देती हूँ, मैं उस कामको करूँगी।"

बापूने वहीं चिताके सामने ही जमनालालजीकी जगह पर जानकीदेवीको गोसेवा मण्डलका प्रधान घोषित कर दिया, और फिर जानकीदेवीसे कहा—"इस कामके लिये धनकी आवश्यकता होती है। तुम मन-वचन-कर्मसे अब प्रतिज्ञाबद्ध हो। बताओ, तुम्हारे पास कितना धन है?

जानकीदेवीके पास दो-ढाई लाखकी सम्पत्ति थी। उसे उन्होंने बतला दिया। बापूने वहीं उसे संकल्प करवाया: अब सम्पत्ति गोसेवा मण्डलकी है।

बापूके इस कामसे उन लोगोंको प्रसन्नता कैसे हो सकती थी, जो समझते थे, कि जानकीदेवीकी निजी सम्पत्ति भी अन्तमें हमारे काम आयेगी लेकिन, जानकीदेवीने बिना जरा भी हिचकिचाहटके उस दिन सर्वस्व दान किया, और इसके लिये उन्हें बड़ी प्रसन्नता थी। शेष जीवनके लिये भी एक बड़ा काम मिल गया था, जिसका सम्बन्ध उनके प्रिय पतिसे था, यह कम हर्षकी बात नहीं थी।

जानकीदेवीके सीधे-सादेपन तथा सौहार्दको नजदीकसे देखनेका बड़े भाईको मौका मिला था। एक बार गांधीजीके संकेत पर जमनालालजी बड़े भाईको भागीरथीजीके साथ अपने घर ले गये। उनके यहाँ अम्बालाल साराभाईका सा पश्चिमी ढंगका राजसी ठाट नहीं था। वहाँ चारों ओर स्वदेशीपन दिखाई देता था। केला, दूध, दलिया और दूसरे प्रकारके भोजनोंका सुन्दर प्रबन्ध था। बड़े भाई खूब खाते और खूब दण्ड-बैठक करते। एक दिन दोपहरके बादके नाश्तेके समय जानकी देवी चरखा चला रही थीं। उन्होंने पूछा—"बड़े भाई तुम चरखा चलाते हो?"

बड़े भाईने कहा—"साथमें चरखेकी पेटी लिये तो नहीं चलता, पर आश्रममें रहते समय चरखा जरूर चलाता हूँ।"

इसी समय बड़े भाईके मनमें कुछ और विचार पैदा हुये और उन्होंने पूछ दिया—"बहिन, सुनते हैं बम्बईमें बजाजकी कपड़ेकी मिल है, जिसके लिये उनकी जमींदारीसे और बाहरसे भी कपास खरीदी जाती है।"

"हाँ, मिल है।"

"तो मुझे आप यह बतावें, कि आपके लिये चरखा सच्चा है या मिल। यदि मिल तो चरखेका ढोंग क्यों?"

बड़े भाईने सुनी-सुनाई एक कहानी कही—"राजा जनकको एक बार स्वप्न हुआ। वह एक हँड़िया ले भीख माँग रहे थे। जाते-जाते एक नालीमें पैर पड़ा और वह गिर गये। भीखका बरतन वहीं चूर-चूर हो गया। देहमें चोट भी आई। भिखारी जनक रोने लगा। इसी समय नींद खुल गई। उसका मन अब भी भयभीत था। पर उसने देखा, कि मैं तो राजभवनमें हंसतूल शैयापर पड़ा हूँ। उसने ज्ञानियोंको बुलवाकर पूछा—"यह सच है कि वह सच?" इसका सच्चा जवाब अष्टावक्रने दिया। उसी तरह अष्टावक्र हो बहिन, तुम भी मुझे जवाब दो।"

जानकीदेवी जरा भी खिन्न नहीं हुई। उन्होंने साधारण तौरसे हँसकर कहा—"बापूकी सारी बातोंका पालन करना हमारी शक्तिसे बाहर है। हम कारबार कैसे छोड़ दें। हमसे जो कुछ हो सकता है, उसे करते हैं।"

जानकीदेवीकी सादगी और मधुर बर्तावका बड़े भाई पर बहुत प्रभाव पड़ा था। वह बात करनेमें किसीका लिहाज नहीं रखते, जिसके कारण एकाएक उनसे मिलनेवाला आदमी उन्हें रूखा या उजड्ड कह सकता है। जानकीदेवीका आतिथ्य ग्रहण करते समय ऐसे प्रकरण कई बार आये थे। एक बार उन्होंने कहा—"बहिन, दुनियासे दुःख और गरीबी दूर करनेका एक ही रास्ता है, वह है साम्यवाद। आप लोग भी क्यों नहीं कम्युनिज़्म मानते?"

जानकी देवीने हँसकर कहा—"हमारे बापू अपनेको कम्युनिस्ट कहते हैं। उनके अनुचर हम लोग भी कम्युनिस्ट हैं।"

सेवाग्राममें आश्रम बन जानेके बाद देशके कोने-कोनेसे लोग बापूके दर्शन और सत्सङ्गके लिये आते थे। बापूकी महिमाको राजाओंने नहीं समझा, लेकिन सेठ उनके बड़े पारखी थे, और हर जगह उनके स्वागत-सत्कारके लिये तैयार रहते। दिल्लीमें सेठ बिड़लाके भवनमें ही आततायीने बापूको गोली मारी। बिड़ला-परिवार बापूके प्रति अपनी भक्ति दिखलानेके किसी अवसरसे चूकता नहीं था। दिल्ली हो या बम्बई या और भी कोई शहर, जहाँपर कोई भव्य बिड़ला-निवास हो, वहाँ बापू उसीमें ठहरते थे। यही नहीं अगर बिड़लोंकी चली होती, तो सेवाग्राममें भी उन्होंने दस-बीस लाख लगाकर विशाल आश्रम बनवा दिया होता लेकिन, जिस आश्रमका वह स्वप्न देख रहे थे, वह बिड़लोंके रुपयोंसे नहीं खड़ा हो सकता था। बापू झोपड़ियोंमें रहना चाहते थे। सेठ बिड़लाने वहाँ अपने लिये एक अच्छा मकान बनवा दिया, जो बापूसे मिलनेवाले देशी-विदेशी सम्भ्रांत मेहमानोंके भी काम आता था।

एक बार सेठ घनश्यामदास बिड़ला स्वास्थ्य-सुधारके ख्यालसे वहाँ महीने भरसे अधिक रहे। बापूने बड़े भाईका कुछ परिचय करा दिया था। सेठजीने देखा, कि यह आदमी इस उमरमें भी कितना स्वस्थ और तगड़ा है। उन्होंने पूछा—"बड़े भाई, बापू भी आपको बड़ा भाई कहते हैं। यह बतलाइये, आप इतने स्वस्थ क्यों हैं?"

"व्यायाम करता हूँ, रोज सबेरे घूमने जाता हूँ।"

घनश्यामदासजीने कहा—"हम भी आपके साथ घूमने जाना चाहते हैं।"

"मैं तो चार बजे रातको जाता हूँ।"

"आप मुझे भी ले लिया करें।"

"लेकिन, आपके बँगलेमें कुत्ते हैं, वह मुझे काट लेंगे। अच्छा है, घड़ीमें अलार्म लगा लें और चार बजे बाहर आ जायँ। मै सड़कपर मौजूद मिलूँगा।"

यह निश्चय दोनों ओरसे मान्य हुआ। गर्मियोंके दिन थे, तो भी चार बजे अभी काफी अन्धेरा रहता था। गांधी-पत्थर अर्थात् डेढ़ मील तक जाने और फिर उतना ही लौटकर आनेकी बात रक्खी गई थी। प्रतिदिन तीन मीलकी यात्रा महीने भर होती रही। यह चुपचाप थोड़े ही हो सकती थी। बिड़लाजीने बड़े भाईके घर-गाँवकी बात पूछी। जीवनकी कितनी ही घटनायें भी बड़े भाईको बतलानी पड़ीं। घनश्यामजीने उनकी बड़ी तारीफ की—"आपने बहुत बड़ा काम किया है। आपका बहुत बड़ा नाम है। आदर्श पुरुष हैं। एक जीवनमें जितना काम किया जा सकता है, वह आप कर चुके हैं। आपके कामोंको कोई नहीं भुला सकता, न आपको ही। पचासके करीब हो गये हैं, अब आपके विश्रामका समय है। आरामसे रहनेके लिये आपका इन्तजाम हो जाना कोई मुश्किल नही है। गर्मियोंमें ऐसी जगह रह सकते हैं, जहाँ पहाड़के आदमीको तकलीफ नहीं होती, और जाड़ोंमें भी अच्छे मकानमें रह सकते हैं।"

यह कोई एक दिनके वार्तालापका अर्थ नहीं है। कितने ही दिनों तक वह बिड़लाजीसे ऐसी बातें सुनते रहे। वह अपने विचारोंको भी छिपाना नहीं चाहते थे। सुखपूर्वक शेष जीवनको अच्छी जगह बितानेके बारेमें बड़े भाईने जवाब दिया—"यह ठीक है, कि मैं गर्मियोंमें मसूरी और जाड़ोंमें दिल्लीमें आरामसे रह सकता हूँ। हमारे देशके धनी-मानियोंको ऐसा प्रबन्ध करना कठिन नहीं है। पर, जब मेरे परिवारके लोग मुझसे मिलने आयेंगे और मैं और मेरी बीबी गद्दीदार कुर्सीपर आरामसे बैठे रहेंगे, उस समय उनके लिये क्या होगा?"

—"उनके लिये भी कुर्सी और ठहरनेका इन्तजाम हो सकता है। आपके परिवारमें कितने लोग हैं?"

—"मेरा परिवार है, सभी मेरे भाईबन्द हैं। वह मेरे पास आयेंगे।"

सेठको मालूम हो गया, कि यह कम्युनिस्टों-सी बात कर रहा है। उन्होंने कई बार बड़े भाईको शिक्षा देनी चाही, बल्कि कहना चाहिये कि लम्बी-लम्बी स्पीचें दीं, कि आपको बापूके विचारके अनुसार रहना चाहिये, उन्हींका रास्ता सबसे अच्छा है।

दो-चार घंटेकी बात हो, तो वह लक्षणा-व्यंजनासे भी की जा सकती थी, किन्तु यहाँ तो वह महीने भर तक चलती रही। सेठको मालूम हो गया, कि "सूरदासकी काली कमलिया चढ़े न दूजो रंग"। लेकिन वह यह नहीं चाहते थे, कि बड़े भाईकी आस्था और विश्वास अपने विचारोंकी सफलतापर अटल रहे। उन्होंने एक दिन कहा—"बड़े भाई, तुम्हारी झंझाको रोकनेके लिये हमारे पास एक बहुत बड़ा बाँध है। वह बाँध हमारा बाल भी बाँका नहीं होने देगा।"

यह कहनेकी आवश्यकता नहीं, कि सेठका इशारा बापूकी तरफ था। सभी सेठोंकी तरह वह समझते थे, कि कम्युनिज़्मके ब्रह्मास्त्रके सामने हम बापूके ही पीछे रहकर बच सकते हैं। उन्होंने बापूको उनके जीते जी इसी तरह इस्तेमाल किया, और अब बापूके नाम और उनके चेलोंको भी अपना हथियार बना रहे हैं।

कस्तूरबा—बापूकी धर्मपत्नी—वस्तुतः आश्रमकी अधिष्ठात्री देवी थीं, जिनको किसीका स्नेह और सहारा नहीं मिला, उसको भी बाकी दयासे वंचित होनेका अवसर नहीं था। भागीरथी देवी कड़े स्वभावकी स्त्री हैं। बड़े भाईको कानी उँगलीपर नचानेकी कोशिश करती लेकिन बड़े भाई भी मोमके नहीं थे। १४ मार्च १६४२ को वह माधवी के लिये दूध लेने गई। कृष्णचन्द्रने कहा—"अब सिर्फ बीमारों भरके लिये ही दूध बच रहा है, तुम्हें दूध नहीं मिलेगा।" उसी समय एक युरोपियन महिला कुछ दिनोंके लिये आश्रमकी मेहमान थीं। उसके पास एक कुत्ता था, जिसके लिये रोज बाजारसे आध सेर मांस और आश्रमसे दूध दिया जाता था। जिस समय कृष्णचन्द्रने माधवी के लिये दूध देनेसे इन्कार किया, उसी समय मेमके कुत्तेके लिये उन्होंने दूध दिया। भागीरथी चण्डी बन गई, और उन्होंने रोषके साथ कहा—"तुमने मेरी लड़कीको कुत्तेसे भी बदतर समझा, जो उसके लिये दूध है और इसके लिये नहीं।"

भागीरथी की जोरकी आवाज सुनकर बा दौड़ी-दौड़ी आईं और बोलीं—"क्या है भागीरथी?" भागीरथी आँसुओंको रोक नहीं सकीं, और उन्होंने बासे सारी बातें बतला दीं। बाने कृष्णचन्द्रको फटकारा, और दूध दिलवाकर ही सन्तोष नहीं किया, बल्कि सीधे बापूके पास गईं—"यह क्या बात है, कि कुत्तेको तो दूध मिले, और बच्चेको नहीं।"

बापूने कृष्णचन्द्रको बुलाकर समझाया, ऐसा नहीं करना चाहिये।

बाने भागीरथीसे कह दिया—इसके पास न जाना। कोई बात हो, तो मेरे पास आना। उस दिनसे भागीरथीको माँ मिल गई। इसमें शक नहीं बा और भी कितनी ही भागीरथियोंकी माँ थीं। किसीको दुखी देखना वह सहन नहीं कर सकती थीं। आश्रमके लोग उन्हें बापूकी सी० आई० डी० या आश्रमका थानेदार समझते थे। उनके डरके मारे कोई अन्याय करनेकी हिम्मत नहीं करता था। बापूके पाखानेको साफ करना बाने अपने ऊपर ले रक्खा था। वह हर तरहसे उनकी सेवा करती थीं। बाके मरनेपर बापूको जो महान् दुःख हुआ था वह अकारण नहीं था।

बापू अपने आश्रमवासियोंको शिवजीकी बरात कहा करते थे, यह केवल मजाकिया बात नहीं थी। वहाँ हर तरहकी मूर्तियाँ थीं। कुछ आकर्षक, कुछ विकर्षक और कुछ मिट्टीके लोंदे।

प्रोफेसर भनशाली—सेवाग्रामके सन्त पुरुषोंमें यह एक थे। इनकी शिक्षा-दीक्षा विलायतमें हुई थी। किसी कालेजमें प्रोफेसर थे, पर अब बापूके आश्रममें रह रहे थे। वह छोटे-छोटे बच्चोंको पढ़ानेके काम को भार नहीं प्रेमके वश होकर करते थे। उनके पढ़ानेका ढंग इतना सुन्दर था, कि बच्चे उनको छोड़ना नहीं चाहते थे। वह उन्हें कहानियाँ सुनाते, हँसते-हँसते बच्चे लोट-पोट हो जाते। जब कोई लड़का न आता, तो भनशालीजी उसके घरपर पहुँच जाते। उन्होंने भागीरथीजीको भी कहा—"राणीजी, तुम क्यों नहीं पढ़ने आतीं ?" राणीजी समझती थीं, कि बच्चीका काम और आश्रमका काम मेरे लिये पर्याप्त है। वह बच्चोंको पढ़ाते रहते, और उनके सामने खड़े-खड़े सलगम, गाजर आदिकी टोकरी रहती। वह बिना उबले ही फलोंको खाते थे। पढ़ा रहे हैं, और बीच-बीचमें गाजर निकालकर कट्-कट् खा रहे हैं। फलोंके अतिरिक्त उन्हें हर रोज सेर-दो-सेर दूध-दही मिल जाता था। यह कहनेकी आवश्यकता नहीं कि यह भोजन शरीर-पोषणके लिये अपर्याप्त नहीं था, और स्वाद तो बहुत कुछ अभ्यासकी बात है। एक और भी उनमें विचित्रता थी, कि वह निद्राजित होनेके लिये प्रतिज्ञाबद्ध थे। दिन भर वह पढ़ाते या दूसरा काम करते बिता देते थे। रातको नींद अचानक हमला न बोल दे, इसलिये वह रुई धुनने लगते, या रात-रात चक्की पीसते। मन-मन भर आटा पीस कर रख देते लेकिन, निद्राको इस तरह परास्त थोड़े ही किया जा सकता था। दो-चार दिनकी प्रतीक्षाके बाद वह एकाएक आकर दबोचती। भनशालीजी खड़े-खड़े गिर पड़ते। उस वक्त उन्हें उठाना मना था। वह वहीं गिरी हुई जगहपर एक-दो दिन तक पड़े कई दिनोंकी नींदकी कसर पूरी करते। उनकी नाकमें कीड़े-चीटियाँ घुस जातीं लेकिन कुम्भकर्णकी तरह कोई खबर न होती। वह बड़े गम्भीर प्रकृतिके पुरुष थे, हँसना तो एक तरहसे जानते नहीं थे। बापू उनसे मजाक करते, तो वह चुपचाप सुन लेते। एक दिन किसीने उन्हें उत्तेजित कर दिया, और उनके मुँहसे कुछ ऐसे शब्द निकल गये, जिनको भनशालीजी अनुचित समझते थे।

फिर क्या था, उन्हें भारी पश्चात्ताप हुआ। डोरा डालकर सूईसे अपने दोनों ओठोंको उन्होंने सी दिया। चार-पाँच टाँके थे। वह टाँके कपड़ेमें नहीं पड़े, ओठोंसे खून बहने लगा और उनका सारा कपड़ा रँग गया। हाँ, मुँह ने क्यों ऐसे अनुचित शब्द अपने भीतरसे निकाले, इसे दण्ड मिलना चाहिये। कोई कहेगा—उचित-अनुचितका देखना ओठों या मुँहका काम नहीं, उसकी जिम्मेवारी तो मनको है। भनशालीजी अनपढ़ गँवार नहीं थे, वह भी इसे जानते थे। उस भूमिकामें पहुँचकर वह कहते, ओठोंके सिलनेका दुःख भी तो मनको ही होगा, और इस प्रकार उसे ही दण्ड मिल रहा है। कोई दौड़ा-दौड़ा बापूजीके पास गया। वह भनशालीके पास पहुँचे। कैंचीसे काटकर ओठकी सिलाई तोड़ी गई, घावको अच्छा होने में कुछ समय लगा।

आश्रममें एक मद्रासी तरुण था, जिसे मिर्गी आया करती थी। अचानक ही जब दौरा पड़ता, तो वह कटे पेड़की तरह गिर पड़ता। कितनी ही देर तक उसके हाथ-पैर काँपते रहते, मुँहसे झाग निकलती। फिर थोड़ी देरमें प्रकृतिस्थ हो जाता, और चरखा कातने या किसी दूसरे काममें लग जाता। वह नीमकी पत्तियाँ खाया करता, बापूकी बतलाई विधिसे प्राकृतिक चिकित्सा करता। डाक्टर भी आकर देखा करता। पर, बड़े भाईके वहाँ रहते समय तक उसको अपने रोगसे मुक्ति नहीं मिली।

सच्चिदानन्द स्वामी आश्रमके ब्रह्मज्ञानी थे। वह अस्पतालके पीछे बाहरकी ओर एक कोनेमें रहा करते थे। बैठने-लेटनेके लिये उनका मिट्टीका चबूतरा था। कोढ़के कारण उनके हाथ-पैरकी अँगुलियाँ गिर गई थीं, नाक भी गल गई थी। हाथ-पैरको सफेद कपड़ेसे बाँधकर रखते। उनके शरीर पर खादीका सफेद कुर्ता रहता। पहले लोग उनके पास नहीं जाते थे। बापू स्वयं जाकर उनके घावको अपने हाथसे धोते, पट्टी बाँधते। बापूके जीवनकी यह भी एक अद्भुत झलक थी। हर रोज शाम-सबेरे जब घूमकर लौटते, तो बापू सच्चिदानन्द स्वामीके पास जरूर जाते। वह बहुत सुशिक्षित थे, शास्त्रोंको भी पढ़ा था, और अंग्रेजीके भी विद्वान् थे। बापू दस-पन्द्रह मिनट जो उनसे बात करते थे, इसके कारण उस कोढ़ी पुरुषको कितना आनन्द होता होगा! बड़े भाईको उनकी टट्टी और कुटियाके साफ करनेका काम मिला था। वह दोनों वक्त वहाँ जाते। आश्रमकी सफाई ही इसका कारण थी, जोकि वहाँ मक्खियाँ नहीं भिनभिनाती थीं। स्वामीके पास पुस्तकें थीं, यह उन्हें पढ़ते रहते थे।

एक दिन अँधेरा हो गया था, जबकि बिच्छूने बड़े भाईके पैरमें काट खाया। बत्तीकी रोशनीमें उन्होंने देखा, कि लाल-लाल बड़ा बिच्छू काम करते भागा जा रहा है। एकदम उठकर उन्होंने उसे मार दिया। शिवजीकी बरात चिल्ला उठी, कोई कहता—"तुम आदमी नहीं हो," दूसरा कहता—"तुम जानवर हो। बेचारे प्राणीको

मार डाला।" बड़े भाई कैसे समझ सकते थे, कि वह निरीह प्राणी है। वह उसी कोठरीमें रहे, कल वह माधवीको डंक मार सकता है, या किसी दूसरेको। उसका जीवित रहना दूसरोंके लिये अनिष्टकर हो सकता है। शिवजीकी बरात शिकायत लेकर बापूके पास पहुँची—"बापू, अनर्थ हो गया। बड़ा भाई तो आश्रमके हरेक नियमको पैरोंसे रौंदना चाहता है। इसने बिच्छू मार दिया।"

बापूने हँसते हुये कहा—"बिच्छूको लोग मारा ही करते हैं, यह आश्रमकी सभी बातोंको नहीं जानते। बड़े भाईको समझाइये।" आश्रम ऐसी जगह था, जहाँ बिच्छू और साँप अक्सर निकला करते थे। लोग एक बड़े चिमटेसे उन्हें पकड़कर घड़ेमें डाल देते फिर कहीं दूर छोड़ आते। धर्मात्मा लोग थे, प्राणिमात्रके ऊपर अनुकम्पा करना कर्तव्य समझते थे।

देव सुमनसे भेंट—आश्रममें रहते ही एक दिन अचानक देव सुमनसे मुलाकात हो गई।

जूनका महीना था। सुमन अचानक सेवाग्राम, वर्धामें दिखाई दिये। मेरे लिये एक अनुपम भेंट थी, क्योंकि मैं वर्षोंसे गढ़वालसे बिछुड़ा हुआ था और हूँ। एक गढ़वालके अनुभवी कार्यशील नवयुवकसे भेंट हो जाना मेरे लिये कम खुशीकी बात न थी। पूछा—"बन्धु! सेवाग्राम-यात्राका कारण?" जवाब मिला—"एक तो सेवाग्राम संसारका राजनीतिक तीर्थस्थान है, पूज्य बापूके दर्शन, दूसरे हम गढ़वालियों के आप जैसे एक बूढ़े सैनिकसे भेंट करना मेरे लिये सौभाग्यकी बात है। आपसे मिलनेकी इच्छा तो बहुत दिनोंसे थी, मगर मेरी आर्थिक स्थिति मेरे लिये बाधक थी। अबकी बार दिल्लीके कुछ मित्रोंने मदद की तब जाकर मै आपके पास आ सका। मैं हिमालय-राज्य-प्रजामण्डलका प्रधान हूँ। इसीके सिलसिलेमें मेरी इच्छा है, कि मैं पूज्य बापूसे भी भेंट करके गढ़वाल-राज्य-प्रजा-परिषद्‌के लिये आशीर्वाद ले लूँ।"

मैंने सुमनको पूज्य महात्मा गांधीके पास ले जाकर परिचय कराया। सुमन और बापूजीकी १५ मिनट तक बातें हुईं। बातचीत समाप्त हो जानेके बाद वे प्रफुल्लित होकर मेरी झोपड़ीमें आये। बोले—"जो मेरी इच्छा थी, आज बापूने पूरी कर दी क्योंकि बापूने गढ़वालके विषयमें जो मेरी तजवीज थी, उसे मंजूर कर ली और आशीर्वाद दिया कि मैं सत्य और अहिंसाके द्वारा टिहरी-राज्यमें प्रजाकी सेवा करूँ। मेरे लिये जीवन-मरणका सवाल है, क्योंकि टिहरीकी जनता बेहद दुखी है।"

मैंने भी देवसुमनसे गढ़वालके गंगावार, गंगापारकी राजनैतिक, आर्थिक और सामाजिक विषयोंपर बहुत-सी बातें पूछीं। उन्होंने गढ़वालके विषयमें मुझको अच्छी तरह अवगत कराया। उनको गढ़वालकी जनतासे अपार प्रेम था। मुझे उन्होंने अपनी

वाक्-शक्ति और तर्क-वितर्कोंसे प्रभावित किया था। वह ऐसे ही असाधारण प्रतिभाशाली युवक थे।

श्री देव सुमनने मुझसे पूछा—"आपने गढ़वालके लिये क्या सोचा है? हम गढ़वाली आपसे बहुत आशा रखते हैं।" मैंने जवाब दिया—"प्रिय बन्धु! मनके अथाह सागरमें जो बुदबुदे उठते हैं, वे सब उसी सागरमें विलीन हो जाते हैं। हाँ, मनुष्य अथाह सागरके पार जानेके लिये मन-गढ़ंत पुल बाँधा करता है। उसी प्रकार मैं भी सोचा करता हूँ। क्या मेरी बातोंको, जो मैं गढ़वालके बारेमें सोचता हूँ, आप और गढ़वाल की जनता मंजूर करेंगे?"

"उचित होगी तो क्यों नही मंजूर करेंगे।"

इसपर बड़े भाईने अपने सपनेको कहा—"मैं तो स्वतन्त्र भारतमें स्वतन्त्र गढ़वाल की कल्पना करता हूँ। जैसेकि भारत कितने ही स्वतन्त्र संघोंका एक महासंघ होगा। उसी महासंघके अन्तर्गत एक स्वतन्त्र गढ़वाल भी। मौजूदा गढ़वाल दो भागोंमें विभाजित है, जोकि हमारे लिये एक महाकलंक है। उस वक्त हम १० लाख गढ़वालियोंका एक ही संघ हो। हाँ, भौगोलिक दृष्टिसे गंगावार और गंगापारका पर्यायवाची नाम रहे। आजकल हम दो भागोंमें बँटे हुये हैं। जैसे छ लाख ब्रिटिश गढ़वाल की और ४ लाख टिहरी गढ़वालकी जन-गणना है। उस समय स्वतन्त्र भारतमें कोई राजा, कोई जमींदार, या पूँजीपति नहीं रहेगा। समाज श्रेणी-विहीन हो जायगा।

"आज जिस जमीनके ऊपर हम दस लाख गढ़वाली भूख और महामारीके शिकार हो रहे हैं, उस समय इसी जमीनमें हमारी एक करोड़से भी ज्यादा गढ़वाली संतान अच्छी तरह सुख और स्वतन्त्रतापूर्वक जीवन बितायेगी। हमारी गढ़भूमि धन-सम्पन्न है। हमारी भावी सन्तानें उसका उपभोग करेंगी।"

"हमारे गढ़वालमें ताँबा-लोहेकी खानें हैं। नाना प्रकारकी जड़ी-बूटियाँ, औषधियाँ हैं। पत्थर, लकड़ी है, कागज बनानेकी सामग्री मधु, शिलाजीत, ईंगुर, फूल और फलोंसे जंगल सम्पन्न हैं। इससे भी बड़ी और महत्वकी चीज बहती हुई गंगाकी धारा है, जिससे हम करोड़ों किलोवाट बिजली पैदा करके घर-घर पहुँचा सकेंगे। हमारा गढ़वाल औद्योगिक प्रदेश हो जायगा। हम समय और शक्तिका सदुपयोग करेंगे।"

"हमें स्वतन्त्र भारतमें जनतान्त्रिक गढ़वाल बनानेका मौका मिलेगा। हम १० लाख गढ़वालियोंकी आर्थिक समस्या, संस्कृति, भाषा भारतके ६६० जिलों से भिन्न है।"

आजके टिहरी गढ़वाल और ब्रिटिश गढ़वाल, अपर-गढ़वाल और लोअर-गढ़वाल, ठाकुर और ब्राह्मण, डोम और बिष्ट, खैकर और हिस्सेदार, राजा और प्रजा,

नहीं रहेंगे लेकिन, हमको उस समयकी इन्तजारीमें बैठे नहीं रहना होगा। हमें उस समयको लानेके लिये महान्से महान् प्रयत्न करने होंगे। जनताके बीच जाकर, उनके दुःखोंका अध्ययन करके, उन्हींके सामने रखकर उनको दूर करनेका प्रयास करना होगा। जन-संगठनके द्वारा शक्ति प्राप्त करना, जनतामें राजनीतिक जागृति लाना। भूख, महामारी, हर प्रकारके आतंकोंके समय उनकी सहायता करके उनमें विश्वास प्राप्त करना होगा आज संसारमें ऐतिहासिक परिवर्तन होने जा रहा है। हमको भी इस ऐतिहासिक निर्माणमें सक्रिय भाग लेना पड़ेगा। हमारी आजादी भी संसारकी आजादीमें निहित है, इसलिये हमें आपसी छोटे-छोटे झगड़ोंको छोड़ देना चाहिये। वैसे तो डोला-पालकीका सवाल भी गौण सवाल नहीं है। उसमें भी नागरिक अधिकार और सामाजिक स्वतन्त्रता की माँग मौजूद है। मगर इस झगड़ेसे आम डोम जातिका उपकार हो सकेगा। शब्दोंमें चाहे आर्य कहो या हरिजन, अछूत कहो या आदिवासी, या डोम; उनके लिये अलग मंदिर बना दो, अलग कुआँ खोद दो या थोड़ी देरके लिये उनके हाथका बनाया लड्डू भी खा लो, इन सबसे उनका असली उपकार नहीं हो पायेगा। इससे निस्तार तभी होगा, जबकि उनकी आर्थिक समस्यायें हल की जायँ। इसके लिये निम्न बातोंपर ध्यान देना होगा—

१. जमींदारी-प्रथा खतम कर बंजर और जंगलोंकी जमीन उनको देनी चाहिये;

२. नौकरियोंमें अनुपातके मुताबिक उनको जगह मिले;

३. उनकी पढ़ाईके लिये शिक्षा निःशुल्क हो;

४. असेम्बलियोंमें और काउन्सिलोंमें उनके लिये अनुपातके मुताबिक सीटें दी जायँ;

५. उद्योगोंमें उनको प्रथम स्थान मिले।

सही और सच्चा अछूतोद्धार का रास्ता यही है।

× × ×

बापू लोकमतकी जबर्दस्त शक्तिको जानते थे, इसीलिये देश और विदेशके लोकमतको अपने पक्षमें करनेके लिये हमेशा कोशिश करते। जब कोई अंग्रेज, अमेरिकन या दूसरा विदेशी उनके विचारों और कामको जाननेके लिये आता, तो वह उनका स्वागत करते, और उसे परिचय प्राप्त करनेका हरेक अवसर प्रस्तुत करते। चाहे अमेरिकन हो या अंग्रेज या भारतीय सबको गांधीजीके कमरेमें बाहर जूता खोलकर जाना पड़ता था। ऐसी मुलाकातके समय दुआ-सलामको छोड़कर किसीको बापूके पास रहनेकी इजाजत नहीं थी।

गांधीजीके पट्ट शिष्य विनोबा थे, इसे सभी जानते हैं लेकिन पट्ट शिष्यका रहना गुरुके आश्रममें नहीं होता था। वह वहाँसे तीन मील दूर पौनारमें रहते थे। व्यक्तिगत सत्याग्रहके लिये सबसे पहले बापूने उन्हींको चुना था। उस समय अखबारोंमें उनके फोटोके साथ लेख छपे थे। बड़े भाईकी भी इच्छा विनोबाके दर्शनकी हुई। उनके भाईको उन्होंने आश्रममें देखा था, जो टी० बी० के मरीज थे, और भैषज्यगुरु की देखरेखमें उनकी चिकित्सा हो रही थी। बड़े भाईने सोचा, जिसकी प्रशंसा बापू स्वयं अपने मुँहसे करते हैं, उसे और उसके आश्रमको भी देखना चाहिये। एक दिन दो-तीन और आश्रमियोंके साथ बड़े भाई पौनारकी ओर चले। जाकर विनोबाको नमस्कार किया। पौनारके सन्त अपने गुरुसे भी अधिक गम्भीर प्रकृतिके हैं। वह दो-चार बात कहकर चुप हो गये। बड़े भाईने उनकी कुटियाको अच्छी तरह देखा, फिर चले आये।

२६ जनवरीको समारोहके लिये आश्रममें एक सभा हुई, जिसके प्रधान विनोबा हुये। वहीं उन्हें उस आदमीके चमत्कारिक भाषणको सुननेका अवसर मिला, जिसे कि वह चुप्पा समझकर उस दिन लौट आये थे। विनोबा बीच-बीचमें चुटकुले कहते, पुराणोंकी कहानियाँ उद्धृत करते। सारे श्रोता उनके भाषणपर मुग्ध थे।

जैनी लोग वर्षमें एक दिन साल भरके लिये उपभोगकी किसी एक चीजके छोड़नेका व्रत लेते हैं। आश्रममें भी यह प्रथा चली थी। उस दिन "शिवजीकी बरात" प्रतिज्ञा ले रही थी। कोई कहता—"मैं साल भर गायका दूध नहीं पीऊँगा।" दूसरा कहता—"मैं भैंसका दूध नहीं पीऊँगा।" तीसरा कहता—"मैं बकरीका दूध नहीं पीऊँगा।" इसी प्रकार किसीने छाते, जूते इस्तेमाल न करनेकी भी प्रतिज्ञा ली। भागीरथी और बड़े भाई चुप रहे। बापूका ध्यान उधर गया और उन्होंने पूछ दिया—"बड़े भाई सबने प्रण लिया तुम क्यों चुप रहे?"

बड़े भाईने कहा—"मैंने एक चीजका प्रण लिया है, जिसको ही अभी नहीं पूरा कर सका। अब एक और प्रण लेकर मैं गदहा बनना नहीं चाहता। बापू, मुझे क्षमा कीजिये।"

बापूने इसी बातको लेकर एक छोटा सा भाषण दिया—"बड़े भाईकी बात सच है। देशके आजाद करनेका प्रण बड़े भाईने लिया है, और अभी वह प्रण पूरा नहीं हो पाया है फिर दूसरा प्रण कैसे लेते? मेरे पास बड़े भाई जैसे अगर चार आदमी मिल जाते, तो देश आजाद हो गया होता।"

बापूका स्वास्थ्य शरीरको देखते बहुत अच्छा था। जिस तरह कामके लिये वह कठोर नियमका पालन करते थे, वैसे ही खान-पानमें भी बहुत संयम रखते थे।

एक दिन बापूने कहा—"बड़े भाई, मैं बम्बई जा रहा हूँ, तीन दिनमें लौट आऊँगा।"

दीनबन्धु एण्ड्रू के स्मारकके लिये बापू भीख माँगनेके लिये निकले थे। बापू और मालवीयजी भिखमंगोंके राजा थे। वह खूब माँगते थे, और लोग भी उनकी झोलियोंको खूब भर देते थे। लौटकर आनेपर बापू बड़े प्रसन्न थे, उन्होंने कहा—"कुछ ही घंटोंमें आशासे भी अधिक रुपया मिल गया।"

अगस्तके महान् अभियानका समय नजदीक आ गया था। इसी समय आचार्य नरेन्द्रदेवजी और नेहरूजीने निश्चय किया, कि बड़े भाईको काशी विद्यापीठ भेज दिया जाय। बापूसे भी इसके बारेमें पूछ लिया था। जब विद्यापीठ जानेकी बात आई तो उन्होंने बापूसे पूछा—"बापू, विद्यापीठमें मैं क्या बनकर जा रहा हूँ? मेरी पढ़ाई तो सिर्फ चौथे दर्जे तककी है।"

बापूने हँसते हुये कहा—"तुम्हें हम प्रोफेसर बनाकर भेज रहे हैं।"

—"मैं विद्यार्थी भी होने लायक नहीं हूँ, मुझसे वहाँ विद्यार्थी क्या पढ़ेंगे?"

बापूने कहा—"छ महीनेमें जो हमने यहाँ तुमसे पढ़ा, वही विद्यार्थी वहाँ पढ़ेंगे।"

बड़े भाईकी आश्रमसे जानेकी इच्छा नहीं थी। नेता क्यों काशी विद्यापीठ भेज रहे हैं, यह भी उन्हें समझमें नहीं आया। शायद वह समझते थे, कि बड़े भाईमें तरुणोंमें जीवन डालनेकी शक्ति है। इस समय बनारसमें जाकर वह कुछ कर सकते।

चलनेसे पहले बड़े भाईने बापूसे कहा—"मैं छ महीने आश्रममें रहा, अब बाहर जा रहा हूँ। लोग आश्रमके बारेमें पूछेंगे। मैं नहीं चाहता, कि उनके सामने कोई गलत बात बताऊँ। बापूका आश्रम एक तीर्थ है। यहाँ कितने ही तीर्थयात्री आया करते हैं। हमारे देशमें बदरीनाथका धाम है। वहाँ लम्बा चूल्हा खुदा हुआ है, जिसमें सूखी भोजपत्रकी लकड़ी जलती है। भात पकानेके लिये पाँतीसे पतीलियाँ रक्खी जाती हैं, और हरएक पतीलीके ऊपर क्रमशः छोटी होती जाती कई पतीलियाँ रहती हैं। सबसे ऊपरकी पतीली बहुत छोटी होती। आग जलानेपर भुर्जकी लकड़ी बड़े जोरसे जलती है, और उसकी लौ सभी पतीलियोंको लपेट लेती है। पकना चाहिये सबसे निचली पतीलीके भातको, लेकिन सबसे पहले सबसे ऊपरकी पतीलीका भात पकता है। बदरीनाथके यात्री इसे बड़ा चमत्कार समझते हैं, और वह इस बातको अपने देशमें जाकर लोगोंको सुनाते हैं—"बदरीनाथ सचमुच बहुत चमत्कारिक देवता हैं। यह उनका भ्रम है। वह नहीं ख्याल करते, कि कम पानी होनेकी वजहसे ऊपर तक पहुँची हुई ज्वाला सबसे पहले छोटी पतीलीको ही अधिक गरम करने अर्थात् भात पकानेमें समर्थ होती है। मैं इस तरह अपनी राय आश्रमके बारेमें नहीं बतलाना चाहता।"

बापूने कहा—"अच्छा तो बड़े भाई, शामकी प्रार्थनामें तुम्हें व्याख्यान देना होगा।"

बापूने बड़े भाईके लिये भारी धर्म-सङ्कट पैदा कर दिया। व्याख्यान देनेका उन्हें अभ्यास नहीं था। इतने महान नेताके सामने भाषण देनेमें तो उनके लिये मरण-सा हो रहा था। उनका दिल दहल गया लेकिन, जानते थे, कि अब पिण्ड नहीं छूटेगा। वह वहाँसे आकर जंगलकी ओर चले गये। मनमें आया, कि जो कुछ शामको बोलना है, उसका यहाँ रिहर्सल कर लूँ। यह एकके बाद एक बातोंको मनमें बैठाने लगे। दिन भर यह भी मनाते रहे, कि किसी तरह यह बला टलती।

बापूने आश्रमवासियोंको अब तक बड़े भाईका इतना ही परिचय दिया था, कि यह मेरे मित्र हैं। आश्रमवासी उतना ही भर जानते थे। आज शामके वक्त प्रार्थनाके बाद बापूने बड़े भाईका पूरा परिचय दिया। पेशावरमें किस तरह अहिंसाका पालन करते देशके लिये उन्होंने अपने प्राणोंकी बलि चढ़ाई थी, इसे बतलाया। सारे आश्रमवासी सुनकर बड़े आश्चर्य और सम्मानके साथ बड़े भाईकी ओर देखने लगे। बापूके कहने पर उन्होंने बोलना शुरू किया—

"मैं आश्रममें छ महीने रहा। मै गाँवका गँवार हूँ। न मुझमें विद्या है न बुद्धि। इसलिये बापू और उनके आश्रमको समझना मेरी शक्तिसे बाहर है, लेकिन, मैंने जो कुछ समझा, उसमें तीन बातें मुझे खास जान पड़ीं—(१) बापूने आश्रममें स्वावलम्बी होनेका पाठ पढ़ाना चाहा। इसीलिये यह चरखा कातना, कपड़ा बुनना, साग-सब्जी उगाना, शरीरसे परिश्रम करना और पाखाना उठाना जैसे कामको नीच न समझना आदि बातें चलाईं। (२) मानव जाति अनेक धर्मोंको मानती है। आदमियोंके भी विचार भिन्न-भिन्न होते हैं। बापूकी प्रार्थनामें सभी धर्मवाले एक साथ प्रार्थना करते हैं, और समझते हैं, कि भगवानके यहाँ मनुष्य-मनुष्यमें भेद नहीं, इसीलिये जापानी केशव भाई प्रार्थनाको शुरू करते हैं, और इम्तुस्सलाम कुरानकी आयतें पढ़कर उसे खतम करती हैं। मनुष्य मात्र भाई-भाई हैं, यह दूसरा उद्देश्य है बापू और उनके आश्रमका। (३) बापू अपने जीवनसे बतलाते हैं, कि समयका बड़ा महत्व है, हमें उसे यों ही बरबाद नहीं करना चाहिये। इसीलिये वह एक साथ दो-दो काम करते हैं।

"बापूके सत्य और अहिंसाके बारेमें मैंने पूरी तौरसे अध्ययन नहीं किया। इसलिये उसके बारेमें कुछ नहीं कह सकता। यहाँ न मन्दिर है, न मूर्ति, न पीपल। बापू ही यहाँ मूर्ति हैं, और उनके कुयेंमें तीर्थका जल भरा हुआ है। लोग मूढ़ भक्ति

दिखलाते हैं, लेकिन उन्हें कोई नहीं रोकता। बाहरके लोग आश्रमके दर्शनके लिये आते हैं। मुझे अफसोस है, कि आश्रमवासी उनकी मूढ़ श्रद्धाको हटाकर रूखी और बहुमूल्य बातको समझानेकी कोशिश नहीं करते। मैं दो महीने तक पाखानेकी सफाई करता रहा, लेकिन मुझे उसमें घृणाकी बात तो दूर एक तरहका अभिमान और आनन्द मालूम होता था। आश्रमकी इन बातोंको लोगोंको मालूम होना चाहिये। आश्रममें कौन लोग रसोई बनाते हैं, किस तरह वहाँ जाति-धर्म, छूआछूतका कोई भेद नहीं। बदरीनाथमें गढ़वालके सबसे ऊँचे ब्राह्मण (डिमरी) ही रसोइया होते हैं, दूसरा कोई वहाँ भीतर घुस नहीं सकता। हमारी रसोईमें यहाँ चमार भी हैं, मुसलमान भी हैं, ईसाई भी हैं। सभी हमारे डिमरी हैं। बापूके प्रचारसे देशमें लोग बड़ी संख्यामें खद्दरधारी हैं। खान-पानकी छूआ-छूतको आश्रममें हटा देख-सुनकर लोग इसका भी अनुकरण कर सकते हैं। यहाँ बिना मसालेका उबला हुआ भोजन पहले मुझे फीका-फीका लगा था, लेकिन कुछ दिनों में ही स्वादिष्ट लगने लगा, और कितना स्वास्थ्यकर यह भी अनुकरणकी बात है।"

बड़े भाईने छोटी ही छोटी बातें कहीं, लेकिन भाषण बड़ा प्रभावशाली रहा।

बापूके भोजनालयमें मिर्च-मसालेको जाने नहीं दिया जाता था, लेकिन, बड़े भाईको मालूम था, कि महादेव भाई और मश्रूवालाके घरोंमें सिल-बट्टेसे मसाला पीसा जाता है। वह यह भी जानते थे, कि आश्रम थोड़ी बातोंमें ही स्वावलम्बी है। उसे दूधके लिये भी बजाजजीकी गोशालाका मुँह ताकना पड़ता है। कमियाँ थीं लेकिन उनके कारण आश्रमके गुणोंको बड़े भाई भुला नहीं सकते थे, न गांधीजीके स्निग्ध जीवनको ही। छोटी-छोटी बातोंको लेकर बापू आश्रमवासियोंको बड़ी सुन्दर शिक्षा दिया करते थे। वह कहा करते थे, यहाँ तो शिवजीकी बरात जमा हुई है। मेरे हटते ही सारी बरात बिखर जायगी। वह देखते ही रहते थे; कि अधिक समझदार आदमी आश्रममें कम आते हैं, और मूढ़ोंकी श्रद्धा चौबीसों घंटे उसकी रखवाली नहीं कर सकती। वह आपसमें ईर्ष्यासे जले जाते। जरा-सी बातमें झगड़ पड़ते, हरेक अपनेको महासिद्धान्ती साबित करना चाहता। एक दिन बापू मण्डलीके साथ टहलने जा रहे थे। रास्तेमें किसीने थूक दिया था। उसपर मक्खियाँ बैठी थीं। बापूने उसी को लेकर कहा—"तुम रास्तेमें थूक देते हो। ये मक्खियाँ इसपर बैठी रो रही हैं। तुम्हारे लिये रो रही हैं। इसके कारण बीमारी होगी, लोग मर जायँगे, इसीके लिये बेचारी रो रही हैं। साथ-साथ कोशिश कर रही हैं, कि जहाँ तक हो सके इस थूकको मिटा दें, लेकिन, मक्खी बेचारी तो छोटी-छोटी होती हैं।"

बड़े भाई आश्रमसे प्रस्थान करने लगे। सड़कपर कपड़ोंके गट्ठर, बिस्तरे और बक्सोंका ढेर लगा हुआ था। आखिर पूराका पूरा कुन्बा साथमें था। बापू विदाई देनेके लिये आये। उन्होंने हँसते हुये कहा—"बड़े भाई, इतने सामानके ले जानेके लिये गढ़वालमें ताँगा कहाँसे मिलेगा ?"

"बापू, गढ़वालमें दरवाजेमें ताला नहीं लगाया जाता, क्योंकि वहाँ चोरी-डकैती नहीं होती। कोटद्वार तक मुझे रेलसे जाना है। बाकी सामान वहीं छोड़ दूँगा, और जो उठा सकूँगा, उसे पीठपर लादके ले जाऊँगा। बाकीको फिर दूसरी या तीसरी बार ले जाऊँगा।

अध्याय २२

सन् १९४२

बड़े भाई रेलमें बैठकर २२ जुलाईको इलाहाबादमें जा उतरे। आनन्द भवन में तश्तरी खानेमें रहनेकी जरूरत नहीं थी। उनके लिए नीचेका एक कमरा खोल दिया गया था। १४ वर्षके लड़के खुशहालसिंहको वह वर्धा अपने साथ नहीं ले गये थे, वह यहीं था। एकबार बनारस जाकर देख आये, फिर ३१ जुलाईकी सबेरेकी ट्रेन पकड़कर बड़े भाई बीबी-बच्ची और खुशहालसिंहको लिये बनारस पहुँचे। काशी विद्यापीठमें आचार्य नरेन्द्रदेवकी चिट्ठी पं० काशी प्रसाद त्रिपाठी को दी। चिट्ठीमें लिखा हुआ था—"यह बापूकी रायसे जा रहे हैं, इनके रहनेके लिए मकान या दस रुपये मासिक किरायेके लिये दें, और तब तक अच्छी तरह से रक्खें, जब तक कि हम आ न जायँ।"

बड़े भाई आचार्य बीरबलसे भी मिले। विद्यापीठमें कोठरी खाली नहीं थी। वह दस रुपये मासिककी कोठरी ढूँढ़ने के लिये निकले लेकिन, लड़ाईके दिनोंमें वहाँ ऐसी कोठरी कहाँ मिल सकती थी! ३१ तारीखको दिनभर घूमते रहे। २०-३० रुपयेसे कमका कोई कमरा नहीं मिला। विद्यापीठके सामने सड़ककी दूसरी तरफ एक बगीची थी, उसीमें चले गये। उनके पास केवल बीस रुपये थे, जिसका वह आटा, चावल, ईंधन खरीद लाये। सामान रखकर वहाँ निश्चिन्त बैठ नहीं सके। बच्चीको दाँत निकलनेवाला था, इसलिये उसका पेट चल रहा था। पति-पत्नी दोनों पहली ही बार माता-पिता बने थे, इसलिये उनको कोई अनुभव नहीं था। अपनी चिन्तामें पड़े थे, इसी समय मालीकी कोठरीसे रोवा-रोहटकी आवाज सुनाई दी। बड़े भाई दौड़े। मालीकी लड़की मर गई थी, उसके शरीरको कपड़ोंसे ढाँक दिया गया और लोग रो रहे थे। बड़े भाई प्रत्यक्षवादी हैं। उन्होंने कहा मुँह खोलो। मुँह खोल दिया गया। गर्दनपर हाथ रक्खा, तो वह ठंडा नहीं मालूम हुआ। उन्होंने यों ही उसके दोनों हाथोंको जल्दी-जल्दी ऊपर-नीचे करना शुरू किया। ठंडी नहीं थी, इसलिये जीवन है, इसपर उनको विश्वास था। सचमुच ही थोड़ी देरमें लड़की घुगघुगाने लगी। उनके पास शहद थी। मालीको दूकानसे दही लानेके लिये भेजा, और दोनोंको मिलाकर चटा दिया। लड़की साँस लेने लगी। यह दिव्य चमत्कारसे कम नहीं था।

माली उनका भक्त बन गया। वह इस सन्देहमें थे, कि शायद उस बगीचीसे भी निकलना पड़े, अब मालीका अवलम्ब मिल गया।

इस बीच बड़े भाई विद्यार्थियोंसे मिलते, हिन्दू युनिवर्सिटी भी जाते रहे। डा० कुशलानन्द (के० एन०) गैरोलासे भी मिले। गढ़वाली होनेसे उनसे और दूसरे गढ़वाली विद्यार्थियोंसे निकट सम्बन्ध स्थापित हो गया।

८ अगस्तको बम्बईमें कांग्रेस कार्यकारिणीकी बैठक होनेके बाद ही सारे बड़े-बड़े नेता पकड़ लिये गये। शाम तक बनारसमें उसकी खबर पहुँची, और लोग क्रोधके के मारे आपेसे बाहर हो तार काटने लगे। स्टेशन और डाकखाने जलाने, और दूसरी तरहसे लोगोंने अपना क्रोध प्रकट करना शुरू किया।

१० अगस्तको सबेरे ही पुलिसने विद्यापीठमें ताला लगा दिया। विद्यार्थी और अध्यापक वहाँसे चले गये। कितने ही नेता भी गिरफ्तार हो गये थे। उसी वक्त एक अंग्रेज पुलिसके साथ बगीचेमें आया। पूछने पर बड़े भाईने अपना नाम बता दिया। अंग्रेजने पूछा—"तुमने पेशावरमें बगावत की थी, तुम्हारी हम तलाशी लेंगे।"

बड़े भाईको क्या एतराज हो सकता था। उसने खोल-खालके सब देख लिया। उनके पास अब सेर भर चावल, बीस सेर कोयला और तीन रुपया नगदका सम्बल रह गया था। अंग्रेजने कहा—"२४ घंटेके भीतर तुम बनारससे चले जाओ।"

बड़े भाईने कहा—"मेरी बच्ची बीमार है, मेरे पास खर्च नहीं है। गढ़वालमें जानेपर प्रतिबन्ध है। या तो मुझे खर्च दो या जेलमें डाल दो।"

मानवताने घूरकर अंग्रेजकी ओर देखा, और उसने कहा—"अच्छा, तुम्हें ४८ घंटेका समय देते हैं।"

बड़े भाई अकेले नहीं थे। कमसे कम बीबी और बीमार बच्चीका ख्याल तो करना ही था। वह इस कोशिशमें पड़े, कि कहींसे बीस रुपया मिले, और मैं इन्हें दूसरी जगह ले जाऊँ। वह बाबू भगवानदासजीके पास गये। वीर गढ़वालीका नाम किसने नहीं सुना था! उन्होंने उन्हें चाय पिलाई। पैसेकी बात आनेपर दो रुपये देना चाहते थे, जिससे उनका कोई काम बननेवाला नहीं था। सम्पूर्णानन्द गिरफ्तार हो गये थे। कोई बड़ा नेता बाहर नहीं था। मालवीयजीकी याद आई, इस समयसे बढ़कर मालवीयजीसे सहायता लेनेका कौन मौका हो सकता था! १० अगस्तको वह मालवीयजीके बँगलेपर गये, लेकिन दुर्भाग्यसे मालवीयजी वहाँ नहीं थे। हिन्दू युनिवर्सिटी के छात्र सन् ४२ के विद्रोहमें सबसे बढ़कर भाग ले रहे थे। विद्यार्थियोंकी सभा हो

रही थी। डा० गैरोला सभापति थे। बड़े भाईने उनके पास लिखकर एक पुर्जी भेजी। गैरोलाने उन्हें हाथ पकड़कर मंचपर ले जा कुर्सी पर बैठाकर पेशावर-कांडके वीर नेताका परिचय दिया। विद्यार्थी तालियोंकी गड़गड़ाहट करते उछल पड़े। बड़े भाई भी इस उत्साहको देखकर सुध-बुध खो बैठे। देशकी आजादीके लिये उन्होंने इतने कष्ट सहे थे, और आज भारतीय तरुण उसके लिए सब कुछ बाजी लगानेके लिये तैयार थे। वह भूल गये, कि मेरी बच्ची बीमार है, बीबी अपरिचित स्थानमें पड़ी है। उसके पास दो दिनसे अधिकका खाना नहीं है। सभाने प्रस्ताव किया—"गढ़वालीजी हमारे कमांडर-इन-चीफ बनाये जायँ।" वहीं डा० गैरोलाको डिक्टेटर और बड़े भाईको कमांडर-इन-चीफ घोषित कर दिया गया।

कमाण्डर-इन-चीफको अपनी सेनाको लड़ाईके लिये सज्जित करना था। लड़ाईका ढङ्ग बतलाना, कवायद-परेड सिखाना उस समय क्या काम दे सकता था, जब आप युद्ध-क्षेत्रके बीचमें हैं। अंग्रेजोंके शासनको उलटना था, उनकी कचहरियों, पुलिसथानोंको दखल करना था; लेकिन, वह तब तक शासन-यन्त्रपर कैसे काबू पा सकते थे, जब तक अंग्रेजोंकी पलटन एक जगहसे दूसरी जगह जाकर गोले-गोलियोंसे लोगोंको दबानेके लिये स्वतन्त्र है। इसलिये तारके खम्भे गिराये जाने, तार काटे जाने चाहिये। रेलसे सेना न भेजी जा सके, इसके लिये रेलकी लाइनें उखाड़ देनी चाहिये। होस्टलकी छतके ऊपर तरुणोंको जमा करके कमांडर-इन-चीफ बतलाते थे, कि किस तरह रेलकी बोल्टको खोलना, और लोहेको हटाना चाहिये। बरसातका दिन था, तो भी यदि हो सके, तो खरपात जमा करके रेलकी लकड़ी वाली पटरी जला देनेसे भी गाड़ीका चलना मुश्किल हो जायगा। तारका काटना सिखलाते हुये उन्होंने सावधान कर दिया था कि तार बहुत जोरसे तने होते हैं, और काटे जाने पर तार पीछेकी तरफ हटता है और जरा ही देरमें बाणकी तरह फिर उसी जगह आना चाहता है। ऐसे समय अगर आदमी वहाँ जरा भी रुका, तो वह उसके शरीरमें बेधकर निकल जायगा। इसलिये काटनेके साथ अपने शरीरको बहुत नीचे झुका देना चाहिये। युद्धक्षेत्रमें खड़ा कमांडर-इन-चीफ अपनी बीबी-बच्चीकी कैसे सुध ले सकता था? योगी नामक एक गढ़वाली विद्यार्थी था। वह एक दिन भागीरथीको देखनेके लिये गया, और वहाँसे घबड़ाया हुआ आकर उसने कहा—"आपकी लड़की मर गई है, बीबी अकेली है।" बड़े भाई सूखे काठ नहीं थे, उनके मनको यह सुनकर दुःख हुआ हो तब भी वह वहाँसे हटना युद्धक्षेत्रसे भागना समझते थे। चारों ओरसे सब लोगोंने कहा—"जरूर जाइये, थोड़ी देरके ही लिये जाइये।"

बड़े भाई बगीचीमें आये। माधवी मरी नहीं थी। उसे पेचिश लगी हुई थी। जाकर डाक्टरसे दस्तकी दवा ले आये। लौटकर देखते हैं, वहाँ कागजोंका एक बंडल

पड़ा है। भागीरथीने कहा—"गुसलखानेमें कोई कांग्रेसी छिपा हुआ है, उसीका यह बंडल है।" गुसलखानेमें देखा, तो वहाँ अलगूराय शास्त्री हैं। लखनऊमें कांग्रेसकी बैठकमें वह उन्हें देख चुके थे। इतनेसे शायद याद न रहता, लेकिन दोनोंके चप्पल एक दूसरे से बदल गये थे, इसके कारण विशेष परिचित होनेका मौका मिला था। शास्त्रीजीने कहा—"इन पैम्फ्लेटोंको युनिवर्सिटीमें भेजना है।" भागीरथीने तीन दिन पहले खिचड़ी बनाई थी। जब पति नहीं आये, तो उन्होंने भी नहीं खाया था। वह खिचड़ी उसी तरह पतीलीमें पड़ी हुई थी। खिचड़ी गरम की गई, और अलगूरायजी तथा सारे परिवारने उसे खाया। शास्त्रीजी चले गये। बड़े भाई फिर चलने लगे। बीबीने टोककर कहा—"बच्चीको इस हालतमें छोड़कर कहाँ जा रहे हो?

"जहाँ देशकी पुकार है। इस समय मैं बच्ची और तुम्हारी चिन्ता करनेकी कायरता नहीं दिखला सकता।"

बेचारा माली स्वतः इस आश्रयहीन परिवारका संरक्षक बन गया। बड़े भाईने कहा, "पर्वाह मत करना। पहले मुझे इन पैम्फ्लेटोंको युनिवर्सिटी पहुँचाना है।"

इसी समय खुशहालने आकर कहा, कि पुलिसने विद्यापीठको छोड़ दिया है, और पंडितजी आ गये हैं। बड़े भाई भागीरथीको भी साथ लेकर विद्यापीठमें गये, और बोले—"पंडितजी, मैं तो अब आन्दोलनमें पड़ गया हूँ। आप इनका कोई प्रबंध कर दीजिये।"

"मैं क्या प्रबन्ध कर दूँ?"

"इसे घर ले जाइये, यह चौका-बर्तन कर देगी, आप खाना दे दीजियेगा।"

"मेरे घरमें जगह नहीं है।"

"अच्छा, हमें बीस रुपया दे दीजिये, ताकि मैं इन्हें इलाहाबाद भेज दूँ।"

"मेरे पास देनेके लिए रुपये नहीं हैं।"

"गांधीजी, नेहरूजी और आचार्यजीने मुझे यहाँ आपके पास भेजा। यदि आप कुछ करनेसे इन्कार करते हैं, तो कृपया इस नोटबुकपर लिख दीजिये।"

"मैं नोटबुकपर लिखने के लिये मजबूर नहीं हूँ।"

बड़े भाईने अब नरसिंहका अवतार धारण करते हुये कहा—"पंडितजी, यह बच्ची और स्त्री मेरे राजनीतिक जीवनकी आजकी महत्वपूर्ण घड़ी में बाधा है, मैं इसे हटाना चाहता हूँ।" यह कहते हुये उन्होंने चाकू निकाल लिया, और भागीरथीको हाथसे पकड़ा।

यह देखते ही पंडितजी काँपते गिड़गिड़ाने लगे, "ठाकुर साहब माफ कीजिये, ऐसा मत कीजिये। मैं अभी बीस रुपया देता हूँ। जब तक तुम इनके पास न आओगे, हम तब तक बीस रुपया मासिक देते रहेंगे।"

बड़े भाई लौट आये। समझे थे थोड़ी ही देरमें काम हो जायगा, इसलिये खिचड़ी चूल्हेपर रख गये थे। लौटनेपर वह आधी जल गई। जल्दी-जल्दी कुछ खाया। फिर पत्नीसे कहा—"देवीजी, लो यह मैं चला। अब तुम्हारी जो इच्छा हो वैसा करना।"

वह रोने लगीं। बड़े भाईने समझाया—"माली अब तुम्हारा संरक्षक है। पैसे कुछ मिल ही जायँगे, इसलिये चिन्ता मत करें। सिपाहीको मैदानमें जानेसे न रोको।"

युनिवर्सिटीके फाटकपर पहरा लगा हुआ था। बड़े भाई पीछेकी ओर होकर गन्नेके खेतोंमें घुसे। चहारदिवारी कैसे फाँदी जाय, यह सोचते वह एक आमके पेड़पर चढ़ गये, जिसकी डालियाँ भीतरकी ओर बढ़ी हुई थीं। पहले उन्होंने कागजोंका बंडल फेंका, फिर कूद पड़े। डा० गैरोलाके भाई भी वहाँ प्रोफेसर थे। बड़े भाई उनके पास पहुँचे। उन्हें देखते ही प्रोफेसर साहबको डरके मारे पसीना छूटने लगा वह अपने भाईको भी गाली दे रहे थे—"वह अपने डूबा और हमको भी डुबाना चाहता है।" वहाँ बड़े भाईके लिये कहाँ शरण मिल सकती थी। वहाँसे चले। बड़े भाईके पास एक जाँघिया, एक कुर्ताके सिवा कुछ नहीं था। पैसा भी नहीं था, दाँत भी नहीं थे, सिवा दाल पीनेके वह और कुछ खा नहीं सकते थे। किसी बातकी पर्वाह न करके वह लड़कोंको सिखाने और संगठित करनेमें लग गये। कार्यक्रम बनाया जाता और उसके अनुसार लड़के-लड़कियाँ जासूस बनाकर निकलते। पहले दिन २४ विद्यार्थी हरिश्चन्द्र-घाटकी ओर गये। उन्होंने प्रचार किया, कि कल डिस्ट्रिक्ट-मैजिस्ट्रेटके आफिसपर झण्डा गाड़कर उसपर कब्जा किया जायगा। अगले दिन वह उसके लिये गये, तो गोली चली और दो-तीन विद्यार्थी मारे गये। और भी आग भड़की। सबेरेके वक्त ज्वालापुर-हरिद्वारके एक विद्यार्थीके नेतृत्वमें जलूस निकला, जो खुद सी० आई० डी० का आदमी था।

कमाण्डर-इन-चीफको कामके सामने कोई सुर्ध नहीं थी, और लोग इसकी खबर लेनेकी जरूरत भी नहीं समझते थे कि उन्हें खाना भी मिल रहा है। कभी-कभी चाय मिल जाती थी। वही अवलम्ब थी।

एक दिन एक सी० आई० डी० वाला युनिवर्सिटीके भीतर आया। लड़कोंने भाँप लिया। फिर क्या था? उसे पकड़ कागज-पत्र छीनकर डा० गैरोलाके पास ले गये। हुकुम हुआ—'इसका कपड़ा हटाके देहभरमें कालिख पोत जलूस निकालो।'

"इन्कलाब जिन्दाबाद" होता जलूस चला जा रहा था। बड़े भाईने काले भूतको देखकर पूछा, और जब मालूम हुआ, कि सी० आई० डी० का आदमी है, तो उन्होंने विद्यार्थियोंको समझाया—"हमने भारतको स्वतन्त्र घोषित कर दिया है। यह शत्रुका दूत है। दूतके साथ ऐसा बर्ताव नहीं करना चाहिये। आखिर हमारे आदमी भी शत्रुके हाथमें पड़ सकते हैं। उनके साथ भी ऐसा बर्ताव हो सकता है।" पहले तो व्याख्यान कड़ुवा लगा, लेकिन फिर विद्यार्थी समझ गये। उसी समय मिट्टीका तेल मँगवा देहका कोलतार हटाकर उसे नहलाया, कपड़े दिये। फिर चारपाई दे बी० क्लासका कैदी बना उसे एक कोठरीमें डाल दिया गया।

बड़े भाई सैनिक अनुशासनसे सुपरिचित और अभ्यस्त ही नहीं थे, बल्कि उसके महत्वको भी समझते थे, कि तरुण-तरुणियोंकी फौज अनुशासनबद्ध रहे। गैरोलासे कहनेपर वह उसकी पर्वा नहीं करते थे। बड़े भाईके पास वही जाँघिया और कुर्ता भर था, न एक पैसा था न कोई चीज। बरसातका अन्त था, इसलिये सर्दीका डर नहीं था, लेकिन खाना तो चाहिये। उनके मुँहमें एक दाँत भी नहीं था, इसलिये हर तरह की चीज खा नहीं सकते थे। जिन लोगोंने उन्हें कमांडर-इन-चीफ बनाया था, वह न कपड़ा देना चाहते थे न खाना।

अब इस तरह भूखे मरना अच्छा न समझकर बड़े भाईने बाहर जाकर काम करनेका निश्चय किया। वस्तुतः हिन्दू युनिवर्सिटीमें जो पुरुष सबसे अधिक कमठ था, वह थे प्रोफेसर राधाश्याम। वह रात-दिन एक किये हुये थे। बड़े भाईके बाहर निकलनेका मतलब था, अंग्रेजी शासनकी बधियाको बैठानेके लिये रेल-तार काटे जायँ, स्टेशन जलाये जायँ। बनारसमें प्रो० राधाश्यामके संगठित कामसे चारों ओर तहलका मच गया था। बड़े भाई ने निश्चय किया, कि विद्यार्थियोंकी टोली बनाकर निकलें। उन्होंने २४ तरुणोंका दल बना गंगापार हो वह रामनगरकी रियासतमें घुसे। उस वक्त खेतोंमें फूट-ककड़ी थी, और चाहे जितनी मिल सकती थी लेकिन, बड़े भाई उसको कूटकर ही खा सकते थे। एक जगह चना मिला। उसे पीसकर गुड़के शर्बतमें घोलकर पिया। दाँतका न होना उन्हें बहुत अखर रहा था। गंगापार होकर बड़े भाईने अपने साथियोंसे कहा, "सब लोगोंका एक साथ जाना अच्छा नहीं है। उन्हें दो-दो, तीन-तीनकी टोली बना दी और काम देकर कहा—"गंगाके किनारे-किनारे चलो, अमुक दिन हम दीक्षितपुर रेलवे स्टेशन पर मिलें।" लोगोंमें व्याख्यान देनेका ही काम नहीं था, बल्कि रेलके यातायातको भी ठप्प करना था। उन्होंने दोनों ओरकी गाड़ियोंको रोकनेके लिये लाल झण्डी दिखानेको कह दिया था, लेकिन मुगलसरायसे आनेवाली ट्रेनको रोकनेमें वह असफल रहे। दीक्षितपुरसे पूर्व एक जगह तार काटना था। तारके खम्भे पर बड़े भाई चढ़ने लगे, तो एक मद्रासी तरुण—

जिसका नाम शायद कृष्णन् था—ने उनको रोक दिया और वह खुद चढ़ गया। उसे यह बतला दिया था, कि तार काटनेके साथ एक सेकेण्डकी भी देर किये बिना नीचे खिसक आना या कूद जाना। तरुण हिदायत भूल गया। तार कटा। दोनों तार बड़े वेगसे पीछेकी ओर हटे और फिर वहीं आकर तरुणके कोखमें एक ओरसे दूसरी ओर होते निकल गये। वह वहीं गिरकर फड़फड़ाने लगा। वीरकी अन्त्येष्टि-क्रिया पास बहती कलकल नदीमें प्रवाहित करके उन्हें आगे बढ़ना पड़ा। एक छोटे स्टेशन-पर वह नारा लगाते पहुँचे। उन्होंने सभी स्टेशन कर्मचारियोंको घरसे बाहर निकाल दिया, उनमें एक आनरेरी मैजिस्ट्रेट भी उस समय वहाँ मौजूद थे, उन्हें भी बाहर किया। दरवाजा न खुलनेपर एक तरुण पीछेकी ओरसे शीशेको तोड़कर भीतर घुसा। उसके साथी बड़ी जल्दीमें थे। उन्हें पता नहीं था, कि उनका एक साथी भीतर है। विश्व विद्यालयकी रसायनशालासे भड़कनेवाले पदार्थोंको वह अपने साथ लाये थे। पोटास और दूसरी चीजोंकी मिली हुई पुड़ियाको शीशा तोड़कर उन्होंने सामनेकी ओरसे भीतर फेंका। एकदम आग भड़क उठी। शीशेको तोड़कर जो लड़का भीतर घुसा अब बाहर निकल नहीं सकता था। इधर-उधर बहुत दौड़ते उसने खटखटाया। साथियोंको भी मालूम हो गया। वह निकालनेकी कोशिश करने लगे। तब तक लड़केके कपड़ेमें आग लग चुकी थी। किसी तरह उसे बाहर निकाला गया। वह बुरी तरह झुलस गया था। अपने साथीको विद्यार्थी कैसे उसके भाग्यपर छोड़ सकते थे? हालाँकि युद्धका नियम यही बतलाता है, कि घायलकी रक्षाके लिये लड़नेवाले सिपाहियोंको रुकने या पीछे हटनेका अधिकार नहीं है। उन्होंने एका पकड़कर मुगलसरायकी ओर दौड़ाया। वहाँसे वह उसे बनारस ले गये। अस्पतालमें जाने पर डाक्टरने नाम-पता पूछा। न बतलाने-पर पुलिसको खबर दी। दोनों विद्यार्थी फिर अपने आहत साथीको रिक्शेपर लेकर भागे। अन्तमें वह उसे गन्नेके खेतमें फेंककर अपने साथियोंके पास जानेके लिये मजबूर हुये। वह मरणासन्न वीर किस तरह अपनी अन्तिम घड़ियोंको गिनता रहा, यह किसको पता? इस तरह कितने तरुणोंने मातृभूमिकी बलि-वेदीपर अपनेको अर्पण किया यह किसको पता!

बड़े भाई आगे बढ़ते गाँवके एक स्कूलमें गये। उस समय देशमें ऐसा जोश था, कि जिस पुरुषमें जरा भी मानवता या देशके लिये प्रेम था, वह स्वतन्त्रताके इन तरुण सैनिकोंकी सहायताके लिये सब तरह तैयार रहता। गाँवके मास्टरने उनके लिये भोजन बनवाया, बड़े भाईके लिये दही-भात दिया। मास्टरने उस इलाकेके १२-१४ राष्ट्रीय भावनावाले आदमियोंके नाम भी बतला दिये, और बड़े भाईने नाम अपनी नोटबुकमें लिख लिया। अगले गाँवमें एक कांग्रेसी पुरुष मिला। वहाँ चिट्ठी पहले ही चली गई थी, इसलिये ३०-४० आदमी जमा हो गये थे। उन्हें आन्दोलनका उद्देश्य बतलाया गया। लोगोंने चाय पिलाई।

१५ अगस्तको बड़े भाई अकेले दीक्षितपुर पहुँचे। वहाँके देशभक्तका नाम पहलेसे मालूम था। घरपर जानेपर उसने बड़ी आवभगत की, कमरेमें चारपाई बिछा दी। पहले चाय पिलाई गई, फिर दूध-चावल मिला। गाँवका नम्बरदार पता लगते ही तुरन्त भागा-भागा थानेमें गया। अंग्रेजोंने उस समय गाँवमें अपने गार्ड भी तैयार कर लिये थे। थानेसे एक हवलदार और तीन सिपाहियोंने आ चारों ओरसे घेर लिया। सौ-डेढ़ सौ आदमी जमा हो गये थे और शामके वक्त व्याख्यान होने वाला था। हवलदारने गिरफ्तार करना चाहा। बड़े भाईने पूछा—"हमारी गिरफ्तारीके लिये तुम्हारे पास वारंट है?"

—"नहीं है, थानेदार साहब बुलाते हैं।"

—"थानेदार क्या मेरे रिश्तेदार हैं। मैं अभी नहीं जाता, कल सुबह चलूँगा।"

जनता भी पक्षमें थी, इसलिये पुलिसवाले जबर्दस्ती करनेके लिये तैयार नहीं हुये। वह वहीं जम गये। उनके लिये ज्योनार तैयार होने लगा। अब बड़े भाईको सबसे भारी फ़िकर थी नोटबुकमें लिखे हुये नामोंकी, जिन्हें पुलिस जरूर पकड़ती। रातके वक्त वह कोठरीके भीतर अपनी चारपाईपर पड़े सोचते रहे कि नोटबुकको कैसे खतम किया जाय? कुछ सोचकर उन्होंने मेजबानसे कहा—"मुझे प्यास बहुत लगती है।" उन्होंने एक बड़े बर्तनमें पानी रख दिया। रातको लेटे-लेटे बड़े भाई नोटबुकको उसके भीतर डाल देखते रहे कागज गलने लगा या नहीं। उतावली थी। अन्तमें जब कागज पानीसे खूब भीग गया, तो हाथसे मल-मलके उसकी गोली बना ली। अभी भी पूरा विश्वास नहीं था, इसलिये इस फिकरमें थे, कि इसे फेंकनेकेलिये बाहर कैसे निकला जाय। रातके वक्त पुलिसवाले गहरी नींद ले रहे थे। बड़े भाईको नींद कहाँ! इसी समय रातके दो बजे बाहर निकले। बाहर कुछ दूरपर कलकल नदी बरसातके कारण भरी हुई कलकल करती बह रही थी। चारों तरफ कुहरा-सा फैला था। बड़े भाईके मनमें एक बार तो आया, कि यहाँसे निकल भागें। पर, फिर सोचने लगे—"अकेला भागकर मैं कहाँ जाऊँगा। रास्तेका पता नहीं है, नदी पार करते समय ही कहीं खतम न हो जाना पड़े।" लौटकर वह फिर अपनी चारपाईपर पड़ गये। शामके व्याख्यानमें नमक-सत्याग्रहके बीते हुये युगकी बातें भी उन्होंने लोगोंको समझाई थी और यह भी कि आज हम अंग्रेजोंको देशसे हटानेके लिये यह काम कर रहे हैं।

१६ अगस्तका सबेरा हुआ। बड़े भाईको सन्तोष था, कि मैंने नोटबुकको गोली बनाकर कलकलको अर्पण कर दी। सबेरे कमरमें रस्सी बाँधकर सिपाहियोंने टट्टी-पाखाना कराया। अब उतनी भीड़ वहाँ नहीं थी, इसलिये सिपाहियोंकी हिम्मत बढ़ गई थी। बड़े भाई रस्सीसे बँधे थानेकी ओर पग बढ़ानेके लिये मजबूर हुये। रास्तेमें वह

"महात्मा गांधीकी जय" करते जा रहे थे, जिसको सुनकर लोग देखनेके लिये इकट्ठा हो जाते। पुलिसके एक सिपाहीने महात्मा गांधीको बुरी-बुरी गालियाँ दीं। बड़े भाईका पारा गरम हो गया। उन्होंने बँधी हुई रस्सीको खींचकर उसे वहीं पटक दिया, और दो-चार लात मारे। इसपर पुलिवालोंके डण्डे उनपर बरसने लगे। पकड़कर स्टेशन ले जा ट्रेनमें बैठाकर सिपाहियोंने बन्दूकोंके कुन्दोंसे इतना पीटा, कि वह बेहोश हो गये। रेलसे उतरकर वह चुनारके थानेमें ले गये। थानेदार हबीब दैत्यकी तरहका बड़ा ही कद्दावर पठान था। उसने नाम पूछा। बड़े भाईने कहा—"मेरा नाम चन्द्रसिंह गढ़वाली है।"

थानेदारने कुछ सोचकर कहा—"आप चन्द्रसिंह गढ़वाली हैं, पेशावरवाले?"

—"हाँ।"

थानेदारने कहा—"आपसे मिलकर मुझे बड़ी खुशी हुई।"

पेशावरमें यद्यपि गढ़वालियोंने देशभाई समझकर पठानोंके ऊपर गोली नहीं चलाई थी, लेकिन कांग्रेस-विरोधी और राजभक्त मुसलमान इसे मुसलमानोंपर गोली न चलाना समझकर गढ़वालियोंको बड़ी इज्जतकी निगाहसे देखते थे। थानेदार हबीबके मनमें भी वही भाव था।

थानेदारने फिर कहा—"आपके ऊपर छत्तीस आदमियोंके कत्ल करनेका इल्जाम है।"

—"आपने गिनती गिननेमें गलती की...। हम गढ़वाली कत्ल करना नहीं जानते। इसीलिये हमने पेशावरमें गोली नहीं चलाई।"

थानेदार तो गढ़वालीसे मिलकर वस्तुतः खुश हुआ था। उसने खानेके लिये कहा, और जब बिना दाँतका मुँह देखा, तो तुरन्त दूध और गुलाबजामुन मँगवा दिया, उसके कहनेपर थोड़ी ही देरमें बनिया खीर बनाकर लाया। थानेदार कोठरीके भीतर बन्द करना चाहता था। बड़े भाईने कहा—"वहाँ बहुत बदबू है, मुझे बाहर रक्खो।" थानेदारने बयान लिखना चाहा। इसपर बड़े भाईने कहा—"आप उस ब्रिटिश राज्यके अंग हैं, जिनके हम दुश्मन हैं लेकिन, आपके सिपाहियोंने मुझे बहुत मारा है।" पूछनेपर सिपाहियोंने कहा, कि पहले इन्होंने मारा। फिर बड़े भाईने कहा—"इसने महात्मा गांधीको बुरी तरहसे गाली दी।" थानेदार भी इसे पसन्द नहीं करता था। बड़े भाईके शरीरपर दाग देखकर उसको गुस्सा आ गया और उसने ब्राह्मण हवलदारको बुरी तरहसे गाली देते हुये कहा—"बदमाश, तुम्हें हमने पकड़नेके लिये भेजा था या मारनेके लिये। इनसे माफी माँगो।" हवलदारको माफी माँगनी पड़ी।

सूर्यास्तके समय मिर्जापुर जानेवाली गाड़ी मिली। वहाँ जिला जेलमें जाना था। स्टेशनसे उतरते ही "भारत माताकी जय", "महात्मा गांधीकी जय" का नारा

लगाते बड़े भाई जेलखानेकी ओर चले। लोग उन्हें देख रहे थे। फाटकके भीतर पहुँचनेपर हथकड़ी खोल दी गई। नारेकी आवाज सुनकर जेलके भीतरके राजनीतिक बन्दी भी फाटकपर आ गये। जेलरने भीतर ले जाकर उन्हें साफ कपड़ा दिया। राजबन्दियोंके मनमें होने लगा, कि यह जरूर सी० आई० डी० का आदमी है। नम्बरदार राजबन्दियोंको एक बैरकमें ले गया। पूछनेपर बड़े भाईने अपना नाम चन्द्रसिंह गढ़वाली बतलाया। राजबन्दी कहने लगे—"बड़ा साला चन्द्रसिंह गढ़वाली बनके आया है। क्या हम नहीं जानते, कि यह खुफिया है।" वर्षा हो रही थी। लोगोंने बड़े भाईके बिस्तरेको बैरकसे निकालकर बाहर फेंक दिया। किसी बैरकमें रात बिताई। लोग उनसे तरह-तरहका मजाक करते थे, और यह माननेके लिये तैयार नहीं थे कि बड़े भाई भी उन्हींकी तरह राजबन्दी हैं।

उस समय वहाँ छ सौके करीब राजबन्दी थे। इतने राजबन्दियोंको जेलवाले अपने कठोर नियन्त्रणमें नहीं रख सकते थे, इसलिये उनका सहयोग लेनेके लिये मजबूर थे। सबेरेके वक्त एक स्वयंसेवकने आकर पूछा—"आपका नाम-पता क्या है।" बड़े भाई रातके तजर्बेसे बहुत भिन्नाये हुये थे। उन्होंने कहा, "पहले मैं पाखाना हो आऊँ, तब बतलाऊँगा।" शौचसे निवृत्त होकर उन्होंने बतलाया—"मेरा नाम चन्द्रसिंह गढ़वाली है।" इसपर उस आदमीने कहा—"तुम कह रहे थे—'जेलको फूँक दो।' चलो फाटकपर साहब बुला रहा है।" बड़े भाई फाटककी ओर चले। वहाँ कोठेपर ए० क्लासके बन्दी यूसुफ इमाम साहब रहते थे। स्वयं-सेवकने यूसुफ साहबको सलाम करके कहा—"यह आदमी जेल फूँकनेके लिये कह रहा था।" यूसुफ साहबने कहा—"अच्छी बात है। तुम इन्हें यहीं छोड़ जाओ।" यूसुफ इमाम साहब बड़े भाईके पास आये। अपना नाम चन्द्रसिंह गढ़वाली बतला देनेसे तो वह विश्वास नहीं कर सकते थे। अंग्रेज सिखा-पढ़ाकर सी० आई० डी०को इनके भीतर भेजा ही करते थे। बड़े भाईने आनन्द भवन, वर्धा, काशी विद्यापीठकी सारी बातें बतलाई। यूसुफ इमामको असली बात मालूम हो गई। वह बड़े भाईका हाथ पकड़े दूसरे राजबन्दियोंके पास आकर बोले—"दोस्तों, आप गढ़वालीजीसे माफी माँगें। जिसने हम सबोंसे कहीं अधिक देशके लिये कुर्बानी की है, उसका तुमने अपमान किया।" लोग अफसोस करने लगे, फिर चन्द्रसिंह गढ़वालीकी जय-जयकार और उसके बाद व्याख्यान हुआ।

राजबन्दियोंमें ए० क्लास, बी० क्लासके दो-चार थे, बाकी सभी सी० क्लास वाले थे। उन्हें रोजाना चार आनेकी खुराक मिलती थी, इसलिये सी० क्लासको चवन्नियाँ क्लास भी कहते थे। क्लासमें विभाजन देशभक्त बन्दियोंमें आपसी ईर्ष्याका एक बड़ा कारण हो रहा था। बिहारकी जेलोंमें भी इसके कारण क्षोभ था, और यहाँ भी लोग कहते थे—"नेता लोग गुलछर्रे उड़ा रहे हैं, और हमें पेट भर चना भी

नहीं मिलता।" यूसुफ साहबने बहुत चाहा, कि गढ़वालीजी बी० क्लासके भोजनालयसे खाना खायें, पर बड़े भाईने कहा—"बैरिस्टर साहब, एक दिनकी आपकी मेहमानी मुझे मंजूर है, लेकिन बराबर तो मैं वही खाना खाऊँगा, जो मेरे साथियोंको मिल रहा है।" जेलमें आये दो-चार दिन बीत गये थे, महादेवभाई देसाईके मरनेकी खबर आई। शोक-सभा हुई, जिसके सभापति बड़े भाई बनाये गये। उन्हें महादेवभाईको नजदीकसे देखनेका मौका मिला था, इसलिये उन्होंने महादेवभाईके बारेमें कितनी ही बातें बतलाईं।

बड़े भाई कम्युनिस्ट पार्टीके बाकायदा मेम्बर नहीं थे, लेकिन कम्युनिज़मपर उनका अटल विश्वास था, और पार्टीको वह अपनी पार्टी समझते थे, तथा सिपाहीकी तरह उसके फरमाबरदार थे। इलाहाबादमें उन्होंने पार्टीसे सम्पर्क स्थापित करनेकी कोशिश की, इसके लिये वह डा० अहमद और हाजरा बेगमसे टैगोरटौनमें मिले भी। पर, उन्हें पार्टीकी उस समयकी नीतिका पता नहीं लगा। शायद वर्धामें रहनेके कारण भी कितने ही कम्युनिस्ट उन्हें विश्वासके योग्य नहीं समझते थे। सोवियतके ऊपर हिटलरके आक्रमणसे लड़ाईका नया रूप हो गया था, जिसे पार्टीने स्वीकार कर लिया था। अब वह मानवता और उसकी भावी प्रगतिके लिये सारी शक्ति लगाकर फासिस्तों-को खतम करना अपना कर्तव्य समझती थी। वह समझने लगी थी, कि यदि फासिस्त विजयी होते हैं, तो हमारा देश उनके फौलादी शिकंजेमें इतने जोरसे फँस जायगा, कि निकलना मुश्किल होगा। फासिस्त जर्मनी हो या जापान, वह दूसरे देशों या जातियोंको एकमात्र गुलाम रहने लायक मानते हैं। यदि फासिस्तोंकी पराजय होती है, और मित्र-शक्तियोंकी विजय, तो मित्र-शक्तियोंमें अपने त्याग और बलसे रूस भारी प्रभाव रक्खेगा, जिसके कारण ब्रिटिश साम्राज्यवादियोंका फन्दा कमजोर हो जायगा। लड़ाईके बाद हुआ भी ऐसा ही, लेकिन उस वक्त इसपर हमारे देशके बहुतसे देशभक्त विश्वास करनेके लिये तैयार नहीं थे।

मिर्जापुर जेलमें उन्हें दो कम्युनिस्ट नौजवान मिले, जो दो ही तीन दिन बाद छूटकर चले गये। उन्होंने युद्धके बारेमें पार्टीकी नीति बतलाई और यह भी कि तोड़-फोड़में हमें शामिल नहीं होना है। उनके पास "लोक-युद्ध" की कापियाँ भी पहुँच गईं। अब बड़े भाईका दृष्टिकोण बदलना ही था। उन्होंने एक बैठकमें कह दिया—"तोड़-फोड़का आन्दोलन फेल हो गया। गांधीजी इसकी जिम्मेवारी नहीं लेते, और कहते हैं, कि जनताने पागल होकर यह सब किया है।" यह कहकर बड़े भाईने भिड़के छत्तेमें उँगली डाल दी। ऊपरी वर्गके कांग्रेसी उन्हें गद्दार कहकर तरह-तरहके आक्षेप करने लगे।

सी० क्लासवाले जिन राजबन्दियोंमें वह रहते थे, उनके व्यवहार-बर्तावसे प्रभावित हो चले थे। जहाँ दूसरे उनकी बात भी सुननेके लिये तैयार नहीं थे, वहाँ ये उनसे हरेक बातकी जानकारी प्राप्त करना चाहते थे। सभाओंमें बड़े भाई भाषण देने लगे। सी० क्लासमें अब उनकी बात चलने लगी। दूसरे लोग आपसमें मिलनेपर "जय सीताराम" कहा करते थे। बड़े भाईने अपने दलमें प्रणामके लिये "जय लंकेश" का प्रचार किया। सीताराम पूजे जाते थे, और लंकेश चवन्नीके योग्य समझे गये थे। सीताराम और लंकेश दो दल बन जानेपर अब बड़े भाईको अकेले रहनेकी चिन्ता नहीं थी। १० सितम्बरसे उनका मुकदमा जेलके भीतर ही होने लगा। जेलके फाटकके कोठेके कमरेको अदालतका रूप दे दिया गया था। मैजिस्ट्रेट अल्मोड़ेका एक ईसाई था। बड़े भाईको हथकड़ी-बेड़ी पहनाकर उसके सामने खड़ा किया गया। मैजिस्ट्रेटने पूछा—"तुम्हारा नाम क्या है?"

—"चन्द्रसिंह गढ़वाली।"

मैजिस्ट्रेट अपने अधिकारसे बाहरकी बातें करते हुये कहने लगा—"तुमने बड़ा जुल्म किया है। ३६ आदमी कतल किये, तुम्हें फाँसी दी जायगी।"

बड़े भाईने कहा—"आप खुद फाँसी देंगे या उसके लिये भंगी बुलायेंगे?"

मैजिस्ट्रेट इसपर चुप हो गया। बड़े भाईने कहा—"आपको मैजिस्ट्रेटकी तरह बात करनी चाहिये। देखना चाहिये, कि मेरा कसूर है या नहीं। उससे पहले ही फाँसीकी बात करनी क्या ठीक है?"

बड़े भाईकी २४ की टोलीमें दो तो बलिदान हो चुके थे, २० पहले ही पकड़कर आये थे, बाकी दो भी अब आ चुके थे। बाईसों आदमियोंपर ३६ आदमियोंके कत्लका इल्जाम लगाया गया था। जिस स्टेशनको इन्होंने जलाया था, वहाँके सोलह आदमी गवाही देनेके लिये बुलाये गये थे। सबकी वेशभूषा बदल दी गई थी। पहचान करनेके लिये इन्हें बहुतसे लोगोंके साथ खड़ा कर दिया गया। सब पहचान करनेवालोंने कह दिया, कि इनमें वह आदमी नहीं हैं। बड़े भाई जानते थे, सब झूठ बोल रहे हैं। स्टेशनमें वह और उनके साथी इतनी देर तक रहे, कि पहचाने बिना नहीं रह सकते थे। आनरेरी मैजिस्ट्रेटने भी दूसरों ही की तरह कह दिया। निश्चय ही था कि ऐसा कहनेके समय उनके मनमें यही भावना काम कर रही थी, कि इन्होंने जो कुछ किया, वह अपने देशकी भलाई और अंग्रेजी राज्यके नाश करनेके लिये किया। दो-एक लफंगोंने कत्लकी गवाही दी, पर वह साबित नहीं हो सकती थी। एक-दो नहीं, बल्कि ३६ आदमियोंके झूठे कत्लका मुकदमा चलाना आसान नहीं था। बड़े भाईने कहा—"हम इलाहाबाद जा रहे थे। बनारससे जानेवाली लाइन टूट गई थी, इसलिये इधरसे जा रहे थे।"

६ अक्तूबरकी शामको मैजिस्ट्रेटने कहा—"कल आप लोगोंको सजा सुनाई जायगी।" लेकिन, दूसरे दिन एक और मैजिस्ट्रेटने आकर फैसला सुनाना चाहा। बड़े भाईने आपत्ति की—"आप सजा नहीं सुना सकते। जिन्होंने हमारे मुकदमेको देखा है, वही फैसला सुना सकते हैं।" लेकिन, कानून क्या चीज है, उसे कहाँ मानना और कहाँ तिलांजलि देना चाहिये, इसे बड़े भाईसे ज्यादा सरकार जानती थी। मैजिस्ट्रेटने फटकारते हुये बड़े भाईको सात साल कैद और दो सौ रुपये जुर्मानेकी सजा दी। उनके साथियोंको भी दो-दो, तीन-तीन सालकी सजा हुई।

सजा हो जानेके बाद बड़े भाई और उनके साथियोंको हथकड़ी-बेड़ी डालकर २२ अक्तूबरको बनारस सेन्ट्रल जेलमें भेज दिया गया। रेलमें बड़े भाई पुलिसके सिपाहियोंसे कह रहे थे, कि विद्यापीठके पासकी धर्मशालामें मेरे बाल-बच्चोंको खबर दे दो, ताकि वह मुलाकात कर लें। सिपाही तैयार नहीं हुये। इस बातको पासमें बैठा एक विद्यार्थी सुन रहा था। उसने बड़े भाईसे पता-हुलिया पूछ लिया। बड़े भाईके कुर्तेमें एक रुपयेका नोट सिला हुआ था, उन्होंने उसे निकालकर विद्यार्थीके हाथमें देकर कहा—"इसे मेरी घरवालीको देना, और स्टेशनपर मिलनेके लिये कहना।" बनारस छावनी स्टेशनपर पहुँचनेपर बड़े भाईको पुलिसवालोंने प्लेटफार्मपर अवस्थित रेलवे पुलिस थानेमें ले जाकर एक कमरेमें रख दिया। दरवाजा बंद नहीं किया गया था। उधर विद्यार्थी सीधे भागीरथीजीके पास पहुँचा, और वह अपनी बच्चीको लिये उस कमरे के दरवाजेपर आई। सिपाही नहीं-नहीं करते ही रहे, लेकिन वह उनकी कोई पर्वा न कर भीतर घुसते कहने लगीं—"मैं तो बात किये बिना नहीं रहूँगी।" स्त्रीको बेचारे हाथ नहीं लगा सकते थे। बड़े भाईने जल्दी-जल्दी कुछ बातें बताई, और कहा कि पण्डितजीसे मिले पैसेको लेकर इलाहाबाद आनन्द भवनमें चली जाना।

बनारस सेन्ट्रल जेलमें बड़े भाई एक सप्ताहसे अधिक नहीं रह पाये। वहाँ दो आतंकवादी देशभक्त छ महीनेसे भूख-हड़ताल किये हुये थे। बड़े भाई उनसे बात करते रहे और अन्तमें वह भूख-हड़ताल छोड़ देनेके लिये राजी हो गये।

युक्त प्रदेशके राजबंदियोंको नैनीमें रखनेका इन्तजाम किया गया था। बड़े भाईने पता लगनेपर भागीरथीजीके पास सन्देश भेजा—"मैं नैनी जा रहा हूँ, तुम भी इलाहाबाद चली आओ।" उनको यह जानकर संतोष था कि भागीरथीजीको विद्यापीठसे बीस रुपये बराबर मिल रहे हैं।

१२ अप्रैलको वह नैनी पहुँचे। जेलमें हजारके करीब राजबंदी थे। डा० कैलाशनाथ काटजू, लालबहादुर शास्त्री, फीरोज गांधी, सरदार नर्मदाप्रसाद, विजयलक्ष्मी आदि सभी यहीं थे। उनमें कुछ गरमदली और कुछ नरमदली थे। गरमदलियोंने बड़े भाईसे कहा, कि हमें कवायद-परेड सिखलाइये। उनके पैरोंमें बेड़ियाँ पड़ी थीं

लेकिन, तो भी वह कवायद सिखलाने लगे। सरदार योगेन्द्रसिंह अवधके एक बड़े तालुकदार थे। बड़े लोग कांग्रेसके आन्दोलनमें खिंच तो आये थे, लेकिन वह फूँक-फूँक कर कदम रखते थे। सरदारको यह क्यों पसन्द आने लगा? जेलके अधिकारी भी इसके विरुद्ध थे। परेड रोकनेके लिये कहने पर जब नहीं माने, तो बड़े भाईको सेलमें बंद कर दिया गया। बगलके सेलोंमें १५-१६ वर्षके पाँच-छ पूर्वी जिलोंके लड़के बंद थे, जिन्हें चालीस-चालीस सालकी सजा थी। इन लड़कोंको देखकर बड़े भाई सोचने लगे—साहसके लिये शाबाशी तो इनको देनी चाहिये। वह उनसे बहुत प्रसन्न थे। अपने सेलमें लेटे रात भर वह उन्हें राजनीतिक बातें बतलाया करते और देश-विदेशके देशभक्तोंकी कुर्बानियोंकी कथायें कहते। सिपाहियोंने जेलरसे यह बात कही। इस आदमीसे कहीं भी पनाह मिलनेवाली नहीं थी। यह बात नर्मदाप्रसादने शिवव्रर्मासे कहा—"यह कैसा आदमी है! यहाँ रहते परेड सिखलाता था, और वहाँ सेलमें भी कम्युनिज़्मका प्रचार कर रहा है।"

शिववर्माने कहा—"जिसके दिलमें आग लगी हुई है, वह कैसे उसे छिपा या बुझा सकता है?"

शिववर्माने जेलरसे मुलाकात करनेके लिये कहा, और बड़े भाईके आनेपर उन्हें समझाया, कि कुछ संयमसे काम लेना चाहिये। शिववर्माने जिम्मेवारी ली, और बड़े भाई सेलसे बैरकमें भेज दिये गये। वहाँ क्लास और लेक्चर चलते रहे। सरदार नर्मदाप्रसाद बड़े भाईसे प्रभावित हुये बिना नहीं रहे। दाँत न रहनेके कारण उनको बड़ी तकलीफ थी। सरदारने बाहरसे डाक्टरको बुलवाकर उनके लिये दाँत बनवा दिये।

शायद श्रद्धानन्द-बलिदान या ऋषि दयानन्दका स्मृति-दिवस था। जेलके आर्य-समाजियोंने उसे मनाया। बड़े भाई भूतपूर्व आर्य-समाजी थे, इसलिये उस मीटिंगके सभापति वही बनाये गये और उन्होंने सुन्दर भाषण दिया।

ए०, बी० क्लासवालोंने बहुत कोशिश की, कि बड़े भाई उनकी रसोईसे खाना लें, लेकिन उन्होंने इसे स्वीकार नहीं किया। इसपर वह नाराज़ हो गये।

विजयलक्ष्मी जेलसे छूटीं। उन्होंने इन्दिराके हाथसे बड़े भाईके लिये कुछ किताबें भेजीं। उन्हींसे बाल-बच्चोंके कुशल-मंगलका भी पता लगा। आदमीमें परिवर्तन आता है पर, प्रगतिके पथपर जिसका कदम दृढ़ है, वह अपनी जगह छोड़ता है, आगेकी ओर जानेके ही लिये। आदमी तरुणाईसे जितना आगे बढ़ने लगता है, उतना ही लाभ, लोभ उसके रास्तेमें बाधा डालनेमें सफल होते हैं, और बिरले ही पथभ्रष्ट होनेसे बच पाते हैं। बड़े भाईके जीवनसे मालूम होगा, कि उन्हें फूलोंके ऊपरसे नहीं, बल्कि काँटोंके रास्तेसे चलना पड़ा, और आज भी चलना पड़ रहा है। यदि वह कम्युनिज़्म-

को चोला समझकर सिर्फ ऊपर पहननेकी चीज मानते, तो उसे उतार-फेंककर आज बड़े आरामकी जिन्दगी बिता सकते थे लेकिन, वह अपने पथपर अचल-अडिग चलते रहे। इन्दिरा कभी कम्युनिस्ट विचारवाले विद्यार्थियोंकी सभाका सभापतित्व कर चुकी थीं। फीरोज़ भी कभी कम्युनिज़्मकी बातें करते थे। नेहरू भी किसी वक्त अपनेको किसी कम्युनिस्टसे एक आना कम भी माननेको तैयार नहीं थे पर, अब मार्क्सवादको वह बासी कढ़ी मानते हैं, और सेठोंके रास्ते देशमें समानता फैलाना चाहते हैं। इन्दिराने उस समय बड़े भाईको एक छोटा-मोटा उपदेश दे डाला—"बड़े भाई, आप पिताजीकी बात क्यों नहीं मानते? क्यों कम्युनिस्टोंकी बातें करते हैं? पिताजी नाराज हो जायँगे।"

बड़े भाईने कहा—"तुम भी कभी कम्युनिस्ट थीं, तुम्हारे पति और पिता भी कम्युनिस्ट थे। मेरे-उनमें इतना ही फर्क है, कि मैं अब भी अपने रास्तेपर दृढ़ हूँ।" फीरोज़ भी पास हीमें थे, वह भी समझाने लगे और असफल होनेपर नाराज होना स्वाभाविक ही था।

भागीरथीजीसे चिट्ठी प्राप्त होती रहती थी। वह कभी-कभी कोई चीज भी दे जाती थीं।

इसी बीच भारतके फेडरल-कोर्टके चीफ जज सर मारिस ग्वायरने उस आर्डिनेन्सको गैरकानूनी घोषित कर दिया, जिसके अनुसार बड़े भाई और दूसरोंको बड़ी-बड़ी सजायें हुई थीं। बड़े भाईका मुकदमा फिरसे शुरू हुआ, जिसके लिये उन्हें मिर्जापुर जेलमें भेजा गया। मैजिस्ट्रेट पहलेसे चन्द्रसिंह गढ़वालीके नामसे परिचित और उनके कामसे प्रभावित था। फिर ३६ आदमियोंके कत्लका इल्जाम लगाया गया। गवाहीके अभावके कारण उसे मैजिस्ट्रेटने खारिज कर दिया। दूसरे मैजिस्ट्रेटने फैसला सुनाया था इसे भी अनुचित समझा गया। ३ मई को फैसला सुनाते मैजिस्ट्रेटने पूछा—"आपके लिये हम क्या कर सकते हैं?" बड़े भाईने कहा—"जुर्माना माफ कर दें, नहीं तो पुलिस हमारे बापको तंग करेगी।" फैसला देते हुये मैजिस्ट्रेटने जुर्मानेको हटा दिया, और सजा घटाकर दो साल कर दी, जिसमें छ महीना वह काट चुके थे।

वह फिर नैनीमें थे। उसी समय फीरोज़ गांधीकी रिहाई हुई। काशी विद्यापीठने बीस रुपया मासिक देना बन्द कर दिया था। भागीरथीने फीरोज़ गांधीसे कहा कि मेरे पास खानेके लिये कुछ नहीं है। फीरोज़ गांधीने कह दिया—"अच्छा रातको आके बतलाना।" बेचारी पहाड़ी स्त्री इसी समाजमें काफी समयसे रह रही थी लेकिन अभी भाषा और भावको सूत्र रूपमें कहनेपर समझ लेना उसके लिये मुश्किल था। उन्होंने रातमें आनेका दूसरा ही अर्थ लगाया, और बिगड़ पड़ीं। फीरोज़के लिये यह बहुत बुरी

बात थी ही। उनको बहुत गुस्सा आया। तश्तरीखानेमें भागीरथीको जगह मिली थी। उसमें ताला लगा कर कहा—"यहाँसे चली जाओ।" भागीरथीका पत्र जेलमें आया। बड़े भाईने मालवीयजीको लिखा, कि भारती मन्दिरके द्वारा मेरी बीबीके खाने-पीनेका कुछ प्रबन्ध कर दें। उन्होंने कुछ किया भी।

आनन्द भवनसे निकाले जानेके बाद वह तीन-चार दिन तक दरियागंजमें बड़े भाईके एक मित्रके पास रहीं।

नैनीसे १२ जून १९४३ को बड़े भाईको लखनऊ कैम्प जेलमें भेज दिया वहाँसे उन्होंने पहाड़ीजीको लिखा, कि यदि भागीरथी लखनऊ आना चाहें, तो यहाँ प्रोफेसर गणेश प्रसाद उनियालजीको पत्र दे रहा हूँ, उनके यहाँ चली आवें। वह मुझसे मुलाकात करा देंगे।

आन्दोलनमें भारतके सबसे उत्तरी भाग अल्मोड़ा जिलेके कितने ही पुरुष बंदी होकर कैम्पमें आये थे। यह आन्दोलन इतना व्यापक था, कि तिब्बतके साथ शताब्दियोंसे व्यापार करते मिलमके समृद्ध परिवारोंके तरुण भी इसमें खिंच आये थे। इन्हींमें श्री जगतसिंह रावत भी थे। बड़े भाईका उनसे सम्पर्क हुआ और बात चलनेपर उन्होंने कहा, कि मेरे बच्चे इलाहाबादमें बड़ी बुरी स्थितिमें हैं। जगतसिंहने बाहर खबर भेजी और भागीरथी देवीके पास पचीस रुपये चले गये। बड़े भाईके कहनेके अनुसार वह लखनऊ चली आईं। वहाँ इन्तजाम न होने पर जगतसिंहने अपने बड़े भाई दलीपसिंहके पास हलद्वानीमें लिख दिया, जिनकी मोटरें चलती थीं। भागीरथी हलद्वानी गईं।

हलद्वानीमें पन्तजीके बंगलेमें कोई नहीं था। दूसरे भी उनको अपने पास रखनेसे डरते थे। अन्तमें भागीरथीजीको आर्य समाजके अनाथालयमें दाखिल कर दिया गया। वहाँ एक बड़ा सा कमरा था, जिसमें अनाथ बच्चे रहा करते थे। उसीके पास एक कोठरी लकड़ी और कबाड़खानेका काम देती थी। उसीमें एक ओर भागीरथी अपनी बच्ची और खुशहालको लिये दिन काटने लगीं। दलीपसिंह खानेकी चीजें दे देते थे। अनाथालयकी प्रबन्धिका बुढ़िया रोज आकर देख जाया करती थी।

इसी समय कांग्रेसी नेता भक्तदर्शनजीने राजनीतिक पीड़ितोंके लिये एक कमेटी बनाकर उसके लिये चन्दा जमा किया। वह हलद्वानी भी आये। उन्हें मालूम था, कि चन्द्रसिंहके बीबी-बच्चे यहीं अनाथालयमें हैं। आदमीकी अक्ल सचमुच ही कभी-कभी मारी जाती है, और वह छोटी-सी असावधानी करके हमेशाके लिये अपनेको बदनाम बना लेता है। भक्तदर्शन जानते थे, कि चन्द्रसिंहके बीबी-बच्चे आर्थिक संकटमें हैं, इसलिये उन्होंने खुशहालको बुलाकर उसके हाथ पचास रुपये भेज दिये, लेकिन यह नहीं हुआ, कि खुद पाँच मिनटके लिये जाकर भागीरथीसे दुःख-सुखकी बातें पूछ आते।

लखनऊ कैम्प—इस जेलमें जब बड़े भाई पहुँचे, तो राजनीतिक बन्दियोंमें भारी आतंक छाया हुआ था। जरा-जरा सी बातपर लोगोंको बेंत लगाये जाते। नारा लगानेपर बेदर्दीसे पीटा जाता। यह उसी हैलटकी राजधानी थी, जिसने उस समय बलियामें पंजाबके मार्शल-लाके दिनोंको बड़ी बुरी तरहसे दोहराया था। वह चाहता ही होगा, कि राजनीतिक बन्दियोंके साथ जरा भी दयामया न दिखाया जाये इस-लिये एक परम कट्टर अंग्रेज भक्त मुसलमानको सुपरिन्टेन्डेंट रक्खा गया था।

फाटकपर पहुँचते ही तलाशी ली गई, और बड़े भाईको बैरकमें भेज दिया गया। कैम्पमें चार-पाँच हजार बन्दी थे। शान्ति व्यवस्थाके लिये सैनिक भी काफी संख्यामें रहते थे। लोग बड़े भाईका नाम जानते थे। अब वहाँ नई जिन्दगी आरम्भ हुई।

एक दिन कितने ही कैदियोंको बेंत लगाया गया। इसपर लोगोंने रोटी नहीं खाई। बड़े भाई भी इसमें शामिल थे। सुपरिन्टेन्डेंटने आकर पूछा—"आपने क्यों रोटी नहीं ली।" बड़े भाईने कारण बतलाया और पूछनेपर अपना परिचय भी दिया। पेशावरका बन्दी समझकर मुसलमान सुपरिन्टेन्डेंट कुछ नरम पड़ा। फिर बड़े भाईने कहा—"आप यदि स्वयं आरामसे रहना चाहते हैं, और हमें भी रहने देना चाहते हैं, तो उसका इन्तजाम हो सकता है। यदि हलाल करना चाहते हैं, तो हमारी गर्दनें आपके सामने हैं।" सुपरिन्टेन्डेंटने उन्हें आफिसमें ले जाकर अपनी बेबसी बतलाते हुये कहा —"हम यहाँ लखनऊमें सरकारकी नाकके सामने हैं। हमारे ऊपर खुफिया लगे हैं। अगर हम जरा भी नरमी करेंगे, तो हमारी नौकरी चली जायगी। आप ही बतलाइये, हम क्या करें?"

बड़े भाईने कहा—"मैं इसके लिये कुछ बातें आपके सामने रखता हूँ। यदि वह हो जाय, तो मैं समझता हूँ किसीको हैरान होनेकी जरूरत नहीं पड़ेगी : (१) फाटकपर किसीके साथ गाली-गलौज न किया जाय। मैं इसका जिम्मा लेता हूँ, कि सब थोड़ा-बहुत काम करेंगे। (२) यदि किसीके पास कोई हथियार हो, तो उसे ले सकते हैं, बीड़ी-सिगरेट नहीं छीनना चाहिये। (३) रोटी बड़ी बुरी मिलती है, उसे अच्छी करनी चाहिये। (४) मार-पीट बन्द की जाय।" सुपरिन्टेन्डेंटने वचन दिया कि मैं इन बातोंपर चलनेकी पूरी कोशिश करूँगा।

अगले दिन गढ़वाली जयानन्द भारतीने माँड भरा हुआ भात लाकर उसे निचोड़कर दिखलाते हुये कहा—"यह है भोजन, हम क्या खायें।" बड़े भाईने भारतीको तुरंत सुपरिन्टेन्डेंटके पास ले जाकर दिखलानेके लिये भेज दिया। जमादार सुपरिन्टेन्डेन्टके पास जाने नहीं देना चाहता था लेकिन, उसे धक्का देकर जयानन्द सुपरिन्टेन्डेंटके पास चले गये। भात दिखलानेपर सुपरिन्टेन्डेंटने कहा— "हम क्या करें, तुम्हारे कैदी ही खाना बनाते हैं, वही ऐसा करते हैं।" बड़े भाईने यह

बात सुनी। उन्हें मालूम ही था, कि कैदियोंके मत्थे छुट्टी ले लेना जेलवालोंका कायदा है।" किसीने बतलाया, कि जेलर रसोईसे दस सेर आटा ले गया है, और अभी वह उसके आफिसमें रक्खा हुआ है। इसी समय सुपरिन्टेन्डेंट आ गया। बड़े भाईने चोरीके आटेकी बात कही, तो सुपरिन्टेन्डेंटने कहा—"यदि यह बात झूठी साबित हुई तो?" बड़े भाईने कहा—"यदि झूठी हो, तो मुझे सजा देना।" सुपरिन्टेन्डेंट वहाँसे चल पड़ा। जेलरके कमरेमें ताला बंद था। उसने चाभी न मिलनेका बहाना करना चाहा, लेकिन सुपरिन्टेन्डेंटने तालेको तुड़वा दिया। सचमुच ही वहाँ दस सेर आटा रक्खा हुआ मिला। जेलरके लिये मुँह दिखलाना मुश्किल हो गया। पीछे उसे कहीं दूसरी जगह बदल दिया गया। सुपरिन्टेन्डेंटने बड़े भाईसे कहा—"रसोईका चार्ज आप ले लें।" बड़े भाईने इसे स्वीकार कर लिया। प्रबंधके लिये उन्होंने चार नौजवानोंको चुना, जिसमें-से एक गाजीपुरका रहनेवाला था, जो आज उत्तर-प्रदेशके विकास-विभागका सहायक अधिकारी है।

बड़े भाईने अपने साथियों लेकर रसोईको सँभाल लिया। वह अच्छी चीज रसदमें आने देते, और तौलकर आटा रसोईघरमें भेजते, लेकिन, रसोइये गोरखपुरिये साधारण अपराधी बन्दी थे, जो जेलरों और वार्डरोंसे मिलकर रहनेमें अपना लाभ समझते थे। उन्हें यह पसन्द नहीं था, कि रसोईका सारा प्रबन्ध स्वराजियोंके हाथमें चला जाय। और नहीं हो सका, तो वह चूल्हेकी धाँय-धाँय जलती आगमें आटेको झोंक देते, और खानेके लिये रोटी कम हो जाती। उनकी यह चाल दो ही तीन दिन तक चली। वह पकड़े गये। सुपरिन्टेंडेंटने बेंत लगवाकर रसोईसे उन्हें निकाल दिया, और अब रसोई बनानेका भी प्रबन्ध स्वराजी बन्दियोंके हाथमें था। खूब अच्छी रोटी फूली-फूली बनती। बड़े भाईने कह दिया था, कि अगर किसीके पास रोटी फूली न पहुँचे, तो उसे लौटा देना। चावल भी अच्छा, दाल भी अच्छी, साग भी अच्छा। खानेकी ओरसे अब सब लोग निश्चिन्त थे।

नैनीताल जेलमें हैलटशाही चल रही थी। वहाँसे श्यामलाल वर्मा और कुछ दूसरे राजबन्दी कैम्प-जेलमें भेजे गये। वहाँकी जेलके दुर्व्यवहारके कारण उन्होंने भूख-हड़ताल कर रक्खी थी। यहाँ आने पर भी उन्होंने हड़ताल जारी रक्खी। बड़े भाईने समझाया, कि यहाँ कोई तकलीफ नहीं है, सब अपना ही इन्तजाम है। अच्छी तरह रहें। श्यामलालने बात नहीं मानी, कुछने भूख-हड़ताल छोड़ दी, लेकिन, एक गढ़-वाली कृपालसिंह इसे माननेके लिये बिल्कुल तैयार नहीं हुये। वह बड़े भाईको फट-कारने लगे—"तुम भूख-हड़ताल तुड़वाते हो।" वह आखिर तक डटे रहे, और बड़े भाईकी बात सुननेके लिये तैयार नहीं हुये। आज कृपालसिंह अपने जिलेमें एक जबर्दस्त किसान-कार्यकर्ता हैं।

१६४५ की बरसातका अन्त था, जबकि बड़े भाईको जेलसे छोड़ दिया गया।

अध्याय २३

पार्टी केन्द्रमें (१९४७ ई०)

साथी यशपालसे परिचय था ही। जेलसे छूटते ही वह लखनऊमें उनके घर पहुँचे। कैम्पके पासके गाँवके कुछ स्वयं-सेवकोंसे बड़े भाईकी जेलमें दोस्ती हो गई थी। छूटनेके दो दिन बाद वह उस गाँवकी ओर जाते एक पुलपरसे गुजर रहे थे। एकाएक कुछ पुलिसवालोंने आकर उनको अपनी बाँहोंमें कस लिया। पीछे फिर कर देखें, तो पुलिसके सिपाही हैं। पूछा—"यह क्या?"

—"हमारी रोजी छिनी जा रही है। हम जेलके फाटक पर तैनात किये गये थे, कि निकलते ही आपको गिरफ्तार कर लें, और आप वहाँसे एकाएक गायब हो गये।"

वह अपने साथ लिवाये चारबाग थानेमें ले गये। संयोगसे थानेदार गढ़वाली था। उसने रोटी खिलाई, बिस्तरा लगा दिया, बड़ी खातिर करनेके बाद कहा—"सरकार इस शर्तपर स्वतन्त्र छोड़नेके लिये तैयार है, कि आप गढ़वालके भीतर न घुसें।" बड़े भाई शर्त के साथ रिहा होना पसन्द नहीं करते थे। थानेदारने बहुत समझाया—"आपके बालबच्चे हलद्वानीमें हैं, वहाँ जानेमें भी कोई रुकावट नहीं है।" बड़े भाईने भी ठण्डे दिलसे सोचा, और देखा कि एक गढ़वाल छोड़कर बाकी सभी जगह जानेकेलिये मैं स्वतन्त्र हूँ। इसलिये जिद्द करके जेलमें बन्द होनेसे क्या फायदा? उन्होंने कागज पर दस्तखत कर दिया।

हलद्वानी पहुँचे। किसीने बतलाया, कि उनके बीबी-बच्चे अनाथालयमें रह रहे हैं। उनके दिलको बहुत धक्का लगा। जब भागीरथीजीको उस कबाबखानेमें देखा, तो और भी बड़ा सदमा पहुँचा। भागीरथीजीने न बतलाया होता तो अच्छा रहता। जब बड़े भाईको उनसे मालूम हुआ, कि मेरे गाँवसे १२-१३ मीलपरके रहने वाले भक्तदर्शनने हलद्वानीमें आकर भी मेरे बीबी-बच्चोंको देखनेकी भी तकलीफ गवाँरा नहीं की। सबसे भारी क्रोध उन्हें भागीरथीजीपर था, और कहा—"तू भिखमंगिन बन गई। तूने क्यों इन रुपयोंको लिया? जा, अब तेरा-मेरा कोई सम्बन्ध नहीं। तू चली जा गढ़वाल।" भागीरथीका दोष क्या? उन्होंने कहा—"मेरे पास कुछ नहीं था, इसलिये मैंने रुपये लेने स्वीकार किये। मैंने खुद रुपया नहीं लिया, खुश-

हाल ले आया था। फिर क्या करती?" उसी वक्त यह भी मालूम हुआ, कि देवीजीके पास इलाहाबादमें जो तीन सौ रुपये जमा हो गये थे, उसे उन्होंने शादीमें अपने भाईको दे डाला।

कुछ देरमें बड़े भाईका पारा नीचे उतरा। कुछ कपड़े बनवाये और रानीखेत को चले। अब भी वह यही सोचकर यहाँ आये थे, कि पत्नीको देघाटमें पहुँचा दूँगा, जहाँसे गढ़वालकी सीमा लगती है, और फिर देवीजी अपने मायके चली जायँगी। रानीखेतमें अल्मोड़ा जिला-बोर्डके चेयरमैन भूपालसिंह खाती, शिवदत्त उपाध्यायके भाई पूर्णानन्द उपाध्याय तथा दूसरे लोगोंसे भेंट हुई। उन्होंने एक होटलमें ले जाकर उन्हें ठहरा दिया। गोष्ठी बैठी। बड़े भाईने कहा—"मैं बीबीको छोड़ने जा रहा हूँ।" मामूली तौरसे समझाना कठिन था, इसलिये सबने अपनी-अपनी बीबियोंकी शिकायतों का दफ्तर खोल दिया। मालूम होने लगा, संसार भरकी बीबियाँ भागीरथीजीसे बेहतर नहीं होतीं। लेकिन, समस्या यह भी थी, कि उनको रक्खा कहाँ जाय, और गुजर-बसरका क्या इन्तजाम किया जाय? मित्रोंने अल्मोड़ा जानेके लिये किराया दे पं० हरगोविन्द पन्त और देवीदत्त पन्तको कोई काम दिलवानेके लिये चिट्ठी लिख दी।

अल्मोड़ामें मोटरके अड्डे पर ही पं० हरगोविन्द पन्त मिल गये। बड़े भाई जब उनसे अपनी बात बतलाई और चिट्ठी दी, तो वह पहले ही पूछ पड़े—"आप गांधीवादी हैं या कम्युनिस्ट?"

बड़े भाईने कहा—"मैं कम्युनिस्ट हूँ।"

इसपर पन्तने कहा—"हमारे पास कम्युनिस्टोंके लिये कोई जगह नहीं है।" कुछ और कहने पर कहा—"मैं तो इस वक्त कानपुर जा रहा हूँ वहाँसे आनेके बाद बात करूँगा।" एकने तो यह सलूक किया, अब बड़े भाई देवीदत्त पन्तका घर पूछते वहाँ गये। देखा, देवीदत्त और उनके मामामें झगड़ा हो रहा है। वह मामाके घरमें रहते थे। किसी कारण अनबन हो गई, और अब मामा कह रहे थे, तुम हमारे घरसे चले जाओ। यह देखकर बड़े भाईका माथा ठनका। तो भी चिट्ठी उन्होंने देवीदत्त जीको दी। वह उन्हें एक ओर ले जाकर बोले—"आइये मेरे साथ।" देवीदत्त उन्हें एक होटल (रायल होटल) में ले गये, एक कमरेमें रखवा मैनेजरसे बोले—"इनके खाने और मकानका जो भी खर्च हो, उसका जिम्मा मेरे ऊपर है।"

देवीदत्त एक दूसरे ही प्रकारके जीव थे। बड़े मस्तमौला, लेकिन मानवतासे लबालब भरे। बड़े भाईपर चार-पाँच रुपये रोजका खर्च तो जरूर ही पड़ रहा था। बड़े भाई ४७ दिन रायल होटलमें रहे। उनका दिल विचलित होने लगा। आखिर

देवीदत्तकी वकालत कोई बहुत ज्यादा चलती नहीं थी। उनके ऊपर इतना बोझा डालना निष्ठुरता होती। जब यह बात बड़े भाईने देवीदत्तसे कही, तो उन्होंने कहा—"रहो गढ़वालीजी। आखिर मेरे बालबच्चे होते तो उनके लिये भी तो यह करना पड़ता।"

बड़े भाईने नहीं माना। वह वहाँ से हरगोविन्द पन्तके बँगले पर गये पहले दिन कम्युनिस्ट जानकर उन्होंने जैसा रुख लिया था, अब उसमें भेद था। पन्तने हाथ मिलाकर कुर्सीमें बैठाया, चाय-बिस्कुट मँगवाया। फिर हाल-चाल पूछा। बड़े भाई ने अपनी स्थिति बतलाई। होटलमें ठहरने और देवीदत्तजीके ऊपर भार पड़नेकी बात कही, और कहा, कि कोई कामका प्रबंध कर दें।

—"मैं तुम्हारा कोई प्रबंध नहीं कर सकता। मेरे पास कोई काम नहीं है।"

बड़े भाईने कहा—"मैं गढ़वालके भीतर पैर नहीं रख सकता। मेरे पास कुछ नहीं है। कुछ प्रबन्ध जरूर कीजिये।"

—"मुझसे कुछ नहीं हो सकता।"

बड़े भाईने नम्रतापूर्वक कहा—"हमारे रहनेके लिये कहीं जगह दिला दें, और दो-तीन-सौ रुपये पूँजीका प्रबंध कर दें, जिसमें मैं चायका स्टाल खोल लूँ या भैंस-गाय खरीदकर दूध बेचके काम चलाऊँ।"

—"मैं यह कुछ नहीं कर सकता। मेरी हालत भी बहुत खराब है।"

बेबसीमें बड़े भाईने कहा—"मैं क्या करूँ ? बालबच्चोंको जहर देकर मार दूँ या त्याग दूँ ?"

—"त्याग दो, तो वह तुम्हारे बालबच्चे हैं। जहर देकर मारोगे, तो तुम्हें फाँसी होगी। भीख माँगना चाहो, तो माँगो।"

बड़े भाईने अब गरम होकर कहा—"मैं तुम्हारी चाय नहीं पीता। भीख माँगना होगा, तो उन्हीं झोपड़ियोंमें माँगूगा, जहाँ मैं पैदा हुआ।"

बड़े भाई चाय पिये बिना ही वहाँसे चले आये। दशहरेके दिन थे। रामलीला हो रही थी। लीला देखकर आधी रातको वह लौटे, और कमरेमें सो गये। सबेरे अभी वह उठे नहीं थे, कि किसीने दरवाजेको खटखटाया—"कौन ?" पूछने पर आवाज आई—"मैं हरगोविन्द। भीतर आ सकता हूँ ?" बड़े भाईने दरवाजा खोल दिया। हरगोविन्दजीने भीतर आकर कहा—"मैं माफी माँगता हूँ, मैंने बड़ा कसूर किया। कलके बर्तावसे मैं लज्जित हूँ। तुम्हारी स्थितिमें होता, तो यह बर्ताव मुझे

कैसा लगता ? मैं बन्दोबस्त कर रहा हूँ। आज आप रानीखेत चले जायँ। खातीके लिये मैं एक चिट्ठी देकर लिख रहा हूँ, कि वह आपको ताड़ीखेतके राष्ट्रीय विद्यालयके बोर्डिङ्ग हाउसमें रहनेके लिये जगह दे दें, और तब तकके लिये बीस रुपया मासिकका प्रबन्ध कर दें। फिर हम पीछे देखेंगे।"

बड़े भाई बीबी-बच्चेको ले रानीखेत आये। रातको श्री भूपालसिंह खातीके घर पर रहे। सबेरे आटा, चावल, नमक आदि खरीदकर बैलगाड़ीपर रख चार मील दूर ताड़ीखेत पहुँचे। उसका प्रबन्ध रामदत्त पाण्डेके हाथमें था। इन्हींके बड़े भाईने इस विद्यालयको बनवाया था। उसमें पढ़ाईके साथ-साथ कताई-बुनाईका काम सिखलाया जाता था। आन्दोलनके बाद वह बन्द था, इमारत खाली पड़ी थी। आज यह विद्यालय इन्टर कालेजके रूपमें मौजूद है।

दो कमरे खोल दिये गये। बड़े भाईने अपना सामान वहाँ रख दिया। पानी लानेके लिये भी दूर जानेकी जरूरत नहीं थी। रहने लगे। बीस रुपया मासिक नहीं मिले, लेकिन, बड़े भाई आदमियोंके भीतर रह रहे थे। पासके एक गाँवमें ठाकुर देवीसिंह रहते थे। वह और गाँववालोंने उनके साथ बड़ा सौजन्य दिखलाया। वह आटा और साग-सब्जी दे देते। बड़े भाईने एक चीड़को काटकर लकड़ियोंका ढेर लगा दिया। सचमुच बड़े भाई अपने हाथोंको उठाकर—"इन रगोंमें खून है" सिर्फ दिखलानेके लिये नहीं कहते थे। वह पूरी मशक्कत कर सकते थे। चीड़का ईंधन तैयार करनेके बाद साग-सब्जीके लिए उस बड़े खेतके कुछ अंशको खोद-खादकर सब्जी बो दी, जिसे दाताने राष्ट्रीय विद्यालयको दान किया था। गुजारा चलने लगा, यद्यपि अधिकतर भिक्षावृत्ति पर था। ऐसी स्थितिसे बड़े भाई सन्तुष्ट नहीं थे। उस समय साथी रमेश सिनहा बंबईमें पार्टी केन्द्रमें रहते थे। उनके पास पत्र लिखकर बड़े भाईने अपनी स्थिति बतलाई।

एक दिन रानीखेत गये, तो अकस्मात् पं० हरगोविन्द पन्त मिल गये। इनकी स्थितिमें संवेदना प्रकट करनेकी जगह उन्होंने कहा—"तुम बोर्डिङ्ग छोड़ दो, हमारे ऊपर लोगोंका दबाव पड़ रहा है, कि वहाँ कम्युनिस्टको बैठा रक्खा है।"

बड़े भाईने कहा—"यह राष्ट्रीय सम्पत्ति है। अभी मकान खाली पड़ा हुआ है। जब विद्यार्थी आ जायँगे, तो मैं स्वयं छोड़ दूँगा। जब तक नहीं आते, तब तक मैं वहाँसे नहीं हटूँगा।" बड़े भाई जिस समय यह निश्चय कर चुके थे, उसी समय पूरनचन्द्र जोशीने सौ रुपये भेजकर लिखा, कि बालबच्चोंका प्रबंध करके तुरन्त चले आओ। यह मँहगाईका जमाना था, और साथ ही चीजोंका मिलना आसान भी नहीं था। एक बोरी आटा और दूसरी खाने-पीनेकी चीजें पचास रुपयोंकी लेकर,

पचीस नगद के साथ भागीरथीजीको दिया, और पचीस लेकर वह बंबईकी ओर चल पड़े।

बम्बईमें—पता मालूम ही था। वह सेण्डहर्स्ट रोडपर राजभवनके दरवाजेपर पहुँचे। द्वारपालने पूछा। बड़े भाईने कहा—"मैं जोशी और रमेशसे मिलना चाहता हूँ।" द्वारपालने पुर्जी दी और वह उसपर नाम लिखने लगे। इसी समय कुर्ता-जाँघिया पहने मोटा चश्मा लगाये रुखे बालोंवाला एक आदमी आ पहुँचा। उसने पूछा—"किससे मिलना चाहते हो? क्या नाम है?"

—"साथी जोशीसे मिलना चाहता हूँ। मैं चन्द्रसिंह गढ़वाली हूँ।" वह जोशी ही थे। हाथ पकड़कर ऊपर ले जा रहनेका स्थान बतला साथियोंसे परिचय कराया। बड़े भाई वहाँ निश्चिन्त होकर ठहर गये, तो उनके सामने ४२ पुस्तकोंका ढेर लगाकर कहा गया इन सबको तुम्हें पढ़ना और परीक्षा देनी होगी। हिन्दी जाननेवाले अकबाल, रमेश, ओमप्रकाश संगल आदि छ साथियोंको पढ़ानेके लिये लगा दिया गया। "अब पढ़ो और परीक्षा दो" यही काम था। जोशी बीच-बीचमें खुद पढ़ी हुई बातोंको पूछते और लेक्चर देते। बड़े भाई शारीरिक श्रमके आदी हैं, मानसिक श्रम यानी पढ़ना-लिखना नहीं पसन्द करते, यह बात नहीं है। लेकिन, वहाँ तो उन्हें जोत दिया गया था। बेचारे पढ़ते-पढ़ते थक जाते। छ महीने तक इसी तरह रहे। जूआ फेंक भी नहीं सकते थे, क्योंकि साम्यवादसे उनको प्रेम था। उसीके लिये अपना सारा जीवन दिया था और उसकी ही जानकारीके लिये वह पढ़ाईमें इस तरह रगड़े जा रहे थे।

जब काफी पढ़ाई हो गई, तो जोशीने उन्हें मजूरोंकी सभाओंमें बोलनेके लिये भेजा। बड़े भाई हफ्ता-दो हफ्ता वहाँ जाकर बराबर बोलते रहे। कोई साथी उनके भाषणका नोट लेकर जोशीको देता और वह बड़े भाईकी गल्तियोंको बतलाते।

परेलमें बैठक थी। जोशीके साथ बड़े भाई भी गये। सरदार पृथिवीसिंह भी वहाँ आये। अब दोनों जानते थे, कि हम एक परिवारके सहोदर हैं और अपने पहलेके बर्तावको सोचकर मनमें हँस भी रहे थे। वहाँ एक स्कूलकी लड़कीने चन्देमें बारह पैसे दिये। लड़कीकी विधवा माँ साग-सब्जी बेंचकर गुजारा करती थी। अपनी बेटीको जो एक-दो पैसे कभी दे देती थी, उन्हीं पैसोंको लड़कीने इस समय पार्टीको दिया था। वह पैसे नीलाम किये गये और सरदारने दो हजारमें खरीद लिया। जोशी ने बतलाया —"साथियो, यह बारह पैसे बड़े हैं या दो हजार रुपये? मेरी समझमें ये बारह पैसे ही बड़े हैं। अपने जलपानको छोड़कर इस बेटीने इन्हें बचाकर हमें दिया। इसके साथ यह भी सीखें। तुम गरीबोंके पास जाओ। वह दो पैसा देंगे, लेकिन इसके साथ-साथ वह अपना हृदय भी देंगे, जिसका मूल्य बहुत अधिक है। उसीमें वह शक्ति है, जो दुनियाको बदल सकती है।"

उस समय भारतीय जननाट्य (इपटा) बड़ी तत्परतासे काम कर रहा था। बड़े भाईने उसके अभिनयोंको देखा और अभिनेताओं तथा अभिनेत्रियोंका नजदीकसे परिचय प्राप्त किया। वह उससे बहुत प्रभावित हुये।

बड़े भाई जानते थे, कि कम्युनिस्टोंके ऊपर जो लांछन लगाये जाते हैं, उनमें सच्चाई नहीं है, लांछन लगानेवालोंकी ईमानदारीपर उनको भारी सन्देह था। वह सेवाग्राममें बापूके आश्रममें रह चुके थे और यहाँ पार्टीके कम्यून (सामूहिक जीवन) में रहनेका उन्हें मौका मिला था। रसोईका प्रबन्ध माँजी (साथी सुन्दरैयाकी सास) करती थीं। कमरेमें चार पाँतीमें सारे स्त्री-पुरुष खानेके लिये बैठ जाते। वहीं वह जोशीको भी देखते, डा० अधिकारीको, रणदिवेको, प्रसिद्ध काँग्रेसी नेता डा० सुब्रायनकी लड़की पार्वतीको। वहीं बीच-बीचमें दरवाजेका द्वारपाल, प्रेसके कम्पोजिटर और दफ्तरी भी बैठते। खानेमें इतना ही फर्क था, कि कोई मांस नहीं खाता था, तो उसे उसकी जगह फल या मिठाई मिलती। मांस हर रोज नहीं बनता था और माँसाहारियों-से घासाहारियोंकी संख्या बहुत अधिक थी। सभी कम्युनिस्ट मांस खाते हैं, यह बात गलत साबित हुई। लोगोंने गांधीजीके पास शिकायत की, कि कम्युनिस्ट तो गोमांस खाते हैं, उनमें यौन सदाचारका नाम नहीं है। गांधीजीने भूलाभाई देसाईको जाँच करनेके लिये नियुक्त किया। उन्होंने उसकी पूरी जाँचकी, वर्षोंके हिसाब-किताबको देखा और इसके बाद लिखा था, कि यह दोनों लांछन निराधार है। सेवाग्राममें भी जात-पाँत, धर्म-मजहबका कोई भेदभाव किये बिना लोग रहते थे। यहाँ बड़े भाईने उस समानताको और भी ऊँचे दर्जेपर देखा। सफाई देखकर उनका चित्त प्रसन्न हो गया और जो अनुशासन यहाँ था, वह सेवाग्राममें कहाँ देखा जा सकता था।

पार्टी-केन्द्रमें एक-तिहाई महिलायें थीं। बड़े भाई पासके खेतवाड़ीवाले मकानमें रहते थे। छोटी-छोटी बातोंको देखनेका उनका स्वभाव है। वह रातको कम्पो-जिंग या दूसरा काम करनेके बाद थककर सोये जवान लड़के-लड़कियोंको तख्तेपर चित्त पड़े देखते। उनके बीच रुकावट का प्रयत्न नहीं किया जाता था, लेकिन किसी तरहका कुविचार, कदाचार, गुप्त प्रेमको उन्होंने नहीं देखा। लड़कियाँ कहतीं—“बड़ा भाई, चलो अखबार बेंच आयें।” बड़े भाई भी उनके साथ हो लेते। “लोक-युद्ध”, “पीपुल्स एज” तथा दूसरे अखबार बेचनेके लिये टोलियाँ निकलतीं। लोग उन्हें खरीदते। पार्टीके अखबारोंको पूँजीपति विज्ञापन क्यों देने लगे? उसकी एजेन्सी लेनेमें भी आनाकानी की जाती थी। विरोधी कहते थे, कि कम्युनिस्टोंके पास मास्कोसे रुपया आता है। भूलाभाईने वर्षोंके हिसाब-किताबको देखकर गांधीजीको लिखा था, कि इनको पैसा हमारे देशके ही लोग देते हैं, जिसका कौड़ी-कौड़ीका यह हिसाब रखते हैं।

कम्यूनमें ७२के करीब स्त्री-पुरुष थे। उनके शिष्ट और मधुर बर्तावको देखते बड़े भाई समझते थे, कि हम किसी दूसरे ही लोकमें आ गये हैं। योग्यताके अनुसार उनके काम अलग-अलग थे, लेकिन मिलते वक्त वह सब समान थे। उन्होंने सिद्धान्त बहुत पढ़े-सुने थे, लेकिन यहाँ उन्होंने कम्युनिज़्मको जीवनमें देखा। इस जीवनको वह बहुत पसन्द करते थे।

रानीखेतमें बड़े भाईने भागीरथीजीको ताड़ीखेतके राष्ट्रीय विद्यालयमें छोड़ा था। पं० हरगोविन्द पहले ही निकलनेकी बात कर चुके थे। जब निकलते नहीं देखा, तो खातीजीने बाकायदा रजिस्टरी करके नोटिस दी, तुम हमारे आश्रमको खाली कर दो। बड़े भाईने उस नोटिसको जोशीजीको दिखलाया। जोशीने कहा—"अच्छी बात है।"

एक दिन अहमदाबादसे एक तरुण एक सुन्दरी लड़कीको लेकर नीचे आया। लड़की सोनेसे लदी हुई थी। सूचना पा जोशी वहाँ आ पहुँचे। तरुण पार्टी-मेम्बर था। जोशी ने उससे पूछा—"और यह कौन है?"

—"कामरेड है।"

—"कैसी कामरेड? तुम छुट्टी लेकर यहाँ आये!......हाँ, शादी करना चाहते हो?" लड़कीने भी कहा—"हम शादी करना चाहते हैं।"

जोशीने माँको बुलाकर कहा—"माँ, इस लड़कीको ले जाइये, और अपने पास रखिये।" फिर तरुणसे कहा—"तुम अपने कामपर जाओ। लड़की तीन साल यहाँ रहेगी, फिर शादीकी बात होगी।"

पार्टी-केन्द्रमें शिक्षाका काम समाप्त हुआ। जितनी पुस्तकें पढ़नेके लिये दी गई थीं, उन्हें पढ़ डाला, और यह भी साबित किया, कि वह उन्हें समझते हैं। बाहर-वाले आश्चर्य करते हैं, कि किसी भी प्रश्नपर देशके भिन्न-भिन्न भागोंमें बिखरे हुये कम्युनिस्ट क्यों एक ही तरहका मत रखते हैं। अन्तर्राष्ट्रीय विषयोंपर भी सभी देशोंमें उनकी यह एकता आश्चर्यकर है। इसका अर्थ बाहरके शत्रु या अशत्रु यही लगाते हैं, कि "सबहि नचावैं रामगोसाईं," सब मास्कोके हाथकी कठपुतली हैं, वहाँसे जो इशारा होता वही यह लोग बोलते हैं। एक नहीं हजारों बातोंमें मास्कोसे आदेश आता है, भारतकी किसी कोयलेकी खानमें हड़ताल होता है, उसके लिये भी मास्कोसे आदेश आता है। अन्न या किसी दूसरी समस्यापर गढ़वाल या भावनकोरमें कोई आन्दोलन होता है, उसका भी आदेश मास्कोसे आता है। यह बातें विश्वासकी नहीं हैं। वस्तुतः कम्युनिस्ट नेताओं और उनके कर्मियोंका मार्क्सवाद और उससे सम्बन्ध रखनेवाले साहित्यका गम्भीर अध्ययन ही इस एकताका कारण है। सभी समस्याओंपर वैज्ञानिक दृष्टिसे विचार करते हुये वह एक ही निष्कर्षपर पहुँचते हैं। मार्क्सवाद उन्हें एक प्रकारकी

दृष्टि (दर्शन) देता है, जिसकी सहायतासे वह दो-दो चार कहें, तो इसमें अचरज करनेकी जरूरत नहीं। यहाँ न शिवजीकी बरात है न बेनकेलके ऊँट हैं।

१६४५ के वर्षाके दिन जुलाई या अगस्तका महीना था। इसी समय बंगालके नेत्रकोणामें सारे भारतके किसानोंका कान्फ्रेंस हो रहा था। वहाँ जाते समय बड़े भाईको जोशीने अपने साथ ले लिया। देशके कोने-कोनेके किसान नेता वहाँ आये हुये थे। भारी जमावड़ा था। हजंग नामक एक जनजाति पूर्वी बंगालमें रहा करती है, जो सामाजिक विकासमें सबसे पिछड़ी जातियोंमें है। उनकी स्त्रियाँ कमरसे नीचे एक कपड़ेका टुकड़ा बाँधती हैं, बाकी सारा शरीर नग्न रहता है। उनके सहानुभूति रखनेवाले सफेद-पोश इसीमें अपने कर्तव्यकी इतिश्री समझते हैं, कि उनके मधुर गीतोंको जमा किया जाय, उनके लोक-नृत्योंका वर्णन कर दिया जाय और हो सके तो फिल्म ले लिया जाय। इससे अधिक अगर करते हैं, तो यही कि इनकी लोक-कलाका सम्मान किया जाय। साथ ही यह भी परामर्श देते हैं, कि इनके इस प्राकृतिक जीवनपर कोई आँच न आने पावे। क्या है उनका प्राकृतिक जीवन ! अब वह सुरक्षित जंगलोंमें स्वेच्छापूर्वक शिकार और फल संचय करके निर्द्वन्द्व जीवन बितानेके लिये नहीं छोड़े गये हैं। आजके प्रभु-वर्गने अपने आर्थिक ढाँचेमें उन्हें जकड़ लिया है, और हर तरहसे उनका शोषण किया जाता है। वह खेत जोतते हैं, लेकिन जमींदार यह कोशिश करते हैं, कि खेतपर उनका कोई हक न होने पावे, और दस मनमेंसे दो मन भी उनके पास न रहे। माल-गुजारीकी दर बड़ी कड़ी है और ऊपरसे तरह-तरहके और गैरकानूनी कर तथा बेठ-बेगार देनी पड़ती है। हड्डियोंको पेर कर उनसे काम लिया जाता है, और मजूरीके नामपर इतना भी नही दिया जाता, कि वह अपने परिवारका पेट पाल सकें। लोक-कला और प्राकृतिक जीवनको सुरक्षित रखनेके नामपर इसी जीवनको अक्षुण्ण बनाये रखनेकी कोशिश की जाती है। कोई नहीं कहता, कि उनकी लोक-कला उपेक्षणीय है, उसकी कदर नहीं करनी चाहिये। आखिर हमारे देशसे कहीं अधिक उसके संरक्षणका काम सोवियत-संघमें हुआ है, लेकिन वहाँ यह प्रयत्न नहीं किया गया, कि साइबेरियाके एस्किमो लोगोंको आदिम जनजातिक युगमें रक्खा जाय। वहाँ उनकी कलाओंका संरक्षण ही नहीं किया गया है, बल्कि इतना प्रचार किया गया है, कि राष्ट्रकी दूसरी समुन्नत जातियाँ भी उनसे सीखती उनमेंसे कितनी ही बातोंको अपनाती हैं। इसके साथ ही कोशिश करते हुये यह भी सफलता प्राप्त की गई है, कि वह परमाणु-युगमें आ जाँय।

उस समय बंगालमें जगह-जगह रायल गढ़वाल राइफल्सकी कम्पनियाँ पलटन तैनात थी। जिस गढ़वाली सैनिकको भी मालूम होता, कि चन्द्रसिंह आ रहे हैं, वह उनके दर्शनोंके लिये लालायित हो जाता, "चन्द्रसिंह गढ़वालीकी जय" बोलता।

कान्फ्रेंस तीन दिन तक रही। जोशीने कहा व्याख्यान देना ही होगा। इतनी

बड़ी सभामें बड़े भाई कभी नहीं बोले थे। बड़े भाई बीस मिनट बोले। जोशीने पीठ ठोंकते हुये कहा—"बड़े भाई, अब तुम नेता बन गये।"

बड़े भाई छोटेसे बड़े सभी तरहके कांग्रेसी नेताओंको देख चुके थे। एक दिन कुछ दूरपर किसी जगह व्याख्यान देनेके लिये जोशी, उनकी पत्नी कल्पना और बड़े भाई मोटरसे जा रहे थे। बादलका रुख कुरुख देखते मोटरको ठहराकर जोशीने कहा—"जल्दी उतरो।" उतरते-उतरते मूसलाधार वर्षा होने लगी। चारों ओर पानी भर गया। उस पानीके समुद्रमें मोटर नहीं जा सकती थी लेकिन आगे सभा होनेवाली थी। लोग जोशीकी प्रतीक्षा कर रहे थे। वर्षाका बहाना करके वह वहाँ जानेसे रुक कैसे सकते थे? औरोंको वहीं छोड़ जोशीने टाटका झोला अपने सिरपर रक्खा, कल्पनाने अपनी मोटरी उठाई। पानीमें छप-छप करते वह चल पड़े। किसीने अपने सबसे बड़े नेताके सामानको उठानेका आग्रह नहीं किया। आग्रह करनेपर भी नेता कब उसे मानता! एक वह नेता था, और दूसरे वह, जोकि अपने अटेचीकेसको भी बिना कुलीके हवाला किये एक कदम नहीं चल सकते।

लेकिन, इसका यह मतलब नहीं, कि सभी कम्युनिस्ट नेता एक ही लम्बाई-चौड़ाईके थे। किसी-किसीके व्यवहारमें कुछ नेतापनकी बू भी आती थी। वहीं बंगालके एक नेताको उन्होंने देखा। वह स्वयं-सेवकोंके पास जाकर हुकुमकी टोनमें कहते थे—"ओ, इसे करो।" फिर उन्होंने आन्ध्रमें जाकर वहाँके सबसे बड़े नेता और भारतके कम्युनिस्टोंके भी एक प्रमुख नेता सुन्दरैयाको देखा, जो साधारण स्वयं-सेवकोंमें जाकर उनसे अभिन्न हो जाता, काम को स्वयं करते दूसरेको हाथ बटानेके लिये कहता।

नेत्रकोणाकी यात्रामें बड़े भाई कुछ गाँवमें भी गये। वहाँके किसानोंकी हालत बहुत खराब थी। बाहरसे देखकर ही वह कैसे रहते! वह घरोंके भीतर गये। मुसलमानोंके गाँवके गाँव थे। एक घरकी मढ़ियामें जाकर देखा। एक ओर बीस सेर धान रक्खा हुआ, थोड़ी सी दाल और आध सेर नमक था। न जाने कितने महीनोंके लिये उस परिवारके पास यह सम्बल था। कपड़े फटे हुये थे। टूटी चारपाई थी। एक पीतल-की पतीलीके अतिरिक्त सभी बर्तन मिट्टीके थे। सारे गाँवकी यही हालत थी। आसपास पानी बारहो महीने बना रहता था। किसान वहाँसे थोड़ी-सी मछली मार लाते। भाजी-के लिये बीजवाला केला था। यही खाना था। कम्युनिस्ट पार्टीने गरीबोंमें इतना सौहार्द पैदा किया था, कि हिन्दू-मुसलमान एक दूसरेका भेद नहीं रखते थे।

नेत्रकोणासे उन्हें पार्टीके नेताओंके साथ आन्ध्र जाना पड़ा। पहले हीसे पता था, इसलिये स्टेशनोंपर लाल झंडा लिये लोग "चन्द्रसिंह बाबाकी जय" का नारा लगाते स्वागत करनेके लिये आते। बेजवाड़ाके पास एक गाँवमें एक खाते-पीते किसान-जमींदारके घरमें उन्हें ठहराकर सुन्दरैया तुरन्त निकल पड़े। नेत्रकोणामें सुन्दरैयाके

भाषणके चमत्कारको बड़े भाई देख चुके थे। यहाँ वह सभी बातोंको और भी नजदीकसे देखना चाहते थे, इसलिये सुन्दरैयाके निकलते वह भी उनके पीछे-पीछे दौड़े। सुन्दरैया पहले कैम्पमें गये, टट्टी देखी। "गन्दी है", फिर चीजोंको स्वयं इधर-उधर करते कहने लगे—"इसे साफ करो।" फाटकको देखा—"यह अच्छा नहीं बना है।" खम्भा पकड़ कर ऊपर चढ़ गये, और कुछको ठीक करते और बाकीकी हिदायत करते वहाँसे उतरे तो रसोईमें पहुँचे। चटनी चख ली, भातको जरा-सा खाकर देखा। जिसे अच्छी देखते, उसकी तारीफ करते, जिसमें कमी पाते, उसके लिये हिदायत करते। आन्ध्रका यह जन-प्रिय नेता चल नहीं रहा था, बल्कि मालूम होता था उड़ रहा है। बड़े भाई पीछे-पीछे सब जगह घूमे। पशुओंकी प्रदर्शनी थी। बड़े भाई, पश्चिमी उत्तर-प्रदेश तथा हरियानेका हरेक भाई यही समझता होगा, कि सबसे अच्छी नसलकी बैल और गायें हमारे ही यहाँ होती हैं। वहाँ बड़े भाईने हजारों रुपयेकी बैल-जोड़ी देखी। कितने बड़े, कितने बृहत्काय, सुपुष्ट और सुन्दर बैल थे। उनके मालिक अपने बैलोंको कितना प्रेम करते थे! उन्होंने उनकी सींगोंको सोनेसे मढ़ रक्खा था, पीठपर जरीवाले कमखाबके झूल डाले थे।

बड़े भाई नेत्रकोणाके किसानोंको देख आये थे। उन्हें आन्ध्रके किसान समृद्ध दिखाई पड़े। उनका खान-पान अच्छा, कपड़े भी साफ-सुथरे, मकान भी स्वच्छ और मजबूत बने हुये थे। उनकी आतिथि-सेवाको देखकर वह मुग्ध हो गये। सबेरे बिस्तरेपर रहते ही पानी आ जाता। फिर इटलीके साथ चाय, नाश्तेके लिए वहीं मिलती। इटलीके साथ कटोरियोंमें घी और चीनी भी जरूर रहती। ऐसे किसान भारतके कितनी जगहोंमें हैं? हाँ, यह ठीक है, कि आन्ध्रके भी सारे किसान ऐसी स्थितिके नहीं थे। वहाँके अछूत कहे जानेवाले लोगोंकी स्थिति तो उत्तरी भारतके बदतर गरीबोंसे भी बदतरीन है।

आन्ध्रके कम्युनिस्टोंने केवल राजनीतिक जागृति और किसानों-मजदूरोंके अधिकारोंके लिये जद्दोजहद करने तक ही अपने कामकी इतिश्री नहीं समझी। वह आन्ध्र-संस्कृतिके भी उन्नायक हैं। उन्होंने वहाँके लोक-गीतों, लोक-नृत्यों, जनप्रिय पंवाड़ोंके संरक्षण और प्रचारकी जिम्मेवारी अपने ऊपर ली। उच्च शिक्षित तरुण-तरुणियाँ खुलकर भाग लेती हैं। बड़े भाईने जब वहाँके लोक-गीतों, वहाँके नृत्योंको देखा, तो उन्हें अपने गढ़वालकी लोक-कला याद आने लगी। वह अब तक पांडव-नृत्यको गँवारू समझते थे, यद्यपि घरमें रहते उन्होंने स्वयं अर्जुनका नृत्य किया था। वह गढ़वाली लोक-गीतोंकी पर्वतोंको गुँजा देनेवाली मधुर तानको भी उजड्ड गाँववालोंकी चीज समझकर नाक-भौं सिकोड़ते रहे लेकिन, अब यहाँ उन्होंने इन चीजोंको देखा, तो उन्हें मालूम होने लगा, कि गढ़भूमि धनके लिये ही वसुन्धरा नहीं है, बल्कि लोक-गीत,

लोक-नृत्य, लोक-कलाके रूपमें भी उसके पास भारी कोश है। उन्होंने सोचा—"हमारे यहाँ भी इन चीजोंको इसी तरह ऊपर लाना है।"

सभामें बड़े भाईको भी व्याख्यान देना पड़ा। नेत्रकोणामें उनके हिन्दी भाषणका अनुवाद साथी भवानी सेनने किया था, और यहाँ सुन्दरैया अनुवादक थे। इस भाषणके लिये पीछे बड़े भाई और सुन्दरैयापर वारन्ट भी निकला था, लेकिन तब वह वहाँ नहीं थे।

आन्ध्रसे लौटकर वह बम्बई आये। बम्बईके पास ही बंगालके हरिजन लोगोंकी तरह वारलीमें एक जनजातिक लोग रहते थे। पुरुष रस्सीमें बँधी हाथ भरकी लंगोटी कपड़ेकी लिये पर्याप्त समझते थे। स्त्रियाँ कमरसे नीचे चार हाथका फटा-चीथड़ा लपेटतीं, और छाती ढाँकनेके लिये फटी चिटसे काम लेती थी। इनके घर खजूरके पत्तोंकी झोपड़ियाँ थीं। सबेरेसे रात तक और पैदा होनेसे मरने तक यह लोग मर-मरकर काम करते, लेकिन उनका जीवन पशुओंसे बदतर है। साथी परुलेकर और दूसरे कम्युनिस्टोंने उनके ऊपर होते जुल्मको देखकर संगठन करना शुरू किया। वारली जिन खेतोंको जोतते थे, मालिक उनपर हक नहीं होने देना चाहते थे। तीन पैसेमें दिन-दिनभर काम लेते, और जरा-सा भी इन्कार करनेपर खुद पीटते। पुलिस भी मानो अत्याचारियोंके लिये थी, इसलिये इन निरीह लोगोंकी कहीं सुनवाई नहीं थी। बड़े भाईने जाकर उन्हें अपनी आँखोंसे देखा। इतने दबे-सताये लोग अब नींदसे करवट बदलने लगे। सचमुच ही उनके पास "अपनी जंजीरोंको खोनेके सिवा और था ही क्या।"

बड़े भाईको पार्टी-मेम्बर बननेके योग्य समझा गया। वर्षोंसे बड़े भाई पुस्तकोंको पढ़ते और साथियोंसे सीखते अपनेको कम्युनिस्ट समझते और कहते थे, लेकिन वस्तुतः कम्युनिस्ट तो उस सैनिकको कहते हैं, जो बाकायदा सिपाही बनकर पार्टीमें दाखिल हो जाता है। बड़े भाईकी कुर्बानियाँ सभीको मालूम थीं। ऐसे पुरुषको पार्टीकी मेम्बरी देना पार्टीके लिये भी गर्व की बात थी। देश और विदेशके आधी शताब्दीके तजर्बेने बतला दिया है, कि जो एक बार कम्युनिस्ट हुआ सारे जीवनके लिये कम्युनिस्ट है। इस पथसे भ्रष्ट वही होते हैं, जो किसी प्रलोभनमें फँसे। बड़े भाईको मेम्बरी देनेके उपलक्षमें ऊपर छतपर कितने ही साथियोंकी एक छोटी-सी सभा हुई। जोशीने मेम्बरी सूचक छोटीसी लाल किताब दी। रणदिवे और दूसरे साथियोंने छोटे से भाषण दिये। बड़े भाईने कृतज्ञता प्रकट करते हुये कहा—"मैं इतने दिनों तक पार्टी केन्द्रमें रहा। यहाँ भीतरसे सभी बातें मैंने देखीं, और मुझे पूरी तौरसे सन्तोष हुआ।"

यह कहते हुये बड़े भाई यह भी कहना नहीं चूके, कि कामरेड जोशी नेहरूपर जो इतना विश्वास करते हैं, वह मेरी समझमें ठीक नहीं है। नेहरूको मैं नजदीक रहकर जानता हूँ। बाहर निकलकर आनेपर वह नरेन्द्रदेवका भोंपू, पाटिलकी लाठी लेकर आयेंगे, और हर तरहसे पार्टीको दबा देनेकी कोशिश करेंगे। जोशीने बड़े भाई का समाधान करते हुये कहा—"सिनेमाकी तरह आदमीमें भी परिवर्तन होता रहता है, इसलिये नेहरू वही नहीं रह सकते।"

अब बड़े भाईको पार्टीने कर्मक्षेत्रमें जानेके लिये लखनऊ भेज दिया। •

अध्याय २४

जनतामें काम

लखनऊसे प्रादेशिक पार्टीने उन्हें काम करनेके लिए रानीखेत भेजा। १६४६ की गर्मियाँ थीं। वह ताड़ीखेत पहुँचे। भागीरथीदेवीने बतलाया, कि हमें लोग तरह-तरहसे तंग करते रहे। रामदत्त पांडेने हाथ पकड़कर घरसे बाहर निकाल दिया था, पर मैं डटी रही। बड़े भाईने सोचा, अब इस आश्रमसे हटना ही अच्छा है। शहरमें कोई सस्ता मकान न मिलनेपर वह पासके चिलियानौला गाँवमें गये। एक किसानने अपने घरकी ऊपरी कोठरी पाँच रुपये मासिक पर दे दी। बड़े भाई परिवार सहित वहीं चले गये। कृषि सुपरिन्टेंडेंट श्री देवकीनन्दन वैष्णव गढ़वाली थे। उन्होंने बड़े भाईकी स्थिति देखकर बीस रुपये भेज दिये। ऐसी आर्थिक हालत थी, कि तीन मुखोंका भरना भी मुश्किल था—खुशहालसिंह बड़े भाईके आनेसे पहले ही नौटंकी की मण्डलीमें शामिल हो चला गया, उसका पता अब तक नहीं लगा। अब चौथे मुँहके आनेकी भी सम्भावना हो गई थी। बड़ी मुसीबत थी।

एक दिन बड़े भाई रास्तेसे चले जा रहे थे, एक बूढ़ा अंग्रेज भी टहलने निकला, जिससे उनकी बातें होने लगीं। इसी समय थैला लिये एक कुमाऊँनी बूढ़ा मिला, जो कह रहा था—"हे भगवान् मेरे घर लौटनेसे पहले ही हैजा आ जाय, और सारे घरवाले मर जायँ। मुझे आँखोंसे देखना न पड़े।"

बड़े भाईने आश्चर्यके साथ उधर मुँह करके कहा—"बूढ़ा, तू पागल हो गया है क्या?"

—"मैं पागल नहीं हो गया हूँ। छ दिन हो गये, मेरे घरमें एक दाना नहीं है। तीन रुपया कर्ज लेकर यहाँ आया, तो कहीं अनाज नहीं मिलता। मैं घर नहीं लौटूँगा। सब मेरे सामने मरेंगे। मैं इसे कैसे देखूँगा।"

बड़े भाईको बूढ़ेकी बात सुनकर बहुत वेदना हुई। उसे "घबड़ाओ नहीं", कहकर वह अपने साथ चिलियानौला ले गये। वहाँ शङ्करदत्त पांडे नामका एक नौजवान दूकानदार था। उससे जाकर कहा—"चाहे आज तुम भूखे रहो, पर इसे अनाज दे दो।" शङ्करने एक रुपयेका आटा और अपने पाससे भी कुछ अनाज दे दिया, बूढ़ा चला गया।

उस दिन रात भर बड़े भाईके दिमागमें भारी उथल-पुथल रही। लोग इस तरह अन्नके मारे कुत्तोंकी मौत मर रहे हैं। क्या उन्हें ऐसे मरने देना चाहिये? उस रातको नींद कहाँ! सबेरे लोटेमें पानी भरकर टट्टी गये। वहाँ भी वही चिन्ता उनके दिमागमें दौड़ रही थी। उनको यह भी ख्याल नहीं आया, कि मैं लोटा वहीं छोड़े जा रहा हूँ। वह सीधे सप्लाई (रसद) इन्सपेक्टरके पास पहुँचे, खूब जली-कटी सुनाई। इन्सपेक्टरने कहा—"कैसे अन्न नहीं मिलता? प्रतिदिन १८ बोरी (५० मन) अनाज गाँववालोंको देनेकेलिए बनियोंको दिया जाता है।" बड़े भाई बाजारमें गये, दूकानोंमें पूछा, कहीं अनाजका नाम नहीं था। उसी वक्त उन्होंने सीटी बजाई, और खिसाऊ (खरीदार) लोगोंको आवाजदी—"सभी अन्न चाहनेवाले डाकखानेके पास जमा हो जायें, वहाँ इसीके बारेमें सभा होगी।" बातकी बातमें वहाँ चार सौ आदमी जमा हो गये लेकिन, सभा करनेसे पहले कुछ और भी करना जरूरी है, यह सोचकर बड़े भाई उन्हें एक घंटेके लिये वहाँ बैठनेको कहकर निकल पड़े। गये पूर्णानन्द उपाध्याय वकीलके पास—"अन्न न पा सकनेवाले लोगोंकी मुझे सूची बनानी है, और इसके लिये कार्रवाई करनी है, इसलिये मुझे कागज-पत्र दो।" पूर्णानन्द उपाध्यायने उन्हें चाय पिलाई। डेढ़ रुपयेका रजिस्टर और कार्बन-पेपर आदि खरीदकर दे दिया। लोग वहाँ इन्तजार करते बैठे रहे। रानीखेतमें कहीं अनाज मिल नहीं रहा था, फिर वह इस धरतीको कैसे छोड़ सकते थे! बड़े भाईने रजिस्टरमें नाम, बापका नाम, गाँव-पट्टी और कितने दूर चलकर आये आदि खाना पूरी की। फिर लेक्चर दिया—"तुम्हारी दोनों तरफसे मौत है, अगर चुपचाप रहते हो, तो दाने बिना मर जाओगे। इसलिये मैं कहता हूँ तुम भूखसे नहीं गोली खाकर मरो। इसके लिये तैयार हो, तो अनाज मैं दिलवाऊँगा। बोलो कौन गोली खानेके लिये तैयार है?"

चारो सौ आदमियोंने कहा—"हम गोली खाकर मरनेके लिये तैयार हैं।" बड़े भाईने बाजारमेंसे जलूस निकाला। वह नारा लगा रहे थे—"हम क्या चाहते हैं?" "गेहूँ चाहते हैं।" रसदका बड़ा अफसर एक अंग्रेज था, वही जिसके भाईकी नाक हैदरने काट ली थी। जलूसको लिये बड़े भाई उसके पास पहुँचे। अंग्रेज अफसरने कहा—"क्या हो गया है?"

बड़े भाईने कहा—"लोग अन्न बिना भूखे मर रहे हैं, तुम्हारे रहते यह सब हो रहा है।" उन्होंने अफसरको सारी बात बतलाई। उसने इन्सपेक्टर तिवारीको चिट्ठी लिखकर कहा—"इन्हें एक-एक रुपयेका गेहूँ दिलवा दो।" वहाँसे जब नीचे उतर रहे थे, तो एक बँगलेमेंसे डा० रशीदजहाँ निकल आईं—डा० रशीदा परमत्यागी कम्युनिस्ट नेता महमूद जफरकी बीबी। स्वयं भी उर्दूकी एक सिद्ध हस्त लेखिका थीं। देहरादून जेलमें उनसे कैसे मुलाकात हुई थी, यह हम बतला आये हैं। देहरादूनकी एक

घटना है। रशीदा जेलमें आई थीं, हरिश्चन्द्र बाजपेयी तथा दूसरे साथी बादामके साथ भांग घोटकर शर्बत बनाकर पिया करते थे। शर्बत तैयार था। बड़े भाई वहाँ नहीं थे, इसी समय उन्होंने एक गिलास रशीदाके हाथमें थमा दिया। बड़े भाईके आते-आते वह उसमेंसे काफ़ी पी चुकी थीं। बड़े भाईने बाकीको पीनेसे रोक दिया। रशीदा उसी रात अपने पतिसे मिलने देवली कैम्प जा रही थीं। बड़े भाईने कहा—"आज आप सफ़र न करें और दरवाजा बन्दकर सो जायँ।" रशीदाने कभी भाँग नहीं पी थी, नशा भी तेज था। वह तब तक परेशान और पागल-सी रहीं, जब तक कि नींदने आकर दबा नहीं दिया। बड़े भाईने उनके साथ बड़ा उपकार किया था। अगर वह रेलपर चढ़ गई होतीं, तो उनकी क्या हालत होती? उस दिन रानीखेतमें जलूसके नारेको सुन बँगलेसे बाहर निकलकर उन्होंने देखा, बड़े भाई लोगोंको लिये जा रहे हैं। उन्होंने पास आकर पूछा—"बड़े भाई यहाँ कैसे?" बड़े भाईने पूछा—"और आप यहाँ कैसे?" रशीदाने बतलाया—"मैं गर्मियोंके लिये यहाँ आई हूँ। महमूद भी यहीं हैं।" और उन्होंने यह भी बतलाया, कि रामपुरकी बेगमसाहबा भी हमारे साथ हैं।

बड़े भाई फिर आनेका वादा करके वहाँसे चल दिये।

पहुँचे तिवारीके पास। तिवारीने कहा—"यहाँ कहाँ है एक-एक रुपयेका गेहूँ! जाओ बाजारमें इन्कलाब करो।"

बड़े भाईने पूछा—"तो आप गेहूँ नहीं दिलवायेंगे?"

—"नहीं।"

बड़े भाई "इन्कलाब जिन्दाबाद" करते लोगोंको साथ लिये अनाज गोदामकी ओर बढ़े। गोदाममें बड़ा-सा ताला लगा हुआ था। हथौड़ेको लेकर उन्होंने ताला तोड़ दिया और लोगोंसे कहा—"बोरियाँ निकालकर बाहर ले आओ, सबको तौल-तौलकर अनाज दिया जायगा।" बाहर निकालकर खोला, तो देखा गेहूँकी नहीं चीनीकी बोरियाँ हैं। बड़े भाईने कहा—"इन बोरियोंको जहाँकी तहाँ रख दो, हमें चीनी नहीं गेहूँ चाहिये।" चीटियोंकी तरह लोग लग पड़े और बातकी बातमें सारी बोरियाँ अपनी जगहपर पहुँच गईं।

इस वक्त ऐसा तूफ़ान मचा था, कि सड़कपर मोटरोंका जाना रुक गया था। भारी भीड़ थी। खबर लगते ही पुलिस लिये एस० डी० ओ० वहाँ पहुँच गया। सप्लाई अफ़सर भी चला आया। उसने यह दृश्य देखकर—"शाबाश चन्द्रसिंह।" कहते यह भी कहा—"जिसके कहनेपर लोगोंने बाहर निकाली चीनीकी बोरियोंको फिर अपनी जगहपर रख दी, वह लुटेरा नहीं है।" फिर कहा—"चन्द्रसिंह, क्या माँगता है?"

बड़े भाईने कहा—"गेहूँ। इनमेंसे जो जितने मील दूरसे आया है, उसे उतने रुपयेका गेहूँ मिलना चाहिये।" गाँवके लिये जो अनाज मिलता था, उसे बनिये चोर बाजारमें बेच देते थे, इसलिये सरकारकी ओरसे नियुक्त किसी दूकानदारके पास एक भी बोरी गेहूँ नहीं था। लोगोंको मीलके हिसाबसे अनाज दे दिया गया। फिर बड़े भाईने डाकखानेके पास एक सभा करके बतलाया, कि अन्न बिना भूखे मरनेसे बचनेके लिये हमें संगठित होना चाहिये। यह ऐसी घटना थी, जिसे रानीखेत और आसपासके इलाकेके लोग कैसे भूल सकते थे? लोगोंने समझा, यहाँ एक आदमी है, जो इतना काम कर सकता है।

उस दिनके बाद बड़े भाई नामकी लिस्ट बनाकर देते और उन्हें फी मील एक रुपयाके हिसाबसे अनाज मिलता। अन्नकी समस्याको हल करनेके लिये अन्न परामर्श समिति बनी, जिसके प्रेसीडेंट बड़े भाई और मन्त्री रामकृष्ण खत्री बनाये गये।

पानीका झगड़ा—लड़ाई खतम हो चुकी थी, लेकिन अभी भी अमेरिकन सैनिक जहाँ-तहाँ पड़े हुये थे। रानीखेतमें उनका और अंग्रेज सैनिकोंका काफी जमा-वड़ा था। उनके लिये पानी पूरा मिलना चाहिये, इस ख्यालसे बाजारके नलकों पर ताला लगा दिया गया था, और चौबीस घण्टेमें सिर्फ दो घंटोंके लिए ताला खुलता था। पहुँचकर जिसने ले लिया, उसे पानी मिल गया, नहीं तो प्यासके मारे तड़पना पड़ता। खासकर आने-जाने वाले लोगोंकी बुरी हालत थी। अन्नकी जो हालत थी, उसके बारेमें हम बतला आये हैं। बड़े भाईने पानीके अकालके बारेमें अल्मोड़ाके डिप्टी-कमिश्नरको चिट्ठी लिखी—"बरसात आ गई है, और लोग पानी बिना तड़प रहे हैं।" साथ ही यह भी कि, "मोटर टिकट लेनेकी जगहपर कोई छत नहीं है।" डिप्टी-कमिश्नरके पास लिख देने भरसे बड़े भाई अपने कामको पूरा कैसे समझ लेते! उन्होंने बाजारमें बनियोंसे माँगकर ६२ टिन जमा किये। फिर मोटरोंके मालिक एक मुसलमान सज्जनके पास पहुँचे। उनसे कहा, कि आप अपनी मोटरोंमें हमारे टिनको भुवाली भेजवा दें। वहाँ हम पानी भर देंगे, और फिर अपने ड्राइवरको कह दें, कि वह एक-एक दो-दो टिन अपनी मोटरोंपर रखकर यहाँ पहुँचा दें। यह काम शुरू हो गया। पहले एक-दो दिन बड़े भाई भुवालीमें स्वयं टिनोंको भरते, फिर दूसरे भी सहायता करने लगे। अब मोटर-स्टैण्डके पास उन्होंने एक प्याऊ लगा दिया। रोज ६२ टिन पानी आने लगा। पीछे बड़े भाईको कभी ही कभी भुवाली जाना पड़ता और कुछ नौजवानोंने यह काम अपने ऊपर ले लिया।

एक दिनकी बात है। बड़े भाईको पता लगा, कि बदरीनाथका एक यात्री नालेपर मर गया है। बदरीनाथसे देश लौटनेवाले कितने ही यात्री चौखुटियासे द्वारा-

हाट-रानीखेत होते काठगोदाममें रेल पकड़ते हैं। बेचारे यात्रीको दस्त लगने लगे थे। उसीमें लथपथ वह मरा पड़ा था। बड़े भाई वहाँ पहुँचे। बड़ी बदबू आ रही थी। उसके ऊपर मक्खियाँ भिनभिना रही थीं। मृतककी अन्तिम क्रियाका कोई प्रबंध करना चाहिये। उन्होंने उसीके कम्बलमें मुर्देको बाँध दिया, और अपनी पीठपर लादकर मोटरके अड्डेपर पहुँच मैनेजर जोशीके सामने रख दिया। उसने पूछा—"क्या है ?"

—"आदमी मर गया है। इसके क्रिया-कर्मका प्रबंध करो।"

जोशीने दस रुपये दे दिये लेकिन यह काफी नहीं था। बड़े भाईने फिर मुर्देको पीठपर उठाया, और एक बनियेकी दूकानके सामने ले जाकर रख दिया। उसने हाथ जोड़ते हुये बीस रुपये दिये और कहा—"इसे हटवाइये।" तीस रुपया भङ्गियोंको देकर बड़े भाईने मुर्देको जलानेका इन्तजाम कर दिया।

रानीखेतकी जनता अपने निष्काम सेवकको समझने लगी। कांग्रेसी भी जेलोंसे छूट आये थे। पता लगा, पन्तजी नैनीतालमें बीमार हैं। उस दिन उन्होंने कनस्तरमें पानी भरनेका काम दूसरेको देकर भुवालीसे नैनीतालका रास्ता लिया। पन्तजी जिस बँगलेमें ठहरे हुये थे, वहाँ उस समय चन्द्रभानु गुप्त और दूसरे भी कितने ही नेता थे। सबका चाय-पानी हो रहा था। बड़े भाईने मुलाकातके लिए पुर्जी लिखकर भेजी। जवाब आया, थोड़ा ठहर जाओ। बड़े-बड़े नेता चाय-पीनेके बाद तालकी ओर चले गये। अब पन्तजीने उन्हें बुलाकर पूछा—"कैसे आये ?"

बड़े भाईने कहा—"आपके दर्शनके लिए, यहाँ जो अन्नकी समस्या है, उसके बारेमें कहनेके लिये।"

इसी समय पन्तजीने भीतरकी ओर आवाज दी—"भाउ ओ भाउ, चाय बचत है ?"

बड़े भाईको यह बात अपमानजनक मालूम हुई। यदि चाय पिलाना चाहते थे, तो दूसरोंके साथ क्यों नहीं पिला दिया। बची-खुची चाय पिलानेका क्या अर्थ ? बड़े भाईने कहा, मैं चाय नहीं पीता। फिर उन्होंने रानीखेतमें जो अन्नकी और दूसरी तकलीफें थीं, उनके बारेमें कोई व्यवस्था करनेके लिये कहा। पन्तजीने कहा—"हम कुछ नहीं कर सकते, लोगोंको मरने दो।"

वहाँसे बड़े भाई तालके किनारे पहुँचे। रोटी-चाय मिल गई, लेकिन रहनेके लिये कहीं जगह नहीं थी। रात कहाँ काटी जाय। सब जगह घूमकर थक गये। इस्लामी धर्मके अनुसार हरेक आदमीके भले-बुरे कामको लिखनेके लिये उसके कंधेपर करामन कातबीन दो फरिश्ते रहा करते हैं। बूढ़े भाईके पीछे-पीछे भी उसी तरह दो सी० आई० डी० रहते थे। उनको यद्यपि शैतानका काम मिला था, लेकिन आदमी

रहना भी चाहे, तो भी वह हर वक्त शैतान नहीं रह सकता, कभी-न कभी वह फरिश्ता भी बन जाता है। उनमेंसे एक पंचमसिंह दुगड्डाका रहनेवाला था। बड़े भाईको इस तरह भटकते देखकर एक धर्मशालामें ले जा उसने दरवाजेपर लात मारी। भीतर तीन पंजाबी मिठाई-पूरी खाते शराब पी रहे थे। पंचमसिंहने परिचय दिया, और कहा, कि इन्हें भी यहाँ रातको रहना है। पंजाबियोंने कहा—"आइये साहब।" उन्होंने इन्हें भी कुछ खानेके लिये दिया। बड़े भाईके पास मामूली कमीज थी। वह नैनीतालकी रातकी सर्दीको कैसे रोक सकती थी? बड़ी मुश्किलसे रात बीती। सबेरे उन्होंने "नैनीतालकी एक रात" के नामसे एक चिट्ठी लिखकर पन्तजीके पास भेज दी। उसका उद्देश्य सिर्फ अपनी तकलीफ बतलाना नहीं था, बल्कि रानीखेतकी जिस तकलीफको वह लेकर पन्तजीके पास आये थे, उसका भी उल्लेख किया। पन्तजीने जवाब भेजा—"मैं रानीखेत आ रहा हूँ, वहीं सब बातें करूँगा।

पन्तजी रानीखेत आये। डिप्टी-कमिश्नर डोनाल्डसनको जो चिट्ठी भेजी थी, उसके अनुसार वह भी उसी दिन रानीखेत पहुँचा। आदित्यराम दूदपुड़ी ताड़ी-खेतमें चरखा आदिकी परीक्षा देकर देकर बड़े भाईके पास आया था। वह उसे मोटर-स्टैण्डपर छोड़नेके लिये गये। वहीं मालूम हुआ, कि डिप्टी-कमिश्नर मेरे बारेमें पूछ रहा था। वह उस समय जेलपर गया था। वहाँ पहुँचनेपर तहसीलदारने डिप्टी-कमिश्नरसे कहा, कि ये चन्द्रसिंह गढ़वाली हैं।

डिप्टी-कमिश्नरने रूखे स्वरमें कहा—"हम तुमसे बात नहीं करेंगे!"

—"आपतो मुझसे बात कर रहे हैं।"

डिप्टी-कमिश्नर—"नहीं, हम बात नहीं करेंगे, तुम गुण्डा है।"

बड़े भाईने कहा—"बतलाइये, गुण्डा किसे कहते हैं?"

इस तरह झगड़ते-झगड़ते मोटर-अड्डेपर पहुँचकर उन्होंने बतलाया—"देखिये यहाँ धूप और वर्षाके लिए छाँह नहीं है। मुसाफिर तकलीफ पा रहे हैं।"

बड़े भाईके हाथमें डण्डा था, और डोनाल्डसनके हाथमें भी। न जाने क्यों उसने डंडेको ऊपर उठाया। बड़े भाईने समझा, वह उसे मुझपर चलाना चाहता है। उन्होंने भी डण्डा उठा लिया। डोनाल्डसन डर गया। बड़े भाईने कहा—"तुम किसको गुन्डा कहते हो? मैं कम्युनिस्ट पार्टीका मेम्बर और फूड एडवाइजरी कमेटीका प्रेसीडेंट पेशावर-कांडका सैनिक हूँ।"

मोटर-मैनेजर जोशीने बड़े भाईका डंडा पकड़ लिया। डोनाल्डसन कारपर बैठकर अल्मोड़ा भाग गया।

इसके बाद ही पन्तजी कारपर आये, और डा० चन्द्रदत्त पांडेके घरपर ठहरे। श्री सज्जनलाल शाह वकीलने उन्हें पन्तजीके पास ले जाकर आजकी सारा घटना कह सुनाई। पन्तजीने कहा—"यह सब लिखकर बाहर भेजो।" विवरण लिखा गया, टाइप कराके उसकी कापियाँ अखबारोंमें भेजी गई, और एक-एक कापी गवर्नर और कमिश्नरके पास भी रवाना कर दी गई। चारों ओर तूफ़ान मच गया।

डोनाल्डसनने अल्मोड़ामें देवीदत्त पन्तसे पूछा, कि यह कौन आदमी है। देवीदत्तने सारी बातें बतलाईं। फिर उसने उनसे कहा—"उसकी निर्भीकताकी मैं तारीफ़ करता हूँ। मैंने अनुचित बर्ताव किया, जिसके लिये मैं माफ़ी माँगता हूँ। जो शिकायतें उसने लिखी हैं, उसके बारेमें मैं जाँच करूँगा।"

उस समय रानीखेतमें काफ़ी गढ़वाली अफ़सर थे। ठाकुर मेहरबानसिंह सप्लाई-अफ़सर थे, ठाकुर चन्दनसिंह थानेदार, देवकीनन्दन वैष्णवके बारेमें हम बतला आये हैं। उन्हें अपने गढ़वाली वीरके ऊपर अभिमान होना ही चाहिये। वह जानते थे, कि इधर यह सब कुछको भुला लोगोंकी सेवा कर रहे हैं, और उधर घरमें रातकी रोटीका ठिकाना नहीं है। एक ईसाई फौजका कप्तान, लेकिन अब स्कूलका इन्सपेक्टर इतना प्रभावित हुआ कि उस समय जो चीज सबसे दुर्लभ समझी थी, उसी मैदेकी एक बोरी भिजवा दी। इसी तरह किसीने साग-सब्जी भेजवाई और किसीने और चीज। गढ़वाली अफ़सरोंने ऐसा इन्तजाम किया, कि हर महीने लिफ़ाफ़ेमें बन्द बीस रुपयेके नोट सड़कपर चलते किसी चपरासी या दूसरेके हाथसे बड़े भाईके पास पहुँच जाते। यह अचरज की बात थी, कि जहाँ यह लोग उनकी सहायता करनेके लिये इस प्रकार तैयार थे, वहाँ रानीखेतकी जनता और अफ़सरों, बनियों और बड़े लोगोंने सिवा पूर्णानन्द उपाध्यायके कभी एक प्याला चाय भी नहीं पिलाई।

सप्लाई (रसद) विभागकी अन्धेरगर्दीके कारण लोगोंको चीजोंकी बड़ी तकलीफ़ थी। सप्लाई अफ़सर स्वयं गढ़वाली था लेकिन, बड़े भाईने उसकी भी रियायत नहीं की। सभा करके इस अव्यवस्थाकी निन्दा करते कहा—"सप्लाई-अफ़सर एक किसानका बेटा है, उसे दफ्तर चलानेका क्या सहूर हो सकता है? इसमें बनियोंसे काम पड़ता है, जिनके फन्देसे बचना उसके लिये सम्भव नहीं है लेकिन, जब अपने कर्तव्यके संचालनका उसको ज्ञान नहीं, तो उसे इस्तीफ़ा दे देना चाहिये।" ये सब बातें "लोक-युद्ध" में छपीं। इसका जवाब "शक्ति" में यही दिया गया—"चन्द्रसिंह कम्युनिस्ट है। वह झूठ ही लिखता है। हमारे जिलेमें कोई भूखा नहीं मर रहा है।"

अब इस झूठका प्रतिवाद करनेके लिये बड़े भाई झोला उठा निकल पड़े रानीखेत तहसीलमें घूमने। साल्ट, द्वाराहाट, चौकोट, भिकियासैण सभी इलाकोंमें घूम-घूमकर लोगोंकी सभायें कीं। प्रस्ताव पास हुये, कि अनाजके बिना हमारी बुरी हालत है।

ग्वालविन (चौकोट) पहुँचे। वहाँका सयाणा (जमींदार) बहुत प्रभावशाली आदमी था। उसे २८०० रुपया वार्षिक मालिकाना मिलता था। उसकी हालत जाननेके लिये बड़े भाई वहाँ गये। सयाणाने स्वागत किया। बड़े भाईने पूछा—"खाने-पीनेकी क्या हालत है?" बूढ़ा सयाणा बहुत सीधा-सादा था। उसने कहा—"चोरबाजारसे १२०० रुपयेका अनाज लाया हूँ।" नोटबुकमें यह हिसाब लिखा था। उसे बड़े भाईने नोट कर लिया। सयाणेने बतलाया, कि मेरा बाप मर गया है, लेकिन मेरी हालत ऐसी नहीं है, कि मैं उसका श्राद्ध कर सकूँ। १९४२ के आन्दोलनमें मरे लोगोंके घरोंमें भी गये, उनकी भी दयनीय हालत देखी। सारी बातें लिखकर बड़े भाईने "लोक-युद्ध" में छपवा दीं।

मेहरबानसिंह सप्लाई-अफसर ईमानदार आदमी थे। वस्तुतः उनके आसपास रहनेवाले लोगोंने उन्हें झूठी-सच्ची बातें समझा दी थीं। यदि मालूम हो, कि लोगोंको वस्तुतः अन्नका कष्ट है, और सप्लाई-विभाग उसके दूर करनेकी कोशिश करने लगे, तो चोरबाजारवाले अपने अनाजको मनमाने दामपर बेच कैसे सकते? अब मेहरबान-सिंहने खुद इलाकेमें घूम-घूमकर देखना शुरू किया। उन्हें बड़े भाईकी बात सच मालूम हुई, और उन्होंने यह स्वीकार करते हुये बड़े भाईसे मिलनेकी इच्छा प्रकट की। राम-कृष्ण खत्रीके यहाँ मुलाकात हुई। अफसरने कहा, मैं इस काममें आपकी मदद करनेके लिये तैयार हूँ।

जुलाई १९४६ का महीना आया। पत्नीको प्रसवकी वेदना शुरू हुई। वह उन्हें लेकर रानीखेत अस्पतालमें चले गये। पीड़ा समयसे पहले शुरू हो गई थी। ३३ दिन तक भागीरथीजीको अस्पतालमें रहना पड़ा। यहीं १९ जुलाई १९४६ ई० को उन्हें दूसरी लड़की पैदा हुई। इस समय खाने-पीनेका सारा प्रबन्ध श्री रामकृष्ण खत्री (काकोरी कांडवाले) करते हर तरहसे मदद करते थे। जाड़ोंके लिये गरम कपड़े भी उन्होंने बनवा दिये थे।

बच्चीके पैदा होनेके दस-बारह दिन बाद फिर चिलियानौला लौट आये। शङ्करदत्त पांडेने चाय पिलाई। पीनेवालोंमें नरपतसिंह कांग्रेसीने चाय सामने आने-पर कहा—"मैं चन्द्रसिंहके हाथकी चाय नहीं पीता। इनकी लड़की हुई है, और नाम-करण नहीं किया। अभी छूतक है।"

बड़े भाईको गुस्सा आ गया, उन्होंने कहा—"तू हिन्दू है या कौन? मैं भूखा मर रहा हूँ, इसलिये संस्कार-वंस्कार करना मेरे बसकी बात नहीं है। मेरी लड़कीका नामकरण हो गया। उसका नाम है क्रान्तिज्वाला।"

रानीखेतमें रशीदा जब तक रहीं, उनसे बराबर भेंट होती रही। यही नहीं रशीदा चिकित्साके लिये मास्को जाकर जब तक इस दुनियासे नहीं चली गईं, तब

तक बड़े भाईके परिवारके कपड़ेका भार वह अपने ऊपर उठाये रहीं। समय-समयपर पैसोंकी भी सहायता करतीं। बच्ची पैदा होनेकी खबर जब, उनके साथ ठहरीं महमूदके ममसालकी रामपुरकी बेगम साहबा को लगा, तो उन्होंने बड़े भाईके परिवारके लिये एक भोजका आयोजन किया। उस दिन वहाँ बीस-पचीस मेहमान जमा हुये। बूढ़ी बेगमने कहा—"आजतक मैं किसीके सामने नहीं आई थी, लेकिन आज वीर चन्द्रसिंह के लिये मैं अपने पर्देको हटाती हूँ।" भोजन समाप्त हुआ। बेगम साहबाने जच्चा-बच्चा के लिए बहुत नफीस रजाइयाँ और दूसरे कपड़े तैयार करवा रखे थे। उनके बंडलको अपने नौकरको देकर घरपर पहुँचा आनेके लिये कहनेपर बड़े भाईने कहा—"नौकरकी क्या आवश्यकता इतनी पोटलीके लिये! मैं स्वयं लेता जाऊँगा।"

पोटलीको उठाकर उन्होंने अपनी पीठकी ओर लटका लिया। वह कहींसे खुल गई और धीरे-धीरे एक-एक चीज खिसककर गिरने लगी। दो मील चलकर जब चिलियानौला पहुँचे, तो देखा, आधी चीजें निकल चुकी हैं, और रजाई तथा कुछ और चीजें रह गई हैं। रशीदा यह बात सुनकर बड़ी हँसीं।

१६४६ का चुनाव—द्वितीय-युद्धकी समाप्तिके बाद इंगलैण्डमें मजदूर पार्टी की सरकार आ गई थी। यद्यपि जहाँ तक साम्राज्यका सम्बन्ध था, टोरियों और मजदूर दलियोंमें कोई फर्क नहीं था, एटली चर्चिलके कदमपर ही चलने वाला था। पर, महायुद्धके बाद सारे संसारमें एक नई परिस्थिति पैदा हो गई थी। इस महायुद्धको रूसके बलपर मित्र-शक्तियोंने जीता था। यदि प्रथम महायुद्धने ऐसी स्थिति पैदा कर दी, कि दुनियाके छठे हिस्सेपर इतिहासमें पहले-पहल मजदूरों और किसानोंकी सरकार कायम हुई, तो उन्हीं मजदूरों और किसानोंके बलपर जो महायुद्ध अब जीता गया, वह भारी परिवर्तन लाये बिना कैसे रह सकता था? पिछले पच्चीस वर्षोंमें भारतीयोंने स्वतन्त्रताकी प्राप्तिके लिये जो संघर्ष किये थे, तथा उससे भी जबर्दस्त कदम आगे जो उठानेवाले थे, वह भारतको गुलामीमें कैसे रहने दे सकता था? प्रथम महायुद्ध और उसके बादके राष्ट्रीय आन्दोलनसे प्रभावित होकर गढ़वाली सैनिकोंने अंग्रेजोंके हुकुमसे अपने भाइयोंपर गोली चलानेसे इन्कार कर दिया था। सेनाके ऊपर इसका प्रभाव पड़ा। यह स्वीकार किया जाता है, कि नेताजीने जापानके हाथमें बन्दी हुये भारतीयों-को लेकर जब आजाद हिन्द फौजका संगठन शुरू किया, तो गढ़वाली सबसे पहले थे। दूसरोंने भी उनका अनुकरण किया। प्रथम विश्व-युद्ध तक अभी अंग्रेजोंने भारतीयोंको कमीशनवाले अफसर (लेफ्टनेन्ट, कप्तान, मेजर, कर्नल) नहीं बनाया था। द्वितीय महायुद्धकी भीषणताके लिये जो तैयारी करनी पड़ी, उससे भारतीयोंके लिये सेनाके सभी दरवाजे खोल दिये गये। स्थल-सेना, जल-सेना, और वायु-सेना सबमें सिपाहीसे लेकर अफसर तक भारतीय होने लगे। यह सीखे-सिखाये लोग चुपचाप

अपने देशको गुलामीमें रखनेके लिये तैयार नहीं हो सकते थे। नौसैनिक पोतों और नाविकोंने अंग्रेजोंके खिलाफ बगावतका झंडा खड़ा करके बतला दिया, कि अब भारतमें ब्रिटिश-शासनके दिन खतम हो चुके हैं। लड़ाईके बाद इंगलैंड आर्थिक तौरसे अत्यन्त निर्बल हो गया था। वस्तुतः वह अमेरिकाके टुकड़ोंपर जी रहा था। अमेरिका अब भारतीय बाजारपर अंग्रेजोंकी इजारादारी रहने देनेके लिये तैयार नहीं था। सभी तरफसे इतना दबाव था, कि एटली-सरकारको भारतकी आजादीके लिये तैयार होना पड़ा। भारतीयोंकी अंतरिम सरकार बन गई, और यह भी निश्चय हो गया, कि अंग्रेजों-को भारत छोड़ना है।

अन्तरिम सरकारने १६४६ में देश भरमें चुनाव करवाया। कम्युनिस्ट पार्टीने भी अपने उम्मीदवार जहाँ-तहाँ खड़े किये। वोटका अधिकार बहुत थोड़े लोगोंको था। वोटर अधिकतर उस वर्गके थे, जो कम्युनिस्टोंको फूटी नजरसे नहीं देख सकते थे। बड़े भाई जैसे लोकप्रिय और त्यागीको गढ़वालमें देखकर पार्टीने उन्हें चुनावमें खड़ा करनेका निश्चय किया। इसके लिये कामरेड नगेन्द्र सकलानी, कामरेड ब्रजेन्द्र और दूसरे कुछ साथियोंको गढ़वाल जाकर बड़े भाईके ऊपर लगे हुये प्रतिबन्धको हटानेकी कोशिश करनेके लिये भेजा गया। डिप्टी-कमिश्नरसे कहनेपर उसने कहा, कि यह हमारे अधिकारमें नहीं है, गवर्नरके पास जाओ। लखनऊमें कामरेड महमूदु-ज़्ज़फर इसीके सम्बन्धमें गवर्नरसे मिले। गवर्नरने कहा—"कोर्ट-मार्शलके मुकदमेका फैसला लाओ, तब हम इसके बारेमें कुछ कर सकेंगे। दर्खास्त लेकर बड़े भाई लैन्सडौन गये। उस समय वहाँका इन्चार्ज लेफ्टनेंट-कर्नल लौडिस था। उसने भीतर बुलाकर पूछा—"तुम कौन हो?"

—"मैं चन्द्रसिंह गढ़वाली हूँ, जिसे काकुलमें कोर्ट-मार्शल किया गया था।"

—"तुम यहाँ कैसे आये?"

—"मैं गढ़वाली हूँ। कोर्ट-मार्शलके फैसलेकी नकलके लिये आया हूँ।"

—"मैं तुम्हारी दर्खास्तको नहीं छू सकता, अपने सेक्रेटरीको बुलाओ।"

बड़े भाईने ब्रजेन्द्रसे दर्खास्त दिलवाई। अंग्रेजोंका नमक खाकर सैनिक बलवा करे, यह ऐसा अपराध था, जिसे अंग्रेज बर्दाश्त कैसे कर सकता था? उसने बागीके हाथसे दर्खास्त भी लेनी नहीं चाही। अन्तमें उसने जवाब दिया—"सात सालके ऊपर के कागज हमारे यहाँ नहीं रक्खे जाते, वह जला दिये जाते हैं।"

उससे यह जवाब पाकर बड़े भाई ब्रजेन्द्रके साथ कोटद्वार गये, जहाँ उस समय गढ़वालका डिप्टी-कमिश्नर था। उसने कहा, कि गवर्नरके पास जाइये। इस तरह चक्करमें घूमनेसे क्या लाभ हो सकता था? बड़े भाईको यह भी मालूम हो गया, कि सरकार नहीं चाहती, कि वह चुनावमें खड़े हों। इस चुनावपर अंग्रेजोंकी आखिरी

आशा लगी हुई थी। वह जगह-जगह अपने पिट्ठू खड़ा कर रहे थे। कांग्रेसको हराकर यदि वह बहुमतमें पहुँच जाते, तो अंग्रेजोंको अभी भारत छोड़नेकी जरूरत नहीं थी। जिस पौड़ी चुनाव-क्षेत्रसे बड़े भाई खड़े होनेवाले थे, वहींसे अंग्रेज नौकरशाही ठाकुर शङ्करसिंह नेगी जैसे एक बड़े प्रभावशाली वकीलको खड़ा कर रही थी।

फिर लखनऊ गये। महमूदने गवर्नरसे मुलाकात की। फिर जवाब मिला—"मैं फैसलेकी नकलके बिना कुछ नहीं कर सकता।" यह बिल्कुल गवर्नरके हाथमें था, कि वह लम्बी कैदवालोंको भी खड़ा होनेका अधिकार दे दे। लखनऊमें कामको खटाई में पड़ा देख फिर दिल्ली पहुँचे। कामरेड यशदत्त शर्मा और फारूकीने कोशिश की। लड़ाईके दिनोंमें पार्टीका प्रभाव फौजोंके भीतर भी पड़ा था, और कुछ बड़े अफसर सहानुभूति रखने लगे थे। उनसे मालूम हुआ, कि यह काम शिमलामें अडजुटेन्ट-जेनरल अब्दुल्लाके पास जानेसे हो सकता है। अब्दुल्लाने बड़े भाईका स्वागत करते, कहा—"कागज बहुत दिन पुराना हो गया है, उसे आफिसके जंगलमें ढूँढ़ना होगा। मैं उसे ढूँढ़ निकालूँगा, लेकिन आप अब यहाँ दस दिन आराम करें। बहुत दुबले हो गये हैं, मैं आपको मोटा बनाकर भेजना चाहता हूँ।" सचमुच वह बड़े भाईको मोटा बनानेपर तुल गये। चार-चार पाँच-पाँच बार मुर्ग, बिरियानी, कोफ्ता, कबाब और दूसरे स्वादिष्ट तथा पुष्टिदायक खाना खिलाते। शिमलामें यह जाड़ोंका मौसम था। कभी-कभी बर्फ भी पड़ जाती थी। सर्दी तो होती ही थी। अच्छी तरह भोजन करानेके साथ अब्दुल्ला साहब उन्हें घुमाने ले जाया करते थे, जिसमें कि खाना अच्छी तरह हजम हो सके। ग्यारह दिन रहना पड़ा। इसका बड़े भाईके स्वास्थ्य पर अच्छा असर पड़ा।

फैसला लेकर वह देहरादून आये। फिर उसे लेकर साथियोंने लखनऊमें गवर्नरसे मुलाकात की। गवर्नरने कहा, मैं हुकुम देता हूँ। सबसे पहले गढ़वालमें प्रवेश करनेके प्रतिबन्धको हटाना था। साथी उन्हें नजीबाबाद छोड़कर लैन्स-डौनमें गवर्नरकी आज्ञा पानेके लिये गये। वहाँ दो दिन लटकाये रक्खा, तब आज्ञा मिली।

गढ़वाल प्रवेश—२२ दिसंबर १९४६ को सबेरेकी गाड़ीसे बड़े भाई कोटद्वार पहुँचे। गढ़वालके कांग्रेसी यह नहीं चाहते थे, कि बड़े भाईका जनताके साथ सम्पर्क स्थापित हो, क्योंकि वह जानते थे, कि वह हमारे मुकाबलेमें खड़े होनेवाले हैं। वह स्टेशनपर ही फूलमाला लेकर पहुँच गये और स्वागत करनेके बाद ठहरानेके लिये डाकबँगलेमें ले गये। नगेन्द्र सकलानीने चाल समझ ली। उसने बाजारमें भोंपू लेकर सब जगह आवाज दे दी, कि वीर चन्द्रसिंह गढ़वाली सत्रह वर्षों बाद अपनी मातृभूमिमें लौटे हैं। फिर क्या था! जनताकी भारी भीड़ जमा हो गई। लोग माँग

करने लगे, हम चन्द्रसिंहको देखना चाहते हैं। अब उन्हें बन्द करके कैसे रक्खा जा सकता था ? वह बाहर आये। जलूस बनाकर उन्हें कस्बेमें घुमाया गया। सभा हुई। एक कांग्रेसी नेता कृपानारायण मिश्र ने दिल खोलकर बड़े भाईका अच्छा परिचय दिया। बड़े भाई भी बोले।

खबर सब जगह फैल गई। अगले दिन दुगड्डा पहुँचे। यहाँ भी कांग्रेसियोंने वही चाल चलनी चाही और वहाँ भी जनताकी माँगके कारण बड़े भाईको उनके बीचमें जाना पड़ा। बाजारमें बड़ी सभा हुई। यदि प्रथम विश्व-युद्धमें मार्शल-लाके खूनी दिनोंको दिखलानेवाले डायर और उडायर थे, तो द्वितीय विश्व-युद्धमें उससे भी घोर अत्याचार जिसने बलिया आदि जिलोंमें करवाये थे, वह था हैलट। दुगड्डाके बनियोंने हैलटको आठ हजारकी थैली दी थी। हैलटशाहीके खिलाफ जिस वीरने उस वक्त हिम्मत दिखलाई थी, वह था जयानन्द भारतीय। हैलटको काला झण्डा दिखलानेके लिये उसे पकड़कर बहुत पीटा गया। बड़े भाईने अपने व्याख्यानमें कहा—"दुगड्डाके बनियों तुमने हैलटको आठ हजारकी थैली दी, तुम हमेशा गढ़-वालियोंसे लड़ते रहे। चुनावके दौरानमें पं० जवाहरलाल नेहरू इधर आयेंगे। अगर तुमने उन्हें दस हजारकी थैली न दी, तो अच्छा नहीं होगा।" (बनियोंको यह रकम देनी पड़ी थी)। वह इस व्याख्यानके कारण चन्द्रसिंह गढ़वाली से सख्त नाराज हो हो गये थे। बनियों और उनके द्वारा शोषितोंका वैमनस्य हर जगह देखा जाता है। यहाँ कोटद्वार, दुगड्डाकी मण्डियोंके शोषक बनिये सारे नीचे देशके थे और शोषित थे गढ़वाली किसान-मजूर और सभी लोग। इसलिये यह वैमनस्य और भी अधिक तीखा था।

दुगड्डासे बड़े भाई लैन्सडौन पहुँचे। आजाद फौजके सैनिक लाल किलेसे रिहा होकर अपने-अपने घरोंमें आ रहे थे। लैन्सडौनमें उनके स्वागतके लिये फाटक बने थे। इन्हीं फाटकोंके भीतरसे आजाद फौजका प्रथम मन्त्र फूँकनेवाले चन्द्रसिंह गढ़वालीका भी स्वागत किया गया। फूलमाला लेकर श्री भक्तदर्शन, रूपचन्द वर्मा और दूसरे लोग आये। रूपचन्द वर्मा महाशय टेकचन्दके भतीजे थे। टेकचन्द मूलतः अलवरके रहनेवाले थे, फिर वह लैन्सडौनमें आकर बस गये। उन्होंने यहाँ आर्य-समाजका प्रचार शुरू किया। चन्द्रसिंह और नारायणसिंहको उन्होंने आर्य-समाजमें प्रविष्ट कराया थे। बड़े भाई अब भी उनका स्मरण बड़ी इज्जतसे करते कहते हैं—"आर्यसमाजी विचारोंके साथ-साथ देशभक्तिका गुरु-मन्त्र टेकचन्दजीने ही मुझे दिया था।" परेड मैदानमें फूलमाला देकर कांग्रेसी लोग घरपर ले जाना चाहते थे, लेकिन सकलानीके भोंपूने सारे कस्बेको इकट्ठा कर दिया। एक गेटपर बड़े भाईने रुईके गालेसे लिखा देखा—"आजाद फौजको छुड़ाना चाहते हो, तो कांग्रेसको वोट दो।"

यह देखते ही बड़े भाई पीछेकी ओर हट गये और उसके बाहर-बाहरसे बाजारकी ओर बढ़े। उन्होंने कहा—"मैं अपने द्वारा कांग्रेसके लिये वोटका प्रचार कराना नहीं चाहता।"

जलूस रामलीला मैदानमें गया। तीन-चार हजार आदमियोंकी सभामें भाषण देते हुये बड़े भाईने कहा—"मैं पेशावरके अपने साथियोंसे जानना-मिलना चाहता हूँ, वह कहाँ हैं? देखूँ उनके साथ हमारे नेताओंने कैसा बर्ताव किया?" एक रात वहीं रहे, पुराने आर्यसमाजी मित्रोंसे मुलाकात की, लक्ष्मीचन्द हलवाईसे भेंट करके उन्हें बड़ी प्रसन्नता हुई।

लैन्सडौनसे वह मोटर द्वारा पौड़ी पहुँचे। वहाँ सिर्फ जयवल्लभ खनूड़ी ही सोभी पत्रकारके तौरपर बसके अड्डेपर अपने घरपर चाय पिलानेके लिये ले गये। श्री गोविन्दप्रसाद उपरेती वकीलके घरपर ठहरनेका इन्तजाम किया गया था, लेकिन वह वहाँ मौजूद नहीं थे। ताला तोड़कर वहाँ ठहराया गया। कोटद्वार, दुगड्डा और लैन्सडौनमें अपनी चालमें असफल होकर कांग्रेसी अब पौड़ीमें बड़े भाईके स्वागत करनेके लिये तैयार नहीं थे और न वहाँ किसी तरहकी सभाका इन्तजाम हुआ था।

गढ़वालके और जगहोंमें दौरा करनेका निश्चय किया गया। वह श्रीनगर होते कर्णप्रयाग गये। यहीं तक मोटर-बसें आती थीं। फिर पैदल गुप्तकाशी पहुँचे। लौटकर अगस्तमुनि आये। सभी जगह कांग्रेसियोंने बायकाट करनेकी कोशिश की थी, लेकिन बड़े भाई जनताके साथ सम्पर्क स्थापित करनेमें सफल हुये। अगस्तमुनिमें पं० हरिदत्तने बड़ा प्रयत्न करके एक जूनियर हाई स्कूल खोला था। ईर्ष्यालु लोग सभी जगह होते हैं। उन्होंने उड़ा दिया, कि हरिदत्त सारा चन्दा खा गये। बड़े भाई वहाँ सार्वजनिक सभामें बोले। उनसे भी इस बातकी शिकायत की गई। हरिदत्तने पूछनेपर बहीखाता सामने रख दिया। बड़े भाई और उनके साथियोंने जाँच-पड़तालकी। एक-एक पैसाका हिसाब था। फिर यह बात बड़े भाईने जनताके सामने रखते हुये कहा, कि ऐसे योग्य और ईमानदार कार्यकर्ताके साथ ऐसा बर्त्ताव नहीं करना चाहिये।

अगस्तमुनिमें काँग्रेसी नेताओंके दूतने बड़े भाईसे मिलकर श्रीनगरमें जिला राजनीतिक सम्मेलनमें अवश्य आनेका निमन्त्रण दिया। बड़े भाई श्रीनगर पहुँचे। दीवारोंपर बड़े-बड़े पोस्टर लगे हुये थे, "वीर चन्द्रसिंहकी जय"। उनके स्वागतके लिये नोटिसें बाँटी गई थीं। बड़े भाई और उनके साथी एक धर्मशालामें जाकर बैठ गये। इस बातका पता वहाँके धनीमानी पुरुष लाला गोपीनाथको लगा। वह बड़े आग्रहपूर्वक उन्हें अपने घरमें ले गये। लक्ष्मीका निवास था, फिर गद्दा, कालीन, पलंग और दूसरे वैभव क्यों न देखनेमें आते। शामको चाँदीकी थालीमें भोजन परोस कर आया। सेठजीने प्रसन्नता प्रकट करते हुये कहा—"मैं धन्य हुआ, इस थालीमें लाट साहब (हैलट)के सेक्रेटरीने भोजन किया था। श्रीमती विजयलक्ष्मी भी इस

घरको पवित्र कर चुकी हैं।" बड़े भाईने मन मसोसकर किसी तरह भोजन किया। आखिर वह सेठकी श्रद्धा-भक्तिको ठुकरा भी नहीं सकते थे।

रात वहाँ बिताकर सबेरे ब्रजेन्द्र और सकलानीके साथ वह फिर धर्मशालामें आ गये। उन्हें सेठके घरमें बन्द रहते लोगोंसे मिलना नहीं हो सकता था। ठाकुर चन्द्रसिंह रावत, श्री भक्तदर्शन और गढ़वालके दूसरे बड़े-बड़े कांग्रेसी नेता डेपुटेशन लेकर आये। उन्होंने प्रार्थना की—"आप कांग्रेसमें शामिल हो जायँ। एम० पी० या एम० एल० ए० जिसके लिये चाहें, एक जगह हम आपको दे देते हैं। आपकी कुर्बा-नियोंके लिये गढ़वालको गर्व है।"

बड़े भाईने कहा—"मैं कम्युनिस्ट पार्टीका मेम्बर हूँ। उसे छोड़कर कांग्रेसमें आना मेरे लिये भारी अपराध होगा। यदि आप चंद्रसिंहपर श्रद्धा रखते हैं, तो एक सीट उसके लिये छोड़ दें। मैं पार्टीकी ओरसे यहाँ चुनावके लिये खड़ा हो रहा हूँ। इसके बारेमें महात्माजीको भी लिख चुका हूँ।" गढ़वालके कांग्रेसी नेताओंकी प्रार्थना मानकर वह पार्टीसे कैसे हट सकते थे? गांधीजीसे उन्होंने आशीर्वादके लिये जो पत्र भेजा था, उसे उन्होंने जवाहरलालके पास भेज दिया। जवाहरलालने जवाब दिया—"जब तक मैं कांग्रेसका प्रेसीडेन्ट हूँ, तब तक दूसरेको आशीर्वाद नहीं दे सकता। अच्छा है तुम कांग्रेसके प्रतिज्ञा-पत्रपर हस्ताक्षर करो और इलाहाबादमें आकर मुझसे मिलो।"

सब तरहसे समझा-बुझाकर कांग्रेसी नेताओंको निराश लौटना पड़ा। शाम तक "वीर चन्द्रसिंहकी जय" वाले सारे पोस्टर उखाड़ दिये गये थे, और कम्युनिस्टोंके विरुद्ध धुआँधार प्रचार होने लगा।

सभाके अध्यक्ष काशीप्रसाद अग्रवाल थे। कृपानारायण मिश्रने फिर बड़े भाईकी भूरि-भूरि प्रशंसा करते हुये इस बातके लिये अफसोस प्रकट किया, कि हम उन्हें अपनी ओर नहीं खींच सके। ठाकुर चन्द्रसिंह रावतने पहले वाग्बाण चलाना शुरू किया। फिर दूसरे वक्ता कम्युनिस्ट पार्टीके खिलाफ गाली-गलौजपर उतर आये। वह बड़े भाईको बोलनेका मौका नहीं देना चाहते थे। ४ बजेसे आरम्भ हुई सभाको दिया जलने तक कांग्रेसी वक्ताओंने रोके रक्खा। पुर्जी लिखकर देनेपर सभापतिने कहा, कि समय दिया जायगा। आखिर अँधेरा होनेपर लोग उठ-उठकर चले गये। अग्रवालने सभा-विसर्जनका एलान किया। बड़े भाई मंचपर चले गये। उधर कांग्रेसी कुर्सी-जाजिम उठवा रहे थे, और इधर कामरेड सकलानीने भोंपू बजाया—"अब चन्द्रसिंह बोल रहे हैं।" लोग इसे सुन लौट पड़े। कांग्रेसी जाजिम-कुर्सी उठा ले गये थे तो क्या? बातकी बातमें दो-ढाई हजार आदमी जमा हो गये। कोई अपने साथ पेट्रोमेक्स लाया कोई लालटेन। बड़े भाईने अपने भाषणमें बतलाया कि किस तरह कांग्रेसियोंने स्वागत-

के लिये पोस्टर चिपकाये, समझौतेके लिये बातकी और अन्तमें यह बर्ताव किया। इसके साथ उन्होंने पार्टीके बारेमें बतलाया।

रातको ठहरनेके लिये उसी धर्मशालामें चले गये। सबेरे ठाकुर चन्द्रसिंह रावत और दूसरे नेता खानेके लिये बुलाने आये। न माननेपर रावतजी जबर्दस्ती कन्धेपर उठाकर उन्हें ले गये।

पौड़ी पहुँचनेपर लखनऊसे पार्टीका तार पा वह दुगड्डा गये। "पहाड़ी" (रमाकान्त घिल्डियाल) और दूसरे साथियोंके साथ पं० अनुसूयाप्रसाद बहुगुनाकी बेटी कमला उनियाल और साथी रन्नूकी पत्नी गुणवती भी आई थीं। चुनावके लिये प्रचार करनेका प्रोग्राम बनाया गया। दो दिन बाद फिर सारी मण्डली पहाड़की ओर बढ़ी। पौड़ीमें दो हजारकी एक बड़ी सभा हुई, जहाँ कम्युनिस्ट पार्टी, गढ़वालकी स्थिति, अंग्रेजी साम्राज्यवाद और कांग्रेसके बारेमें बड़े भाई दो घंटा बोले। अब तक बड़े भाई नगेन्द्र सकलानीको भोंपूवाला मामूली स्वयं-सेवक समझते थे। यहाँ उसने बोलनेके लिये पाँच मिनटका समय माँगा, और संक्षेपमें उसने इतना सुन्दर भाषण दिया कि बड़े भाई इस तरुणकी योग्यताके कायल हो गये।

कांग्रेसके लोग उनके विरोधपर तुले हुये थे लेकिन, यह विचित्र बात है कि जिस तरह हिरण्यकशिपुके घरमें प्रहलाद पैदा होते हैं, उसी तरह घोर प्रतिगामी तथा कांग्रेसी नेताओंके लड़के-लड़कियाँ कम्युनिस्ट होते हैं। भारतमें इसके हर जगह पचासों उदाहरण मिलते हैं। श्री अनुसूयाप्रसाद बहुगुना प्रतिगामी नहीं थे। वह कांग्रेसके बड़े योग्य नेता थे। उन्हें गढ़वाल-केसरी कहा जाता था। कितने ही और नेताओंकी तरह शराबकी उनमें कमजोरी थी, लेकिन थे वह हीरा। आज वह होते, तो शायद उन्हें भी बड़े भाईका विरोध करना पड़ता लेकिन, उनकी लड़की कमला बड़े भाई और उनकी कम्युनिस्ट पार्टीके लिये प्रचार करने आई थी, जिसके ऊपर कांग्रेसी बुरेसे बुरा लांछन लगानेके लिये तैयार थे।

श्रीनगरमें फिर सभा की। वहाँसे कर्णप्रयागमें मकरसंक्रान्तिके मेलेमें पहुँचे। मेलेमें दो-तीन नुक्कड़ सभायें कीं। कांग्रेसकी एक सभा हो रही थी, जिसमें उन्होंने कम्युनिस्टोंको भी बोलनेका अवसर दिया। बड़े भाईने अपनी बातें बतलाईं।

पौड़ीमें आकर नामजदगीका कागज दाखिल करना था लेकिन, बड़े भाई ऐसा तभी कर सकते थे, जबकि गवर्नर अनुमति दे दे। नामजदगीका समय बीते आध घंटा हो गया, तब गवर्नरका अनुमति-पत्र आया। सब जान-बूझकर यह चाल चली गई थी, क्योंकि नौकरशाही अपने पिट्ठुओंके रास्तेमें काँटा नहीं चाहती थी। पार्टीका हुकुम आया कि जहाँ अपना मेम्बर न हो, वहाँ दूसरे प्रगतिशील उम्मीदवारका समर्थन करते हुये पार्टीका प्रचार करना चाहिये।

जिस जगहसे बड़े भाई खड़े होनेवाले थे, उसी जगहसे कांग्रेसने डा० कुशलानन्द गैरोलाको खड़ा किया था। उनके खिलाफ सरकारके पिट्ठू ठाकुर शंकरसिंह थे। डा० गैरोला बहुत योग्य और प्रगतिशील विचारोंके थे। उन्होंने वीनामें डाक्टरीकी उच्च शिक्षा प्राप्त की थी, और सन् ४२ के आन्दोलनमें हिन्दू युनिवर्सिटीके छात्रोंका संगठन करते अपनेको भारी खतरेमें डाला था। ऐसे आदमीके पक्षमें प्रचार करना एक खुशीकी बात थी। बड़े भाई और उनके साथियोंने कांग्रेसवालोंको लिख दिया कि यहाँ हमारा कोई उम्मीदवार नहीं है, हम आपके उम्मीदवारके पक्षमें प्रचार करेंगे। भिन्न-भिन्न जगहोंमें जानेके लिये प्रोग्राम बनाया गया था। पहली सभा देवप्रयागके सामनेकी बाजारमें हुई। वीर चन्द्रसिंहके दर्शनके लिये जनताकी भारी भीड़ उमड़ आई थी। कांग्रेसकी सेवाओंको बतलाते हुये बड़े भाई और उनके साथियोंने कम्युनिस्ट पार्टीके उद्देश्य और उसके कामोंके बारेमें कहा। पट्टी-पट्टीमें दौरा शुरू हुआ। रावतस्यूं, बनगढ़स्यूं, सितौनस्यूं, कपोलस्यूं, घुड़दौड़स्यूं, कण्डारस्यूं, ढाइज्युली, चोपराकोट, चौथान, लोहबा, खण्डसर, बधान, थराली सब जगह जाकर सभायें कीं। गाँवमें पहुँचते सकलानी भोंपू बजाते। आवाज सुनते पहले कुत्ते दौड़कर आते, फिर बच्चे जमा हो जाते और अन्तमें लोगोंके इकट्ठे होनेपर भाषण शुरू हो जाता। जिस वीरका अभी तक लोग नाम सुनते आये थे, वह उनके सामने खड़ा था। बातको वह क्यों न, गौरसे सुनते! सकलानी तो थकनेका नाम नहीं जानता था। दूरसे चलकर आते पहाड़के ऊपर चढ़नेसे पहले साथी आराम करनेके लिये बैठ जाते, लेकिन वह खट्-खट् ऊपर चढ़ जाता। भोंपूमें उसकी आवाज मीलों दूर तक सुनाई देती और बोलता भी इतना सुन्दर, कि लोग मन्त्रमुग्ध हो जाते। विरोधी उम्मेदवारकी ओरसे यही प्रचार होता था, कि कम्युनिस्टोंकी बात मत मानो, वह धर्म नहीं मानते, वह देवता नहीं मानते, वह जात-पाँत नहीं मानते। इन बातोंका जवाब देना पड़ता था।

ढाइज्युली पट्टी जानेपर बेटी देवमती (देवोमती) के ससुरालके गाँव सौंटीमें भी गये। बड़े भाईने उसे तब देखा था, जबकि वह ८-६ वर्षकी थी, और अब उसका लड़का उसी उमरका था। सकलानीको जब मालूम हुआ, कि यह बड़े भाईका नाती है, तो उसके हाथमें लाल झण्डा देकर कहा—"लो, तुम्हारे नाना यह चीज तुम्हें देते हैं। इसके सिवा और कुछ देनेके लिये उनके पास नहीं है।" रातको वह सौंटीमें रह गये अगले दिन रनगाँवमें पहुँचे। यह गाँव बड़े भाईका दो बार की ससुराल है। उनकी प्रथम पत्नी मर जानेपर दूसरी पत्नी कुँवरी इसी गाँवकी थीं, जिसके भी मरनेपर उसकी छोटी बहिन भूरीसे उनकी शादी हुई थी। भूरी ही आजकी भागीरथी देवी हैं। सास अंधी हो गई थी। उसने दामादके शरीरपर हाथ फेरकर कहा—"बेटा, यदि आँखें होतीं, तो मैं जमाईको देखती।"

रातको यहीं रह जाना पड़ा। यह पंच पाण्डवोंकी यात्राका समय था। भारत में सिर्फ गढ़वाल ही ऐसा है, जहाँ पंच पाण्डव देवता पूजे जाते हैं। यही नहीं, बल्कि उनके साथ यहाँकी सुन्दर लोक-कला और लोक-नृत्य जीवित है। हर गाँवमें किसी छोटे-बड़े आँगन (पटाँगन) के एक किनारे छोटी-सी मढ़ी होती है, जिसमें भीमकी गदा, अर्जुनका तीर-धनुष रहते हैं। उनकी पूजा की जाती, रातके समय दीपक जलाया जाता है। फ़सल कटनेके समय सालमें एक दिन पाण्डव-यात्रा की जाती। गाँवमें हरेक घरकी सफाई होती है, कपड़े धुलते हैं। इसके बाद नवरात्र होता है, अर्थात् नौ दिन तक नाच-गाना चलता है।

पंच पाण्डव और द्रौपदी जब देवी-देवता हैं, तो दस्तूरके मुताबिक उन्हें किसीके सिरपर आना ही चाहिये। एक आदमीके ऊपर एक ही देवता आता है। यदि बड़े भाईके सिरपर जवानीमें अर्जुन आते थे, तो जीवन भरके लिये अब वह अर्जुनके वाहन हो गये। उनके ऊपर युधिष्ठिर, भीम, नकुल या सहदेव नहीं आ सकते। द्रौपदी सिर्फ स्त्रियोंके ऊपर आती हैं। मैदानमें नृत्य-कलाको सम्भ्रान्त जातियों और वर्गने अपने समाजसे निकाल दिया है, लेकिन पहाड़में सभी जातिके स्त्री-पुरुष उत्सव और आनंद के समय नाचते गाते हैं। देवता के सिरपर आनेपर आदमी नाचने लगता है। एक तरह देखा जाय, तो पाण्डवका यह धार्मिक नृत्य वस्तुतः एक तरहका अभिनय है, जिसमें अभिनेता देवाविष्ट होते हैं।

पाण्डव-यात्राकी प्रथा उन दिनोंका अवशेष है, जबकि लोगोंका जीवन सामूहिक था। इसके लिये मेलाक (चन्दा) जमा किया जाता है। आटा, घी और दूसरी खानेकी चीजें, पैसे और सतंजा (सात प्रकारके अनाज) मिलता है। अन्तिम दिनकी यात्रा विशेष महत्वकी होती है। उस दिन भोज होता है। सारे देवताओं अर्थात् सारे गाँवका भोजन एक जगह बनता। सबेरे हीसे लोग हलवा-पूड़ी बनानेमें जुट जाते हैं। पकाकर उन्हें टोकरियोंमें रख दिया जाता है, मौसमी फल अलग टोकरेमें रक्खे जाते हैं। एक गाँवकी यात्रामें आसपासके लोग भी शामिल हो जाते हैं। फिर इन टोकरियों को सिरपर ले फिरते हैं। आगे-आगे लम्बी चादर (चँदवे) के नीचे एक पाँतीमें पाँचों पाण्डव और द्रौपदी नाचते हुये चलते हैं, और पीछे-पीछे लड़के-लड़कियाँ पकवान सिरपर रक्खे चलती हैं। वह पटांगन (नाचके अखाड़े) में चक्कर काटते हुए पहुँचते हैं। मढ़ीके सामने पकवान रख दिये जाते हैं। अब तक भीमसेन नहीं नाचता। अब जुझाऊ बाजा बजता है, जिसपर भीमसेन अखाड़ेमें उतरता है। यह जरूरी नहीं है, कि भीमसेन गाँवका सबसे तगड़ा आदमी हो, पर अक्सर वह ऐसा ही होता है। वह अपनी गदा उठा उसको चलाते हुये नाचने लगता है। वह पल्ला फैला देता है, जिसमें सतंजा डाल दिया जाता है। फिर गदा घुमाते हुये नकुल-सहदेवको साथ लेकर वह गाँवकी सीमाकी ओर बढ़ता है। सीमासे बाहर सतंजाको जमीनमें गाड़

दिया जाता है। सतंजा गाड़नेका मतलब है, साल भरके लिये गाँवके अलाय-बलायको गाड़ देना।

लौटकर पटांगनमें अब डटकर नाच होने लगता है। सहदेव पंडित बाजा बजाने वालेको कहते हैं, अमुक गतको बजाओ। वह गत बजने लगती है, और उसपर पंच पांडव नाचते हैं। उस समय युधिष्ठिरकी धीरता-गम्भीरता न जाने कहाँ चली जाती है, गांडीवधारी अर्जुन भी अखाड़ेमें अपना कर्तव्य दिखलानेकी होड़ करते हैं। अपने पाँचों पतियोंके मुकाबलेमें द्रौपदी पीछे नहीं रहना चाहती। इस समय गढ़वालके हर प्रकारके प्राचीन सुन्दर नृत्य देखे जा सकते हैं।

शामके अन्धेरेमें नाच समाप्त होनेपर पांडवों और द्रौपदीका हाथ धुलाया जाता है। वह बैठ जाते हैं। चन्दन, धूप-दीपसे उनकी पूजा की जाती है। द्रौपदी ज्योनार परोसने लगती है। पाँचों पतियोंके सामने पकवान रक्खे जाते हैं। फिर द्रौपदी कहती है—"यह हमारे कालादासके लिये है।" इस प्रकार बाजा बजानेवालोंके लिये भी वह अपने हाथसे पकवान बाँटती है। पंच कन्याओंके लिये भी पकवान देती, गो-ग्रास भी निकालती है। भोजन हो जानेके बाद फिर बाजा बजता है, और थोड़ा-सा नाच होता है। फिर लोग अपने-अपने घरोंको चले जाते हैं।

यह अन्तिम दिनका प्रोग्राम है, जिसमें पकवान भी रहता है। उसके पहले आठ रातों एक-दो बजे तक पांडव-द्रौपदी नाचते हैं। जब पांडव थक जाते हैं, तो गाँवसे तरुण-तरुणी नाचते-नाचते रात बिता देते हैं स्त्री-पुरुषका सम्मिलित नृत्य यहाँ दोष नहीं गुणकी बात समझी जाती है। गढ़वाल देवभूमि है। शायद भारतके किसी भागमें इतने देवता नहीं हैं। यदि ३३ करोड़की संख्या कहीं पूरी हो सकती है, तो गढ़वाल ही में। द्रौपदी प्रधान देवी है, लेकिन जब वह नाचती है, तो उसके साथ अनेक दीवायें (देवियाँ)—दीवा, मराझी, नन्दा, उफरैन आदि भी नाचती हैं।

यह हम बतला चुके हैं, कि बड़े भाई आर्य-समाजी बननेसे पहले गांडीवधारी अर्जुनके वाहन थे। कोई न कोई देवता अपने प्रभावको गाँवमें दिखलाता ही रहता है। घरके कुलदेवता हीतके चिन्हके तौरपर मकानकी छतके पत्थरमें सूराख करके हाथ-दो हाथ लम्बा लोहेका छड़ गड़ा रहता है। हीत गढ़वाल और भारतके भी सर्वोच्च शिखर नन्दादेवीकी अधिष्ठात्री देवी नन्दाके भाई हैं। नन्दादेवी वस्तुतः पार्वतीजी ही हैं, लेकिन शास्त्रसम्मत देवता लोक-भावनामें अपने विशेष रूप ले लेते हैं। नन्दा भवानीके सात भाई हीत कहे जाते हैं। कुलदेवता हीत बड़े भाईके दादाके सिरपर आया करता था। पिता इस योग्य नहीं थे, कि हीत उनको अपना वाहन बनाता। इसका यह अर्थ नहीं, कि जाथलीसिंहका देवताओंपर विश्वास नहीं था। वह जागरण

करते हीतको पूजते थे। एक बार जागरणके समय बड़े भाईका सिर हिलने लगा। वहाँ देवताओंपर अटल विश्वास रखनेवाले लोग बैठे थे। बाजेवाले बाजा बजा रहे थे। बाप हाथ जोड़े कहने लगे—बेटेपर कुलदेवता आ गया। अब तो तरुण चन्द्रके ऊपर सचमुच ही देवता पूरी तरहसे सवार हो गया। उसे कुछ भी सुध-बुध नहीं रही। तुरन्त खड़े हो नाचने लगा। नाच समाप्त हो जानेके बाद स्नान कराके रवाजके मुताबिक पूछा गया, तो देवताने परिचय दिया—"मैं तुम्हारा कुलदेवता हीत हूँ। अब फिर तुम्हारे घरपर आ गया हूँ।" हीतकी पूजा बहुत सात्विक हुआ करती है। हलवा-पूड़ी चढ़ाते हैं, लेकिन "उत्तरे मांसभोजनम्" के नियमको पहाड़में मनुष्य भले ही उल्लंघन करे, देवता कैसे उल्लंघन कर सकते हैं। खासकरके नन्दादेवी और उसके भाई हीत न बदरीनाथ है, न पंच पांडव। उन्हें साल-दो सालमें कभी मांसकी जरूरत पड़ती है, जिसके लिये बकरेकी बलि दी जाती है।

जिसे देवता पहलेपहल अपना वाहन बनाता है, उसे साल भर तक बहुत शुद्ध आचार-विचारसे रहना पड़ता है। वह मांस-मछली खा नहीं सकता। जिस वक्त देवता सिरपर आता है, उस वक्त देववाहन किसीका पुत्र या भाई नहीं रह जाता। माँ भी उसके सामने हाथ जोड़ती है, बाप भी चरण छूता है। देववाहन चाहे राजपूत हो, लेकिन ब्राह्मण भी उसके सामने नाक रगड़ना अपना कर्तव्य समझता है। देवता अपने गाँव और कुलके तो होते ही हैं, कभी-कभी वह दहेजमें भी आ जाते हैं। बड़े भाईके घरमें इसी तरह भागीरथी देवीके मैकेकी कालिका आई थी। आम तौरसे देवी अपना वाहन स्त्रीको ही बनाती है, लेकिन ससुरालसे आई कालिकाको न जाने क्या हो गया, उसने चंद्रसिंहको अपना वाहन बना लिया। इसमें घाटा नहीं था, नाचनेका और अवसर मिल जावे, तो क्या बुरा? बापने अर्जुनके लिये थान बनाकर तीर रक्खा था, जहाँ हर साल पूजा होती-थी। कई पीढ़ियोंसे बड़े भाईके घरमें एक ही एक सन्तान चलती आ रही थी, इसलिये बहुत सी चीजें जमा हो गई थीं, जिनमें कितने ही शालिग्राम भी थे। आर्यसमाजी बननेपर बड़े भाईने इन्हें उठाकर फेंक दिया। अर्जुन, हीत और काली अपने वाहनसे वंचित हो गये, लेकिन फिर उन्होंने उनके सबसे छोटे भाईको अपना वाहन बनाया। देवताओंके दुर्भाग्यसे आज वह भी नहीं है, वह कुछ दिनों बाद मर गया।

रनगाँवमें उस शामको बड़े भाई अपने साथियोंके साथ चुनाव और पार्टीका प्रचार करनेके लिये आये। रातको वहीं रहना पड़ा। पांडवोंका जागरण हो रहा था। गाँवके नर-नारी खूब नाच रहे थे। बड़े भाई भी पटांगनमें उतरे, और सकलानी भी। खूब नाचे। बड़े भाई अर्जुन बने। बहुत सालों बाद अर्जुनको अपना वाहन मिला था। बड़े भाई यद्यपि नकली अर्जुन थे, लेकिन गाँववालोंको क्या पता था, कि बड़े

भाई नकली अर्जुन हैं। उन्होंने महाभारतकी बहुत सी कथायें पढ़ी थीं, जिन्हें उस दिन अर्जुनने बड़े रोचक ढंगसे कहा। गाँववाले बड़ा खुश होकर सुनते रहे। सकलानी, मालूम नहीं किसके रूपमें नाचे थे।

अगले दिन सबेरे वहाँसे छ मील चलकर रौणासेरा गाँवमें घूमते-घामते शामके वक्त पहुँचे। सकलानीका भोंपू बजा—"वीर चन्द्रसिंह सत्रह साल बाद अपने गाँवमें आ रहे हैं।" अन्धेरा हो रहा था। पहले ही पता लग गया था, कि चन्द्रसिंह आनेवाले हैं। भोंपूकी आवाज सुनते ही नर-नारी दौड़ पड़े। बाजावाले बाजा बजाने लगे। सारे गाँवने दिल खोलकर अपने सपूतका स्वागत किया। बापूने गाँव भरको हलवा-पूड़ीका भोज दिया। वह अब ६० वर्षके हो गये थे। बड़े भाई सभामें भाषण दे रहे थे, और पिता मकानके छज्जेपर बैठकर सुन रहे थे। पिताका चरण छूनेपर उन्होंने दिल खोलकर आशीर्वाद दिया।

अगले दिन गाँवसे वह बुङ्गीधार गये। डाकखानेमें चिट्ठी मिली, जिसके अनुसार उन्हें एक दिन ठहर जाना पड़ा। वहाँसे फिर घुनियारघाटमें सभा करने गये। सूर्यास्त हो गया था। इसी समय सूबेदार जयसिंहके आदमी लालटेन और दो घोड़े लेकर आये—"आपको मैखोली जाना पड़ेगा।" इन्कार नहीं कर सकते थे। रामगंगाके किनारे-किनारे चलते छ मीलपर उस गाँवमें पहुँचे। सूबेदार साहबने बड़ी तैयारी की थी। स्वागतके लिये दो तोरण द्वार लगवाये थे, तीन-चार पहाड़ी बाजे थे। जलूस बनाकर स्वागतके लिये आये। पूरी रात हो गई थी, लेकिन पेट्रोमेक्सकी रोशनी थी। सूबेदार साहबने दंडवत् करके प्रणाम करते कहा—"मैं अपने सारे अपराधोंके लिये क्षमा माँगता हूँ।" वह अब खद्दरधारी थे। सरकारको खुश रखनेके लिये उन्होंने क्या-क्या नहीं किया था। १६३० में उन्हें क्या मालूम था, कि १६४६ आनेवाला है। सभामें एक हजारसे अधिक आदमी थे। स्कूलके लड़कोंने प्रार्थना-गान किया। बड़े भाईने अपने भाषणमें यह भी कहा, कि पेशावर-कांडके समय दस्तखत करके नारा लगानेवाले हमारे सूबेदार साहब भी थे।

भोजन कर लेनेके बाद फिर घरकी हाल-चाल पूछी। सूबेदार साहब अपना दुःख रो रहे—"तीस हजार कर्ज हो गया है। बेटा द्वाराहाटमें इन्टरमें पढ़ रहा है, लेकिन उसकी फीस देनेके लिये भी पैसा नहीं है।" अंग्रेजोंकी अनन्य भावसे सेवा करनेका क्या यह फल होना चाहिये था? सूबेदार साहब कह रहे थे—"पेशावर-कांडके समय मुझे क्या मालूम था, कि अंग्रेज यहाँसे चले जायेंगे। मैंने भारी पाप किया, उसीका फल मुझे इस बुढ़ापेमें भोगना पड़ रहा है।"

मैखोलीसे अब बड़े भाईने दूनागिरि और दूदाटोलीके बीचके घनघोर जंगलोंको पार किया। जनवरी (१६४७) का महीना था। कितनी जगहोंमें घुटने-घुटने बर्फ

थी। रास्तेमें दूकान नहीं थी। एक साथीके पास जूते भी नहीं थे। दूसरोंके जूते भीग गये थे। दूदाटोलीका यह जंगल गढ़वालकी बहुमूल्य निधि है। इसमें हजारों तरहके वृक्ष-वनस्पति हैं, बहुत सी मूल्यवान् औषधि है। पहाड़के सैलानियोंके लिये इतनी सुन्दर जगह हिमालयमें बहुत कम मिलेगी।

जंगल पारकर बधाणके इलाकेमें शिल्पकारोंके गाँवमें रातको ठहरे। गढ़वालमें बड़ी जातवाले अर्थात् ब्राह्मण-क्षत्रिय बीठ कहे जाते हैं, और बाकी सब लोग डोम। इस शब्दका अर्थ मूलतः चाहे मनुष्यवाचक रहा हो, लेकिन आज वह सबसे घृणावाचक है। उन जातियोंको भी इसी नामसे पुकारा जाता है, जिन्हें नीचे देशमें अछूत नहीं समझा जाता। आर्य-समाजने पहाड़के अस्पृश्योंकी ओर ध्यान दिया, उनमें आत्म-सम्मानका भाव भरना चाहा। वह अपनेको शिल्पकार कहने लगे, लेकिन जिस प्रकार गांधीजीके हरिजन नाम दे देनेसे अछूत छूत नहीं हो गये, वैसे ही "शिल्पकार" भी अब उसी पुराने शब्दका पर्याय हो गया। जम्मूमें अछूतोंको आर्य-समाजके प्रचारके कारण "महाशय" कहा जाने लगा। आज महाशय वहाँ अछूतका पर्याय है। डोम कहिये, अछूत कहिये, अस्पृश्य, शिल्पकार या आर्य। सहस्राब्दियोंसे जिस जाति-व्यवस्थाने हमारे देशकी चौथाई मानवताको इस हीन अवस्थामें पहुँचाया, वह तब तक उन्हें ऊपर उठने नहीं देगी, जब तककि उस व्यवस्थाके भीतर आग नहीं लगा दी जायगी और यह आग शिक्षा और बेहतर आर्थिक स्थिति द्वारा ही लगाई जा सकती है। बदरीनाथके मन्दिरमें प्रवेश कर लेनेसे, विश्वनाथकी पिंडीके ऊपर गंगाजल चढ़ा देनेसे उनका कुछ नहीं बनेगा। उलटा धार्मिक भावनाओंको फिरसे जगानेसे अनिष्ट ही होगा, क्योंकि धर्मने ही तो इस व्यवस्थाको मजबूतीके साथ कायम रक्खा है।

अगले दिन बड़े भाई, सकलानी, पेशावर-कांडके साथी वचनसिंहके गाँव बैनौलीमें पहुँचे। उन्होंने भी अपना रोना रोया : "भाई-भतीजे नाराज रहते हैं, सिरपर कर्जका बोझ है। केवल दुःख और चिन्ताका जीवन है" लेकिन, यह दुःख तो घर-घरमें सारे देशमें है; केवल सूबेदार जयसिंह और वचनसिंहके घरमें ही नहीं है। यह तो जंगलकी आग है, जिसमें एक तृण अपनेको बचा नहीं सकता। इस आगको महामेघ ही बुझा सकता है, और वह महामेघ है मार्क्सका बतलाया रास्ता, जिसे पार्टी देशके सामने रख रही है।

यहाँसे वह थराली गये। वहीं निर्वाचन-केन्द्र था। ६ बजेसे वोट शुरू हो गया था। बड़े भाई घंटा भर बाद पहुँचे। पिंडार नदीके पुलपर पहुँचते ही स्कूल-मास्टर विद्यार्थियोंका जलूस लेकर स्वागतके लिये आये। थरालीमें विरोधी उम्मीदवारके लिये बड़ा जोर-शोरसे काम हो रहा था। पलटनके दो अंग्रेज अफसर उसके समर्थनके लिये आये हुये थे। वह कनस्तरोंमें शराब भर कर लाये थे। सूबेदार, जमादार और दूसरोंके

लिये शराबकी सदावर्त लगी हुई थी। पीकर लोग बुत बने थे। कांग्रेसवालोंको डर लग रहा था, कि यहाँके सारे वोट ठाकुर शंकरसिंहके बक्समें चले जायँगे। वह बुटौला जातिके थोकदार थे, जिनका यहाँ राजपूतोंपर भारी प्रभाव था। सारी स्थिति मालूम होनेपर बड़े भाईने जरा ठमककर सोचा। फिर एक टीलेपर पहुँचकर भोंपूसे बोलने लगे—"मैं पेशावर-कांडका चन्द्रसिंह हूँ। जो मेरी बात सुनना चाहें, वह यहाँ आ जायँ।" लोग दौड़-दौड़कर उनके पास खड़े हो गये और कहनेपर बैठ गये। उन्होंने समझाया—"देशको किस तरह अंग्रेजांने गुलाम बनाया और कितने बलिदानोंके बाद अंग्रेजके हाथसे हम अपने देशको छीननेमें सफल हुये। आज वह फिर अपने पिट्ठुओं-को भेजकर हमें गुलाम बनाना चाहते हैं आदि-आदि।" हालत बिल्कुल बदल गई। अंग्रेज अफसर निराश हो कनस्तर उठवा चल दिया। लोगोंने समझ लिया, कि शंकर-सिंहको वोट देना अंग्रेजोंकी गुलामीके लिये वोट देना है। वहाँ उनको सारे इलाकेका वोट मिलने वाला था, और मिला ६०-७०।

* * *

बस्ती जिलेके शोहरतगंजमें किसान-सम्मेलन था। शायद अगस्तका महीना था। सम्मेलनमें बड़े भाई भी गये। सबेरे स्टेशनपर पहुँचे। किसान जलूस बनाकर स्वागत-के लिये आये। पूर्वी जिलोंको देखनेका बड़े भाईको यह पहला मौका मिला था। उन्होंने देखा, कि १२ वर्षके लड़केसे लेकर जवान और बूढ़े सभीके हाथमें लाठी थी। लाठियोंका देश तो वह है ही। शोहरतगंजमें एक बहुत बड़े जमींदारका महल था। जमींदारोंसे किसानोंका संघर्ष चल रहा था। ११ बजेके करीब पुलिसकी चिट्ठी आई, कि नकवी इस सभाके सभापति न बने लेकिन, वह भला क्यों मानने लगे? कैम्प बाहर था, लेकिन सभा बाजारमें होनेवाली थी। उसके लिये शामियाना खड़ा किया गया था, दरी बिछी थी। दोपहरके खानेके लिये स्वयं-सेवक अपने कैम्पमें गये। पुलिसने धमकाया और एक घंटेके भीतर न वहाँ शामियाना रहा, न दरी। बाजारवाले बनिये पुलिसके डरके मारे सब कुछ करनेके लिये तैयार थे। अब वहाँ खाली जगह थी, लेकिन किसान इससे हताश होनेवाले नहीं थे। खाने-पीनेके बाद हाथीपर बड़े भाई और दूसरे नेताओं-का जलूस निकला। आगे-आगे औरतें थीं, और पीछे-पीछे पुरुष। वह सभा-स्थानपर गये। बातकी बातमें लकड़ीके तख्ते जमा करके वहाँ मंच बना लिया गया था। दस हजार लोग थे।

सभापतिने आसन ग्रहण किया। सी० आई० डी० के तीन आदमी नोट लेनेके लिये आये थे। उनके बैठनेके लिये जगह दी गई थी, लेकिन वह बात न मान बिल्कुल मंचके सामने आकर बैठ गये। सभापति प्रादेशिक पार्टीके तत्कालीन मन्त्री कामरेड नकवी थे।

उन्होंने पहले बड़े भाईको ही बोलनेके लिये कहा, लेकिन, यह निश्चय ही था कि उनके भाषणके बाद लोग न रहते या भाषणके बीच हीमें पुलिस गड़बड़ी पैदा करती, और सम्मेलन खतम हो जाता। बड़े भाईने कहा, कि मुझे सबसे पीछे रखिये, पहले दूसरे भाषण और प्रस्ताव हो जाने दीजिये। कामरेड शीतलने अपने भाषणमें राजा और पुलिसके अत्याचारोंकी खूब खबर ली। दूसरोंके भी भाषण प्रस्ताव भी पास हो गये।

बड़े भाई बोलनेके लिये उठे। उन्होंने कहा: हमारे देशमें प्रजातन्त्र स्थापित होने जा रहा है। यहाँ हमारे निहत्थे और बिना कवायद-परेड सीखे थोड़ेसे स्वयं-सेवक दस हजार आदमियोंपर नियन्त्रण कर रहे हैं। एक तरफ इनका यह अनुशासन है। दूसरी तरफ यह कवायद-परेड सीखे हुये पुलिसवाले जो स्वयं-सेवकोंकी बात माननेके लिये तैयार नहीं और जबर्दस्ती आकर इस जगह बैठ गये हैं। अगर यहाँ गढ़वाली जनता होती, तो मैं उनसे कहता, कि इनके साथ कैसा सलूक करना चाहिये और इन्हें कान पकड़के यहाँसे हटाया जाता।" सारी सभामें आवाज उठी, "निकाल दो, निकाल दो।" एक पुलिसवाला चाकू लेकर मंचकी ओर दौड़ा। फिर क्या था? धक्का दे-देकर लोगोंने तीनों खुफिया पुलिसवालोंको बाहर कर दिया। डिप्टी-कलेक्टर एम० ए० खान वहाँ मौजूद था। वह गढ़वालमें सप्लाई-अफसर रह चुका था, और जुल्मोंके कारण उसे काली झण्डी दिखाई गई थी। उसके साथ पुलिस आई थी। पुलिसको उसने "लोड" (गोली भरो) का हुकुम दिया। गोली भरकर वह तैयार हो गई। इसी समय—"खान साहब, मैं गढ़वालसे ही आपको जानता हूँ, यह लो मेरी छाती खुली हुई है, हिम्मत हो, तो गोली चलवाओ।" कहते बड़े भाईने छातीके बटन खोल दिये। पुलिसवालोंने बन्दूकें वहीं खड़ी कर दीं। खानके हाथमें पिस्तौल रक्खा रह गया। सभा-स्थलके पास ही मुस्लिम लीगका दफ्तर था। वहाँसे स्वयं-सेवक आये, और बड़े भाईको अपने साथ ले गये। जनता पुलिस पर ईंटें बरसाने लगी। नकवीने सीटी बजाकर बहुत कठिनाईसे उनको रोका।

बड़े भाईने लीगके दफ्तरमें चाँदवाला हरा झण्डा लहराते देख कर पूछा—"मुझे यहाँ क्यों लाये?" जवाब मिला—"वह बदमाश अफसर है। कहीं हिन्दू-मुसलमानका झगड़ा न करा कर, तुम्हें मार न दे। इसीलिये हम अपने साथ लाये।" पठानोंपर गोली न चलानेका हरएक शिक्षित मुसलमानपर प्रभाव था। वही यहाँ भी हुआ। उन्होंने बड़े भाईको चाय पिलाई। तब तक लोग आ गये, और उन्हें किसान कैम्पमें जलूसके साथ ले गये। रातको भी उनका भाषण हुआ। कैम्प हजारके करीब वाले परिवारके गाँवमें था जिनमें आधे मुसलमान और आधे हिन्दू थे। सभी किसान-सभाके समर्थक थे उन्होंने कम्युनिस्टोंका चमत्कार वहाँपर देखा। रसोईमें मुसलमान

और हिन्दू अछूत स्त्रियाँ भी खाना बना रही थीं, और सभी लोग बिना भेदभावके दाल-भात खा रहे थे।

शोहरतगंजकी सभाको लेकर बस्तीमें बड़े भाईपर मुकदमा चलाया गया। साल भर बाद कचहरीके बन्द होने तककी उन्हें कड़ी सजा दी गई। इसीको प्रान्तीय सरकारके सेक्रेटरीने गोरखपुरमें पुलिसको पिटवाना कहा था।

बस्तीसे बड़े भाई उन्नाव जिलेके एक गाँवमें किसानोंकी सभामें गये। इस गाँवमें साम्यवादका इतना बोलबाला था, कि उसका नाम ही मास्को रख दिया गया था। बड़े भाईको वहाँ झण्डा फहराना था। यह बात उन्हें खटकती थी, जब वह देखते थे, कि हमारे नेता ठाटबाटसे रहते हैं। अपने अक्खड़पनके कारण उन्होंने इसकी आलोचना भी कर दी जिसको बुद्धिजीवी मध्य-वर्गके नेता बर्दाश्त नहीं कर सकते थे।

पौड़ी लौटकर वहाँ पार्टी-केन्द्र बना नगेन्द्र सकलानी, ब्रजेन्द्र, देवीदत्त तिवारीको लेकर बड़े भाई रहने लगे। यहीं भागीरथीजीको भी ले आये। गढ़वालमें पार्टीका बाकायदा काम शुरू किया। कभी-कभी बाहर भी जाना पड़ता। एक बार मध्य-प्रदेशमें दमोहके पास महासुन कस्बेमें किसान-सम्मेलन था। बड़े भाई वहाँ गये। स्टेशनपर बीस हजारकी भीड़ थी। सम्मेलनमें बड़े भाईके भाषणका बहुत प्रभाव पड़ा भाषणके वक्त उनके नकली दाँत निकल-निकल आते थे। एक बार वह ऐसे बेढंगा तौरसे निकले, कि मालूम हुआ, जैसे वह किसी कंकाल के हैं। लोग हँस पड़े। श्रोताओंमें अवस्थित सूर डाक्टरने बड़े भाईको अपने यहाँ मेहमान बनाना चाहा। सबेरे डाक्टरके घरपर गये। पच्चीस-तीस आदमी वहाँ मौजूद थे। सबने खाना खाया। डाक्टरने आँखोंकी परीक्षा करके सुन्दर फ्रेमका एक चश्मा भेंट किया। दाँतोंकी छाप ली, और नये दाँतोंको भेजनेके लिये पता पूछ लिया। वहाँ कालेज था, जिसमें भी विद्यार्थियोंने भाषणके लिये निमन्त्रित किया। जब कालेजमें पहुँचे तो कालेजबोर्डपर लिखा देखा—"अध्यात्म विषयपर भाषण।" यह क्या? बड़े भाई अध्यात्मके कबसे पण्डित हुये? फूलमाला डालकर अब उन्हें बोलनेके लिये कहा गया। बड़े भाईने हिम्मत नहीं हारी, और आरम्भमें ही मजाक करते कहा—"सभापतिजी और भाइयां, मुझे हर्ष है, कि सभाके प्रबन्धकोंको यह पहलेसे मालूम था, कि मैं षट्शास्त्री महामहोपाध्याय हूँ। मैं तो एक सिपाही हूँ। दर्जा चारसे अधिक मैंने पढ़ाई नहीं की, फिर भी मैं कुछ कहनेकी कोशिश करूँगा। बापू मुझे वर्धाके आश्रमसे काशी विद्यापीठमें जब भेजने लगे थे, तो मैंने पूछा था—"बापू, मुझे विद्यापीठमें विद्यार्थी बनाकर भेज रहे हैं या क्या?" बापूने कहा था—"प्रोफेसर बनाकर भेज रहा हूँ।" उस वक्त भी मैंने उनसे पूछा था—"मैं चौथे दर्जे तक पढ़ा हुआ आदमी वहाँ क्या पढ़ा सकता हूँ?" उन्होंने कहा था—

"जो तुमसे मैंने पढ़ा वही पढ़ाना।" इसके बाद बड़े भाईने अध्यात्म विषयपर बीस मिनट तक व्याख्यान दिया। श्री सम्पूर्णानन्द विद्यापीठमें अध्यात्मपर व्याख्यान दिया करते थे। वह काले बोर्डपर कुछ आकृतियाँ खींचकर निराकार-साकार ब्रह्म और जगत्की बातें सिखलाया करते थे। बड़े भाईने भी उनकी बातें सुनी थीं। उन्हींको उन्होंने अपनी शैलीमें दुहरा दिया। श्रोता दंग रह गये। पार्टीवाले जो घबरा रहे थे, उन्होंने भी वाह-वाह की।

गढ़वाल लौटकर बड़े भाई कुछ समय बाद पंजाब भेजे गये। लुधियानामें किसान-कान्फ्रेंस थी। पंजाब भरके तपे हुये किसान और कम्युनिस्ट नेता आये थे। यह बड़ा सुन्दर अवसर था। सबसे परिचय, हुआ, कुछ भाषण भी दिया। इसके बाद लाहौर चले गये। लाहौरमें साथी अजय घोष रहते थे। अभी-अभी उनकी शादी कांग्रेसके बड़े नेता और पीछे पंजाबके मुख्य-मन्त्री श्री गोपीचन्द भार्गवकी सुपुत्रीसे हुई थी। यह कोई आश्चर्यकी बात नहीं थी, यदि भार्गवजीके घरमें कम्युनिस्ट पेटी और उनका दामाद आज भारतकी कम्युनिस्ट पार्टीका महामन्त्री हो। पहले माता-पिताने लड़कीका बायकाट किया, लेकिन लड़कीने फूलोंकी शय्याके लिये यह शादी नहीं की थी। आखिरमें माता-पिताको झुकना पड़ा। लाहौरके गढ़वालियोंने बड़े भाईके स्वागत-के लिये विशेष आयोजन किया। एक बगीचेमें चाय-पार्टी दी। हिन्दू-मुसलमान सभी आये। पेशावरके वीरका स्वागत करनेके लिये मुसलमान हिन्दुओंसे कम लालायित नहीं थे। यहीं जेनरल मोहनसिंहका तार मिला। वह उन्हें अपने यहाँ उकाडामें बुलाना चाहते थे। उकाडा लाहौरसे साठ मीलपर था। कार आई। बड़े भाई वहाँ गये। जेनरल मोहनसिंहने अपना एक छोटा सा फार्म बना लिया था। चारों तरफ खेत थे, जिसमेंसे कुछमें गन्ने लहलहा रहे थे, कुछमें साग-सब्जी थी, कुयेंपर रहट चल रही थी अच्छी नसलकी भैंसे और गायें थीं, घोड़ियाँ भी थीं। फार्मके बीचमें एक सुन्दर छोटा-सा बँगला था। जेनरल उस समय कितना निश्चिन्त जीवन बिता रहे थे! उस समय किसको मालूम था, कि अगले ही साल प्रचण्ड आँधी आयेगी। जेनरल यदि अपनी जान बचा भी सकेंगे, तो भी उनका यह बँगला, यह फार्म, यह सुखी जीवन सपना हो जायगा। बड़े भाई तीन दिन तक जेनरलके मेहमान रहे।

जेनरल मोहनसिंहको देशमें कौन नहीं जानता! नेताजीने जिस आजाद हिन्द फौजको मलायामें संगठित किया था, उसके वह सबसे बड़े सैनिक नेता थे। उन्होंने बड़े भाईको बतलाया कि पेशावर-काण्डके आपके कामने हमें प्रेरणा दी थी। इतालीमें हम गिरफ्तार होकर फासिस्तोंके बन्दी हो गये थे। वहीं हमने कामका सूत्रपात किया। पीछे बड़ी कठिनाईसे इतालीसे हमें मलाया भेजा गया। नेताजीके नेतृत्वमें वहाँ

आजाद हिन्द फौज संगठित की गई, जिसकी बुनियाद एक तरहसे जेनरल मोहनसिंह और उनके साथियोंने इतालीमें ही रक्खी थी। उन्होंने कहा, कि सबसे पहले जो लोग आजाद फौजमें भरती होनेके लिये आगे बढ़े, वह गढ़वाली सैनिक थे, जिनमें इस भावनाका जन्मदाता पेशावर-कांड था। जेनरल मोहनसिंह फासिस्त-विरोधी थे। जेनरल शाहनवाजने भी गढ़वालकी सभाओंमें पेशावर-कांड द्वारा गढ़वालियोंके पथ-प्रदर्शनको हर जगह दोहराया था।

गढ़वाल लौटते रेलसे नजीबाबाद पहुँचे, तो देखा गठरी-मुटरी गायब है। जाँघिया-कुर्ता पहने वह पौड़ी पहुँचे।

अध्याय २५

गढ़वालमें

पौड़ीको पार्टीका केन्द्र बना। अपने साथियोंसे मिलकर वह काम करने लगे। उस वक्त अन्नका अकाल पड़ा हुआ था।. गढ़वालमें वैसे भी अपने खानेके भरके लिये अनाज नहीं पैदा होता, और इस वक्त तो चोरबाजारियोंने भयंकर स्थिति पैदा कर दी थी। बड़े भाई ।८४-८५ पट्टियोंमें घूमे। जगह-जगहसे प्रस्ताव पास हुये। गढ़वालका आखिरी अंग्रेज डिप्टी-कमिश्नर बरांडे कोटद्वारमें था। उसने वहाँ बुलाया। मिलनेपर उसने कहा—"अकाल नहीं है, तुम झूठ बोलते हो।" बड़े भाईने कहा—"तुम क्यों मुझे झूठा बतलाते हो?" डिप्टी-कमिश्नरने लोगोंकी चिट्ठियाँ सामने रख दीं। बड़े भाईने कहा—"ये चिट्ठियाँ यहाँके बड़े-बड़े आदमियों, थोकदारों, जमींदारों, महाजनोंकी हैं। ये आपके दोस्त हो सकते हैं, लेकिन आपके दोस्तों और हमारे दोस्तोंमें बड़ा अन्तर है। अन्नका अकाल हमारे दोस्तोंको है, जिनके पैर भी नंगे हैं शरीर भी नंगे हैं, और भूखके मारे मर रहे हैं। ये लोग ऐसी।चिट्ठियोंको इसलिये लिख रहे हैं, कि सरकार सस्ते और सुलभ अनाजका प्रबन्ध न कर सके। अगर ऐसा हुआ, तो ये लाभसे वंचित हो जायँगे।" डिप्टी-कमिश्नरने कहा—"अच्छा मैं खुद दौरा करके हालत देखता हूँ।"

व्रजेन्द्र और बड़े भाई देवप्रयाग पहुँचे। सभा हुई। अन्नके लिये लोग त्राहि-त्राहि कर रहे थे। प्रस्ताव पास हुआ—"सरकार अनाजका प्रबन्ध करे।" पता लगा, डिप्टी-कमिश्नर पौड़ी आ रहा है। १८ मील पैदल चलकर बड़े भाई वहाँ पहुँचे। पौड़ीमें राशनमें आदमी पीछे दो छटाँक आटा और दो छटाँक चावल मिलता था। पहाड़की चढ़ाई करनेवाले मेहनतकश लोगोंके लिये यह चार छटाँक ऊँटके मुँहमें जीरा था। सारे शहरके लोग इससे असन्तुष्ट थे। सार्वजनिक सभा की गई, लेकिन डिप्टी-कमिश्नरके डरसे कोई वकील सभापति बननेके लिये तैयार नहीं हुआ। अन्तमें बड़े भाईको ही लोगोंने सभापति बना दिया। बड़े भाईने कहा—"मैं प्रधान पद तभी स्वीकार करूँगा, जब आप पूरी तौरसे मेरा साथ देनेके लिये तैयार हों।" सबने हाथ उठाकर अपनी स्वीकृति दी। फिर अन्नके लिये लोगोंकी जो अवस्था थी, उसका विवरण

देते हुये बड़े भाईने कहा—"दो छटाँकसे हमारा क्या बनता है। यह तो सीढ़ियोंके चढ़नेमें ही खतम हो जाता है।"

मेमोरेन्डमके रूपमें पहले हीसे तैयार किये प्रस्तावको सभामें पास किया गया। इधर सभा बर्खास्त हो रही थी, और उधर कोटद्वारसे डिप्टी-कमिश्नरकी कार पौड़ी पहुँचनेवाली थी। सभासे ही दो हजार आदमियोंका जलूस बनाकर बड़े भाई मोटर-अड्डेपर पहुँचे। सब नारा लगा रहे थे। बड़े भाईने आगे बढ़कर मेमोरेन्डमको डिप्टी-कमिश्नरके सामने पेश किया। उसने पूछा—"क्या है?"

—"पौड़ीकी जनता भूखी मर रही है। वही अपने दुःखोंकी गाथा पेश कर रही है।"

डिप्टी-कमिश्नरने कहा—"मैं थका हुआ हूँ, इस समय कुछ नहीं कर सकता।"

—"इसे जेबमें रख लीजिये, आराम करनेके बाद पढ़ियेगा।"

—"मुझे फुरसत नहीं है।"—यह कहकर वह अपने बँगलेकी ओर चल [illegible]।

बड़े भाईने वहीं बाँह पकड़ ली—"तुम्हें फुरसत निकालनी होगी।" उधर नारा लग रहा था—"अँग्रेजी राज्य नाश हो।" बड़े भाईने जबर्दस्ती डिप्टी-कमिश्नर की जेबमें उस मेमोरेन्डमको डाल दिया। आज भी पौड़ीके लोग इस घटनाको भूले नहीं हैं। डिप्टी-कमिश्नर बँगलेकी ओर चला, लोग भी पीछे-पीछे नारा लगाते चले। बड़े भाईको डर लगा, कि कहीं लोग बँगलेके भीतर घुसकर कुछ कर न बैठें, इसलिये आगे जाकर फाटकको बन्द कर लोगोंको वहीं रोक दिया। साहबने कहा—"हम कल जवाब देंगे।"

रामलीला मैदानमें जाकर फिर सभा हुई, बड़े भाईने समझाया, कि अन्नका [illegible]काल दूर करना हम लोगोंका काम है।

अगले दिन आठ बजे सुबहसे ही मोटर-अड्डेपर लोग जमा होने लगे। आठ-आठ दस-दस वर्षके बच्चे—"माँ कलेवा नहीं देती, देवे कहाँसे दो छटाँकसे पेट नहीं भरता।" नारा लगा रहे थे। नारे डिप्टी-कमिश्नरके कान तक पहुँचे। उसने कहा—"मैं दौरा कर रहा हूँ। कर्णप्रयागसे जवाब भेजूँगा।" कर्णप्रयाग जाकर उससे अपने जवाबमें लिखा, कि अन्नका अकाल है, यह बात सच है। मैं सरकारको लिख रहा हूँ।

दो महीनेके भीतर गढ़वालको अन्नकी कमीवाला क्षेत्र घोषित करके वहाँ आंशिक राशन-व्यवस्था जारी कर दी गई।

व्यवस्था तो जारी हुई, लेकिन प्रबन्ध पुराने सूबेदारों, जमादारोंको इन्सपेक्टर बनाकर उनके हाथमें दे दिया गया, जिसके कारण ऊपरसे आया अनाज बीच हीमें गायब होने लगा। इसपर अन्न परामर्श समिति बनी, जिसके उप-सभापति बड़े भाई बनाये गये। ब्रजेन्द्र भी उसके एक मेम्बर थे। यहाँ भी रानीखेतकी तरह राशनके अनाजको लेकर बनिये चोरबाजारी करने लगे। अब आन्दोलन उठा, अन्नके वितरणका काम जनताके हाथमें हो। बड़े भाई और उनके साथियोंने मिलकर इसके लिये सहकारी समिति बनाई। डेपुटेशन लेकर वह डिप्टी-कमिश्नरके पास पहुँचकर बोले—"अन्न-वितरणका काम सहकारी समिति करे।" पहले वह चौंका लेकिन, समितिमें भगवतीप्रसाद चन्दोला वकील, कोतवालसिंह वकील जैसे लोग थे, इसलिये अविश्वास करनेका कोई कारण नहीं था। १५-२० दिनके भीतर समितिके लिये २७०० रुपये जमा हो गये। सभापति चन्दोलाजी हुये, और डायरेक्टरोंमें बड़े भाई, नगेन्द्र सकलानी, ब्रजेन्द्र आदि कितने ही लोग थे। समितिके हाथमें वितरणका काम आते ही गुड़की भेली २२ आनेसे घटकर १० आनेमें बिकने लगी इसी तरह दूसरे अनाजोंका भाव भी गिरा। डिप्टी-कमिश्नरने राशनिंगको तो मान लिया, लेकिन यह शर्त रक्खी थी, कि दो रुपयेका बारीक अनाज खरीदनेपर चार रुपयेका मोटा अनाज भी खरीदना पड़ेगा। साथ ही यह भी कि जिस सर्किलसे राशन-कार्ड मिला है, वहीं अनाज लेना होगा। मिस्टर बरांडे (डिप्टी-कमिश्नर) ने यह रुकावट जान-बूझकर नहीं पैदा की होगी, लेकिन नीति निर्धारित करते समय सरकार स्थानीय स्थितिको देखनेकी तकलीफ गँवारा नहीं करती।

बड़े भाईने अब ब्रजेन्द्रको लेकर पन्तजीके पास लखनऊ पहुँचकर बतलाया, कि मोटा अन्न याने बाजरा पहाड़के भारी किरायेके कारण वहाँ पहुँचकर रुपयेका चौदह-अठारह छटाँकके भावका हो जाता है, इसलिये वहाँ जानेवाले अनाजपर रेलका किराया न लिया जाय। सर्किलमें अनाज खतम हो जानेपर पासके दूसरे सर्किलसे उसी कार्डपर अनाज मिलना चाहिये। इसके न होनेसे लोगोंको बहुत तकलीफ होती है। दो रुपयेके महीन अनाजपर चार रुपयेके मोटे अनाजको लेनेका भी प्रतिबन्ध हटा देना चाहिये। राशनमें सड़ा अनाज दिया जा रहा है, इसके लिए सख्त हुक्म होना चाहिये।

बड़े भाईकी बातोंको पन्तजीने गौरसे सुना और कहा, कि इन सब बातोंके बारेमें हम आदेश भेज रहे हैं। उस समय पोस्ट-आफिस और तारवाले कर्मचारियोंकी हड़ताल थी, डाक रुक गई थी। बड़े भाईने पन्तजीका पत्र स्वयं पहुँचानेके लिए ले लिया। वह दुगड्डा पहुँचे। यहीं देवीदत्त तिवारी मिले, गढ़वालमें काम करनेके पार्टीकी ओरसे भेजे गये थे। वर्षाका समय था। नदी-नाले बढ़े हुये थे। सब-

पुलीका पुल टूट गया था। बहुत चक्कर लगाकर द्वारीखालके रास्ते पौड़ी जाना था। दुगड्डामें मूसलाधार वर्षा होने लगी। तीन आदमियोंमें सिर्फ एक छाता था। "कर्मभूमि" के सम्पादक श्री भैरवदत्त धुलियासे यहाँ पहलेपहल मुलाकात हुई। कुछ परिचित कांग्रेसी मिले। उनसे छाता माँगा, लेकिन किसीने नहीं दिया। पाँच रुपयेमें एक कम्बल खरीदकर एकके लिए तो इन्तजाम कर लिया, लेकिन एक आदमीको भीगते ही जाना था। कांग्रेसवालोंने टाट तक देनेसे इन्कार कर दिया। वह वर्षामें ही चल पड़े। पौड़ी पहुँचे, डिप्टी-कमिश्नरको चिट्ठी दी। उसने कहा, कि सब बातें हो जायँगी, लेकिन किराया कम नहीं किया जायगा।

राशन-व्यवस्थामें सुधार हुआ। एक जगहकी सहकारी समितियोंको अच्छी तरह काम करते देखकर गढ़वालमें कुछ ही दिनोंमें ८०० सहकारी समितियाँ बन गई, और उनका जिला फेडरेशन भी तैयार हो गया। जनता जब जगती है, तो वह ऐसी शक्तिको अपने भीतरसे पैदा करती है, जिससे भारी काम कराया जा सकता है; लेकिन, एक बारकी जगी जनता सुलाई भी जा सकती है। तब सब किये-करायेपर पानी फिर जाता है। हम आये दिन अखबारोंमें जनताके उत्साहपूर्ण कार्यकी खबरें सुनते हैं—अमुक जगहपर दस हजार लोगोंने श्रमदान किया, वहाँ इतना बड़ा बाँध बाँधा गया, वहाँ इतना बड़ा तालाब खोदा गया। पर, परार साल जिन कामोंके बारेमें ये खबरें आपने अखबारोंमें पढ़ीं, आज उसे देखें, तो सब सफाचट हैं। दिल्लीके "स्टेट्समैन" ने एक बार एक ऐसे बनाई गई सड़कके फोटो छापे थे, जहाँ माननीय मन्त्रियोंके फोटो छापने और जलसा करनेमें हजारों रुपये बरबाद हुये थे, और अब उसका वहाँ कोई पता नहीं था। चीन और भारतमें क्या अन्तर है? पनबिजलीघरमें पानी जोरसे गिरकर टर्बाईनके चक्कीके जोरसे घुमाता है। अगर एक बार पानीकी धार डालकर उसे बन्द कर दिया जाय, तो जो बिजली पैदा, होगी, वह भी थोड़ी देरमें खतम हो जायगी। जरूरत है पानीकी धारको लगातार उसपर गिराते रहना, जिसमें टर्बाईन बराबर चलती रहे। नवीन चीनमें यही हो रहा है, इसलिये वहाँके बाँध, सड़कें और दूसरी योजनायें अखबारकी स्याही सूखते ही लुप्त नहीं हो जातीं। हमारे यहाँ सब काम सरकारी नौकरोंके हाथमें हैं। जनता उनकी शिकायत नहीं कर सकती, और न वह जनतासे कोई सहायता लेनेके लिये तैयार हैं। अमुक जगह लोहा है, अमुक जगह ताँबेकी खान है, इन सबके बारेमें वह अपनेको सर्वज्ञ समझते हैं, इसलिये किसीकी सहायताकी आवश्यकता नहीं समझते। छोटेसे बड़े तक सभी नौकर अपना भत्ता, टी० ए० बनानेकी धुनमें हैं। योजनाके लिये मन्जूर पैसा इसीमें हवा हो जाता है। गढ़वालके बधाणके इलाकेमें तीन वर्षोंमें बीस लाख रुपये सरकारने खर्च किये। आज वहाँ उस कामका कोई पता नहीं है। आफिसों और अफसरोंके

रहनेके लिये जो इमारतें बनीं थीं, वह खड़ी अपने भाग्यके लिये रो रही हैं। गढ़वालमें लोगोंने श्रमदान किये, स्कूलोंकी इमारतें खड़ी की और फिर जब लड़कोंके ऊपर शिक्षा-विभागके कायदेके अनुसार फीस लगाई गई, तो लोग उसे देनेमें असमर्थ रहे। आज वह स्कूलकी इमारतें झख मार रहीं हैं। किसी समय आठ सौ सहकार समितियाँ गढ़वालके हरेक भागमें बड़ी अच्छी तरह काम कर रही थीं, लेकिन मिस्टर बराण्डेने जिनको अपना दोस्त कहा था, वे बड़े लोग और बनिये इन समितियोंको फूटी आँख भी देख नहीं सकते थे। सरकार का ऊपरसे नियन्त्रण नहीं हुआ। लोग समितियोंके रुपयेको खा गये। अधिकांश समितियाँ टूट गईं। जो हैं, उनके हिसाब में फूटे टिन और फटी बोरियाँ रह गई हैं। जनताका उनके ऊपरसे विश्वास उठ गया है।

शहीद नगेन्द्र सकलानी—आधे गढ़वालमें टेहरी एक रियासत थी। राजवंशका इतिहास १२०० वर्षका बतलाया जाता है, जो गलत है। तो भी गढ़वालके इस राजवंशने पाँच शताब्दियों तक राज्य किया। १८ वीं सदीके अन्तमें गोरखोंका बढ़ाव जब हिमालयमें पश्चिमकी ओर हुआ, तो गढ़वाल भी उनके हाथमें आ गया, और आगे बढ़ते-बढ़ते गोरखा-वाहिनी चम्बा-काँगड़ा तक पहुँच गई। रणजीतसिंहने उसे भगाकर सतलज पार खदेड़ दिया, और १८१४ में अंग्रेजोंसे जो भिड़न्त हुई, उसके कारण कुमाऊँ की पूर्वी सीमापर अवस्थित काली नेपालकी सरहद बन गई। इस लड़ाईके बाद सबसे घने बसे गढ़वालको अंग्रेजोंने लेकर गढ़वालका जिला बना बाकी आधा गढ़वाल राजवंशको दे दिया। तबसे इसे टेहरी रियासत कहा जाने लगा। २० वीं सदीसे भारतीय राजा अपने विलासमय जीवनकी चरम सीमापर पहुँच गये थे। जिनमें विलासिता कुछ कम थी, वह भी प्रजाकी हड्डियोंको पीसकर धन जमा करनेके लिये सब कुछ करते थे। जनताका शासनमें कुछ अधिकार हो, इसकी तो बात भी सुननेके लिये वह तैयार नहीं थे। टेहरीके राजा नरेन्द्रशाह न अशिक्षित थे, और न बुद्धू ही लेकिन, स्वार्थके कारण आदमी कुछ देख नहीं सकता। भारतके पाँच सौ छत्रधारियोंमें कुछने अपने यहाँ नकली ही सही, जनतन्त्रताके लिये कुछ किया, लेकिन कुछ तो समझते थे, कि भगवान्की तरह हम ही सब कुछ हैं। जो हम करते हैं, वही न्याय है, और प्रजाको उसे ही मानना चाहिये।

नरेन्द्रशाहके शासनमें देव सुमन किस तरह शहीद हुये इसके बारेमें हम बतला आये हैं। अंग्रेज तटस्थ रहने का ढोंग रचकर राजाओंकी इस निरंकुशताको कायम रखना चाहते थे लेकिन, जनताकी उमंगें गोलियोंसे नहीं दबाई जा सकतीं, शहीदोंकी टोली गिरे हुये वीरोंको देखकर पीछे नहीं हटती। टेहरी में भी ऐसा ही हुआ।

१५ अगस्त १९४७ को अंग्रेज भारत छोड़कर चले गये। वह रियासतोंको सर्वतन्त्र स्वतन्त्र इस आशासे रख गये थे, कि अगर पाँच सौ नहीं तो पाँच-सात

रियासतें तो अवश्य अपनेको सर्वतन्त्र स्वतन्त्र रक्खेंगी, और वह हमारे साम्राज्यके लिये लाभदायक सिद्ध होंगी। त्रावनकोरने तो उस वक्त धुँआधार प्रचार करना शुरू किया था, कि हमारा राज्य अलग रहेगा। उस वक्त त्रावनकोरके मन्त्री रामस्वामी अय्यर थे, जो विषसे बुझे शब्दोंमें इस प्रचारको चला रहे थे। यह देशके साथ भारी द्रोह था, लेकिन आज रामस्वामी अय्यर भारतके विधाताओंकी आँखोंकी पुतली हैं। पुराने सभी झोलीचुक और अंग्रेजोंके पिट्ठू आज हमारे प्रभुओंकी नाकके बाल हैं।

बड़ौदा, निज़ाम-हैदराबाद, इन्दौर आदि कुछ महीनों तक फड़फड़ाते रहे लेकिन, अब अंग्रेज उनकी पीठपर नहीं थे, और उनकी जनता अपने तानाशाहोंको कच्चा खा जानेके लिये तैयार थी। भवितव्यताके सामने सिर झुकानेके सिवा उनके सामने कुछ नहीं रह गया था। सरदार पटेलने भी इस समय अन्धेकी पकड़ दिखलाई। यदि उस समय नेहरूके हाथमें बागडोर रहती, तो इसमें सन्देह था, कि वह रियासतों को विलीन करा सकते। जगह-जगह जनताने अपने निरंकुश राजाओंको अधिकार छोड़नेके लिये आन्दोलन शुरू किया। कई जगह गोलियाँ चलीं। राजाओंने अछता-पछताकर शासनको समर्पित कर दिया।

टेहरीमें प्रजा-परिषद् राजाकी निरंकुशताके खिलाफ आन्दोलन चला रही थी। गंगाके दाहिने तटपर टेहरीका राज्य था, और बाँयें गढ़वाल जिला। वहाँके स्वयं-सेवक पुलिसके डरके मारे उस पार चले आते। वह कितनी ही बार आकर बड़े भाईके पास रहते।

एक दिन कोटद्वारसे पौड़ी जानेवाली मोटरपर बड़े भाई बैठ गये थे। मोटर में और जगह नहीं थी। इसी समय नगेन्द्र सकलानी और तिरेपनसिंह रेलसे उतरकर आये। मोटर छूटने वाली थी। सकलानीने आकर कहा—"बड़े भाई, यह जगह मुझे दे दीजिये। कीर्तिनगरमें अन्धेरगर्दी मची है, राज्यसे मठभेड़ हो गई है। दौलतराम कुकसाल आदि गिरफ्तार हो गये हैं। साथी भरद्वाजने मुझे तुरन्त वहाँ जानेके लिये भेजा है।"

बड़े भाईने कहा—"मैं ही जाकर वह काम करूँगा।"

—"नहीं, पार्टीने मुझे हुकुम दिया है।"

बड़े भाई जानते थे, कि सैनिकका कर्तव्य है अपने सेनापतिकी आज्ञा मानना। वह भी सैनिक थे, लेकिन इस वक्त तो नगेन्द्रको कीर्तिनगर जानेका हुकुम हुआ था। बड़े भाईने अपनी जगह नगेन्द्रके लिये छोड़ दी। तिरेपनसिंहको भी भेजना था। जब इस बातको पास बैठी महिलाने सुनी, तो उसने अपनी सीट उनको दे दी। दोनों दूसरे दिनकी बससे पौड़ी गये।

शामको सकलानी और तिरेपनसिंह श्रीनगर पहुँचे। श्रीनगर से तीन मीलपर अलकनन्दाका पुल है, जिसके पास ही टेहरी राज्य का कस्बा कीर्तिनगर है। वहाँ पहुँचनेपर सकलानीने देखा कि भारी संख्यामें जनता एकत्रित है, लेकिन वह भयभीत-सी है। दौलतराम पकड़े नहीं गये थे। कीर्तिनगरमें बीस-पचीस रियासती हथियारबन्द सिपाही रहते थे। जनताकी लाल-लाल आँखोंको देखकर सिपाहियोंने अपनी बन्दूकें दे दीं। उन बन्दूकोंको अलकनन्दामें फेंक भी दिया गया।

सकलानीने पहुँचते ही भोंपू बजाया। फिर सभा की। राज्यकी कचहरीपर अधिकार करने और जनताकी सरकार स्थापित करते उसे घोषित करते एक कमेटी बनाई। कमेटीने सबेरे कचहरीपर राष्ट्रीय झण्डा लगा दिया, और वहाँ जनताकी अदालत कायम कर दी। राज्यके डिप्टीको गिरफ्तार करके श्रीनगर और पौड़ीके बाजारोंमें ले जाकर घुमाकर छोड़ दिया गया। वह वहाँसे टेहरी चला गया।

अगले दिन ११ जनवरी १९४८ के सबेरे नरेन्द्रनगर होते एस० डी० ओ० और पुलिस सुपरिन्टेन्डेन्ट राजाकी कारमें लारीपर मिलिशिया पुलिस लिये कीर्तिनगर पहुँचे। उन्होंने कचहरीपर अधिकार करना चाहा, लेकिन जनताने नहीं छोड़ा। इसपर आँसू लानेवाली गैस छोड़ी, जिससे लोगोंमें भयका संचार हुआ। नगेन्द्र सकलानी कचहरीके बाहर थे। इसी समय किसीने कचहरीकी इमारतपर पेट्रोल फेंककर आग लगा दी। कोठेपरके लोग नीचे उतर आये। १०-२० सिपाही इस प्रचण्ड जनताके सामने क्या कर सकते थे? सिपाहियों को लोगोंने पकड़ लिया, राजाके तीनों अफसर जंगलकी तरफ भाग चले। नगेन्द्रने उनका पीछा किया, और एस० डी० ओ० का पैर पकड़ लिया। उसने पीछे फिरकर अपनी पिस्तौल नगेन्द्रकी छातीपर दाग दी। वह तरुण वहीं खतम हो गया। उनके साथी मूलसिंहने—जो पार्टीके उम्मीदवार मेम्बर थे—पकड़ना चाहा, उन्हें भी अफसरने पिस्तौलकी गोलीसे मार दिया। तीनों भगे। दो मीलकी दौड़के बाद लोगोंने उन्हें पकड़ लिया और लाकर हवालातमें बन्द कर दिया। यह बड़ी उत्तेजनाका समय था। इन्होंने जनताके दो नेताओंको मार डाला था, लेकिन समझा-बुझाकर उसे शान्त किया गया। तिरेपनसिंहको भी बहुत पीटा गया था। देवीदत्त तिवारी तो सख्त घायल हुये थे लेकिन, दवा-पट्टी कराकर वह श्रीनगर अस्पतालसे चले आये थे। पौड़ीमें भाईके पास तार गया। वह साफ नहीं लिखा था, कि वीर सकलानी शहीद हो गया, लिखा था, हमारे आदमी मारे गये हैं। तार डिस्ट्रिक्ट-बोर्डके चेयरमैन ठाकुर चन्द्रसिंह रावतके पतेपर गया था। मोटरका पहला गेट (छोड़नेका समय) नहीं मिला था, इसलिये बड़े भाई दूसरे गेटसे आये थे। रास्तेमें ही उन्हें तार मिला। वहीं साथियोंने पूछा—"कब चलते हैं?" बड़े भाईने कहा—"कल चार बजे सबेरे ही।"

भागीरथीने बड़े सबेरे ही परौठा और चाय तैयार कर दी। दयाशंकर भट्ट और रावतके साथ बड़े भाई चल पड़े। अलकनन्दा पार हुये, तो रास्तेमें जगह-जगह खून देखा। मोटरके अड्डेपर पहुँचे, देखा दोनों शहीदोंके शरीर-को पीनसपर बैठाछातीसे ऊपरका उनका अंग खुला रखा गया है। नगेन्द्रको क्या इसीलिये बड़े भाईने अपनी मोटरकी सीट दी थी? उन्हें दुःख नहीं बल्कि ईर्ष्या हुई। मैं यदि आया होता, तो मुझे यह गति मिलती—"नगेन्द्र, तुमने मेरे साथ छल किया। तुम्हें इस पीनसपर नहीं बैठना चाहिये था। मैं इस पीनसपर बैठनेका अधिकारी था। मैं तुमसे बड़ा था। तुमने अभी दुनियाको क्या देखा था?"

एक क्षणके लिये बड़े भाईके मनमें यह भाव पैदा होते रहे, लेकिन यह उसका समय नहीं था। उन्होंने भोंपू दिया—"मैं चन्द्रसिंह गढ़वाली हूँ। जहाँ सिपाही हवालातमें हैं, वहीं सभा होगी।" सभी वहाँ जमा हुये। बड़े भाईने कहा—"साथियों, यह शहादत हमारी अन्तिम शहादत थी। तेरह सौ वर्षोंका पुराना गढ़वालका यह सामन्ती गढ़ अब इस शहादतके सामने टिक नहीं सकता।" उन्होंने रियासती सिपाहियोंको सम्बोधित करते हुये कहा—"तुम वचन दो, कि हम जनताके साथ हैं।" हवलदारने वचन दिया। सरदार पटेलकी ओरसे त्रिलोकीनाथ परवार रियासतमें गुप्त तौरसे काम कर रहे थे लिये वह अब प्रकट होकर सभामें आये। सभाके बाद यह विचार होने लगा, कि अब क्या किया जाय। बड़े भाईने कहा—"यहाँ अलकनन्दाके किनारे हम शहीदोंका संस्कार नहीं करेंगे, इन्हें टेहरीमें राजाके गढ़पर ले चलना है। उसे दिखलाना है, कि तुमने क्या किया है। वहींपर राजाके श्मशानमें शहीदोंका दाह-संस्कार किया जायगा।" जनता तैयार थी। दाह-संस्कारसे पहले टेहरीकी अधिकसे अधिक जनताको खबर देना जरूरी था, ताकि वह अपने शहीदोंके अन्तिम संस्कारमें शामिल हो सके। तीनों रियासती अफसर मुजरिमोंको लेकर दौलतराम कुकशालको कीर्तिनगरसे टेहरी जानेवाले रास्तेसे पैदल भेजा गया। बहुत से स्वयं-सेवक उनके साथ प्रचार करते चले। राजाकी कारपर बड़े भाई तथा दूसरे नेता शहीदोंको लेकर चले। चन्द्रसिंह रावतने कुछ दिन पहले पौड़ीमें बड़े भाईसे हाथ पकड़कर टेहरी-विमोचन कमेटीके बारे में भाषण करवाया था। अपनी ओरसे पाँच सौ रुपया चन्दा भी घोषित किया था। अब जब टेहरीके गढ़पर जानेको हुआ, तो रावत साहब कहने लगे—"मैं कांग्रेसकी आज्ञा बिना जानेमें असमर्थ हूँ।" वह वहाँसे वापस चले गये। दयाशंकर भट्ट बड़ी हिम्मतवाले आदमी थे। उन्होंने अछूत लड़कीसे ब्याह किया था, और सवर्णोंके कोपके मारे उन्हें अपनी पट्टी छोड़कर पौड़ीमें आ जाना पड़ा था। टेहरीकी ओर बढ़नेका जो खतरा था, उसे बड़े भाई अच्छी तरह जानते थे। उन्होंने

रावतजीको अपनी नोटबुक देकर कहा, कि इसे घरमें पहुँचा दीजियेगा। उस दिन नोटबुकमें उन्होंने यह वाक्य अपनी वसीयत के तौरपर लिखे थे—

"आज मैं इस खतको अपने साथी नगेन्द्रदत्त सकलानी और साथी मोलूसिंह शहीदोंकी मृत्युकी सायाके बीचमें बैठकर लिख रहा हूँ। इस खतको मैं अपने साथी ठाकुर चन्द्रसिंह रावत वकील, कांग्रेस-प्रधानके हाथ अपने गढ़वाली भाइयों, स्त्री भागीरथी देवी और बेटी माधवी तथा ज्वालाके नाम भेज रहा हूँ। मैं अपनी राजी-खुशी, होश-हवासके साथ अपने साथी सकलानीके जनाजेको लेकर पं० त्रिलोकीनाथके साथ उन्हींके नेतृत्वमें जा रहा हूँ। मैं अपने तन-मन-धनसे अहिंसात्मक शान्त प्रदर्शनको लेकर जा रहा हूँ। अगर मैं टेहरीके लिये रह (मर) गया, तो मेरी प्रबल इच्छा है, कि मेरे गढ़वाली भाई मेरी अन्तिम मांगों (इच्छा) को स्वीकार करेंगे : १. टेहरी आन्दोलनका पूरा भार लें, २. चाँदपुर तहसीलका मेरा काम अधूरा न रक्खें, ३. पेशावर-काण्डको न भूलें। गढ़वाल और देशकी जय।"

नोटबुक भागीरथी देवीके पास सुरक्षित पहुँच गई। उसके सन्देशको पढ़कर उनके दिलपर क्या बीती होगी, इसे पाठक समझ सकते हैं।

१२ जनवरीको शहीदोंका जनाजा चला। उनकी पीनसोंको कारके पीछे ऐसे बाँध दिया गया था कि लोग उनका दर्शन कर सकें। राजाका ड्राइवर भाग गया था, लेकिन दूसरा ड्राइवर मोटर चलानेके लिये तैयार था। साथमें कुछ लारियाँ भी लोगोंको लेकर चल रही थीं। जगह-जगह भोंपूसे आवाज देते—"टेहरी चलो। शहीद नगेन्द्र सकलानी टेहरी जा रहे हैं।" कीर्तिनगरसे १० बजे रवाना हो २ बजेके करीब वह देवप्रयाग पहुँचे। पुलिसकी बैरकके सामने जानेपर बड़े भाईने आवाज दी—"पुलिस पलटनके जवानों, हम शहीद सकलानीको टेहरी ले जा रहे हैं। कीर्तिनगरकी पुलिसने हथियार रखकर जनताका साथ दिया है। आप भी जनताका साथ दें। यदि यह मानते हैं, तो बाहर निकल आयें।" २४-२५ रियासती सिपाही थे। सबने बाहर निकलकर रुमाल हिला स्वीकृतिका संकेत किया। मोटरके अड्डेपर जनताकी भारी भीड़ थी। पुलिसके हथियार रखवाकर शहीदोंका जलूस वहाँ पहुँचा। भागीरथीके दोनों किनारोंके बाजारोंमें जलूस निकाला गया, भाषण दिये गये। वहीं सबके खाने-पीनेका इन्तजाम हुआ, और रात भरके लिये रह गये।

१३ जनवरीके सवेरे पैदलके रास्ते टेहरीके लिये चले। टेहरी यहाँसे ३० मील पड़ती है। थोड़ी दूरपर पहाड़की चढ़ाई चन्द्रबदनी शुरू हुई। पहले ही खबर पहुँच चुकी थी। लोग बाजा बजाते, फूलमाला लिये शहीदोंके सत्कारके लिये आने लगे। जगह-जगह गुड़ और पानीका प्रबन्ध था। जनता पागल हो शहीदोंका स्वागत कर रही

थी। चन्द्रबदनी पहाड़ी पार हुये, नजदीकके गाँवमें खाने-पीनेका प्रबन्ध था। राज्यका पटवारी नौकरी छोड़ राजाके बागियोंकी सेनामें मिल गया।

१४ जनवरीकी रातको टेहरीसे तीन मील पहले ही राजाके मालगुजार (जागीरदार) के गाँवमें रह गये। सर्दी बहुत थी। मालगुजारसे कहा गया कि शहीदोंके लिये जगह दे दो। उसने एक कमरा खोल दिया। उसीमें उन्हें रखकर दीपक जला दिया गया। खाने-पीनेका प्रबन्ध हुआ, व्याख्यान हुये।

१५ तारीखको नौ बजे अब आखिरी मंजिलके लिये शहीदोंकी टोली चली। क्या मालूम था, कितने सकलानीका अनुसरण करेंगे। राजाके पास हथियारबन्द सैनिक थे। मरते वक्त भी वह कुछ कर सकता था। बाजे-गाजेके साथ अपार जनता शहीदोंका जयकार, राजाका जयकार करती आगे बढ़ी। देवीदत्त तिवारी बुरी तरहसे घायल थे। उनको आराम करनेके लिये बहुत कहा गया, लेकिन वह माननेके लिये तैयार नहीं हुये। पहाड़के नीचे उतरनेपर दूसरे रास्तेसे दौलतरामजी भी अपने दलके साथ आ मिले। अब शहीदों और कैदियोंको लिये लोग कालेज और जेलके पासवाले मैदानमें पहुँचे। भोंपूसे आवाज दी गई—"सबके दर्शनका प्रबन्ध किया जायगा। आप सब लोग बैठ जायँ।" सब लोग बैठ गये और उनके बीचमें पीनसोंपर बैठे शहीदोंको उठा लोग घूमने लगे। टेहरीमें राज्यके सभी उच्च कर्मचारियोंको गिरफ्तार कर लिया गया और उन्हें बी० क्लास देके जेलमें बन्द कर दिया गया। कह दिया गया कि तुम अपना भोजन और चारपाई घरसे मँगा सकते हो। वेगवती प्रचण्ड धारके सामने तिनकेकी तरह हम कहींके न रह जायँगे, यह सोचकर राज्यके अफसरों और सिपाहियोंने आत्मसमर्पण कर दिया।

भारी जनता एकत्रित हुई थी। दूकानदार कहीं अपनी दूकानोंको बन्द करके उन्हें भूखे न रक्खें, लुट न जायें, इसलिये घोषणा की गई कि जिस दूकानपर पूड़ी, पकौड़ी या कोई खानेकी चीज नहीं रहेगी तो उसमें आग लगा दी जायगी। अब शहीदोंकी टोलीमें हथियारबन्द गारद भी थे। दूकानदार भी जनतासे अलग नहीं रह सकते थे। सबने अपनी-अपनी दूकानोंको खोल रक्खा था, और यहाँ खानेकी चीजें मिल रही थीं।

दो बजे अर्थीका जलूस निकला। राजा और उसके परिवारवाले जिस जगह जलाये जाते थे, उसी जगह शहीदोंको जलाना था। राजाके पुरोहितने चाल चलनी चाही। वह राज-स्मसानसे २०-२५ गज हटकर हवनकुंड बनाके तैयार था। उसने वहीं जलानेके लिये कहा, लेकिन इस धोखेमें आनेवाला कौन था! भिलंगाना और भागीरथी नदियोंके संगमपर उस जगहमें पानी था जहाँ राजाओंको जलाया जाता था। इशारा होनेकी देर थी। लोगोंने पत्थरोंका वहाँ ढेर लगा दिया, चिताके लिये सूखी जमीन बन गई। कहींसे चन्दन आया, कहींसे घी। लोग अपने आप काम कर रहे थे।

चिता तैयार हुई। साथमें दो-तीन शास्त्री दाह-संस्कार करानेके लिये मौजूद थे। बड़े भाईको अग्नि देना था। चितापर रख जब वह आग देनेके लिये तैयार हुई, उसी समय परिपूर्णानन्द पैन्यूलीने कहा—"कम्युनिस्टोंका संस्कार कैसे होता है?" नगेन्द्रदत्त सकलानी कम्युनिस्ट पार्टीके मेम्बर थे और भोलूसिंह भी सहानुभूतिकारक थे। दोनों ही कम्युनिस्ट थे, लेकिन यहाँ वह सभी पार्टियोंके साथ मिलकर टेहरीके उद्धारका काम करते शहीद हुये थे। पैन्यूलीके यह कहनेपर बड़े भाईने कफन खोल दिया। भीतर शहीदके शरीरपर हँसिया-हथौड़ावाला लाल झण्डा था। बड़े भाईने झण्डेको हाथसे उठाया—"यह पार्टीका झण्डा है। पार्टी प्रजा-परिषद्के साथ मिलकर काम कर रही है। कम्युनिस्टका संस्कार अपने देशकी रीतिके अनुसार होता है। इसीके अनुसार हम शहीदोंका दाह-कर्म कर रहे हैं।" आग लगा दी गई। दोनों शहीद अपने शरीरसे भस्म-मात्र रह गये, लेकिन कौन कहेगा, वह आज भी जीवित नहीं हैं।

बड़े भाईने कहा—"अब टेहरी स्वतन्त्र है।" सब लोगोंने हाथ उठाकर स्वतन्त्र टेहरीके लिये प्रतिज्ञा की।

शहीद सकलानीकी उमर २५-२६ सालसे अधिक नहीं थी। गढ़वालके राजाओं-के समय उनके पूर्वजोंने अद्भुत वीरताका परिचय दिया था, गोरखोंसे भी जबर्दस्त मुकाबला किया था। इसके लिये उन्हें सकलानाकी एक बड़ी जागीर मिली थी, जो वस्तुतः रियासतके भीतर एक छोटी रियासत थी। इसी खानदानमें नगेन्द्रदत्त पैदा हुये। देहरादूनसे उन्होंने मैट्रिक पास किया। वहीं छात्रोंकी संस्था "स्टूडेन्ट फेडरेशन" में सरगर्मीसे काम करने लगे, और फिर कम्युनिस्ट पार्टीके मेम्बर बन गये। वह अविवाहित थे, पिता नहीं थे, माता और भाई थे। संस्कार हो जानेके बाद भाई वहाँ आये।

शामके समय प्रजा-मंडलके आफिसके सामने बाजारमें विराट-सभा हुई। शहीदोंके टेहरी पहुँचनेसे एक दिन पहले ही राजा नरेन्द्रशाह अपनी रानीके साथ नरेन्द्रनगर भाग गये थे। उनका ज्येष्ठ पुत्र मानवेन्द्र बहुत चाहता था, कि प्रजाकी माँगोंको ठुकराया न जाय, लेकिन बाप अपनेको अधिक बुद्धिमान और तजर्बेकार समझता था। इसीलिये कहते हैं पुत्र दिल्ली चला गया था, वहाँ पटेलके नीचे कुछ काम-काज सीख रहा था। नरेन्द्रनगरमें राजा सोचने लगा, "अभी भी हमारे पुराने खानदानके प्रति लोगोंको भक्ति है, मैं उसको इस्तेमाल कर सकता हूँ।" खबर भी उड़ने लगी थी, कि राजा फौज लेकर आ रहा है। नदीके पुलपर ५०-६० स्वयं-सेवकोंको तैनात करके पुलपर ताला लगा दिया गया। नदी पार तीन-चार मीलपर विरेपनसिंहका गाँव था, वहाँ उनके भाई उस इलाकेके लोगोंको संगठित कर रहे थे। उनके पास खबर पहुँचानेके लिये देवीदत्त तिवारी नदीमें कूद पड़े। वह किस तरह घायल थे, इसे हम कह चुके हैं। वह नदीके

सर्द पानीमें तैरते हुये गाँवमें पहुँचे। नरेन्द्रशाह अपनी रानीके साथ बिना किसी पुलिस-पलटनके कारपर चढ़कर पुलपार पहुँचे। ताला लगा हुआ था। खोलनेके लिये कहनेपर स्वयं-सेवकोंने इन्कार कर दिया। वह प्यासे भी थे। कहा जाता है, उन्होंने स्वयं-सेवकसे कहा—"मुझे पानी पिला दो।" स्वयं सेवकोंने पानी नहीं पिलाया, और राजाको अपने जाकर पानी पीना पड़ा। जब ताला नहीं खोला गया, तो तारपर चढ़कर उन्होंने ऊपर-ऊपरसे जानेकी कोशिश की। रानीने उन्हें रोका। कनकपालके वंशकी जिस पूँजीके भरोसे वह आये थे, उसका स्वयं-सेवकोंपर कोई प्रभाव न देखकर वह कारमें बैठ पीछे लौट गये। पिछले चुनावमें उसी टेहरीसे कांग्रेसके सभी उम्मीदवार हारे, और राजाकी ओरसे खड़े किये गये सभी जीत गये। ऐसा क्यों हुआ? लोगोंने देख लिया कांग्रेसका शासन जनताका नहीं, बल्कि नेताओं और उनके सगे-सम्बन्धियों के हितके लिये है। इसलिये उनके मनमें ख्याल आया, राजवाले ही क्यों बुरे हैं। नरेन्द्रशाहके ज्येष्ठ पुत्र मानवेन्द्रशाह पार्लियामेन्टके लिये खड़े हुये थे, लेकिन उनका कागज अवैध सिद्ध हुआ। अपनी माँके नामसे उन्होंने यों ही कागज दाखिल करवा दिया था। पचासों पीढ़ियोंकी पर्देकी रानी कमलेन्दुमती अपने विरोधी कांग्रेसी उम्मीदवार-को बुरीसे बुरी तरहसे हराकर पार्लियामेन्टमें चली गई। कांग्रेस अब वह है नहीं, जो मजदूर और किसानोंका पक्ष करती थी, और उन्हींके कंधेपर चढ़कर शक्ति-संचय करनेमें समर्थ हुई। अब तो कांग्रेसी नेताओंके स्वार्थ पुराने सत्ताधारियों और पूँजीपतियोंके साथ एक हैं। रोटी-बेटी सब तरहसे वह उन्हींकी बिरादरीमें शामिल हो गये हैं। इसलिये अब उन्हें नंगे-भूखोंकी क्या पर्वाह? अगर जनताने कांग्रेसके प्रति अपना क्षोभ प्रकट करनेके लिये पुराने रजुल्लों और रजुल्लियोंको निर्वाचित करनेका निश्चय किया, तो कांग्रेसी उन्हींको अपना मान लेंगे। महारानी कलमेन्दुमती अब कांग्रेसी एम० पी० हैं। निर्वाचनके समय लोगोंने आक्षेप किया था, कि यह सात पर्देकी रानी पार्लियामेन्टमें जाकर क्या बोलेंगी। उन्होंने इसका खण्डन करते हुये निर्वाचन सभाओंमें छोटे-छोटे भाषण दिये थे। अब तो पार्लियामेन्टमें भी कभी-कभी बोलती हैं। एम० पी० के तौरपर विदेशोंमें घूम आई हैं। इसमें सन्देह है, यदि उनके ज्येष्ठ पुत्र अगले चुनावमें चाहेंगे, कि पूज्य माताजी उनके लिये जगह छोड़ दें, तो शायद ही वह इसके लिये तैयार हों, और उन्हें तैयार होना भी नहीं चाहिये।

राजा-रानीने ही एक बार हाथसे छूटे तीरको पकड़ना नहीं चाहा, बल्कि उनके सात पीढ़ीके नमकख्वार भी उनको इस स्थितिमें नहीं छोड़ना चाहते थे। शामको प्रजा-पार्टीके दफ्तरमें सभा हुई। हरेक विजयके बाद जैसे विजेताओंमें फूट पड़ जाती है, वैसा ही यहाँ भी हुआ। राजा दलके मुखिया परिपूर्णानंद पैन्युली और दूसरे लोगोंने यह निश्चय किया, कि राजाको बुलानेके लिये एक डेपुटेशन भेजा जाय। वह चाहते

थे, कि राजाको रखते हुये उत्तरदायित्व शासन कायम किया जाय। वह रियासतके अलग अस्तित्वको कायम रखना चाहते थे, क्योंकि ऐसा होनेपर कितने नेताओं को मन्त्री बनानेका अवसर मिलता। दूसरा पक्ष विलयनके पक्षमें वह था, चाहते थे, गढ़वालको एक जिला बना दिया जाय। यह भी कहा गया, कि राजा इसके लिये तैयार है। राजा क्यों न तैयार होता, "अर्ध तजहिं बुध सरबस जाये!" दूसरे पक्षमें बड़े भाई थे। राजाके पक्ष-वालोंने अपने इस मन्तव्यपर लोगोंके दस्तखत करवा लिये। दौलतरामने भी दस्तखत कर दिया था।

कमेटीके निश्चय करनेके बाद (१५ जनवरी) शामके वक्त एक सार्वजनिक सभा हुई, जिसपर राजाके दलवालोंने कब्जा कर लिया। उन्होंने हुक्म देकर जेलखानेसे कैदियोंको छुड़वा दिया था, और राज्यके बड़े-बड़े अफसर उस सभामें मौजूद थे। राजाके मुख्य सेनापति नाथूसिंह सभाके सभापति बनाये गये थे। दौलतराम भी वहाँ मौजूद थे। पैन्युली लाल स्याहीसे लिखा हुआ एक नकली कागज पढ़ रहे थे, जिसमें राजाने उत्तर-दायी शासन देनेका वचन दिया था। बड़े भाईने इसका विरोध किया। राजदलवालोंने "बैठ जाओ, बैठ जाओ" की आवाज लगाई, और धक्का देकर बड़े भाईको सभासे बाहर निकाल दिया। त्रिलोकीनाथ परवार भी पिछड़ गये थे। वह इसी समय सभामें पहुँचे। बड़े भाईने उनसे कहा, देखो सब किये-करायेपर पानी फिर रहा है, ये राजाको फिर लाकर बैठाना चाहते हैं। त्रिलोकीनाथने सभामें आकर लोगोंको शान्त किया, और बड़े भाईका परिचय दिया। लोग शान्त होकर सुननेके लिये तैयार हो गये, और रहस्य खुलनेपर उन्होंने पैन्यूलीको धक्का देकर बाहर कर दिया।

पता लगा विरोधी दल बड़े भाईको अपने रास्तेका काँटा समझता है, इसलिये पिस्तौलसे उन्हें खतम कर देना चाहता है। इसपर आजाद फौज वालोंने बड़े भाईको एक कमरेमें ले जाकर बन्द कर दिया। दक्षिणपन्थी दल टेहरीको कहाँ ले जा रहा था? राजाको बर्करार रखनेका मतलब उसकी निरंकुशताके ऊपर पर्दा डालना था। इसी समय देहरादूनसे सौ मिलिटरी पुलिसको लेकर एस० डी० ओ० और पुलिस-सुपरिन्टेन्डेन्ट आ गये। पुलपर आने पर उन्होंने ताला खोलनेके लिये कहा। स्वयं-सेवकोंने वैसा करनेसे इन्कार करते हुये अपने नेताका नाम बतलाया। आदमी बड़े भाईके पास आया। चाभी नहीं मिल रही थी, इसलिये ताला तोड़ दिया गया। यह कहनेकी आवश्यकता नहीं, कि टेहरीमें जो घटनायें हो रही थीं, उसका पता दिल्लीको बराबर मिल रहा था, तार घर सुरक्षित था। वह लोग जेलके सामने डाकबँगलेमें ठहरे। एस० डी० ओ० बड़े भाईको पहचानते थे, उन्होंने कहा—"गढ़वालीजी, हम चार्ज लेना चाहते हैं, आप सब बातें बतलाइये।" सब बातें बतलाई गईं। कल जब कमरेके भीतर बैठकर राजाके लानेका षड्यन्त्र किया जा रहा था, उस समय

दौलतरामको फिकर पड़ी थी, कि कहीं लोग खजानेको न खिसका दें। उस समय भिन्न-भिन्न रियासतोंमें क्या घटित हो रहा था, यह लोगोंको क्या मालूम ! बहुत-सी जगहोंमें राज्यके खजानोंकी लूट मची। जहाँ शासक होशियार थे, वहाँ उन्होंने स्वयं खजानेको हटा दिया। जहाँ बेवकूफ या नाबालिग राजा थे, वहाँ दिल्लीसे भेजे "ईमानदार" अफसरोंने हाथ साफ किया। कागज-पत्रसे पता न लग जाय, इसलिये उन्होंने नये पुराने कागजोंकी होली खेली। बिसाहर रियासतमें सैकड़ों वर्षके ऐतिहासिक दस्तावेज जला दिये गये, और इसकी खबर पानेपर भी कोई कार्रवाई नहीं की गई। दौलतरामने गलती नहीं की थी, जो वह खजानेके हिसाब करनेके लिये चले गये। टेहरीके राजाने अपने खजानेका भरनेके लिये पूरी कोशिश की थी। अपने और अपनी रानीके नामपर रियासतसे बाहर निजी जायदादें खरीदी थीं। जनता का इतना शोषण किया था, कि यह सब होनेके बाद भी खजानेमें ३८ लाख रुपये मिले। चाँदी-सोनेके बरतन और पुरानी चीजें इसके अतिरिक्त थीं। कहा जाता है, कई करोड़ रुपया राजाने विदेशी बैंकोंमें जमा कर रक्खा था।

टेहरीको सर्वप्रभुत्व सम्पन्न स्वतन्त्र रियासत घोषित करनेवालोंके सारे मनसूबोंपर पानी फिर गया, जब एस० डी० ओ०ने दौलतरामजी और बड़े भाईका हस्ताक्षर लेकर रियासतका चार्ज अपने हाथमें लिया। उन्होंने कह दिया, सरकारने मुझे मैजिस्ट्रेटके तौरपर चार्ज लेनेके लिये भेजा है, बाकी फैसला सरकार खुद करेगी। "दौलतराम कुकसाल मनोनीत प्रधान-मन्त्री हैं, इनसे सलाह लेकर आप काम कीजिये।" इस बातको मैजिस्ट्रेटने मान लिया।

१६ जनवरीको सबेरे श्री महावीर त्यागी, भक्तदर्शन, नरदेव शास्त्री आदि दूसरे नेता भी आ गये। सरकारकी ओरसे कल सभा होगी, इसकी घोषणा १५ की शामको ही कर दी गई थी। अगले दिन वह सभा हुई। १५ हजारके करीब जनता मौजूद थी। बड़े भाई दौलतरामको पकड़कर वहाँ ले गये। बेचारे कलकी गड़बड़ीसे कुछ परेशानसे थे। उनको फूलमाला देकर सभाका सभापति बनाया गया, और बड़े भाईने उन्हें टेहरी राज्यका प्रधान-मंत्री घोषित किया। कलकी सभामें राजा पार्टीवालोंने जनद्रोही कैदियोंको छोड़ दिया था। आजकी सभाके घोषणा की गई—१. सारे कैदी छोड़े जाते हैं, २. राज्यकी सम्पत्ति हमारी सरकार अपने हाथमें ले रही है, ३. तार द्वारा इसकी सूचना भारत सरकारको दी जाय, ४. लोगोंके ऊपर जो कर्ज है, उसे माफ किया जाता है। इन बातोंको महाबीर त्यागी नोट कर रहे थे। सभाने भावी टेहरीके लिये एक रास्ता बतलाया। अफसोस है कांग्रेसके प्रभुओंने उसे भुला दिया।

जिला बोर्डका चुनाव—बड़े भाई फिर पौड़ीमें थे। १९४८ का अन्त आ रहा था। इतने दिनों तक पौड़ीमें रहकर बड़े भाई और उनके साथियोंने जो

काम किया था, उससे अन्नकी समस्या कुछ हद तक हल हुई थी। कुछ किसान सभाओंका भी संगठन किया था, लेकिन पार्टीका जितना विकास होना चाहिये था, उतना नहीं हुआ। वस्तुतः किसानों-मजदूरोंमें काम करनेका ढंग दूसरा है, और शिक्षितों मध्यवर्गवालोंमें करनेका दूसरा। पार्टीके शिक्षित तरुण दो-चार वकीलों और बुद्धिजीवियोंके यहाँ चाय पीकर कुछ घंटे बहस कर लेनेसे ही अपने कामको समाप्त समझते हैं। वह वहीं तक जाना चाहते हैं, जहाँ तक मोटर की सड़कें और चायके प्याले हैं। पौड़ीमें पार्टीको और बड़े भाईके परिवारको आर्थिक कठिनाइयोंका बराबर सामना करना पड़ा। एक जमींन्दारसे थोड़ी-सी जमीन ले वह कुछ साग-सब्जी उगा लेते थे। गाँवके किसानोंसे अनाज माँग लाते। अपने साथियों-को बड़े भाईने बहुत बार कहा, कि हर चीजका हिसाब रक्खें, लेकिन उसकी उन्हें पर्वा नहीं थी। एक तरफ पार्टी आगे बढ़ नहीं रही थी, और दूसरी ओर कुछ दूसरे आवश्यक काम थे, जिनके लिये वह समझने लगे, कि पार्टीसे अलग होकर ही उन्हें कर सकता हूँ। पार्टीके सिद्धान्तों और कार्योंसे उनका कोई मतभेद नहीं था। अपने पेशावर-कांडके साथियोंको पेन्शन दिलानेका आन्दोलन हाथमें लेना था, परिवारका कोई प्रबन्ध करना था। इन्हीं बातोंके लिये उन्होंने पार्टीसे छुट्टी लेनी चाही। कठि-नाइयोंको देखकर साथी महमूदने पचास रुपया मासिक उनके नाम भेजना शुरू किया लेकिन, उससे सात-आठ स्थायी तथा कई अस्थाई आदमियोंका काम कैसे चल सकता था! आर्थिक-संघर्ष पति-पत्नीके मधुर सम्बन्ध पर भी प्रभाव डालता है। बड़े भाईने एक दिन माधवीके कपड़ेको फटा-भीगा देखा। पत्नीसे कहा—"इसे बदल दो।" पत्नीका कहना यह उचित ही था—"दूसरा जोड़ा बनाकर लाइये।" फिर वह उबल पड़ीं—"तुम तो दावतें खाते फिरते हो, और हमारे लिये रूखी चाय भी नहीं।" कितने ही दिनों खानेका भी ठिकाना नहीं रहता था। एक दिन कम्यूनकी अवस्था देखकर वह गाँवमें गये, और एक मन धान-मडुवा ढोकर लाये।

कम्यूनमें जो उस समय खाना नहीं खाना चाहता, उसके नामके सामने "नहीं खाना" लिख जाता था। एक दिन बड़े भाईके आनेमें देर हुई। सब लोग खाना खा चुके थे। बीबीने थोड़ा-सा भात रखकर बरतन धो-धाकर रख दिये थे, और बड़े भाईके नामके सामने "देरका खाना" लिख दिया था। बड़े भाई बाहरसे भूखे आये। जब उनके सामने वह ठरडा भात आया, तो बीबीके सरपर दे मारा, और कहा—"मैं कहाँ-कहाँसे खाना जुटाता हूँ, और यहाँ "देरका खाना भी देखा मिलता है।"

दूसरे कामोंके करनेमें असमर्थ हो, उन्होंने पार्टीके पास इस्तीफा भेजते हुये कारण बतलाया—"पेशावर-काण्डके सैनिकोंकी पेन्शनका आन्दोलन करना है, जिसे

पार्टी अपने ऊपर नहीं ले सकती, अपने परिवारकी शोचनीय स्थितिको भी सुधारना है।" साथी बृजेन्द्र गुप्तने उनकी शिकायत लिखी थी—"इन्होंने पार्टीके उम्मीद्वार मेम्बर अपनी बीबीको पीटा, यह अनुशासन नहीं मानते।" लखनऊ बुलाये गये। बड़े भाईने सारी बातें बतलाई। इसका फैसला करना कामरेड आर० भरद्वाजके जिम्मे दिया गया। बड़े भाई गढ़वाल पार्टीके सेक्रेटरी ब्रजेन्द्रके साथ देहरादून गये। साथी भरद्वाजने बहुत समझानेकी कोशिश की, लेकिन जो प्रश्न बड़े भाईके सामने थे, उन्हें वह पार्टीमें रहकर हल नहीं कर सकते थे। इसलिये उनकी इच्छाके अनुसार मेम्बरीसे उन्हें पृथक् कर दिया गया।

जिला बोर्डका चुनाव (१६४८)—जिला-बोर्डका नया चुनाव सिरपर आ रहा था। पुराने चेयरमैन अलग होने वाले थे। आफिसवालोंने उन्हें चाय-पार्टी दी, जिसमें बड़े भाई भी बुलाये गये। चेयरमैन वकील शङ्करसिंहनेगीके कामके बारेमें लोगोंने कहा। बड़े भाई भी बोले। कांग्रेसवाले सब कुछ रहते भी बड़े भाईसे शङ्कित रहते थे। उन्होंने उनके भाषणका यह अर्थ निकाला, कि चन्द्रसिंह जिला-बोर्डमें आकर चेयरमैन बनना चाहते हैं। उन्होंने इसकी सूचना लखनऊ भेजी। हुक्म निकला, और असिस्टेंट-सुपरिन्टेन्डेन्टने आकर तुरन्त उन्हें गिरफ्तार कर लिया। अपने विरोधियोंको रास्तेसे हटानेके लिये यह तरीका कांग्रेसवालोंका अनोखा नहीं था। नरेन्द्रसिंह भंडारी और जनताने बड़े भाईका साथ दिया। लोग जेल तक पहुँचाने गये। फिर वहाँसे उन्हें रातको ही बरेली भेजना चाहते थे; लेकिन बड़े भाईने कहा—"बाल-बच्चोंसे मिलकर उनका प्रबन्ध करना है, इसलिये इस समय नहीं जा सकता।"

जिस दिन बड़े भाई गिरफ्तार करके जेल भेजे गये, उसी दिन उनके पिता जाथलीसिंहका देहान्त हो गया, लेकिन दूर गाँवसे खबर जल्दी कैसे आ सकती थी? बरेलीमें जानेपर पत्नीने इसकी खबर दी। वह पिताकी अन्त्येष्टि-क्रियामें भी शामिल नहीं हो सके। जाथलीसिंह ६० वर्षसे ऊपर होकर मरे थे, इसलिए कहना चाहिये, कि उन्होंने अपना पूरा जीवन बिता लिया था। बाहरसे बड़े रुखे और कड़े मालूम होते थे, लेकिन उनका हृदय वैसा नहीं था। पुत्रकी बातें उन्हें पसन्द नहीं थीं, क्योंकि वह समझते थे, कि इसके कारण हमारा खानदान बरबाद हो रहा है। चन्द्रसिंह सूबेदार-मेजर होते, नौकरीमें रहते, ढाई सौ रुपया महीना पाते, फिर जिन्दगी भर ढाई सौ रुपया मासिक पेन्शन लेते। घर कितना अच्छा बन जाता, लोगोंमें कितना मान होता। बेटेने इस सबपर पानी फेर दिया। यही ख्याल उनके मनमें आया करते थे लेकिन, अन्तमें जब उन्होंने देखा, कि अकिंचन रहनेपर भी बेटेका सारे गढ़वालमें बड़ा मान है, तो उनके मनका

रंज दूर हो गया। उन्होंने खुले दिलसे बेटेको आशीर्वाद दिया था। बेटेको यही अफसोस रहा, कि अपने बूढ़े बापकी सेवा नहीं कर सका।

अगले दिन बरेलीके लिए बड़े भाईको जाना था, उससे पहले नरेन्द्रसिंह भंडारीके साथ भागीरथी देवी मिलनेके लिये आईं। भण्डारीजीने कहा—"जब कांग्रेसवाले जिला-बोर्डमें जानेसे आपको वंचित करनेके लिये सब कुछ कर रहे हैं, तो इस उम्मीदवारीके फार्म पर दस्तखत कर दीजिये।" बड़े भाईने उसपर हस्ताक्षर कर दिया।

वह पौड़ीसे बरेली सेन्ट्रल जेलमें भेजे गये। एक बार फिर उन्होंने अपने परिचित दरों-दीवारोंको देखा। पहुँचते ही सरकारको सूचित किया—"गिरफ्तारीका कारण बतलाया जाय, और खुली अदालतमें मुकदमा चलाया जाय, नहीं तो दस दिन बाद मैं भूख-हड़ताल कर दूँगा।" सरकारके कानों पर जूँ तक नहीं रेंगी। बड़े भाईने भूख-हड़ताल शुरू कर दी। एक सप्ताह तक कोई पूछने के लिये नहीं आया। उनकी चिट्ठी भी सुपरिन्टेन्डेंट तक नहीं पहुँचाई गई। इसपर बड़े भाईने दीवारोंपर कोयलेसे लिखना शुरू किया। कागज-पेन्सिल मिलती नहीं थी। पत्थरपर कुछ लिखा, जिसे जेलका वार्डर सुपरिन्टेन्डेंटके पास ले गया। सुपरिन्टेन्डेंट आया। उसने कहा—"जो कुछ ऊपर लिखना है, लिखकर दो, मैं उसे भेज देता हूँ, लेकिन तब तकके लिये भूख हड़ताल बन्द कर दें।"

भंडारीजी बड़े भाईके और अपने लिये भी चुनावके लिये प्रचार करते रहे, चुनावक्षेत्रसे दो मेम्बर चुने जानेवाले थे। जब सरकारने देख लिया, कि अब तो चुनाव में वह खड़े ही हो गये, तो वोट-दानके पाँच-छ दिन पहले बिना शर्त पैरोलपर छोड़ देनेका हुक्म दिया।

बड़े भाई पौड़ी पहुँचे। जो चार-पाँच दिन रह गये थे, उसमें उन्होंने अपने वोटरोंके पास पहुँचनेकी कोशिश की। उनके और भंडारीके खिलाफ एक खब्बरवाला कांग्रेसकी ओरसे खड़ा था, दूसरे कांग्रेसी उम्मीदवारका कागज रद्द हो गया था। निर्वाचनका परिणाम निकला। भंडारी और खब्बरवाले चुन लिये गये। अफसोस होने पर भी बड़े भाईको भंडारीके चुने जानेकी बड़ी प्रसन्नता हुई।

बड़े भाईने जेलसे जो अपने ऊपरके इलजामोंके बारेमें सरकारसे पूछा था, उसके उत्तरमें सरकारने यह नोटिस दी—

"संयुक्त प्रांतीय सरकार

(कनफिडेन्सल विभाग)

नं० बी० २१८८६।२५।५ आफ लखनऊ अप्रैल ८, १९४८।

नोटिस इ० द० ५ यू० पी० मेन्टेमेन्स आफ पब्लिक आर्डर ऐक्ट यू० पी० ऐक्ट नं० ४ सन् १९४७।

यू० पी० मेन्टेनेन्स आफ पब्लिक आर्डर ऐक्ट ४७ की धारा ५ के अनुसार तुम चन्द्रसिंह बेटा जाथलीसिंह मौजा अकरोड़ा पापलस्यूं जिला गढ़वालको इत्तिला दी जाती है। तुम्हें नजरबन्द रखनेकी वजह है—(१) तुम कम्युनिस्ट पार्टीके जोरदार कार्यकर्ता हो। (२) तुम २।१८ रा० गढ़वाल रा० (बरेली) की पेशावरमें हुई गदरके सजायाफ्ता हो। (३) तुमने कुमायूँ डिवीज़नके आई० एन० ए० वालोंको सरकारके विरुद्ध भड़काया। (४) तुमने अपने गोरखपुरके भाषणमें पबलिकको पुलिसको सूचना देनेवालेके ऊपर हमलावर होनेके लिये उत्तेजित किया। तुम्हारी हरकतें अमन व राज्यसत्ता कायम रखनेके सख्त खिलाफ हैं।

२ तुम्हें यह भी इत्तिला दी जाती है, कि जिस हुकुमके मुताबिक तुम नजरबन्द किये गये हो, उसके खिलाफ लिखित अनुरोध करनेका तुम्हारा हक है। अगर तुम्हें ऐसा अनुरोध करना हो, तो उसे जेल-सेपरिन्टेन्डेंटकी मार्फत सरकारको जल्द भेज दिया जाय।

(ह०) गोविन्दनारायण (गृह-सचिव)"

इस नोटिसको देखकर किसी भी राष्ट्रप्रेमीके दिलको धक्का लगे बिना नहीं रह सकता। बड़े भाई इस नोटिसको पढ़कर चुपचाप कैसे रह सकते थे ? उन्होंने इसके प्रतिवादमें "चन्द्रसिंह गढ़वालीका नम्र निवेदन" के नामसे १० जून १९४८ को एक हैंडबिल छपवाया, और उसे पत्रों और सरकारके धनी-धोरियोंके पास भेजा। अंग्रेज चले गये थे, लेकिन वह अपने धर्मपुत्रोंको छोड़ गये थे, यह इस नोटिसके एक-एक शब्दसे मालूम होता है। रायल गढ़वाल राइफलके पेशावरका अभियुक्त कहकर उसे गिरफ्तारीका एक कारण बतलाना यही बतलाता है, कि जिनके विरुद्ध पेशावर-कांड हुआ था, वह चमड़ेका रंग बदलकर लखनऊमें अब भी मौजूद है। बड़े भाईके निवेदनको देशके अखबारोंने छापा और लन्दनके दैनिक "डेली वर्कर" ने बड़ी सुर्खियोंके साथ प्रकाशित किया। चारों तरफ जब यू० पी० सरकारकी थुक्कम् फजीहत होने लगी, तब पन्तजीने अफसोस प्रकट करते हुये निम्न पत्र बड़े भाईके पास भेजा—

निजी सचिव, प्रधान-मन्त्री,

नैनीताल,
जून ११,१९४८

मेरे प्रिय चन्द्रसिंहजी,

भारतके प्रधान-मन्त्रीके पास भेजे गये आपके १८ मई, १९४८ के पत्रकी कापी पंडितजीने देखी। यह जानकर उन्हें बहुत अफसोस हुआ, कि नोटिसकी ध्वनिसे आप को तकलीफ हुई है। पंडितजी स्वयं मानते हैं, कि नोटिसमें पेशावर-घटनाका उल्लेख आपत्तिजनक और उत्तेजक है।

सारे राष्ट्रने पेशावरके शहीदोंकी तारीफ़ की है, और उनके बलिदानका उच्च सम्मान करता है। माननीय प्रधान-मन्त्री अनुभव करते हैं, और उन्होंने अनेक बार इस बातको प्रकट भी किया है, कि आप और आपके साथियोंने जो आत्म-त्याग और वीरता दिखलाई, उसने देशके लक्ष्यकी सेवा की है, और वह श्लाघनीय तथा सबकी प्रशंसाका पात्र है। यह दुर्भाग्यकी बात है, कि इसे आपके नजरबन्दीके हुकुम देनेके लिये एक कारण बतलाया गया। इस गलतीके लिये वह वास्तविक तौरसे अफ़सोस करते हैं, तथा वह आशा रखते हैं, कि यह मामला अब छोड़ दिया जाय। अब आपके हड़ताल करनेके लिये कोई कारण नहीं है।

पण्डितजी अनुभव करते हैं, कि पेशावरवाले पीड़ितोंका मामला ऐसा है, जिसपर विचार करना चाहिये, और वह इस प्रश्नको भारत सरकारके सामने रख रहे हैं।

आपका विश्वासपात्र,

सी० डी० पाण्डे

(निजी सचिव)

पेशावर कांडके वीर—पेशावर-कांडके वीरोंके पेन्शनका मामला बड़े भाईने अपने हाथमें लिया। गढ़वालमें गौचर नामका एक मैदान है। उत्तुंग पर्वतोंके बीचमें यहाँ इतनी समतल जमीन है, जिसपर हवाई जहाज उतरते हैं। बड़े भाईने पेशावर-काण्डके सैनिकोंकी सहायताके लिए एक कमेटी बनाई, और उसके प्रचारके उद्देश्यसे गौचरके मेलेमें जाना जरूरी समझा। गौचरमें २१ नवम्बर १९४८ से प्रदर्शनी होनेवाली थी, जिसमें सारे गढ़वालसे व्यापारी और दूसरे लोग आते हैं। अच्छा मौका था। बड़े भाईके पास इतना भी पैसा नहीं था, कि वह मोटरका किराया दे सकते। कोटद्वारमें एक ड्राइवरने सहायता की, और वह बिना पैसेके उसकी मोटरपर ११३ मील चलकर गौचर पहुँचे। मेला-कमेटीका अपना पंडाल था। बहुत प्रार्थना की, लेकिन कांग्रेसियों ने पेशावर-काण्डके सिपाहियोंके लिये भी पंडालको देना पसन्द नहीं किया। सूचना मिलने पर बहुतसे पेशावर-काण्डके साथी वहाँ पहुँच गये। जब पंडाल नहीं मिला, तो थोड़ा लाल कपड़ा खरीदा उसकी पतली चिटें हरेकके सिरपर बँधवा, भोंपू बजाते निकले। प्रदर्शनीवाले लोगोंको खींचनेके लिये फुटबालका खेल करा रहे थे। भोंपूकी आवाज सुनते लोग वहाँसे उठकर चले आये, और दो हजार जनता इकट्ठी हो गई। बड़े भाईने पेशावर-काण्डका वर्णन करते हुये बतलाया—"आज वह वीर कैसी दयनीय अवस्थामें हैं। ५८ साथियोंमें चार मर चुके हैं, और बाकी दाने-दानेके लिये मुहताज हैं।" सभाने पेशावरके साथियोंकी सहायता करनेके बारेमें प्रस्ताव पास किया।

उमानन्द बड़थ्वाल पहले बड़े भाईके सख्त विरोधी थे, और यही समझते थे, कि वह कांग्रेसवालोंको गाली दिया करते हैं। बड़े भाईने उस दिन दो घंटे तक भाषण दिया था। भाषणसे उमानन्द इतने प्रभावित हुये, कि उन्होंने उन्हें छातीसे लगा लिया, और कहा तुम गाली देनेवाले नहीं हो, तुम तो उच्च राजनीतिक बातें बतलाते हो।

सभाके बाद भी तीन दिन तक बड़े भाई वहीं रहे। खानेका जहाँ ठिकाना न हो, वहाँ मोटरका किराया कहाँसे मिलता? उमानन्द मिल गये उन्होंने पूछा—"क्यों नहीं गये?" बड़े भाईने कहा—"मैं तो ड्राइवरकी कृपासे आया था। पैदल जा सकता था, लेकिन साथमें बिस्तरा है।" उसी समय (१९४८ ई० में) उमानन्दने गढ़वाल मोटर यूनियन कम्पनीकी ओरसे मुफ्त पास कटा दिया, जो आज तक बड़े भाईके काम आता है।

दिल्लीमें—पेशावर-काण्डके सैनिकोंके मामलेको अब दिल्लीके कानोंमें पहुँचाना था। उस समय प्रतिरक्षा-मन्त्री सरदार बलदेवसिंह थे। वह भला एक अकिंचन सिपाहीसे मिलनेके लिये क्यों तैयार होते? अन्तमें बड़े भाई नेहरूके पास पहुँचे, और उनके प्राइवेट सेक्रेटरी शिवदत्त उपाध्याय से सारी बातें बतलाईं। प्रधान-मन्त्रीसे मिलना आसान नहीं था, लेकिन उपाध्याय और इन्दिरा सभी बड़े भाईको जानते थे। बड़े भाईको उन्होंने नेहरूके सोनेके कमरेमें भेज दिया। नेहरू हाथ मिलाते बड़े प्रेमसे मिले, और पूछा—"क्या चाहते हो?"

बड़े भाईने कहा—"पेशावर-कांडके सैनिकोंका मेमोरेन्डम लेकर आया हूँ।" और उसे नेहरूके हाथमें देते हुये कहा—"पेशावर-काण्डको राष्ट्रीय पर्व समझा जाय, और सैनिकोंको पेन्शन दी जाय। जो मर गये हैं उनके परिवारकी सहायता की जाय।"

मान्यताकी बात सुनते ही दो मिनटवाले नेहरू तुरन्त आकर उपस्थित हो गये, और उबल उठे—"मान्यता! तुम बागी हो।"

बड़े भाई उनका मुँह ताकने लगे। जिस नेहरूने एक समय लखनऊके विद्यार्थियोंके सामने बड़े भाईको वीर कहा था, और उनके पिताने मृत्यु-शय्यापर पड़े हुये गांधी और नेहरूके सामने कहा था, कि गढ़वाली सैनिकोंको न भूलना। जेलमें रहते कितनी मर्तबे नेहरूने उन सैनिकोंकी सराहना की थी। आज यह अपने मुँहसे क्या निकाल रहे हैं! चाहे इस बातको दो मिनटवाले नेहरू कह रहे हों, जिसे ५८ मिनटवाले नेहरू माननेके लिये तैयार नहीं हैं, लेकिन गांधी तो पूरे ६० मिनट गांधी रहते थे। उन्होंने भी पेशावर-कांडके गढ़वाली सैनिकोंके कामके महत्वको नहीं माना था। शायद वह अपने असहयोग सत्याग्रहको ही एकमात्र भारतकी

स्वतन्त्रताकी रामवाण औषधि मानते थे, इसलिये महत्वको जानते हुये भी उसे स्वीकार करना नहीं चाहते थे। जो भी हो, उन्होंने निम्न पंक्तियोंको लिखी थीं—*

बड़े भाईने नेहरूको मुँहफट-सा जवाब दिया—"जिस फील्ड-मार्शलके आप जेनरल थे, मैं उसका अर्दली था। आज आप प्राइम-मिनिस्टर हैं, और मैं बागी हूँ। गढ़वाली वीरोंने पेशावरमें ही देशके लिये बगावतका झंडा नहीं खड़ा किया था। इम्फालमें भी उन्होंने अंग्रेजोंका हुकुम माननेसे इन्कार किया था। उन्होंने देशके लिये जो किया, उसे आप भुला नहीं सकते। आज भी कश्मीरकी चोटियोंपर वह हमारे देशके लिये लड़ रहे हैं। वह आपको अपनी आँखकी पुतली समझते हैं, और आप उनके लिये बागीका शब्द निकाल रहे हैं।

दो मिनटका नेहरू अभी कमरेसे गया नहीं था। उसकी त्योरियाँ चढ़ गईं, ओठ फड़फड़ाने लगे। अधजली सिगरेटको वहीं उसने पटक दिया और कागज सँभालते खट्-खट् नीचे उतर गया। सौसे अधिक आदमी मिलनेके लिये इन्तजार कर रहे थे। जल्दी-जल्दी आध घंटेमें सबको निबटाकर आफिस जानेके लिये नेहरू अपनी कारमें जा बैठे। बड़े भाई कारके सामने खड़े हो गये—"मैं दूरसे बड़ी मुश्किलसे मुलाकातके लिये आया हूँ, अभी मुलाकात नहीं हुई।"

नेहरूने उसी समय अपने सेक्रेटरी जान मथाईसे कहा, कि बड़े भाईको आफिसमें मिलनेका इन्तजाम कर दो।

निश्चित समयपर बड़े भाई आफिसमें पहुँचे। मथाईने उन्हें नेहरूके पास भेज दिया। नेहरूने धर्मवीरको बुलाकर उन्हें बड़े भाईका परिचय देना चाहा, लेकिन, धर्मवीर अल्मोड़ाके डिप्टी-कमिश्नर रहते जेलमें उनकी दावत कर चुके थे। उन्होंने कहा—"मैं इन्हें जानता हूँ।"

नेहरूने कहा—"बड़े भाई मुझे अफसोस है, समय नहीं है। आप धर्मवीरको अपनी सारी बातें लिखवा दीजिये।" बड़े भाईने धर्मवीरके पास आकर सारी बातें बतला दीं।

---

* "आजका भारत"—रजनी पामदत्त (हिन्दी, पृ० ३३३)

"वह सिपाही जो गोली चलानेसे इन्कार करता है, अपनी प्रतिज्ञा भंग करता है, इस प्रकार वह हुक्म-उदूलीका अपराध करता है। मैं अफसरों और सिपाहियोंसे हुक्म-उदूली करनेके लिये नहीं कह सकता। जब हाथमें ताकत होगी, तब शायद मुझे भी इन्हीं सिपाहियोंसे और अफसरोंसे काम लेना पड़ेगा। अगर मैं इन्हें हुक्म-उदूली करना सिखाऊँगा, तो मुझे भी डर लगा रहेगा, कि मेरे राजमें भी वे ऐसा ही न कर बैठेंगे।" (गढ़वाली सिपाहियोंके प्रश्नपर फ्रांसीसी पत्रकार चार्ल्स पेत्राशको गांधीजीका उत्तर "मोंद" २० जनवरी १९३२)।

बड़े भाईको मालूम था कि दिल्लीके प्रधान-मन्त्री चाहे नेहरू हों, लेकिन असली सूत्रधार वल्लभभाई पटेल हैं। गढ़वालमें जब उन्हें मालूम हुआ कि सरदार देहरादून आये हैं, तो वह उनसे मिलनेके लिये वहाँ पहुँचे, लेकिन पुलिसने भीतर जाने नहीं दिया। वहाँसे चलते समय लिखकर सरदारके लिये एक चिट्ठी दे दी। दिल्ली जाकर सरदारने मिलनेके लिये बुलाया। बड़े भाई कितने अर्थ-संकटमें हैं, यह इन नेताओंको क्या पता था? वह नहीं जानते थे, कि मोटर और रेलका किराया चुकाना भी किसीकी शक्तिके बाहरकी बात हो सकती है। दिल्ली गये, लेकिन पहरेकी चहारदिवारी को चीरकर मन्त्रियोंसे मिलना आसान थोड़ा ही था। बड़े भाई बाहर टहल रहे थे। शामका समय था। इसी समय पटेल बाहर निकले। उन्होंने देख लिया। बुलाकर पूछा, तो कहा मैं आपके पत्रको पाकर यहाँ मिलने आया। समय माँगा, तो पटेलने कहा—"उसे माँगनेकी जरूरत नहीं, चलो मेरे साथ।" वह भीतर ले गये। बड़े भाईने सैनिकोंका मेमोरेण्डम दिया और उनसे सारी बातें बतलाईं। पटेलने "बहुत अच्छा" कहकर उन्हें विदा किया।

बलदेवसिंहने मिलनेकी भी जरूरत नहीं समझी। प्रधान-मन्त्रीने सभी बातें जाननेके लिये अपने सेक्रेटरीको आदेश दिया था और अब लौह-पुरुषसे भी बात हो गई। इस सबका परिणाम यह हुआ, कि सरकारने एक प्रेस-नोट निकालकर कहा कि १८५७ ई० से इधर जिन सैनिक या असैनिक लोगोंने देशके लिये अपनी नौकरी या सम्पत्ति खोई है, उन्हें पेन्शन दी जायगी, सम्पत्ति लौटाई जायगी। जो दस साल नौकरी कर चुके थे, उन्हें पेन्शन मिलेगी। इस नोटिससे जो बूँदें पड़नेवाली थीं, वह पेशावर-कांडके ५८ सैनिकोंमेंसे सिर्फ तीन—चन्द्रसिंह गढ़वाली, नारायणसिंह गोसाईं और जीतसिंह रावत—पर ही गिरतीं, बाकीको कुछ न मिलता।

पेशावर-कांड सैनिक कमेटीकी बैठक हुई। फिर प्रस्ताव पास हुआ, जिसे लेकर बड़े भाई दिल्ली पहुँचे। पेन्शन-विभागमें गये, वहाँके इञ्चार्जसे मिलनेके लिये पुर्जी भेजी। इञ्चार्ज ब्रिगेडियर-जेनरल प्रीतमसिंह थे, जिन्हें सेकण्ड-लेफ्टनेन्ट रहते समय बड़े भाईने पचमढ़ीमें शिक्षा दी थी। पुर्जी पाते ही बाहर निकल आये, और उन्होंने अपना परिचय पचमढ़ीके विद्यार्थीके तौरपर देते कहा—"पेशावर-कांडके समय लन्दन-के फौजी स्कूलमें विशेष पढ़ाईके लिये गया था। जब उसकी खबर वहाँके पत्रोंमें पढ़ी, तो मुझे अपार खुशी हुई।" ब्रिगेडियरने इस कामको अपना समझ, मेमोरेण्डमको पढ़कर उसमें आवश्यक परिवर्तन किये और तीन सौ कापियाँ टाइप कराकर उनके हाथमें देकर कहा—"इन्हें विधान-सभाके सदस्योंमें बाँटिये।"

बड़े भाई पार्लियामेन्ट-भवनमें गये। उन्हें यह बता दिया गया था कि दोपहरके समय चाय पीनेके लिये मेम्बर बाहर आते हैं, उसी समय इन्हें बाँटिये। उस समय

बड़े भाईके परिचित महावीर त्यागी भी एक मन्त्री हो गये थे। त्यागीजीने मिलनेपर कहा—"किदवईके पास भी जाओ। उनकी बात पंडितजी मानते हैं। जाकर फोन किया, पर किदवईसे मुलाकात नहीं हो सकी। मोटरपर चढ़ते समय मिले और दो-तीन मिनट किदवईसे बात हुई।

इसी समय दो बजेकी घंटी बजी। पार्लियामेन्टके सदस्य बाहर निकलने लगे। कुछ नोटिस बाँटी, कुछको फेंका। धक्का-धुक्कीमें कुंजरूसे भेंट हो गई। उन्होंने बात सुनकर कहा—"अच्छा नोटिसें बाँट दो।" कुंजरू तब तक वहीं खड़े रहे। कापियोंको बाँट देनेके बाद वह अपने साथ रहनेकी जगहमें ले गये। चाय पिलाई और मेमोरेण्डमको पढ़ा। मेमोरेंडममें था—"पेशावर-कांडको मान्यता दी जाय। सैनिकोंकी पुनर्नियुक्ति की जाय। राष्ट्रपति उसके लिये अपना उच्चतम तमगा दें।"

कुंजरू अंग्रेजोंके समयसे ही सैनिक-विभागके सम्बन्धमें विशेषज्ञ माने जाते थे। उनके पास दिल भी था, तभी तो पद और वैभवके रास्तेको छोड़कर वह सर्वेन्ट आफ इंडिया सोसाइटीके मेम्बर बन गये। उन्होंने कहा—"भाई, मुझे बात समझमें नहीं आ रही है। बीस साल बाद सैनिकोंकी पुनर्नियुक्तिका क्या अर्थ है? तबसे अब हथियार बदल गये हैं, इनकी उमर भी ऐसी नहीं है कि सब बातोंको सीखकर काम कर सकें।"

बड़े भाईने सैनिकोंकी सूची दिखलाते हुये कहा—"इन ५८ आदमियोंमें चार आदमी मर चुके हैं, और प्रेस-नोटिसके मुताबिक उन्हींको पेंशन मिलेगी, जो दस वर्षसे अधिक नौकरी कर चुके हैं। इसका मतलब है, सिर्फ तीन आदमियोंको पेंशन मिलना। बाकी ५१ आदमियोंने भी तो अपने भविष्यपर लात मारा था। जो पचास ही दिन नौकरी कर पाये थे, उन्होंने यदि उस दिन अंग्रेजोंका हुकुम माननेसे इन्कार न किया होता, तो क्या वह हवलदार-जमादार-सूबेदार न हुये होते। बल्कि हम लोग, जो १५-१६ साल नौकरी कर चुके हैं, हमने कुछ कमा भी लिया था। हवलदार बनकर मैंने अपने लिये मकान बनाया था। अपने जीवन-स्तरको भी साधारण किसानसे निम्न मध्यम-वर्गके तल तक पहुँचाया था, लेकिन जिसने ४९ दिन ही काम कर पाया, वह तो अपने लिये कुछ नहीं कर सका। यदि कोई सैनिक लड़ाईमें जाकर कम सर्विस होनेपर भी अंग-भंग हो जाता है, तो उसको क्यों पेंशन दी जाती है?"

अब कुंजरूजीको बात कुछ समझमें आने लगी।

बड़े भाईने कहा—"मैं भी जानता हूँ कि पुनर्नियुक्तिसे यह अर्थ नहीं लिया जा सकता, कि उन सैनिकोंको फिर नौकरीपर लगाया जाय। पुनर्नियुक्तिका यही अर्थ है कि जिसने ४९ दिन काम किया है, उसके लिये भी दस वर्षमें जितने कम हैं, उतने

समयको जोड़ दीजिये और उसकी तनखा दे दीजिये। फिर कायदेके मुताबिक पेंशन दे दी जाय।"

कुंजरूने कहा—"बिल्कुल ठीक है। मैं इसके लिये पूरी कोशिश करूँगा।"

कुंजरूने पूरा जोर लगाया और सरकारने अपने प्रेस-नोटको बदलकर आदेश निकाला, जिसके अनुसार दस सालवालोंको पेंशन और कम नौकरीवालोंको ग्रेचुटी (विशेष रकम) देना स्वीकार किया। अब ३६ को पेंशन मिली और २१ को ग्रेचुटी। दो आदमियोंको कुछ भी नहीं मिला। यही सरकारी तरीका है। वह यह नहीं समझ पाये कि इन दो आदमियोंने भी तो देशके लिये उस दिन गोलीसे उड़ा देने लायक कसूर किया था।

११ अप्रैल १९५४ को फिर इसी सिलसिलेमें बड़े भाई दिल्ली राष्ट्रपतिसे मिलने गये। सोचा, आखिर राष्ट्रपति भी इस कागजको प्रधान-मन्त्रीके पास भेजेंगे, इसलिये उनके पास चले गये और राष्ट्रपतिके लिये तैयार किये हुये मेमोरेंडमको उनके हाथमें दे दिया। मेमोरेंडममें लिखा था कि १९३० के नमक-सत्याग्रहके युद्धमें आप हमारे सेनापति थे और अब राष्ट्रपति हैं। हमने अपने निहत्थे भाइयोंपर उसी समय पेशावरमें गोली चलानेसे इन्कार कर दिया था। अंग्रेजोंने हमें बागी और देशद्रोही करार दिया था। हम अंग्रेजोंके बागी थे, लेकिन देशद्रोही नहीं थे, यह आप जानते हैं। युद्धसे विजयी होकर आप लौटे हैं। इस समय आप पेशावर-कांडके सैनिकोंके साथ वीरोचित बर्ताव करें, और पेशावर-कांडको अपना उच्चतम पदक अशोक-चक्र प्रदान करें।

पंडितजीने घरबारकी बात पूछी। उस समय मलेरियाके मारे बड़े भाई बहुत दुर्बल थे, उन्होंने कहा—"मैं तो अब यही समझता हूँ कि यह आपसे आखिरी मुलाकात है।"

पौड़ीमें रहते १७ दिसम्बर १९४८ को बड़े भाईकी तीसरी संतान पुत्र आनन्द-चन्द्र पैदा हुआ।

* * * *

बड़े भाई गढ़वालके प्राकृतिक तौरसे बड़े ही समृद्ध किन्तु सामाजिक और आर्थिक तौरसे पिछड़े हुये राठ प्रदेशमें पैदा हुये थे। राठ (राष्ट्र) इस प्रदेशको क्यों कहा गया, यह ऐतिहासिकोंके खोजकी बात है। दो सौ वर्गमीलके इस इलाकेमें चोपड़ा-कोट, ढाईज्युली, चौथान और कंडारस्यूंकी पट्टियाँ हैं। यहाँकी बोली आसपाससे कुछ भिन्न है। यदि फौजमें भरती होनेके लिये लोग अधिक संख्यामें न जाया करते, तो यहाँवाले पूरे कूपमंडूक रहते। इलाकेके लोग वस्तुतः जंगलके वासी हैं। यहाँका

शासन-केंद्र पौड़ी बहुत दूर है। चमोली, लैन्सडाउन ३०-३०, ४०-४० मीलपर पड़ते हैं, जिसने यहाँवालोंका कोई सम्बन्ध नहीं है। सकलानीके शहादतके दिन अपनी वसीयत-में बड़े भाईने राठ प्रदेशके बारेमें लिखा था। वह समझते थे कि जब तक राठ प्रदेशके भीतर तहसीलका शासन-केन्द्र नहीं बनता, तब तक वहाँकी आर्थिक, सामाजिक तथा शिक्षा-सम्बन्धी समस्यायें हल नहीं हो सकतीं। वह राठ प्रदेशका दौरा करनेके लिये निकल पड़े। यह प्रदेश समृद्ध है, यहाँके जंगलोंमें देवदार, अखरोटके कीमती वृक्ष हैं, सुरई, थनेर, बाँज, तिलौज, खरसू जैसे उपयोगी काष्ठ हैं। यहाँ लोहे, ताँबे, सीसे और अबरककी खानें हैं, जिनमेंसे कितनों हीमें पहले काम हुआ करता था। यहाँके कितने ही स्थान सात-आठ हजार फीट ऊँचे हैं, सबसे ऊँची चोटी गीदों १०२१७ फीट ऊँची है, जहाँसे हिमाच्छादित शिखरपंक्तियों तक फैला सारा गढ़वाल और नीचेकी ओर देशकी मैदानी जमीन देखी जा सकती है। यहाँ चार बड़े-बड़े पयार (बुग्याल) हैं। आठ हजार फीटसे अधिक ऊँचे इन मैदानोंमें हवाई जहाज उतर सकते हैं। बरसातमें यहाँ बर्फके नीचेसे सैकड़ों तरहकी मूल्यवान जड़ी-बूटियाँ निकलकर लह-लहाने लगती हैं, और फूलोंकी कालीन बिछ जाती है। बिनसर गढ़वाल और भारतके बहुत पुरने मन्दिरोंमें है, जिसे कत्युरी-कालमें बनाया गया था। यातायातके रास्तोंसे बहुत दूर होनेके कारण पुरातात्विक महत्वके इस मन्दिरको कोई खोज-पूछ करनेवाला नहीं है, और वह टेढ़ा होकर गिरनेके लिये तैयार है। दूदाटोलीके नामसे प्रसिद्ध यहाँका जंगल केवल प्राकृतिक सौन्दर्यमें ही अद्वितीय नहीं है, बल्कि प्राकृतिक सम्पत्ति-का भंडार है। यहाँसे छ नदियाँ निकलकर भिन्न-भिन्न दिशाओंमें बहती हैं—जिनमें पिंडार, पूर्वी नयार, पश्चिमी नयार और रामगंगा मुख्य हैं। बड़े भाई राठ प्रदेशकी यात्रा करते नौ दिन खरकियोंके साथ रहे थे। बर्फ पिघल जानेपर जब पयार हरी-हरी घासोंसे ढँक जाते हैं, तो बीसों मीलके लोग गाय-भैंसोंको लेकर चार-पाँच महीनेके लिये यहाँ डेरा डाल देते हैं। उनके साथ रहते पयारोंको देखा, फिर उन्होंने सरकारके पास तीन हजार आदमियोंके हस्ताक्षरसे आवेदन-पत्र भेजा, कि राठके लिये एक नई तहसील थुधौलीमें बनाई जाय और इस इलाकेके विकासके लिये सरकार पूरा ध्यान दे। उन्होंने इसकी सारी योजना बनाई और दो हजार कापियाँ छपवाकर सब जगह भेजी।

इतने हीसे वह सन्तुष्ट नहीं हुये, बल्कि इस इलाकेमें पाई जानेवाली धातुओंके उन्होंने बहुत से नमूने जमा किये, जड़ी-बूटियाँ और फूलोंके नमूने भी साथ लिये, नक्शा तैयार किया, फिर नेहरूजीके पास दिल्ली पहुँचे। उन्होंने नेहरूजीको याद दिलाते हुये कहा—"जब आप गढ़वालका दौरा करने गये थे, उसके बाद हवाई जहाज-से भी उसके ऊपर उड़े थे तो आपने कहा था—गढ़वाली माँगना जानते हैं, काम करना नहीं जानते, गढ़वाल सब तरह समृद्ध है। मैं कहता हूँ, कि गढ़वाली काम

करना जानते हैं, हमें उसके लिये मौका दीजिये। गढ़वालका यह इलाका है, जिसके प्राकृतिक सौन्दर्यका मुकाबला गढ़वालमें भी दूसरे स्थान करनेवाले नही हैं। दूदाटोलीको आप भारतकी ग्रीष्म राजधानी बना सकते हैं, वहाँ हवाई जहाजसे पहुँच सकते हैं। पाकिस्तानकी सरहदसे वह बहुत दूर है, हरियाली और पानीसे भरा हुआ प्रदेश है। रामनगर और भिखियासेनसे होते वहाँ रेल पहुँच सकती है। यह देखिये वहाँ ये धातुयें मौजूद हैं।"

नेहरूजीने सभी बातें ध्यानसे सुनकर कहा—"बड़े भाई, मैं तो तुम्हें सिपाही समझता था, तुम तो आयोजना बनानेवाले हो गये।"

नेहरूजीने उन नमूनोंको तत्सम्बन्धी विभागोंको भेज दिया। भूतत्वीय सर्वेके जी० एन० दत्त जाँचके लिये आये। बड़े भाईने उन्हें सारी जगहें दिखलाई। रेलवे-वालोंको भी हुकुम दिया गया था। प्रादेशिक कृषि-मन्त्री शेरवानी और उद्योग-मन्त्री केशवदेव मालवीयके पास भी पहुँचे। उन्होंने भी जाँच करवाई। सभी सम्पत्तियोंके रहनेके बाद भी राठमें तब तक कुछ नहीं हो सकता था, जब तक कि आधुनिक याता-यातका प्रबन्ध न किया जाय। उत्तर-प्रदेशकी सरकारने भी यही बहाना किया, कि यातायातके लिये मरचूला, वीरौखाल, कर्णप्रयाग, थलीसैण और पौड़ीमें मोटर-रोड बना-कर मौजूदा मोटर-सड़कोंके साथ मिलनेके लिये एक कमेटी भी बड़े भाईने बनाई। जनताकी आवाजको दबाना मुश्किल था, इसलिये १६५० में सरकारने कहा, कि दूसरे पंचवार्षिक योजनामें हम इस मोटर-सड़कको प्राथमिकता देंगे। उसके लिये दो लाख रुपये मंजूर भी हो गये। इसके अनुसार मरजूलासे वीरौखाल होते बाजिरों तक सड़क बनाई जानेवाली है, लेकिन तब भी राठ प्रदेश अछूता रह जायगा। इस पिछड़े इलाकेके लिये उत्तर प्रदेश सरकारने तहसील बनानेको सिद्धान्तः मंजूर कर लिया है, लेकिन कहती है, कि हम इमारत नहीं बना सकते। यदि लोग इमारत बना दें तो हम तहसीलदार भेजने-के लिये तैयार हैं लेकिन, सिर्फ तहसीलदारको लेनेसे लोगोंको क्या फायदा? वहाँ तहसीलकी इमारतें बनतीं, पुलिसका थाना रहता, अस्पताल स्थापित होता, हाई स्कूल कायम होता, तो दूकानें खड़ी हो जातीं, वह एक कस्बेका रूप धारण कर लेता, और राठ प्रदेशके लोगोंको उससे फायदा होता।

लैन्सडौनमें जब छावनी कायम हुई और वहाँ अंग्रेज रहने लगे, तो उनका ध्यान बागवानीकी ओर गया। उन्होंने छावनीमें सेब, नासपाती, आड़ू, खूबानी, पाँगर (चेस्टनट) आदिका बगीचा लगवाया। उस बागको जंगल दबोच रहा था। बड़े भाईने देखा, कि अभी भी पेड़ोंमें सेब लगे हुये हैं। कितना पैसा लगाकर इस बगीचेको तैयार किया गया था। इस प्रदेशको बागबानीसे कितना लाभ हो सकता है, इसका ख्याल करके बगीचेकी यह दयनीय अवस्था देखकर उन्होंने डिप्टी-कमिश्नरको लिखा।

वहाँसे बगीचेको ठीक-ठाक करनेके लिये २५० रुपये, मकानके लिये २५० रुपये मिले। यह भी हुक्म हुआ, कि जंगलमें आ गये पुराने बगीचे और नई जमीनको मिलाकर तीन सौ एकड़ बागके लिये दिया जाय। बागको बढ़ाया तो नहीं जा रहा है, लेकिन सालके फल नीलाम हो जाते हैं, जिससे उसे कायम रक्खा गया है।

शिक्षाकी राठमें बड़ी कमी थी। शासन-केन्द्र और सड़कोंसे दूर रहनेके कारण अधिकारियोंका उधर ध्यान नहीं जाता था। ३०-३० गाँवोंपर एक प्राइमरी स्कूल—मीलोंकी यात्रा करके विद्यार्थी वहाँ कैसे पहुँच सकते थे? डिप्टी इन्स्पेक्टर बुद्धिवल्लभ और बड़े भाईने प्रयत्न किया। चोरराकोटमें जहाँ पहले एक प्राइमरी स्कूल था, अब वहाँ १५ कायम हो गये। हरेक पार्टीमें एक-एक जूनियर हाई स्कूल भी स्थापित हो गया। जनतामें इतना उत्साह था, कि श्रमदान-करके उन्होंने सड़कें बनाईं, स्कूलके लिये मकान तैयार किये। सरकार और जिला-बोर्डने उपेक्षा दिखाई, अब उनमेंसे अधिकांश स्कूल बन्द हो गये हैं, और इमारतें ढह रही हैं।

बिनसरके प्राचीन मन्दिरके बारेमें फोटोके साथ बड़े भाईने पुरातत्व-विभागको लिखा, कि मन्दिर टेढ़ा हो गया है। वह गोपेश्वर और केदारनाथकी तरहका विशाल मन्दिर है। विभागने एक हजार रुपया अनुदान दिया, लेकिन रुपयेका कोई इस्तेमाल नहीं हुआ, और न उस ऐतिहासिक मन्दिरके लिये कुछ किया गया।

बड़े भाई बैठे रहना नहीं जानते। देशमें इतनी समस्यायें हैं, जिनके लिये काम करनेवालोंकी कमी है। जिस समय गढ़वालसे बेगार-प्रथा खतम की गई थी, उस समय पौड़ी के तहसीलदार जोतसिंह नेगी थे। कुलियोंके न मिलनेपर आने-जानेवालोंको कठिनाई होती, इसलिये उन्होंने घर पीछे दो रुपया चन्दा जमा कर उससे खच्चरोंके रखनेका प्रबन्ध किया। वह सामानको एक जगहसे दूसरी जगह पहुँचाया करते थे, उनके ऊपर पटवारी और नौकर भी थे। किरायेका रुपया मिलता था, जिससे खर्चका काम चल जाता था। १९५१ में अधिकारियोंके लिखनेपर उत्तर-प्रदेश सरकारने खच्चरोंको बेकार समझकर उन्हें नीलाम कर देने का आदेश दिया। पटवारी चिल्लाता हुआ बड़े भाईके पास पहुँचा—"खच्चर भी बेकार नहीं थे। नीलाम कर देनेपर उनपर जो हम सब नौकर हैं, वह बेकार हो जायँगे और खच्चरोंके लिये जहाँ-तहाँ बने घर भी गिर जायँगे।" बड़े भाईने तार देकर पन्तजीको नीलाम रुकवानेके लिये कहा। चिट्ठी पहुँची। बड़े भाईने जोतसिंह तहसीलदारका वह कागज भी खोज निकाला जिसमें लिखा था, कि जिस वक्त इस कुली-एजेन्सीको तोड़ा जाय, उस वक्त नौकरोंका ख्याल रक्खा जाय, और इसकी सारी सम्पत्ति सार्वजनिक संस्थाको दे दी जाय। जाँचसे मालूम हुआ, कि इससे स्वयं सरकारी अफसरोंको भी बहुत लाभ है। बेगारके कुली तो अब मिल नहीं सकते, ऐसे समय ये खच्चर बड़े कामके हैं। आखिर एजेन्सी तोड़ी गई। सरकारने २५०० रुपया

सालाना देना स्वीकार किया। डिप्टी-कमिश्नर कुरेशीने इसके लिये बड़े भाईको धन्य-वाद दिया।

जङ्गलातके फारेस्ट गारदोंको बड़ी तकलीफ थी। उन्होंने समझा, कि हमारी तकलीफें संगठनसे ही दूर हो सकती हैं। एसोसियेशन बना बड़े भाईको भी बुलाया। वह शिकायत कर रहे थे—"(१) हमारी तनखाह बहुत कम हैं, (२) हमें अपनी जगहसे जाने-आनेके लिये टी० ए० (सफर-खर्च) नहीं मिलता, (३) दूसरी जगह बदली होनेपर अपने सिरपर सारा सामान उठाकर जाना पड़ता है, (४) जङ्गलमें आग लग जाती है, जानवरोंका उपद्रव होता है, और उसमें हमें अकेले रहकर जान देना पड़ता है। आसपासके लोगोंसे सहायता लेनेके लिये मजबूर होना पड़ता है, जिसके कारण उनके साथ हम रियायत करते हैं, जिससे जङ्गलातको नुकसान होता है।

इसके लिये बड़े भाईने भी कोशिश की। जङ्गलातके कन्जर्वेटरने कहा, कि तन-खाहके बारेमें तनखाह-कमीशन बैठा हुआ है, वही निश्चय करेगा, बीस रुपया महँगाई को हम तनखाहमें डाल देते हैं, और दूसरी बातोंपर भी विचार किया जायगा।

उस समय कोटद्वारसे दिल्ली जानेमें कई जगह रेल बदलनी पड़ती थी। गढ़वा-लके दस हजार आदमी दिल्लीमें रहते हैं, उनको बड़ी तकलीफ होती थी। बड़े भाईने इस आन्दोलनको हाथमें लिया, कि कोटद्वारसे सीधे दिल्ली जानेके लिये डब्बा लगाया जाय। बलदेवसिंह आर्य उस समय एम० पी० थे, उन्होंने भी पूरा जोर लगाया और सहारनपुर होकर एक डब्बा कोटद्वारसे सीधे दिल्ली जाने लगा। अब शामको कोटद्वारमें बैठिये और सबेरे दिल्ली पहुँचा जाइये।

गढ़वालमें शराबके कारण लोग बरबाद हो रहे थे। पुरुष ही नहीं, स्त्रियाँ भी पीने लगी थीं। पौड़ीमें शराबका ठेका जो १२ हजारमें बिकता था, ६८ हजार हो गया। १९४९-५० में बड़े भाईने इसके खिलाफ आन्दोलन करते निश्चय किया, कि शराबकी भट्टियोंको नीलाम करते समय धरना दिया जाय। सरकारी कर्मचारी भी शराबबन्दीके पक्षमें थे। उन्होंने नीलामपर धरना न देनेके लिये कहकर बतलाया, कि बाजारमें जलूस और नारे लगाये जायँ। डिप्टी-कमिश्नर भी चाहता था, कि शराबबन्दी हो। पौड़ी, सौड़ी, धौड़ी, श्रीनगर, दुगड्डामें भट्टियाँ नीलाम हो चुकी थीं, लेकिन आन्दो-लनके कारण ठेकेको तोड़कर पैसे लौटा दिये गये। लैन्सडौनमें फौजोंके कारण और कोटद्वारके जिलेके सीमांतपर होनेसे भट्ठी तोड़ी नहीं जा सकी, और सारे जिलेको सूखा-क्षेत्र नहीं घोषित किया जा सका।

लेकिन, एक आफ्त है! पैसा कमानेवाले हजार रास्ते निकाल लेते हैं। जब शराबबन्दी हुई, तो टिन्चरी शुरू हुई यानी टिन्चरबरी, टिंचरकार्ड आदि नामोंसे शीशि-योंमें भरकर दवाईके नामपर टिंचर बिकने लगा। दस-दस आनेकी शीशियाँ मिलती थीं।

उनमें दो भाग पानी मिलाकर लोग पीने लगे। नशा चाहिये था, जो इसमें हो जाता था। सभी जगह टिंचरी शीशियाँ भर गईं, और शराबकी जगह लोग अपने पैसोंको इनपर उड़ाने लगे। बड़े भाई मद्य-निवारक कमेटीके मेम्बर थे। वह इस नई बलाको कैसे बर्दाश्त कर सकते थे। टिंचरीके खिलाफ जबर्दस्त आन्दोलन शुरू हुआ। इसी समय गढ़वालके उद्धारके लिये इच्छागिरि माई पैदा हो गई। उसने विद्यार्थियोंका खूब संगठन किया, और टिंचरी दूकानपर धावा बोल दिया। दूकानोंमें घुसकर लोगोंने शीशियाँ तोड़ डालीं। "इच्छागिरि माईकी जय" बोला जाने लगा। कानूनको हाथमें ले लेनेपर, कानूनके रक्षक धर-पकड़ करने लगे।

इच्छागिरि माईके पति सेनामें हवलदार थे। वह इम्फालके मोर्चे पर मारे गये थे। पत्नीको १८ रुपया मासिक पेन्शन मिलने लगी। पेन्शनवाली स्त्रियोंकी तरह वह भी अपनी जिन्दगी बिता सकती थीं, लेकिन वह जोगन बन गई। बाल काटकर गेरुआ वस्त्र पहन लिया। कोटद्वारके पास मोटाढाकमें उसने कुटिया बनाई। लोगोंको पानीकी बहुत तकलीफ थी, माईने डिग्गी (पोखरी) खोदनेके लिये एक हजार रुपये दिये लेकिन, एक हजारसे क्या बननेवाला था? फिर लखनऊ पहुँचकर पन्तजीके बँगलेके सामने उसने भूख-हड़ताल शुरू कर दी। सरकारको डिग्गी बनवा देना पड़ा। इच्छागिरि माईने चन्दा करके मोटाढाकमें एक जूनियर हाई स्कूल स्थापित कर दिया।

अध्याय २६

ध्रुवपुरमें (१९५० ई०)

बड़े भाईने छ साल तक पौड़ीमें अपना हेड क्वार्टर रक्खा। उन्हें १६ रुपया मासिक पेन्शनके साथ १९३० से अब तक पेन्शनके बाकी ३१६३ रुपये ६ आने मिले। पौड़ीमें सात महीने रहने में सात सौ रुपये खर्च हो गये। अभी तक मित्र लोग उनकी सहायता करते थे। अनुसूयाप्रसाद बहुगुनाके पुत्र द्वारिकाप्रसादजीने रहनेके लिये मुफ्त मकान दे दिया था, जिसमें वह छ साल तक रहे। उनका परिवार हमेशा बड़े भाईकी सहायताके लिये तैयार रहता था। अब पेन्शन मिल जाने पर वह दूसरेकी सहायतापर अपनेको निर्भर नहीं कर सकते थे। वह जानते थे, कि सौ रुपया महीनेके हिसाबसे बाकी २४०० रुपये २४ महीनेमें खतम हो जायँगे, इसलिये सोचा कि इससे बाल-बच्चोंका कोई इन्तजाम करना चाहिये। आयोजना कमेटीकी बैठकके लिये वह कोटद्वार आये थे। वहीं उनकी मुलाकात अपने पुराने मित्र जयानन्द भारती से हुई। उन्होंने बड़े भाईसे कहा—"भावरमें जंगलातकी जगह लोगोंको आबाद करनेके लिये मिल रही है। (खास महाल) के सुपरिन्टेन्डेन्टके पास दर्खास्त दे दें।" बड़े भाईने दर्खास्त दे दी, और ३० बीघा (५ एकड़) जमीन मिल गई। वहाँ कुकाठका जंगल था। उसी जगह और भी २६ परिवारोंको जमीन मिली थी, बड़े-बड़े भाई २७ वें थे। आज वहाँ ३३ परिवार हैं। पासमें लालपुर और पदमपुरके गाँव हैं, जिनमें पदमपुर बिल्कुल नजदीक है। ३३ घरोंमें २२ भूमिहीनोंके थे, जो आस-पासके गाँवोंमें लोगोंके घरोंमें मजूरी करते थे। उन्हें सनक सवार हुई, कि हमें अपनेको हरिजन या शिल्पकार नहीं कहना चाहिये। सबने अपनेको सवर्ण (बीठ) घोषित कर दिया। कोई कौशिक ब्राह्मण बन गया, और कोई ठाकुर अपने नामके साथ लगा लिया। हरिजन होनेके कारण सरकारसे जो रियायतें मिल सकती थीं, उन्हें भी उन्होंने लेनेसे अपनेको वंचित कर दिया। गाँवका आरम्भ १९४८ में हुआ था। पर उसका नामकरण ध्रुवपुर, बड़े भाईके वहाँ आनेके दो-तीन वर्ष बाद हुआ। गाँवके लोगोंकी सभा बैठी थी। उन्होंने कहा नाम चन्द्रपुर होना चाहिये, लेकिन बड़े भाईने इसका विरोध किया, और फिर उन्हींके सुझाव पर उसका नाम ध्रुवपुर रक्खा गया।

भाबर हिमालयकी सबसे निचली पर्वतमालाके खतम होनेके बाद मैदानी इलाकेका अंग है यह निचली पर्वतमाला कहींपर हिमालयकी है, और कहींपर शिवालिककी। वस्तुतः जहाँ शिवालिक हिमालयसे मिल गया है, उसी जगह भाबरको हिमालयके चरणपर कहा जा सकता है, नहीं तो वह शिवालिकके चरणोंपर होता है। भाबरके बाद तराई आती है। तराई घने जंगलोंसे ढँकी तथा अनेक धाराओंसे सिंचित है, भाबरमें झाड़ियाँ और कुकाठ होते हैं, और साधारण नदियाँ पहाड़की ओरसे आकार यहाँ अन्तर्धान हो जाती हैं, जिसके कारण पानीकी कठिनाई है।

कह चुके हैं, पास-पड़ोसके गाँववाले हरिजन बिना खेतके मजदूर थे। बीठ और हरिजन भाबरके भी प्रायः पहाड़से ही आये हुये हैं। बहुत पुराने कालमें सर्द जगहोंके पहाड़ी लोग अपने पशुओंको लेकर जाड़ोंमें यहाँ घमतपी करने आते थे, जाड़ोंके बाद फिर लौट जाते थे। पीछे आबादीके दबावके कारण यहाँ उन्होंने अपने गाँव बसा लिये। पहाड़से आये हरिजन यहाँ बेखेतके रहकर सभी तरहका शोषण और सामाजिक अत्याचार सहते रहे। फिर उनमें जाग्रति पैदा हुई। गाँवोंसे उत्तर अभी भी बहुत-सा गैर-आबाद जंगल था। १९४८ में कुछ हरिजनोंने आकर इन्हीं जंगलोंमें अपनी झोपड़ियाँ डालीं, और जंगल काटकर खेत बनाना शुरू किया। यह भाग किसी जमींदारका नहीं, बल्कि सरकारी जमींदारीका था, जिसे खाम कहते हैं। खामका प्रबन्ध करनेके लिये सुपरिन्टेन्डेंट रहता है। बिना पूछे जङ्गल काटनेके लिये इन भूमि-हीनोंपर पाँच-पाँच रुपया जुर्माना हुआ लेकिन, भूमिहीनोंको भूमि देनी चाहिये, इस बातको सरकारने स्वीकार कर लिया था। अन्तमें हरेक परिवारको १५-१५ बीघा (ढाई-ढाई एकड़) जमीन दी गई। शारीरिक परिश्रमके बलपर ही वह हजारों वर्षोंसे जीते आये थे। जङ्गल काटकर उन्होंने अपने खेत बना लिये।

बड़े भाईने ७ सितम्बर १९५० को पहलेपहल अपनी जमीनपर पैर रक्खा। बहुत दिन नहीं हुये, इस जङ्गलमें बाघ रहा करते थे। पहाड़ यहाँसे एक मीलपर है, और जमीनमें जगह-जगह पत्थर हैं। भुवपुरसे कोटद्वारका बाजार डेढ़ मीलसे दूर नहीं है, जहाँ रेलका स्टेशन भी है। इस तरह यहाँ रहनेमें कई सुभीते थे। जमीन भी उर्वर है लेकिन, पानी सबसे बड़ी समस्या है। बड़े भाई दो-दो रुपया रोजपर दो आदमी लगा जङ्गल साफ करवाने लगे, लेकिन पासके लालपुरके लोग समझते थे, कि यह जङ्गल हमारे काम आयेगा। बड़े भाईने जहाँ अपनी कुटिया बनाई, उससे १८ फीटपर ही पद्मपुर गाँव है। सबसे नजदीक के पड़ोसीने इसे पसन्द नहीं किया। उसने हर तरहसे रोड़ा अटकाना शुरू किया लेकिन, बड़े भाई यहाँसे भागनेके लिये नहीं आये थे। नौ सौ रुपये पर ठेका दे महीने भरके भीतर एक कमरा तैयार करवा लिया। पौड़ीसे बाल-बच्चोंको भी लाये। पड़ोसीने बड़े भाईकी थानीमें आग लगा दूसरे आदमियोंका नाम बता दिया। बड़े भाईके परिवारको उसने अपने घरमें

रक्खा था, इसलिये उसपर अविश्वास कैसे कर सकते थे ! आग लगानेका मुकदमा कर देनेके बाद एक दिन सरपंच अमरदत्त पोखरियाल आये । बाड़ीमें आग ले जानेकी टीनकी पथाई मिली थी । सरपंचने कहा—"जिसकी यह पथाई है, उसीने आग लगाई ।" बड़े भाईको अपनी गलती मालूम हुई, और उन्होंने लैन्सडौनमें जाकर अपने मुकदमे को उठा लिया । देवी मन्दिरके पंचायतघरमें सभा भरी थी, वहाँ भी बड़े भाईने लोगोंसे क्षमा माँगी, कि मैंने बेकसूर आदमियोंपर मुकदमा किया ।

अभी तक बालबच्चे उसी आदमीके घरमें रह रहे थे । अब उसने उन्हें घरसे निकाल दिया ।

अब २०-२२ बीघा जमीन खेत बन गई है, एक कमरा है और दो-बीघे को साग-सब्जीके लिये चहारदिवारीसे घेर दिया है । सारे रुपये खर्च हो गये, अभी खेती पूरी तौरसे जम नहीं पाई थी, उसके लिये और रुपयोंकी आवश्यकता थी । सरकारसे २५०० रुपया तकावी माँगी, जिसे मँजूर किया गया, लेकिन अन्तमें लैन्सडौन और पौड़ी दो तहसीलोंसे ४०० और १००० रुपये ही मिले ।

१९५१ का सन् था । तकावीके रुपयों पर छ-छ महीने बाद किश्तके सौ रुपये पौड़ी और सौ रुपये लैन्सडौन भेजने थे लेकिन, खेत इतनी जल्दी थोड़े ही फल देने लगेगा ! इसी बीच खरीदकर लाई जोड़ी का एक बैल मर गया । अब तकावीका रुपया नहीं दे सके, तो उनकी चीजें कुड़क कर ली गईं । नीलाम लेनेके लिये कोई तैयार नहीं हुआ, तो भी गाय फावड़े और कुछ ऐसी चीजें जमानतपर छोड़ी गईं । इसके लिये प्रयत्न करनेपर भूतपूर्व सैनिक बोर्डके को मदद देनेके लिये ऊपरसे हुकुम आया । जाँच करके अफसरोंने भी लिख दिया, कि यह पैसा देनेकी स्थितिमें नहीं हैं ।

विधान-सभाका चुनाव (१९५१-५२)—नये संविधानके अनुसार नया चुनाव होनेका समय आया । मित्रोंने फिर जोर दिया—आपको खड़ा होना चाहिये । अपने कामोंके लिये दिल्ली और लखनऊ दौड़ते रहना पड़ा था । बड़े भाईने सोचा, यदि हम चुन लिये गये तो काम में आसानी होगी । ठाकुर नरेन्द्रसिंह भण्डारीने भी कहा, आप जरूर खड़े हो जाइये । पौड़ी-चमोली निर्वाचन-क्षेत्रसे नामजदगीका कागज दाखिल कर दिया, अपनी चुनाव-घोषणा प्रकाशित कर दी । वहाँसे दो प्रतिनिधि चुने जानेवाले थे । उम्मीदवारोंमें—४ हरिजन और ६ सवर्ण बिष्ट थे । निर्वाचन पैसेके जोरसे ही लड़ा जा सकता है । ६७ वोट-स्थान थे । बड़े भाई सिर्फ एक चौकीमें स्वयं एजेन्ट थे, बाकी जगहोंमें कोई आदमी नहीं रख सके । चुनाव लड़नेके लिये उनके पास लड़केके नामपर जमा दो सौ रुपये और भाई नारायणसिंह के दिये सौ रुपये, बस तीन सौ रुपये थे । कागजोंके छपानेमें जो खर्च हुआ उसका

सौ रुपया अब भी बाकी है। इस समय एक गलती यह हुई थी, कि जहाँ उन्हें जबर्दस्त कांग्रेस उम्मीदवार ठाकुर चन्द्रसिंह रावतसे मुकाबला करना था, वहाँ कम्युनिस्ट पार्टीकी ओरसे चन्द्रमणि पुजारी खड़े हो गये। यदि ऐसा न हुआ होता, तो मुमकिन है सफलता मिल जाती। कांग्रेस उम्मीदवारके बाद दूसरे जबर्दस्त उम्मीदवार वकील घनश्याम डिमरी थे, जिन्होंने दस हजारसे क्या कम खर्च किया होगा। चमोली तहसीलमें उनका बहुत प्रभाव था।

बड़े भाईने भोंपू सँभाला। गाँव-गाँव घूमकर प्रचार करने लगे। रातके ९-१० बजे निश्चिन्त हो लोग जब अपने घरोंमें रहते, उसी समय किसी टेकरीपर बड़े भाई भोंपू लेकर खड़े हो जाते। भोंपूसे बोलनेकी कलामें वह निपुण हो गये थे, और लाउडस्पीकरसे भी ज्यादा स्पष्ट उनकी आवाज सुनाई देती थी। चढ़ाई-उतराई से दस-दस मीलपर जो गाँव थे, वहाँ तक उनकी आवाज पहुँचती थी। बड़े भाई बोलते—"मै चन्द्रसिंह गढ़वाली हूँ, आपकी जिन कठिनाइयोंको मैंने देखा है उन्हींका ख्याल करके मैं विधान-सभामें जाना चाहता हूँ।" लोग अपने छज्जोंपर बैठे सुनते। बड़े भाई पूछते—"यदि आप लोग मेरी बातें सुन रहे हैं, तो छज्जोंपरसे लालटेनें हिलायें। लालटेनें हिलने लगतीं।" बड़े भाई जान जाते, कि गाँवके लोग मेरा व्याख्यान सुन रहे हैं। दो-दो घंटा व्याख्यान देते। फिर पूछते—"आपको मेरी बातें मंजूर हैं, तो लालटेनें हिलायें।" लालटेन हिलाकर लोग अपनी स्वीकृति देते।

कांग्रेसी उम्मीदवारके पास रुपया था, उसके लिये कांग्रेसके सारे स्वयं-सेवक और छोटे-मोटे नेता प्रचार कर रहे थे। डिमरी साहबके भी सैकड़ों कार्यकर्ता घूम रहे थे। यद्यपि गढ़वालमें कम्युनिस्ट पार्टीका काम बहुत नहीं हुआ था, लेकिन वह यदि पार्टीकी तरफसे उम्मीदवार खड़े हुये होते, तो उन्हें कुछ कार्यकर्ता अवश्य मिले होते। बड़े भाईने बड़ी कोशिश की, कि आपसमें समझौता करके एकको रखकर बाकी उम्मीदवार हट जायँ। उन्होंने डिमरीजीसे कहा भी—"यदि आप नहीं हटना चाहते हैं, तो मैं हटनेके लिये तैयार हूँ लेकिन, एक सभा करें, जिसमें इसे घोषित किया जाय। ऐसा न करने पर प्रचार किया जायगा, कि डिमरीजीसे पैसा लेकर मैं हट गया।" शायद डिमरीजी जरूरतसे अधिक विश्वास रखते थे, कि मैं अकेला ही कांग्रेस उम्मीदवारको अच्छी तरह हरा दूँगा। जिस समय गढ़वालमें चुनाव हो रहा था, उससे पहले उत्तर-प्रदेश के मैदानी जिलोंका चुनाव हो चुका था, और विरोधियोंको बुरी तरहसे हराकर कांग्रेसका भारी बहुमत हो चुका था। अब कांग्रेसी उम्मीदवारोंकी ओरसे प्रचार करनेके लिये नेता लोग पहाड़में आ गये थे। यह निश्चय ही था, कि पन्तजी मुख्य-मन्त्री होंगे। वह कर्णप्रयागसे होकर पौड़ी लौटे। रावत होटलमें उनके भोजनका प्रबन्ध था। बड़े भाईने चुनाव-सम्बन्धी मांगोंकी एक कापी उनके पास भेज दी। वह इस प्रकार थी—

"पूज्य पन्तजी से

१. क्या आप गढ़वालमें सिवा वोट माँगनेके कभी गढ़वाली जनताके कष्टों को दूर करने भी आये ?

२. पिछले चुनावमें आप श्री गैरोलाजीके लिये वोट माँगने आये थे। क्या उन्होंने गढ़वालकी कोई सेवा की ?

३. क्या यह सच नही कि आपकी सरकारके सिर्फ ५,००० रुपये की धन-राशि पुल जोड़नेके लिये पी० डब्लू० डी० को न देने पर सलपुली काण्ड हुआ ?

४. क्या आपकी सरकारने पेशावर-कांड तथा आई० एन० ए० के दुःखी सैनिकोंको राजनैतिक पीड़ित माना ? अगर नहीं तो उसकी वजह क्या है ?

५. आपकी सरकारने जिस प्रकार अल्मोड़ा, नैनीतालमें विकास कार्य किये, क्या गढ़वालके लिये भी कुछ किया ?

६. आपकी सरकारने कर्णप्रयाग और पौड़ीसे कालेज उटाकर नैनीताल और मैसमोरको दिये हैं, क्या गढ़वाल इस काबिल न था, कि गढ़वालमें एक अच्छा कालेज हो ?

७. क्या आप अल्मोड़ा तथा नैनीतालकी मोटर सड़कोंको गढ़वाली सीमा तक पहुँचाने आये हैं, ताकि गढ़वालकी मोटर सड़कें वहाँसे शुरू की जा सकें ?

८. क्या आप इस वक्त गढ़वालमें मरोड़ा डाम तथा कोई और डामकी योजना लेकर आये हैं ?

९. क्या आपने हलद्वानी तथा तराई-भाबरके गोविन्द नगरकी तरह कोटद्वार भाबरमें ट्रैक्टरोंसे जमीन साफ करवाकर गढ़वालके भूमि-रहितोंको भूमि दिलानेकी कोशिश की ?

१०. क्या आपने दूधातोलीके विकास व लथोली तहसीलके लिये, जिसपर गढ़वालका विकास निर्भर है, कभी कोई औद्योगिक बजट पास किया ?

११. रामनगर-वीरोखाल, तथलीसैंण-पौड़ी-देवप्रयाग, तथा थलीसैंण-कर्णप्रयाग मोटर-सड़कें जिनकी मंजूरी हो चुकी हैं, उनका अभी तक एलाइनमेन्ट क्यों नहीं किया गया ?

१२. क्या आपकी सरकारसे यही हो सका कि निःशुल्क शिक्षाके बजाय फीस दुगुनी कर दी ? घराटोंपर दुगना टैक्स व लगानके रुपयेपर ६ पैसे बढ़ोतरी व दुकानदारोंपर भारी टैक्ससे क्या गरीब जनताका शोषण नहीं हो रहा है ?

१३. रानीखेतमें जब गरीब डाकरी नमक लेने गये, तो नमकके बजाय उनको हवालातमें भेज दिया, क्या सरकारका यही कर्तव्य है ? मैंने जो रानीखेतमें अकालके

समय जनताकी सेवा की थी, क्या उसीके फलस्वरूप गढ़वालियोंको हवालातमें रखा गया ?

१४. गढ़वालमें जो मोटर दुर्घटना होती है, क्या उसकी जिम्मेदारी सरकारपर नहीं है ?

चन्द्रसिंह गढ़वाली"

पंतजीने गढ़वालीजीको बुलाकर कहा—"चन्द्रसिंहजी, मैंने आपकी कौन-सी बात नहीं मानी, जोकि आप हमारा इतना विरोध कर रहे हैं।"

—"आप जबानी तो मान लेते हैं, लेकिन कार्यरूपमें कुछ नहीं होता।"

जिस स्थितिमें बड़े भाई चुनाव लड़े थे, और कांग्रेसी और दूसरे उम्मीदवार जिस तरह साधन-सम्पन्न थे, उसे देखते जितने वोट उन्हे मिले थे, वह आश्चर्यकर था। पौड़ीके इलाकेमें बड़े भाईको ७७१४ वोट मिले थे, जबकि जीतनेवाले कांग्रेसी उम्मीद-वारको वहाँ एक ही हजार वोट मिले। उनके हारनेका कारण चमोली इलाकेके वोट थे, जहाँ उन्हें केवल ७०० वोट मिल सके। जीतनेवाले उम्मीदवारको १४ हजार, डिमरीजी को १० हजारके करीब, बड़े भाईको ८००० और पुजारीजीको ३००० वोट मिले थे। इस हारके बाद उम्मीदवारोंने अनुभव किया, कि स्वतन्त्र रूपसे लड़कर हम कांग्रेसके सामने जीत नहीं सकते, हमें संयुक्त मोर्चा बनाना चाहिये, और किसी पार्टीका सहारा लेना चाहिये। बड़े भाई यद्यपि उस समय पार्टीसे बाहर थे, लेकिन तब भी वह पार्टीके थे। अगर वह और कम्युनिस्ट उम्मीदवार मिल गये होते, तो ११ हजार वोट तो बने-बनाये थे, और अधिक साधन-सम्पन्न होनेसे प्रचार ज्यादा होता जिससे और भी वोट मिलते।

फिर पार्टी मेम्बर—१९५२ के आखिरमें कोटद्वारमें पार्टीका संगठन हुआ। किसान-सभा स्थापित होकर काम करने लगी। इसी सम्बन्धमें कामरेड पी० सी० जोशी कोटद्वार आये। उनका वहाँ भाषण हुआ। लोग उसे सुनकर मुग्ध हो गये। आज भी वह उन्हें याद करते हैं। बड़े भाई पेशावर-कांडके सैनिकोंको पेन्शन दिला चुके थे। उन्हें आशा नहीं थी, कि वह इस सम्बन्धमें और कुछ कर सकेंगे, इसलिये उन्होंने निश्चय किया, कि अब पार्टीसे बाहर रहना अच्छा नहीं है। उन्होंने मेम्बरीके लिये दर्खास्त दी, पार्टीने सहर्ष मंजूर कर लिया। बड़े भाई विचारोंसे तो जन्म भरके लिये कम्युनिस्ट थे ही, अब मेम्बरी भी उनकी जन्म भरके लिये हो गई।

जिलेके हरेक लोकोपयोगी काममें उन्हें आगे रक्खा जाता है। सहकारी संघ, पुनर्वास समिति, प्लानिंग समिति, बेकारी संघ, मद्यनिवारक संघ सबके वह सरगर्म मेम्बर हैं।

इस इलाकेमें पीनेके पानीकी बड़ी तकलीफ थी, जो पानी मिलता भी था, वह अस्वास्थ्यकर और अपर्याप्त होता था। पहाड़में ध्रुवपुरसे चार मीलपर रिगड़ीसोत नामका एक पहाड़ी चश्मा है। वहाँसे पानी ले आनेकी योजना बनाकर बड़े भाईने एक कमेटी बनाई। कमेटीके प्रधान वह स्वयं हुये। आन्दोलन किया जाने लगा। पन्तजीके पास डेपुटेशन ले गये। अन्तमें सरकारने योजना मंजूर की। १९५४ में रिगड़ीसोतसे तीन इंच मोटा नल द्वारा चौदह गाँवों (तल्ला-मल्ला सकरौड़) और कोटद्वार बाजारमें पहाड़का निर्मल पानी लाया गया। लोग गन्दे पानी पीकर गर्मियोंमें पेचिश और बरसातके बाद मलेरियासे मरते थे, अब उससे बचाव हो गया।

शिक्षाकी भी हालत वहाँ बुरी थी। लालपुरमें प्राइमरी स्कूल खोलनेके लिये आन्दोलन किया। प्लानिंग कमेटीने पाँच सौ रुपये दिये। जनताने श्रमदान दिया। २५०० रुपये लगाकर स्कूलकी इमारत बना दी गई। स्कूलके लिये चार बीघा जमीन मिली, और सरकारको ४० बीघा और देनेके लिये लिखा गया। १९५४ में यह स्कूल खुल गया। स्कूलमें ५० से ऊपर विद्यार्थी पढ़ते हैं। अध्यापकको ६० रुपया वेतन जनता दे रही है, जिसको बराबर देते जाना मुश्किल है। भाबरके सारे स्कूल निःशुल्क हैं, यदि इसमें फीस लगाई जाय, तो लड़के नहीं आयेंगे। अफसरोंने सिफारिश की कि इसे सरकार ले ले। सब होनेपर भी कांग्रेसवाले नहीं चाहते थे, कि बड़े भाईके प्रयत्नसे जो स्कूल खुला है, वह जीवित रहे। वह इस बातकी प्रतीक्षा कर रहे हैं, कि पैसेके अभावमें स्कूल बन्द हो जाय, फिर इसे लिया जाय।

आर्थिक स्थिति—बड़े भाईका जीवन संघर्षमय रहा है, यह हम देख चुके हैं। शायद वह परिवारवाले न होते, तो इतने भीषण आर्थिक-संघर्षसे उन्हें मुकाबला न करना पड़ता। उन्होंने ध्रुवपुरमें खेत बनाकर इसीलिये रहना स्वीकार किया था कि उससे परिवारकी ओरसे निश्चिन्तता हो जायगी। २२ बीघे (पौने चार एकड़) खेत वह तैयार कर चुके हैं, जो सभी धानके उर्वर खेत हैं। इनमें हंसराज, बासमती आदि अच्छे किस्मिके चावलोंकी खेती हो सकती है, लेकिन ज्यादातर अंजना धान ही पैदा किया जाता है। २८० रुपयेमें वह बैलकी जोड़ी लाये थे, जिसमें एक मर गया। एक और लाये तो पहली जोड़ीका दूसरा भी मर गया। अब दो बूढ़े-बूढ़े बैल रह गये हैं। दो गायें हैं, जिनमेंसे एक कुर्क हो चुकी है। सब मिलाकर आठ ढोर हैं। घरमें चार बच्चे, पति-पत्नी तथा एक काम करने करनेवाले आदमीको मिलकर सात व्यक्ति खानेवाले हैं। खेतीको बिल्कुल असफल भी नहीं कहा जा सकता। पिछले साल धान इतना पैदा हुआ, कि उसमेंसे २४ रुपयेका उन्होंने बेचा भी, लेकिन दाल-आटा, तेल-घी सब खरीदना पड़ता है। फिर बड़े भाईका नाम बड़ा है, मिलने-जुलनेवाले आते रहते हैं।

उनका सत्कार करना भी आवश्यक है। खेती अभी सब खर्च चलानेके काबिल नहीं है। पेन्शनमें १६ रुपये मिलते हैं, जिससे सालमें १६२ रुपयेकी आमदनी हो जाती है। यात्राके समयमें बदरीनाथ कमेटीको अपना एक आदमी कोटद्वार स्टेशनपर रखना पड़ता है, जो १५ मईसे १५ अगस्त तक यात्रियोंके आरामका इन्तजाम करता है। बड़े भाईके लिखनेपर कमेटीने यह काम उनके सुपुर्द कर दिया, जिससे सालमें डेढ़ सौ रुपये और मिल जाते हैं। तीन सालोंसे वह यह काम कर रहे हैं।

हो सकता है खेतीकी हालत बेहतर हो जाय, लेकिन पौने चार एकड़ जमीनसे निश्चिन्त होकर वह अपना जीवन कैसे चला सकते हैं?

बड़े भाईको जब पहली लड़की पैदा हुई, तो बीबीका आग्रह था, एक तो लड़का जरूर होना चाहिये, लेकिन भगवान्के पास उनकी सिफारिश नहीं लगी। उन्होंने दूसरी भी लड़की भेज दी। लड़केकी लालसाको पूरा करता एक लड़का हुआ। फिर बड़ी लड़कीने कहा—"यह तो एक भूला (भाई) है।" दोनों बहनोंके लिये सचमुच ही एक-एक भाई चाहिये, और ३० अक्तूबर १९५३ ई० को दूसरा भाई भी आ गया। बड़े भाईको सबसे बढ़कर जो चिन्ता है, वह अपने बच्चोंकी। माधवी १४ सालकी है। पढ़ने-लिखनेमें अच्छी है, कोटद्वारमें आर्य कन्या पाठशालामें पढ़ती थी। फीस नहीं दे सके, तो स्कूलवालोंने एक महीनेकी मुहलत दी। फिर नोटिस आया—"अगर फीस नहीं देंगे तो नाम खारिज कर दिया जायगा।" यह बात बर्मा शेल कम्पनीके मैनेजर प्रकाशचन्द्रजी को मालूम हुई। उन्होंने फीसके साढ़े बारह रुपये दे दिये। स्कूलवालोंको भी कुछ ख्याल आया, उन्होंने आधी फीस माफ करके सवा छ रुपये ही लिये। माधवी सातवाँ दर्जा पास हो गई। अब आगे क्या किया जाय? फीस भी और किताबका दाम भी चाहिये। इसी समय ठाकुर नरेन्द्रसिंह भंडारी आये। वह लड़कीको अपने पास पौड़ी ले गये। वहाँ वह एक स्कूल चला रहे थे, जिसमें माधवीको भरती कर अपने घर में रखकर खाना-कपड़ा देते रहे। आठवें दर्जेमें पास हो गई। नवें दर्जेमें उसे गर्ल्स हाई स्कूलमें दाखिल किया गया। फीस माफ कर दी गई है और भंडारीजी लड़कीको अपने यहाँ रखकर पढ़ा रहे हैं। दूसरी लड़की तीसरे दर्जेमें पढ़ रही है, और बड़ा लड़का दूसरीमें। गांधीजीके नामपर हमारे देशके ऊपर बेसिक स्कूलकी बला लादी गई है। पहले दो-एक आना फीस लग जाया करती थी, अब सिलाईके लिये कपड़ा खरीदकर लाओ, पिकनिकके लिये घरसे घी-आटा-चावल लाओ। हर महीने हरेक बच्चेके लिये दो-एक रुपयेका नुस्खा आ जाता है। सारे देशमें लोग इस बेसिक स्कूलकी बलाके कारण त्राहि-त्राहि कर रहे हैं। इस आर्थिक कठिनाईमें बड़े भाईके लिए बच्चोंको पढ़ाना और भी मुश्किल पड़ रहा है।

पत्नी भागीरथीमें बहुत गुण हैं, लेकिन जिन आर्थिक संकटोंके भीतरसे उन्हें परिवारकी गाड़ी चलानी पड़ रही है, उसके कारण यदि मिजाजमें चिड़चिड़ापन आ

जाय तो अचरजकी बात नहीं। कितनी ही बार बड़े भाईको वैसा ख्याल आता है, पर इस जीवनका अन्त कर देनेपर भी तो छुट्टी नहीं। कहते हैं— "मैं ६५ वर्षका हूँ, एक तरहसे जीवनके दूसरे छोरपर पहुँच गया। अगर मैं अपने बच्चोंको पढ़ा-लिखा नहीं सका, तो वह न जाने कौन-सा रास्ता पकड़ेंगे, और मेरे नामको उज्ज्वल या कलंकित करेंगे।" उनके मित्रोंका आग्रह हुआ, कि आप सरकारके पास सहायताके लिए लिखें। २० सितम्बर १९५४ को बड़े भाईने निम्न चिट्ठी लिखी—

सेवामें,

माननीय मुख्य-मन्त्री महोदय,

उत्तर-प्रदेश सरकार, लखनऊ।

पूज्य महोदय,

१. मेरी आर्थिक हालत बहुत खराब हो गई है। मेरे पास कोटद्वार खाम भाबरके मल्ला सुकरौड़में ३० बीघा जमीन बिना सिंचाईकी है, जो बिल्कुल आमदनी रहित व कम है। अगर उसमें किसी साझीदार (तिहाड़ीको) बैठाना चाहूँ, तो कोई राजी नहीं होता, क्योंकि न तो उसमें सिंचाईका ही प्रबन्ध है और न उसपर अब तक धनाभावके कारण खोड़-दाड़ कर पाया हूँ। इसके अलावा, इस जमीनपर दो कुटुम्बोंका पालन-पोषण भी नहीं कर सकता। अगर मैं खुद भी खेती करना चाहूँ तो मेरी और मेरी स्त्रीकी उम्र, स्वास्थ्य अब श्रम करनेके लिए जवाब दे चुके हैं। मेरे चार बच्चे १२, ८, ६ और २ वर्षके हैं। बड़ी लड़की कक्षा ८ में पढ़ती है और छोटे प्राइमरी स्कूलमें हैं।

२. आमदनीके नामसे मुझे १६ रुपये पेन्शन मिलती है, जो जमीनकी लगानके, डंगरोंकी चराई वगैरह ऊपरी खर्चमें व्यय हो जाया करती है।

३. मलेरिया बुखारसे मेरा कुटुम्ब बिल्कुल पीड़ित है, उनके लिये दवाई व खुराककी सख्त कमी है। दूध व फल तो क्या नमक-मिर्च भी नसीब नहीं है।

४. मेरे ऊपर १४०० रुपयेका कर्ज हो चुका है। साहूकार तकाजा लगाये बैठे हैं। इसको मैंने उपरोक्त नई तोड़ जमीनको आबाद करने व झोपड़ी आदि बनाने, बैल-खेतीके औजार वगैरह खरीदने खर्च किया।

अब मेरी दशा निम्नलिखित है—

१. झोपड़ी वर्षासे टूट चुकी है, जो पानी बाहर पड़ता वही भीतर आ रहा है।

२. कपड़ा-बर्तन जर्जर हो चुके हैं। खाने-पकानेके बर्तनोंमें कई छेद हो चुके हैं। एक बैल मर गया था, उसके स्थानपर दूसरा खरीदा, वह भी जवाब देनेवाला है। गढ़वालमें अन्न-अकाल है। मैं भी उसका शिकार हूँ। इसलिये मैं आपकी शरण आया

हूँ। आप मेरी यथोचित सहायता करें, तो मेरा आखिरी जीवन सुखसे व्यतीत हो सकेगा। आप जो भी उचित हो, सहायता दें।

भवदीय,
चन्द्रसिंह गढ़वाली,

ता० २०-६-५४ ग्राम ध्रुवपुर, खाम भाबर, कोटद्वार,
गढ़वाल

सितम्बरकी भेजी चिट्ठीका दस महीने बाद यह परिणाम निकला, कि २५ जुलाई १६५५ को उत्तर-प्रदेश सरकारने लिखा कि राज्यपालको इसके लिये बड़ी प्रसन्नता है कि चन्द्रसिंह गढ़वालीको अब १४ रुपया मासिक आजीवन पेन्शन दी जायगी। यह जलेपर नमक छिड़कना था। भला आजकलके जमानेमें १४ रुपयेसे क्या बनता है! बड़े भाईने १६ अगस्त १६५५ को सरकारको चिट्ठी लिखकर इस पेंशनको स्वीकार करनेसे इंकार कर दिया। यह खबर समाचार-पत्रोंमें भी प्रकाशित हुई। बड़े भाईकी चिट्ठीका कुछ अंश निम्न प्रकार है—

"…मेरी उमर ६५ सालकी है। आपने १४ रुपये मुझे पेंशन दिये हैं। क्या मैं यह समझूँ कि हमारे गणतन्त्र राज्यने मेरे लिये अन्तिम कार्यके लिये उपरोक्त पेंशन ही उचित और काफ़ी समझी…? मैं आपके भेजे हुये पेंशनके पत्रको वापस करता हूँ…। क्षमा।"

बड़े भाईकी यह जीवनी हमारे पाठकों, देशके और भावी सन्तानोंके सामने है। वह देखेंगे कि जिन्दा शहीदोंके साथ हम कैसा बर्ताव कर रहे हैं, उनके अन्तिम जीवनको कैसा बना रहे हैं! क्या ऐसे पुरुषके बच्चोंकी शिक्षा-दीक्षाकी जिम्मेवारी सरकारको नहीं लेनी चाहिये? यदि इन्हें छात्रवृत्ति नहीं दी जाती तो उनसे बढ़कर कौन उसका पात्र है? यदि बड़े भाईके परिवारको वृत्ति नहीं दी जा सकती, तो दूसरा कौन उसका हकदार हो सकता है? उनको इतनी निश्चिन्तता अवश्य होनी चाहिये कि वह अपने शेष जीवनको शान्ति और सम्मानके साथ बिता सकें, अपने यहाँ आने-वाले अतिथियोंकी खातिर कर सकें।